巨赞法师（1908～1984）

巨贊法師全集

張瑞齡題

第三卷

主编 · 朱哲
副主编 · 李千　马小琳

社会科学文献出版社
SOCIAL SCIENCES ACADEMIC PRESS (CHINA)

再谈关于佛教徒的信仰问题

信仰包括思想与行动，而思想是行动的指南，所以思想方面如果混乱不清，行动就可能发生问题。三四年来，我们佛教徒在人民政府正确的领导之下，思想方面已有若干进步，这是可以庆幸的事情。但是大规模的和平建设即将开始，我们佛教徒是中国人民的一分子，当然要在各个岗位上参加这个建设工作，如果思想准备不够，就不免发生障碍，那缺憾就太大了。所以目前谈谈我们佛教徒的信仰问题，以求改进思想方面存在着的缺点，事实上是很需要的。当然，改进思想不是一个简单的事情，可能经过许多次的反复争辩，或者还会引起误解或无谓的纷争，我认为那也是不可避免的事情，并不妨碍思想的改进。因为我们佛教徒思想方面须要改进是事实，而中国佛教在封建社会里成长了一两千年，蒙受着封建社会的许多沾染也是事实。

大家都知道，解放之前的中国，无论是帝制或民国，都是少数人统治压迫多数人的社会。少数人要统治压迫多数人，必须使多数人服从少数人的指挥而不发生反抗的思想与行动，则他们才能够高枕无忧，尽量享受人民的膏血。但是要使多数人服从少数人的指挥而不发生反抗的思想与行动，的确是一桩非常困难的事情。严刑峻法可以使人民在他的淫威之下暂时屈服，但是不能真正甘心，统治阶级是知道得很清楚的，所以他们尽量想办法从思想方面进攻，解除被压迫人民的思想武装，借以延长统治的寿命。譬如他们伪造符录和祥瑞，自封为正命天子，受命于天，应该成为统治阶级。统治阶级既然是受命于天，合理合法的，被统治人民的受苦受难当然也是合理合法的了。所以土改之初，有许多贫雇农认为自己前世未修，今生受苦是理所当然，因此不愿意向地主作斗争。这说明统治阶级从思想方面向人民进攻是收到了相当效果的。此外他们奖励清高，崇奉方外(游于方之外的意思)，诱导人民的思想走向消极厌世的一面而不愿意过问朝政时事，则统治阶级就可以为所欲为了。解放以来，全国各个岗位上还有许多人不愿意与闻政治，这说明统治阶级在这一方面的进攻，也是收到效果的。

如上所说，统治阶级为着保持他们的统治，从各方面向人民进攻是十分猖狂的，佛教的因果轮回、出世、生西、了生脱死之说，也被他们歪曲了作为麻醉人民的工具。致使因果轮回服役于统治阶级所需要的定命论，而出世、生西、了生脱死都只有消极的意义。佛教原来所具有的积极救世的精神湮没不彰，佛教徒的思想和行动也大都与现实的社会生活，尤其是革命的斗争生活，隔离得很远。在这人民民主时代，在这帝国主义者还在肆行侵略，而国内和平建设正在开始的时候，我们佛教徒在思想上如果不能够使因果轮回和定命论绝缘，又不能够使出世、生西、了生脱死充满积极的意义，那末，毫无疑问地不仅对于革命与和平建设有妨碍，即对于佛教本身的建设也是有妨碍的，那是多么危险的事情呢！

为什么会有妨碍？又如何避免危险？不妨再加解释如下。

我们知道，美帝国主义者和蒋匪帮都是大言不惭，自居“正统”，而他们又都没有忘情于佛教。如果他们和过去的帝王一样，利用佛教因果轮回之说，撒播定命的正统论，而我们新中国的佛教徒思想上还没有能够使因果轮回和定命论绝缘（如果两字，一直贯到此地），则不免为美帝国主义者和蒋匪帮张目，当然会妨碍革命。对于和平建设而言，则定命论会使成功者居功自满，会使落后群众观望不前，这是妨碍和平建设的。出世、生西、了生脱死如果只有消极的意义，也就是说避开现实世间的一切事事物物不管，而只谈个人内心冷暖自知的修养，则正是美帝国主义者和蒋匪帮所希望于我们的。美帝国主义者和蒋匪帮所希望的，正是我全国人民所最反对的，其对于革命与和平建设的妨碍如何，大家一定非常明白。

至于如何避免危险，则经论明文和古大德的遗教，都可以作为依据。

唐李通玄《华严合论》卷一云：“十世古今，始终不移于当念。”这一句话，非常透彻。《成唯识论》卷三亦云：“因果等言，皆假施设。观现在法有引后用，假立当果，对说现因。观现在法有酬前用，假立曾因，对说现果。假谓现识似彼相现。”这里所说的“当果”即未来是，“曾因”即过去因。过去未来既皆依现在法的功能而假立，故《成唯识论》述记卷六云：“大乘中唯有现法，观现法功能而假变未来，似未来，实是现在。识缘于此现法之时，寻所从生说之为因，说现为果。寻现世法及所生法变似未来之相，现名为因，未来为果，故言假。”李通玄的遗教和这一段唯识宗的教理是十分符合的，所以因果轮回应以现在或当前一念为中心。掌握现在，从当前一念上用力，则“无我”理得，求仁得仁，自然不会走上定命论的圈套。否则放弃了“现在的现实”，而只看到过去因及未来果，则因果轮回之说就必然会服役于定命论。因此我们要明白的告诉大家，我们相信佛所说的因果轮回是事实，但是佛更要我们佛教徒亲自从“现在的现实”上面去掌握因果，才能和“灰色氛圈所笼罩的定命论”绝缘，才能生龙活虎起来，迎接和平建设的高潮而繁兴大用，饶益有情。有了这样的思想准备和气魄，则火中可以生莲，刀山剑树也会变成琼田玉树，所以说“地狱天堂，岂为我辈而设。”

“出世”两字，历来被误解为脱离世间，如有人说：“佛教思想是印度人思想的主潮，其遁世逃禅、消极无为的人生观和宇宙观，招致了印度自1876年起沦为英帝国主义的殖民地的惨祸。”这种说法既违背历史的事实，又不了解佛教的精神，信口雌黄，当然是非常错误的。但一般人提到“出世”两字，几乎都是这样想法。其实“出世”是出离“有漏系缚”的意思，并非遁世逃禅，消极无为。如《大集经》卷十七云：

“菩萨知色无常而行布施，乃至知色如涅槃性而行布施，是为菩萨出世间檀波罗蜜。受想行识亦如是。尸罗波罗蜜、羼提波罗蜜、毗梨耶波罗密、禅波罗蜜、般若波罗蜜亦如是。善男子，是为菩萨出世间波罗蜜道，悉能摄取一切诸道，当知一切诸道皆入其中。何故名之为出世间耶？”善男子，五受阴名为世间，菩萨善分别五阴，观是无常乃至如涅槃性，已知此道中无有世间及世间法，知此道是无漏是出世间无所系著，是名出世间。善男子，是名菩萨道。复次道者，所谓如实求一切诸法，分别选择不见一切诸法，相续积聚无二无别，是故名道。而此道者无有憎爱，无憎爱故名为平等，离思惟观察余乘故名为广大，去离谄故为端直，去离曲心故名为无奸，断除诸盖故名无系滞，去离欲瞋恚害觉故名无尘垢，不爱色声香味触故名为安乐，去离诸魔事故名为清凉，去离烦恼众贼故名为无畏，能到涅槃故名为出要，成就静定故名清凉水，慧善解故名为常明，善修慈故名为清凉药，不舍大悲故名进无厌，常行喜故名为悦豫，成就舍故名无过失，顺摄法故名为大富，成就施食波罗蜜力故，得萨婆若智辩，诸佛善变护持故名过四魔行法，不舍本愿故名进无滞疑，渡一切烦恼流故名无有上，一切世间无能 降伏故名无酬对。善男子，此道成就如是等及诸余无量功德，一切大士乘此道故能往来教化无量众生，是为庄严。无诸烦恼现入烦恼是其庄严。观于生死而不证实际，到空无相无作门而能教化行诸见诸行诸愿众生，是其庄严。现入声闻辟支佛涅槃而不舍生死，是其庄严。现诸趣受生而不动于法性，现说一切言教而不动于无言，是其庄严。能现一切佛事而不舍菩萨行是其庄严。善男子，是为菩萨大誓庄严大乘庄严道庄严。菩萨以大誓庄严自庄严故，能乘大乘顺出世间圣道，未得萨婆若为众生故能作佛事。

“出世”两字的意义，根据经文，用现代语总括起来说，可以解释为“控制自我，把握生死，操持因果，创造更高的生命”。则积极的意义，非常充沛，对于和平建设与佛教本身的建设，可能是有帮助的。

关于往生西方，在《弥陀经》中其实有非常丰富的积极的意义。如《大阿弥陀经》卷上《愿后说偈分》云：

佛言，尔时法藏比丘，于彼佛所，诸天魔梵龙神八部大众之中，发斯弘愿（按即四十八愿），应时大地震动，天雨妙华以散其上，空中赞言，决定成佛。于是法藏住真实慧，勇猛精进，修习无量功德，以庄严其国。是故入三摩地，历大阿僧祇劫修菩萨行，不生欲想瞋想痴想，不生欲觉瞋觉痴觉，不著色声香味触法，忍力成就不计众苦，但乐意念过去诸佛所修善根，行寂静行，远离虚妄坚守诚正，常以和颜爱语饶益众生，于佛法僧信重恭敬，依真谛门植众德本。善护口业不讥他过，善护身业不失律仪，善护意业清净无染，恒以布施、持戒、忍辱、精进、禅定、智慧利乐众生，令诸众生功德成就，远离粗言，免自害害彼，免彼此俱害。修习善语自利利人，致人我兼利。复教化众生修行六度，于一切法而得自在，了空、无相、无愿、无为、无生、无灭，轨范具足，善根圆满。随其生处在意所欲，有无量宝藏自然发现，以此施惠众生令生欢喜，以行教化，致无量无数众生发无上菩提之心，如是善行无量无边就不能尽。

法藏比丘是阿弥陀佛因位中菩萨的名号，精进勇猛如此，积极修习功德如此，所以才能庄严极乐世界而成佛“掌握化权”（此四字现见该经《递次作佛分》），这是我们佛教徒最好的师范。又《三辈往生分》与《一生补佛分》云：

佛言：十方世界诸天人民，有志心欲生阿弥陀佛刹者，别为三辈。其上辈者，舍家弃欲而作沙门，心无贪慕持守经戒，行六波罗蜜，修菩萨业，一向专念阿弥陀佛，修诸功德，是人则于梦中见佛及诸菩萨声闻，其命欲终时，佛与圣众悉来迎致。即于七宝水池莲花中化生，为不退转地菩萨，智慧威力神通自在，所居七宝宫宇，在于空中去佛所为近，是为上辈生者。其中等者，虽不能往作沙门大修功德，常信受佛语，深发无上菩提之心，一向专念此佛，随方修善，奉持斋戒，起立塔像，饭食沙门，悬缯然灯，散华烧香，以此回向愿生其刹，命欲终时，佛亦现其身光明相好，与诸大众在其人前，即随往生，亦住不退转地，功德智慧，次于上等生者。其下辈生者，不能作诸功德，不发无上菩提之心，一向专念，每日十声念佛，愿生其刹，命欲终时，亦梦见此佛，遂得往生，所居七宝宫宇，惟在于地，去佛所为远，功德智慧，又次于中辈生者。

佛言：诸往生者，皆具足三十二相，究竟深入妙法要义，诸根明利。其初钝根者成就二忍，利根者得不可计无生法忍，皆当一生遂补佛处。所以者何？彼佛刹中，皆住于正定之聚，无诸邪聚及不定之聚，复无三种过失，一者心无虚妄，二者住不退转，三者善无唐捐。所以生于彼者，有进无退，直到成佛。惟有宿愿速度众生，则以弘誓功德而自庄严，入他方生死界中作狮子吼说法度脱。尔时阿弥陀佛以威神力令彼教化一切众生，皆发信心乃至成佛，于其中间不受恶趣，神通自在常识宿命，虽生五浊恶世，行迹与同，其清净快乐，无异本刹。

这两段经文说明积集生西资粮和生西以后的愿力庄严，都是非常积极的。这里面有两点值得注意：一、往生西方，见佛闻法，得到不可计算的无生法忍之后，应该回入他方五浊恶世生死界中作狮子吼，说法度生，所以生西等于留学，目的在于改造他方恶浊世界。该经《八端检束分》又云：

佛言：汝等自端身，当自端心，耳目鼻口手足，皆当自端束检中外，无随嗜欲，益作诸善，当布恩施德不犯道禁，忍辱精进一心智慧，展转复相教化，使彼为德立善，慈心正意，斋戒清净，如是一昼夜，胜于阿弥陀佛刹中为善百岁。

这一段经文的意义是说，生西目的既在于改造他方恶浊世界，所以不妨从当下做起。而其功德，超过在西方极乐世界所作功德三万六千余倍（照通常计算的一昼夜与百岁之比）。

二、古语云："取法乎上，仅得其中；取法乎中，仅得其下。"这说明我们无论作什么事情，都应以最上的范例作为取法的目标，才能够有所成就。否则取法乎下，目标过低，难免不发生偏差。所以积集生西资粮也应以"上辈"为目标。积集"上辈"的资粮，要行六波罗蜜，修菩萨业，也就是取法于法藏比丘的积极修习功德。修净土法门的人，如果有此心量，有此气魄，有此愿力庄严，则非惟上品上生可以保证，同时也与时代精神深相吻合，无疑问的对于新中国的和平建设与佛教本身的建设，也可能有帮助的。所可惜的是，若干修净土法门的人，对于积集生西资粮，大都取法乎下，久而久之，以讹传讹，致使生西成为逃避现实的借口，毫无积极意义。这在反动统治者看来，刚好是一个麻醉人民使之厌倦世事，以便让他们为所欲为的良好工具，这是多么可惜的事情呀！其实佛是照顾到这一点的，如《大会宝池分》云：

佛言：十方无央数世界诸天人民，比丘僧、比丘尼、优婆塞、优婆夷，往生阿弥陀佛刹者，群众大会于七宝池中，人人各坐一大莲花之上，自陈前世所持经戒，所作善法，所从来生本末，其所好法，及所得浅深，与智慧多寡，从上次下转相言之。其人若不豫作诸善，不明经理，于此应对，自然迫促其心惭愧，悔亦无及，但慷慨发愤，慕及等夷。

用现代语解释这段经文，就是说，阿弥陀佛对于到达西方的"诸上善人"，也要他们在群众大会上当众坦白，自我检讨，交代历史和问题。如果交代不出来，也不免惭愧悔恨，发愤重新做人。所以积集往生资粮，应该取法乎上，则无边功德，庄严伟大，在西方极乐世界的群众大会上交代历史起来也就无所用其惭悔了。否则他方世界往生西方的"诸上善人"都交代得很好，唯独我们娑婆世界的佛教徒交代不出而且还要"迫促惭愧"，那就不免贻羞于我们的教主释迦牟尼佛了。

日丹诺夫说："要做人类灵魂的工程师，这就是说，要两脚踏在现实生活的土地上。而这，就其本身说，就是要和旧型的浪漫主义，要和那种描写不存在的生活和不存在的主人公，而把读者从生活的矛盾与压迫引到那不可能的世界和乌托邦世界去的浪漫主义断绝关系。"（《论文学、艺术与哲学诸问题》）这话是对苏联的作家说的，我国的作家们也正在走向这条道路。我们从纯正的佛教观点看来，亦觉意味深长。因为释迦牟尼是与印度当时宗教界的神秘主义、虚无主义等等割断了关系才成为"佛"的。其后佛教界互相最励的"了生脱死"，其实也并不是指"羽化"式的"立亡坐化"而言。如《洞山良价禅师语录》云：

有僧不安，要见师，师遂往。僧云，和尚何不救取人家男女？师云，你是什么人家男女？云，某甲是大阐提人家男女。师良久。僧云，四山相逼时如何？师云，老僧日前也向人家屋檐下过来。云，回互不回互？师云，不回互，云，教某甲向甚处去？云，粟畲里去。僧嘘一声云，珍重！便坐脱。师以拄杖敲头三下云，汝只解与么去，不解与么来。

又《曹山本寂禅师语录》云：

纸衣道者来参，师问，莫是纸衣道者否？云不敢。师云，如何是纸衣下事？道者云，一裘才挂体，万法悉皆如。师云，如何是纸衣下用？道者近前应诺便立脱。师云，汝只解恁么去，何不解恁么来。道者忽开眼问云，一灵真性不假胞胎时如何？师云，未是妙。道者云，如何是妙？师云，不借借。道者珍重便化。

一个坐亡，一个立化，而且还能够"一灵真性，不假胞胎"，这在一般佛教徒眼中看来，真可以算是临终自在，了生脱死的了，但均为禅宗大德所不许。至于"不借借"作何解释，则曹山自己示颂云：

觉性圆明无相身，莫将知见妄疏亲。念异便于玄体昧，心差不与道为邻。情分万法沉前境，识鉴多端丧本真。如是句中全晓会，了然无事昔时人。

这一首颂的意义，如不能"全晓会"，则对于"了生脱死"，仍旧是纸衣道者那一套，而不能称为"了然无事"的解脱大士。那末如何"全晓会"呢？不妨引用弥勒菩萨的圣言量于一转语。《瑜伽师地论》卷第三十六云：

菩萨处于生死彼彼生中修空胜解，善能成熟一切佛法及诸有情，又能如实了知生死，不于生死以无常等行深心厌离。若诸菩萨不能如实了知生死，则不能于贪瞋痴等一切烦恼深心弃舍。不能弃舍诸烦恼故，便杂染心受诸生死，由杂染心受生死故，不能成熟一切佛法及诸有情。若诸菩萨于其生死以无常等行深心厌离，是则速疾入般涅槃，彼若速疾入般涅槃尚不能成熟一切佛法及诸有情，况能证无上正等菩提。……

是诸菩萨于生死中如如流转遭大苦难，如是如是于其无上正等菩提堪能增长，如如获得尊贵殊胜，如是如是于诸有情骄慢渐减，如如证得智慧殊胜。

从如实了知生死，到如如流转生死，即通常所说的菩萨行，通过了菩萨行，才能证得无上正等菩提，才能成佛，则菩萨行当然能够做到了生脱死的。可是菩萨行人非但不以无常等行深心厌离生死，而且还要如如流转生死，可见生死“无事”，不碍了脱。生死既不碍于了脱，则一切艰难困苦都成为菩萨行人的炉锤或良药，所以能够增长无上正等菩提，能够获得尊贵殊胜，能够证得智慧殊胜。所以说“念异便于玄体昧，心差不与道为邻。情分万法沉前境，识鉴多端丧本真。”也因此而斥责“一灵真性，不假胞胎”为“未是妙”。一灵真性，不假胞胎，其实是怕胞胎，怕胞胎便把真俗横分为二，其所谓了脱，最多也不过是“槁木死灰”、“焦芽败种”而已，“尚不能成熟一切佛法及诸有情，况能证无上正等菩提。”禅师的开示和一生补处菩萨的遗教都有同一个道理，其着眼之点在现实生活的土地上，而不是把信徒们引到那不可能的世界和乌托邦世界去的神秘主义和虚无主义。事实上也只有这样才能充满积极的精神而在生死中得自在，在生死中得自在则生死自了。否则离开生死而求自在，像纸衣道者那样，对佛教说是邪外的见解及行持，对时代说是阻碍革命和国家建设的落后思想。一理之差，天地悬隔，这是值得修行人特别注意的地方。

近本还原的思想，非但不合佛理而且也是违反时代精神的。因为人类的一切努力如果是遵循着返本还原的道路走的话，则从原始共产社会到奴隶社会、到封建社会、到资本主义社会、到社会主义社会、再到共产主义社会，而又回入奴隶社会，循环往复，无有了期，那末人类的一切努力简直是和自己开玩笑，这无论如何说不通，也是十分有害于革命事业的发展的。大家知道，将来的共产主义社会和原始共产社会是完全不同的。一个是完全肃清了人们意识中的资本主义残余，彻底根绝了畸形的剥削阶级的道德残余。所有的人都将是诚实、认真与神圣地遵守公共生活规则，任何强制以及由此产生的强制机关都将完全不需要。一个则是在蒙昧与野蛮的时代当中，经营最原始的集体劳动的公社生活，一切都非常幼稚，非常被动。所以随着生产力的发展，而产生私有财产和剥削制度，走入奴隶社会，接着就是封建社会乃至帝国主义。我们只能说原始共产社会是人类历史的开端，而决不是将来社会的理想或模型。马克思指出，共产主义以前的全部人类历史，只能看为史前时代，看为即将到来的人类历史的准备阶段。人类的真正历史仅是从共产主义才开始的，它将是人类力量、自由与幸福空前繁荣的见证人。这说明人类真正的历史只会向前发扬光大，而决不至于退缩到原来的蒙昧与野蛮的时代去的。

因此，人类的一切努力才有丰富的意义，工作才会积极，革命也才有着落，如果不然的话，则一切都将落空。

佛教史上的若干大德其实是明白这个道理的，如《华严疏抄》卷三十四云："复礼法师有遣问云："真法性本净，妄念何由起？许妄从真生，此妄安可止？无初则无末，有终应有始。无始而有终，长怀懵斯理。原为开秘密，祈之出生死。"这一个偈也收入《圆宗语文类》卷二十二，称为"天后朝复礼法师问天下学士真妄偈"。当时著名大德如安国寺利涉法师、洪滔禅师，兴唐寺华严疏主澄观法师，章敬寺怀晖法师，云华寺海法师，都作偈回答。圭峰禅师并发表《申明礼法师意》一文。其后到了宋朝，知礼法师在《再答泰禅师问》中还提到这个偈，并加解答。可见这一个问题轰动了唐朝武则天时代的佛教界，也为唐朝以后的佛教大德所重视。其所以轰动与被重视的原因，当然是因为佛教界内一般人所信仰的返本还原论根本发生了动摇的关系。

真妄偈中提出的问题，大约有四个：一、法性本净，如果妄念由之而起，则本净两字就有问题，本净之中不应有妄念的根苗故。否则妄念应别有根源，与本净法性毫无关系。二、如果妄念从一真法界而生，则息妄归真之后，仍会生起妄念，妄念将永不能止。三、妄必须止，也就必有所终，有终者应有始，始若不可得，终也不能到，则妄念永不可止，而所谓真法本净也就没有意义了。四、对于上面三个问题如果解答不出，则于佛理犹昧，既昧佛理，则生死永不能出。问题如此严重，所以成为佛教史上的一件大事，而我们现在还要提出来谈谈。

唐宋大德对于这个严重问题怎样解答的呢？不妨略加引证，作为参考。安国寺利涉法师云："真法本非真，妄复何曾起。妄不从真生，无妄何所止。既许无初末，宁容责终始。无始复无终，谁当懵兹理。胡不趣无生，乃云祈生死。"章敬寺怀晖法师云："法性非垢净，真妄非如理。去妄复存真，兹妄安所止。无物本自无，强无无不已。有始见有终，见始非无始。诸法自无性，无性无生死。"云华寺海法师云："真妄体常如，无灭亦无起，触目性皆空，皆竟无可止。如如本不还，岂复云终始。若存终始见，常懵真如理。生死即涅槃，何祈出生死。"这三位大德的解答，与复礼法师所问"函盖不相称"，不能算是很好的解答。圭峰禅师申明礼法师意云：

复礼法师是经论宗匠，则天时为译经道场中上首，设问因流于天下，岂率尔不究诸宗乎。况言问天下学士，已检却不经师学。不谙教理者，大乘经教统唯三宗：一法相宗，二破相宗，三法性宗。今问此是法性宗啮镞关节，不问法相宗。法相宗者所说一切有漏妄法、无漏净法、无始时来各有种子在阿梨耶识中，遇缘薰习，即各从自种子生起，都不关真如，谁言从真如生妄也。彼说真如一向无为寂灭，无起无止，不可难他从真有妄也。又不问破相宗。破相宗者彼一向说凡圣染净一切皆空，本无所有，若有一法胜过涅槃亦如梦幻。彼且不立真，何况于妄，故不难云从真有妄也。唯疑法性宗。法性宗者，以此宗经论言依真起妄，如云一切众生本来成等正觉、般涅槃、毗卢遮那身中具足三界六道众生等。虽说烦恼菩提无始无终，又说烦恼终尽方名妙觉，亦名始觉。《华严》六七二会及《起信》首末之文，义宗有碍，自语相违，又皆是《了义一乘经》中所说，欲检之不可取一舍一，《本经》中便具说不可检前取后，检后取前。欲合之又难会，俱用之又相违，难可合一，是故试问天下学士，有达者即知真入道，复礼非不达也，是试验之问，非求人也。今诸人所答，悉迷问意，皆泯相归理，都缘不识他所问从真起妄之由，修证妄真之理。然迷真起妄，盖有因由，息妄归真，非无所以，既不晓了，不及缄词，今但自述无相无为之见，何申问目。复礼法师岂不知真妄俱寂，理事皆如也，如寂之中，何有问答。然有二门义理易说易解，一者一向说有妄可断，有真可证，二者一向说非真非妄，无圣无凡。此二门皆可思可议。其难说难解者，是二门俱存又不违碍，此乃不可思议。故胜鬘说众生自性清净心为无明烦恼所染，无染而染，染而不染，皆云难可了知。复礼今问此议，答何但说无垢染耶。

圭峰禅师“申明”的用意，主要是批评利涉法师等所答不甚确当，也就是“函盖不相称”的意思。但他称赞华严疏主澄观法师所答为“的当”。澄观法师的解答如下：“迷真妄念生，悟真妄即止。能迷非所迷，若得全相似。从来未曾悟，故说妄无始。知妄本自真，方是恒常理。分别心未亡，何由出生死。”

圭峰禅师也“试答”云：“本净本不觉，由斯妄念起。知真妄即空，知空妄即止。止处名有终，迷时号无始。因缘如幻梦，何终复何始。此是生生源，穷之出生死。”又云“学人多谓真能生妄，故疑妄不穷尽。为决此理，更述一番，还答前偈：不是真生妄，妄迷真而起。知妄本自真，知真妄即止。妄止似终末，悟来似初始。迷悟性皆空，空性无终始。生死因迷此，达此出生死。”圭峰禅师的第二个答偈比第一个答偈更明白，与澄观法师所答大致相似，其中有两点值得注意：一、妄不从真生；二、从来未曾悟。这是非常正确的两个论点，从这里“深入”，（注意深入两字）可能少犯错误。但就答偈上说，则并没有把问题完全解决，因为妄念既不从本净的真心生起，而且又是“本不觉”的，那末本净真心与妄念究竟有什么关系？又妄念究竟从什么地方迷真而起的呢？本净真心与妄念的关系，也就是法与法性的关系，亦即事与理的关系，这个问题不但是佛教理论上的大问题，也是古今中外各派哲学思想上的大问题。列宁说：

从现代唯物论，即马克思主义的观点看来，我们的认识对于客观的、绝对的真理的接近的界限是历史地有条件的，可是这个真理的存在是无条件的。画像的轮廓是历史地有条件的，可是这幅画像描绘着客观存在着的模特儿是无条件的。什么时候和在什么情况下我们在认识物的本质上进到在煤焦油中发现五里查林或在原子中发现电子，这是历史地有条件的；但是每个这样的发现是向着"无条件客观的真理"前进一步，这是无条件的。一句话，任何观念形态都是历史地有条件的，可是任何科学的观念形态符合于客观真理，绝对自然，这是无条件的。……马克思和恩格斯的唯物辩证法无条件地包含着相对论，可是并不归结为相对论，就是说，它不是在否定客观真理的意义上，而是在我们的知识对于这个真理的接近的界限的历史条件性的意义上，承认我们的一切知识的相对性。(《唯物论与经验批判论》)

根据列宁这一段明确的指示，我们可以知道马克思主义者也承认宇宙间的绝对真理是无条件存在着的，而所谓绝对真理其实就是宇宙发展过程的总规律，我们不能离开了宇宙发展的过程单独去认识他。毛主席说：

马克思主义者承认，在绝对的总的宇宙发展过程中，各个具体过程的发展都是相对的。因而在绝对真理的长河中，人们对于在各个一定发展阶段上的具体过程的认识只具有相对的真理性。无数相对的真理之总和，就是绝对的真理。(《实践论》)

这说明绝对真理与相对真理的关系，或宇宙发展的过程与绝对真理的关系，如果用佛教术语讲，可以说是"不离"的。又列宁在《黑格尔逻辑学》一书摘要中说：

从具体的东西上升到抽象的东西，思维不是离开真理，而是接近真理。物质的抽象，自然规律的抽象，价值的抽象等等，一句话，一切科学的（正确的，郑重的，不是胡诌的）抽象，都更深刻，更正确，更完全地反映着自然。

这里所说的"抽象"，是许多同类的具体的东西通过了思维而形成的概念。譬如"橘子"这一个名词，它不是单指某一个橘子，或某一地区的橘子而言，乃是总括所有各种橘子的性质，形状等等而制定的名词。它——"橘子"这个名词——固然不能离开所有的橘子，但也不就是某一个橘子，或某一地区的橘子，这用佛教术语讲起来，叫做"不即"。"不即不离"，也就是"非一非异"，这在佛教教理上讲，就是抽象与具体、理与事、法与法性的"合理"关系。

法与法性、理与事、抽象与具体的关系既然是"不即不离"、"非一非异"的，所以两者之间没有先后，既无先后，当然不是从抽象生具体，从理生事，从法性生出万法来。但是抽象的理既然是宇宙发展过程的规律，当然是不会变的，并且愈是比较全面的或总的愈不会变，所以有相对真理绝对真理之分。佛教（注意佛教二字）从这个绝对不变的意义上称之为“真如”，或“真心”，又从这个意义上说之为清净。则所谓真如，所谓清净，并不是在宇宙发展的过程之外安立一片清净的心体，作为宇宙生生之源，所以从真生妄的一番话，在这里是用不上的。不过真如既是宇宙发展过程的总规律，而宇宙发展的过程包括“妄念”在内，则“妄念”之起，亦必在这个总规律的含摄之中，离开了总规律也就没有“妄念”。在这个意义上，《维摩经》说：“依无住本立一切法”；《中论》说：“以有空法故，一切法得成”；华严家乃有“随缘”之说。“随缘”并不是像白布一样染于苍则苍，染于黄则黄的意思，所以“真心本净，被客尘烦恼所染污故名为杂染”的一番话，在这里也是用不上的。总之，我们不能离开宇宙发展的过程或妄念去谈真如或清净的真心，所以从来未曾悟的迷妄之起，似乎可以从禅宗的机语上得到解决。如《仰山语录》云：

沩山问：大地众生业识茫茫，无本可据，子作么生知他有之与无？师（仰山）云；慧寂有验处。时有一僧从面前过。师召云：阇黎，僧回首。师云：和尚，这个便是业识茫茫，无本可据。沩山云：此是狮子一滴乳，迸散六斛驴乳。

又唐朝的一个专权太监鱼朝恩在皇帝面前问南阳慧忠国师道：“如何是无明，无明从何起？”慧忠国师以嗤笑的口气回答道：“奴才也解问佛法！”鱼朝恩怒形于色，慧忠国师即指着他道：“即此是无明，无明从此起。”这两个“公案”都很巧妙地回答了迷妄究竟从什么地方起来的问题，与上文所引“大乘中唯有现法”的教理也是深相符合的。留心“胜义”的佛教信徒，如能从这里会取，则“思过半”矣。

又真如或真心既是宇宙发展的总规律，绝对不变的，并且可以说他是清净的。同时谈到宇宙发展的过程也离不开总规律，所以迷妄通过戒定慧、六度、四摄，以及三十七道品、四谛、十二缘起等等的实践而逐渐净化，也离不开真如。从这个意义上说，真如是一切功德之母，一切众生皆有佛性及无漏种。因此从众生到成佛，是迷妄通过实践，逐渐净化逐渐进步到达顶点的过程，而不是还原为原来的样子。既然不是还原为原来的样子，所以“许妄从真生，此妄安可止”的诘问，在这里也是用不上的。因此从众生到成佛的过程当中，充满着无比的积极精神，和依靠自己的力量不断创新进步的坚强毅力。释迦牟尼佛因位果位的一切事迹都可以作为证明。这是佛教的殊胜之处，与时代精神深相吻合。留心“胜义”的佛教信徒，如能着眼于此，并发扬光大之，则对于革命与国家的和平建设，可能是有帮助的。

关于返本还原论的正面解释暂止于此。其他问题，拟作《论禅宗的兴衰》、

《从荆溪圭峰谈到后期的天台贤首宗义》、《关于唯识宗反对分别论师的心性本净论及数论的问题》等文详论之。这都是佛教史上的大问题，希望能够因此而引起有价值、有学术性的反复争辩，以便进一步把这许多问题彻底搞搞明白。又我们对于因果轮回和往生西方的态度和理论根据，已经在上文大致说清楚了，仍旧希望对此抱不同意见的人，尽量提出问题，以便更作商榷。

（原载《现代佛学》1952 年第 3 卷 1 期及第 3 期和 1953 年 1 月号，署名观融）

佛教在新中国

佛教在新中国，对海外某些关心佛教的人士来说，可能是一个谜，但是这个谜最近已被打破了。出席亚洲及太平洋区域和平会议的缅甸代表团团长德钦哥德迈居士回国以后，拿出新中国佛教界送给他们的银塔、金佛像以及锦匣装璜的佛经给记者们看，并且说："帝国主义者说新中国没有宗教是骗小孩子的话。"的确，用暴力消灭某一个民族或某一个国家里面的宗教信仰是十分荒谬的事情，恩格斯反对于前，列宁斯大林继续反对于后，所以苏联现在还有非常合理的宗教团体和制度。帝国主义者为了欺骗人民达到他的侵略目的，说新中国没有宗教，真是仰面唾天，心劳日拙。事实上，新中国的佛教比以前更好了。圆瑛老法师在1952年10月15日北京广济寺召开的佛教座谈会上说：

佛教在中国有悠久的历史，曾在中国的政治和文化生活上发生过很大影响，佛教信徒在中国人民中还不少，一部分劳动人民特别是妇女，尚以各种不同的形式信仰佛教。佛教在蒙古民族尤其是西藏民族中享有很高的信仰。解放以前，中国佛教是受着种种限制和遇到很多困难的，如寺庙经济依赖着封建的土地制度，寺庙常遭受国民党反动政府反动军队的破坏。而一部分外国传教士也常常攻击和诽谤佛教，如他们在传教的时候攻击我们佛教徒是偶像崇拜者是迷信。著名佛教文物遭受严重的破坏，如云冈、龙门等地佛像的头部大都被敲断了搬运到纽约、伦敦的博物馆里去，敦煌的古写经卷也大都被偷走，不能归还，这是我们中国佛教徒非常痛心的事情。

解放后，情况完全改变了，佛教得到真正的信仰自由，中国人民政治协商会议共同纲领第五条规定中国人民有宗教信仰自由，政府完全保障此种信仰自由。回忆制订这个纲领的时候，就有各宗教的代表参加，佛教就有巨赞法师和赵朴初居士作代表。佛教徒不仅得到了宗教信仰自由，而且也得到参加政权的机会，提高了政治地位和社会地位，全国各省市以及一部分县的人民代表会议，都有我们佛教徒参加，巨赞法师就是北京佛教界全体投票选举出来参加北京市第四届人民代表会议的代表，宗教与宗教之间消除了隔膜，佛教文物得到切实的保护，一九五0年七月中央人民政府政务院会颁布了保护古文物的指示，其中指出要保护庙宇碑塔雕塑石刻等建筑，寺庙经费从封建的土地制度解放出来以后，僧尼生活一部分取给于信徒的布施。一部分由政府补助。如北京各寺庙老弱僧尼，由政府补助生活费用者，共有一百余名。关于寺庙的修理，政府正以大力进行，各地的名寺古刹如北京的广济寺、雍和宫、上海市的玉佛寺、静安寺都焕然一新，杭州正在修理灵隐寺。这说明宗教信仰自由在共产党领导之下的新社会里是能够充分获得的，因此新中国佛教徒都能够非常安心地过他们自己的宗教生活，如讲经、修定、祈祷、培养僧尼和一般信徒的精神教育则一直在各地分别举行，并无间断，佛教习惯，佛教清规也都得到应有的尊重。我们出版了自己的刊物，如北京的《现代佛学》，上海的《觉讯》等杂志来弘扬教理。现在我们正在考虑加强佛教活动的计划。

中国佛教徒既获得了宗教信仰自由，他们与新中国其它各界人民一样也热爱祖国。由于热爱祖国，所以各地佛教徒自动订立爱国公约，参加爱国运动，自觉自愿地进行爱国主义的学习。新中国的佛教徒认为参加爱国主义的学习和参加爱国主义运动也是弘法利生的一种方式，与佛陀遗教并无违背。因为新中国是人民政权，凡是人民在做的事情，都是有益于人民的，有益于人民的事，佛教徒都应该做，这样才能和全体人民打成一片，能使大家认识佛陀的真精神以扩大佛陀的影响。中国佛教徒在解放以后的一切工作，大都本着这个精神做的。”

圆瑛老法师今年已经75岁了，在佛教界内一向是属于保守的一面，解放之初，他不明白毛主席领导的新中国究竟要怎样搞法，他也不明白佛教在中国究竟有无前途，所以有一个时期曾经闭门谢客，不问时事，态度是相当消极的。可是后来新中国的每一件事实都证明毛主席领导的新中国坚强的站立起来了，佛教也得到了充分的信仰自由，所以他仍旧在上海讲经，办法会，而盛况不减当年，此次又不辞辛苦出席亚洲及太平洋区域和平会议。他于1952年9月16日中国国际贸易促进会招待锡兰贸易代表团的宗教座谈会上发言道：

我做了五十多年的佛教工作，但直到最近的二年来，我才有一个认识。这就是：真正的宗教信仰自由，只有在和平民主国家里才可以获得。这个认识，过去是没有的，而是由于我三年来的亲身经历，一天一天地确定起来的。我回想到自己过去五十多年为佛教而工作的历史，跟今天对比起来，我感觉到我现在很幸福。今天在人民政权下，过去无论如何也不可能达到的、关于佛教自由与权利的要求，已加倍地实现了！而尤其可宝贵的是：三年来社会的道德，普遍提高了。“为人民服务”一句话，成为每个人思想行为的标准了，因而大大地降伏了自私自利的心理，大大地发扬了互助互济的精神。在这样的条件下，我们佛教徒弘法利生的工作，便能够正确而顺利地进行。何以故呢？因为现在社会上所不许作的，也正是佛教的戒律上所不许作的；社会上所提倡作的，也正是佛教的教义上所提倡作的。释迦牟尼佛，所教训我们的“诸恶莫作，众善奉行，自净其意”的道理，在今天和我国全体人民共同努力得到了一致。

圆瑛老法师的这一番话，正是代表了新中国广大佛教信徒们的认识与感想，今后新中国佛教的面貌如何，也可从这里想象得出来。最近中国佛教界著名的活佛、法师、居士：虚云（113岁的禅宗大德）、喜饶嘉措、噶喇藏（内蒙古甘州寺大活佛）、圆瑛、柳霞·土登塔巴（西藏致敬团团长）、丹巴日杰（西藏札什伦布寺大堪布）、罗桑巴桑（五台山札萨喇嘛）、多吉占东（西藏萨迦寺大卓尼）、能海、法尊、巨赞、陈铭枢、吕澂、赵朴初、董鲁安、叶恭绰、林宰平、向达、周叔迦、郭朋等二十人在北京发起成立中国佛教协会，并于一九五二年十一月四、五两日举行发起人会议，与会的各位发起人，包括汉、藏、蒙、满、苗五个民族成分，来自西藏、内蒙古、西北、西南、中南、华北、华东等地。会前，中共中央统一战线工作部长李维汉先生招待各位发起人，就共同纲领和中央人民政府的宗教信仰自由的政策作了解释，并对大家发起成立中国佛教协会表示予以支持。他说：“三年来全国各项伟大的人民运动都获得了辉煌的成就，各地佛教人士也多参加了运动，在佛教界初步划清了敌我界限，这是很好的现象。值此中国佛教协会发起之际，希望爱国的佛教徒团结起来、继续划清敌我界限，与全国人民结成牢固的统一战线，协助人民政府贯彻宗教信仰自由的政策，为建设祖国与保卫世界和平而努力。”座谈时，全体发起人对李维汉部长的谈话都表示同意。会议时间，中央人民政府副主席李济深先生应邀出席指导，中央人民政府民族事务委员会委员赵范，中央人民政府政务院文化教育委员会宗教事务处处长何成湘亦应邀出席参加。各位发起人在发言中都热烈广泛地交换了有关发起成立中国佛教协会的各种意见。喜饶嘉措说：“我们发起成立中国佛教协会，这是全国佛教徒的一大喜事，我们衷心拥护人民政府的宗教信仰自由政策，今后我们要更加加强边疆与内地佛教徒的联系，使全国佛教徒在建设祖国与保卫和平运动中进一步团结起来。柳霞·土登塔巴说：“我们感谢毛主席对西藏人民的关怀和爱护，使我们摆脱了帝国主义的束缚和压迫。西藏是中国佛教的圣地，绝大多数人民都信奉佛教，我们回到西藏后，一定要将这次会议的各项决议传达给拉萨的三大寺院。”各位发起人并详细研究和讨论了发起成立中国佛教协会的宗旨、任务与组织等事宜，大家一致认为成立中国佛教协会的宗旨为：团结全国佛教徒在人民政府领导下参加爱护祖国，保卫世界和平运动，协助人民政府贯彻宗教信仰自由政策，并与各地佛教徒联系协进弘法利生事业。会议最后通过“中国佛教协会发起书”，全文如下：

中国人民的解放，给予了中国佛教以涤瑕荡垢，重见光明的机会。

三年来，人民中国的一切，是值得佛教徒热情歌颂的。我们歌颂广大地区经济改革的成就，使佛教徒不再为封建经济所束缚，而得以恢复持戒精进的生活，我们歌颂镇压反革命，尤其是取缔反动会道门的胜利，使佛教徒得以分清邪正，警惕阴谋而护持宗教的纯洁；我们歌颂抗美援朝保家卫国的伟大运动，使佛教徒有了报国土恩、报众生恩的殊胜因缘；我们歌颂宗教信仰自由之日益得到切实而周到的保护，我们歌颂民族政策之正确而完善的执行，使所有信仰佛教的各民族兄弟们都能够在这一友爱的大家庭中和衷共济，弘法利生。我们歌颂这一切，我们感谢这一切的领导者——我们伟大的领袖毛主席和中央人民政府；同时我们也引以自庆，因为佛教徒在这一切成就中，也贡献了一部分的力量。

为了更进一步发挥我们的力量以迎接我国即将开始的大规模建设，和继续加强保卫世界和平运动，我们感觉到需要一个联系全国佛教徒的组织，而且我们认为在今天的因缘，已经成熟。

因此，我们发起组织中国佛教协会，以团结佛教徒在人民政府领导下参加爱护祖国，保卫世界和平的运动，协助政府贯彻宗教信仰自由政策，并与各地佛教徒联系协进弘法利生事业。我们已于11月5日在北京举行了发起人会议，准备在适当时期召开成立会，邀请各方面佛教人士参加，并决定先行设立筹备处，负责与各方面联系协商及其它有关筹备工作。

我们相信我们的发起，将会得到各地佛教同人的同情和协助。我们诚恳地企盼着诸方大德的指教。

中国佛教协会的发起，普遍地鼓舞了全国佛教信徒们爱国爱教的热情，大约在1953年佛诞节前，中国佛教协会可告成立。今后新中国的佛教事业，将一天一天向前迈进，前途光明，可以预卜。

1952年12月于北京广济寺

（原载1953年1月1日香港《大公报》）

更好地发扬优良文化传统

（在政协第二届全国委员会第三次全体会议上的发言）

自从学习了苏联共产党第二十次代表大会和我国共产党第八次代表大会的文件之后，这几天又听到了毛主席的批示和周总理的报告，我个人觉得，人类文化将展开更为灿烂的一页，除了欢欣鼓舞迎接新阶段的到来之外，有一点浅薄的感想拟在这里谈谈，向各位委员请教。

随着社会主义国家的不断取得伟大胜利，帝国主义挣扎不久就会灭亡，人类思潮有大体上逐渐趋向于一致的可能。在这个一致当中，除了总结取得胜利和遭受挫折的经验以外，还将融化过去和现在各个国家、各个民族的优秀文化，以丰富马列主义的内容。一切思想上、学术上以及信仰上的派别，虽然不一定还会象过去那样显示它的头角，而能够把它最正确、最有用和最有价值的东西贡献于全人类。凡是热爱真理服从真理的人，我以为，目前可以着眼于此，着手于此。

“无弃理”，“无弃术”

大家知道，在三大敌人统治的国家里进行革命斗争是很困难的；在人口众多，生产不发达的国家里进行社会主义建设，担子也非常沉重。而中国共产党在领导革命和建设祖国的过程中所犯的错误较少，特别是《论无产阶级专政》的两篇文章发表以后，格外显示出中国共产党公正睿智与心平气和。这固然是由于中共领导人能够运用马列主义的基本原则结合中国革命的实践，又有苏联的经验可资取法的关系，但我个人认为不能说与我国文化的优良传统无关。这就是说，我国文化中的优良传统，在有意无意之间，深深地影响着中国人民的思想感情与生活习惯，因而在领导革命和建设祖国的事业中也成为发生决定作用的条件之一。这当然是值得继续发扬和向全人类推荐的。

可惜，解放以来，我们对于传统文化，批判有余而接受不足；对于古代学术思想、文学艺术发掘整理与研究，虽然在号召“百家争鸣”的前后，已经做了不少工作，也有不少成绩，但是有许多著作，只是玩弄一下名词和概念，就作为对古代文化的一种新的估价，而其实并没有接触到它的思想实质。思想实质既然没有接触到，就要来谈它在当时和后世所起的进步或反动作用，那就很恍惚了。以前没有马列主义的思想武器，要探索古代文化中是否含有符合于客观真理的实质，是相当困难的；现在有了马列主义的思想武器，只要摒除宗派和教条的成见，深思一下，客观一些，我认为是不难接触到古代文化的实质。古代文化的实质揭露出来了，再谈它的优良传统才有所依据，才能使祖国的新文化真像百花齐放一样，丰富多彩，阔大庄严。

我希望在“无弃人、无弃物”的号召之外，加上“无弃理”、“无弃术”。

发掘宗教中的宝贵资料

话又要谈到宗教上来。记得1954年3月，我曾经向科学院建议：把保存在宗教里面的有关生命现象的资料收集起来，用科学方法进行研究和实验，再加以应用，可以增进人民的健康、智慧和延长寿命。当时科学院对这个建议如何考虑与处理，我不知道，可是过了一年多，事实证明我的建议是正确的，合于科学的。这说明，宗教的本质和它在过去社会所发生的作用虽然已有定论，而几千年来保存在宗教里面的先哲的各种经验与智慧，还是值得重视和发掘的。特别是在佛教里面，关于相对真理与绝对真理、认识论、心理分析等方面的问题，都有相当丰富的资料，可供思想家的参考。它和我国文化各方面发生关系的史料，当然也应该整理与研究，以备历史学家的咨询。我想，别的宗教里面，一定也同样有许多宝贵的资料，可以发掘。此外，从宗教资料的整理与研究上，还可以发现人类思想上的一些问题。对这些问题，如果用科学的思想方法探索下去，也可以使真理的内容更加丰富。因此，我希望佛教徒以及其它宗教徒努力学习科学和马列主义，以便把保存在宗教里面的宝贵资料发掘出来，并把发现的问题加以解决，贡献于全人类，使它也成为推动人类文化进步的一种力量。同时希望马列主义者尊重这样的努力，并在必要的时候予以支持与协助。因为只有这样才能真正解决宗教问题。

由于人类文化飞跃的进步，由于我国社会主义建设事业的蒸蒸日上，各方面（包括宗教界在内）都提出了新的问题或任务，人民群众对于在各种事业中起核心作用的干部，要求就提高了。他们要求干部的文化水平、业务水平和政治修养都能与社会的发展相适应，他们要求把纠正偏差和错误的工作提到每一个单位的日程上来，而且要强调少犯错误，避免一切可以引起敢于犯错误者误解的言论。这种要求当然是为国家好，为了建设事业少走弯路，少受损失，也是相信党和干部的一种表示。我深信在毛主席和党的英明领导下，一定能够采取各种措施，逐渐满足人民群众的这种要求，进而在全国人民中取得认识上大体的一致。从这个一致出发，通过各种范围不同、性质不同的交谈或会议，再进而与社会主义国家的人民也取得认识上大体一致，同时在采取资本主义国家科学技术等方面的有用成分上作些必要的准备工作，则对于保卫世界和平，促进人类文化的发展与提高，一定会发挥很大的作用。环顾当前，瞻望未来，我感到无比的高兴。敬祝各位委员心情愉快，既寿且康。

（原载《人民日报》1957 年 3 月 16 日版，
转载《现代佛学》1957 年 4 月号）

我看《佛教在中国》影片以后

《佛教在中国》这部大型纪录影片，是中国佛教协会为随喜纪念释迦牟尼涅槃2500周年，在1956年下半年摄制成功的。

3月29日晚，我随同中国佛教协会第二届全国代表会议的代表在中国佛学院观看了这部影片。我看《佛教在中国》影片以后，首先感到，在中国历史上用电影来反映佛教的历史、文化、艺术和现实生活，这还是第一次。

影片的序幕首先就把人们的心情带到了清凉、和平、幽逸的境地。那清凉的钟声，始而清微深远，继而洪亮广阔，带着“钟声传三千世界，佛法扬万亿国中”的诗句向人传来，使人自然想到，“有着悠久历史的佛教，一直在为众生传播着和平之音。”接着钟声出现的，是一尊慈祥、庄严的佛像，这是全世界佛教徒所皈依的、毕生倡导和平与安乐的释迦牟尼佛。

钟声和佛像，为全部影片点出了主题。

佛教，这个为众生传播着和平之音的宗教，早在公元一世纪的时候，就从我们伟大的邻邦印度传入到中国。影片接着出现的古城洛阳和白马寺、白马寺内的迦叶摩腾和竺法兰像，就说明了这个史实。中国佛教徒对于这两位沟通中印文化的印度高僧迦叶摩腾和竺法兰，永远铭记不忘。

影片接着用苏州报恩寺、孙权母子礼佛图石碑、上海龙华寺、静安寺和杭州灵隐寺、河南嵩山嵩岳塔等镜头，反映佛教传入中国并在洛阳奠基以后，很快就在全国各地陆续发展和弘扬的情况。

佛教在古代中国的发展和弘扬，曾经予中国的文化艺术以很大的影响；中国古代人民由于佛教的影响，在文化艺术史上留下了不可磨灭的奇迹。为了反映这个史实，影片引导我们重点地参观了甘肃敦煌石窟、山西大同云岗石窟、河南洛阳龙门石窟、南京栖霞山千佛崖石窟，以及甘肃天水麦积山和四川大足宝顶山石窟。这些石窟的精美宏伟的雕刻和绘画都是世界闻名的宝库。影片还介绍了现在中国政府和人民是如何以实际行动珍视和维护这些石窟的概况。

佛教在中国的普遍弘传是与中国和印度古代佛教大德的辛勤劳动分不开的。为说明这点，影片着重地介绍了我国著名求法高僧和伟大的翻译家罗什、法显、玄奘和义净。这几位为弘扬佛法、为沟通中印文化的大师，永远是中国佛教徒景仰的对象和学习的楷模。

在许许多多古德先贤的虔诚和精进之下，佛教得到更为普遍的和创造性的发展。中国佛教徒不但发展了印度佛教原有的学说，而且根据佛陀的经论和教义创立了许多宗派，这些宗派在对佛教的弘传和修证上起了“殊途同归”的作用。在这里，影片举例地介绍了三论宗发祥地陕西草堂寺、净土宗道场山西交城玄中寺、禅宗祖庭河南嵩山少林寺和广东曹溪南华寺、天台宗本山浙江天台国清寺，以及法相唯识宗的奠基处西安大慈恩寺。为了说明佛教普遍发展的事实，影片还重点地介绍了各地的名山和受到各宗派影响的一些名刹古迹。其中最使人感到兴趣的，如在古老的长城上、在居庸关中心的云台的卷洞里，用梵文、藏文、蒙文、古维吾尔文、西夏文和汉文六种文字刻下的《佛顶尊胜陀罗尼经》；在北京西郊，有仿照印度比丘班迪达带来的印度菩提伽耶寺金刚宝座的样式而建造的五塔金刚座。这些古迹，表明了佛教普及到各个民族以及中印两国人民友谊长存的历史事实。

这部影片通过对蒙、藏地区和云南傣族地区的若干寺院建筑、宗教活动的上映，向人们介绍了在我国汉语系佛教以外的藏语系和巴利语系佛教的古迹和弘传的情况。这里介绍的藏语系佛教徒弘扬佛教的《江噶哇》和《两兄弟》戏剧，以及傣族人民在迎接佛牙时表演的“孔雀舞”，使人感到优美和生动。

《佛教在中国》这部影片，不但使人看到了佛教在古代中国的普遍弘扬的史迹，而且使人了解到佛教在今天中国日益昌盛的事实。影片极其简要地介绍了中国佛教现在的文化事业、教育事业和各种宗教活动，介绍了中国佛教徒与国际佛教徒友好的往来的事实。通过这些场面，使人强烈地感到，中国佛教的前途是光明的和远大的，中国佛教徒在新时代里所作的一切，正是佛陀所期望、众生所需要的庄严的事业。影片最后的钟声，给人带来了愉快而清醒的感觉。和平的钟声象征着佛陀慈悲的流露，它传到佛弟子的心中就变成了虔诚的愿望。钟声把佛陀的悲愿和佛弟子的虔诚紧紧地联系着。“闻钟声，烦恼轻，智慧长，菩提生”，这就是中国佛教徒朝夕不忘的庄严的祝愿。中国佛教徒将本着这种清净的愿望，在佛陀慈光加庇之下，与各国佛教徒加强团结，为弘扬佛法和众生的和平事业而精进不息。

（原载《现代佛学》1957年5月号，署名胜音）

参加和会，朝拜佛牙

《增一阿含经》卷二十云：

波斯匿王白世尊曰，今此国界有大贼起，夜半兴兵擒获，今已破贼。功劳有在，欢喜踊跃，不能自胜，故来诣至，拜跪觐省。设我昨夜不即兴兵者，则不获贼。尔时世尊告曰，如是大王，如王所说。

经文上所说的“国界大贼”，可能是邻国寇边。波斯匿王兴兵抵抗，取得胜利，而世尊许可之，可见世尊是赞成反抗侵略的。又《长阿含经》卷二云：

阿阇世欲伐跋祇，命大臣禹舍白世尊曰，跋祇国人自恃勇健，不顺伏我，我欲伐之，不审世尊有何诫敕？时阿难在佛世尊后执扇扇佛，佛告阿难，汝闻跋祇国人数相集会，讲议正事不？答曰闻之。佛告阿难，若能尔者，长幼和顺，转更增盛！其国久安，无能侵损。……时大臣禹舍白佛言，彼国人民若行一法犹不可图，况复具七。国事多故，今请辞还归。佛言，可，宜知是时。

这又是世尊反对侵略的证据。在南传佛教的经典里，也记载着：世尊曾经到锡兰去调解羯罗达拉和摩诃达拉之间的战争，又为释迦族和库利耶族讲解和平的价值，平息两族之间因用水而起的纷争。所以全世界的学者和佛教信徒，一致认为佛教是和平的宗教。此次世界和平理事会在有信佛传统的锡兰国首都教科伦坡举行，佛陀的和平之光，当然又更广大地加被于人群。现分四段，把我参加科伦坡会议的所见所闻述之于次。

世界和平理事会是爱好和平的人民在第二次世界大战结束后，为反对帝国主义者执行战争政策而组成的。1949年2月，在波兰伏罗兹拉夫举行的世界文化工作者保卫和平大会是世界和平理事会的开端。在保卫和平大会上，产生了世界文化工作者国际联络委员会和国际民主妇女联合会两个组织，发出召开世界和平大会的宣言。约里奥·居里教授、戈登夫人等世界各国七十五位知名人士都在宣言上签了名，随即于同年4月20日至25日在法国巴黎和捷克布拉格两地同时举行了第一届世界保卫和平大会，在大会上成立了世界和平大会常设委员会。此后，和平运动即蓬勃地发展和壮大起来。

1950年11月16日至22日，在波兰华沙举行了第二届世界和平大会。当时，在1950年3月展开的要求禁止原子武器的运动已得到全世界的响应，许多国家成立了或加强了全国性和平运动的组织，因此在这次大会上决定组成一个机构，以便使大家能经常会晤并采取和平的行动，这就是世界和平理事会。

世界和平理事会是一个代表各国人民意愿的国际组织。它的争取世界和平的原则规定为：世界上不同的制度可以和平共处；以和平协商的方式达到大家都可能接受的协议来解决国际争端；遵照民族自决的原则，由本国的人民解决自己内部问题。也就是说，反对侵略战争，反对以武力解决国家间的争端，反对干涉别国内政、侵犯别国主权的行为。

世界和平理事会在成立的时候有理事220人，现已增至四五百人，广泛地代表着各国各组织中不同阶层、不同信仰、不同政治见解的各行各业的人。它每年召开全体会议一次或二次，必要时召开特别会议，每次会议都有特邀代表和观察员参加。自从1950年到现在，世界和平理事会已经先后在法国巴黎、捷克布拉格、意大利罗马、瑞典斯德哥尔摩、英国伦敦、波兰华沙、瑞士日内瓦、德国柏林、芬兰赫尔辛基、奥地利维也纳、挪威奥斯陆、丹麦哥本哈根、匈牙利布达佩斯等著名的都市召开过三十几次大小不同的会议，发起要求无条件禁止原子武器、要求五大国举行会议、缔结和平公约的签名运动，声援受迫害的和平战士，反对战争宣传，巩固和发展各国间经济和文化关系，号召开展协商精神战胜武力解决的缓和国际紧张局势的运动，都收到了实际的效果。特别是1952年12月，在奥地利首都维也纳召开的世界人民和平大会上，要求在朝鲜停战，并谴责美国在朝鲜使用细菌武器的暴行。还组织了若干国家的代表所组成的一个委员会，负责向五大国政府递交决议书，促成了和平力量的一个新的胜利——八个月后朝鲜停战协定签字，更使我们中国人民感念不忘。

今年四月，世界和平理事会常务委员会在柏林开会，发表了《对全世界的呼吁书》和《关于国际局势的决议》，说明核子爆炸试验使锶九十散布到空中，染污了陆地和水面，一经吸入人体，能够造成癌症和白血球病，并会在几代的时期中损害人类的健康，威胁男人女人特别是儿童的生命。但有人却在公开准备原子战争，制造和试验新的原子和热核子武器，以及在军队中配备这些武器，把世界分裂成为各种集团，在各大洲建立军事基地，企图以一切手段阻止首先是亚洲、非洲和拉丁美洲国家实现行使民族主权，构成对各国人民和全人类的严重危险。世界和平理事会常务委员会依照反对战争、反对战争威胁，和为和平而进行斗争的千百万人的愿望和希望，决定于1957年6月10日到16日在锡兰的科伦坡召开世界和平理事会会议。

锡兰旧称狮子国，是一个富饶的热带岛国，有“东方珍珠”之称。面积56584平方公里，大约相当于我国的两个海南岛，人口858万余人。主要民族是僧伽罗族，占全人口70%；其次是泰米尔族，占10%；其余20%为摩尔族、印度人、亚欧混血的柏格族、马来人及欧洲人。僧伽罗语于1956年被宣布为国语，会英语的人约占全人口的8%。

僧伽罗族信奉佛教者占人口65%，佛教僧侣在社会生活甚至政治生活中有重要的地位和影响。印度教徒占全人口20%（多为泰米尔人），回教徒占全人口6%（多为摩尔人），天主教徒和基督教徒占全人口9%（天主教徒较多）。

在锡兰二千多年的历史中，受西方殖民者侵略时间长达四百五十余年之久。16世纪初叶和17世纪中叶，葡萄牙人和荷兰人先后侵入了锡兰；18世纪中叶，英国从荷兰手中夺取了锡兰，1802年锡兰正式成为英帝国的一个殖民地。但锡兰人民始终不屈，经过长期的斗争，终于1948年2月4日，宣布独立，成为英联邦的一个自治领，随即公布实行六年计划，现已进入第二个六年计划。但粮食远不能自给，人民生活仍不充裕。

可是锡兰人民由于佛教的薰陶，有其热爱和平的传统。1950年就召开全国和平大会，通过决议反对帝国主义利用锡兰人民和在锡兰的军事基地侵略亚洲人民，并组织了全国规模的签名运动，得到了进步工会、青年组织和佛教僧侣的支持，锡兰各佛教学院院长绝大部分都签了名。1951年又举行了一个使锡兰不参加任何战争的和平会议，号召锡兰人民为反对变锡兰为外国军事基地而斗争。1952年派遣代表团出席在我国北京召开的亚太和平会议。1953年发表声明反对美国政府准备扩大侵朝战争。1954年4月在科伦坡召开南亚五国总理会议，呼吁立即在印度支那实现停火，并在公报上表明，中华人民共和国政府应代表中国加入联合国，亚非会议也要邀请中华人民共和国参加。这就直接促成了1955年万隆会议的顺利召开，间接培育了潘查希拉的万隆精神。

万隆精神不仅在亚非国家里发生了影响，就是在世界范围内也有其缓和紧张局势的显著作用，而实导源于在科伦坡召开的南亚五国总理会议。所以在这亚非国家民族独立运动已经成为主导力量，而帝国主义者企图重新挑起中近东军事行动的威胁，来强制推行一种旨在干涉其他国家内政和侵犯其他国家独立的措施的时候，在科伦坡召开世界和平理事会议是非常适当的。

世界和平理事会在亚洲召开，还是破天荒第一次。出席会议的69个国家412位代表中，来自亚洲、非洲和拉丁美洲的代表占多数。他们的宗教信仰、政治见解以及其他思想情况虽然大有差别，但是要求和平与民族独立的热情是一致的。这次会议最重要成就之一，就是不仅在保卫和平问题上而且在维护民族独立问题上，表现了占人类绝大多数人民坚决的意志。个别忽视反殖民主义的力量的重要性或害怕它的人参加会议后，也有了正确的认识。

我国代表团一行15人，在郭沫若团长和鲍尔汉副团长率领之下，于6月7日抵达科伦坡，住在会场所在的大东方旅馆，和各国代表们联络较便。8日9日我们就分别和各国代表交换意见，初步了解他们在若干基本问题上的态度。

十月正式开会，议程是全体大会与小组委员会相继进行。10日上午9时，约当我国时间十一点半，在锡兰乐队演奏民族歌曲、世界和平理事会副主席法国进步共和联盟总书记达斯迪埃·德拉维热里宣布开幕后，宣读世界和平理事会主席约里奥·居里的来信，大意说明：由于健康状况不适宜作长途旅行，没有出席这次会议。又锶九十放射到最高空，围绕地球旋转，平均寿命30年，随着雨点尘埃，逐渐下降，沾染到植物身上，被人类吸收了会造成白血球病，特别危害小孩。所以裁军问题，特别是禁止原子核武器试验问题，是这次会议讨论的首要问题之一。和平战士是世界上最有耐心的人，代表全世界最崇高的力量。要发展和平运动。进行坦率的公开的讨论，决定可以使和平阵营壮大起来。

锡兰代表团团长、锡兰司法部长席尔瓦在热烈的掌声中被推举为会议的主席。他在开幕词中说，此次会议将发生万隆会议的作用，使核子试验停止，否则核子战争会使双方同归于尽。希望此次会议成为未来的指南。

全体大会一共举行八次，各国代表发言非常踊跃，我个人最感兴趣的有四点：

一、英国的阿诺德教授说："我研究放射能三十年，深深地知道核子武器对整个世界的损害很大，就是在和平时期也没有安全地带可以避免锶九十。有些政府认为核子武器有用，其实使用起来会毁灭自己。为此全人类不论资本主义与共产主义应该联合起来共同制止。不久前，英国还有人认为反对使用核子武器是共产党的运动，对苏联有利。现在已经打破了这种错误的观点，即使反对共产主义的人也起来反对战争，反对试验核子武器。苏联的态度符合人道的原则，和英美不同，他主张禁止试验，我们也要拿出力量来禁止试验核子武器，这不仅为反战，也是使世界繁荣。"比利时的一位子爵（天主教徒、大地主）也说："西方国家宣传反苏，事实上如无苏联，和平运动就不存在，我们每一个人都应该知道这个事实，苏联有勇气于1917年革命和建设社会主义，又有勇气在反法西斯战争中取得胜利，战后又有勇气重建工业和帮助中国工业化，这都是值得钦佩的事情。西方有些科学家为好战分子辩护，说试验氢弹没有危险，如果是确实的话，为什么英国不在他的本土试验氢弹而要到太平洋试验呢！"这许多公正的话出自资本主义国家的学者的宗教徒之口，极有说服力量，在辩明是非上发生了很大的作用。

二、塞浦路斯的代表带着悲痛的心情对大家说："我们不像其他自由独立国家的代表带着快乐来参加和平大会的，我们满怀都是受苦难的人民的泪光和血影。我们的国家已经不成其为国家，本来是美丽的天堂，现在变成了地狱。英国人早已宣布塞浦路斯有自决权，但是诺言只停留在口头上。他们为了控制阿拉伯国家，所以要占据只有五十万人口的塞浦路斯。希望代表们动员和平力量帮助我们可怜的国家。"马达加斯加的代表也说："自马达加斯加1895年被法国占领之后，经济、文化都不能发展，更谈不上进步。全国四百五十万人，在最近十年之内被杀五万人。"接着鲍尔汉副团长和阿拉伯国家、拉丁美洲国家的代表都纷纷起来谴责殖民主义，形成了反殖民主义的高潮。意大利代表卢查托当时指出了和平运动与反殖民主义运动团结一致的重要性。他说："如果一切应该得到自由和已经取得生存和独立的基本权利的人们，一致同意实现和平和保持和平，和平就可以实现。在北非和中东，一种新殖民主义正在直接进行活动。这种新殖民主义虽然在渗入和剥削上使用了新的方法，但是已经显示出同老殖民主义毫无区别的强力和威吓手段。"他还特别谴责美国装备原子核武器的第六舰队在地中海的行动，得到代表们热烈的欢迎与支持。

三、锡兰代表佩雷拉说："不可想象，东半球所遇到的任何困难问题，如果没有中华人民共和国参加讨论会得到解决。如仅就常规军备而言，没有人民中国的积极参加，想做到真正的裁军也是妄想。"佩雷拉主张恢复我国在联合国的合法地位，反对美国侵占我国领土台湾，得到代表们的热烈欢迎。挪威代表卡尔·波尼维，印度代表森德拉尔等在发言中也一再支持佩雷拉的主张。这说明中锡友谊非比寻常，而我国在国际事务中的重要地位，也日益显著，倍受尊重。

四、郭沫若团长的发言冲和雅洁，得到代表们的赞扬和支持。他说："中国是热爱和平的国家。在两千多年前我们的一个大哲学家就用'和为贵'的话教导我们。又有'己所不欲，勿施于人'的格言，这就通往和平。美国在附有政治和军事条件的援助的名义下提供美元，侵犯其他国家的主权和独立，是用新的殖民主义代替旧的殖民主义。但是它的援助政策的性质，已经清楚地表现在最近的台北事件上面，美国操纵联合国不让中华人民共和国恢复它的地位，但还和我们打交道，朝鲜停战谈判过很久，日内瓦大使级谈判也谈了两年多，我们是一定能够同杜勒斯先生和他的同僚们比一比耐心的。"他又要美国和英国政府接受苏联的建议，在无条件禁止原子武器和核武器以及在裁军问题上达成协议。这许多正义的呼声，都反映在十六日深夜全体一致通过的决议里面。

16日是最紧张的一天，因为两个小组委员会在讨论反对原子核爆炸试验的问题以及缓和世界紧张局势的问题上，有许多意见需要批评、说服与综合，一直到当天晚上才达成协议。十一点半继续开会，首先让要求在大会上发言的人发言。有一位法国的参议员说："会议初步反映出一大意愿，即反对可能导向战争的种种，如何不为此而感动。这一伟大运动表达在世界命运上，将创造新的历史。希望中国与其他国家正常交往，加入联合国，使他的威望与天才结合起来。"这都是好话。可是他又说，不要用判决的态度对待某一国家，用意在替美帝国主义者辩护，不过大家还是让他讲下去，听完了他的话。所以澳大利亚的代表发言，对于这样的言论自由表示惊异。大会就在这样宽容的精神中，除了两名以色列的代表不参加表决外，连一向不赞成反对殖民主义的人，也一致举手通过了决议。及至郭沫若团长讲完闭幕词，已经是深夜二点半钟了。如果照我国的时间算，正是17日上午5点钟，天已大明，那就是整整开了一天一夜的会。

决议全文已经发表在报纸上，这里不再重述。不过其中有一个重点要提一下，就是和平运动和反殖民主义的斗争已经结合起来了，这在历届世界和平理事会的决议上是没有的。很多代表都认为这是和平运动的一大胜利，也是和平运动已经广泛而深入地开展起来的一个证明。有了这样的结合。才能推动中间地带的人民加入和平运动。中间地带的人民加入了和平运动，帝国主义者要发动战争就非常困难了。所以这次会议是取得了重大的胜利的。

锡兰政府和人民对于这次会议予以大力的支持，也是取得胜利的原因之一。锡兰总理班达拉奈克在会议开幕的时候特致贺信，他还和总督亲自招待我们。记得是一个雨后清凉的晚上，广大的草地上，无数个彩色电灯挂满了长林。有的像翠绿的苹果，有的像熟透了的仙桃，有的好像满树繁花，有的又似明珠照夜，于妍丽中显出庄严，再加上妙舞清歌，使我们大家都感觉到和平与繁荣幸福是不能分开的。

科伦坡的市民在15日下午举行了拥护世界和平理事会科伦坡会议的示威游行和群众大会。游行队伍由几百个穿黄色袈裟的僧侣带领，通过科伦坡市中心的大街走向独立广场。在独立广场主席台的后面也有几百位穿黄色袈裟的僧侣坐在那里，这说明锡兰的佛教徒特别是出家僧众是全力支持和平运动的。群众大会开始，先由全体僧众念吉祥经，接着由大会主席请一位大长老致词，后来才是各国的代表讲话。每次讲话都要译成僧伽罗语和泰米尔语，因此开会的时间相当长，而群众在烈日之下、骤雨之中都坚持不散，也可以见出他们的热情之高了。

此外锡兰和平委员会还特地为代表们编演了芭蕾舞剧《和平的胜利》。剧情和表演技术都足以推动和平运动。我国和苏联的代表都当场请他们到中国和苏联来表演。这也说明锡兰人民的确为此次会议花费了许多心血，而和平的慈悲之音是能够随时随地得到共鸣的。

不过，帝国主义者是不愿意让和平运动壮大起来的，它将千方百计设法破坏和平运动。我们必须用全力保卫这次会议所得到的成果，紧密地团结中间地带的人民，揭露帝国主义的阴谋，以保卫世界的和平。世界和平了，我们祖国的伟大建设才能顺利进行，人民的经济生活和文化生活才能得到进一步的改善。因此我们应该把和平运动当作生活的一部分，努力从事。锡兰佛教界若干大德的典型是可以取法的。

科伦坡会议刚结束，我就去朝拜佛牙。佛牙供奉在离科伦坡两百里左右的堪地。相传一千六百多年前，印度迦陵伽国的国王哥哈塞伐命公主赫曼曼丽送到锡兰，以后几经变乱，而始终被当作国宝保存在锡兰。义净法师《西域求法高僧传》云："其师子洲防守佛异常牢固；置高楼上，几闭重关；锁钥泥封，五官共印，"现在还是如此。不过所谓"高楼"仅仅是两层的一座小阁，而"五官共印"也改成三个人执掌启闭的锁钥。三个人中，一个是麦儿哇脱派（Malwatte）的大僧长（Mahanayake），一个是阿丝格列耶（Asairiya）派的大僧长，另一个是佛牙寺的总管（居士）。他们三个人分住在三个地方，如果不能同时到达，朝拜的人就看不到佛牙。所以佛牙每年只在大游行的时间开放一次，其他时间非有特别因缘，并在一星期内预先接洽，概不开放。我们和苏联代表团非常感谢两位大僧长和总管居士，因为他们为我们特别开放了佛牙，并用佛牙加持了我们。

6 月 18 日下午 3 时，佛牙寺的总管，头上带了平顶发亮的铜盔，身上穿上白色的古代朝服，腰间系了阔带（带上有两个像大姆指大小的龙头），并用四个全副古代武装的侍卫开路，进入佛牙阁。两位大长老和四五位大比丘腰间都系了红色的阔带在那里等着。我没有红带子，照规矩是不能走到佛牙塔旁边去的，一个侍卫用一条黄带子系在我的腰间，我也就得到许可和大僧长们站在一起。这时，高约三尺的钟形金塔被揭开，里面又是一层金塔，并且藏有许多宝物。宝物都用黄色或蓝色的绸子裹着，每打开一层塔，都由大僧长拿出来给我们看。其中有一个大约三寸长、直径一寸多大的金色圆筒，据说是佛牙从印度送到锡兰时原装的盒子。此外还有浅蓝色水晶佛像等等，都非常珍贵。最后一层金塔高约八寸，顶上镶着一颗像扁豆大小的钻石，光芒目射。塔身用众宝镶成璎珞，异常庄严。揭开这层塔，就看见金莲花上托着的一根带环的花须，高约三寸，大僧长才把用蓝绸包着的佛牙打开，塞入怀中，放在塔前的小桌上，罩上玻璃罩。首先让我礼拜，接着是苏联的沙拉卜夫喇嘛和十一年前去锡兰留学的我国了参法师。我们礼拜完毕，大僧长把门帘放下，关上门，用金莲花托着佛牙放在我们头上加持，然后才打开门给大众朝拜。很多人都羡慕着我们，我们也以为是莫大的因缘。当时，我和沙拉卜夫喇嘛各用代表团的名义供养一千罗比，第二天报上用大字标题刊载了这个消息，这也说明，中锡两国佛教徒的友谊，自法显法师以来是始终不渝的。

堪地是半山上的平地，气候比科伦坡凉爽，万木丛中，晃耀着潋滟的湖光，景色非常雅静。湖狭长而多曲折，佛牙寺以及许多精舍在其北，南面是一个市集，有相当讲究的旅馆和餐厅，也有百货公司，都是为朝拜佛牙的善男信女而设的。锡兰大学和专门培植热带植物园都在这市集附近，限于时间，我们只在汽车里看了一下它们的规模，和参观了我国周总理在植物园亲植的一株檀香木，没有来得及领略别的。回到科伦坡，已是万家灯火，我国驻锡兰的张大使为我们饯行的时候了。19日一早，我就带着法舫法师的骨灰，随团经过印度回国。

法舫法师是1949年应聘到锡兰大学去讲中国佛学的，由于他佛学研究的造诣很深，讲课很受欢迎，影响也很大。1950年，他出席世界佛教徒友谊会在锡兰召开的第一次会议，坚持正义，不肯苟同，得到祖国广大佛教信徒的尊敬和怀念。1952年，因脑溢血圆寂，荼毗后骨灰供奉在他住过的拂迭阿楞伽拉学院。此次，我到锡兰后，和达摩拉塔纳法师以及华侨们商量，得到同意，迎请回国，将来在适当地方建塔供养，并借以纪念中锡两国人民深厚的友谊。这是我在锡兰所做的另外一件事，虽然与科伦坡会议无关，但是善知识的灵骨，得归祖国，凡是知道法舫法师的人，也就很安心了。

（原载《现代佛学》1957年8月号）

在毕业典礼上的讲话（节选）

（1961年8月17日）

中国佛学院这一新型的佛教文化教育机构，是在党和政府大力支持下产生的，正是由于这个原因，学员们安心学习，老师们安心教学，本科与学习班先后有三百多学员毕业，毕业后的学员大部分走上佛教工作岗位，协助诸长老管理名山道场，在当地群众中得到良好的反映，留在本院继续学习的学员，也都能认真学习，佛学知识水平不断提高，宗教思想越来越纯洁，爱国主义逐渐坚定地树立起来。……研究班的要求深造的毕业学员，大部分转入研究部，继续留院研究；学习班毕业学员与自愿相结合，有的回到各地去参加佛教工作，部分留院转入本院本科学习。……今天佛学院的毕业学员的前途，真是光明无量，幸福无量；在新中国已结束了过去社会所谓佛学院毕业出来的学僧前途茫茫，长夜漫漫的苦痛命运。毕业学员们要学习再学习，百尺竿头更求进步。

（原载《现代佛学》1961年第4期）

柬埔寨纪行

从前阅读《大藏经》的时候，读到《文殊问经》、《解脱道论》和《阿育王经》等等，常常因为译文的"华质有序"而追念译者扶南国的僧伽婆罗法师，据《续高僧传》卷一说，僧伽婆罗法师在未到我国之时，已经是"声荣之盛，有誉海南"。来到我国之后，又虚怀若谷地从求那跋陀法师学习，因而"博识多通，解数国语书"。后来因为翻译经典的勋劳，得到梁朝帝王隆重的礼遇，和广大佛教信徒的崇敬供养，而他则"拥宝栖闲"、"不畜私财"，把收到的嚫施建立一所寺院。这所寺院虽然事隔一千四五百年，几经兴废，已经无可稽考了，但是《续高僧传》上的记载，深深地感动着我们，使我们每一怀念僧伽婆罗法师，面前就出现一个坚毅淡泊的形像，从而联想到以前称为扶南或真腊现在就是柬埔寨的佛教情况。

一九五八年六、七月间，柬埔寨佛教代表团访问我国，使我有机会和代表团团长西哈努克佛教大学校长胡达法师会面。他那种从容不迫庄严雅洁的形态，不禁又使我想起僧伽婆罗法师来，因而我心里发生了一种希望——有机会去访问柬埔寨，该是多么有意义啊。此次随喜饶嘉措大师亲自率领的中国佛教代表团，去柬埔寨首都金边参加第六届世界佛教徒会议，可以说遂了我的心愿。因此本文重点，在于纪述柬埔寨的一些风土人物，而把其他的情况从略。

我们到达金边，是十一月十日的中午，其实已经是北京时间一点多钟了。从初冬的气候，骤然转入盛夏，大家感觉有些闷热，可是主人和侨胞们的热烈欢迎，又使我们在挥汗之中，忘掉了旅途的劳顿。一路上六色的佛教旗和柬埔寨国旗迎风招展，引起了我们深挚的回忆。我们不仅回忆为我国佛教界翻译经典的扶南国僧伽婆罗、曼陀罗、须菩提等法师；也回忆南齐永明二年（公元484年），第一次代表扶南政府来我国赠送白檀佛像和象牙佛塔的那伽仙法师。早于玄奘法师翻译相宗经典的印度真谛法师，也是经过扶南来到我国的。我国的法师如梁朝的宝云和后来的义朗、智岸等都到过扶南国，梁武帝萧衍还曾经把《涅槃》、《般若》、《金光明经》的讲疏一百多卷赠送给扶南政府。这许多历史事实，说明中柬两国佛教徒和人民的友谊是根深蒂固的，时间愈久愈觉新鲜，也愈值得回味，何况旧交之上又加上新的情谊呢。

我们在到达金边的翌日，带着这样深挚地回忆旧交欢欣地迎接新谊的心情，去拜访两派僧王。达摩如特派（Dhammaynthikanikaya）的僧王住在宝东华德寺(Botumradey)。该寺是由许多精舍组成的，寺前有很多大小不同的塔。僧王所住的精舍虽然并不很大而布置得非常精洁。僧王看见我们的车子一到门口，就迎出来握着喜饶大师的手，请他上坐。并且首先表示，能够会见中国佛教代表团，是他个人的光荣，也是达摩如特派的光荣。接着他又讲了两个有关中柬佛教界传统友谊的故事。喜饶大师也说："中柬两国的佛教徒，自古以来就有友好和亲密的往来，好像兄弟一般"。随即把名贵的藏香和其他用品送给僧王。僧王知道香是像征戒德清净的，非常欢喜，就和喜饶大师叙起年庚和僧腊来。喜饶大师 79 岁，僧腊 72 年；僧王 71 岁，僧腊 55 年，僧王笑着说："我是弟弟"。我们因为还要去拜访摩诃尼该派的僧王，就向他告辞，他依依不舍，一直送我们上了车才回去。

摩诃尼该派（Mahanikaya）的僧王住在乌那隆寺（Unnalom)。该寺距宝东华德寺不远，僧王接见我们是在他办公的地点，相当宽敞。我们的车子刚到，他就扶着手杖在门口等候我们了。寒暄之后，我们因为他刚从法国医治眼疾回来，身体不大舒服，不敢多打扰他，可是他坚留不放，并且说，1958 年他派胡达法师代表他访问中国，得到中国佛教界热情和周到的款待，他至今感念不忘。赵朴初居士说："胡达法师访问中国，对促进中柬两国友谊作出不小的贡献。中国佛教界人士虽然未能亲眼见到僧王，但是很多人已经看到了悬挂在中国佛教协会内的僧王的照片，所以他们也是很熟悉僧王的。"僧王和我们讲话的时候，有时用英语，后来我们才知道，僧王虽已年高 78 岁，但在最近几年才学英语，这种好学不倦的精神，也是值得我们钦佩和效法的。喜饶大师在临别的时候，也把藏香和其他用品送给僧王，僧王一再要我们宽坐畅谈，最后请我们题名留念。使我体会到兄弟般的手足深情，系念着中柬两国佛教徒的心坎，"一番见面一番亲"，今后必将对于中柬两国佛教的发展，发生良好的作用。

胡达法师是出席第六届世界佛教徒大会的柬埔寨佛教代表团团长，又是大会筹备工作的负责人之一。他在百忙之中接见我们的时候，紧握着我们的手连续地说："我很想念你们，我很想念你们"。接着他就把筹备工作大概告诉了我们。

原来柬埔寨政府为了开好这个有二三百人参加的国际会议，把政府许多部门的重要干部都抽调出来，组织一个筹备委员会主持筹备事宜。西哈努克亲王还亲自指示筹备会，要以中国语文作为会议的四种用语之一（柬、中、法、英)，我们当时就托胡达法师代向西哈努克亲王转达我们的感激之意。

西哈努克佛教大学为柬埔寨最高的佛教学府，是 1955 年以后，在西哈努克亲王的大力支持和胡达法师的积极推动之下新建起来的。学生都是僧人，而教授则有在家的居士。现有学僧107名，其中一年级40名，二年级也是40名，三年级27名。整个修学期间共分三个阶段，第一阶段三年，第二阶段四年，第三阶段三年。第一阶段的每周课程表如下：（略）第二阶段的课程，分选修和辅助两种。选修课程中有：佛教教理、哲学、语言学、高棉文明、古典语文（巴利文、梵文）、现代语文六种。辅助课程中，一年级有：宪法、民法、科学、历史、地理五种，二年级有：行政法、民法、宇宙学、政治经济学四种。三年级有刑法、民法、人种学、政治经济学与国家组织五种。四年级有国际法、考古学、教育与练习四种。第三阶段没有规定课程，据《西哈努克佛教大学简介》（The Preah Sihanouk Raj Bouddhist University）中说：在最后一个阶段也是最高的一个阶段，学僧的修学主要是依靠图书馆，则完全是研究性质了。照上面的课程看来，西哈努克佛教大学第一阶段程度，大体上与中国佛学院的本科相当。第二阶段的程度，也大体上相当于中国佛学院研究部。不过中国佛学院本科修学期间为四年，研究部三年，而且都以百分之六十的时间放在佛教教理和教史的讲授与研究上，这是和西哈努克佛教大学不同的地方。但是培养主持三宝和弘法人才的目的是完全相同的，所以一九五八年胡达法师在北京参观中国佛学院的时候，对中国佛学院的学僧谆谆勉励，像对待西哈努克佛教大学的学僧一样。

西哈努克佛教大学对面，就是第六届世界佛教徒大会会场。地名“四臂湾”，面临湄公河的支流百色江，风景如画。会场能容六百多人，座位相当舒适，译意风能同时译播四种语言。十四日上午开幕之时，西哈努克亲王亲临主持。他在致开幕词中说：“无论是南方派的佛教徒，或北方派的佛教徒，我们都是根据同样的教义而生活”。得到全场一致的赞扬。事实上，中国的佛教是属于北方派的佛教的，我们平常也一再说明南传和北传两派佛教，只是在生活方式和宗教仪式上有所不同，基本教理是完全一致的。现在西哈努克亲王也如此主张，我们听来，特别感觉亲切。同时西哈努克佛教大学里，设有中文的课程，这也证明柬埔寨佛教界实践了西哈努克亲王的主张，并且和我国佛教界相同，像珍惜自己眼珠一样，珍惜中柬两国的传统友谊的。

第六届世界佛教徒大会在十一月十七日闭幕，十八日参观王宫和博物馆，十九日乘飞机去暹粒省参观安谷寺（Angkor Wat，华侨称为“吾哥”）。如果用佛教艺术或考古学的观点来看，可以说安谷寺是柬埔寨的云岗，而云岗也可以说是中国的安谷寺。不过云岗石窟寺的建成，早于安谷寺六七百年，而且是开凿山岩、造成洞窟，在其内外雕刻许多佛菩萨像和佛教故事而成的。安谷寺创建于十二世纪初，是用大石块在平地上重重叠叠地建造许多石室构成的。它的面积为长方形，左右长一千五百米，前后一千三百米，四周绕以壕堑。整个建筑，分为三层，在最上一层采用梅花形建造五塔，中间的一个塔最大也最高，据说它的高度为六十五米。在这个塔的基层，四面各砌佛龛一个，中供石刻佛像，大小不一，其中主尊站像约高一丈左右。此外造像不多，而在地面一层走廊的石壁上则镌刻了八百米的浮雕，非常生动，据说都是印度大史诗拉马耶那和摩诃婆罗多的故事。

安谷寺的最上一层还相当完整，中间一层和地面的一层，许多石室都已倒塌，走廊也有许多地方不能通行。听说柬埔寨政府曾经请欧洲的专家来研究过修理的办法，但是他们非但没有提出修理计划来，反乘机盗窃了一部分文物回去，因此关于安谷寺的修理计划尚在慎重考虑之中。写到此地，我又不禁想起我国云岗和其他许多佛教石窟寺的造像壁画，被帝国主义的文化强盗偷窃破坏的事情来。现在，帝国主义者在我国神圣的领土上横行霸道的时代已经一去不复返了。云岗等地佛教石窟寺在人民政府的爱护之下，都得到了妥善的保护。但是帝国主义的狼子野心是不会自行收戢的，我们中柬两国佛教徒对于这一点，还应严加警惕。

游览安谷通常分作两天，第一天游览小安谷，主要游览安谷寺；第二天游览大安谷，并不是还有一个比安谷寺更大的佛教古迹，而是地区比较大，分散的古迹比较多，需要一天的时间才能看完。在游览大安谷的那天（20 日），使我们最感兴趣的是一个名为佩容（Bayon）佛教寺院的遗迹。这个寺院的建筑也是在平地上用石块建造的石室构成的，不过一共有五十个小塔，每一个塔的中间部分，四面各有一个观音菩萨的面像，导游者称为“微笑的面”。因此在柬埔寨佛教徒中信奉观音菩萨的还相当多，这和我国佛教界的情况是有些相似的。

我们从安谷游览回到金边，21 日下午柬埔寨政府为中国代表团和蒙古人民共和国代表团特别安排参加送水节观礼。送水节是柬埔寨的传统节日，在我国阴历的十月十五日圆日开始举行，一共三天，国家元首都亲自参加，盛况兼我国的端节与春节而有之。说它兼我国的端节，因为有龙舟竞渡，说它兼我国的春节，因为刚好是放假三天。送水节的起因，传说不一，最可信的是湄公河在雨季泛滥之后，风平浪静，也正值农民收获有成的时候，所以在广阔的江面上举行龙舟竞赛，表示庆祝。龙舟狭长，也用锣鼓，船头坐着有经验的人指挥操作，中间有人扮演丑角鼓动勇气，和我国的龙舟竞赛相同，从这上面也可以知道中柬两国人民从古以来就有亲密的联系的。

金边的送水节，从这天下午3时开始，到七点半钟才告结束。西哈努克亲王一直和我们一起坐在河边的浮宫里观看。大约在六点钟的时候，龙舟的初赛已完，装满各种电灯的轮船陆续开过来，其中有一艘靠拢浮宫，西哈努克亲王站起来请我们走近那艘轮船，他先点着火把，随即把火把引燃船上置备好的煤气管，发出晶亮的火光，然后把火把交给喜饶嘉措大师请他点火，我们也接着如法点火。此时那艘轮船霞光万道，继续驶入江中。据说这是表示吉祥和兴盛的意思，而西哈怒克亲王请我们点火，一方面表示敬意，一方面也是希望得到加持。送水节结束的时候，西哈努克亲王又接见我们，和喜饶嘉措大师、赵朴初居士作了亲切的交谈。我们带着柬埔寨王国政府、佛教领袖以及广大佛教信徒们的深厚友谊，于22日回国。今后随着中柬两国人民友谊的进一步开展，中柬两国佛教界的来往将比古代更加密切。上次以持松法师为首的中国佛教代表团访问柬埔寨和我们这一次的因缘，不过是一个开端而已。

（原载《现代佛学》1961年第6期）

是天人师，得无量寿！

已经是十几年前，我看过了叶绍钧的《两法师》之后，脑膜上常常泛现着身长鹤立，道貌蔼然的弘一法师的清影，虽然我并没有见过他。之后，我终于也出了家，在杭州，从厦门，听到关于他的许多消息。二十四年（1935年）在苏州报国寺过年，印光法师是天天见面的，证实了叶先生所描写的，格外增加我对于弘一法师的怀念。

二十六年（1937年）初春，厦门闽南佛学院的道友通知我说：弘一法师写了一副对子托他送给我，要我什袭珍藏着，因为他老人家还加了从来没有那样写过的跋语。过了几天，对子寄来了，联语是：

开示众生见正道，
犹如净眼观明珠。

跋语则为：

去岁万均法师著《先自度论》，友人坚执谓是余撰，余心异之，而未及览其文也。今岁法师复著《为僧教育进一言》，乃获披见，叹为希有，不胜忭跃，求诸当代少有匹者，岂余暗识所可及耶！因呈拙书，以志景仰。丁丑三月集华严偈句。

这在我固然总不敢当，而他老人家奖掖后进，惟恐不及的肫肫之仁，跃然于字里行间真如和风化雨一般，衰草枯枝也将因之而争红斗绿。天人之师，苦海的津梁，毕竟有其过人之处，叶先生也没有讲到。

七七前两三个月，有的朋友要我到北平去，有的朋友要我到四川去，我则惟愿应××法师之招到厦门去，因为可以见到弘公。到了厦门，他老人家犹在青岛讲律未回，等到八月底，×人的飞机大炮，逼着我走，衣服，行李，书籍，用具统统丢光，弘公的墨宝倒陪我由粤入湘，现在又到桂林。每一次观摩着，总增加我没有能够见到弘公的感伤。

他六十岁了，我想他一定非常康健。莹如止水的双眸，随着和雅简洁的谈吐，活泼地放射慈祥的满含生意的光芒。他虽然闭关，虽然不和人通信，而他的心力，依然震撼着每一个文化的角落。前几天我和傅彬然先生在文化供应社还提起他。傅先生说和丰子恺同学，是他的学生。言下有一种说不出的敬意。他将常此被人们忆念着，尊敬着，直到天长地久的无穷。

国庆纪念日于榕湖之滨

（原载《觉音》第20、21期合刊）

我对于弘一大师的怀念

我于一九三一年出家于杭州灵隐寺，即闻弘一大师之名。知道他本是一个艺术家，精于书画篆刻，在杭州很有名气。偶尔在杭州寺院中看到的书法，确是功力超人，自成一家。后来在杂志上时常看到他的好友门生夏丏尊、丰子恺等的文章，介绍其出家后精持戒律的生活，心里更加仰慕。经过多年，有一天忽然接到一位厦门朋友转来弘一大师写送我的一副对联，一看那联语两边的题记，才知道是大师看了我在厦门《佛教公论》上的两篇文章而写送我的，当时真是喜出望外。对联是集《华严经》句的，句云："开示众生见正道，犹如净眼观明珠"。对联的左右用小字写得长长的题纪云："去岁万均法师（当时我的笔名常用万均）著《先自度论》，友人坚执谓是余作；余心异之，而未及览其文也。今岁法师复著《为僧教育进一言》乃获披见，叹为希有，不胜忭跃。求诸当代，未有匹者。岂余暗识所可及耶？因至拙书，以志景仰。丁丑三月，集华严经句，沙门演音。"

我展读之下，深深为弘一大师奖掖后进的慈悲心肠所感动。恰巧这年我以某种胜缘，应闽南佛学院的邀请去厦门南普陀寺。满以为可以见到弘一大师，并向他请教。谁知我到达厦门，他已应青岛湛山寺之请北上讲律了。我等待了两个月，以为弘一大师即将返厦，可以相见，谁知日本帝国主义炮击厦门，形势紧张，闽南佛学院已无法上课。我就仓皇乘英轮离厦去香港，转赴广东南华寺。从此就再没有机会见到弘一大师。人生聚合，信有因缘。

这里简单谈谈那时我写的两篇文章吧。第一篇是一九三六年发表于厦门《佛教公论》创刊号的《先自度论》。这篇文章主要是针对当时一些以弘法利生做幌子的人而发的。我征引了印度的大乘经论如《大般若经》、《维摩诘经·问疾品》，龙树《十住毗婆沙论》，和此土古德章疏如南岳思大师《立誓愿文》、智者大师《摩诃止观》、永明寿禅师《宗镜录》及《云楼大师遗稿》等经论文字，从理论上证明学佛宜先自度。如《十住毗婆沙论》卷一说：问：

何故不言我当度众生，而言自得度已当度众生？答曰：自未得度不能度彼。如人自没淤泥，何能拯拔余人？又如为水所漂，不能济溺，是故说我度已当度彼。

特别征引莲池大师《云栖遗稿》卷三云：

今见孤隐独行之辈，即指而曰：此声闻人也。见营事聚众之流，即指而曰、此菩萨人也。噫！涉俗者遽称菩萨，而避喧者便作声闻，抑何待圣贤之浅也。由生大我慢，起大邪解，自以为是而鄙薄一切。遇持戒者则其执相，遇精进者则笑其劳形，遇禅寂者则毁其枯槁。遂致心日狂而弗收，言弥诞而莫检。人或诘之，则曰大乘者也。嗟夫！窃一时之虚名，而甘万劫之实祸，可胜叹哉！

此外，又引《大智度论》卷十九以释难说：“菩萨应以教化众生为事，云何深山自静，弃舍众生，违于慈悲利他之行？答曰：身虽远离，心不远离。犹如病人服药将身，身康以后，方可复业。”之说，以解释有人引《普贤行愿品》卷四十“菩提属于众生，若无众生，一切菩萨终不能成无上正觉”的经文，诘难先自度论之说。

最后，强调自度因业，分“对自”与“对他”二项陈述。对自要深自督责，以求自己的行为合于所信所解。二者既合，还要历参善知识，绳以古德规模，扩而充之，止于至善，始得云参学事毕，出而弘法利生。对他方面，我引吉藏《法华统略》卷二云：“凭师之人，须精鉴师之得失，不可便信，亦令师识知弟子真伪而晓示之，”强调了师择弟子须慎，弟子择师更须慎的意义。以上《先自度论》一文的大意。

一九三七年，我又在《佛教公论》第八号上发表《为僧教育进一言》，大意谓主持僧教育者应以真实为法之心办学，造就人材不能贪多求速成，学僧应知自度为先。同时也针对当时僧教育方面的一些弊病，提出一些改进的办法。现在回想起来，不觉已经是四十五年前的事了。

去年冬天，法源寺举办弘一大师书画金石音乐展时，我在参观之中，觉得与其它书法展览不同。首先感到的是弘一大师的书法，炉火纯青，一尘不染。其次是他的诗词、文章、篆刻、绘画、音乐等，无一不精！在近代艺术家中是少见的。第三是以这样的艺术高才出家为僧，专攻律藏，实践躬行近于苦行僧，且时时以书法结缘，鼓励后进。弘一大师真是已渡苦海稳驾慈航的大德，因此对于拙作备加赞扬，希望我能有所寸进。这样的鞭策真使我受用无尽。我竭诚祝愿弘一大师乘愿再来。

（原载1984年10月文物出版社之《弘一大师》）

中国佛教协会第四届全国代表会议闭幕词

各位代表：

中国佛教协会第四届全国代表会议经过八天紧张而切实的工作，今天就要闭幕了。由于诸位长老法师、喇嘛活佛、僧俗大德的共同努力，我们这次会议开得很有成效，圆满地完成了会议的各项议程。

这次会议，听取了中国佛教协会名誉会长班禅大师的《开幕词》；审议了赵朴初居士所作的《中国佛教协会第三届理事会的工作报告》；修改了中国佛教协会章程；选举了佛协新的领导机构；一致通过了《中国佛教协会第四届全国代表会议决议》。我们这次会议的收获是丰富而重大的。我们在总结过去十八年工作经验的基础上，共同商讨了全国各民族佛教徒普遍关心的重大问题，进一步认清了形势，明确了任务，增强了团结，充实了领导。这对于动员全国各民族佛教徒发扬佛教优良传统，献身于八十年代三大任务，协助政府贯彻宗教信仰自由政策，促进民族团结，加强佛协的工作，无疑都起了推动作用。

会议期间，中共中央统战部张执一副部长、国务院宗教事务局肖贤法局长到会讲了话，阐明了形势和任务，重申了宗教信仰自由政策，给代表们很大的启发和鼓励。党和国家领导人在百忙之中还将接见全体代表。所有这一切，都生动地表明了党和国家对这次会议的重视和支持，对全国各民族佛教徒的关怀和爱护；体现了我国的宗教信仰自由政策是真实不虚的，我国广大佛教徒是社会主义祖国各民族家庭中平等的一员。在这里，我谨代表全体与会代表，向党和政府表示衷心的感谢！

我们这次会议，正如班禅大师指出的，是一次全国各民族佛教徒的团结盛会。来自全国二十九个省、市、自治区，包括汉、藏、蒙、傣、满、土、裕固、纳西等八个民族的佛教徒聚集一堂，一起诵念经文，一起参拜佛牙，一起开会讨论。虽然我们民族不同、语言不同，但我们都是佛陀的弟子，都是奉行“慈悲喜舍”、“报国土恩”、“报众生恩”的人，互相的学习和彼此的帮助，将为我们共同的佛教事业带来光明和进步。

我们这次会议是在团结和谐、民主协商的气氛中进行的。二百五十多位代表各抒己见，畅所欲言。一些年老体弱的代表也踊跃到会，积极发言。大家本着高度负责的精神，认真讨论了会议的各项报告和讲话，提出了许多有益的建议和中肯的批评，反映了各地在落实宗教政策中存在的种种问题，说出了广大佛教徒多年来想说而没有机会说的心里话，特别是来自西藏、青海、内蒙、甘肃、云南等地兄弟民族的代表发表了许多很好的意见。佛教界出现这种心情舒畅、生动活泼的局面，在十年浩劫期间是根本不可能想像的。这些意见、建议和批评涉及到落实政策、寺庙管理、绍隆佛种、僧伽教育、文物保护、经典流通、弘法利生等广大佛教徒传达会议的精神，号召各民族佛教徒关心的事宜，新选出的理事会和佛协各有关部门将认真加以研究，分别不同情况，妥善进行处理。属于佛协工作范围内的问题，目前能办到的，尽力去办；一时办不到的，等待机缘，创造条件，今后再办。凡是佛协本身不能解决的问题，当向有关部门、有关地区反映，以便他们及时处理。我相信，在全国各民族佛教徒的大力支持下，发扬佛教的优良传统，发扬这次会议团结、民主的精神，中国佛教协会一定会巩固成绩，克服缺点，改进工作，以适应形势发展和广大教徒的要求。

各位代表：我们既为佛子，当办佛事。希望大家回到各地以后，如实地向广大佛教徒认真贯彻会议的决议，爱国爱教、众善奉行、促进团结、绍隆三宝，成就“庄严国土，利乐有情”的大行，为祖国四化事业作出佛教徒的贡献。

祝愿诸佛护念，法轮常转，国家昌盛，人民幸福。祝愿诸位代表身心健康，福慧增长，普度众生，功德圆满。

现在我宣布，中国佛教协会第四届全国代表会议胜利闭幕。

（原载《法音》1981 年第 1 期）

中国佛教协会第四届常务理事会第二次扩大会议开幕词

（1982年5月14日）

各位同仁：

在党和政府关怀支持下，中国佛教协会第四届常务理事会第二次（扩大）会议今天开幕了。我谨向不辞辛劳远道而来的尊敬的诸上善人致以深切的问候和衷心的欢迎。这次会议，出席的名誉会长、会长、副会长、常务理事共四十四人。列席会议的有理事和参加佛教经书出版流通工作座谈会的代表及佛协部分工作人员共四十七人。总计出、列席这次会议的九十一人。

这次会议，将听取、审议第四届常务理事会一年多来的工作报告；学习讨论宪法修改草案及国务院批准的有关文件；议定全国各地，包括藏、蒙等地区应作宗教活动场所的重点寺庙的建议名单；并就当前如何培养佛教接班人、开展佛教经像印制流通等工作问题进行切实具体的商讨。

会议期间，我们还将邀请中央统战部和国务院宗教事务局的领导人莅会讲话，帮助提高我们对有关政策精神的体会，做好今后工作。

各位同仁：一年多的时间里，我们国家在医治十年动乱的创伤、建设社会主义的物质和精神文明的宏伟事业中，不断取得辉煌成就。宗教政策也得到进一步的贯彻落实，党和政府对此十分重视和关怀，针对这方面问题，先后制订颁发了一些重要文件。在修改国家根本大法——宪法工作中，广听博采，参考各方面意见，对有关宗教信仰自由的条文，作了重要的适当的修订和补充。特别是不久前，中央主持制订了关于宗教工作纲领性文件，并召开了全国宗教工作会议加以贯彻。这就为全面贯彻落实宗教政策，增加各民族的团结和教徒与非教徒的团结，调动广大教徒的积极因素，为建设社会主义现代化强国服务，提供了最根本的保证。一年多来，在上述殊胜的时节因缘下，佛教工作也相应有进一步的开展，取得一定的成果。今天我们举行这个会议，回顾过去，展望未来，充满信心地看到，在新的历史时期中，佛教工作是大有可为的，前途是光明的。重要的是我们要发挥集体智慧和力量，在党和政府的领导下，努力工作，跟上大好的形势。

班禅大师在佛协四届全国代表会议上要求我们要对佛教工作中存在的急待解决的问题，充分进行讨论、研究，提出有益的建议和意见。我们这次会议研究的问题，正是大师所说的我们当前佛教工作中存在的急待解决的和必须做好的问题。我们一定要在会议中做到各抒己见，畅所欲言，共同努力把这次会议开好。我相信，全体与会的同仁，一定能够和合一致，为完成我们这次会议肩负的使命，更好地开展我会今后工作，推动我们的共同事业——佛教事业，“庄严国土、利乐有情”的事业，作出贡献。

愿在三宝慈光摄护下，会议圆满成功，各位同仁身心安乐，吉祥如意。

（原载《法音》1982 年第 4 期）

在香港龙藏展览会开幕典礼上的讲话

（1982年10月24日）

尊敬的香港民政司黎敦义司宪，

尊敬的冯戴祥太平绅士，

尊敬的香港佛教联合会会长觉光法师，

尊敬的香港佛教联合会副会长黄允畋居士，

尊敬的智慧法师，

尊敬的泉慧法师，

尊敬的各位大德长老、各位居士、各位同胞：

承蒙香港佛教同仁的盛情邀请，中国佛教协会护送大藏经代表团一行四人，护持着无上法宝，带着内地佛教徒的亲切问候，于10月20日来到香港。自从新中国成立以来，内地佛教界组团访问香港，此行还是第一次。借此因缘，我仅代表全体成员向各位同胞旧谊表示深切的感谢，向全体香港佛教同道敬致良好的祝愿。

中国佛教协会赠送给香港佛教界、供奉在宝莲禅寺的这部《大藏经》，是在清雍正十一年（1733）至乾隆三年（1738）间刊刻的。当时所收经典有7240卷，经板79360块，每块有80厘米长、13厘米宽，两面刻字，每面425字，两面850字，全藏共计约有一亿三千多万字，如果把七万多块经板连接起来，有将近30华里之长，其工程之浩大是可想而知的。此后虽然发生过几次撤经毁板的事，但至1936年重印时还有经板78238块。清藏刻成后，乾隆四年印过一百部，二十七年（1762年）印过三部。清末同光之际，各地寺庙请印藏经的风气很盛，但究竟印过多少部，还没有准确统计数字。至1936年又重印23部。总之，这部藏经自第一次印刷到现在的二百四十多年中，它的总印数估计不会超过二百部。因此，无论是清藏经板还是它的印本，都是非常稀有的法宝。说到这里，我想各位对于这副经板目前的保护情况一定是很关心的。清藏经板原来一直存放在北京柏林寺，“文化大革命”期间，被移置于寺前的一幢临时建筑物内。最近，政府有关部门已将全部藏经板移到智化寺珍藏保护。人民政府这样重视和保护清藏经板，使得关心清藏经板命运的内地和海外广大佛教徒无不额手称庆，欢喜赞叹！

发心从内地迎请一部木刻本《大藏经》供奉受持，是香港佛教徒多年来的殷切愿望。1979 年春，以源慧法师、智慧法师为首的香港佛教旅行团回内地观光时，向中国佛教协会正式提出了这一要求。其后，1980 年冬，黄允畋居士率领的香港佛教联合会访问团到内地朝圣时，再次转达了上述要求。中国佛教协会为了满足香港佛教同仁的心愿，决定从苏州请来一部卷帙较全、保护较好的清刻《大藏经》赠送给香港佛教界供奉在宝莲禅寺，供香港佛教四众受持读诵。不久前，大屿山宝莲禅寺组成了以慧广法师为名誉团长、圣一法师为团长、有 102 人参加的代表团到北京迎请《大藏经》。当时我们同迎经团的诸位同仁一起，隆重地举行了送藏、迎经法会；现在，中国佛教协会护送《大藏经》代表团珍重护持法宝来港，至此，香港佛教四众多年以来的至诚善愿，得以圆满实现。令人深感遗憾的是，迎请藏经发起人之一的源慧法师，未能看到这件盛事的圆满实现便往生安养了。这是我们佛教界的一个重大损失！我们相信，源慧法师发起请藏的殊胜功德，必将同这部无上法宝并世长存，同垂不朽。

今天，香港佛教界隆重举行盛大的迎藏典礼，真是高朋满座，胜友如云，诸上善人，俱会一处。十方诸佛都会出广长舌，称扬赞叹的。衲等有缘躬逢盛典，深感庆幸！我愿借此机会，报告一下近来内地佛教界在弘法利生方面所作的一些努力。

正如各位所知道的情况那样，内地的佛教在“文化大革命”的十年中，惨遭破坏。最近几年来，人民政府为贯彻落实宗教信仰自由政策采取了一系列有力的措施，从立法上保障公民信仰宗教自由的权利，明令保护正常的宗教活动。政府贯彻执行宗教政策，为我们弘法利生事业的顺利开展提供了根本的保证。总的来说，我们这几年做的都是兴废继绝、重建法幢的工作。佛教界要做的事可说是千头万绪、指不胜屈。我们当前主要是从逐步恢复各地的重点寺庙、开展佛教书刊的印刷流通工作和着力培养僧尼人才等三个方面着手，以使内地佛教能够尽快地恢复元气，走上健康发展的坦途。可喜的是，经过几年的努力，在人民政府的大力支持下，这几方面的工作都取得了很大的成效。第一，许多名山大寺已经陆续修复，“文化大革命”期间被迫离开寺庙的僧尼陆续重返初服、回寺定居修学。一些年老有德的僧尼招收了青年徒众，佛教后继无人的情况已经有所改变。我们还要继续恢复一些寺庙，使广大四众佛子都能亲近三宝，闻法修持，增长福慧。第二，我们认为佛陀的教言之所存，就是佛法的慧命之所在。佛法在中国传播近两千年，对我国思想文化的发展作出过巨大贡献。目前，中国佛教协会正在大力推进佛教经书刊物的印刷、出版和流通工作，组织和推动佛学研究事业，为使佛法无我救世的精神发扬光大、正法久住世间、实现“人间乐土”，以尽到我们佛子应尽的职责。第三，“佛法弘扬本在僧”，所谓“人能弘道，非道弘人”。没有人什么事也办不成。中国佛教协会在这几年，为培养佛教人才作了一系列的工作。大家知道，我国佛教人才凋零的状况由来已久，为了改变这种局面，近代的许多大德都做过一些努力，也有不少建树。我们踏着前辈的足迹，正在继承他们的事业。现在全国已有几百名青年僧尼在各种类型的佛教教育场所研习经教。中国佛学院预科班学僧经过两年的学习已经毕业，从今年下半年起扩大招生，正式成立四年制的本科班。我们决心把中国佛学院办成佛教的高等学府。南京栖霞山二百人的僧伽培训班最近即将开课。我们相信，再经过一段时期的艰苦努力，我国佛教界将重新展现人才辈出、群星灿烂的局面。我们对佛教未来发展的前途充满着信心。

各位善知识：我们这次以护藏来港的因缘与诸上善人在南天亲切相聚，把臂谈心，胜缘佳会，千载一时！在此，我谨代表中国佛教协会，热诚地欢迎港澳同胞、台湾同胞、海外侨胞中的佛教大德以及广大四众教友回内地朝礼名山，参拜祖庭，探访亲朋师友，交流弘法经验。我们将尽一切可能，给诸上善人的参访活动提供方便。最后，为了佛法久住世间，三宝事业不断发展，国家的繁荣昌盛，人类的和平幸福，我们愿与港澳同胞、台湾同胞和海外侨胞中的法门兄弟团结一致，共同努力做出贡献。

（原载《法音》1983 年第 1 期）

附录（一）

万均法师西行护法基金会征募启事

释巨赞即万均法师，禅参上乘，学贯中西。年来卓锡衡山，阐扬救国法理，此复发愿西行，拟入国际大学潜修。同仁等缘生方外，对此宏规，滋深景佩，而于中印文化沟通之前途，尤多憧憬之处，特为发起护法基金，用壮法师行色。期于一个月内，集成千元之数，庶几玄奘事业，重见今朝，白马驮经，待观盛典。是为启事。

如荷同情赞助

款乞汇交湖南省银行长沙办事处代收

唐际清　胡定芬　刘斐章　彭河清

高元礼　范式之　吕　复　蔡鸿干

同启

二十九年六月二十日

如荷汇款，乞将右附通知书邮寄长沙《阵中日报》蔡鸿干

兹汇上万均法师西行护法基金　元交湖南省银行长沙办事处特此通知　启

月　日

编者附按：万均法师，学通数国文字，历任国内各佛学院教授；历年来为国为教，尤多可歌可泣之事，读其所著《奔走呼号一整年》，即可以概见。昨接衣白居士自沪来书，有谓“万均兄苦学深思，诚吾辈之畏友。今欲发心留学梵土，惟有赞叹顶礼而已！”今日适接法师自湘中来书，并附启事一笺，急为披露。想港澳之大，必多热忱之士，如能予以同情，助其成行，则“于中印文化沟通之前途”，必多利赖焉。助款请即照上列地址直汇，或交本社代汇俱可。（交本社代汇者姓名当在本刊下期披露）兹并录法师亲笔书于左，以告读者：

竺摩兄：接读《觉音》第十三期，喜慰之至！期待着能在我兄的合理灌溉之下，

结出新生的果实来！月前寄上拙作《奔走呼号一整年》收到否？单行问题，似可作罢。近长沙友人为发起留学基金之征募，附奉启事一纸，可否发表，希尊裁！唐系参政员；胡、高、范、彭，系《中央社》特派员；刘、吕系军委会政治部队长；蔡则九战区《阵中日报》主编。拙作倘蒙登出，能惠十份即可，不必二十份了。余续详。即颂著安！弟万均和南。6月4日。

（原载《觉音》1940年第16期）

附录（二）

《现代佛学》社缘起

在人类文化史上，宗教的出现最早，这是谁也不能否认的事实。而在宗教之中，已经有不知若干低级的崇拜，和无稽的迷信，随着文化的进展而被淘汰、被消灭，这又是无可加以否认的。到现在为止，全世界信仰宗教的人，虽然还占所有人口的最大多数，而具有国际性的伟大宗教，除耶教、回教、和佛教以外，其余大有趋向于衰微之势。从这里，我们可以深深的知道，这三大宗教的能够屹然不动，存在至今，决不是偶然的事情。

佛教的开创，早于耶教五百年、回教一千年，其能存在，当然更不是偶然的了。我们认为佛教的本质是革命的，而且是反封建、反迷信的。释迦牟尼抛弃了王位，以一个乞士的身份，倡导一切众生皆有佛性，个个人都可以成佛的平等真理，以与严格主张阶级制度的婆罗门教战斗。又摒弃了印度传统信仰中多神的存在，及种种祭祀的仪式以解放人类的理性，这是事实。又据历史家的研究，亚历山大东征印度之所以失败，完全由于佛教鼓吹四民平等，团结印度人民，采取游击战术，坚强地予以抵抗与反击的原因。所以印度历史上国力最强大、文物最兴盛的时期，也就是佛教最流行的时期。后来印度全境重又陷于分崩离析的局面，至被异族统治了近千年，则正是佛教受摧残压迫，日趋衰微的时期，这也是事实。我国佛教史上许多崇高伟大的人格，如法显、玄奘、惠能、百丈，或者就是本着释迦牟尼革命的、反封建反迷信的精神，建立起来的。从这种精神出发，经过几次结集与历代大师的阐发，而组成的经律论三藏，大小乘各宗派教理，通常称之为佛学。

目前佛学的面目，因为在世界各地传播之广，发展的各异其趣，而呈现着五颜六色。其中的确有许多足以招致世人诟病的地方。但大乘佛学的真精神，在于破除执着，实践无我，从六度（布施，持戒，安忍，精进，禅定，智慧），四摄（布施，爱语，利行，同事），四无量（慈，悲，喜，舍），以加强生活的深度、广度与密度，而争取全人类心灵的圣洁，与整个世界彻底的改造。这恐怕是在这个新文化建设的高潮已经开始，马、恩、列、斯、毛的学说，成为全体人民学说的时代，还是有重新提出讲明之必要的。

同时我们认为，“人类真正的文化是一元的。随着历史的推移，旧有学术思想之契合于真理的地方，在人类生活实践当中，必然会被吸收融和，以丰富着永在开展中的文化。”（这几句话系引自内学院研究工作的总结）日丹诺夫说：“恩格斯说否定并不是简单说个不字，否定本身包括有继承性，就是吸收人类思想历史上所有一切进步的东西，加以批判改造，并统一为新的更高的综合。”正是辩证地说明了这一个道理。从这一点上着眼，佛学对于新文化的建设，应该有其重要的意义，而我们佛教徒有责任提出来讲解明白，乃是无可非议的事。因此，我们组织这个《现代佛学》社，编辑并发行《现代佛学月刊》。我们将用这个刊物，为下列六项的任务而工作：

一、传达政府的宗教政策，和处理佛教问题的方针。

二、用科学的历史观点，重行批判并确定佛学的真实价值之所在。

三、调查佛教文物，整理佛教史实，并说明佛学在我国两千年的历史过程中，和我国文化各方面所发生的密切关系，以备学术界的参考与采择。

四、纠正我国佛教界内一向因袭讹传、穿凿附会的谬误思想，以便进而改革佛教现行的制度。

五、和国内外的进步学者们，讨论有关佛学的各项问题。

六、联系国内外佛教徒，为争取持久和平，人民民主而努力。

我们将认真地、实事求是地努力从事于我们的工作，以求对现代的中国、现代的人世间有所贡献。惠能大师说：“佛法在世间，不离世间觉。离世觅菩提，恰如求兔角。”这是千百年来我们佛教界所传诵所遵循的格言。倘使我们的努力，能够有助于历史文教的整理，有助于新中国文化的建设，有助于世界的和平，那也就可以说，我们不离世间，走上菩提之道。全国各地信愿深切、研究有素，而又认清时代、热心改革的佛教同志们，请在这样的意义下，伸出同情之手，给我们合作与指教！

发起人

巨　赞　喜饶嘉措　张东荪　唐孟潇
李济深　周太玄　李一平　李明扬
陈铭枢　林志钧　方子藩　沙咏沧
赵朴初　叶恭绰　周叔迦　陈莲生

（原载《弘化月刊》1950年第6卷第111期）

附录（三）

大雄麻袋工厂试办开工

麻袋是工农必需品，用途很大。过去依赖印度输入，每年约一万万条，约合五千万美元，占全国进口的第四位，实在是一大漏卮。因此中央提倡种麻，制麻袋，逐渐达到自给。据农业部计划，本年增产麻袋二千五百万条，1953 年增产至七千万条。所以麻袋业前途无量。手工制造，并不十分麻烦，尤其适合于出家僧尼。巨赞法师有鉴于此，乃有开办大雄麻袋工厂的提倡，得周叔迦、沙咏沧等居士的赞助，筹备数月，已于日前开工试办。如果品质好，成本低，即可加以扩大，把北京市僧尼劳动生产的问题整个解决。据说江南盛产黄麻（即绿麻），品质比北方的青麻好，制出来的麻袋，可以媲美印度麻袋。南方的佛教同仁，何妨一试？

（原载《现代佛学》1950 年第 1 卷第 2 期）

附录（四）

北京市佛教徒学习会僧尼学习班的学习总结

一、组织僧尼学习班的目的

因为新时代巨轮的推动，在新中国每个角落里，一致掀起了学习的热潮，佛教徒也警觉着学习改造之必要。根据《共同纲领》，在“宗教信仰自由”原则下，由政协佛教代表巨赞法师，商得民政局同意协助，组织北京市佛教徒学习会，开办僧尼学习班。目的有三：一、学习马列主义，及毛泽东思想。二、实行佛教“济世无我”的积极精神，建立劳动观点，服务人民。三、肃清封建迷信的思想，争取佛教的光明，辅助社会进化，完成人间乐土。

二、组织经过

北京进步的佛教徒确信新时代的巨轮，确实能帮助佛教肃清封建残余，向前进一步，一致掀起佛教徒需要具备“五明”的精神，从实际去发扬光大，对于生产技术、政策理论的学习，有了迫切的要求。因此巨赞法师和华北居士林周叔迦居士，基于四众的愿望，在华北居士林，组织学习机构，帮助大家学习，作了启发工作。讲授了历史唯物论、唯物辩证法，和毛主席的《论人民民主专政》。每星期三次，时间是由1949年9月到11月三个月。在学习时间外，并组织佛教问题研究会，结合客观实际，成立了五个组：(一)、组织组，(二)、调查组，(三)、总务组，(四)、学习组，(五)、生产组，分别进行。又为联络便利起见，把北京市区各庙宇，划成十二个区，郊区划成四个区，每区选出代表一人，负责联络传达，结成组织形式。学习的人，包括四众弟子，因为着重在启发学习情绪，没有制定公约，和规定学习制度。参加学习的人数，多则百余人，少则四五十人，你来我往，不能固定参加，所以没能得到具体收获。三个月经验是：a.没有检查工作，随时改进，费力不少，收获不多。b.改革佛教需从改造思想作起，需集中精力，培养核心骨干。接受这种经验，乃在贤良寺召集佛教徒座谈会，讨论以下两个问题：（一）佛教教务应否彻底改革，（二）僧尼如何学习改造。经议决通过：（一）佛教教务应彻底改革，（二）成立北京市佛教徒学习会，选出委员15人，负责办理集中僧尼学习事宜。

1949年12月10日经北京市佛教徒学习委员会议定，开办僧尼学习班，通过简章，班址在东直门内极乐庵，时间限三个月。以第一次学习经验，并限于经费，学员名额暂定30名。会选巨赞法师为主任，周叔迦副之，另聘殷宽良等二人为班主任，分别负责领导学习。经费来源，根据学员每人每月100斤小米计（包括伙食费等），由各寺庙分区按月乐助，学员先由各寺庙遴选保送（填表、自传），再经过考试，甄别文化，品质较优者，为录取标准。于1950年1月7日举行考试（笔试、口试），计此次参加投考的共70余人，按照规定录取僧众20人，尼众10人。为珍重学习，又召开各区代表座谈会，鉴定被录取学员的品质戒行，才作最后决定。前后经过了月余的酝酿，准备成熟，遂于1月16日正式开学。

（原载《现代佛学》1950年第1卷3期）

附录（五）

我国佛教界巨赞和赵朴初电复日本“世界和平主义者会议”表示我国人民对世界和平的主张和愿望

【新华社31日讯】日本“世界和平主义者会议”4月1日在东京开幕，会议的联合筹备委员会主席来马琢道曾来信邀请中国佛教界巨赞和赵朴初出席会议。巨赞和赵朴初在3月31日电复来马琢道，复电全文如下：

来马琢道法师座下：

我们收到来信及有关即将召开的世界和平主义者会议的文件。

我们爱国的、爱好和平的中国佛教徒，和中国五亿人民一起，欢迎任何国家的人民为维护亚洲及世界和平所作的努力。鉴于我国红十字会和中国人民政治协商会议全国委员会派遣代表团访问贵国一事，迄今遭到吉田政府的阻挠而未能成行，我们很遗憾，不拟参加在贵国召开的世界和平主义者会议；但我们愿意把我们对和平的主张和希望，提供参与会议的诸君之前。

中国人民对于日本人民要求和平的意愿是十分理解和同情的。中国人民就一向主张爱好和平的人民应该不分宗教信仰，不分政治见解，不分肤色、民族和阶级，真诚团结，为国际紧张局势的缓和与建立人类和平幸福的生活而努力。朝鲜停战以后的国际局势使我们相信，用和平协商的方式是可以导致国际问题的解决的。

亚洲局势在朝鲜停战以后已有了一些缓和，但由于美国竭力制造的战争气氛使这已见缓和的局势又有重形紧张的趋势。而日本吉田政府和美国签定的所谓《美日共同防御援助协定》，是美国加紧武装日本进一步奴役日本人民的新的步骤，同时威胁着亚洲各国的和平与安全。爱好和平的中国人民对于被奴役的日本人民具有深切的同情，我们希望日本爱好和平的人民能够团结起来，与亚洲和全世界所有爱好和平的人民一起向美国战争挑拨者进行不懈的斗争。

最近美国军事冒险者在太平洋公海里进行大规模氢弹武器的试验，并且伤害了无辜的日本渔民。这使中国人民和中国佛教徒感到异常愤怒。我们坚持原子能只应用于和平的需要，决不应把它用于屠杀人类的战争目的。我们希望贵会对禁止原子武器、氢武器和大规模屠杀人类的武器的主张，予以支持。

为了促进远东和亚洲的和平，中国人民是一向把日本人民的意愿和吉田政府敌视中国人民的政策加以区别的，并对增进和日本人民的友谊进行着不断的努力。因此，我们希望贵会支持爱好和平的日本人民为加强对中华人民共和国人民的友谊而作的努力。

我们很了解，广大的日本人民切望与中国进行贸易，中国人民亦愿在平等互利的基础上继续与日本发展贸易关系。但由于吉田政府奉行美国的封锁禁运政策，障碍了这种关系的发展。我们希望日本人民要克服当前与中国进行贸易的主要障碍，即为反对美国的封锁禁运政策而继续努力；我们并希望贵会对此问题能作出符合中日两国人民愿望的表示。

即将召开的日内瓦会议，将讨论和平解决朝鲜问题和恢复印度支那和平的问题。但美国政府为继续维持国际紧张局势，正在为日内瓦会议安排着层层的障碍。我们爱好和平的人民对美国阻挠和破坏日内瓦会议的阴谋不能不倍加警惕。亚洲的和平与安全关系着亚洲和世界人民的利益，每一个爱好和平的人士有义不容辞的责任，为维护亚洲和平，为促进日内瓦会议顺利召开而努力。我们相信这必能为日本爱好和平的人民所支持，并亦能为贵会所赞同。

中日两国人民的团结和友好必将有助于亚洲和世界的和平。

愿佛陀的和平之光照耀着诸位！

中国比丘　巨赞

居士　赵朴初

1954 年 3 月 31 日

（原载《现代佛学》1954 年 4 月号）

附录（六）

中国佛教协会发起书

中国人民的解放，给予了中国佛教以涤瑕荡垢、重现光明的机会。

三年来，人民中国的一切，是值得佛教徒热情歌颂的。我们歌颂广大地区经济改革的成就，使佛教徒不再为封建经济所束缚，而得以恢复持戒精进的生活；我们歌颂镇压反革命，尤其是取缔反动会道门的胜利，使佛教徒得以分清邪正，警惕阴谋而护持宗教的纯洁；我们歌颂抗美援朝保家卫国的伟大运动，使佛教徒有了报国土恩报众生恩的殊胜因缘；我们歌颂宗教信仰自由之日益得到切实而周到的保护；我们歌颂民族政策之正确而完善的执行，使所有信仰佛教的各民族兄弟们都能够在这一友爱的大家庭中和衷共济，弘法利生。我们歌颂这一切，我们感谢这一切的领导者——我们伟大的领袖毛主席和中央人民政府。同时我们也引以自庆，因为佛教徒在这一切成就中，也贡献了一部份的力量。

为了更进一步发挥我们的力量，以迎接我国即将开始的大规模建设，和继续加强保卫世界和平运动，我们感觉到需要一个联系全国佛教徒的组织，而且我们认为在今天的因缘，已经成熟。

因此，我们发起组织中国佛教协会，以团结佛教徒在人民政府领导下参加爱护祖国、保卫世界和平的运动，协助政府贯彻宗教信仰自由政策，并与各地佛教徒联系协进弘法利生事业。我们已于 11 月 5 日在北京举行了发起人会议，准备在适当时期召开成立会，邀请各方面佛教人士参加，并决定先行设立筹备处，负责与各方面联系协商及其他有关的筹备工作。

我们相信我们的发起，将会得到各地佛教同仁的同情和协助。我们诚恳地企盼着诸方大德的指教。

发起人

虚　云　喜饶嘉措　噶喇藏　圆　瑛　柳霞·土登塔巴

丹巴日杰　罗桑巴桑　多吉占东　能　海　法　尊

巨　赞　陈铭枢　吕　澂　赵朴初　董鲁安　叶恭绰

林宰平　向　达　周叔迦　郭　朋

（新华社北京１３日电）

（原载《现代佛学》1952年第3卷第3期及

《弘化月刊》1952年第138期）

附录（七）

中国佛教界著名人士发起成立中国佛教协会

在北京举行发起人会议组成筹备处

【新华社北京13日电】中国佛教界著名活佛、法师、居士：虚云、喜饶嘉措、噶喇藏（内蒙古甘州寺大活佛）、圆瑛、柳霞·土登塔巴（西藏致敬团团长）、丹巴日杰（西藏扎什伦布寺大堪布）、罗桑巴桑（五台山扎萨喇嘛）、多吉占东（西藏萨迦寺大卓尼）、能海、法尊、巨赞、陈铭枢、吕澂、赵朴初、董鲁安、叶恭绰、林宰平、向达、周叔迦、郭朋等，最近在北京发起成立中国佛教协会，并于四、五两日举行发起人会议。与会的各位发起人，包括藏、蒙、汉、苗四个民族成份，来自西藏、内蒙古、西北、西南、中南、华北、华东等地。

会前，中共中央统一战线工作部部长李维汉招待各位发起人，就《共同纲领》和中央人民政府的宗教信仰自由的政策作了解释，并对大家发起成立中国佛教协会表示予以支持。他说：三年来全国各项伟大的人民运动都获得了辉煌的成就，各地佛教人士也多参加了运动，在佛教界初步划清了敌我界线，这是很好的现象。值此中国佛教协会发起之际，希望爱国的佛教徒团结起来，继续划清敌我界线，与全国人民结成牢固的统一战线，协助人民政府贯彻宗教信仰自由的政策，为建设祖国与保卫世界和平而努力。座谈时，发言者对李维汉部长的谈话都表示同意。

（原载《弘化月刊》1952年第138期）

附录（八）

中国佛教界著名人士
在京举行会议发起组织中国佛教协会

【新华社北京13日电】中国佛教界著名活佛、法师、居士：虚云、喜饶嘉措、噶喇藏（内蒙古甘州寺大活佛）、圆瑛、柳霞·土登塔巴（西藏致敬团团长）、丹巴日杰（西藏扎什伦布寺大堪布）、罗桑巴桑（五台山扎萨喇嘛）、多吉占东（西藏萨迦寺大卓尼）、能海、法尊、巨赞、陈铭枢、吕澂、赵朴初、董鲁安、叶恭绰、林宰平、向达、周叔迦、郭朋等，最近在北京发起成立中国佛教协会，并于四、五两日举行发起人会议，与会的各位发起人，包括藏、蒙、汉、苗四个民族成份，来自西藏、内蒙古、西北、西南、中南、华北、华东等地。

会前，中共中央统一战线工作部部长李维汉招待各位发起人，就共同纲须和中央人民政府的宗教信仰自由的政策作了解释，并对大家发起成立中国佛教协会表示予以支持。他说：三年来全国各项伟大的人民运动都获得了辉煌的成就，各地佛教人士也多参加了运动，在佛教界初步划清了敌我界线，这是很好的现象。值此中国佛教协会发起之际，希望爱国的佛教徒团结起来，继续划清敌我界线，与全国人民结成牢固的统一战线，协助人民政府贯彻宗教信仰自由的政策，为建设祖国与保卫世界和平而努力。座谈时，发言者对李维汉部长的谈话都表示同意。

会议期间，中央人民政府副主席李济深应邀出席指导，中央人民政府民族事务委员会委员赵范、中央人民政府政务院文化教育委员会宗教事务处处长何成湘亦应邀出席参加。

会议由喜饶嘉措大师和赵朴初居士主持。赵朴初居士在致词中说：中国人民的解放，给予中国佛教徒以涤瑕荡垢、重见光明的机会。三年来由于祖国人民所进行的各项伟大的改革运动的胜利，使我们佛教徒划清了邪正，保持了宗教的纯洁；由于伟大的抗美援朝运动，使我们佛教徒有了保卫国土和保卫众生的良好因缘。《共同纲领》中的民族政策和宗教政策，使我们在各民族友爱和睦的大家庭中，能够团结一起、和衷共济，同时，我们的宗教信仰自由也得到了保障。这都是我们伟大的领袖毛主席和中央人民政府正确领导的结果。因此，今天才有这样的因缘来发起成立中国佛教协会的组织。

各位发起人在发言中都热烈广泛地交换了有关发起成立中国佛教协会的各种意见。喜绕嘉措大师说：我们发起成立中国佛教协会，这是全国佛教徒的一大喜事，我们衷心拥护人民政府的宗教信仰自由政策，今后我们要更加加强边疆与内地佛教徒的联系，使全国佛教徒在建设祖国与保卫和平运动中进一步团结起来。柳霞·土登塔巴说：我们感激毛主席对西藏人民的关怀和爱护，使我们摆脱了帝国主义的束缚和压迫。西藏是中国佛教的圣地，绝大多数人民都信奉佛教，我们回到西藏后，一定要将这次会议的各项决议传达给拉萨的三大寺院。各位发起人并详细研究和讨论了发起成立中国佛教协会的宗旨、任务与组织等事宜。大家一致认为成立中国佛教协会的宗旨为：团结全国佛教徒在人民政府领导下参加爱护祖国、保卫世界和平的运动，协助人民政府贯彻宗教信仰自由政策，并与各地佛教徒联系协进弘法利生事业。会议最后通过《中国佛教协会发起书》，并一致选出赵朴初、柳霞·土登塔巴、丹巴日杰、巨赞、周叔迦、郭朋、李一平等组织筹备处，并邀请何成湘、赵范参加，当场推定赵朴初为筹备处主任。

（原载《现代佛学》1952年第3卷第3册）

附录（九）

中国佛教协会成立会议代表名单

发起人

虚　云　　喜饶嘉措　　噶喇藏　　圆　瑛　　柳霞·土登塔巴

丹巴日杰　　罗桑巴桑　　多吉占东　　能　海　　法　尊

巨　赞　　陈铭枢　　吕　澂　　赵朴初　　董鲁安　　叶恭绰

林宰平　　向　达　　周叔迦　　郭　朋

西藏

公德林·洛桑土登·晋美吉村　　兑龚·晋车益西多吉

赤追·土登却列　　夺札·格桑朗吉　　土登崔成　　甲央钦资

土登塔也　　洛桑曲批　　江巴格桑　　噶马德钦　　次登桑布

华北区

圣　泉　　圆　觉　　祥　林　　伊什噶瓦　　惠　文　　隆　光

赵罗藏尼玛　　智　峰　　隆　煜　　灵　信　　静　如

查　干　　敖斯尔　　鲁布桑　　萨木腾　　丹比札拉桑

李一平　　周月卿　　董晓轩

东北区

札木映拉花　　惺　如　　导　尘

洗　尘　　仁　信　　韩炳南

西北区

妙　阔　　慈　云　　月　庵　　嘉木错　　郭　嘉　　火尔藏仓

夏日仓　　赛　池　　乌　兰　　松　布　　古嘉赛　　源　森

戒　成　　段嘉错　　贡　明　　朗　照　　圣　莲　　路禾父

关符清　　杨丹珠

西南区

江　克　　祜　巴　　素　乾　　脩　圆　　朗德格　　弘　伞

慈 青　罗桑金巴　寂 慧　太 空　阿旺嘉错　甲央旨古
根 桑　怀 一　定 安　孙乐斋　刘亚休

中南区

净 严　心 道　济 广　明 真　博 明　纯 信
大 鑫　超 荃　韩大载　姚雨平　根 铨　弥 实

华东区

应 慈　持 松　大 悲　苇 舫　达 圆　阿 檀
妙 华　映 澈　范 成　静 权　亦 幻　月 涛
善 灯　澹 云　崇 善　月 西　月 海　义 方
根 如　慈 舟　盛 惠　妙 莲　隆 海　真 寂
续 道　高鹤年　简玉阶　徐森玉　袁家声　方子藩
黄忏华　钟慧成　游有维

附录（十）

中国佛教协会第一届领导人名单

名誉会长：达赖喇嘛　班禅额尔德尼
　　　　　虚　云　查干葛根
会　　长：圆　瑛
副 会 长：喜饶嘉措　公德林·晋美吉村　能　海
　　　　　赵朴初　噶喇藏　祜　巴　阿旺嘉错
秘 书 长：赵朴初（兼）
副秘书长：巨　赞　周叔迦　郭　朋
常务理事：公德林·晋美吉村　圆　瑛　喜饶嘉措
　　　　　兑粪·晋车益西多吉　能　海　赵朴初
　　　　　噶喇藏　祜　巴　阿旺嘉错　敖斯尔
　　　　　夏日仓　杨丹珠　吕　澂　罗桑巴桑
　　　　　董鲁安　巨　赞　周叔迦　郭　朋
理事（略）

（原载《现代佛学》1953年6月号）

附录（十一）

中国佛教协会第二届领导人名单

会　　长：喜饶嘉措

副 会 长：噶登赛特　　应　慈　　静　权

松榴·阿嘎牟尼　　能　海

赵朴初　　噶喇藏　　阿旺嘉措

巨　赞　　周叔迦　　伍古腊

秘 书 长：赵朴初（兼）

副秘书长：巨　赞（兼）　　周叔迦（兼）

郭　朋　　义　方　　李一平

（原载《现代佛学》1957年5月号）

附录（十二）

中国佛教协会第三届全国代表会议选出领导机构负责人

名誉会长：班禅额尔德尼　应　慈

会　　长：喜饶嘉措

副 会 长：阿旺嘉措

噶丹赤巴·土登贡嘎

赵朴初　能　海

松榴·阿嘎牟尼（景洪）

噶喇藏　巨　赞　周叔迦

伍古腊　嘉木样

（原载《现代佛学》1962年第2期）

附录（十三）

中国佛教协会举行纪念法会

——日本佛教代表团应邀参加

中国佛教协会10月3日上午隆重举行法会，纪念鉴真和尚逝世一千二百周年。

应邀来我国参加鉴真和尚逝世一千二百周年纪念活动的、以金刚秀一法师为首的日本佛教代表团参加了今天的法会。

今天，广济寺天王殿前高挂着“佛日增辉，法轮常转，中日友好，世界和平”的横幅。十时，法会开始，钟鼓齐鸣，大雄殿内灯烛辉煌，香烟缭绕。中国佛教协会副会长巨赞法师主持法会。数百名僧尼、喇嘛和男女居士同日本佛教代表团的成员虔诚地诵经，宣读疏文，赞扬鉴真和尚对中日两国的文化交流作出的巨大贡献，并对中日友好进一步发展表示祝愿。

参加法会的有中国佛教协会副会长阿旺嘉措、噶喇藏、周叔迦，以及数百名僧尼、喇嘛等。

鉴真是我国唐代高僧。公元754年，他应日本荣睿大师、普照大师的邀请，东渡日本传授了佛法，并介绍了优秀的中国文化艺术、建筑和医药，对促进中日两国人民的友谊和文化交流作出了很大的贡献。

（据新华社讯）

（原载《现代佛学》1963年第6期）

中国大百科全书佛教条目
编撰小组成立

本刊讯　中国佛教协会为协助编写《中国大百科全书·宗教卷》内的佛教条目，于1980年10月20日成立中国大百科全书佛教条目编撰小组，由巨赞法师等负责组织领导编写工作。据悉，该小组已在积极组织力量，分配条目，进行编写。《宗教卷》中的佛教条目约二百条，分别由佛协和南亚研究所等单位负责供稿。

（原载《法音》1981年第1期）

附录（十五）

中国佛教协会友好代表团访日观感

通　一

中国佛教协会友好代表团，应日中友好佛教协会的盛情邀请，带着中国佛教徒的深情厚谊，于6月23日至7月2日，对日本进行了十天的友好访问。

代表团由七人组成。团长是中国佛教协会副会长巨赞法师，副团长是中国佛教协会常务理事、上海市佛教协会副会长明旸法师；团员有中国佛教协会常务理事、中国佛协福建省分会会长普雨，中国佛教协会理事通一；主任秘书是中国佛教协会负责工作人员游骧；秘书是佛协国际部工作人员徐明；担任翻译的是佛协国际部工作人员蘧俊忠。

这次佛协组团访问日本，是在中日邦交正常化十周年和两国佛教友好合作事业不断发展的殊胜因缘时节下成行的。我们所到之处，受到各宗派的管长、门主、座主、贯主、宗务总长和广大日本佛教徒的热烈欢迎和亲切接待。日中友好佛教协会理事长、八十高龄的道端良秀长老，事务局长松本大圆长老以及事务局诸位先生和垣本刚一先生等全程相陪，使代表团全体成员深为感动。佛教大学特派我会在该校留学的研修生传印法师、姚长寿居士参加陪同，并由传印协助翻译有关佛教方面的用语，为我们的访问提供了不少方便。日中友好佛教协会先后在东京、京都、大阪三次举行有各宗派大德参加的盛大宴会，几个主要宗派也分别在其总本山、大本山举行便宴，诸上善人，聚会一处，共商法务，畅叙友情。代表团到达东京的当晚出席欢迎宴会时，日本前首相福田纠夫拍来贺电，祝愿通过代表团的友好访问，“使日中相互间的心灵交流进一步加深”，更为此行增添了光彩。

代表团在日本逗留期间，参访了东京、大阪和京都等地二十多座名山古刹。庄严瑰丽的建筑，清净幽雅的环境，丰富多采的佛教文物，加上主人真挚热情的接待，给我们留下了深刻的印象。

在东京的两天，我们访问了圣观音宗总本山浅草寺、净土宗大本山增上寺、曹洞宗大本山总持寺、日莲宗总本山池上本门寺、真言宗丰山派总本山护国寺和枣寺。访问枣寺时，我们在已故的友好人士菅原惠庆长老灵前上香默哀，并会见了西川鉴海、赤津益造、三浦赖子和菅原钧等老朋友。

25日到大阪。代表团从这里出发，参拜了日本真言宗发祥地高野山。高野山，层峦叠嶂，风景如画，一千一百年前，弘法大师从中国惠果阿蒙黎受灌顶位，回国后在此山弘扬密教，创立了真言宗。当我们一行抵金刚峰寺时，受到管长森宽绍、宗务总长阿部野龙正等大德长老亲切友好的接待。森宽绍长老没有来过中国，他说："等西安青龙寺东塔院修复后，一定要来参拜祖迹。"26日晨，代表团参加了该寺的早课，在密坛瞻仰了阿部野龙正长老率众修法的仪式，我们也在佛殿诵经。当日上午朝拜弘法大师御庙，并参观墓地，发现其中有早年曾在高野山学法的我国显荫法师墓塔，不禁使人低迴久之。还参观了高野山大学图书馆，馆中收藏有不少藏文经典。下午离高野山时，年迈的森宽绍管长不辞辛劳，乘专车绕盘山道赶到缆车站送行，我们见到长老赶来，心情十分激动，连说："愧不敢当"。我们的团长，一再请长老先回去休息，他却不肯离去，等了约半小时，一直到缆车开动，他才依依不舍地合掌相望而别。情意之深，感人肺腑。

京都，是日本佛教名山胜迹荟萃之地，各宗的祖庭多在京都。我们26日到达这里，先后参观访问了临济宗大本山南禅寺、北法相宗清水寺、天台宗大本山之一的三十三间堂、临济宗总本山大德寺、净土宗总本山知恩院、真言宗大本山平等院、黄檗宗总本山黄檗山万福寺、天台宗总本山比睿山延历寺、真宗大谷派总本山东本愿寺、真宗本愿寺派总本山西本愿寺、真言宗大本山东寺、真言宗醍醐寺派总本山醍醐寺、当山净土宗念佛寺和佛教大学。

在清水寺，我们荣幸地受到北法相宗贯主、中国人民和佛教徒崇敬的老朋友、一百零八岁高龄的大西良庆长老的亲切会见。大西长老虽然年迈体弱，很少会客，今天看到中国佛教徒的友好使者前来看望他，使他格外高兴。他和我们交谈了约半小时，声音宏亮、思路不紊，对代表团的访问表示了亲切地欢迎之意。长老满怀激情地说："日本佛教是从中国传来的，中国是日本佛教的老师。我们之间的因缘是很深厚的。"他深信我们中日两国佛教徒的友好交流必将长期发展下去。当巨赞法师转陈赵朴初会长赠送的礼物和转达他的问候时，长老连连点头称谢，并请巨赞法师回国后向赵朴初居士和其它佛教界人士问好。

28日，我们到黄檗山万福寺访问。此山是我国明代福州黄檗山万福寺高僧隐元禅师东渡日本开创的禅宗道场，至今已有三百多年的历史。我们看了该寺传承的法系表，最初连续十几代住持，都是由中国高僧担任的。当晚，黄檗宗管长村濑玄妙长老特备中国风味的素宴款待我们。这是我们在日本第一次吃到中国禅林风味的素斋，格外清香可口。次日晨，代表团参加了早课、坐禅和早餐的“过堂”（丛林按一定仪式用斋称为“过堂”），深味禅悦，倍增法乐。

7 月 1 日赴奈良，访问了唐鉴真大师创建的律宗道场唐招提寺、圣德宗总本山法隆寺、华严宗总本山东大寺。在唐招提寺蒙森本孝顺长老亲自陪同参观，详尽介绍。我们在鉴真大师灵墓前拈香礼拜，诵经回向。

代表团在日本访问的最后一天——7 月 2 日中午举行了答谢宴会，邀请各宗派的大德长老光临，以略表谢忱。特别是比睿山 88 岁高龄的山田惠谛座主、高野山阿部野龙正宗务总长以及远在东京总持寺的大道晃仙监院等都不辞辛苦光临宴会。中日法门兄弟再次云集一堂，畅叙友情。巨赞法师致词，对主人的精心安排和热情接待，表示衷心感谢。日中友好佛教协会事务局长松本大圆先生致答词说：“我们日本佛教界的使命最重要的有两个，第一是弘扬日本佛教，第二就是和中国佛教界的友好交流，为亚洲的稳定和世界的和平共同努力，作出贡献。”他的话，表达了广大日本佛教徒共同的心愿。

在短短的十天访问中，飞车急驶，参访了八个都、府、县、市所在的包括 20 个宗派的 24 座名刹，收获是很丰富的。就我个人体会到的，概括起来主要有如下几点：

一、日本佛教寺院规模宏大，建筑雄伟，布局大方，庭院幽静，佛像庄严，法物精美。每座寺庙都保护得非常完整，且有大量的历史文物。有的殿宇、尊像、法物本身就是日本的“国宝”。每座寺院既是修行办道的清净道场，又是学习历史文化知识的重要场所，也是游览参观的胜地。

二、佛教在日本的历史文化中占有重要的地位。日文的“片假名”就是真言宗创立者弘法大师采取汉文偏旁创造的；鉴真大师东渡传律，带去了唐代的建筑、雕塑、绘画、书法、医药等科学技术。道端良秀和村濑玄妙二长老都说：“日本文化是以佛教为先导的”，这话是很有道理的。

三、日本的寺院里既拥有现代化设施和科学管理方法，又保持着传统的佛教行仪。不难看出，日本佛教徒是既勇于立新，又善于继承传统的，二者并行不悖。

四、佛教事业与社会事业紧密结合。日本各宗派及其所属寺院不但奉行教仪和从事佛教事业，而且兴办各种文化、教育、卫生等福利设施，为民众做好事。据说，单在京都地区，佛教兴办的大学、高等学校就有十多所，还有幼稚园、小学等。他们把佛教事业与社会事业融为一体，与佛陀教导的慈悲济世精神相一致。

五、日本佛教是从中国传去的。日本佛教各主要宗派及所属寺院都与中国佛教有着深远的历史渊源。在访问中接触到的大德长老和一般教徒都对中国佛教怀有深厚的感情，他们都有朝礼祖庭、修复祖庭、追思报恩的共同愿望，并提出许多具体建议。

六、日本佛教界对中国佛教发展情况极为关心，当他们听到巨赞法师介绍人民政府正在贯彻落实宗教信仰自由政策，许多寺庙得到修复，恢复和开办佛学院，开始出版流通佛教经典，无不为之欢喜赞叹。

我们深信在中国共产党和人民政府的宗教信仰自由政策的光辉照耀下，我们佛教徒致力的“庄严国土，利乐有情”的事业必将更加昌隆，中日两国佛教的友好交流必将进一步发展。

（原载《法音》1982年第5期）

附录（十六）

法耀南天

——记中国佛教协会护送大藏经代表团香港之行

以巨赞副会长为团长的中国佛教协会护送大藏经代表团一行四人，带着内地佛教徒的深情厚意，专程护送清刻《大藏经》于去年10月20日至11月1日访问了香港，受到香港佛教界热情隆重的欢迎。

热烈、隆重的欢迎场面 代表团抵达香港时，香港佛教联合会会长觉光法师、副会长黄允畋居士，宝莲禅寺代表智慧法师、泉慧法师、健钊法师、绍根法师及僧尼、居士等三百余人，在机场举行了热情、隆重的欢迎仪式。欢迎行列前两名居士举着写有“香港佛教联合会暨宝莲禅寺两序大众欢迎中国佛教协会护送龙藏代表团莅港”的巨幅黄缎横额。一位正在香港逗留的泰国法师也特意到机场迎接护经团。欢迎的场面，亲切动人。整个机场大厅洋溢着团结和合的气氛。

欢迎仪式结束后，代表团在机场新闻室举行了记者招待会。巨赞法师向三十多位记者扼要介绍了有关《大藏经》的情况，还回答了记者的提问。

前往讲学的中国社会科学院哲学研究所巫白慧教授也同机到达香港。

诸供养中　法供养最 代表团抵港的当晚，香港佛教联合会和宝莲禅寺董事会联合在富丽华酒店翡翠厅举行素宴欢迎护经团。应邀出席宴会的有新界离岛政务专员冯戴祥太平绅士夫妇、新华社香港分社副总编辑杨声、大屿山各区乡事会主席、乡绅、区议员等。香港佛教联合会会长觉光法师、副会长黄允畋居士夫妇、董事永惺法师、宝莲禅寺董事会董事智慧法师、泉慧法师、健钊法师等香港佛教界负责人出席作陪。

觉光法师首先在宴会上讲话，代表香港佛教界对中国佛协护经团莅港弘法表示热烈欢迎。他说“中国佛教协会此次赠送清版《龙藏》，是香港佛教同人的荣幸。因为《龙藏》是罕有的经本，香港佛教有史以来得有第一套。数月前，宝莲禅寺组成迎经团赴北京迎请，现在又承中国佛教协会派团护送莅港，足显其隆重。”巨赞团长在答词中说："诸供养中，法供养最。这部传世二百余年共七千一百七十三卷的清刻《大藏经》终于请到了香港，是内地和香港佛门弟子共同成就的殊胜事业。这一无量功德，将永彪中国佛教史册。"他还说，内地佛教和香港佛教一脉相承，本属一个整体；两地佛教徒骨肉相连，同是法门兄弟。让我们在爱国爱教的基础上，更加紧密地携起手来，为佛日增辉、法轮常转，为庄严国土、利乐有情，勇猛精进。

旧友重逢　情同手足　10月21日，代表团访问了香港佛教联合会，受到以觉光会长、黄允畋副会长为首的数十名法师、居士的盛情欢迎。巨赞团长、明旸法师和云峰法师首先在佛堂的佛陀像前拈香礼拜，随后三位法师接受了觉光法师、黄允畋居士等的参礼。觉光法师在致欢迎词时对代表团护经莅港深表高兴。他在谈到香港佛教联合会的工作时说，香港佛联近四十年来，在弘扬佛法的同时，还参与本港的教育、医疗等社会服务事业。他希望通过代表团的来港，进一步鼓舞本港佛教界人士，加强四众弟子的团结，将佛教事业发扬光大。他又说："巨赞法师和明旸法师都是我青年时代的同参老友，分别数十年，此番相见，更加感到愉快。"

巨赞法师在讲话中说，我深深感谢香港佛教联合会对代表团的隆重接待。香港佛教联合会在推动佛教事业、参加社会服务等方面所取得的成就给我们留下了极为深刻的印象。我们两地佛教徒要团结一致，为弘扬佛法共同努力。

是日下午，代表团的三位法师分别看望在香港的旧友。巨赞法师在访问《大公报》时，受到费彝民社长和李侠文副社长的殷情款待。费彝民还将他珍藏了几十年的缅文《贝叶经》赠给巨赞法师带回北京研究。宾主还在弘一大师书写的"普令众生得法喜，犹如满月显高山"的对联前合影。访问《文汇报》时，李子诵社长、金尧如总编辑和王家祯总经理等同巨赞法师进行了亲切的交谈。

皆大欢喜　10月24日，《大藏经》在代表团驻地——富丽华酒店翡翠厅公开展出。展览大厅庄严肃静，琅函法宝，满室生辉。主礼台前悬挂着宝莲禅寺方丈慧命老和尚撰的对联："宝藏庄严，尘里剖大千世界；琅函展览，毫端见不二法门。"在主礼台对面悬挂著"法耀南天"的大横幅，两旁有一幅长达一百字的对联，上联："龙藏迎回，旗山展出，七千函梵筴，如来广示家珍，经律论联珠合璧，句句明心，何殊香积饭当前，趁秋高气爽，大快朵颐，饱餐法味"；下联："鹫峰畅说，鹿苑深谈，十二部多罗，佛子亲承宝训，戒定慧切玉断金，言言见性，宛若赵州茶请吃，待热解烦消，风生两腋，领略禅机"。隆重的开幕式，在四众弟子礼佛后开始。香港佛教联合会会长觉光法师、宝莲禅寺代表泉慧法师和代表团团长巨赞法师致词后，香港民政司黎敦义先生主持了剪彩仪式。接着巨赞、觉光、智慧、泉慧、黄允畋、冯戴祥等主礼人同与会嘉宾一起瞻仰了展出的《大藏经》。

当天展出的虽然只有七十八函，但前来参观的四众弟子仍极踊跃。人们围绕着舒展开的大藏经本，逐一仔细欣赏，有的口念经文，有的合十敬礼，纷纷表示，能有机缘观瞻如此珍贵的龙藏，真是万分荣幸。据统计当天有三千多名佛教徒和市民参观了经展。一些外藉佛教徒和旅游者，有些人并不通晓中国文字，但也井然有序地跟着参观人龙，仔细欣赏多姿多彩的《龙藏》字体和精致庄严的《佛陀说法变相图》。真是法耀南天，皆大欢喜。

既得龙藏于今日　必成妙果于将来　10月26日，代表团专程前往迎请大藏经代表团的组织者——宝莲禅寺访问。

宝莲禅寺位于海拔二千四百多尺的大屿山，寺庙建筑巍峨壮观，金碧辉煌，有香港佛教圣地之称。中国佛协赠送给香港佛教界的清版《大藏经》就供奉在这里。代表团一行四人和前往香港讲学的巫白慧教授到达宝莲寺时，钟鼓齐鸣，方丈慧命老和尚率领三百多名僧尼、居士列队欢迎。慧命老和尚兴奋地说："我们既得龙藏于今日，必成妙果于将来。"巨赞法师说，清版《龙藏》能够供奉在宝莲禅寺，可谓"得其所哉"！

代表团在宝莲禅寺停留了三天，同那里的法门兄弟进行了广泛的交谈，详尽地介绍了内地佛教发展的情况。巨赞法师还应邀在宝莲禅寺讲开示，数百名僧尼、居士闻法欢喜。

宝莲禅寺董事会以三千万元港币兴建的三十米高的"天坛大佛"约于三年内竣工。预计大佛完工后，将给宝莲禅寺和香港佛教界增添无上的荣誉。他们的弘法壮举给代表团留下了很深的印象。

名寺留踪　广结善缘　代表团在港期间，还访问了菩提学会、三学讲堂、西方寺、东普陀寺、青山安养精舍、观宗寺、观音寺、灵隐寺、罗汉寺、湛山寺、唯心精舍、圆明讲堂等名寺和佛教团体，所到之处，均备受欢迎。在东道主的精心安排下，代表团周游了香港岛，参观了啬色园，以及佛教界兴办的医疗、教育设施和其它慈善事业机构。

人身难得　佛法难闻　10月30日，巨赞法师应邀在黄凤瓴中学礼堂以《禅宗》为题作了学术讲演，近千名善信到会听讲。巨赞团长在讲演中结合禅宗的旨趣，重点论述了《金刚经》"应无所住而生其心"的道理。他强调说，禅宗的要义除了"顿悟"外，还要有"修"的功夫。所谓"人身难得，佛法难闻"。知道"人身难得"，就要奋勇前进；知道"佛法难闻"，就要用虚怀若谷的心情，深入经藏，才能得受用而不辜负此生。

充满法情道谊的告别宴会 10月30晚，代表团在如意斋设素宴五桌款待香港佛教界的知名人士。巨赞团长在讲话中衷心感谢香港佛教同仁对代表团的盛情接待，满怀激情地祝愿香港佛教界人士在弘扬佛法、利益众生的事业中日益进步。觉光法师说，过去本港佛教界人士对内地佛教有些误解，通过代表团的到来，当可消除这些误会。内地佛教虽然在“四人帮”时期受到损害，但现在已恢复过来。今后内地与本港佛教界将手拉手地紧密合作，共同发展两地的佛教事业。泉慧法师在讲话中说，这次《龙藏》迎奉来港，是全港佛教徒的共同愿望，是大家的光荣。宴会自始至终充满着法情道谊。香港佛教团体和人士为资助内地兴办佛教事业，还在宴会上向中国佛教协会捐献了弘化基金。

访港之行 功德圆满 11月1日，代表团带着香港佛教界对内地佛教界的问候和致意离港返穗。觉光法师、黄允畋居士、智慧法师、泉慧法师、永惺法师、健钊法师等百余人到车站送行。在交谈中，觉光法师等一致认为，代表团这次护经莅港，给香港佛教界增加了信心；希望今后两地佛教界加强联系，交流弘法经验；并衷心祝愿国家的社会主义现代化建设事业顺利进行。代表团对香港佛联和宝莲禅寺的热情款待再次表示感激之情。

以巨赞法师为首的佛协护经团，在广州小憩三日，于11月4日回到北京。（童讯）

（原载《法音》1983年第1期）

附录（十七）

中国佛教协会副会长巨赞法师逝世

新华社北京电　中国佛教协会副会长、中国佛学院副院长、全国政协常委巨赞法师因病于4月9日晚在北京逝世，终年76岁。巨赞法师的追悼会4月27日下午在八宝山革命公墓礼堂举行。

邓颖超、李维汉、帕巴拉·格列朗杰、叶圣陶等送了花圈。习仲勋、班禅额尔德尼·确吉坚赞、刘澜涛、杨静仁、屈武参加了追悼会。

中国佛教协会会长、全国政协副主席赵朴初主持追悼会。中国佛教协会副会长、中国佛学院副院长、全国政协常委正果法师致悼词。

悼词说，巨赞法师生于1908年，原籍江苏省江阴县，原姓潘，名楚桐，字琴朴，1931年在杭州灵隐寺削发出家，法名传戒，字定慧，后改名巨赞。

悼词说，巨赞法师早在青少年时代就参加爱国进步活动。“七·七”事变后，在中国共产党团结抗战政策的影响下，他在湖南南岳和长沙等地组织佛教徒参加抗战救国工作。他主编的《狮子吼》月刊对推动广大佛教徒投身抗日救国活动起了积极作用。新中国成立前夕，他从香港毅然北上，决心为新中国的社会主义建设事业贡献力量。解放三十多年来，巨赞法师始终爱国爱教，坚决跟共产党走社会主义道路，即使是在十年动乱、身陷囹圄的逆境中，他也没有动摇热爱祖国和拥护共产党、拥护社会主义的信念。巨赞法师生前十分怀念居住在台湾、香港的同参旧谊，关心统一祖国的大业。

悼词说，巨赞法师在他半个多世纪的佛法实践中，撰写了大量的佛学论文。他长期参与中国佛教协会的领导工作，在推动会务，协助党和政府贯彻落实宗教政策，增进各民族佛教徒的团结，开展佛教学术研究，出版佛学书刊，创办佛教院校，组织佛教徒参加社会主义建设，团结海外佛教界同胞，促进国际佛教界友好交流等方面都发挥了积极作用，作出了许多有益的贡献。

全国政协、中央统战部、国务院宗教事务局、各兄弟宗教团体的负责人以及佛学院教师和巨赞法师生前友好等三百多人参加了追悼会。

新华社北京电　中国佛教协会副会长、中国佛学院副院长、全国政协常委巨赞法师追悼法会4月28上午在北京广济寺举行。

追悼法会由中国佛教协会副会长、全国政协常委正果法师主持。全国政协副主席、中国佛教协会会长赵朴初，中国佛教协会副会长李荣熙，专程前来参加巨赞法师追悼活动的香港佛教联合会特派代表元果法师、何忠全居士，香港宝莲禅寺特派代表智慧法师、健钊法师，以及首都佛教界僧、尼、喇嘛、居士等二百多人，参加了追悼法会。

本刊讯　巨赞法师患病期间，中央统战部江平副部长，国务院宗教事务局任务之代局长，中国佛教协会班禅名誉会长，赵朴初会长，正果、李荣熙副会长等，多次前往医院探视。

巨赞法师圆寂后，当即组成以赵朴初会长为首的治丧委员会（名单另见），负责处理其后事。

巨赞法师遗体于4月23日在北京八宝山荼毗。

又讯　巨赞法师逝世的讣告发出后，陆续收到江苏、广东、湖北、福建、新疆、广西、安徽、黑龙江、四川、云南、辽宁、甘肃、河南、北京、内蒙古、西藏、青海、上海、江西、湖南等省、市、自治区的佛协组织、佛教院校和团体、诸山长老、长者居士等发来的唁电、唁函，对巨赞法师的逝世，表示深为轸悼。法师的出生地江苏江阴县的有关部门、出家地杭州灵隐寺和他生前居住过的广西桂平县政协，以及中国基督教三自爱国运动委员会、中国基督教协会也发来唁电。中国佛学院派驻日本京都佛教大学学习的四名留学生联名发回唁电，沉痛悼念巨赞副院长。

还收到香港佛教联合会会长觉光法师、副会长黄允畋居士，大屿山宝莲禅寺住持圣一法师，香港菩提学会永惺法师，香港《大公报》社长费彝民先生，香港中文大学学生会佛学会，澳门王长安先生等发来的唁电、唁函。

日本佛教界发来唁电、唁函的有：日中友好佛教协会会长道端良秀长老，黄檗宗大本山万福寺管长村濑玄妙长老，净土宗宗务总长、日中友好净土宗协会会长武田彦长老暨日中友好净土宗协会理事长藤堂恭俊先生，佛教大学校长水谷幸正先生，大本山金戒光明寺法主稻冈觉顺长老，天台宗座主山田惠谛长老、宗务总长清田寂圆长老，日中友好佛教协会理事长、清水寺贯主松本大圆法师，日中友好宗教者恳话会理事长西川鉴海长老，京都株式会社美乃美出版社社长垣本刚一先生，真言宗宗务总长、真言宗各派总大本山会代表阿部野龙正长老，相国寺住持梶谷宗忍长老，日中友好临济黄檗协会事务局长有马赖底长老，真宗大谷派宗务总长五迁实诚长老，日莲宗宗务总长远藤日护长老，日莲宗鸠摩罗什三藏法师遗迹显彰会会长松井大周先生，枣寺住持菅原钧先生，净土宗艺术家协会理事长寺内大吉先生等。

新加坡光明山普觉寺住持宏船法师嘱托正在国内访问的广平法师来京参拜了巨赞法师灵堂，并赠奠仪。

在此期间，杭州灵隐寺、广西梧州市西竺园、苏州灵岩山寺、黑龙江佛协、辽宁佛协、内蒙佛协、广东云门寺、郑州佛学社、开封佛学社、白马寺、少林寺、北京法源寺、北京居士林等处，先后举行悼念法会，祈愿巨赞法师不舍众生、乘愿再来。

（原载《法音》1984 年第 4 期）

巨赞法师治丧委员会名单

主任委员	赵朴初
委　　员	帕巴拉·格列朗杰
	任务之　　坚白赤列
	嘉木样·洛桑久美·图丹却吉尼玛
	夏茸尕布　　正　果
	明　真　　宫明·姜巴曲　　日　木
	李荣熙　　海　明　　周绍良

巨赞法师悼词

正　果

各位领导，各位同仁，各位朋友：

我国当代爱国高僧巨赞法师，因患脑神经萎缩等多种疾病，卧床年余，在党和政府的关怀下，经中西名医精心治疗无效，不幸于1984年4月9日晚10点10分停止了呼吸。这是我国佛教事业一大损失。今天，我们在这里隆重集会，对巨赞法师的逝世，表示极其沉痛的哀悼。

巨赞法师生前是中国人民政治协商会议全国委员会常务委员；中国佛教协会副会长兼副秘书长，中国佛学院副院长。他还曾担任过《现代佛学》月刊主编等职务。巨赞法师原籍江苏省江阴县贯庄人，俗姓潘，名楚桐，字琴朴，生于1908年。青年时代在江阴师范学校毕业，曾就读于上海大夏大学。1929年担任江阴金童桥小学校长。1931年3月在杭州经太虚法师介绍，从灵隐寺方丈却非和尚披剃，法名传戒，字定慧，后改名巨赞。同年在宝华山隆昌寺受具足戒。1932年至1937年间，先后在杭州、南京、重庆、厦门等地研究佛学和从事佛教教育工作。1938年在湖南先后组织“南岳佛道救难协会”和“佛教青年服务团”，投身抗战救亡运动。1940年任广西佛教会秘书长，编辑《狮子吼月刊》，宣传抗战救国。1942年任广西桂平县西山龙华寺住持。1944年冬在广西北流无锡国学专科学校任教。1946年回杭州灵隐寺，任浙江省佛教会秘书。1948年任杭州武林佛学院院长，并应邀赴香港讲经，旋往台湾省考察佛教情况。同年冬再度赴港。1949年4月为迎接新中国的诞生，从香港来到北京。

解放后，巨赞法师结束了他的云水生涯，一直定居北京，在中国共产党和人民政府的领导下，积极致力于佛教界爱国爱教工作。1949年9月出席中国人民政治协商会议第一届会议。1950年开办大雄麻袋厂，组织僧尼参加生产劳动；参与发起现代佛学社，主编《现代佛学》月刊。1952年参加中国佛教协会的发起和筹备工作。从1953中国佛教协会成立到现在，他一直参与会务领导工作。

巨赞法师早在青少年时代就参加爱国进步活动。“七·七”事变后，强敌入侵，国难当头，在中国共产党团结抗战政策的影响下，他满怀救民于水火的激情，在湖南南岳和长沙等地，组织佛教徒参加抗战救国工作。在此期间，他主编的《狮子吼月刊》，宣传爱国救亡的思想，对推动广大佛教徒投身抗日救国活动起了积极作用。新中国成立前夕，他从香港毅然北上，决心为新中国的社会主义建设事业贡献力量。解放后三十多年来，法师始终不渝地坚持学习，爱国爱教，跟共产党走社会主义道路。即使是在"十年动乱"、身陷囹圄的逆境中，他也没有动摇热爱祖国和拥护党、拥护社会主义的信念。法师生前十分怀念居住在台湾、香港的同参旧谊，关心统一祖国的大业。

巨赞法师在他半个多世纪的佛法实践中，深入三藏，解行并重。法师为学的次第是从法相唯识之学入门，进而探究三论、天台、贤首诸宗之义，大开圆解，融会贯通；对于禅宗，用力独勤；以不住生死、不趣涅槃、利乐有情为其指归。几十年来，他撰写了大量的佛学论文，散见于海内外佛刊。法师不但精通佛学，对先秦诸子、宋明理学及康德、黑格尔诸家著作，亦莫不广为涉猎；博采多该，兼收并蓄，以成其学问之深闳。他对气功和中医阴阳学说也有精到的见解，颇为时贤所重。法师在佛学研究上孜孜矻矻，老而弥勤，随类施教，诲人不倦的精神，堪为广大佛教徒学习的楷模。

巨赞法师长期参与中国佛教协会的领导工作，在推动会务，协助党和政府贯彻落实宗教信仰自由政策，增进各民族佛教徒的团结，开展佛教学术研究，出版佛学书刊，创办佛教院校，发扬佛教优良传统，组织佛教徒参加社会主义建设，团结海外佛教界同胞，促进国际佛教友好交流等方面，都发挥了积极作用，作出了许多有益贡献。我们在悼念巨赞法师的时候，应该化悲痛为力量，继承他的遗愿。学习他追求进步，爱国爱教，刻苦治学，行解相应的精神；学习他兢兢业业，认真负责的工作态度，在党和政府的领导下，发扬佛教优良传统，开创佛教徒为八十年代三大任务服务的新局面，以慰法师于常寂光中。

附录（十八）

悼念巨赞法师挽联挽诗

薪尽火传，法身久住；
空澄海印，心月长明。

——赵朴初

忆昔同参同办道，弹指四十年恍如昨日；
至今一心一大事，乘愿未来际再冀他朝。

——香港观宗寺觉光

弘教牖世，慈悲度化，高风共仰，本属天人依止；
讲经辅民，圆融普摄，涅槃证果，惟期乘愿再来。

——香港佛教联合会会长觉光、副会长黄允畋

乘愿再来

——香港菩提学会会长永惺暨同人敬挽

惟有巨星赞佛教；
当推法将护人心。

——香港宝莲禅寺住持圣一

生天成佛，撒手西归应一笑；
说法传经，化身东度倘重来。

——日本居士间中喜雄

共礼舍那尊，岂曰小缘，爱国既已同心，弘教亦复同心，客岁瞻依唯一面；

不忘菩提愿，便名大士，参禅固称妙行，应物何非妙行，他时期会有千华。

——真禅

典型常存

——明真

乘愿再来

——正果

所作已成，此日开颜西去；
众生未尽，他时乘愿东来。

——观空

悼念巨公老法师

噩耗传来霹雳空，导师永别去无踪。
音容虽杳丰功在，共仰高风岂有穷。
性相圆融万法通，利生端赖五明工，
歧黄细探阴阳说，卓识超行世所风。
要从冰雪験人生，磊落胸怀息世事。
历尽兴衰唯莞尔，忘情人我不求名。
京华施教沐春风，香岛传经幸侍从；
粤海燕山怀旧泽，深恩未报满惭容！
同沾法雨师恩厚，大道弘扬责谁肩。
寄语吾侪心一致，化悲为力学前贤。

——云峰

哭巨公

三度依师卅二年，一回承教一因缘。
共怜苦雨寒灯夜，同庆云开日耀天。
爬罗剔抉见悲心，欲把金针度与人。
一病那堪成永诀，执经谁为剖疑情！
双林潜影万缘空，独往独来一笑中。

济世不渝终始愿，释门百代仰高风！

——净慧

诸行本无常，一切攀缘齐放下；

众生犹在念，弥天愿力倘重来。

——虞愚

同学五十年前，流辈恐无多，壮岁文章深受晚晴推许。

健康素钦羡，倏然病入膏肓，示疾何期终不起；

追随廿余载，平居幸相得，暮龄禅法曾于海外扬名。

生死本浮休，顿悟身如梦幻，度人有愿应重来。

——林子青

南岳树高风，护民护国，孤胆精忠作狮吼；

西归遗支履，传法传心，东瀛香海涌圆音。

——中国佛学院教务处敬挽

开佛智佛门育桃李，芬芳满天下；

转法轮法界传心印，丰慧照千秋。

——中国佛学院全体教师敬挽

入学聆慈诲，为法为人霭霭圆音犹在耳；

发愤化悲思，爱国爱教煌煌慧业砺先鞭。

——中国佛学院全体师生

灭而不灭，常为堪忍园中客；

生即无生，愿作莲花国里人。

——中国佛教图书文物馆敬挽

爱国爱教，一代高僧垂典范；

立德立言，千秋慧业续传灯。

——广流畅寺两序大众

化缘迁甲子，数十春秋孰穷广济苍黎业；
燕雨落丁香，大千尘点难尽法源云水悲！

——法源寺两序大众

诸法空相，不生不灭；
远离颠倒，究竟涅槃。

——北京市佛教协会敬挽

乘愿再来

——北京市居士林敬献

从学有年聆慈诲，一朝永诀恸哀思。

——学生王新·通一敬挽

悼念巨老法师

瞻仰灵仪泪湿襟，法门痛失住持人。
孤高诚足师千古，不尽沧桑侍讲情！

——王新

爱国僧英教海龙，应缘接杨似春风。
功高禅定超言象，西去东来愿本穷。

——学人明哲拜挽

吊巨老

济生爱国平生志，出世偏殷入世心。
遗译昭垂公不死，人间净土慰公灵。

——圆彻

巨擘南天狮子吼，赞成北地佛法音。

——侍学　广客园真敬挽

德播东西，爱国高僧。
学贯内外，弘法真谛。
——后学熊远涛、孙智贤率子昱东、女昱彤敬挽

悼巨赞大师

一代大禅师，慈悲天丧之。失声众生恸，我更涕交颐。
契好“五三”载，弥留“四九”宵，(1)哭君何限痛，泪溅浙江潮。
昔梦砉然断，前尘历历明，薤歌伤逝者，洄溯不胜情。
心印三潭月，目空十力书，(2)风流遗墨在，归志满踌躇。
南岳阵云高，(3)袈裟换战袍，同仇遭阻遏，恨不血禅刀。
飞锡赋归欤，苍梧访梵居，离筵承密勿，虎口敢传书。(4)
格达和平愿，曼殊爱国心，(5)惟君追懋辙，方外几知音。
讣音传海外，岂仅痛间中，(6)半偈垂千古，善哉大道东。
一生追进步，亦复振宗风，历尽华严劫，拈花微笑中。(7)

——郑卓人

注：

(1) 1931年，君在杭州灵隐寺受却非长老剃度出家，即与我论交，距今年4月9日圆寂于北京北线阁，正阅五十三载。

(2) 记得早年与君曾同游西湖，纪事诗有句云：“知希心印三潭月，复旦光窥一线天”。君参禅不久，即写文章评熊十力所著书，传诵于时。

(3) 在全民抗战中，君即致力于组织佛教徒参加抗战救国实际工作。

(4) 抗战胜利后，君曾卓锡港澳间，参与新民主活动，君尝出入于李济深先生之门。旋（1947年秋）将返宁沪间，李曾托其传书于留住京沪之陈铭枢、郭春涛诸君。

(5) 曼殊大师是位参与南社的知名爱国诗人，君所心折。格达活佛曾力助刘帅（伯承）大军粮秣马匹度过雪山；后又为和平解放西藏而奔走，乃被特务杀害。君极惋惜而追踪前进。

(6) 君之讣告传海外，闻诸友好国家佛教界，咸深悼惜。

(7) 君之一生秉爱国爱教热忱，虽历经坎坷艰险，坚定不移，事迹已见诸报章，毋待赘言。在遭受四人帮陷害折磨的七年中，抗拒魔势侵袭，受到严峻考验；又尝体会昔年白石老人见赠之“拈花微笑图”的微妙画意，有以自广云。

附录（十九）

“巨赞纪念堂”发起人签名手迹

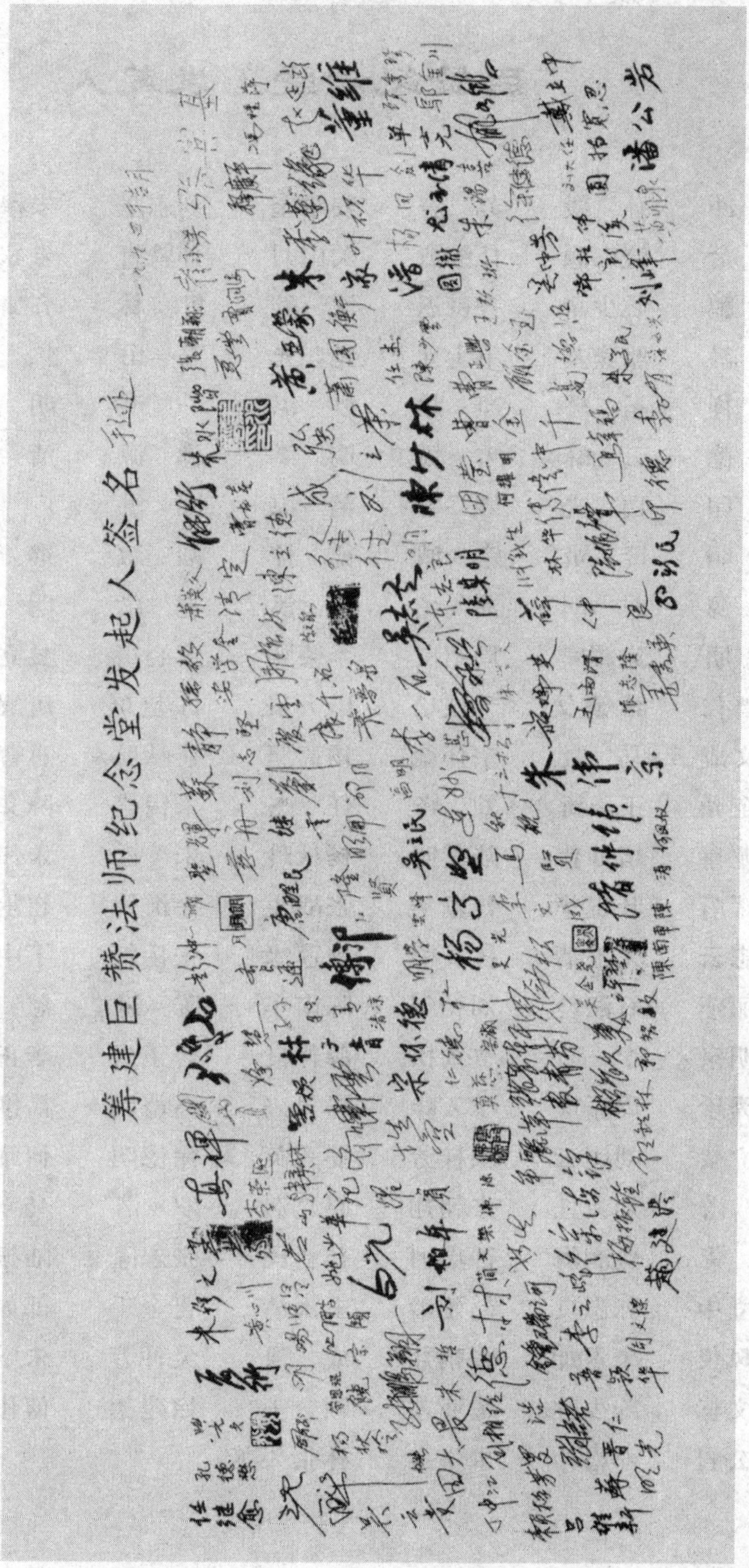

“巨赞纪念堂”发起人

彭　冲	孙　毅	苏　静	安学奎	刘志坚	朱穆之	王　蒙
夏　衍	饶宗颐	任继愈	关山月	孙轶青	朱家溍	尹瘦石
沈　鹏	姚少华	齐良迟	沈　醉	韩美林	齐啸石	孔德懋
张　昌	骆宾基	单士元	觉　光	茗　山	仁　德	明　晹
真　禅	圣　辉	净　慧	妙　湛	一　诚	明　开	慈　舟
印　德	云　峰	雪　烦	明　学	佛　源	清　定	松　纯
传　印	白　光	妙　生	清　凉	圆　湛	广　平	真　慈
昌　明	隆　贤	宗　诚	德　林	圆　澈	继　云	圆　持
根　源	月　朗	灵　光	朗　溪	宽　忍	明　光	安　上
郭　朋	宛耀宾	周绍良	李荣熙	黄心川	吴立民	林子青
苏晋仁	萧篴父	千枝松	田大畏	许埜屏	唐醒民	吴运贵
李文成	马　贤	宗怀德	杨高坚	连秋航	袁普泉	俞朝卿
吴企尧	王　新	刘　峰	任　杰	朱锡喜	陈文银	管恩琨
曹龙喜	堵仲伟	陆其明	杨秋玲	朱　哲	朱伟京	董　维
王耀珩	叶祝华	普颖华	张战生	徐海锋	崔承芳	陈立德
吴志云	尤玉清	林　华	季莲缘	张岳轩	丁中江	麦青芬
牟丽萍	石湘玲	刘柏年	陈南车	陈　涛	慈　云	简文乐
黄明泉	李一石	贾劲松	薛仲良	曹正兴	李正有	郭智敏
顾秀珍	周振庆	李云峰	杨泉兴	高德明	吕维新	萧国衡
刘立荣	刘庆云	赖桂芳	姜秀英	徐德明	何耀明	徐玉兴
张　诺	刘大任	张朝翔	赵建浩	罗　浩	马幸福	梅振铨
田　莹	贾润海	钟瑞诃	孙新民	张志隆	陆振声	陈少云
戴立中	陈志良	赵延龄	王雨清	曹金千	郁如鹤	施瑞英
何凤仪	朱水加	张鹏翔	成　强	吴仲芳	朱学民	邬金川
周文标	陈少林	黄亚蒙	顾金玉	徐建德	傅伟中	顾铁林
潘公岩	邓格伟	朱学文	林张久美			

附录（二十）

为《巨赞法师文集》题字芳名

段君毅	原北京市委书记、中顾会委员
王　珺	国家安全部副部长、兼国际关系学院院长
朱穆之	原文化部部长、新华社通讯社社长
柴泽民	前驻美大使
任继愈	国家图书馆馆长
季羡林	原北大副校长
沈　鹏	中国文联副主席
刘炳森	中国书法家协会副主席
启　功	北大教授
尹瘦石	中国文联副主席
杨　辛	北大教授
苏晋仁	民族大学教授
柳　倩	原中国书画协会主席
谢筱迺	原中共中央党史资料征集委员会常务副主任、中国国际文化交流中心理事会副理事长
张　箴	航天部副部长、航天部工会主席
孙大石	中国华侨文学艺术家协会会长、文化部侨联副主席
谢冰岩	新华社秘书长、中央新闻总署办公厅副主任、出版总署副局长、文化部群众文化副局长、社科院新闻研究所副所长
宛耀宾	原国务院宗教局代局长
高冠华	中国书画研究会会长、中央美术学院教授
杨　新	故宫博物院副院长
徐　超	山东大学文学院院长
蒋全白	山东大学教授

孙恩同	鲁讯艺术学院教授
刘小岑	中央美术学院教授
戴小京	上海书画出版社社长
黄　畲	教授
孙仲起	教授
京　华	教授
玉　龙	教授
童　中	教授
周慧珺	教授
卢光照	教授
夏荆山	教授
杨萱庭	教授
牟小东	教授
李继曾	教授
吴泽如	教授
李树琪	教授
孙坚奋	教授
彭明俊	教授
刘玉璞	教授
李骏昌	教授
张彦青	教授
刘鲁生	教授
崔　耀	教授
阳　春	教授
朱学达	教授
吴国亭	教授
辛　夷	教授
王会福	教授
孙天牧	教授
登　堂	教授
杨乔仁	教授
蒋维松	教授

张国英	教授
墨　龙	教授
越于□	教授
贺明媚	教授
苗得雨	教授
王企华	教授
爱新觉罗·毓岩	北大教授
爱新觉罗·毓臻	教授
贾　才	内蒙政协
海　涛	内蒙政协
耿鸿钧	内蒙政协
钟玉堂	内蒙人大
贺　明	海军画家
朱家缙	故宫文物专家
柳晓叶	居士、柳倩女公子
魏广洲	文物专家

宗教界人士：

闵智亭	中国道教协会会长
一　诚	中国佛教协会会长
觉　光	香港佛教联合会会长
袁炳栋	原国务院宗教局一司司长、中国道教协会秘书长
马云福	中国伊协副会长
周绍良	中国佛教协会副会长
刀述仁	中国佛教协会副会长
黄心川	太平洋研究所所长
吴云贵	世界宗教研究所所长
吴立民	中国佛教文化研究所所长
茗　山	中国佛教协会副会长
明　学	中国佛教协会副会长
戒　忍	中国佛教协会副会长
仁　德	安徽省佛协会长、九华山方丈

云　峰　　广东省佛协会长、六榕寺方丈
佛　源　　广东佛协副会长、云门寺方丈
松　纯　　常州天宁寺方丈
无　相　　无锡祥符寺方丈
真　慈　　南京栖霞寺方丈
性　空　　苏州寒山寺方丈
安　上　　苏州西圆寺方丈
白　光　　中国佛学院副教务长
根　源　　杭州灵隐寺
如　□　　南京兜率寺
惟　慈　　法师
海　曼　　法师
贯　彻　　法师
雪　相　　法师
弘　云　　法师
香　雪　　法师
定　慧　　法师
从　达　　法师
道　生　　法师
又　明　　法师
马常慧　　中国经济体制改研会咨询策划中心副主任、国华投资顾问研究所所长
郑颂英　　上海佛协副会长
林子青　　佛学专家
吕香光　　北京居士林林长
王　新　　中国佛学院教授

巨赞纪念堂碑记

巨赞，佛门奇才，士林雅重之。读经八千卷，工诗文，通六国文字，著述数百万言。早年怀救世热肠，主张激进手段改良社会。皈依后，幡然顿悟，以弘扬释迦牟尼真谛为生平事，力倡改革、恢复农禅制，举“生产化、学术化”两旗相号召，数十年上下奔走，历尽坎坷。年届古稀，雄心未灭，竟赍志以殁。呜呼！巨公之行谊磊落，轰天撼地，人人共知。余观其髫年为一翩翩少年，多愁善感，自遁空门，勇猛精进，愈挫愈奋，与前判若两人。读其诗文，华茂隽逸，诚一代大家也。窃思佛教化人之伟力，固不可忽视，抑非江邑山水所赐乎？余江邑素称“忠义之邦”，文物奥区。然近年来世人沉溺物质、迷恋金钱之风大盛，乡先辈舍身求法，独往不退之气概，几不复见，吾甚忧之。今睹巨公事，始知江上遗风不坠，又抚掌称快，此亟宜发扬光大之，以存国脉。甲戌初年，江邑佛教会、地方政府及社会贤达，共商发起筹建“巨赞纪念堂”，海内名流闻风唱和。于是，縻数十万金，择君山风景区，占地亩余，延请苏州设计院草图，阳历四月九日奠基，九月十日竣工，巍峨殿堂拔地而起。余文友志云兄受筹委会托，嘱余写碑，慨然任之，是为记。

江上菁存阁主人撰文，澄江薛双甲题额，华士李瑛书丹，南闸刘云瑞勒石。

甲戌中秋八月

附录（二十二）

江阴举行
“巨赞法师圆寂十周年”纪念活动

本报讯　我国现代新佛学奠基人、佛教著名高僧巨赞法师圆寂十周年纪念活动，不久前，在江苏省江阴市隆重举行。来自全国佛教、学术界人士近二百人汇聚一堂，深深缅怀一代宗师，高度赞扬他的爱国爱教思想和对佛学研究孜孜不倦的精神。

巨赞法师是我国佛教界的一位杰出师匠。生前，为中国佛教改革，曾数度来往台湾、香港与澳门之间，辛勤奔走，精进不懈，一生爱国爱教，在佛学上出类拔萃，精通中、印佛学，对气功和中医阴阳之说，都有很深的造诣和独到的见解，他还精通英、日、俄、法语，为中国佛教界一大奇才，受到海内外佛门弟子的爱戴和敬仰。为纪念巨赞法师功德，弘扬佛教佛法，将投资一百万元，近期在巨赞故乡江阴君山乾明广福禅寺动工兴建巨赞法师纪念堂，今年十月六日，将在巨赞法师诞辰八十六周年之际，正式开堂。

（原载《人民日报·海外版》1994 年 5 月 10 日）

附录（二十三）

江阴隆重纪念巨赞法师诞辰

本报讯　10月6日是我国当代爱国高僧、文化名人、现代新佛学奠基人巨赞法师诞辰八十六周年纪念日。来自国内外四百多名社会各界人士汇聚江苏省江阴市，隆重举行纪念活动和《巨赞纪念堂》开堂盛典。

巨赞法师故乡江阴，他是我国宗教界一位杰出师尊，曾任全国政协常委、全国佛教协会副会长，佛学研究成就卓越。他热爱祖国，四十年代积极宣扬抗战救国，也曾为弘扬现代新佛学，辗转于台湾、香港等地，孜孜不倦。巨赞法师精通英、日、德、俄、法等国语言，为近百年来中国佛教界一大奇才。

巨赞法师在海内外享有很高声誉。为纪念他，今年由彭冲、孙毅、夏衍、觉光、朱穆之、关山月等大陆、港台一百八十位各界知名人士发起筹建《巨赞纪念堂》活动，并得到江阴市政府和各界支持。仅仅半年，坐落在江阴君山乾明广福禅寺内的《巨赞纪念堂》便在巨赞法师诞辰日正式建成开堂。

纪念堂内收藏了巨赞生前所用的印章、僧衣等数十件遗物及他发表在海内外期刊上的《台湾行脚记》、《佛学与中国文学》等三百多万字的著作、诗文。香港佛教联合会会长、港事顾问觉光大法师，此次也将保存几十年的巨赞法师约三百多万字的读经笔记倾囊献出。国务院宗教局、中国佛教协会等数十家单位发来了贺电和贺信。

（原载《人民日报·海外版》1994年10月13日）

附录（二十四）

“巨赞纪念堂”开堂纪胜

朱　哲

古城江阴西北之君山，枕长江，瞰南国，登临极目，江天一色，吴楚风物，一览无余。环顾四望，翠峰秀岭，清雅静穆，超凡脱俗。“巨赞法师纪念堂”，即座落其间。取山色之美，揽形胜之优，呈祥瑞之气，显仙境之灵，真乃天赐福地也。

巨赞法师原籍江苏江阴，俗姓潘，名楚桐，字琴朴。生于1908年，1984年4月9日圆寂于北京。青年时代毕业于江阴师范，曾就读上海大夏大学及南京支那内学院。1931年，在杭州灵隐寺依却非老和尚披剃，法名传戒，字定慧，后改名巨赞。同年于宝华山隆昌寺受具足戒。1932年至1937年间，先后在杭州、南京、重庆、厦门等地钻研佛学并从事教学工作。抗战军兴，法师悲国运之阽危，哀民生之涂炭，在湖南先后组织“南岳佛道救难协会”、“佛教青年服务团”，从事抗战救亡运动。1940年，任广西佛教会秘书长，主编《狮子吼月刊》，参加“漓江雅集”，发表了大量诗文，宣传抗日救国。后历任桂平龙华寺住持、北流无锡国学专修学校教授，抗战胜利后，返回杭州灵隐寺，任浙江省佛教会秘书长、武林佛学院院长。曾数度应邀赴香港、台湾、澳门等地讲经和考察。1949年4月，结束云水生涯，定居北京。主编《现代佛学》，开办大雄麻袋厂，筹备振新印刷厂，组织僧尼学习和参加劳动生产。中国佛教协会的成立，巨法师是主要发起人之一。

巨赞法师道高德隆，资深望重，长期担任中国佛教协会的领导工作。在推动会务，协助政府贯彻宗教信仰自由政策，增进各民族佛教徒的团结，开展佛教学术研究，出版佛学书刊，创办佛教院校，发扬佛教优良传统，团结海内外佛教界同仁，促进国际佛教友好交流等等方面，都发挥了积极作用，作出了重要贡献。十年动乱，身陷囹圄，大节凛然，坚贞不屈，爱国爱教之心，毫不动摇，始终不渝。

巨赞法师博通三藏，学贯古今，胸怀旷达，志尚清高。他卓越的成就，光辉的一生，在海内外享有很高的声誉。他治学谨严，精进不懈，撰写了数百万字的佛学论文。法师不但精通佛学，对先秦诸子、宋明理学及康德、黑格尔诸家著作，也无不广为涉猎，对气功和中医阴阳学说，也有独到的见解，深为时贤所器重。

为缅怀一代宗师，今春由彭冲、孙毅、觉光、夏衍、朱穆之、孙轶青、明暘、广平、宗怀德、任继愈、饶宗颐、关山月、丁中江、张岳轩等大陆、港、台、新一百八十位各界知名人士发起在巨法师故乡江阴筹建纪念堂，立即得到当地政府和各方善信的大力的支持，仅仅半年，“巨赞纪念堂”便在10月6日法师诞辰86周年建成开堂。

纪念活动与开堂大典是在同一天进行的。6日上午，来自国内外的诸山长老、十方缁素及社会各界四百多位人士，汇聚一堂，隆重举行纪念活动。大会由中共江阴市委统战部副部长吴志云主持，首先宣读了香港佛教联合会觉光法师、国务院宗教局、中国佛教协会、中国天主教爱国会、中国伊斯兰教协会等数十个单位和个人发来的贺电。在大会上发言的有茗山、慈舟、根源等老法师，江阴市副市长徐海峰、政协主席吴振法、江苏省佛协副秘书长夏国镛、上海市佛协副会长吴企尧、无锡市宗教局局长朱锡喜及巨赞法师的皈依弟子朱哲等，首都师大教授普颖华代表北京书画界名人也在会上发了言。代表们在发言中，都高度赞扬了巨法师爱国爱教，不惮辛劳，鞠躬尽瘁的崇高品德，以及他锲而不舍，刻苦治学，老而弥笃和诲人不倦，无私忘我，乐于奉献的精神。

下午，当车队缓缓驶上君山时，人山人海的善男信女和观礼群众，早已伫立在那里夹道欢迎，数不清的张张笑脸，数不清的盆盆鲜花，洋溢着江阴——这个忠义之邦的亲人的热情好客，和对巨赞法师的无限崇敬！这时不断的鞭炮声、鼓掌声、念佛声，响彻云霄。

纪念堂在君山南麓，围墙大门门额为全国人大常委会副委员长彭冲亲笔，南向三间正堂堂额为关山月先生所题。纪念堂画楝雕梁，庄严肃穆，堂内正中高悬巨赞法师青年时期的画像，为当代名画家尹瘦石先生所绘（注：1941年，桂林文化界人士郭沫若、夏衍、欧阳予倩、田汉、端木蕻良、关山月等为柳亚子先生祝寿，尹老即席为在座诸公速写面像，巨赞法师亦在座。据尹老讲：因时间所限，当时只画了五十多人，初名“百寿图”，后更名“漓江祝嘏图卷”。尹老即根据此图卷中法师之像，重新放大绘成。）下为巨法师半身塑像，神宇清粹，仪容端肃。四周挂满了茗山、性空、圆彻等法师及饶宗颐教授、沈鹏、姚少华、薛双甲等名书画家的诗词、字画、条幅。琳琅满目，目不暇接。

正厅东南西向三间为陈列厅，厅额为九十多岁高龄的孙毅老将军所书。展品中有：由觉光法师保存了几十年的巨赞法师用毛笔写的三百万字的读经笔记，蝇头小楷，清秀端正。茗山、慈舟等老法师见到后，个个合掌赞叹，连连说这是稀有的佛门珍宝。还有复印的巨法师历年所发表的诗文及用过的印章、碑帖，穿过的僧装和大量珍贵的照片、墨宝等。

开堂大典在阵阵掌声中由茗山老法师主持。茗老语重心长地追述了亲身所见闻的巨法师在湖南组织僧侣抗战救亡的光辉事迹。思其功，怀其德，老法师感慨系之，热泪盈眶。松纯法师的讲话，充满了师生感情，对在中国佛学院受到巨法师的教育培养，受到巨法师的殷勤教诲，念念不忘。追思遗泽，哀恋之情溢于言表，讲话时分外激动。副市长徐海峰对巨法师的学识、人品作了很高的评价，认为巨法师的嘉言懿行、楷模一代。并指出：凡有功于中华民族振兴和家乡繁荣昌盛的人士，江阴人民是不会忘记的；凡有功于宗教事业，顺应时代，爱国爱教，促进团结的人士，相信宗教界的朋友也是不会忘记的。最后徐市长祝愿巨法师乘愿再来，续佛慧命!

说也奇怪，4月9号奠基典礼的前后半个多月，接连下雨，人们正担心山路泥泞，会带来一些不便，不意奠基那天，碧空万里，天气非常晴朗。而10月6日开堂的前前后后，也是天天下雨，又唯独开堂那天，风和日丽，大家都说：得道者多助，菩萨也会保佑，老天也会帮忙。

参礼了纪念堂，对巨赞法师渊博的学说，爱国爱教的丰功伟绩，孜孜不倦，以道为务，不与世争的高尚风格，无不赞叹不绝，异口同声说：一定要好好向他老人家多多学习。开堂大典在热烈的掌声，祥和的气氛中圆满完成。

（原载《香港佛教》1995年1月）

附录（二十五）

纪念巨赞法师
圆寂二十周年座谈会在江阴举行

常　正

本刊讯　2004年月12月22日下午，江苏省佛教协会、无锡市佛教协会和江阴市佛教协会在江阴市暨阳山庄联合举行座谈会，纪念当代高僧、已故中国佛教协会副会长巨赞法师圆寂二十周年，中国佛教协会会长一诚法师、副会长明学法师、香港佛教联合会会长觉光法师、国家宗教事务局徐远杰司长、江苏省宗教事务局翁振进局长、江阴市市委黄满忠副书记、中国佛教文化研究所所长杨曾文教授等一百多位嘉宾出席了座谈会。

巨赞法师生于1908年，江阴澄江镇贯庄村人，俗名潘楚桐，法名传戒，后改名为巨赞。1931年于杭州灵隐寺出家为僧。抗战时期，曾在湖南组织南岳佛道教救难协会和佛教青年服务团。

新中国成立后，巨赞法师历任全国政协委员、常委、中国佛教协会副会长兼副秘书长、中国化学院副院长以及《现代佛学》、《法音》主编等职务。他参加筹组了中国佛教协会，长期从事佛学研究，对气功和中医阴阳学说深有研究，著有《绀珠集》、《觉海遗珠集》等，是中国当代著名的佛教高僧、佛学家、佛教教育家和爱国活动家。1984年4月9日，巨赞法师因病医治无效，不幸在北京逝世，终年76岁。

在座谈会上，一诚法师对江苏省和江阴市佛教协会举办纪念巨赞法师圆寂二十周年活动给予了充分肯定。他说，巨赞法师是我国当代爱国高僧，与中国共产党风雨同舟，早在青年时代就参加爱国进步活动，“七·七”事变后，在中国共产党团结抗战政策的影响下，他在湖南南岳和长沙等地组织佛教徒参加抗战救国工作。他主编的《狮子吼月刊》对推动广大佛教徒投身抗日救国活动起了积极作用。新中国成立前夕，他从香港毅然北上，决心为新中国的社会主义建设事业贡献力量。他参加中国佛教协会的发起和筹备工作，并长期参与中国佛教协会的领导工作，在推动会务、协助党和政府贯彻落实宗教信仰自由政策、增进各民族佛教徒的团结、开展佛教学术研究、出版佛学书刊、创办佛教院校、团结海内外佛教界同胞、促进国际佛教界友好交流等方面，都发挥了积极作用，作出了许多有益的贡献。巨赞法师在他半个多世纪的佛法实践中，深入经藏，大开圆解，融会贯通，解行并重。他撰写的大量佛学论文，见解精到，颇为时重。

觉光法师在会上深情回忆与巨赞法师共事的往事。他说，巨赞法师的道德、学问都是最令人敬佩的，尤其让人敬佩的是他爱国爱教的情怀。他弘扬佛法，是中国新佛教理论的奠基人之一。

黄满忠副书记、徐远杰司长、朱哲先生、黄心川教授、杨曾文教授、沈祖荣副局长、明学法师、松纯法师等分别在会上发表了热情洋溢的讲话。会后，各界人士赴江阴澄江镇参观了巨赞法师故居。

当日上午，一诚法师、觉光法师、明学法师、无相法师、松纯法师、圆持法师、瑾云法师等还冒雨主持了在江阴君山寺举行的僧伽大师舍利供奉瞻礼仪式，诸山长老、各界来宾数百人参加了这一法事活动。据悉该舍利于2003年11月28日在江阴市悟空寺塔基遗址被考古队发掘出土。僧伽为西域人，唐代高僧，先后弘法于中原、江淮一带，多有神异。圆寂后被奉为“泗州大圣”，传为观音菩萨化身。其事迹在《宋高僧传》等书中多有记载。

法事结束后，与会者参观了十年前建于君山寺的巨赞法师纪念堂。

（原载《法音》2005年第1期）

附录（二十六）

高风共仰

——纪念巨赞法师圆寂二十周年

江阴市民族宗教事务局

2004年是当代著名爱国高僧、佛学大师巨赞法师圆寂20周年。去年12月22日，我国佛教界在法师的家乡江苏省江阴市举行隆重的纪念活动，深切缅怀一代宗师为国家、为佛教事业作出的卓越贡献。中国佛教协会会长一诚法师、香港佛教联合会会长觉光法师等100多位中国佛教界的高僧大德、法师、居士和著名学者云集江阴。国家宗教局宗教一司司长徐远杰、江苏省宗教事务局局长翁振进、副局长沈祖荣等也前往江阴参加纪念活动。

巨赞法师1908年10月出生于江阴，1984年4月圆寂。系我国当代爱国高僧、佛学家、佛教育家、社会活动家、“现代新佛学”奠基人、中国佛教协会创始人之一。生前曾任全国政协常委、中国佛教协会副会长兼副秘书长、中国佛学院副院长、《现代佛学》主编、《中国大百科全书·佛教卷》主编等职。1949年9月作为宗教界民主人士出席全国政协第一届会议，并登上天安门城楼参加开国大典。

斯人已逝，他热爱祖国的赤诚之心和献身佛教改革的精神，人们将铭记不忘。

同参旧祖今犹在

香港佛教联合会会长觉光法师已87岁高龄，他是巨赞法师在抗战期间一起卓锡广西桂平西山龙华寺的同参老友。两人交同倾盖，谊切投胶。这次，觉光法师在新加坡主持长达三个星期的传戒大法会刚一结束，便不顾劳累，来到江阴参加纪念巨赞法师圆寂20周年活动。在接受记者采访时，他对巨赞法师推崇备至，敬慕之情常常溢于言表，回忆了当年他与巨赞法师同参办道的艰难历程。

前往参加纪念活动的人士中，有不少曾是巨赞法师生前的挚友、学生和忘年之交。香港大学中文系主任、著名国学大师饶宗颐先生还特意遥寄“交情忆磐石，灵智恒清凉”一联，寄托他对巨赞法师的纪念。

参观巨赞纪念堂

12 月22 日，江阴喜雨绵绵。这天上午，一诚、觉光、朱哲、圆持、戒尘、照诚、昌明、惟贤、慧明、明学、松纯、无相、黄心川、杨曾文、徐远杰、翁振进、沈祖荣等在江阴市有关领导陪同下，冒雨来到君山寺的巨赞纪念堂参礼，受到数百名僧人、居士和各界人士的热情欢迎。家乡人民为迎来我国佛教界的尊贵客人感到亲切和荣幸，实谓殊胜因缘。

巨赞纪念堂庄严肃穆，青松苍翠，鲜花盛开。当一诚会长、觉光法师一行到来时，这里已拥满了参观的人群。一诚会长全然不顾雨水淋湿衣服，久久凝视着大门上那副当年中国佛学院师生悼巨赞法师的挽联：“为法为人霭霭圆音犹在耳，爱国爱教煌煌慧业砺先鞭”……觉光法师站在巨赞法师塑像前满含深情地说：“师傅，我看您来了！”便接连跪拜，当时并没有准备拜垫，此情此景，令在场者感动不已。“高风共仰，本属天上依止；涅槃证果，惟期乘愿再来”觉光法师当年所作的这副挽联，如今高高悬挂在巨赞法师的巨幅画像旁，蕴含了他与巨赞法师的深厚情谊。巨赞法师的皈依弟子、83 岁的著名佛学家朱哲先生激动地向一诚会长、觉光法师介绍起陈立在展室窗橱内的一副由他本人撰句、沈鹏先生所书的“揭竿澄江，救亡南岳，传书虎口，硕德丰功留大地；精研三藏，博通二乘，广宣法音，等身著述足千秋”的长联，两位长老都认为此联描述和概括了巨赞法师的光辉一生。

在巨赞法师生平事迹展览馆内，二百余幅珍贵的图片都有着较高的历史文献价值。展览按照年代分为“生平传略”、“佛学成就”、“致力教育”、“佛门奇才”、“著作丰盛”、“荣归道山”六个部分，展示了历史的时空，忠实地记录了巨赞法师爱国爱教的非凡人生。许多长老、法师和学者们看了巨赞法师那么多的感人事迹后，无不为之感叹和折服。我国著名佛教学者黄心川、杨曾文等先生对巨赞法师的爱国精神和佛学成就给予了高度评价，当看到巨赞法师的读经笔记手稿影印件后，都认为他那种认真刻苦的治学精神非常值得后人学习和发扬。田汉先生的子女田大畏、田野兄妹俩久久徘徊在“南岳抗日烽火”的一幅幅画面前，回忆起父亲田汉与巨赞法师的革命友情，不禁心潮起伏，热泪盈眶。徐远杰、翁振进等领导看到这些丰富而详实的图片资料和巨赞法师的许多遗物后，衷心感谢倾心支持巨赞纪念堂建设，积数年之功编辑出版《巨赞法师文集》的朱哲老先生。

巨赞纪念堂是十年前由中国宗教界和海内外著名人士发起在江阴筹建的。这里留下了不少高僧、长老和国内外知名人士前来瞻仰、参观的足迹，也留下了不少诸如彭冲、孙毅、朱穆之、王蒙、夏衍、关山月、尹瘦石、饶宗颐、沈鹏、刘炳森、茗山、真禅等名人的笔墨丹青。如今纪念堂已建成江阴市爱国主义教育基地，并有着江南名园的雅致和古朴。

举行纪念座谈会

纪念巨赞法师圆寂二十周年座谈会，这是我国佛教界继1994年巨赞纪念堂开堂举行的纪念座谈会以来的又一次极为宝贵的盛会，也是一次非常具有学术价值和有着积极影响的学习研究巨赞法师佛学思想的理论学术论坛。

一诚会长、觉光法师、朱哲先生、明学法师、松纯法师、无相法师、黄心川教授、杨曾文教授和徐远杰、沈祖荣、黄满忠等领导同志先后在会上发言。参加纪念活动的部分人士以及江阴市有关领导、各界代表共80余人出席了座谈会。座谈会由江阴市委统战部长张时献主持。

江阴市委副书记黄满忠代表法师家乡首先致词。他说，巨赞法师是江阴这方水土养育的一位英才。他把爱国与爱教完美统一于一身，虽有功于革命而始终不介意荣辱，虽有成就于中国佛教事业而始终恬退为怀。对于这样一位卓越超群的文化巨擘，体现民族智慧与尊严的杰出人物，党和人民给予了崇高的荣誉。他曾作为宗教界民主人士，登上天安门参加了开国大典，江阴人民将永远引以为骄傲。

中国佛教协会会长一诚法师说：巨赞法师是我国当代的爱国高僧，他始终与中国共产党风雨同舟。早在青少年时代就参加爱国进步活动。“七·七”事变后，在中国共产党团结抗战政策的影响下，他在湖南南岳和长沙等地，组织佛教徒参加抗战救国工作。他主编的《狮子吼月刊》，对推动广大佛教徒投身抗日救国活动起了积极作用。新中国成立前夕，他从香港毅然北上，决心为新中国的社会主义建设事业贡献力量。解放后，法师爱国爱教，跟共产党走社会主义道路。即使是在“十年动乱”、身陷囹圄的逆境中，他也没有动摇热爱祖国和拥护党、拥护社会主义的信念。法师生前十分怀念居住在台湾、香港的同参旧谊，关心祖国的统一大业。今天我们纪念巨赞法师，就是要求全国佛教徒学习他追求进步，爱国爱教，刻苦治学，行解相应的精神；学习他兢兢业业，认真负责的工作态度，在党和政府的领导下，发扬佛教优良传统，积极组织佛教徒走与社会主义社会相适应的道路，为开创21世纪佛教事业的新局面，不断作出新的更大的贡献。

香港佛教联合会会长觉光法师激动地站着发言，他讲起自己年轻时与巨赞法师在广西桂平龙华寺他做当家巨赞任主持那段传奇般的故事。他对巨赞法师高尚的品格、渊博的学问和爱国爱教的精神大加称道。他说，巨赞法师堪称近代大德高僧之一。他年轻时就具有强烈的爱国热情。法师学贯中西，掌握了英、德、日、俄、法等多国语言，写下了数百万字的著作和读经笔记，对密宗、天台宗和印度佛教无不精通，可称大智慧者。一生致力佛教改革，提出了“学术化”、“生产化”两个不朽的口号。他学问好，佛法修持和人品道德更好，光明磊落，从来不道他人短长，大家见面都讲关于佛教怎么改革，怎样做学问。我出家 70 多年了，心中最钦佩的是巨赞法师，念念不忘巨赞法师对佛教、对国家作出了那么大的贡献，给我们留下了那么多宝贵的精神财富。他虽然已经圆寂 20 年了，他爱国爱教的伟大精神将与世长存，我们要永久地纪念他。我是一个中国人，我爱我自己的国家。出家人“一国千家饭，孤身万里游”，人生难得，做中国人不易。

国家宗教局宗教一司司长徐远杰受叶小文局长委托，代表国家宗教局对本次纪念活动的举行表示热烈祝贺。徐远杰说：巨赞法师是 20 世纪后半叶我国著名的佛教领袖之一，同时也是知名的佛教学者。他青年出家，心怀宏远，深入经藏，精进学修，在佛学的修持方面都有很高的成就，堪为一代佛教宗师。纵观巨赞法师舍身求法的一生，实际上是他普施众生，将出世法和入世法圆融的一生。一方面他致力于弘扬佛法，一方面他投身抗日救亡运动，救民于水火，两者并行不悖，真正体现了佛法不离世间法的大乘精神。巨赞法师的一生是真正实践佛教慈悲济世大乘精神的一生，是觉悟人生奉献人生的一生。哲人其萎，功赫犹存。今天，我们在巨赞法师的家乡江阴市举办这次纪念活动，具有特殊的意义。巨赞法师崇高的爱国情操以及他为近代佛教所作出的贡献，将被江阴人民引以为骄傲。今天我们纪念和学习巨赞法师，就是要沿着先贤大德的足迹，努力挖掘佛教中的积极因素，努力使佛教与社会主义社会相适应。

巨赞法师的皈依弟子、著名佛学家朱哲先生说：多年来，江阴各界对巨赞法师的关心爱戴始终不渝，义无返顾，情至意切。巨赞法师才华盖世，光明磊落，是当代第一流的佛学大师，中国佛教协会的杰出领导。他的抱负、他的著作，备受国内外宗教界、学术界所重视、所推崇。巨赞法师爱国爱教，目光远大，智慧过人。早在上海大夏大学读书时，就与田汉先生相识，参加了地下活动。抗战初期，于湖南在叶剑英的支持下，成立南岳佛道救难协会，组织僧道以实际行动积极参加抗战救国。毛主席的老师徐特立老先生爱才若渴，在长沙几次敦劝巨赞法师还俗去延安。后来，法师在桂林创办《狮子吼月刊》，团结各界爱国人士郭沫若、柳亚子、夏衍、欧阳予倩、聂绀驽、端木蕻良、盛成、万仲文、朱蕴山、陈此生、廖沫沙、关山月、尹瘦石等极力鼓吹抗战救亡。为了帮助民主人士成立中央民革，法师冒着生命危险，为李济深先生传递密信给陈铭枢、郭椿涛。淮海战役刚一结束，在香港接受中共华南局负责人潘汉年的委托，起草了《新中国佛教改革草案》，由潘老送呈石家庄党中央。

1949 年 4 月法师应邀毅然北上，一进北京，就和陈铭枢创办《现代佛学》大力宣传党的宗教政策，开办大雄麻袋厂，筹备振新印刷厂，组织僧尼参加学习、参加生产，参加抗美援朝等等，很大程度地安抚和稳定了当时宗教界惶恐不安的情绪。为了筹备中国佛教协会，法师又联合各界人士上书党中央及各民主党派。为了收回广济寺，他又挺身而出，单独上书毛主席，得到毛主席的亲笔复信，广济寺很快就收回。对巨赞法师的忠肝义胆以及他的进步思想、远见卓识，老一辈的中央领导是了解的，称赞的。登上天安门参加开国大典、当选全国政协常委、当选中国佛协领导成员、当选《大百科全书·佛教卷》及《现代佛学》主编等等，就是一个有力的说明。为了国家的长治久安，为了社会的团结稳定，为了佛教能适应新的形势、新的制度，他老人家任劳任怨、赴汤蹈火、鞠躬尽瘁，献出了毕身的精力，他不愧为一个爱国爱教的典范，值得我们学习，值得我们纪念。

中国社科院太平洋研究所所长，世界宗教研究所所长黄心川：我与巨赞法师是在中国佛学院的忘年之交，在佛学研究方面曾受过他的指导，终身难忘。在他圆寂后，勉为继续他未完成的事业《大百科全书·佛教》的编辑工作。在当时的历史条件下，对佛教框架的提出，除了学识广博的巨赞法师，别无他人。这使中国第一次在学术界有了一个看法。今天，我们应向巨赞法师学习哪些精神，有哪些东西值得我们永远纪念？我认为第一是他那种追求高攀学术高峰的精神。从佛学知识的广博和深度讲，从 20 世纪以来还没有人可以超过他。他对印度佛教、对中国佛教的各个派别、对历史人物，几乎都有文章，都作了研究，堪与中国佛教史上几位大师像玄奘法师等媲美。他通晓六国语言，对书法、诗词用力之深、对仗之美，对气功和中国医学也有深入研究。我对他的梵文资料做过认真的考察研究，在他还没有出版的几百万字的读经笔记中，几乎对佛教的每个名词的梵文的原文、演变、中译、意译，都作了非常深刻的、系统的注释。他做了很多很多为后人学习的东西。第二要学他爱国进步的精神。他是一位与时俱进的进步人士，在年轻的时候，参加过共产党的秘密活动；在抗战时期，做了那么多的抗战爱国工作；在新民主主义革命时期，始终跟着时代步伐前进。从年轻时直到圆寂，革命者的本色依然不变，做了许多对国家和人民有益的事，所建立的功勋是难以用语言表达的。第三，与时俱进对中国佛教改革的精神。他早年追随提倡人间佛教的太虚大师，在改革教制、教规各个方面，他一直沿着这条路线践行。

中国佛教文化研究所所长杨曾文：回顾巨赞法师坎坷而光辉的一生，可以从中汲取很多值得我们借鉴和学习的东西。第一，是僧，但首先是中国人，积极投身民族救亡运动。第二，强烈的时代感呼吁对佛教作适应时代的变革。经常思考如何结合时代进行改革。提出佛教改革应当遵循“生产化”和“学术化”的方针，革除旧佛教中的封建糟粕。解放后，与赵朴初等共同发起创建中国佛教协会。第三，身教言教，致力培养佛教人才。巨赞法师注重开放式、启发式教育，要求学僧不仅读佛书，而且读文、史、哲多种学科的读物。认为要了解世间法，才能进一步了解出世间法。他要求学僧关心国家大事，读新闻报纸。文革以后，他关心如何将佛学院来办好，认为应按照“生产化”、“学术化”这个要求来设备课程，制订教育计划。

江苏省宗教事务局副局长沈祖荣：巨赞法师学贯中西，语通数国，是佛教界一位奇才。在法师中他是少有的有成就的学者，在学者中他是少有的敢于革新的实践家。他是僧教育家、是抗战勇士、是社会活动家。他是江苏的也是全国的，是佛教的也是全社会的。他的一生始终把个人与佛教的兴衰、民族的安危、国家的存亡紧紧地联系在一起，他的一生是始终坚持爱国爱教的一生，是始终追随时代潮流的一生，他用实际行动对人间佛教思想作了最有力的阐述。20年前巨赞法师远行了，作为新中国一代佛教领袖之一，他带走了两袖清风，留下了宝贵财富。人们对巨赞大师的怀念之情，并没有因为岁月的流逝而淡忘，相反，随着时间的推移，这种感情越发厚重地感染着后来者。

江苏省佛教协会会长明学法师、副会长无相法师、松纯法师都分别发言，他们回忆起1957、1958年在中国佛学院学习时，曾亲聆巨赞法师讲授《佛教史》，那段难忘的师生情谊使他们感到无比的光荣和骄傲。

瞻仰巨赞法师故居

巨赞法师故居位于江阴城东几里外的贯庄村。这里籍长江奔腾之势，盈育匡世之才之宝地。1998年贯庄村全面修复了故居。乡亲们对巨赞法师依然无比崇敬，当一诚会长、觉光法师和上级领导要来村里纪念巨赞法师的喜讯传来，全村上下都震动了。

一诚会长、觉光法师及各位高僧大德受到乡亲们的热情迎候，来到巨赞法师故居参礼。首先向巨赞法师塑像一一礼拜，瞻仰法师青少年时代生活的卧室和遗物，参观生平事迹展览。在上世纪初，我国一代佛学泰斗和大师巨赞法师就诞生在这里。大家追思着近一个世纪以来的历史风云变化，面对一桩桩往事、一件件平凡的物品，都感到十分亲切。觉光法师还应乡亲们的要求，欣然题写了“一代佛教巨人”六个大字，再次表达了他和一诚会长及全体高僧大德对巨赞法师的敬仰之情。贯庄村老书记季洪度还领着各位长老来到故居东侧的龙泾河畔，指着这清澈的河水意味深长地介绍着：1931年，二十三岁的巨赞法师从这里乘船出发，沿长江到上海、杭州，开始了他的出家生涯，从此，他老人家再也没有回过家乡……

巨赞法师作为当代佛门巨擘、法海龙象，他博大精深的佛学思想在我国佛教史上占有重要地位，其伟大的爱国主义精神永远照耀着中国佛教界。

（原载2005年第3、4期《香港佛教》及
同年第1期《江苏·民族·宗教》）

附录（二十七）

周恩来与南岳僧道

李陈济

1939年早春时节，五岳独秀的南岳，依然春色无限，风光如画。周恩来与叶剑英同警卫邱南章风尘仆仆地来到南岳，给在南岳举办的游击干部训练班作报告。一天，他们来到祝融峰顶的上封寺，寺僧巨赞、演文等连忙迎了出来，接进方丈室坐定后，寒暄了几句，巨赞就拿出佛教救国协会的宣言和简章，请周恩来指教。

周恩来认真地看了看，颔首鼓励道："各位大师，你们的行动是正义的，定会得到全国人民的支持！但要讲究策略，不必成立僧军，你们可以用佛教的教义去坚定僧道们保卫祖国的决心。另一方面用救苦救难、大慈大悲的教义去感化一些信奉佛教的侵略者，使他们懂得佛祖创教宣言，就是诚心向善，普渡众生。相反，侵略、杀人、放火就是犯罪，就是犯了戒律，犯了天条。促使他们厌战、反战、动摇日军的军心，从某种意义上来说，攻心并不亚于冲锋陷阵，手刃顽敌。"

巨赞和演文听了，心里豁然明亮，连连稽首。他们又谈起佛教救国协会的打算，巨赞说："周先生，我们准备向全国佛道界发出倡议，动员南北佛道教徒立即行动起来，走出佛门，投身战斗，为保家卫国的抗日事业作出贡献。

"好，你们这个举动好极了！"周恩来称赞说，"全国数十万佛道教徒团结起来，那就'法力无边'啦！"

谈话将要结束时，巨赞请周恩来题词，以志纪念，周恩来也不推辞，礼貌地接过笔，默想片刻,欣然挥毫，洋洋洒洒在宣纸上写了八个大字："上马杀贼，下马学佛。""好一手书法，高韵、深情、坚质、浩气！太妙了，太妙了！"巨赞望着题词，赞不绝口。

巨赞沉吟了一会道："斗胆请教先生题词中将'杀贼'与'学佛'连在一起，与我教教义是否相符？"

周恩来笑了笑解释说："阿罗汉的第一个汉译就是'杀贼'，不杀烦恼之贼，就成不了阿罗汉。我写的是'杀贼'不是杀人，这个'贼'当然是指佛教中所指的不能容忍的歹徒。现在日本强贼正在大批杀戮我同胞，我们不把杀人的贼杀掉，怎么普渡众生？这是善举。杀贼就是为了爱国，也是为了佛门的清静。你们出家人只出家没出国，所以同样要保国、爱国！抗战就是杀贼，杀贼就是抗战救国。”

周恩来讲的深入浅出，又合乎经义。巨赞听了，倾心佩服：“我明白了！只有上马杀贼，才能安心学佛！国之将亡，何能保身，身将不保，如何学佛？周先生真是博学，精于教义，通晓佛理，令人钦佩！中国有您这样的人才，实乃万民有幸！”

“过奖！过奖！”周恩来谦逊地笑了笑，说：“大师，我还有一个建议，你们宣言的内容好是好，只是文字太深奥了，恐怕一般教徒难于看懂，最好多引用些经义，促使他们接受。”

“先生说得极是，我们再修改一下，然后在僧道会上通过。”巨赞道。

周恩来的题词极大地鼓舞了南岳数百名僧道。不久，巨赞和演文在大庙里召开了动员大会。这天，大庙中香烟弥漫，香气氤氲，墙壁上贴着一副对联：

身在佛门，原不惹人间是非；
国有大难，今显出炎黄本色。

各寺观的僧道都来了，尼姑也参加了。周恩来因为忙，叶剑英应邀出席了会议。

会上巨赞传达了周恩来的号召，作了题为《僧道走出寺观，投身抗日，把日本鬼子赶出中国去》的讲话。接着叶剑英发表了题为《普渡众生，要向艰难的现实敲门》的演讲。

会后，各寺庙的住持、道长、庵主又留下来，磋商“南岳佛教救国协会”这个名称。这时周恩来赶来了。大家首先向他征求意见，他想了想说：“我建议你们的组织名称改两个字，将‘教’字改为‘道’字，‘国’字改为‘难’字好不好？这样可以团结更多的宗教界人士，不仅有僧尼，还可以把道士团结起来，僧道同体，爱国一家嘛！搞民族救亡，团结的人越多越好，多一个人就多一份力量嘛！”大家听了，一致表示赞同将“南岳佛教救国协会”改名为“南岳佛道救难协会”，下设训练、宣传、文书、教务四个小组。

1939 年 6 月，战时知识训练班结束后，佛道救难协会将这些学员组成“南岳佛教青年服务团”和“佛教流动工作团”，在抗日救国的热潮中走出禅林寺院，由巨赞、演文和暮笳、绍贤分别率领，奔赴湘潭、长沙、重庆等地开展抗日救亡活动。南岳佛教青年服务团到达湘潭那天，正遇上敌机轰炸，古城烟火弥漫，一片混乱。他们不顾自身安危，积极抢救被炸伤的市民，深得群众好评。在长沙时，他们头顶烈日、脚踏芒鞋在街头向广大群众宣传抗日救国，动员和组织佛教徒积极参加抗日救亡活动。成立了“长沙佛教青年战时训练委员会”，举办起超度阵亡将士法会，出刊壁报。在参加长沙各界纪念“七七”两周年的大会上，他们散发了《南岳佛道救难协会为纪念七七两周年告同胞书》三千多份，影响颇大。后又随军转赴前线。

南岳佛教流动服务团深入到西南大后方，沿途散发传单，张贴“当汉奸的，生受国法，死坠地狱”一类结合佛教教义来宣传民族气节的标语，并创办了《佛青特刊》和《狮子吼月刊》诛伐敌人，在佛教史上写下了辉煌的一页。暮笳还把《狮子吼》寄给周恩来，向他请教。周恩来肯定了《狮子吼》是一本积极进步的刊物，为国家民族发出了救亡图存的呼声。他读后又把刊物寄给邹韬奋，邹韬奋又在重庆主编的《全民抗战》刊物上转载。周恩来复信给暮笳说：“你们从佛教内诛伐敌人，我们从佛教外来诛伐敌人，相得益彰。”

其时，正在重庆主持军事委员会政治部第三厅工作的郭沫若，得悉南岳僧道在周恩来的关怀下，组织起来投身抗日，深受感动，当即联络邹韬奋、田汉、夏衍等文化名人给予热忱支持、田汉笔走龙蛇，赋诗一首赞道：

缁衣不着着锦衣，敢向人间惹是非。
独惜潇湘春又暮，花前趺坐竟忘归。

（原载《佛门神奇示现录》，李陈济主编，
广西民族出版社1993年出版）

附录（二十八）

我与巨赞法师的相识

沈醉

惊悉中国佛教协会副会长巨赞法师病逝，我哀痛之余，又内疚不已。

读者也许奇怪：这位佛门长老还会与我有什么恩怨吗？是的！不过这事我自己也是解放后才知道的。

1963 年秋天，在全国政协礼堂休息厅里，我遇见了阎宝航委员。谈笑之间，一位中等身材、风度儒雅的佛门长老向我们走来。阎老忙迎上去握着他的手，并介绍说："这位是沈醉专员，这位是巨赞法师。"

我忙合十，握手说："久仰，久仰！"

老法师笑眯眯地握着我的手，出人意料地说："手劲不减当年！"

"哦！您过去认识他？！"阎老的惊诧不在我之下。

"岂止认识，他那两个耳刮子打得我好重哟！"

听这话，我更加吃惊了。过去，我虽然杀人不眨眼，打人不计其数，却何时打过他呢？大概是他记错人了吧？！我尴尬而又疑惑地望着他，不知如何是好。

他还是笑眯眯地望着我说："忘了吧？抗战时，在常德稽查处……"糟糕！确有其事，我突然想起来了……

抗战期间，我曾在湖南常德警备司令部任稽查处长。当时，我还自以为是主张抗日的"爱国志士"。听到南京失守，日本人长驱直入，而常德的军政、工商巨头们仍旧花天酒地、寻欢作乐，很感愤懑。

一次，听说常德警备司令的爱妾要来常德。上至县长、商会头目，下至土豪、乡绅无不为取悦司令而四处奔走、动员，备酒、设宴。夫人到达之日，几乎全城出动，前往渡口迎接，那阵势宛如在迎接一位抗战凯旋的"巾帼英雄"。

当时，我二十五、六岁，年轻气盛，认为国难当头，如此隆重地去迎接一个女人，实有伤党国威信，即写了一首讽刺诗，以劝谕同僚，诗中这样写道：

空巷空衔接美人，美人容貌果倾城，

伤心半壁沦亡日，举国烽烟独太平。

后来，我将此诗送往《自强日报》，用化名发表了，许多不解内情的人，均夸这诗写得好。我也很得意，甚至为自己有如此“忧国忧民”之心而感动。

就在这不久，江浙地区有一批难民逃到了常德，其中还有几个出家人。难民们流离失所，怨声载道。听部下报告说，难民中有一个法名叫传戒的和尚到处宣传说，国民党不抗日，弄得国土沦丧，百姓无家可归……

我听后便怒从中来。我想国民党不积极抗日，国土大片沦丧虽然都是事实，我自己也写诗讽刺过这些情况，而我是出于对党国的爱护，是为了维护国民党的统治。但平民百姓批评国政，指控党国的政治弊端则肯定是别有用心，是意欲危害党国，扰乱民心。这还了得？我立即派人把传戒抓来审问。一见面，我就凶狠地怒斥道：“你好大的胆子！你一个出家人不安分守已地念经超度，却跑到这里来妖言惑众。你说！是不是共产党派你来的？你为什么要到处宣传说国民党不抗日？辱骂党国，蛊惑民心？”

他见我那副凶神恶煞的样子，就双手往胸前合十，双眼微闭念了一声：“阿弥陀佛。”然后不紧不慢地说：“出家人不问政治，无党无派，但国土沦丧却是事实。如果贵党抗战，我偌大的中华何至于败在小小日本之手？如果贵党抗战，我等出家人何至于流离失所，逃到此地来？……”他振振有词地回答，使我恼羞成怒，上去就是两个耳光，并破口大骂道：“××，你倒跑到这里来宣传了？老子不看你是出家人，今天就毙了你……”

回首往事，我顿时面红耳赤，愧感交集，忙道歉说：“老法师，实在太抱歉了，请多多原谅！”

他忙说：“不！不！你那两个耳刮子打得好呵，我还得感谢你呢！”说完诙谐地一笑，对阎老说：“要不是他那两下子，我也许还不会那么痛恨国民党呢！过去，我恨是恨，没恨得那么厉害。”他转过身又神秘地对我说：“你知道，我们出家人素以慈悲为本，是不应该恨人的。可是你那两下真把我气极了，我晚上打坐的时候，心里还恨得咬牙切齿。后来，我才坚决地走向了共产党。所以，我有今天，不是还得感谢你吗？”阎老和我听他这么一说，都随着哈哈大笑起来……

以后，我俩每次见面都象老朋友一样亲切，彼此毫无顾忌地开玩笑……

如今，巨赞法师虽然逝世了，但他那朗朗的笑声，诙谐的话话，依然记忆犹新，在这悼念之际，特撰此文，以表我对巨赞法师的敬意和歉意。

（原载1984年第1期《文史通讯》及
1986年8月中国文史出版社出版的第16期《革命史资料》）

附录（二十九）

访巨赞法师

黄蔼玲　石肖岩

三十多年前，和赵朴初居士一起代表佛教界参加开国大典的巨赞法师，近况如何？

一个凉爽的早晨，我们来到广济寺，专程拜访了巨赞法师。

巨赞法师风度儒雅、满头霜染，面带笑容，一对聪慧睿智的眼睛给人以宽厚和善之感。他不待我们问候，便开言道："光临佛门，一定有所指教。"巨赞法师的趣言，引起我们的欢笑。

巨赞法师是一位性情爽朗的长者，他的经历却犹如一条山路，曲折回转。早在1927年，他自江苏江阴县师范毕业来到上海，参加了进步活动。不久返乡领导当地中小学教员罢教、反帝等斗争，遭致反动当局通缉。他身无栖息之所，后来到杭州灵隐寺削发出家了。当时，巨赞用骈文写了一篇《出家志愿书》，时任全国佛教会主席的太虚看后大为惊讶，拍案叫好。于是不顾戒坛已经"封堂"，亲笔授书，介绍他到南京隆昌寺破例受戒，得到当家师的器重，佛门繁规，一概减免。

巨赞出家后，苦行修炼，又进入支那内学院攻读经文四、五载，读经八千多卷，掌握德、英、俄三门外语，写下数百万言的读经笔记，并著有《评熊十力所著书》等多种著作，成为国内知名的佛学专家。

巨赞老继续说道：目前党的路线、政策十分正确，宗教政策亦正在落实。佛教界要在建设祖国的事业中多作贡献。法师特别提到，宗教有信仰自由，但有一前提，必须爱国心诚，报国增力。他告诉我们一桩往事：抗战之初，面临祖国存亡关头，巨赞由田汉等人引见，在南岳会见了叶剑英同志。叶剑英同志说："欢迎爱国僧人参加抗日。"巨赞便发起组织了"佛教抗战协会"。叶剑英同志知道后，又建议："佛徒以救苦救难为怀，改为救难协会不好吗？而且应当把道教徒也团结起来。"于是，"南岳佛道教救难协会"成立了。叶剑英同志在成立大会上讲了话。佛门弟子竞相参加抗战，国民党政府反而下令缉拿巨赞，"抓不到活的，抓死的"。巨赞在进步人士的掩护下，迁至桂林，在一个寺庙做住持，左翼文化人常在这里聚会。他还创办了爱国刊物《狮子吼》，继续进行抗日宣传。巨赞老沉吟了一会，感慨万分地说："佛门弟子爱国卫国，并不是超度世外的。听说现在有些青年人遇到困难和挫折，就产生厌世情绪，这就大谬大误了。我个人体会，天下事了犹未了，切不可不了了之，青年人更应胸怀宽广，以祖国的繁荣昌盛为自己奋斗的崇高目标。"

巨赞老言如所为，他虽已年逾古稀，但仍在从事《大百科全书》中佛教部分的编审工作，还频繁接待各国佛教信徒的友好使者，以及领导编辑出版《法音》等刊物。

由于巨赞法师在佛学方面的威信和影响，1949 年，他曾应邀参加了第一届中国人民政治协商会议，成为当时佛教界的两名代表之一。巨赞法师现任全国政协委员、中国佛教协会副会长。法师激动地表示："我一生走过的道路也是崎岖曲折的，但是为了祖国的四化建设，我愿再竭尽晚年之微力！"

（原载1981 年 5 月 25 日《北京晚报》）

附录（三十）

爱国爱教统一的典范

——对巨赞大师的初步认识

俞朝卿

今年10月6——7日，我有幸参加了江阴市举办的巨赞法师诞生八十六周年暨巨赞纪念堂开堂典礼。巨赞是江苏江阴市人。在当前举国上下贯彻执行党和国家《爱国主义教育纲要》的热潮中，江阴人民把他作为文化名人、佛教界的现代爱国高僧来立馆纪念，以继承和发扬他的爱国思想、改革精神，以及好学深思，不屈不挠、顾全大局等的品格及风貌。这是十分必要和具有深远意义的。

巨赞法师是不久前才出全的、著名于世的《中国大百科全书》佛教卷主编。可惜的是，书未出版，人先圆寂。他在“十年内乱”中，精神和肉体上备受折磨。许多人对他于佛教的贡献，不甚了了；对于他在抗日战争时期的诸多爱国业绩，人们知道的则更少。体现他独立思考的关于宗教，特别是佛教的许多讲示、著作，由于种种原因，至今未能收集出版。至于他的博学多能，在40年代即提出改革佛教的光辉思想等等，即在宗教学术界，也鲜为人知，更不用说一般社会人士了。

巨赞法师早年与现代中国佛教史上的印光、太虚、虚云、圆瑛等法师友善，切磋经典，过从甚密。人们知道，唯识学系佛教诸宗中，最富哲理，并具精密细致逻辑的一大佛学宗派。它源于印度而由唐代玄奘大师及其高足窥基合创。该宗派对人们的认识、思维过程，有精细入微的反思和分析。对现代认识论的研究，也颇有启发、借鉴之处。巨赞法师攻钻此学，造诣特深。并与当代哲学、佛学家熊十力等论辩。在其任全国佛教协会副会长的五十年代，并主编《现代佛学》专刊，对佛教经典，多有新解卓见。

本人参与了江阴市的“开馆”纪念活动，接触到了一些新的情况和材料，对巨赞法师其人其事，从过去的点滴了解，发展为如下三点初步认识。当然限于手头的材料，对巨赞大师的光辉一生来说，还只是“管中窥豹”而已。冒昧写出，既为纪念一代佛师，更为抛砖引玉。

首先，在政治上，巨赞大师在青年时代，即以爱国为先，把自己潜修的佛教事业，自觉地服从、服务于抗日救国大业，成为身体力行爱国爱教统一的一个典范。1937年“八·一三”，日寇进攻上海。远在厦门闽南佛学院任教的巨赞法师，闻讯后义愤填膺，赋诗痛斥日寇烧杀暴行，呼吁“良将”“硕儒”，奋起抗日，诗曰：九洲沉陆滋蛇豕，绝脰刳肠亿万夫。文物忍看沦敌手，江山默祝复康衢。挥戈反日思良将，袒臂高呼待硕儒。寄语山林深密处，倾危大厦要君扶。[1] 1939年初，巨赞毅然将讲经弘法的佛堂，变为申讨日寇，动员抗战的讲堂。他在南岳“华严研究社”讲堂上，曾激奋地说：“佛本慈悲，但当今妖孽横行，日寇逆天道而行残害生灵。佛亦要作狮子吼，降魔灭邪，以正天理！”巨赞法师在华南的抗日言行，得到了我党的重视与支持。在田汉引见下，与我党在华南的叶剑英同志见了面。此后，在叶剑英同志的指示和帮助下，巨赞与抗日进步的其它宗教界人士一起，发起组织了“南岳佛道教难协会”、“佛教界青年服务团”等。并奔赴长沙抗日前线，积极投入抗日救亡运动。巨赞言辞激昂的抗日宣传，自然引起国民党特务的仇视。为此，1939年，他曾在湖南常德被捕，并遭毒打。仅仅因为他是出家人、大和尚的身份，才使国民党特务分子，难于对他骤下毒手。此后巨赞一面修佛讲经，一面积极撰写抗日论文。先后用十多个笔名，分别发表于《大公报》、《广西日报》、《小春秋》、《救亡日报》等报刊。1940年秋，巨赞为抗日形势所迫，由湖南转辗到了桂林。为抗日激情所驱使，立即办了《狮子吼》月刊，中心是宣传抗战和佛教革新。这期间，常与郭沫若、柳亚子、田汉、关山月等文化界抗日巨子，时有往来。郭沫若五十寿诞时，巨赞曾赋诗志贺，末二句云：“边关未复生民瘁，何惜萧萧两鬓华”，[2]表达了他们当年忧国忧民的共同心态。1942年，巨赞任桂林西山龙华寺主持。1944年还兼任因抗战迁往广西北流的无锡国专教授，直至抗日胜利。胜利后的1946年，巨赞回到其早年出家的杭州灵隐寺，继续修佛参学，并任杭州市、浙江省佛教会秘书长。1948年，于杭州接办武林佛学院，兼任院长。此时，巨赞既忙于佛事教务，又常往来于港、台、粤、闽一线。既考察台湾日本化的佛教，又从事若干民主进步活动；频频与我南方地下党有关同志联系，新中国成立前夕，得到我地下党通知，经香港北上，参与筹备中的新政治协商会议。后并作为佛教界的代表出席开国大典，上了天安门城楼。建国后，巨赞出任全国佛教协会副会长。他热爱党，热爱新中国，积极推动佛教界努力生产自救，着手佛教改革。为此，一面上书给毛主席，并附佛教改革草案意见；一面亲自筹办麻袋工厂，吸收僧尼参加生产劳动，实行生产自救。

初步实施他早有夙愿的“生产化、学术化”的佛教改革和建设计划。这就使佛教固有的“农禅并重”的传统，在新的历史条件下得继承和发扬，并赋予了新的内容和形式。这一切，是在建国之初巨赞力求使佛教适应新社会需要而自觉做的。四十年后的今天看来，也是积极主动而应予完全肯定的。

其次，在学识上，巨赞是学贯中西，文通六国，融儒、佛、道于一身，在独立思考基础上又精研佛学。尤长唯识学和禅学。真是博古通今的大师，他自述：少年喜读老、庄和昭明文选，及长承太虚法师介绍，依杭州灵隐寺却非和尚正式出家，受具足戒于（江苏句容）宝华山隆昌寺，时年23岁（1931年），出家之后，从唯识法相的研究开始，[3]后两度入“支那内学院”和四川汉藏教理学院，苦心“参究”三论、般若、天台、禅、净、贤首诸宗，以及大、小乘经论。前后总计看了七千多卷经论。解决了五百多个问题[4]。巨赞不仅带着问题钻研经论，而且“每看一本书都做笔记。每一问题的思考都有记录。”以此“积稿盈箱[5]。”这是1937年以前的事，正是“三十”而立的盛年。期间曾因北大著名教授熊十力的《新唯识论》出版而为文与之论辩。

“‘七七事变’之后，专门在世间学问上用功，除研治先秦诸子，宋、明理学之外，又温习英、日、俄文，新学德文”，“希望能看康德、黑格尔、马克思、恩格斯的原著”（同上）。可见，巨赞是一位博学多能，好学深思的高僧大德。既‘出世’，又自觉入世。“当时有许多人以为我喜欢活动，其实我是在深入考察社会上的每一底蕴。形形色色知道得愈多，也更足以证明佛理的正确。”（同上）由上得知，巨赞希图彻底改革佛教的心愿和主张。是立足于博学深思基础上的。决非灵机一动之为！

巨赞作为出家人，在烽火连天的抗战时期，尚且不以一般的，信佛讲经为满足，而是苦学深思，力求多能，永不满足。既深钻佛学，又兼重“世间学”。目的很明确，既为改革佛教，更为拯救民族国家。可称身在庙堂，而心忧天下。这种爱国爱教统一于一身，为爱国爱教而刻苦学习的精神风貌，似是当代爱国宗教组织为提高自身素质，应予继承和大力发扬的。

第三，在教理、教义上，巨赞是一位难能可贵的佛学思想家，创导宗教改革的先行者。他不仅“在教（佛）言教”，而且“在教言国”。把自己从事的佛教事业与“天下兴亡，匹夫有责”自觉结合起来。于佛教本身，不唯继承传灯，而且自觉革新，以适应社会发展的新形势。巨赞早在40年代初，即倡导“佛教革新”运动，并提出“生产化、学术化”作为改革的基本目标。建国以后，他在参加了政治协商会议和开国大典之后，更加致力佛教改革运动。还就此向毛主席和党中央系统提出关于佛教改革的建议，供中央决策参考。虽然，巨赞当时提出和主张的佛教改革的内容，主要或首先还是属于反封建、反迷信的民主改革范畴。但是作为笃信佛教，而又自觉倡导佛教改革，却是中国佛教史上少见的。中国佛教史上的历代高僧大德，数以千百计。他们对佛教经、律、论的解释，阐发有革新、创见，代不乏人。但这往往是'在教言教'，仅从宗教信仰角度加以发挥而已。唯有巨赞，既继承佛教优秀传统，又从社会历史的高度，客观地审视佛教，提出革新的要求。这是十分难能可贵的。他在《自述》中说"佛教教务的改革是必然的。但必须吸收佛教界优秀的素质，作为基本精神。像印光老人的'真诚'，弘一大师的'清逸'，虚云和尚、寂云和尚的'刻苦'，太虚法师的'念念不忘佛教'，以及欧阳竟无居士的'赤胆热烈，愿力庄严'等，都是值得取法并加以发扬的。他还说"佛教来到我国，已有一千八百年的历史。佛教这一个阶层，和整个社会是分不开的。整个社会没改革，佛教内部的革新也无法进行。"[⑤]能如是观察宗教，显然与巨赞法师早年深研佛学各宗与中外哲学有关；尤其是与一定程度上接受马克思主义的积极影响有关。由此可见，巨赞言行作为，可称是既入"空门"，又不离（世）俗门；关心佛事，又关心国事、（世）俗事；关心（世）俗事，又不宥于俗见、偏见。这是他与历史上或同代高僧大德又一显著不同之处。

不仅如此，我认为巨赞大师当年提出并力行的佛教改革的思想和主张，对当代中国社会主义条件下的宗教，仍有重要的启发和借鉴意义。包括宗教界在内的全国人民注意到，党和国家的最高领导人江泽民同志在去年底，与全国统战会议的代表座谈时曾号召宗教界："改革不适应社会主义的宗教制度和教条，利用宗教教义，教规和宗教道德中某些积极因素为社会主义服务"这一精神，在一般意义上，与当年巨赞大师锐意改革佛教的初衷是一致的。或者说在本质上是反映了宗教发展的客观要求的。当然，巨赞当年提出佛教改革的具体历史条件与内容要求，与江泽民同志今天的号召是有很大不同的。但是，在宗教要适应社会发展的新形势这一点上，是有共同性的。因此，学习和继承巨赞大师作为佛教界的高僧大德而自觉提出，改革佛教以适应社会发展不同历史阶段的需要，这样一种爱教爱国统一的精神，今天应大力提倡和发扬。巨赞大师因信佛教、爱佛教，而又自觉要求改革佛教的革新精神，难道不是我们整个宗教界所应学习继承和大大发扬的吗？如做到这一点，必将大大推动爱国宗教界落实贯彻上述江泽民同志的号召，必将使我国的宗教工作、宗教活动展现出历史的新面貌、新气象！

综上所说，纵观巨赞大师其人其事，似可概括为如下三大特点：一为信教服务于爱国，使爱国爱教统一，并从而使他所从事的宗教事业提升到一个更高的层次，二为博学深钻，独立思考，以探究佛理为己任；三为继承传统，又不宥于传统，以改革佛教为爱教之夙愿。

基于上述，我冒昧地建议江阴市：将巨赞大师纪念堂，逐步办成“三堂”。一是爱国主义教育的纪念堂；二是学习和发扬巨赞广学深钻、独立思考的学堂；三是富于革新精神的佛教文化研究堂——特别是巨赞唯识学和禅学的研习中心。是否得当，尚请指正。

（原载1994年第1期《闽南佛学院学报》）

附注：

⑴ 转引自《巨赞诗抄》1937年冬，题湖南宁乡寒铁生余楼

⑵ 转引自《近代江苏宗教》“高僧巨赞”篇

⑶ 转引自《巨赞诗抄》附文《巨赞自述》66页，以下凡引本文，只注页码

⑷ 同上67页

⑸ 据悉香港觉光法师保存有巨赞大师当年的“读经笔记”手稿，我们殷望早日出版！

附录（三十一）

巨赞法师佛学思想简述

胡晓光

巨赞法师（1908—1984）是当代著名高僧，其佛学思想博大精深、自成体系，在中国二十世纪佛教思想史上占有重要地位。巨赞法师的佛学造诣堪与当代著名佛学大师吕澂、印顺等比肩，虽然没有撰述宏篇巨制，未能系统全面地把他的思想体系化，但他撰写的大量佛学文章即足以体现出他的智慧与成就。巨赞法师学识渊博，通晓六种外语，研读过七千卷大藏经，对古今中外文史哲学均有极深的造诣。巨赞法师不仅仅是一个佛教学者，还是积极参与社会活动、重视人生实践的进步宗教家。最近，北京团结出版社出版了三大册《巨赞法师文集》，都是研究巨赞法师思想体系的重要资料。笔者谨草撰此文，对巨赞法师佛学思想略作通观，以就正于方家。

江苏古籍版《巨赞文集》前言中，对巨赞法师的佛学思想做了五方面的归纳：一、印度佛教的研究，二、中国佛教的研究，三、佛教现代化的研究，四、佛学问题的争鸣，五、佛教实践的研究。这五方面的归纳应该说比较准确地勾画出了巨赞法师佛学思想的内容。

巨赞法师佛学文章的体裁主要有三大类：一是史考，二是传记，三是评论。他与当代学术界和文化界名流进行的学术探讨和争鸣极有价值，具见于与吕澂、熊十力等争鸣的论文和往还的信函。巨赞法师是极有个性的佛学家，他的学术道路是自己走出来的。虽然他的学问师承于支那内学院，但他并不拘执于印度佛学，而是以中国佛学为本位，崇尚天台，实践禅宗，认为这都是正统佛法般若思想的传续。他认为南传和藏传佛教并不比汉传佛教优越，所以晚年不钻研梵语，宁可学习法语。巨赞法师是佛学通家，不拘泥于一宗一派之见，而把全体佛法当成他的思想资源，以自己客观、理性、务实、认真的精神深入体悟。巨赞法师身经两个时代，所以他的文章表现出来的佛学思想也存在着前期与后期的不同。解放前为前期，他的佛学思想主要表现在以一味的佛法为终极，以佛教菩萨行济世，著重于宗教化的信仰；解放后为后期，主要就佛学问题就事论事，著重于学术化的理性。这大概是由于环境变化的缘故吧。巨赞法师前期佛学论文现存的有《〈中论〉探玄记》、《略论空有之争》、《唯识甄微》、《〈瑜伽师地论·真实义品〉提要》、《瑜伽师地论本地分中菩萨地第十五初》、《持瑜伽处真实义品第四述记》、《评熊十力所著书》（文言文），文体皆为文言文；后期佛学论文主要有《禅宗的思想与风范》、《〈解深密经·无自性相品〉述意》、《般若思想在中国汉族地区的发展》、《关于空与有的问题》、《试谈空有之诤的焦点所在》、《评熊十力所著书》（语体文）等，文体均用白话文。

笔者认为，巨赞法师的佛学思想可以分为五大类：一是空有观，二是唯识观，三是般若观，四是禅宗观，五是实践观。

巨赞法师的空有观解决的是印度大乘佛教性相二宗争论的问题。据他考证，龙树与无著本无诤，而是“空有相须，理善成立”。护法与清辨也是无诤的，巨赞法师将二师的论著进行对比，理据确凿地说明了二者的无诤。至于空有之争的问题，巨赞法师认为双方是“无法取得一致的，除非任何一方愿意放弃自己的主张”，因为法“有自性”与“无自性”确实难在要领上得到统一。

巨赞法师的唯识观阐明了“唯识”之“识”乃实有之主体和内在之根据。这个“实有”就是“假必依实”的胜义有。所谓“内在之根据”则主要强调了认识论在内在发生、过程之原理，即因能变、果能变，本有、始有种子及三类境和四分说之阐释。他的唯识观深受欧阳竟无的影响，认为熊十力是不懂唯识的，对护法、窥基之唯识正义多有误解，并详在辨证。

巨赞法师的般若观是以中国佛学为本位的，不同于印顺法师基于龙树中观学的演绎。巨赞法师认为智者大师的“三谛圆融”和“一心三观”把般若思想发挥到了极致，禅宗六祖慧能大师更是真传的般若精神。他以为中国佛教最主要的价值就在于般若思想的发展与运用，而对三论宗却评价不高。

巨赞法师的禅宗观是他新佛教思想的主体。他反对禅宗末流徒讲空理、不务实证，主张身心双修，把坐禅和参禅（参究事理真谛）统一起来。巨赞法师晚年还对禅观的心理与生理机制做了深入的研究。

巨赞法师的实践观是他佛学思想之核心。他认为实践应包括两大方面，一是内证的自我道德完善，二是外行的利他社会实践。他认为大乘佛教的菩萨精神，就是实践性的佛教。积极参与社会工作，才能真正庄严国土、利乐有情。佛教团体的自身建设要基于“生产化与学术化”的方针，顺应时代，开拓进取，爱国爱教。这就是巨赞法师实践观的基本概括。

在巨赞法师的佛学思想中，值得注意并且至关重要的就是他与吕澂先生的商榷。吕澂先生认为中国佛教与印度佛教是有严格区别的，这主要体现在“心性”问题上。众所周知，吕澂及支那内学院是反对中国佛教的，认为中国佛教背离了印度佛教的本义，而“心性”问题就是核心问题之一。吕澂先生用考据学方法，论证《大乘起信论》和《楞严经》非印度本有，而是中国所造，主要理由是中国佛教是讲本体论的，倡真如心可变生一切法，真如与妄法可以互熏；而印度佛教则不讲本体论，更不倡真如心生万法之说，真妄互熏则成无稽。对此巨赞法师不以为然，他旁征博引，认为吕澂之说值得商榷，如他引用《大智度论》卷三二“诸法实相常住不动，众生以无明等诸烦恼故，于实相中转异邪曲。诸佛贤圣种种方便说法，破无明等诸烦恼，令众生还得实性，如本不异，是名为如。”又“实性与无明合故，变异则不清净。若除却无明等得其真性，是名法性清净实际，名入法性。”又引《大般若经》卷五六九《法性品》“诸法虽生，真如不动；真如虽生诸法，而真如不生。”基于这些原典，巨赞法师认为禅宗、天台、华严都没有离开《中观》“以有空法故，一切法得成”、《维摩经》“以无住本立一切法”的论点。巨赞法师在《佛教界如何方能联合》一文中说：“佛教中更有性相之争、宗教之争、显密之争，与新旧之争同为辩生于末学。”“何谓性相之争？性即般若三论或四论，约性上破除执著，阐说空理。相即《华严》、《深密》等六经十一论，约相上表诠一切事物状态。此二宗在印度即有诤论，本人以为皆非得本之谈。兹就三论言，其《中论》为最扼要；《十二门论》或非龙树著，吉藏疏中似有此论，即或不然，亦为初学而设；《百论》破外不若护法《广百论释论》为详。故本人主张新三论，即《中论》加清辩《掌珍论》及护法《广百论释论》也。此三论之意义互相联贯，读毕《中论》后读《掌珍论》，再读《广百论释论》，只觉味如嚼榄，余甘在内。可见性相本来融通，并无争执。”

从上我们可以看出，巨赞法师的佛教观既不泥于古说，又不盲从时贤权威论断，总是用自己的学识和智慧观照佛学问题，以客观、理性的尺度来抉择是非。巨赞法师种种论点虽未必都是正确的，但足为一家之言。巨赞法师十分关注现实，力图推行新佛教实践，是有现实价值的，并对当代中国佛教的发展建设具有积极意义。

（原载2001年第3期《法音》）

附录（三十二）

巨赞法师《桂平西山山居即事》试析

翁志鹏

曾任中国佛教协会副会长的巨赞法师（1908—1984），他是一位有高度爱国主义精神的高僧。俗姓潘，名楚桐，字琴朴，原籍江苏江阴。他自幼勤奋好学，渴求知识，早年毕业于江阴师范学校，后入上海大夏大学学习。1931年，经太虚法师介绍，在杭州灵隐寺披剃出家，法名传戒，字定慧。后改法名为巨赞，在宝华山隆昌寺受具足戒。

1937年抗战爆发，日寇侵我中华，京沪弃守，法师满怀悲愤，辗转福建、香港、广东来到湖南。1938年，法师任“南岳佛道救难协会”宣传股股长，进行抗日宣传。1940年7月，法师率佛教青年服务团去长沙。是年秋，到达广西桂林，卓锡月牙山寺，任广西佛教会秘书长，并主编《狮子吼》佛学杂志。1942年，法师移居广西桂平西山，任龙华寺住持，在此居住约两年，生活比较相对安定。《桂平西山山居即事》组诗十首，即写于此时。（此诗收入法师编著的《灵隐小志》）

桂平西山在广西桂平县城西约一公里处，又名思灵山。南梁王朝设桂平郡治于西山，自此逐渐成为风光殊胜的游览胜地。山上古木参天，清泉甘冽，怪石嶙峋，石径曲幽。名胜有李公祠、洗石庵、龙华寺、乳泉寺、吏隐洞、飞阁等八大名胜古迹。登上飞阁，俯瞰远眺，南有白石青峰，北有紫荆五指，苍翠浓淡，远横于数十里之外。黔郁两江，双练交映，环抱块廓，浔城风光，尽收眼底。

现将这一组诗作浅略分析，或能窥知巨赞法师精深的佛学造诣和文学修养。

塔影波光映远村，平畴万倾接山根。
春风习习奉云读，一路花香到寺门。

波光塔影、万顷平畴，一派春天美好景象。从西山龙华寺远眺，黔江郁江的波光和龙华寺内的塔影交相辉映；一望无际平坦的田地从遥远的村落一直连接到西山脚下，春风和煦（习习，和煦貌），春云淡淡，在一路花香中来到了龙华寺山门。

这是一幅意境十分美妙的山水画面。诗人的视解从远处到近处，从天空到寺门，从波光到山根，使人们在无限空间里，体现客观世界的无限美好。

倦抛心力逐无涯，山色溪声属自家。
吏隐洞边余隙地，秋来更欲补梅花。

抛却了毕生心力为的是追求无力无际的“真知”。无涯，语出《庄子·养生主》：“吾生也有涯，而知也无涯。”对以“山色溪声”为代表的客观世界，佛家有自己的认识。色、声、香、味、触，佛家称为“五法”，山色溪声中的“色”和“声”是佛家眼、耳、鼻、舌、身五根所缘五境的前二境，或以此代表“五境”，也就是佛家认识中的客观世界。

梅花，为诗人自喻。近代佛门大师，如八指头陀、弘一法师等均在诗文中以梅花比喻高洁和不畏严寒。弘一曾手书“不是一番寒彻骨，怎得梅花扑鼻香”。但“余隙地”“补梅花”则为自谦之意了。

莫谓山居百事捐，清闲未许抱云眠。
松阴趺坐读书罢，手采新茶供佛前。

不要以为居住在山间而会舍弃任何事情，虽然清闲也不一定“抱云而眠”。诗人虽出家为僧，但为“抗日救亡”，曾大声疾呼：“挥戈反日思良将，袒臂高呼待硕儒。”（《1937年冬题宁乡寒铁生余楼》）

松阴趺坐读书之后，诗人仍不忘“手采新茶供佛前”，以茶供佛，是佛教徒表示对佛陀的无限虔诚的仪礼。而西山之茶，泡以乳泉之水，清香四溢，名闻遐迩。因此，诗句更完整地表达了诗人虔诚礼佛的心情。

空林滴露夜犹香，一片清溶入浩茫。
横笛几番吹折柳，已无残梦到潇湘。

此诗从字面上解，前两句写景。意为：你可以在夜晚空阔的林野里从滴出的露珠间闻到清香，写所闻；你可以在夜色中看到一片澄澈的流水汇入广袤辽阔的遥远的地方，写所见。但是，佛家认为，因缘所生之法，毕竟无实体。客观世界虚幻不实，四大皆空。浩茫，参见鲁迅《无题》诗："心事浩茫连广宇，于无声处听惊雷。"后两句抒情。意为：在几番吹奏的横笛声里杨柳已被摧折；我已经无法借残缺的梦境回到潇湘。横笛原出北国，象征异国之音。折柳赠别，多用作"怀念在边疆的征人"的典故，在唐诗里常见。潇湘，潇水和湖水均在湖南境内，以指代湖南。巨赞法师在1938年夏，应南岳福严寺住持宝生和尚之邀，去华严研究社讲学。1939年春同田汉、冯乃超、杜宣等进步人士同游南岳，后经田汉引见，在上封寺受到叶剑英同志接见。直到1940年7月去长沙，辗转到了桂林，在湖南住了两年时间。诗中充满对日寇的愤慨和对在湖南那段时间的无限深情的回忆。

烟雨凄迷春意阑，鸟啼花落篆香残。
惊涛拍岸东流急，极目云天独倚栏。

同样，前两句写景：在烟雨迷茫中春天的景色已成过去；在鸣啼声中只见春花尽落，篆形的香也已燃残。

后两句则为写景抒情：拍岸的惊涛湍急地向东流去，我独自倚着栏杆远望云天，感慨万千。

以上写景抒情，应联系当时形势：1941年12月8日，日本帝国主义发动了太平洋战争。不到明年，就侵占了菲律宾、关岛、威克岛、香港、马来亚、新加坡、缅甸、东印度群岛以及印度支那等地。法西斯势力猖獗一时，整个世界都卷入了法西斯和反法西斯的空前规模的战争之中，因此诗人以诗句表达无限的愤闷和感慨。

朝暾初上影横斜，叶底轻凉透碧纱。
定起关心惟一事，春归到处落山花。

前两句仍是风景：早上初升的太阳影光横斜；轻轻的凉风从叶底吹来透过碧纱窗。

后两句意为，禅定以后关心的只是一件事：春天离去，到处山花尽落。为什么这样说呢？

禅定是佛教徒修行的六度（布施、持戒、忍辱、精进、禅定、般若）之一的“定学”。心定止于上境而不散动谓之定，并以此作为取得确定之认识、作出确定之判断的心理条件。春归到处落山花，反映的是客观自然规律，佛家称之为“无常”。“世间一切之法，生灭迁流，刹那不住，谓之无常。”也就是说，客观世界无时无刻都在变化之中。

鲁阳恨必回三舍，夸父空怀未满腔。
晚课香沉归鸟寂，看移山影过南江。

前两句以典抒情。鲁阳即鲁阳公。据《淮南子·览冥》记载：“鲁阳公与韩构难，战酣，日暮，援戈而挥之，日为之反三舍。”回三舍即反三舍，退避三舍之意。语出《左传·僖公》二十三年、二十八年。春秋晋公子重耳亡命过楚国，楚成王待之以礼，问得返国将何以报楚，重耳答道：“以君之灵，得反晋国，晋楚治兵，遇于中原，其避君三舍。”后来，晋楚城濮之战，晋师果退三舍，重耳实践了自己的诺言。古时军队行三十里为一舍，退三舍为后退九十里。诗句反用其意，即不要把希望寄托在敌方后退的基础了，而要靠自己的努力去取得胜利。以此表达对抗战必胜的信念。

“夸父”句用“夸父逐日”典故。《山海经·海外北经》：“夸父与日逐日，入日，渴欲得饮。饮于河渭，河渭不足，北饮大泽。未至，道渴而死。弃其杖，化为邓林。”诗句的意思是，夸父白白怀有逐日的壮志，留下的是满腔遗恨。诗人以此抒发抗击敌寇，“壮志难酬”的胸怀。

后两句以景抒情。读者可以领会，作为诗人的僧人，在“晚课”以后的寂静心境。坐禅已经长时间了，因为香已经快燃完了，夜晚归来的山鸟也已入窠；看到的是，山影也在慢慢地移过南江。这种动中有静（归鸟寂）和静中有动（山影过南江），反映了诗人以禅入诗的高超修养。

林隙流光月影明，山门寂寂夜澄泓。
扶筇峭立浑无语，恐扰枝头鸟梦清。

前两句写寺前夜景。通过林隙间闪动的月光可知月光的明亮，山门前像清澈的流水那样一片寂静。后两句景中有情。诗人扶杖峭立，虽然浑然无语，但犹恐去干扰枝头安详的鸟梦。境界是那样清幽，实现了诗人连鸟梦也怕去干扰的高贵品格。

久雨炎威已敛藏，游人渐少年风凉。

秋来更觉山居好，日满长林黄叶香。

秋天的久雨使炎夏之威已敛，午后风凉而游人渐少。山居是十分美好的，茂密的树林已是黄叶飘香的季节了。

诗句明白易懂，但富哲理于其中。佛家认为，世间无常，也就是世界上的一切事物无时无刻不在变化发展之中。夏去秋来，“炎威”必然过去，这就是规律和法则。

油茶种墨点花生，茄子黄瓜芽已萌。
谁谓僧家无俗事，真诠原不隔躬耕。

唐代百丈怀海禅师十分重视僧人在参禅之余从事寺庙劳动和农业生产。他定的《百丈清规》，僧人要“行普请法”，即上下均力，开荒耕作以自给，要求僧从“一日不作，一日不食”。此规以后一直在禅门奉为经典之言。

真诠，即真理。亲自参加耕作，是一种劳动实践，佛家原不废此，是十分可贵的。

诗篇是一篇形象的“僧人植蔬图”，朴素自然，亲切感人。

这十首组诗，时间上自春至秋，自“朝暾”到“晚课”；空间上自远及近，从“平畴万顷”到“山门寂寂”，以“塔影波光”到“山影过南江”。画面有色有声，有“烟雨凄迷”的春意，有“长林黄叶”的秋色；有“惊涛拍岸”的急流，有“枝头鸟梦”的清幽。这一切都是作者禅学和论学的集中反映。通过试析，或者可以从中吸取有益的养料。

（原载1994年第1期《佛教文化》）

附录（三十三）

《巨赞法师研究》（摘要）

释信融

（《巨赞法师研究》信融法师著，江灿腾教授主编。2006 年 5 月台北新文丰出版公司发行。）

编者按：

《巨赞法师研究》一书，条分缕析，旨约词明，见解精辟；钩玄摄要，层层诠释，鞭辟入理；字斟句酌，叙事系统，结构谨严；立意清新，实事求是，客观公正。信融法师灵心慧性，识高论快，深情笔墨表扬先德，垂范未来，这是很难见到的好书，有志研究巨赞法师者实可奉为圭臬，值得向广大读者推荐。限于篇幅，这里仅摘录数条，以飨同道：

巨赞法师一生的著作相当多，除了佛学著作以外，有关于佛教改革的文章，有与政治社会交涉的文章，也有相当多与他人酬答的诗词等等。在佛学著作方面，内容也相当广泛，包括了各个宗派思想的研究，另外还有对禅修与气功方面的研究，可说是个非常博学多闻而善于思辨的出家人。

中日战争爆发之后，巨赞法师基于爱国爱民的情操，到湖南创办佛道救难协会，接着又到广西参与创办《狮子吼月刊》，鼓吹对日抗战与佛教改革，他在当时就提出佛教改革的两个口号——“生产化”以及“学术化”。佛教改革是巨赞法师从出家以来一直努力的目标，不管他是努力的研究经典，从事讲学研究，还是投入政治活动……积极参与创办佛教组织等等，在他所有的思想与作为当中，佛教改革一直是他最关注的重心。——P.29

这些读经笔记都是以巨赞法师的手写稿直接照相制版印刷出版的，若能改以打字印刷出版的话，会更加容易阅读，对后来的研究者也会更加便利。——P.35

巨赞法师这样的人生经历，可以说是其他同代的中国佛教僧侣很少有的，并且也是近代中国佛教僧侣，身处于政治、社会、文化剧烈变迁之下，如何去适应环境并且尝试与社会互动的一个典型的、最好的例子。——P.37

是什么原因让巨赞法师这样优秀的人才，决定放弃世俗的生活，而去向职业宗教师的生活？——P.40。

巨赞法师是一个在世间学问及出世间学问上都下过一番功夫学习的出家人，这奠定了他成为一个学问僧的良好基础，而像他这样的学识，在当时的出家僧众之中是相当出类拔萃的。——P.53。

巨赞法师是基于爱护佛教而想要改革佛教，是要解决他人对佛教的批判与攻击而想要改革佛教，是希望佛教可以对政治社会及人民生活有所帮助而想要改革佛教。——P.80

巨赞法师的佛教改革理念，是经过了一段相当长时间的酝酿，从不成熟到成熟，从起先的口号到落实，从年轻到年老，从国民党政权到共产党政权，他想要改革佛教的心愿，从来只有更加坚定，而从未改变过。——P.81

巨赞法师这个建立新丛林的想法，虽然预见非常远大，立论也非常清楚，也能确切地对治传统佛教的一些弊病，但终因时代因缘的限制，及政治社会环境的不许可，最终只能停留在理念的阶段，终其一生，一直都无法实现。——P.88

虽然巨赞法师满腔热情的鼓吹佛教改革，实际上所得到的回响相当有限，但巨赞法师却并不因此而气馁，仍一本初衷的为佛教的改革而努力。——P.91

巨赞法师非常努力地善用各种因缘来实现自己的理想，他透过办杂志、办活动并成立一些佛教组织，以满腔的热血要为佛教、为国家尽一份心力，却因时代因缘的限制而成效有限，最后都不得不半途而废，这实在是令人相当的遗憾。不过，我们也因此可以看到巨赞法师护教爱国的热情，以及想要实现自己理想的努力与决心。——P.95

1982年巨赞法师护送龙藏到香港……觉光法师连夜为他赶制了几套短褂和长衫，还在衣服里面缝了一万元的美金，希望他在回北京后有钱可以过比较好的日子。……觉光法师对巨赞法师的学问非常的推崇，他提到巨赞法师不但会好几国的语言，而他的学识不论是在佛学方面或是在世间学问的方面都是非常的渊博，因此，当时广西桂林等地的知识分子都非常喜欢与他来往。而他当时在广西桂平西山所写的文章，都是在没有任何藏经的情况下写的，由此可见其博学强记的功力。觉光法师对巨赞法师在大陆上的遭遇与圆寂，也流露出非常不舍的感伤。——P.109

巨赞法师的著作相当丰富，所涉及的领域相当多，不只是佛教研究方面，还有对政治社会关涉的文章，即使在佛教研究方面，也涉及各种不同的范畴，有佛学义理研究的，有佛教史研究的，有禅修方面的，也有佛教改革的，而在佛学义理的研究方面，又涉及唯识、中观、禅宗、华严等各个不同的宗派。——P.113

巨赞法师关于新佛教运动的相关文章，充分表现出他的护教热诚和他对佛教改革的重视。——P.117

巨赞法师所写的与政治或社会交涉的相关文章，在这些文章中，包含了巨赞法师爱国爱民的可贵情操，也包含了他在中共的统治之下极力维护佛教的苦心。——P.118

巨赞法师的读经笔记说明了他对佛教研究的用心与用功，因编者采取原稿影印制版印刷的方式，所以读者在阅读时会相当吃力，如果能将原稿改为印刷体再出版，对此资料的阅读者和研究者而言，将会更加省时而且方便许多。——P.120

巨赞法师对空有之间的争论非常清楚……在禅宗的研究方面，有独特的创见。——P.142

巨赞法师除了佛学研究方面的著作以外，还有关于禅修和气功等实际修行和身体锻炼的相关文章，这表示巨赞法师不只是研究佛学，还非常的重视实际的修行。——P.146

巨赞法师不但注重佛学研究，也非常重视身体上的修持，不但对中国天台宗的六妙门有深入的研究，对西藏佛教的修气、脉、明点等，也都有相当深入的了解。所以，他可说是解行并重的佛教僧侣。——P.152、153

巨赞法师关于佛教史方面的著作相当多，内容遍及印度佛教和中国佛教。——P.155

巨赞法师在早年参学之时，博览内外群籍，发现有可以补正释门之事实者，就记录下来，日积月累，几乎可以重订各《高僧传》。——P.173

巨赞法师研究佛教史，有他自己的特见与贡献。——P.175

在巨赞法师与他人商榷或评议他人的文章中，最能表现出他的佛学造诣。——P.178

对资料的掌握、对论辩的方式来看，巨赞法师都是略胜一筹的。——P.184

熊十力对巨赞法师的赏识，也可看出他对巨赞法师这篇文章的认同。因此，巨赞法师的唯识学研究的功力由此可见。——P.193

巨赞法师实在是一个非常博学而且好思辨的人。他的佛学研究几乎涉及所有的领域，以佛教的宗派研究而言，他对中现、唯识、天台、三论、华严以及禅宗，都有研究，甚至对密宗也有所涉猎。在这些宗派研究中，巨赞法师的专长应该是在唯识宗的部分。……他对禅宗的研究也非常用功，而有其独到的见解。在密宗的研究方面，他提出了一条研究密宗的最佳之道。在佛学的研究方法方面，他不但能运用哲学思想以及史学的方法，也曾使用考据的方法。……他在博览内外经籍时，遇到相关的问题就加记录，因此他才能对佛教史传上的一些错误的记载加以更正，并对当时他人所写的经录补充书目。可惜的是，他没有把他的时间、精力集中在这个部份来作研究，否则他在中国佛教史上的贡献将会更大。也因为他在这方面资料的掌握有过人之处，所以他在对著名的历史学家汤用彤的商榷文章中，才能够提出汤用彤所不曾看过的资料，来纠正汤的说法。不过，最能表现出巨赞法师佛学研究功力的，应该是他与其他人商榷的文章。如对汤用彤商榷的文章，充分表现出他在佛教史研究上的功力，以及他对史料的掌握能力。而他对熊十力所著书的评议，则是充分表现出他在唯识学研究方面的功力。另外，他在禅修方面和气功方面，甚至对藏密的修持方面，也都有所研究。巨赞法师不但对佛学的研究非常重视，他对实际的修行方面也是非常重视。因此，他可说是学养与修持兼具的佛教大师。
——P.195~197

巨赞法师在大乘佛教发展的阶段方面，也有他独特的见解。——P.200

巨赞法师出家以来，几乎就是秉持着以復兴中国佛教为已任的。他努力的想要改革佛教，为的就是要复兴中国佛教，甚至后来的投靠中共，为的也是这个目标。所以，他的所学所作几乎都可以汇归到这个目的。——P.202

巨赞法师对空有之间的问题，剖析的非常清楚。——P.204

大陆即将解放之际，大部分的出家人都在逃难，很多都逃往海外，如到香港或南太平洋地区，也有一部分是跟随国民党政府到台湾，……巨赞法师却反其道而行，主动到北京投靠共产党，他这样异乎常人的举动，令人不得不佩服他的勇气。
——P.207

巨赞法师对台湾佛教的观察非常用心，也很正确。——P.212

田汉等一再劝巨赞法师还俗从政，……巨赞法师对佛教信仰坚定。——P.214

共产党即将解放中国大陆之时，巨赞法师对佛教未来的前途非常担心，这应该就是巨赞法师北上投靠中共的主要动机。如他在写给道安法师的信中所说："二千年佛教之生死存亡在此一举，忍置身事外任其生灭乎？"护教之热诚，溢乎言表。在他的主观的愿望中，他可能是希望能够透过他与共产党一向良好的关系，以及他对改革佛教的理念与用心，期望在新的政权之下能得到支持，而有一个实践他的佛教改革理念的机会。——P.214、215

他将改革佛教的希望寄托在共产党的身上，希望在共产党推翻整个旧社会的经济基础和封建势力的同时，也能为佛教带来改革的新契机。——P.216

巨赞法师写信给李维汉……说明佛教是有资格参加人民政协的，来主动争取佛教界的名额，并认为佛教界代表应以出家僧尼为主。——P.229

巨赞法师在中共统治的初期，为了延续佛教的慧命，为了保护自己。他非常努力的把共产主义和中共的政策，以佛教的教理来加以合理的诠释，以调和两者之间的明显差异。同时大力劝导佛教界积极参与中共主导的活动与政策，使佛教界脱离一般人认为佛教消极的印象。另外，他也苦口婆心的不断提醒佛教徒，要认清现实的政治社会环境，要改变思想与做法，佛教才能继续生存下去。在另一方面，他也努力的证明佛教对中国的历史、文化、艺术是非常有贡献的，所以佛教是有存在的价值的。巨赞法师所做的这一切，都是为了……使佛教能够在中共的统治下保存一线的慧命。他这样的做法，在中共统治的初期，的确使佛教保持了部分的生机，而有达到部分的效果。但是文化大革命的发生，……此时的巨赞法师连自己都保护不了，更遑论要保护佛教。——P.251、252

巨赞法师在中共统治的初期，的确有为佛教争取到一些公平的待遇拥有一席之地，也为佛教培养了一些人才。——P.262

巨赞法师以他的聪明才智，足以使他成为很有成就的学问僧。但他看到佛教界的积弊不振，和国家民族所遭遇的苦难，使他无法安心地做一个单纯的学问僧。在中国大陆解放之前，他又因为担心佛教的前途，而选择了与政治站在一起。他的一生一直在出世与入世的纠葛之中，既选择了出世的身分，却不能忘却国家社会与人民；既不能忘情于政治，却又不愿放弃出世的身分。如果他出家之后，一直专心地研究佛学，而不涉足政治，相信他的佛学成就会更高。如果他专心从事政治，而舍弃出家人的身份，相信他在共产党中的地位也会更高。但是同时具有两种身份，使他虽然很努力很用心地想要做一些事，却是成果有限。不过这种不忍众生苦、不忍圣教衰的精神，正是大乘菩萨道精神的展现。在当时的时代因缘条件之下，他已经作了他认为对佛教、对国家、对自己最好的选择，虽然其中的过程和最后结果，并不尽如人意，但他已经尽了他最大的力量了。——P.271

他对改革佛教的用心与努力，可说就是以复兴中国佛教为己任。——P.274

附录（三十四）

两岸的争议人物——释巨赞

于凌波

在1988年台湾与大陆两岸开放交往之前，巨赞在两岸间是一位颇具争议性的人物。台湾方面说他是："佛门败类，变节投降"；大陆方面说他是"进步僧人，有维护佛教之功"。事实上，巨赞是一个满腔热血的青年，思想进步，爱国心切，参加改革活动。不过在三十年代，"进步"的爱国人士，不见容于当时的政治环境。

巨赞俗家姓潘，名楚桐，字琴朴，笔名有万钧、周行等。他是江苏省江阴县人，生于清光绪三十四年（1908），幼读私塾，及长就读江阴师范学校，民国十六年（1927年）毕业。同年到上海，曾肄业于上海大夏大学。据说他在校时就参加了"进步活动"。大夏大学没有毕业就返回江阴，在地方上担任小学校长。后来以领导中小学老师罢课，遭到治安机关的通缉，1930年秋，他逃亡到杭州，匿居西湖的灵隐寺。

那时灵隐寺的住持是慧明和尚，未几慧明逝世，由却非法师继任，这时匿居在灵隐寺的潘楚桐，看破红尘，依却非和尚剃度出家，法名传戒，字定慧，巨赞是后来改的名字。披剃当年，到南京宝华山受具足戒，这年是民国二十年（1931年），巨赞二十四岁。出家后的巨赞法师，认真的研究法相唯识、天台教观，华严义理，以至于禅学、三论等大乘经典，勤学苦修，在佛学和修持方面都奠下相当好的基础。

民国二十二年（1933年），他曾应重庆北碚"汉藏教理院"之聘，到该院任教。在重庆这段时间，他认识了一位文士出身、学佛虔诚的徐季广居士，二人年龄相若，一见投缘，交谈之下，深为契合，由此订交。二人曾相偕同游峨眉山，登千佛顶，游青城山，穷天师洞。季广家居成都，游毕二人珍重道别。

巨师在汉藏教理院任教，只教了一学期就辞职赴南京，进入支那内学院，从宜黄大师欧阳渐研究深造。他在内学院期间，刻苦精进，阅读佛经数千卷，写下几百万言的读书笔记，民国二十五年（1936年），撰写《评熊十力所著书》论文，发表在《论学》杂志上。后来熊十力先生读到此文，说："是用心人语，非浮士口气。"熊先生不轻易赞许人，由此可见巨赞佛学上的功力，在此同时，他先后在厦门《佛教公论》杂志上发表《先自度论》、《为僧教育进一言》两篇论文。文章立论精辟，见解独到，有人以为是弘一法师的文章。后来，弘师读到这两篇文字，备加赞许，曾集《华严经》句写了一副对联：

开示众生见正道，犹如净眼观明珠。

并在联上加题记曰：

去岁万均法师著《先自度论》，友人坚谓是余作，余心异之，而未及览其文。今岁，法师复著《为僧教育进一言》，乃获披见，叹为希有，不胜欢跃。求诸当代，未有匹者。岂余暗识所可及也？因呈拙书，以志景仰。丁丑三月,集《华严经》句，沙门演音。

在内学院时，曾约他在四川结识的好友徐季广到南京一游。季广乘轮南下，到南京访巨赞，在巨赞的引见下谒见了宜黄大师，请大师开示佛法。季广与巨赞并同游苏州，谒见印光大师于苏州报国寺。时国学大师章太炎在苏州设“国学讲习所”，二人数度谒见，请教国学与佛学问题。季广返回四川，仍与巨赞保持联络，书信往还，讨论佛学问题，后来巨赞数度贫病交迫之际，获得季广经济上的支援。季广在成都设置佛经流通处，开辟放生池，弘扬净土法门，著有《净土策进》一书，1952 年病逝四川成都故里。

民国二十六年(1937 年)春，巨赞离开支那内学院，到厦门南普陀闽南佛学院任教。七月，中日战争爆发，未几上海、南京弃守，他满怀悲愤，辞却教职，辗转由厦门赴香港，再到广东。他曾在南华寺亲近过虚云老和尚，未几转赴湖南，参加抗战救亡行列。抵达南岳，先在“南岳佛学讲习班”任教，后来由田汉的介绍，和共产党人士恢复交往，且在中共高级领导人的支持下，在南岳成立“佛教抗战协会”、“佛教青年服务团”、“南岳佛道救难协会”等机构，从事组织群众的活动。后来，佛青服务团的活动范围及于长沙，巨赞在长沙参加“七七二周年纪念大会”，他在大会上散发《告全国同胞书》，在当地的《阵中日报》副刊上开辟“佛青特刊”，鼓吹抗战救亡和佛教革新。以活动过于积极，引起当地情治机关的注意，他不得不潜返南岳。时，道安法师在桂林弘化，担任广西佛教会理事长，约巨赞去创办《狮子吼》杂志。他于1940 年秋抵达广西桂林，出任广西佛教会秘书长，并主编《狮子吼月刊》。是年十二月，狮刊创刊号出版，刊有欧阳竟无大师、太虚大师、慕伽法师等名家的文稿。而他自己，以巨赞、万均、编者等名，发表《新佛教运动的回顾与前瞻》、《略论空有之诤》

及《中论探玄记》等五篇文章。以后各期，每期都有他数篇文章。实以当时写稿的法师不多，文稿不继，他不得不努力撰写，以充实版面也。

在主编狮刊的同时，他还担任月牙山寺的住持，以寺院作掩护，作为左翼文化人活动的场所。在这段时期，关系深的朋友劝他舍戒还俗，全力从事抗战救亡工作。他婉言谢绝，赋诗以明志：

亡羊自昔多歧路，脱俗方为中道行。
夏绿春红何足惜，要以冰雪验人生。

民国三十一年（1942年），巨师离开桂林，应邀到桂平西山龙华寺任住持，一面弘传佛教，一面仍从事抗日活动。1944年，日军大举进攻，连陷长沙、衡阳、柳州，贵阳亦岌岌可危，他不得不离开桂平，避往北流，任教于战时迁校北流的“无锡国学专修学校”，授课之余从事著述。《新佛教概论》一书，即撰著于此时。

抗战胜利后，举国欢腾，后方民众复员返乡，巨师也于民国三十五年（1946年），经广州返回杭州。在广州六榕寺时，他把一个出家未久的青年学僧妙峰带到杭州，安置在武林佛学院就读。1949年，妙峰来到台湾，先后依慈航、印顺二师受学。1962年，受聘赴美国弘法，他是第一个到新大陆弘法的中国僧侣，现在仍在纽约弘化。妙师之到新大陆弘扬中国大乘佛教，追溯其因缘，实是巨赞法师所促成的。

巨赞法师回到杭州，驻锡他出家的祖庭灵隐寺，并出任浙江省佛教会及杭州市佛教会秘书长。翌年，他为介绍灵隐寺概况，撰写了一本《灵隐小志》的小册子。是年，他曾游历台湾，参访台湾各地寺院，返回杭州后，撰写了《台湾行脚记》一文。1948年，他出任武林佛学院院长，培育僧才。年底，应香港信众之请，到港讲经，住香海莲社。翌年初春，旧友道安法师由桂林到了香港，二人相见后曾与优昙、敏智等诸师讨论佛教改革问题，以大陆烽火漫天，一切无从做起，未获结论。后来，道安法师到了台湾，在台北创立松山寺。优昙法师留在香港，晚年在新加坡弘化。敏智法师1973年到了美国，出任美国佛教会会长，而巨师则于中共建国后回到大陆。

1949年建国初期，巨赞在港接受中共中央的邀请，到北京出席第一届中国人民政治协商会议。此后，他连续当选第二、三、四届全国政协委员，及第六届的常务委员。1950年，他在北京开办大雄麻袋厂，组织僧尼参加劳动生产，在他说这是恢复禅门农禅并重的家风，事实上也是迎合新政权的宗教政策。

1953年，巨师与陈铭枢、赵朴初、吕澂、周叔迦等发起组织中国佛教协会，巨师任筹备处副主任。协会成立，圆瑛法师当选会长，喜饶嘉措当选第一副会长，赵朴初居士当选第二副会长兼秘书长，巨赞、周叔迦当选副秘书长，吕澂等当选常务理事。1957年，巨赞当选佛协副会长，后来从事《大百科全书·宗教卷》中有关佛教部分的编审工作。并主持《现代佛学》与《法音》杂志。

1966年，文化大革命开始，巨师也受到冲激，被捕系狱。详情如何，以资料欠缺，不得而知。在1980年再版的《灵隐小志》，书后附印有他所增加的《还斋吟草》，有诗三十余首。其中有一首《一九七五年出狱后书感》：

不婚不宦情如洗，独往独来无所求，
收拾乾坤归眼底，一肩担却古今愁。

1975年是文化大革命末期，由诗题来看，他被捕系狱达十年之久。同集中另有一首《昭雪谢沈公端先》，所谓昭雪，当然是指系狱得以昭雪而言，诗曰：

漓江清澈底，巨象卫关津，
一任封姨妒，终逢万木春。
壮怀耀艺苑，辣手洗嚣尘，
饥溺同人己，昭苏及眇身。

1984年，巨赞年77岁，病逝于北京，僧腊52年。

巨赞法师，敏而好学，博闻强记。他洞达世学，博通三藏，对先秦诸子，宋明理学，以至于科学哲学，莫不涉猎，通达英、日、德、俄诸国文字，晚年犹孜孜不倦学习法文。他志向高远，爱国忧民之心至切，舍身为法，不惮辛劳，生逢乱世，以致一生曲折多变。

他生平著述颇多，主要的论文有《评熊十力所著书》、《佛教的回顾与前瞻》、《龙树提婆与无著世亲》、《道安法师传》、《鸠摩罗什法师》、《法显玄奘两大师》、《天台与嘉祥》、《禅宗的思想与风范》、《华严宗的传承及其他》、《般若思想在中国汉族地区的发展》、《关于玄奘法师的会宗论》等。散佚的撰著及论文已无可考。

巨赞晚年，写有《咏怀四律》，从这些诗中，或可略窥他内心的思想及所感，诗中有“夸克”、“核酸”等名词，都是科学上的新名词，可见此老思想新颖。

巨赞的剃度师却非和尚，遗留有《萍楼诗抄》小册，集中有《答巨赞来书》，推测是巨赞出家后未久，却非以诗答他的来信。这首诗，语含禅机，不忍割舍，录之如下：

浮生逢末劫，据事应三斟。
破瓦伏凉鼠，瓜田避盗心。
立身同美玉，择木似良禽。
莫昧于来去，古人耻拾金。

此文原载《中国近代佛门人物志》
台北慧炬出版社，1998年初版

附录（三十五）

六十年前巨赞法师以身许法，鲜为人知的一段往事

南怀瑾

……秋后下庐山，再到杭州中印庵与通远师弟晤面，经其介绍而认识巨赞法师，并在灵峰寺借住。此处乃法师所主持之武林佛学院，放鹤亭即在默林之中。同时，再由巨赞法师得识住在黄龙洞之印顺法师。彼二人者，皆为显教学者之义理法师，乃当今教下之僧才，实亦难能可贵者也。

巨赞法师且邀我为佛学院僧众讲授禅修之课，即便应命结缘。但其时国事紊乱如麻，人心已甚惶恐而极不安定。故我已决志拔足东流，将赴海外。一日，巨赞法师邀我丈室与言曰："阁下乃不世之士，禅门健者，况相交知心，今有事不得不直言相告。不出三五日，我即将为有关当局杭州站拘捕，或即此断送性命。君住此间，恐有牵连，故不能不坦言也。"时我闻之诧然，即问之曰："法师固为彼中人乎？我是无任何偏倚之身，但与其中当道者，颇有方外道义之情，如法师直言相告内情，或可助君一臂之力而脱困也。"法师即曰："我非彼中人，但已决心为维护佛教而已与对方联络输诚，并得虚老同意，虚老自称为应劫之人，决不退避。"我闻即曰："此事想必是陈铭枢鼓动虚老且为牵线。"法师笑答："所料不差。"我再问曰："法师等说为维护佛教而不得不如此，固为真言而不妄语者乎！"师即合掌作答曰："决非别有异念也。"我即起而言曰："既如此，我于今夜动身到南京，后日即返，望君多福。如我友许衡生在京，必可使我面见当局而为法师乞留一命以完心愿也。"

此事，果如我所预期，虽费两昼夜奔走于京、杭之间，但得保存巨赞法师而度此危机，且亦因闻虚老亦已心许故也。后闻巨赞法师出任全国佛协副会长，不知为保全虚老是否有所作为，此亦我为虚老有关之另一公案，故又随笔及之。

此事既了，感慨殊多，曾有数诗以自志心境。巨赞法师亦曾示我有："无端岁月堂堂去，万种情怀的的来"之句。时在民国三十七年（一九四八）岁寒腊月之初，我即离灵峰而赴沪订购船票。……

编者按：南老修德行仁，为巨法师分忧任患，星夜奔走，多方援手，侠肝义胆，令人感动。本文摘自（南怀瑾先生《序说虚老年谱致净慧长老》一文第三标题中——见2007年第5期《禅》，河北柏林寺出版。）本文标题为编者所加。

附录（三十六）

法门龙象，改革先驱

——谨以此文纪念巨赞法师逝世十三周年

朱　哲

巨赞法师（1908—1984），精研三藏，博通二乘，才高识远，文通六国。他不但精于佛典，对先秦诸子，宋明理学和西方哲学及诗词歌赋，莫不广为涉猎，对气功和中医阴阳之说，也有很深的造诣和独到的见解。他一生坚持革命，追求进步，立志佛教改革，驰誉海内外。

法师原藉江苏江阴，俗姓潘，名楚桐，字琴朴。青年少年时期就具有强烈的爱国思想，于江阴师范学校毕业后，继入上海大夏大学，在校结识田汉同志。1929年回江阴任金童桥小学校长，秘密参加共产党的地下活动，负责江阴东乡的组织宣传工作，为土豪劣绅所告发，被国民党江苏省党部下令通缉，险遭逮捕。1931年经太虚法师介绍，至杭州灵隐寺依却非老和尚披剃出家，法名传戒，字定慧，后改名巨赞。同年，在宝华山隆昌寺受具足戒。

旋为佛学问题走访了马一浮居士和印光大师等，并依欧阳竟无居士，住支那内学院数月。未几任教重庆汉藏教理院，边教边学，苦心参究。已而复回支那内学院，究心法义，遍览群经，对法相、唯识、天台教理、华严义理、四论、禅宗致力尤多，淬厉奋发，两三年间，读经七千多卷，阐微抉奥，写下三百万字的读经笔记。并开始编撰《五家学案》、《如是集》等读史札记。

法师天资高朗，敏慧过人，1936年即在《论学》杂志上发表了《评熊十力所著书》，熊教授看了法师的文章后，赞叹“是用心人语，非浮士口气。”意欲推荐法师去浙江大学教书。同年，法师在福建厦门出版的《佛教公论》创刊号上发表了《先自度论》。接着，又在该刊发表《为僧教育进一言》。这两篇论文非常精辟，引起了佛教界的重视，当时有不少人怀疑这是弘一法师所写的。弘一法师见到这两篇文章后，备加赞扬，即集《华严经》句，亲笔写了一副对联："开示众生见正道，犹如净眼观明珠"，并加了题记："去岁万均法师（注：即巨法师笔名之一）著《先自度论》，友人坚执谓是余作，余心异之，而未及览其文，今岁法师复制《为僧教育进一言》，乃获披见，叹为希有，不胜忭跃。求诸当代，未有匹者。岂余暗识所可及耶？因呈拙书，以志景仰。丁丑三月，集华严经句，沙门演音"。巨法师收到后，对弘一法师的奖许，深表感谢。次年，法师写的《如是斋琐议》一文，在北京出版的《微妙声》发表后，因论证精确，又受到各界好评，并引起了史学大家陈垣老先生的注意，多方打听是何人所作。

1937年，巨法师离开支那内学院，应聘到福建厦门闽南佛学院任教。不久，抗日战争爆发，京沪弃守，厦门岌岌可危，法师满怀悲愤，匆匆离开厦门经香港去广东，途经韶关南华寺，一度曾依止虚云老和尚为记室，是年冬到达湖南，痛国运之衰微，一路宣传抗日救国，斥责国民党消极抗日，致使大片国土沦丧。这些言论，为当时任常德警备司令部稽察处处长沈醉获悉，沈派人把法师抓了起来，责问法师："你好大胆子，作为一个出家人，不安分守己念经，却跑到这里来妖言惑众，到处胡说国民党不抗日，辱骂党国，蛊惑人心，你是不是共产党派来的？"巨法师神态自若，不慌不忙地进行了反驳："出家人不问政治，无党无派，但国土沦丧却是事实。如果贵党抗战，我偌大的中华何至于败在小小的日本鬼子之手？如果贵党抗战，我等出家人何至流离失所，逃到这里来？"法师义正词严的辩驳，使沈醉大发雷霆，冲上前去狠狠打了法师两记耳光，并破口大骂：如不是出家人，今天就枪毙了你。（见1984年第1期《文史通讯》所载：沈醉《我与巨法师的相识》）

法师路过宁乡寒铁生余楼，翘首云天，狼烟滚滚，山河残碎，寇焰嚣张，伤时感事，无限悲悼，不觉引吭高歌：

为厌浮沉湖海梦，来傍僧舍结蓬庐。
岳云千絮凝檐碧，沩水一泓映座舒。
楼外诸山无捷径，室中万卷间梵书。
回看车马纷驰迹，袖手高吟意豁如。

九洲沉陆滋蛇豕，绝脰刳肠亿万夫。
文物忍看沦敌手，江山默祝复康衢。
挥戈反日思良将，袒臂高呼待硕儒。
寄语山林深密处，倾危大厦要君扶。

这首诗的字里行间，充满着法师对日寇的无比痛恨，洋溢着法师对祖国锦绣河山的无限眷恋，他是多么盼望每一个中华儿女都能同仇敌忾，共同来肩负保家卫国的神圣使命。呼吁山林隐逸在这民族存亡的紧急关头，也能挺身而出，和大家并肩作战。

1938 年，法师应湖南南岳华严研究社邀请，到达南岳后，一面在华严社讲学，一面在沩山佛学社兼课，并拟筹办华严大学。这时田汉、冯乃超、杜宣及日人鹿地亘等适游南岳，与巨法师邂逅相逢于上峰寺，田汉、杜宣是法师的老朋友，他乡遇故知，他们喜出望外，相互倾吐着别后的离情与忧国忧民的心事。旋由田汉引荐，巨法师见到了叶剑英同志（时任西南游击干部训练班付教务长），叶与巨的交谈，引起了南岳佛教界的振动。未几，岳阳沦陷，人心惶惶，法师乃与知客演文（“一二·八”淞沪抗日战争时，为十九路军团长，后以不满时政出家）密商：发动佛教徒，筹组南岳佛教救国协会，参加抗日。1939 年 4 月 23 日，在南岳庙召开僧道全体大会，接着又举行各寺庙负责人会议，叶剑英也来到祝圣寺与大家交谈，深表赞许，并表示为了团结更多的宗教人士参加这个爱国行动，建议将“南岳佛教救国协会”，改名“南岳佛道救难协会”，大家一致赞同。（编者按：据广西民族出版社 1993 年出版的李陈济主编的《佛门神奇示现录》一文称：“南岳佛教救国协会”改名“南岳佛道救难协会”，是周恩来先生的建议。——见本书“法海春秋”附录二十七。）

5 月 7 日中午，在南岳祝圣寺召开了佛道救难协会的成立大会，墙壁上贴着许多标语，其中比较醒目的有“发扬佛陀大雄无畏的精神来救国”、“救国即是学佛，学佛必须救国”。到会的除各界来宾外，还有一百多个穿着黑衫裤的排列得很整齐的僧兵，在悠扬雄壮的军乐声中，主席报告了开会的意义，宣读了成立大会的宣言，宣布了“救难不忘修道，修道不忘救难”的主旨。同时规定了以下的几个任务；一、唤起全世界佛道同人，以正确的佛道的理论，来驳斥侵略战争的不合理，从实际行动上，策动国际佛道信徒的反侵略运动。二、充分运用佛道理论唤起敌军士兵的反省和同情，告诉他们佛祖道祖是爱护和平正义的，不要打中国人的，中国人民和日本人民都是兄弟，我们应当互相携手，共同打倒侵略的法西斯军阀，为国际的和平正义而奋斗。三、协助政府，扩大国民精神总动员的实施。四、站在佛道同人的岗位上，从事一切救难工作（如宣传、救护、慰劳及其它战时服务）。

接着在热烈的掌声中，叶剑英同志发表演说：“……在目前，不问是任何阶级和党派，都要团结一致把当前的敌人——日本帝国主义赶出中国去，现在你们佛道的同志，也英勇果敢的参加到我们抗日的战线上来了，这是为什么？不也正是证实着敌人是不会放过每一个中国人的。我们看，在沦陷区被残杀的佛道同志，再看我们此地佛堂的被狂炸（注：敌机狂炸南岳数次，镇上岳庙的大殿、偏殿都遭轰炸，其他寺院的殿堂，有的整个被炸毁），就连放生池里的鱼鳖也都遭了殃。因此你们要知道，你们是生活在人间，不是在天堂，所以我们所感受到威胁和可遭遇到亡国的灾难，你们不也正是一样的亲身受到？因而你们就必定会自动的参加到抗战的阵线中来。……最后，还有点重要意义，就是佛道是反对侵略的，现在敌人也发动了他们的佛道，组织成宣抚班来帮助日阀的侵略，这是不对的，这是违反佛的的正义的，你们应该去提醒他们，你们要用佛像、佛经制成很多宣传品，由我们的空军带到敌人的阵地去散发，以开示他们，感化他们。我们还希望这个伟大的组织能发展扩大成全国性的组织……”（大意）

最后由巨法师致答辞，并报告救难协会的组织大纲：

一、本会本大乘救世精神，尽国民应尽天职，集中僧道力量，参加战时工作，以挽救国难为宗旨。二、本会受南岳戒严区民众动员委员会之指挥与监督。三、本会会址暂设南岳祝圣寺。四、本会设正会长一人，副会长四人，由佛道同人选举之。下分总务、宣传、救护、慰劳、训练五股，各股设正副股长一人，干事若干人，由会长聘任之。五、凡南岳佛道同人均应加入为本会会员，除老弱残病及现任职司者外，一律分编为救护、宣传、慰劳三队。各队设正副队长一人，隶属于本会之下。六、救护、宣传、慰劳三队，各就其本身任务施以适当之训练，训练计划由训练股负责拟定实施之。七、本会战时尽力分担救护、宣传、民营工作，平时经常设民众送诊所，并从事公共清洁等任务。八、本会经费依各寺观财产分配担任之，必要时得呈请政府或岳训班酌予补助之。九、本会办事细则另定之。十、本会组织大纲呈由动员委员会转呈岳训班政治部核准后施行。

这个大纲是巨法师匆匆起草并经各寺庙负责人讨论通过的。末了巨法师还告诉大家：八路军高参薛志正兼任救难协会战时训练班军事教练。

夏衍同志主持的在桂林发行的《救亡日报》，立即报导了这个消息。夏老和巨法师原是好朋友，接到这个喜讯，分外高兴，还亲自撰文欢迎宗教界人士踊跃参加抗日队伍。

田汉先生见到这条新闻，马上写给法师一首诗：

缁衣不着着锦衣，敢向人间惹是非，
独惜潇湘春又暮，花前趺坐竟忘归。

太虚法师知道这一消息，非常高兴，认为这是佛弟子救国的好榜样。法舫法师得知这一消息后，即在《海潮音》发表了《湖南佛教救国运动》一文，指出“湖南佛教徒的救国运动，实在值得我们敬佩，值得全国佛教徒效法。……认为湖南佛教界有了这个组织以后，救国工作自然会有步骤，一切都能迅速的发展……湖南佛教徒的事业，实在是我们全国佛教徒的好模范，值得我们称扬赞叹……。”茗山法师也多次投稿《海潮音》，报导南岳救难协会的消息。5 月 8 日开始，举办军事训练班，6 月 20 日结业。集中训练一个多月后，即编班分成两个组，一组由巨法师和演文亲自带领，名叫佛教青年服务团；一组以暮笳，绍贤为首，名叫佛教流动工作团。六月二十日，佛教青年服务团举行宣誓成立典礼后，经短暂培训，即由巨法师带领团员大定、洗尘、焕文、常乐、可亮、澄源等于 6 月 30 日晚从南岳出发，人人脚穿草鞋，头戴草帽，打上绑腿，个个雄赳赳，气昂昂，到达长沙后，立即开展各项救国活动：在街头发表演说，贴标语，出壁报、散发传单，长沙市群众亲切地称他们为“和尚兵”。许多信徒踊跃捐款捐物，支持他们。长沙白云庵翊莲尼很受感动，赠给他们每人一顶草帽，一床草席，竖起大拇指赞道：“巨赞法师到底是个有本领的人，国难当头，人人有责，他们这样干，就是要得”。开福寺、龙王宫设斋招待他们。

在参加长沙市“七七”二周年扩大纪念会期间，服务团工作更是紧张辛劳，巨法师废寝忘食，连夜赶写了《告全国同胞书》及《为欢送出征壮丁告同胞书》。这两份告同胞书的主要内容如下：

《告全国同胞书》：“……无论那一个国家，无论那一个民族，他底自由幸福的前程，都是从内忧外患蹂躏中锻炼出来的……当前，要在精神方面更进一步的总动员，第一先要知道人生的最大目的不是为了肉体的保养，而是要藉肉体以完成精神的永生。抗战是用肉体锻炼精神的洪炉，持久则是永生的左券。同胞们，牺牲小我而为国家尽忠，为民族尽孝，乃是最上等的事业。在精神方面决定了动员的步伐，物质方面就统制生活，实行像佛家的苦行主义。老实说，只有苦行才是牺牲的表现，才能实际做救亡工作。……抗战建国的使命，如何完成，就看我们在纪念以后，是否切实动员起来……目前，就是我们血洗河山，重光祖业的时候。”

《为欢送出征壮士告同胞书》：“……为了保卫祖宗的光荣，为了挽救垂危的国运，谁也不能否认我们的神圣抗战，还有一段艰苦的过程。过程的缩短，艰苦的排除，则是全国上下，无论男女老幼，乃至佛教同人所应该共负的责任。……壮士的出征是为了我们，……我们要替他们解除许多问题，许多痛苦，不用他们再为自身与家属操心，分散了战斗的力量……”

佛教青年服务团的爱国活动，受到各界的热烈欢迎和广泛支持，周恩来总理亲笔书写了“上马杀贼，下马学佛”赠与佛青。《阵中日报》在副刊栏内增设了《佛青特刊》，在7月14号第二期《佛青特刊》上，刊登了巨法师的《检举过去，探讨当来》，此文一出，服务团的工作更受到重视和好评。当时长沙《国民日报》、桂林《救亡日报》等都纷纷报导了服务团的活动。远在重庆的《海潮音》首先全文刊载了巨法师以缁哉笔名写的《佛教青年服务团的动态》：“澄空凝碧，在一个浓绿映轩的早晨——六月二十号，佛教青年服务团举行宣誓成立典礼。战区政治部特派第二政治大队罗队长赶到监誓，游击干训班政治部主任戴（蔡秘书代）主席，各界皆派代表参加。仪式简单，情绪热烈，尤以罗监誓官及蔡秘书的训词，为最动人。（另文发表）。慈悲的交响，人道的共鸣啊！在抗战史上，可说又翻转着最值得纪念的一页。该团负责人为演文、巨赞（万均）两法师。工作大纲等等在他们所发表的宣言里面，已经说得很详细。同时工作的情绪，更为紧张。二十二号，他们就出发到县工作。由于这一点事实的表现，博得整个僧界的同情，当出发时，激起了异常关切与热烈的欢送。劈拍不断的鞭炮声，打响着各个佛教青年的心弦。起来了，一向消沉的佛教徒，以后他们还要扩大组织，多用力于对敌反战宣传，和连络国际佛教徒作反侵略总动员的工作。”

同时还刊登了《湖南南岳佛道救难协会组织纲领》，稍后又登载了《南岳佛教青年服务团致抗日将士慰劳书》及《告各地救亡团体书》等。《致抗日将士书》略谓：“英雄的民族战士们：你们效命疆场，用肉的‘金城’，血的‘汤池’保持了祖宗的光荣，挽救了垂危的国运……你们的勋业、声名，将因此而万古流芳……一向山居世外，不问理乱的佛教教徒，现在也动员起来了……佛告诉我们说：像你们这样牺牲了个人的幸福而为国家民族艰苦奋斗的战士，就是人类的救星，就是‘因位的菩萨’，一定得到佛的默佑……我们就会跟着来，把日本强盗驱逐出去……”

这几篇慷慨激昂、热血沸腾、忠昭日月、义薄云天的救亡宣言，深受各界赞扬，认为是抗战史料中的宝贵文献。

在巨法师等的努力下，7月28日成立了《长沙市佛教青年战时服务委员会》，还准备设全省性的僧伽战时训练班，地点已选定开福寺，由湖南省佛教会指令各县佛教会保送优秀青年僧侣来省城受训，计划9月30日开学，当时报名者已有四五十人。8月14日下午，服务团全体成员会同长沙市佛教会及各寺庵僧尼七十多人，集体举行了国民宣誓。（注：2005年10月25日晚九点左右，中央十台曾播出巨法师组织领导的这次佛教徒抗日事迹。）

这期间，徐特立同志在八路军驻湘办事处多次与巨法师亲切交谈，引起了国民党特务疑虑，盘问巨法师与徐特立谈些什么？巨法师幽默地回答："他讲唯物主义，我讲唯心主义，如此而已！"

巨法师才华横溢，又倾心革命，徐特老爱才心切，认为法师栖身佛门，实在可惜，一再规劝法师还俗去延安，好一心一意为国家为革命工作，并填了一首词《朝中措·书怀》，敦促法师要学刘秉忠，（注：刘秉忠，初名侃，字仲晦，河北邢台人。博学多能，年二十余入河南彰德武安山剃染，法名子聪。后由海云印简推荐元世祖，深受倚重，随世祖平定中原，奏定国号曰元，设计大都城，订定典章制度，皆出其手。官拜光禄大夫，位太保，领中书省事，命返初服，赐名秉忠。至元六年卒，寿五十九，谥文正。）巨法师对党一向有深厚的感情，何尝不想为党为革命多做些工作，只是法师有法师的想法，他认为干革命有多种渠道，佛教也要有人去做，多年来自己对佛教有了兴趣，有了感情，何况东南亚国家多数信奉佛教，如能做好这方面的工作，也未始不是重要的，不是没有意义的。因此，婉言谢绝了！随后又赋诗一首：

亡羊自昔多歧路，脱俗方为中道行。

夏绿春红何足惜，要以冰雪验人生。

以明志。当时怂恿法师还俗的还有田汉、李焰生等，柳亚子先生则认为法师的想法，也有一定的道理，人各有志，不能勉强。1950年9月底，田汉先生作七绝一首赠巨法师，仍然主张法师要听从徐特老劝告：去学刘秉忠。诗曰：

十载曾弯射月弓，低眉和尚气犹雄。

焦枯几处求霖雨，应脱缁衣学秉忠。

9月中旬：形势突变，日寇疯狂挣扎，派遣两个师团的兵力，猛攻湘北，妄图打通华中地区南北战线，国民党节节败退，借口坚壁清野，强令长沙市所有市民一律疏散、撤退。轰轰烈烈的佛教青年服务团，也不得不于9月25日忍痛解散，巨法师带领一部分团员回到南岳。革新佛教，改善僧制，是巨法师念念不忘的夙愿，本来法师打算回到南岳后，就着手将服务团加以整顿、补充。整顿，就是恪守纪律，不违佛戒，提高素质；补充，就是增加新生力量，培养骨干，使服务团成为将来组织佛教青年会和改革佛教的基本队伍。

不料这时法师写的一篇发表在衡阳《大刚报》上的通讯，因为报导了贵州省主席张治中在黔厉行改革，将一些寺庙、祠堂改为学校、义仓、工厂，而引起了轩然大波，法师成了一些守旧的老年僧人的众矢之的，国民党复趁机从中煽风点火。市虎成于三人，投杼起于屡至，法师几乎被害。眼看战事日益紧张，民族危机日益深重，而自己又被诬陷，正是报国无门，法师悲愤之极，忽想去印度参学，把这个意思写信告诉了在重庆的田汉先生，田汉接信后非常同情法师的困境，但不同意法师去印度，马上回信说："……今者整个形势实为至险，……此非吾等潜修至道之时，而必须各排万难，从岗位上作进一步努力。"劝慰法师"勿以挫折去今日佛法骤颓、斗争尖锐之印度，不妨来渝一行，……以竟佛青、佛救未竟之业。"

1940年，法师抵达广西桂林，住月牙山，任广西佛教会秘书长，并与道安法师创办《狮子吼月刊》，继续宣扬抗战救亡的爱国理论与佛教革新运动，有力地推动了佛教界抗战救亡的积极性。太虚法师曾题诗赞扬《狮子吼月刊》，说："五夜阵风狮子吼，四邻鞭爆海潮音。大声沸涌新年瑞，交织人天祝瑞心。"把《狮子吼月刊》与《海潮音》相提并论，说明太虚法师对《狮子吼月刊》的评价和重视了。这时法师与夏衍、田汉、欧阳予倩、聂绀弩、万仲文兄弟、朱蕴山、郭沫若、柳亚子、陈此生、方孝宽、盛成、端木蕻良、廖沫沙、关山月、尹瘦石、林半觉、龙积之、林素园、李焰生等诸公时相往来，共商国是，过从甚密。"边关未复生民瘁，何惜萧萧两鬓华"，这是巨法师在桂林贺郭沫若五十诞辰诗中的两句，从中也表达了他们忧国忧民的共同心愿。《漓江雅集》是桂林负有盛名的爱国诗社，很多进步人士藉此集会议事，法师也经常参与。法师还用如是斋主、缁哉、万均、育之、毓之、周行、鉴安等二十多个笔名常为《大公报》、《救亡日报》、《广西日报》、《小春秋》等报刊撰搞。法师博通多能，秉性坚贞，爱国爱教的高尚品德，深得李济深、李任仁、柳亚子等的推重，并得到桂林各界的好评，被誉为新佛教的领袖。在桂林，法师工作更紧张，此时在澳门主编《觉音》的竺摩法师还不断向法师索稿，法师虽然很忙，但不便推辞，百忙中为该刊写下了《瑜伽真实义品述记》、《如是斋窾启录》、《奔走呼号一整年》等好几篇文章。

1941年，烽火连天，寇患日深，法师路经开元寺废址，枨触时事，不胜凄凉，悲从中来，不觉吟诗一首，以寄哀思：

空王原不计行藏，种福无田实可伤。
舍利函空秋露冷，金刚碑仆月华凉。
难凭胜侣穷生死，孰认残灰体断常。
极目神州无限泪，桂江日夜泻汪浪。

这时由于法师和各界频繁接触，得能深入考察社会各个阶层的底蕴，从而坚定了他彻底改革佛教的夙愿，提出了“生产化”、“学术化”两个口号，撰成了约二十余万字的《新佛教概论》。广西师范学院教授万仲文为之作了序言。《新佛教概论》的基本内容大体是：认为过去的佛教和封建主义血肉相连，有密切的关系，佛教徒的思想行为受它的影响很大，不少是迷信的落后的。因此，要排除佛教中封建迷信的毒素，剔除其糟粕，吸收其精华。必须用科学的历史观点，在理论方面研究大乘教理，才能弃伪扬真，澄清思想；在行为方面，要发扬菩萨的积极精神，无我除执，以之实践理论。对于僧伽制度、僧伽教育的改革、僧伽人才的培养，寺庙的管理和整顿，经典、文物的保管和整理，佛教界的因循守旧的积弊如何革除等等，在这本书里都有详尽的系统的阐述。对于广建坛场、聚众讽诵，以做佛事为衣食之资，巨法师尤为反对，他一向力主佛教徒要参加劳动生产，自食其力，发扬古德“一日不作，一日不食”的美德，恢复释迦牟尼原有的光明和佛陀的优良传统。只有这样才能不被淘汰，才能适应时代的需求，才有自己安身立命之处，也才能体现“生产化”、“学术化”的宗旨。

1942年，法师离开桂林，卓锡桂平西山，任龙华寺住持。现为香港佛教联合会会长的觉光法师，也同在该寺。西山，在桂平县城西约一公里处，又名思灵山，南朝梁武帝曾设桂平郡于此。山后有尖竹顶高约一千米，好似西山的一把靠椅，一座屏风，右肩后的马来山，高亦千米，望之如飞腾的骏马。山左为黔江，山右为郁江，两江横绕城郭，合抱寺前，气势磅礴，山水之清秀，林壑之优美，岩峰之奇妙，真是别有洞天。遐迩闻名的西山八景：官桥秋柳、云台曲水、忠勇松涛、碧云石径、龙华晚眺、乳泉琴韵、古洞仙踪、飞阁月明，处处使人留连忘返，古往今来，墨客名流，游踪不绝。

身草野而心社稷，居庙堂而志报国，念念不忘抗战救亡的法师，一到桂平，即组织佛教徒举行隆重的悼念抗日阵亡将士水陆法会，借以激发人们救国热情，开展各项抗日活动。不久写出了长达一万多字的《桂平的西山》，文中不但介绍了西山的景物，还综述了整个桂平县的地理形势和历史事件、人物、文化成就，并提出西山的远景规划。更可贵的是在文中再次倡导佛教要革故鼎新，又提出“学术化”和“生产化”两个口号。并明确指出：“学术化在于提高僧众的知识水准，博学慎思，研求入世出世一切学问，恢复僧众在学术界原有的地位。生产化则求生活之自给自足，根本铲除替人家念经拜忏化缘求乞的陋习，如此则佛教本身可以健全，然后才能适应时代，谈得上对国家社会作出贡献。”

此文发表在1943年于香港出版的《旅行杂志》上，柳亚子先生见到此文时说："读之令人神往，惜少杖头钱，无能为买山终老计耳。"早在桂林时柳老即对法师很器重，见《赠巨赞上人》：

根器平生钝，论交方外疏。哗时宁足取，绝俗倘堪模。
旧雨伤弘一，新缘证了如。怜君文字障，意气属吾徒。
谢宏一双屐，卢同七碗茶。买苗劳见饷，健笔更堪夸。
龙象宗门钵，琼琚智慧花。两心薇蕨美，投老怅缘赊。

法师安贫乐道，不求闻达。那时林素园、李焰生、龙积之等常以"诗僧"或"高僧"称赞巨法师，法师一一赋诗谢却：

谢绝以诗僧见称：

枇杷树下泪如绳，柳絮沾泥只自矜，
色见声求无一是，耻为人唤作诗僧。

谢绝以高僧见称：

名实未分白二毛，悬牌表刹亦徒劳。
中行自昔归平易，僧在真修不要高。

法师为了实现他的革新主张，即以西山作为试点，作为实验场所：在学术化方面，首先成立桂平佛教协会，会员二百余人有蒋慧澄、黄慧光、朱慧杰、谢慧岳、刘慧跃、刘慧怡等，自任会长，开展各项学术性活动。其次在李公祠和水月宫设居士林，附设五明图书馆，作为佛教徒学艺的处所。在生产方面，和觉光法师开辟和扩大西山茶园，研究制茶方法，以提高西山茶的产量和质量。增修西山风景点，开拓林园，扩充旅游事业。

法师虽然离开了桂林，但仍不时惦记着与他同过患难，共过呼吸的老朋友，有诗为证：

言人西山路，和风发籁音。
泉甘堪涤虑，茶淡自清心。
隐几双江合，开轩万木森。

难忘饯别意，于月每沉吟。

桂林的一些老朋友，也不时远道前来看望他，如万民一及名画家尹廋石、名记者李焰生等。

巨法师一向忠恕待人，严于律已，但怀才不遇，事多拂逆。西山也是多事之秋。他的西山远景规划，刚刚付诸实施，就遭到国民党顽固分子的反对，百般诬陷阻挠，散布什么巨赞来后西山风水被破坏了，乳泉干涸了，菩萨不灵了，香火不旺了，想以此来煽动群众。这时日寇又连陷长沙、衡阳、桂林、柳州，法师又不得不离开桂平，避往瑶山。

巨法师和觉光法师交同倾盖，谊切投胶，感情很深。觉光法师对巨法师则推崇备至。当初我所知道的关于巨法师的事迹，多数是觉光法师告诉我的，觉光法师还送了我一本李焰生的写的《闲人散记》，这本书中有不少文章提到巨法师和《漓江雅集》的交往。饱经忧患，心多哀思的巨法师，今天又要和三年来一起朝夕梵修，相互切磋，为他老人家分忧任患的知心道友告别了，他强制内心的凄伤，写了下面一首情挚意切，感伤离乱，哀婉动人的诗篇：

山门两载赖维持，缘尽思灵未忍离。

此去好研真佛理，男儿贵不负相期。

法师抵达瑶山后，出谋献策，协助瑶王李荣保，伏击日军，歼敌百余，保护了瑶胞免受蹂躏。日寇震怒，四处追捕巨法师，尝于梧州北山，拘禁西竺园方丈清凉法师，拷问巨法师行踪。

旋应聘至北流，任教于无锡国学专修学校（该校本设在江苏无锡，抗战期间迁至广西北流，饶宗颐、向达等名教授均在该校执教）。法师路过容县时，我去旅馆拜见了他，谈到深夜，他老人家又谆谆教导我：不要消极，要有抱负，要为抗日救亡尽自己一份力量。有一次，我由容县去郁林，途经北流时又去看望了他老人家，他对我说："《新佛教概论》被游云珊（女画家，与关山月同为岭南派大师高剑父的弟子，时在郁林巡回义展，后去印度削发为尼，法名晓云，现为台湾华梵佛学院院长）借去好几个月了，现在想用，要我向她取回来。游女士和我在桂平程公馆见过几面，是熟人，到了郁林在旅邸见面后，她很客气，对《新佛教概论》很是推重，连连对我说："佛教要革新，要去粗留精，否则不仅不能发扬光大，而且会被时代所淘汰。巨法师的设想很好，我深有同感，希望能早日出版。"临走时她留我吃了饭，还送了我一幅她亲笔仿吴道子所作的观音像。

抗日战争的胜利，举国欢腾。1945年10月10日，法师怀着无比喜悦的心情，偕同事饶宗颐、向达等登上北流山围之磐石山。八年萍飘浮泊的岁月，艰苦奋斗的辛酸往事；八年，日日夜夜梦寐盼望的一天，终于来到了。恍惚间桩桩件件倏然踊上心头，法师百感交集，无比激动，但又若有所悟，感慨系之，奋笔写下了下面一首诗：

避寇入山围，游观乐已捐。
匈奴忽解甲，金瓯缺复全。
登高一舒啸，慷慨动乾坤。
崩榛纷塞路，荒寨壁尚坚。
乱离信已久，远溯卅年前。
今当时命改，生意满园田。
饶子饶清趣，当风喜欲颠。
新诗效敕勒，警句共輾然。
蒋子勤掇拾，情深木石缘。
二生亦矫健，绝尘道可传。
会当倩画笔，描写付归船。

1946年东归，于广州六榕寺，见刚出家的妙峰法师聪明好学遂携至杭州，安置在武林佛学院就读。1962年妙峰应请去纽约讲经，成为去美国弘法的第一位华僧。法师回到杭州灵隐寺，任浙江省及杭州市佛教会秘书长，对佛教界内幕有了进一步的洞悉。当时浙江省主席沈鸿烈及民政厅长杜伟，曾先后多次鼓励法师草拟改革省、市佛教教务的计划，法师深感倘若没有社会的彻底改革，佛教内部的改革也是难以实现的。在国民党旧制度统治下面侈谈改革，更无异缘木求鱼，是办不到的，因此没有理睬他们。翌年，撰写了《灵隐小志》，在再版中，巨法师热烈歌颂了共产党的宗教信仰自由政策，衷心感谢周总理对修复灵隐寺的亲切关怀。为了培养德才兼备的弘法人才，1948年法师兼任武林佛学院院长。这时浙江大学哲学系拟聘法师前往任教，因时局紧张未果。

在此期间，法师仆仆风尘，数度来往台湾、香港、澳门之间，蹈危履险，参与新民主革命活动。在香港时他再次会见了李济深、郭沫若、何香凝、沈钧儒、章伯钧、夏衍、廖沫沙等旧友，当时，大家一致认为中国不久行将解放，佛教现状势难维持，以后究竟如何？大家都很关心。法师更深深感到佛教教务的改革，已成为当务之急，为了迎接新的形势，新的时代，过去的一些改革设想，如《新佛教概论》等，颇有调整、充实的必要。未几，就赴台湾考察。在台湾一个多月，参访了很多寺庙，写出《台湾行脚记》一文。从台湾回到杭州后，巨法师就开始酝酿改革佛教的计划，赵朴初居士也为此专程由沪至杭和法师商量，并想秘密召集分散在上海、杭州、宁波一带的有进步思想的佛教界人士开一个会，共同研讨，后因故未成，又去香港。

在由香港回上海时，李济深托法师转交一封绝密的信件给当时被蒋介石软禁在上海的陈铭枢和郭椿涛（内容是邀请陈郭赴港参加商讨改组国民党，筹建民革的计划。）巨法师不畏鼎镬，不惧刀斧，欣然受命，果不负所托机智地完成了这次非常危险的重大政治任务（注：跟随李任公五十多年，任机要秘书的郑卓人在《悼巨赞大师》诗中有："离筵承密勿，虎口敢传书"及巨法师《追怀李任公》诗中，"香港筵前交密信"，即指此事）。淮海战役一结束，法师又至香港，这时任公已北上，陈劭先与吕集义等向法师转达了潘汉年同志（解放后任上海市副市长）要法师写个新中国佛教改革草案的建议，法师匆匆拟就后，即由潘老派员送往石家庄党中央所在地。

是年秋间，由中印庵通远法师介绍，与南怀瑾先生相识，交浅言深，相见恨晚，情谊甚笃。巨师尝清先生在所办之武林佛学院讲授禅修。此时巨师为法奔走，随时有被捕可能，处境险恶，恐祸及同居灵峰寺之这位新知，乃坦言相高，劝先生走避。先生获知梗慨后，义无反顾，立即赶赴南京，慨为巨师援手。事后先生感慨良多，曾有诗以志其事。巨师亦以诗报之，诗中有："无端岁月堂堂去，万种情怀的的来"之句。南怀瑾先生救焚拯溺，修德行仁，肝胆相照，令人钦佩！

1949年4月3日，巨法师毅然和李济深夫人等自港北上，夏衍、廖沫沙还为他们此行发了个电报，因此，当法师一行到天津时，即受到当局欢迎接待，4月13日抵达北京。

法师到达北京后，经过一个多月的调查研究、讨论征询，即和陈铭枢、周叔迦等以北京市佛教同仁名义，为改革全国佛教上书毛主席及各民主党派。其内容概括有四点：

一、人民民主革命的胜利，是历史上最光辉最伟大的，佛教界同人一致欢喜赞叹，踊跃爱戴。

二、佛教来我国，虽有一千八百多年历史，和我国文化的各个方面，虽也曾调和融摄，但在封建社会的长期统治下，不免逐渐变质，近三十年来虽也进行了一些改革，但是毫无成绩。

三、佛教的本质，不同于别的宗教，他“无神”，又主张“实践无我”。与时代精神相吻合，加以即待解放的西藏和台湾，都是崇奉佛教的。我们毗连着的国家，如安南、暹罗、缅甸、锡兰、印度、朝鲜乃至日本，都是根深蒂固的佛教国家，假定在中国革命的过程中，漠视佛教这个单位，恐怕对于解放西藏、台湾和世界和平的进展，或者会发生困难的。反之，如果新中国的国土上，出现了佛教的新姿态，对于全国的完全解放和世界的和平进展或者也不无便利之处。

四、提出了“生产化”、“学术化”两个口号，作为改革佛教一切制度的目标。生产化可以打破旧时各寺院封建的经济组织；学术化则加强佛教徒对于佛教的认识与正信，以破除迷信。封建的组织与迷信的愚昧既已毁弃，佛教革命的本质，才能完全流露。对于争取佛教信众参加革命队伍，不是没有帮助的。

改革佛教教务，整理僧伽制度，这是巨法师的夙愿。对此，赵朴初居士也认为“势在必需，与其被动，不如争取主动。”

这个有远见卓识的建议，不仅为当时有关方面（如李维汉、林伯渠、胡乔木、张友渔等同志）所重视和嘉许，即就在四十多年后的今天，也还有它的重要性和积极意义。

1993年年底，江泽民主席与出席全国统战会议的代表座谈时曾号召宗教界：“改革不适应社会主义的宗教制度和教务，利用宗教教义、教规和宗教道德中某些积极因素为社会主义服务。”这一精神，在一般意义上，与当年巨法师锐意改革佛教的初衷是一致的。在本质上同样是反映了宗教发展的客观要求的。诚然，巨法师当初提出的佛教改革的具体历史条件与内容要求，与江主席今天的号召已有所不同，但是，在宗教要适应社会发展的新形势这一点上，是有共同性的。巨法师是一位善于独立思考的卓越的佛学思想家，领导宗教改革的先行者。他不仅“在教言教”，而且“在教言国”，把自己从事的佛教事业与“天下兴亡，匹夫有责”自觉地结合起来。对于佛教本身，不唯继承传灯，而且自觉革新。他毕生信奉佛教，热爱佛教，而又能主动、自觉要求改革佛教，他所提出的改革佛教以适应社会发展不同历史阶段的需要，这个目光远大有先见的爱国爱教的高尚精神，值得我们宗教界大力提倡和发扬，如大家都能做到这一点，必将大大推动宗教界落实贯彻江主席的上述号召，必将使我国的宗教工作、宗教生活展现出历史的新面貌，新气象。

巨法师的一生，是爱国爱教的一生，这是有目共睹，有口皆碑的事实，他博古通今，审时度势，时刻以国家的利益为重，又能时刻关心着佛教的利益。这里仅再举两个事例：

一、在得知第一次政治协商会议中有佛教代表名额时，他无所顾忌仗义执言，在致李维汉秘书长信中说：代表之选举，应力求严格，要以出家僧尼为主。作为代表，不能委委蛇蛇，点缀议席，要无愧于人民。

二、解放初，在联合出版社出版的高小历史课本中，有关佛教之记述，有些误解，对僧侣也有轻视之处，为此，巨法师又致书叶圣陶与胡绳，请予纠正，叶、胡两位接信后，即复信表示同意修改。

巨法师抵达北京后，一面又盱衡外势，酌度内情，因时适变，会同周叔迦老居士等创办大雄麻袋厂，筹备振新印刷厂，组织僧尼参加劳动生产，“寓修持于劳动中”，很受各界重视，为全国各地寺庙组织僧尼参加劳动生产树立了一个良好的榜样。同时法师又和陈铭枢先生创办《现代佛学》月刊，协助政府宣传党的宗教政策，这对稳定当时的佛教界人士的情绪起了很重要的作用。在成立中国佛教协会和中国佛学院，收回广济寺等等一系列重大工作上，巨法师多次上书中央有关领导，尽了最大的努力，作出了重大贡献，并得到过伟大领袖毛主席的亲笔复信。

巨法师早年就献身革命，他对党和新中国怀有无限的忠诚，深厚的感情，常常溢于言表。中华人民共和国中央人民政府成立暨中国保卫世界和平大会成立，法师皆躬逢其盛，赋有《共和国开国观礼志喜诗》：

殷殷雷震动欢声，民主新都定北京。
铁骑千群惊丑虏，红旗万幅壮干城。
富强独立除前耻，统一无私载首盟。
保卫和平真佛意，环球从此可休兵。

表达了他内心无比的喜悦和虔诚的祝愿。

1953年，陈铭枢先生为庆祝中国佛教协会成立写了一首长诗，巨法师又步原韵和诗一首，热情歌颂祖国的繁荣昌盛和党的宗教政策：

禹颜非异辙，真俗本相依，
国运隆前古，梵葩香益奇。
抑扬除旧垢，滗泞指新机。
不作两头话，披衣得坐时。

建国十周年，他又写诗庆祝：

十载辛勤除旧垢，山河严净众如亲。
工农跃进开新局，宗教恢弘阐至仁，
是处笙歌皆慷慨，每逢耋耄更精神。
巨龙夭矫惊天下，党政英明见理真。

建国十五周年时，他更感慨万分，满怀激情写出《满江红》词一首，赞扬伟大的中国共产党：

歌遏行云，旗挥红浪，满城花雨缤纷。光华日月，勋世冠群伦。多少丹心碧血，皆回向，祖国人君。凝眉处，东风浩荡，英爽动乾坤。

凄凉思往事，魑魅魍魉，豕突狐奔，漫招致，山河破碎如焚。搔首问天不语，又谁信，扫尽氛昏。崁崟甚，誓随高躅，努力建斯文。

中国佛教史上历代高僧大德，他们对佛教经、律、论的解释、阐发有革新，有创见的，代不乏人，莫不彪炳一时，辉鉴宇内。但这往往只是："在教言教"，仅从宗教信仰角度上加以发挥而已！不少有识之士认为唯有巨法师他既继承佛教优良传统，又能从社会历史的高度，客观地审视佛教，提出革新的要求，这与历代大德有显著不同之处。

巨法师为了佛教的改革，栉风沐雨，辛勤奔走，可是在国民党统治时期，他到处碰壁，苦难建树，他的崇高理想无法实现。新中国的成立，新制度的诞生，宗教信仰才有了真正的自由，党的政策也给予了中国佛教以涤瑕荡垢，重放光明的机会，全国各族佛教徒才得能团结一致，精进不懈。往事不堪回首，有着亲身感受的巨法师，怀着无限激动的心情，昕思夕筹，无时不在以实际行动争取为国家、为佛教多作贡献，他经常号召佛教同仁要刻苦学习，参加劳动生产，要爱国爱教，众善奉行，促进团结，绍隆三宝，成就"庄严国土，利乐有情"的大行，为祖国的社会主义作出应有的贡献。他一再强调佛教徒要勇于发扬释迦牟尼的积极精神，继承古德的优良传统，适应形势，真正为社会主义为人民服务。还常常告诫和勉励佛教同仁要认清时代，努力学习，提高自素质，也才能接受改革佛教的理论与方法。

巨法师敦气节，重然诺，处众谦和，持身有则，言信行直，人乐与交，与之忘年投分的朋辈很多，与陈铭枢、李任仁、田汉、夏衍、李四光、姜椿芳、聂绀弩、端木蕻良、关山月、尹瘦石等新知旧雨，推诚相与更为莫逆。1942年，在桂平得悉国民党假选举之名，行排斥之实，迫害李任仁（时任广西省临时参议院议长），忿忿不平，寄赠以坚硬著称的桄榔杖及诗一首，表示慰问和支持：

坡公迁岭外，此杖独随行。
坚过仙人杞，文如紫玉英。
灵山分得种，净手自雕成。
世路犹崎仄，扶持步履轻。

法师与田汉先生分手以后，彼此念念不忘，相互唱酬寄怀之作很多，摘录一首如下：

一九四二年岁暮，寄怀田汉桂林

崎岖山下路，恻怛佛家情。
对镜增华发，年来白几茎。

解放后，田汉与法师同在首都，时相聚谈，相得益彰，文化大革命中，田老遭害，法师泪如泉涌，悲痛异常，有好几天饮食不下。后虽平反，法师犹旧情难置，伤感不已！痛占悼诗一首：

靴声橐橐忆当年，慷慨陈词猛着鞭。
南国剧场聆夜话，祝融峰顶设斋筵。
北来常作书房客，迟到方知厄逆连。
往事萦思剩一恸，于今昭雪尚凄然！

木秀于林，风必摧之。察见渊鱼者不祥。在反右斗争中，法师的一些至交好友，有的以忠信而见疑，有的以讽谏而受谤，不少人被打成右派，藏弓烹狗，有识同悲，此时此刻，法师内心本已极其痛苦，不意复遭牵连。法师豪放不羁，夙性耿介，快人快语，常直言不讳，尽言招祸，自古已然！至此，谗构蜂起，两罪并发，法师含垢忍辱，被迫检查了十次，几乎也被打成右派。在横扫一切的“文化大革命”中，法师更在劫难逃，被整整关了七年。有功革命，而受无妄之灾，法师始终恬退为怀，不以荣辱介意。用舍行藏，不足撄其胸臆，处怨尤交集中，独能泰然自持，超然物外，胸无城府。心光常皎皎，处境自得宜，1975 年出狱后，他忠心耿耿，爱国爱教一如既往。有诗云：

不婚不宦情如洗，独往独来无所求。

收拾乾坤归眼底，一肩担却古今愁。

并赋诗一首，致谢为他奔走营救的夏衍先生：

昭雪谢沈公端先（即夏公，编者注）

漓江清澈底，巨象卫关津。

一任封姨妒，终逢万木春。

壮怀辉艺苑，辣手洗嚣尘。

饥溺同人己，昭苏及眇身。

岁寒知松柏，疾风知劲草。得失毁誉如浮云，才高行洁如法师者，实足以师千古。

法师博闻强记，敏而好学，明于经，优于史，妙于文，工于诗，熟谙英、梵、日、德、俄等外语，晚年又孜孜不倦地攻习法语，老而弥勤。“不积跬步，无以至千里；不积小流，无以成江海。”佛教经典浩繁，文义深奥，难以卒读，其中积极意义，尤非一般人所能理解，巨法师乃能在独立思考的基础上，锲而不舍，寝馈其中，终能在佛学上出类拔萃，成为卓越超群的一代宗匠。其弘法之勤，撰述之富，著论之高，为当代佛教界中所罕有。嘉言懿行，楷模一代。法师遗著甚多，惜战乱纷飞散佚不少，且有的文章以笔名发表，未敢贸然搜集，深以为憾！抚今追昔，实亦我佛教界、学术界之一大损失。

解放以后，法师在长期参与中国佛教协会领导工作中，积极协助党和政府贯彻宗教信仰自由政策，为增进各民族佛教徒的团结，培养佛教人才，开展佛学研究等等工作，作出了不懈的努力，取得了很大的成绩。多次出国访问，增进了中国佛教和国际佛教的交流与合作。并以耄耋高龄在百忙中担任《大百科全书·佛教卷》主编。为了党的革命事业，为了国家的繁荣富强，为了佛教的改革兴旺，不论处境顺逆，总是勤勤恳恳，不惮辛劳，鞠躬尽瘁，为法忘身。

1984年4月9日这位博学高行把毕生精力奉献于国家，奉献于佛教的传奇人物，终以劳累过度，怀着改革佛教的未竟之志，不幸圆寂，终年七十六岁。法师遽归道山，中外闻者莫不扼腕悲悼，无不认为这是佛教界的一个不可弥补的重大损失。

4月27日下午，在八宝山公墓礼堂举行了隆重的追悼大会，党和国领导人邓颖超、李维汉、帕巴拉·格列朗杰、叶圣陶等送了花圈，习仲勋、班禅额尔德尼·确吉坚赞、刘澜涛、杨静仁、屈武等参加了追悼会。

法师患病期间，中央统战部江平副部长、国务院宗教事务局任务之代局长，中国佛教协会班禅名誉会长、赵朴初会长、著名科学家钱学森及生前友好夏衍等，曾多次前往医院探视。

巨赞法师定慧双修，禅教并弘，学贯中西，文通六国，世出世法，集其大成。更难能可贵的是他气度冲邃，心术仁厚，孜孜以道为务，不与世争。躬践力行，真操实履，风格高尚，不愧为一个爱国爱教统一的典范。现在他色身虽灭，但他的爱国主义思想和献身佛教的精神永远不会殒灭，永远照耀着中国佛教界。

三代直道之公，百世不能改也。思其功，怀其德，前年，由彭冲、孙毅、刘志坚、觉光、夏衍、朱穆之、王蒙、任继愈、明旸、真禅、茗山、一诚、慈舟、明开、昌明、妙湛、清定、宗怀德、宛耀宾、周绍良、孙轶青、单士元、沈鹏、吴立民、印德、广平、饶宗颐、关山月、尹瘦石、骆宾基、丁中江、张岳轩、沈醉等大陆、港、台、新二百多位知名人士发起，在当地政府和各方善信的大力支持下，于法师故乡江阴建成了巨赞纪念堂。在当前，举国上下贯彻执行党和国家《爱国主义教育的纲要》的热潮中，把法师作为文化名人、爱国爱教高僧，来立馆纪念，以继承和发扬法师的爱国思想、改革精神，以及好学深思、不屈不挠、顾全大局等的品格风貌。是很有必要的具有积极意义的。这充分说明了凡是对国家对人民有重大贡献的人，党和人民是不会忘记他的。

今天，日本军国主义思想，又在该国一些政客中死灰复燃，他们蠢蠢欲动，妄图重温“大东亚共荣圈”的噩梦，闻鼓鼙而思将帅之臣！巨赞法师纪念堂的建立，似乎更具有现实意义和深远意义了！

（原载中国社会科学出版社出版发行的
1977 年第 2 期《世界宗教研究》）

附录（三十七）

爱国名僧巨赞

郁家树

1938年的一天，湖南常德警备司令部的军统特务沈醉，凶神恶煞地怒视着一位身披袈裟的和尚，厉声责问："你一个出家人，不在寺庙内诵经礼佛，跑到社会上来胡说八道，说什么政府抗日不力。你可知道，这是违反战时法令，要坐牢甚至枪毙的？！"那和尚神态自若，双手合十："阿弥陀佛，出家人不问政治，无党无派；出家人不打诳语，实话实说。和尚出家的灵隐寺所在地杭州已被日本人占领，要是政府积极抗日，恐怕小小日本，不会这样长驱直入，眼看快要打到湖南来了吧！"沈醉无言以对，恼羞成怒地连连挥手说："你给我滚！快滚！"

这位和尚就是爱国名僧巨赞法师。巨赞俗名潘楚桐，字琴朴，1908年出生于江阴东门贯庄一个商人家庭。在江阴县立师范学校读书时受进步教师谢龙升影响，萌生革命思想。1927年入上海大夏大学，结识了田汉，秘密参加共产党领导的革命活动。1929年回江阴任金童小学校长，领导小学教员进行革命斗争，国民党江苏省党部下令通缉，被迫逃至浙江，欲出家灵隐寺，因时局影响，戒坛"封堂"，未果。1931年，全国佛教协会主席太虚法师至灵隐，要他撰文诉述出家原因及抱负，他用庄子笔法写成一文，太虚大为赞赏，要灵隐方丈却非收他为徒，落发出家，法名传戒，字定慧，后改名巨赞。

巨赞出家后，在南京支那内学院精研佛学。1933年，任教重庆汉藏教理院，1936年，执教厦门闽南佛学院。他一面教学，一面读书，不仅研读佛学经典，而且精读文史哲著作。对先秦诸子、宋明理学及西方康德、黑格尔哲学名家著述广为涉猎，写下了三百多万字的读书笔记，并在《佛教公论》、《论学》等杂志上发表了多篇文章。他的《先自度论》刊出后，弘一法师"叹为希有，不胜雀跃；求诸当代，未有匹者。"巨赞经常教育佛学院学生在学习佛学的同时，要认真学习文化知识。他说，"文化知识好比水，佛学知识好比船，惟有水涨才能船高。否则，陆地行舟，寸步难行。"

日本军国主义先后发动"九一八"、"一二八"事变后，由于国民党当局采取不抵抗政策，致使东北三省很快沦陷，华北亦为日本控制。巨赞积极投身抗日救亡运动。1937 年日军制造“七七”卢沟桥事变，对中国全面发动侵略战争后，巨赞离开闽南佛学院，进行抗日宣传活动，在常德被捕，于是发生了本文开头的一幕。不久，巨赞在湖南南岳成立“南岳佛道救难协会”、“佛教青年服务团”，组织宗教界人士开展抗日救亡运动。期间又曾被军警传讯恫吓，他毫不畏惧。抗日期间，他写下多首诗篇，表达爱国抗日情怀，如“九州沉陆滋蛇豕，绝脰刳肠忆万夫。文物忍看沦敌手，江山默祝复康衢。挥戈反日思良将，袒臂高呼待硕儒。寄语山林深密处，倾危大厦要君扶。”

1940 年秋，巨赞至桂林，任广西省佛教会秘书长，创办《狮子吼》月刊，宣传抗日救亡和佛教革新。太虚法师极为支持，赞扬这一刊物说：“五夜阵风狮子吼，四邻鞭炮海潮音。大声佛诵新年瑞，交炽人天祝瑞心。”巨赞在桂林三年，与夏衍、田汉、柳亚子、郭沫若，朱蕴山、廖沫沙、关山月等文化人士过从甚密。并以如是斋主、万钧等笔名，为《大公报》、《广西日报》、《救亡日报》撰写文章，宣传抗日。1942 年，撰写《新佛教概论》，提出改革佛教主张。他主张佛教应“生产化”和“学术化”，以发扬“一日不作，一日不食”的农禅并重传统，力主改革僧伽制度，改进佛教教育，整顿寺院，培养僧才。1942 年，任桂平龙华寺住持。1944 年 8 月，日军入侵广西，巨赞避难瑶山，曾协助瑶王李荣保谋划伏击日军，取得歼敌百余的胜利。后至广西北流，执教于内迁的无锡国学专修学校。

抗战胜利后，巨赞回灵隐寺，担任浙江省及杭州市佛教协会秘书长，1948 年创办武林佛学院并任院长。多次应邀赴港、澳、台讲学，并与李济深、郭沫若、沈钧儒、夏衍等人一起从事新民主革命运动。1949 年 4 月，巨赞到达北京，9 月出席中国人民政治协商会议第一届会议，当选全国政协委员。1952 年，与赵朴初等人积极发起筹备全国佛教协会，协会成立后当选副秘书长。1957 年当选佛教协会副会长兼副秘书长。同时兼任中国佛学院副院长和《现代佛学》主编，为宣传推行党和国家的宗教政策、培养佛学人才，做了大量工作。

十年动乱中，巨赞法师被莫须有地诬以“现行反革命”罪，被捕入狱，长达七年之久，但他心如止水，志如磐石。1975 年重回佛门，有诗言志：“不婚不宦情如洗，独往独来无所求。收拾乾坤归眼底，一肩担却古今愁。”一如既往努力工作，积极筹办《法音》会刊，创新发展佛教文化。党的十一届三中全会后，沉冤得到昭雪。他写了首《昭雪谢沈端先》[1]诗：“漓江清澈底，巨象卫关津。一任封姨妒，终逢万木春。壮怀辉艺苑，辣手洗嚣尘。饥溺同人已，昭苏及眇身。”此时，他年已古稀，当选第六届全国政协常委和恢复后的佛教协会副会长兼副秘书长。他精通佛典，通晓英、日、德、法、俄语和梵文，负责接待各国佛教界访华人士。他还兼任《中国大百科全书·佛教卷》主编和《法音》主编，并在海内外佛学刊物上发表上百篇论文。因操劳过度，巨赞于1984年4月9日在北京圆寂，终年76岁。遗著有《绀珠集》、《觉海遗珠集》、《巨赞法师文集》等。

为纪念这位爱国名僧，江阴市在君山公园内建立了“巨赞纪念堂”。

注：(1) 沈端先即夏衍

（原载2006年6月郁家树主编，人民出版社出版发行的《无锡人杰》。）

附录（三十八）

台宗大德，南海高僧

——觉光法师事略

朱　哲

觉光法师是我国当代有名的高僧，俗姓谷，名成海。一九一九年生于辽宁省海城县（今营口县）虎庄村。历代务农，母亲是一位虔诚的佛教徒。

邂遇青一

法师天资聪颖，从小就不茹荤酒，四五岁时常常跟随母亲到寺庙里烧香拜佛。一九二九年，江苏扬州高旻寺青一老和尚到东北募化，就住在虎庄村关帝庙内。那时觉光法师刚刚十岁，常去庙内，青一见这一孩子聪明伶俐，非常喜欢。而这个孩子，对跋山涉水远道前来的苦修老和尚，也非常仰慕，渐渐地他们之间有了感情。半年之后，青一离开虎庄村时，这个小孩却悄悄地跟在他的后面。走了很长一段路，青一才发觉有人跟在后面，很是诧异，就问他为什么要跟来？不料这个孩子竟然说："我要出家。"青一见他年纪太小，就再三劝他回去，免得家里挂念。可是这个孩子无论如何不肯回去，一心要出家。青一无法，只好带着他走了。这个小孩，就是日后遍参各教，博通诸经的觉光法师。

天童受戒

不久，青一带着这个小沙弥到了上海，在海会寺"挂单"。原曾打算回高寺，因为高寺是全国有名的修行道场，这样一个还没有受戒的小沙弥，怎能去坐"禅堂"呢？为了造就法器，青一法师毅然改变主意，带着他到了浙江宁波天童寺。由于他身材长得高大，住在丛林，并不显眼。不久，天童寺放戒了，各地的小和尚纷纷前来，要求受戒。在受戒前，每个小和尚都要填履历，进行登记，这时才发现他还不足十二岁。按照戒律规定，不满十二岁是不能受戒的，可是，送他来的青一老和尚突然不知去向。这件事传到了得戒各尚圆瑛法师那里，圆瑛就命侍者把这个小沙弥领来，圆瑛见他应对如流，小小年纪不远千里迢迢，从东北来到江南，可见道心坚苦，求法心切，就打破传统惯例，准他登记受戒，赐他法名为觉光。

受戒后，觉光就住在天童寺，得以日夕亲近圆瑛法师，得其教诲不浅。过了没有多久，圆瑛为要到外地去讲经，就对觉光说："我马上要出去讲经，你勤奋好学，日后大有希望，可去观宗寺参学，那里有佛学院可以进修。"

观宗学法

就这样，圆瑛法师把觉光介绍给观宗寺的方丈宝静法师。四明（即宁波）观宗寺，是江南著名的僧伽学府，近代高僧谛闲老法师为继智者慧命，中兴台教而开山创建的。设有戒律学院、研究院、弘法院等等，既宗既教，亦律亦净，规模严整，措置有方。当时在各院执教的高僧，有兴慈法师、摩尘法师、静权法师、逸山法师、白光法师等等。

觉光法师在观宗寺弘法学院住了数年，夙兴夜寐，淬厉奋发，系统地研读了经、律、论三藏典籍，深为宝静法师赏识。

海岛深造

一九三九年间，宝静法师为了昌明佛法，造就一批德才兼备的弘法人才，苦心孤诣，特在香港荃湾创建弘法精舍。写信给观宗寺，嘱遴选勤奋好学，有志弘法的僧青年送港学习，信中特别指明要觉光法师，这时觉光才十九岁。

弘法精舍，不仅要求第一个学僧都能精通佛法，而且要掌握一般的世俗学，并为适应海外环境和国际交往的需要，还要懂得外国语言、文字。

宝静法师，时人誉为"台宗忠臣，法门健将"，受过高等教育，是个大学生，向以度生为已任，弘法为家务，培育僧才，是他的夙愿。在香港法缘殊胜，皈依的弟子很多，除兴办僧伽教育的事业外，还另建香港正觉莲社，许多在家男女信众，每星期一次，在这里聚会念佛，研讨净土法门。

弘法精舍开学后，深受当地佛教界人士推重，不料后来发生了意外事故，学院只得停办，一些学僧仍被遣回观宗寺，宝静法师单单留下觉光法师一人，把他安置在九龙粉岭静庐。宝静法师经常向觉光讲解天台教义，关心他的学业，关心他的生活，把他作为自己后继的接班人选。在宝静法师的谆谆教导、精心培育下，觉光法师进步很快，学业大进。宝静法师离港外出弘法时，寺内一切大小事务，就全由觉法师权衡处理。

避寇龙华

一九四一年十二月七日，日军偷袭珍珠港，八日，日本对英、美宣战，太平洋战争爆发，菲律宾、马来半岛、缅甸、印度尼西亚等，相继被侵凌，香港亦不幸失守，惨遭浩劫。觉光法师既痛梓里久为日寇侵踞，复悲客舍又遭日寇攻陷，翘首云天，新仇旧恨，无限愤慨。翌年初，觉光法师就满怀爱国热忱，几经风险，辗转来到国内，曾在广东韶关南华寺亲近虚云老和尚。随后又经广西桂林，到达桂平西山龙华寺。这时巨赞法师在龙华寺任住持。

觉光和巨赞两位法师都是誉望攸隆、器度宽恕、心术仁厚的长者；都是殚心竭力，弘扬正法的大德。虽然他俩各有不同的风格，在宗派上是不协调的，在理论上是对立的，可是他俩爱国爱教的高尚品德是完全相似的、一致的。他们义气相投，肝胆相照，在患难中建立了深厚的感情，他们合作得非常融洽，经常切磋学问，共同协商解决庙里的事务，终成莫逆之交。

“一日不作，一日不食”，觉光法师随时随地均能保持佛教的这一优良传统。他常常带领寺里的僧众，植树造林，绿化环境，参加劳动。在山上还种了不少茶树，摘茶叶、炒茶叶等等工序，觉光法师无一不亲临督导。西山茶叶，味美可口，商人竞相购买，销路很好，龙华寺里的各种开销和众僧的生活费用，均以此维持。对此，巨赞法师常常夸赞觉光法师。

那时我正在桂平工作，距离西山很近。因为萍飘浮泊，频年流浪，饱经忧患，心多哀思，每念神州残破，寇焰嚣张，就忧思如焚。我的祖父母和父母亲都是佛教信徒，对我有一定程度的影响。因此，浪迹所至，凡有寺庙的地方，我总要去朝拜，恭敬三宝，巨赞法师是我的同乡，在梧州就已相识，觉光法师则是来西山后认识的。我每周总要抽一两天时间上山，去亲近两位法师。巨赞法师常常跟我谈法相、唯识，有时还谈些禅宗的参话头；觉光法师与我谈的主要是天台止观，其次谈些净土法门等等。两位法师对我殷殷教诲，使我获益很大。尤其是觉光法师，他律已严，诲人勤，平易近人，各蔼可亲，和我更投机，给我印象最深。

在桂平时觉光法师对我讲了不少关于巨赞法师的事，还送了我两本书，一本是李焰生写的《闲人散记》，一本是聂绀弩写的《蛇与塔》，这两本书文笔生动流畅，充满活力，吸引力很大。我是“八·一三”淞沪战争爆发后离开家乡的，于三战区兵站医院里工作，在炮火连天的前线，那几年根本没有看过一张报、一本书，到梧州后，好似换了一个世界，天天能看上报纸了，但书店里很少去，因为买不起。得到了觉光法师的赠书，爱不释手，如获至宝。《闲人散记》中很多篇幅提到巨法师参加“漓江雅集”，加深了我对巨法师的认识和敬重。在觉光法师的启导帮助和指引下，我才皈依了他老人家。

隐迹南山

一九四四年，日军在海上的补给线，几乎全被盟军切断。为了挽救其覆灭的命运，日军疯狂挣扎，连陷长沙、衡阳、桂林、柳州等地，妄想开辟一条纵贯我国东北到西南，直通缅甸、越南的陆上运输线。此时由于国民党军队连连败北，桂平风声鹤唳，一夕数警。沦陷前夕，巨赞法师和觉光法师，不得不含悲忍泪分手离开。巨赞法师避往瑶山，觉光法师则避往浔德圩等乡间。贵县刚一收复，觉光法师即来到贵县，那时我也在贵县。觉光法师住在离县城三四公里的南山寺。同在桂平时一样，我每个星期都去南山，亲近觉光法师，法师对我也更加关心照顾。

南山地处僻野，香火寥落，觉光法师在此晦迹韬光，馈不食，寝不寐，勇猛不懈，精勤修持，阅读了大量经典著作，写了数百条读经札记，他的书架上、桌子上，到处都堆满了书籍和笔记本。“如欲流长，必先濬其源；如欲木茂，必先培其本”，“锲而不舍，金石可镂”，法师终于在佛学上取得了卓越成就。

一九四五年九月二日傍晚，我从收音机里听到日寇无条件投降，八年抗战终于胜利的消息，不胜欣喜。连夜赶到南山，迫不及待地把这个振奋人心的特大喜讯，告诉了觉光法师。觉光法师也是热泪盈眶，喜出望外。紧紧握着我的手连连说：“阿弥陀佛，总算胜利了，这就好了！”

不久，觉光法师就搭乘便船返回香港。我到江边依依不舍的送别时，法师犹谆谆以净业相勉，并以挂表相赠，嘱留纪念。望之深，期之初，法师拳拳垂爱之情，四十年来常萦梦怀！

弘法南海 饶益众生

觉光法师回到香港后，积极拓展弘法工作，与海仁法师、显兹法师、筏可和尚、霭亭法师、茂峰法师、茂蕊法师，陈静涛、王学仁、林楞真等大居士，重新组织了香港佛教联合会，集体领导香港四众佛弟子，使战后香港的佛教得以迅速恢复和日益发展，尤其是对香港的社会教育、慈善事业方面，作出了巨大贡献。

近二十多年来，亦即自觉光法师担任香港佛教联合会的会长以来，在法师的领导下，香港佛教事业不但有了显著的建树，甚至不少旁门外道，也被感化过来。

香港华洋杂处，阶层复杂，有六大宗教组织，信徒约占全港人口的百分之九十以上。这是不可低估的社会潜在力量。如何领导这股力量，使之更有利于社会，更有益于人类，这是一个非常重要的问题，而且是个很艰巨的任务。假如宗教界的领导人，囿于派别，抱着成见，各自为政，相互排斥，不能开诚布公，协力合作，那就势必会影响到各个宗教相互之间的团结，这不仅会有损宗教本身的积极意义和价值，而且还会导致宗教徒之间的矛盾和对立，这对社会将是很不利的。对此，富有远见的觉光法师，想方设法，极力改变宗教之间的门户隔阂，昄思夕筹，做了大量工作，促使相互信任和合作。在法师的奔走说合、大公无私的帮助下，各大宗教团体终于团结一致，联合起来，成立了六大宗教联谊会。联谊会经常开会，遇到有什么问题或误会，都能及时消除、解决。

这样一个融洽的、人人称道的宗教组织，就世界各国看来，可以说还是个创举。

名高望重　饮誉国际

觉光法师在国际宗教界享有很高的声誉，各国宗教首脑到香港访问时，都要拜会他，进行会谈，交流经验。

为了沟通各国佛教关系，联络各国佛教徒的友谊，觉光法师不辞辛劳，远渡重洋，多次出国。早在一九六二年，他就参加了在泰国曼谷举行的世界佛教友谊大会，与会者有四十多个国家和地区的佛教组织。这次大会共开了七天，由泰国国王亲临主持开幕仪式，会中提出和讨论了统一佛诞、佛纪、佛教旗帜及今后如何加强联络、展开活动等等重要议程。

之后，觉光法师率香港区代表团参加了在柬埔寨首都金边举行的第六届世界佛教友谊大会，以及在印度举行的第七届世界佛教友谊大会。在开会期间，代表团还到泰国、马来西亚、新加坡、锡兰（即斯里兰卡）、尼泊尔、仰光、柬埔寨、菲律宾、韩国、中国台北等处，进行了考察、访问，加强了佛教徒彼此之间的友好合作。

世界华僧大会，第一次代表大会是在台北召开的。觉光法师率领了有六十多名代表组成的代表团出席了会议。觉光法师审时度世，在会上作了要守经达权，补偏救弊；慎始审终，因时适变的很具体的重要发言。他的发言，条分缕析，理明辞畅，结合实际，受到了各方面的重视。

一九七〇年四月，香港佛教联合会假座香港大会堂，召开了世界弘法大会，邀请了泰国僧王主持开幕典礼。并在黄凤翔中学，举办佛教文物展览会，觉光法师以东道主身份，亲自殷勤招待来宾，深得各方好评。

同年，在南朝鲜举行了世界佛教联合会筹备会议，觉光法师又仆仆风尘亲率代表团前往出席，参加这次筹备会议的共有十八个国家和地区。会议就如何组织联合会，促进彼此了解，借以加强国际佛教的团结等问题，共同进行了认真的、有益的商讨。

一九七二年，觉光法师荣膺世界友谊会香港地区分会会长；一九七五年，任世界宗教和平会议常任理事；一九七七年，任香港、南朝鲜佛教信徒联合会名誉会长；一九七八年，任香港六大宗教领袖联席会佛教首席代表；一九八一年，任世界佛教僧伽会副主席。

觉光法师好学不倦，三藏典籍，无不贯综，不愧为当代杰出的高僧。他的信徒和皈依弟子在世界各地很多，在香港社会有着特殊的地位。香港政府领导都非常尊敬他，历任港督从葛量洪爵士到尤德爵士，每年都要邀请他参加园游会，庆祝女王生日。近年来，觉光法师更常去美国、加拿大等地弘扬佛法。

瞻礼祖国　荣归故里

一九八四年九月二十八日，觉光法师暨副会长黄允畋居士，应国务院港澳办公室的邀请，偕同总干事区洁名居士来到北京参加国庆观礼。法师在港弘法近四十年，他经常关心内地的佛教事业、故乡的亲友和祖国的社会主义建设。这次躬逢盛典，觉光法师特从美国赶回，怀着无比喜悦的心情欣然北上。九月三十日晚，法师出席了赵紫阳总理举行的庆祝建国三十五周年国宴，参加了观礼活动和焰火晚会。十月三日上午，邓小平同志在人民大会堂接见了觉光法师等港澳同胞国庆观礼团。邓小平同志对法师很关心，同他谈了话。三日中午，国务院宗教事务局假友谊宾馆宴请了觉光法师一行。

结束了在北京的观礼和访问活动后，觉光法师又怀着无比激动的心情，回到了阔别五十多年的故乡，探望了久别的亲友。

觉光法师对家乡翻天覆地的巨大在变化，对祖国突飞猛进的社会主义建设，衷心悦服，赞不绝口；对祖国亲人的热情款待，深表感谢。

同年十二月十八日，觉光法师又一次应邀来京，参加了中英关于香港问题联合声明签字仪式观礼。对中英关于香港问题联合声明的签订，他非常赞赏，表示完全拥护。他一再说，这个声明，既照顾了香港地区的实际情况，又充分反映了香港各界同胞的要求和愿望。

觉光法师，有卓识，有远见，明理识时，为香港的繁荣昌盛，为香港的社会秩序、政治稳定，起过积极作用。

我馨香以祷，祝他法体健康，今后在香港能起更多的积极作用，并能为海峡两岸的和平统一，作出更大的贡献。

（原载1985年中国文史出版社出版的《纵横》第六期）

附录（三十九）

山房话旧

——记台北高僧晓云法师

朱　哲

晓云法师，即名画家游云珊女士，广东南海人，早年是国画大师岭南派鼻祖高剑父的高足，与关山月大师为同窗。抗战期间，广州沦陷，她怀着满腔爱国热情，含悲忍泪，历尽艰险，辗转到达广西桂平。当时，在五甲街程公馆和在西山龙华寺，我们经常见面。为了国家，为了民族，她不辞辛劳，仆仆风尘，奔走于桂林、柳州、郁林等地，举办画展、义卖，所有收入，悉数捐献政府，资助抗日。那时她流离失所，生活也很困难，但她毁家纾难，大义凛然的爱国行动，深得各界好评。

1994 年，西南告急，桂平亦相继弃守，巨赞法师避往瑶山，后至北流，在无锡国学专修学校教书（时向达、饶宗颐等名教授也在该校执教）。有一次，我从容县去郁林，路经北流看望了巨法师，法师对我说：《新佛教概论》（巨师新作）手稿被游云珊居士借去已几个月了，现在想用一下，你去郁林时顺便向她取回来。那时候，一滴汽油一滴血，交通工具又非常缺乏，我从清早步行到郁林，已是午后了。在一家旅馆里，我与游女士相遇，她对我问寒问暖，分外亲切。我们谈了很久，她留我吃了饭，临别时还送了我一幅近作——仿吴道子的观音像。

游云珊对巨法师的《新佛教概论》很推崇，她对我说："佛法广博，包孕群伦；经义精深，弥纶众妙。巨法师才思俊逸，识见高远。博究释典，明达内外，痛国运衰微，悲人民陷溺，为昌明佛法，救世利生，不殚辛劳。近世各国，一味致力于科学、工业、农业、经济、国防等的建设，而忽略了人心的建设。其实，国家治乱，世界安危，肇始于人类心里之善恶，如果凡事不离贪、瞋、痴，则思想日乖，道德日丧，社会岂能安定，国家岂有宁日？今天，我国遭受野蛮侵略，山河残碎，人民涂炭，就是日本军国主义贪、瞋、痴的疯狂表现。佛教宗旨，以戒治贪，以定治瞋，以慧治痴，这是辅助政治，医治人心，拯救世界的灵丹妙药。佛陀自利利他的精神，倘真能坚持贯彻，则斗争自灭，化干戈为玉帛，世运乃昌。只是，长期以来，佛法既衰，僧亦不振，是难适应时代之机宜，何以图存，何以救世，唯有改革。巨法师的设想很好，我深有同感，只是积重难返，改革不易。太虚大师德高望重，真俗兼通，学识渊博，融会古今中外之学说，一生弘法，席不暇暖，奔走呼号，锐志改革，不幸积劳成疾，赍志以没，可见阻力之大……”最后她还要我转告巨法师，希望这本书能早日出版。

斗转星移，时迁世易。这次分手后，我们就再也没有见面了。前些年，巨法师从泰国回来，才告诉我：游云珊已看破红尘，跟倓虚老和尚出了家。云珊女士风范凝正，行业精严。从印度回国后，在香港耽了一段时间，后在台湾办佛学院，主编杂志，以兴复正教，普及佛化为己任，规言矩行，砥节饰躬，很受信众拥护，被推为台湾佛教革新的旗手。

记得有一次，巨法师应贵县各界人士之请，到贵县演讲，和我一起住在南江朴园盛光庭老居士（香港名医）家里。晚饭后，巨法师、盛老居士和他的二女佩群、余仕荣老先生（香港汇丰银行总经理，港岛失守后，全家避居盛宅）及他的妹妹宝足女士和我一同摆渡过江。巨法师在贵县中学大礼堂发表了两个多钟头的演说，内容主要是呼吁各界爱国人士，在这国难重重，民族危殆，大敌当前，存亡绝续的苦难时刻，要万众一心，精诚团结，一致对外。佛教信徒要与各界父老兄弟姊妹同仇敌忾，积极参加劳动生产，组织缝纫、宣传、医疗救护等等力所能及的工作，并号召大家有力出力，有钱出钱，大力支援前方。巨赞法师认为：抗日救国，不仅人人有责，而且救苦救难，除暴安良，消灭害人的魔鬼，也是大慈大悲的菩萨行为，完全符合佛教大乘精神。对巨赞法师的爱国热忱，和激昂慷慨、义正词严的演说，听众无不心悦诚服，大受感动。

我们一起回朴园时，余仕荣先生对巨法师的演说，极为赞许。在渡船上刚坐定，余老即感叹地说：“法师满腹经论，辩才无碍；忧国忧民，披肝沥胆。法师的演说，确实激励了士气，振奋了人心，抗战六七年了，神州残碎，半壁沦丧，寇焰嚣张，不知何日才能胜利？”紧接着又风趣地问道：“法师神机妙算，能否请掐指一算？”

巨赞法师含笑着说：“为恶纵暴，其罪滔天；因善果良，理无或爽。但天机不可泄漏，恕难奉告。”

稍停，余老又接着说：“佛法无边，但愿菩萨保佑，早日荡灭逆虏，渡我众生，脱此苦海。”

巨法师双目炯炯，聚精会神地望着滔滔江水，好似在别有所思。沉默了一会儿，才抬起头来说：“善有善报，恶有恶报，不是不报，时候未到，天网恢恢，疏而不漏。劳师袭远，本为兵家所忌；好战必亡，此乃古今中外的历史教训。日寇侵略成性，造孽多端，神人共愤，天理难容，只要全国军民，上下一心，胜利必然就会到来。”

这时，余老忽然话锋一转，指着宝足突然说：“听舍妹说，游云珊女士要到贵县来办画展，我们欢迎她来。法师同她很熟，不知这个消息是否可靠？”坐在他身旁的盛老居士立即说：“佩群（解放初出家，法名昌慧，今在桂平西山，主持冼石庵。）前几天也提过这件事，舍间还宽裕，她来也就请住在我家里。”

快到岸时，余老先生忽又接着说：“法师到处讲经说法，云珊女士到处办画展，无不为了抗战救亡，实在令人钦佩。听说女士对佛教也很有信仰？”

巨法师频频点头笑着说：“是的，她也信佛，很虔诚，对佛学有相当研究，很有造诣。最近她没有信来，来不来我不太清楚。”

驹光如驶，岁不我与。今天，巨法师、盛老居士已先后西归，余老先生是否健在？不得而知！落月停云，眷念故人，不尽依依。所幸近几年来，海峡风平浪静，气氛祥和，但愿统一大业早日实现，晓云法师法躬康泰。

（本文原载1992年第2期，中国文史出版社出版的《纵横》）

时事经纬

听了艾思奇报告之后的一点感想

8月17日，艾思奇先生为解答唯物主义基本特征中的几个主要问题，在北京饭店西厅作了三个多小时的报告。大体分为五大问题：一、什么是物质的问题，二、物质和运动的问题，三、物质运动和发展的规律问题，四、真理问题，五、有关实际的问题。他对于这五个问题，都简明扼要地、深入浅出地作了非常精辟与正确的解释。真可以说"听君一夕话，胜读十年书"，因为有许多解释在书本上找不到的，即或找得到，也没有那样综合、具体。尤其是在解释第五个问题，讲到宗教与教义的地方，使我们佛教徒非常心折。

他说：

宗教是不是都建筑在封建、法西斯之类的、反动思想意识之上的呢？一切宗教是不是都为反动派服务的呢？当然不能这样说的。世界上的反动派对于宗教都努力要想加以利用，使之为自己服务。但反动派利用宗教，和人民的相信宗教，是有所区别的。人民相信宗教，相信天堂地狱，其基本的原因是由于人民在一定历史时期里经济上和文化上发展的不足。人民中间的宗教问题，是人民自己的觉悟问题，所以对于人民中间的宗教，不能像对付反动派那样用政治压力从上而下的加以推翻，只要这种宗教不为反动派所利用，在政治上不妨给以信仰自由，并努力在提高人民觉悟的过程中间，在人民的自我教育和自我改造的过程中间，去解决这个问题。

在人类历史上，宗教有时也曾被劳动大众作为反抗压迫者的思想武器，中国历代的农民起义，都是在宗教名义下来号召群众的。譬如元末的农民起义，就是在佛教的名义下来号召反抗元朝统治的斗争，明朝建立者朱元璋，就是参加了这个斗争而后获得胜利果实的一个领袖人物。佛教的基本教义，如一切众生平等的思想，是有着反抗压迫的意义的。两千年前的原始基督教，曾经是奴隶和穷人反抗奴隶主阶级统治的宗教，太平天国采用原始基督教的某些教义来动员和组织成中国农民反抗满清的统治，并且很激烈的动摇了这个统治，这是大家知道的。这些例子，都说明宗教并不是任何时期都为反动阶级所利用的。虽然人民用宗教来作为反抗旗帜，仍然是反映着人民的发展的不足，宗教迷信的思想，不可能为人民清楚的指出胜利的道路，不可能引导人民获得最后的解放。

宗教的形式和宗教的教义，是应该适当地加以区别的。宗教的形式一般的和迷信行为分不开。但教义经过研究发展，演化为一种学问，一种哲学时，就会发生互相对立的派别，就有可能产生唯物论的倾向和派别。欧洲中世纪末期的唯名论，就是一个例子。佛教和佛学，虽然有联系，但不必完全看做一个东西。对于佛学，也可以从学问的角度上，从哲学的角度上来看它，而不能简单的用对待宗教的态度来对待它。佛学的发展，经过了两千五六百年的历史。有很多的名人学者在这里面花过心思，我们就不能简单的用唯心论三个字随便把它一笔抹煞，而应该用慎重的研究态度来对待它。我在大众哲学里讲到唯心论的时候，引用过一个佛教的故事，但那并不是要对佛学下结论，这我和陈真如先生已经谈过。对于佛学应该怎样作一个总的估计，我因为素无研究，没有发言权，只能从马列主义哲学的整个观点上，对于研究佛学的方法方面提供一点意见，供各位参考：第一，马列主义哲学认为一切都是发展的，这个规律，佛学也不能例外，因此我们研究佛学，也可以从它的历史的发展过程上来研究，不必把它看做一下子就绝对完成了的东西。第二，马列主义认为哲学的发展史，都是唯物论和唯心论的斗争的历史，是唯物论世界观的发生和发展的历史。因此，研究佛学，是否也可以从历史上来看它的唯物论和唯心论的派别斗争，研究在它的历史发展过程中，如何经过对唯心论的斗争而有许多唯物论的真理发展起来。是否也可以说，在佛学界有一部分拥护迷信，有意地或无意地帮助反动统治者的人，就用唯心论去解释佛学；而另一部分倾向劳动人民，抱着救苦救难的心愿为人民服务的人，就在佛学里发展了唯物论的世界观？（这一段讲词，是艾先生自己写的原稿。）

艾思奇先生对于佛学的看法，我们认为是合理的，和我们创办这个刊物用意也很相符。因为佛教主张“依智不依识，依义不依语，依法不依人，依了义不依不了义。”也就是说佛教反对教条主义、宗派主义、主观主义以及其他一般人所谓唯心的偏向。这和时代精神深相吻合，而不能为求庇佑，信灵感，分不清神佛底信徒所了解的，我们称之为佛学。所以我们认为艾思奇先生对于佛学的看法是合理的。至于马列主义者对于宗教所采取的态度，我以为这是宗教本身的事情，不用向马列主义者求解答。寄语艾思奇先生，以为如何？

（原载《现代佛学》1950年第1卷第1期）

会道门——中国传统文化的一个毒瘤

北京市人民政府于1950年12月19日下令取缔一贯道及其他会门道门，接着，北京市各界人民代表会议于12月29日召开第二届第四次会议，公安局罗瑞卿局长提出报告道：

一贯勾结敌人为反革命阶级服务的反动的会道门，潜伏本市进行各种各色的罪恶活动，不仅欺骗陷害群众中的若干落后分子，而且肆无忌惮地进行了许多反革命的破坏活动。例如散布谣言，搜罗人枪，煽惑暴动，图谋倾覆人民政权。因此，我们于本月19日遵照市人民政府的命令，已将一贯道的首要分子予以逮捕。并正在登记点传师以下的那些比较次要的人员。一般广大被骗的道徒，则经过群众工作，促使他们醒悟和退道，并给他们以控诉道首罪恶，追回被骗财产和要求道首赔偿损失之权。

与会代表对于这个报告，一致热烈拥护，尤其是宗教界的代表，格外表示感戴。认为政府这样雷厉风行的取缔一贯道，正是坚决执行宗教信仰自由政策，为正当宗教的前途，扫除了障碍。所以宗教界代表发言对于这一点特别强调提出来讲，得到全体代表的鼓掌赞扬。我记得还有一位教育界的代表说道："在政府没有明令取缔一贯道之前，我们对于一贯道的活动情形，毫无所知，现在才知道它有深厚的群众基础，虽然是落后的群众而且是被欺骗的，但有那么许多人被欺骗，决不是简单的事情，所以我们对于这一点要加以研究。"这个态度我认为是正确的。据说北京市内加入一贯道者共二十余万人，现已退道者十七万人，这当然不是偶然或简单的事情，研究其所以然之故，确有必要。

据目前一般斥破一贯道的资料看来，大致都确定一贯道起源于山东济宁，传至十七代祖师路中一时改名为一贯道，路自称弥勒佛下凡，道中人奉之为白阳初祖。至于路中一以前的情形呢？则未见有人提及。我根据陶成章著教会源流考及日平山周著中国秘密社会史等书，认为从秘密社会的统系上看，一贯道是白莲教的余孽。

考白莲教兴起于元末，那时"滥官污吏，寅缘侵渔，科敛则务求美余，输纳则暗加折耗，以致滥刑虐政，暴敛急征，使农夫不得安于田里。"加以连年不断的重大天灾，人民常是成千成万的饿死。元顺帝至正年初，河北栾城的韩山童煽动其祖父所创立的白莲会，焚香惑众，倡言弥勒佛降生，河南及江淮间人信奉之者甚多。河南的刘福通依附他，并诡言山童是宋徽宗的八世孙，应作中华正统君主。因仿照以前帝王的办法，宰白马黑牛，誓告天地，谋起兵，以红巾为号。事泄，山童被擒，刘福通遂在河南起兵，迎韩山童的儿子韩林儿为幼帝，称小明王，时为至正十年。自刘福通举兵抗元，徐寿辉、邹普胜、芝麻李、郭子兴、陈友谅、明玉珍、朱元璋、张士诚等群雄并起，各霸一方，终于把元朝打垮，在朱元璋手里开创明朝。就中除张士诚是盐枭出身外，其余的人都是白莲教徒，所以白莲教之初起，带有民族主义的性质，是无可否认的。

朱元璋从白莲教里闯出来，称帝以后，讳莫如深，自然要收拾白莲教。所以从洪武元年到泰昌帝，252 年之间，白莲教徒没有闹过什么事，可是他的统系并未消灭，且随朝政之日非而暗中滋长。明熹宗二年，白莲教徒王好贤、徐鸿儒在山东起兵，攻陷郓城及邹县、滕县、峄县。后虽失败被擒，而徐鸿儒临刑前叹曰："吾王好贤父子经营二十年，徒党不下二百万，事之不成天也。"可见其声势之大，潜势力的深厚。

清朝初年严禁白莲教，乾隆四十年白莲教徒刘松以祈祷及符咒治病惑众，事发被流甘肃。其徒刘之协奉王发生诡称明裔起兵，乾隆五十八年王发生被擒，刘之协远遁，因株连罗织的缘故，聂杰人、张世谋等起兵荆州，姚之富、齐王氏起兵襄阳；四川的孙士凤、徐天德、王三槐、冷天禄；陕西的张士龙、张汉潮、张天伦也纷纷起兵响应，一时声势浩大，直到嘉庆五年刘之协被诛，其势稍息。嘉庆十八年天理教徒李文成及林清贿通内监作乱，至十九年始平。按天理教是八卦教的一个支派，而八卦教是白莲教的分系。嘉庆二十年那彦成《查办教匪奏疏》有云：

河南滑县闹事三人（按即李文成等）俱系震卦教，凡在教者称为东方震宫王老爷门下，其王老爷系首先传教之山东荷泽人王中，已于乾隆二十七年犯案正法。林清系坎卦教，在教者均称北方上坎宫孔老爷门下，其孔老爷系首先传教山东宁县人孔万休，亦已于王中案内伏法。至大乘教、金丹八卦教、义和门、如意门等教，在教者均称南方离宫头殿真人部老爷，即商邱人部生文，已于乾隆三十六年犯案正法。有青县边二传习白阳教，预知逆情一案，均经讯明。教名虽别，俱系离卦教之子孙徒党，逐件奏明，分别凌迟斩遣在案。

从这一段历史上，我们可以断定一贯道的"白阳初组"路中一一定是青县边二的子孙徒党，是八卦教的系统，也就是白莲教的余孽。那么一贯道是否也含有民族主义的性质呢？这当然不是的，我上文也只说"白莲教初起，带有民族主义的性质"而没有说凡是白莲教的系统都带有民族主义的性质。同时我们要知道这里所说的民族主义决不是健全的民族主义，而是严重地带着封建迷信色彩的民族主义。所以在民族主义尚有其作用的时候，会道门多少可以起一点反抗统治阶级或反抗压迫的作用。比如义和拳也是八卦教的一个支派，在清末外国教会横行的时候，曾经起过一点反抗帝国主义的作用。及至满清灭亡，会门道门中间所含有的民族主义失去了对象，自然不能再在会道门中找出民族主义的精神，剩下来的就只有封建迷信的那一套，自然走到纯粹反动的道路上去了，一贯道自路中一以后，一贯反革命者，其原因在此。

至于白莲教的名称，的确是从佛教里搬过去的。考宋陈舜俞《庐山记》云：

慧远法师，姓贾，雁门楼烦人也。……东晋太元六年，至浔阳，爱庐阜之间旷，乃立龙泉精舍。太元十一年东林寺成，于是谨律之侣、绝尘之客，四方不期而至，凡百有二十三人，与师同修净土之社，乃令刘遗民著发愿文。陈郡谢灵运，负才傲物，少所推服，一见肃然心服，为凿东西二池种白莲，求入净社，师以心杂止之。

白莲结社的缘起如此，乃是“谨律之侣绝尘之客”所组织的纯粹佛教修持团体。以谢灵运那样高才盛名还没有资格参加，其余可想而知，所以和白莲教没有丝毫相似之处。会门道门的乐于假借这个名称。章太炎《中国秘密社会史》序云：“要之比传释道，人易信从。”又陶成章《教会源流考》云：“白莲教，假藉释氏，实因蒙古君臣，深信佛教。凡佛教之徒，无论有何奸犯之事，均不之深究，故志士乃借以组织团体而蒙古君臣不之觉也。”这样讲是非常中肯的，因此一贯道自称系达摩相传，路中一自称弥勒佛下凡，也无非是利用几个佛教名词，供其招摇撞骗而已。此外他们还想篡夺佛教的传统，取而代之，那就非攻击佛教徒不可了。

一贯道及其他会门道门都这样说：“大道无形，生育天地。未有天地，已有此道。伏羲氏出，画先天八卦，以显天地之奥妙，此为大道降世之始。继由轩辕氏遇广成子指点，大道始得阐明。嗣后尧舜禹汤文武周公，接续道统，心法相授，一道相传。周初道祖老子降世，发扬道宗，东渡孔子，复由孔子传之曾子。迨至宋朝，希夷首出，濂洛关闽如周敦颐、程颢、程颐、张载、朱熹等相继而起。然而运不相逢，究未得继续道统。因为孟子以前，业已盘转西域，释教接衍，所以宋儒虽然辈出，不遇应运阐发道旨而已。西域自释迦佛度大弟子迦叶，单传至二十八代为达摩，梁武帝时，达摩初祖西来真道又得一脉相传。初祖传神光二祖至惠能六祖而释家尽失真传，惟以衣钵为道学，以南无为修持。六祖将大道带归火宅，传与白马七祖双承道脉。”（见《一贯道疑问解答及道德浅说》）从这一段荒谬绝伦的“道统说”上我们可以知道一贯道及其它会门道门的渊源有自，决不是“异军突起”，或“平地起峰”。自元末白莲教起事，一直到最近一贯道的被明令取缔，其间经过六百多年而始终维持其统系，散布在民间，深入于群众，这就是一个有力的证据。

他们的所以要说“孟子以前，盘转西域”，则是因为佛教自印度传入中国以后，在民间的影响，大于儒家及道教之故。也可以说，会道门的头子们把势利的眼光去看“道统”，所以说自伏羲神农尧舜禹汤周公以来一脉相传的“心法”，在孟子以前，就传给印度的释迦牟尼了。他们的根据大概是《老子化胡经》，按唐法琳辩正《论引斐子野高僧传》云：“晋惠帝时沙门帛远字法祖，每与祭酒王浮一云道士基公次，共诤邪正，浮屡屈焉。既瞋不自忍，乃托西域传为化胡经，以诬佛法。”这里所谓老子化胡为佛，就是说老子出函谷关会合了尹喜以后，一直到印度去教导释迦牟尼作佛，所以释迦牟尼佛是老子的弟子，老子传道给他，就是所谓“盘转西域”了。这种无稽的谰言，凡有学识有头脑的人是不会相信的，而落后群众则因为这种说法颇合“本位主义”的口味，直到隋唐之间还有人相信，如辩正《论引杨素诘难道士》的一段话道：

隋仆射杨素从驾至竹林宫，经过楼观见老庙，壁上画作老子化罽宾国度人剃发出家之状，问道士云，道若大佛，老子化胡应为道士，何故乃为沙门。将知佛力大能化得胡，道力小不能化胡。此是佛化胡，何关化佛。于是道士无言以对。

杨素的诘难，以及唐僧法琳的辩正，虽然可以取快于一时，而终不能家喻户晓，禁绝其流传，会道门的头子就用来作为招摇撞骗的资本。这里面发生一个问题，就是伏羲神农以来一脉相传的道统，既然由佛家继承了，那么传道的责任应该由佛教僧尼来担任，这岂不是便宜了出家人？所以他们又利用六祖《坛经》有：“自古佛佛惟传本体，师师密付本心，衣为争端，止汝勿传，若传此衣，命如悬丝”之语，以达摩西来传衣传法为“老水还巢”，而六祖以后，道传火宅，出家僧尼以及其他佛教徒简直是瞎子牵瞎子，完全门外汉，这样道统的继承就稳稳当当的落在会道门头子的肩上了。所以他们敢于妖言惑众，自称弥勒佛下凡，或济公活佛转世。

提起济公不妨在这里略为叙述一下。考宋北磵师文集《湖隐方圆叟舍利铭》云：

叟天台临海李都尉文和远孙，受度于灵隐佛海禅师。狂而疏，介而洁，著语不加刊削，要未尽合准绳，往往超诣，有晋宋名缁逸韵。信脚半天下，落魄四十年，天台雁宕，康庐潜皖题墨尤隽永。寒暑无完衣，与之寻付酒家保。寝食无定，勇为老病僧辨药石。游族姓家，无故强之不往。与蜀僧祖觉老略相类，觉尤诙谐。他日觉死，叟求予文祭之。略曰，公也不羁，谐谑峻机，不循常度，辄不逾矩，白足孤征，萧然蜕尘，化门既度，一日千古，迥超尘寰于谈笑间。叟曰：嘻，亦可以祭我。逮其往也，果不下觉，举此祭之，践言也。叟名道济，曰湖隐，曰方圆叟，皆时人称之。嘉定二年五月十四，死于净慈。邦人分舍利，藏于双岩之下。

道济就是济公，确有其人，根据北硐的记述，乃一热情真率而有逸才，略如苏曼殊那样的人。济公传上的模样是人家捏造出来的，可是影响不小，据说上海一地崇奉济公的乩坛就有九十几处，即此也可见会道门头子假托的可笑和伎俩的可恨了。

一贯道及其他会道门这样装神装鬼，妖言惑众，不明白佛教的人总以为与佛教有关，其实大谬不然。一贯道实在是我国原始宗教多神崇拜、阴阳五行的残渣，他们的鬼把戏都可以在我国传统文化里面找到线索。我们知道殷人尚鬼，无论什么事情都要占卜。而其崇拜的对象则是天、帝、或上帝。郭沫若先生说："殷人的至上神是有意志的一种人格神，上帝能够命令，有好恶。"(《先秦天道观之进展》)一贯道则谓："无极既能生育天地万物，而为天地万物之主宰，所有其中参赞化育，运用万能，定有至神，因称此神曰上帝。"又曰："时届三期末劫，明明上帝特命……应运救世。"又曰："天者明明上帝也，运者天机之转运。奉天承运者，即接奉上帝之明命，办理各期之天机大事。"(皆见《一贯道疑问解答》)可见一贯道的"明明上帝"或"无极老母"，实在是四五千年以前迷信的残余。又殷人虽崇拜上帝而非一神教，有人称之为等级的多神教，天神中除"昊天上帝"以外，其下有青黄赤白黑五帝，又佐以日月星辰风师雨伯等等。在地上则山川社稷、井河户灶莫不有神，这叫做地祇。再加上"人鬼"、"物魅"，这个世界上真个是鬼影憧憧，阴气森森，于是有"术数"产生。术数是"探鬼神之意，以察祸福之机"的把戏，汉书艺文志分为六种，即天文、历谱、五行、蓍龟、杂占、形法，大体是说人间祸福可以从五行生克，或日月风云等等的异状上去占验的，因此而有"天人合一"之说，"始终五德"之论，又益以神仙的修炼之谈，构成战国以后阴阳五行家的荒诞学说，造作许多纤纬的书籍。所以汉高祖要起兵必须先造一番赤帝子诛白帝子斩蛇的谣言，陈胜要起兵也必须用"篝火狐鸣"说他天命所归应做王帝。其实都可以说是妖言惑众。但惑众必用妖言可见当时的落后群众是相信那一套的。其后王莽篡位，光武中兴都还是玩的那一套。就是到了宋朝，这一套在朝廷上还是很吃香的，邵雍的皇极经世，排定了"元会运世"，格外替阴阳五行家张目，至今术数在一般社会内还是有广大的信徒。那么一贯道说什么青阳红阳白阳，乃是邹术"始终五德"或董仲舒赤黑白"三统"说的复板。韩山童以及路中一说什么弥勒佛下凡，乃是"符命"旧说的改头换面，而"三期末劫"的妖言，则滥触于皇极经世。又扶乩降神是巫觋的转化，点传两眉之间，即道家所谓丹田，是神仙修炼的一种方法。总之，一贯道及其会道门的那一套，完全可以在我国传统文化里面找到线索。

这样的一种传统文化迷信色彩之重是大家都知道的，不必深论。我则以为这种迷信的传统，只是反复宣传“宿命论”或“定命论”，而命运之权操之鬼神。所以一贯道最讲究烧香磕头，出功德费，以取悦于鬼神。他们的头目乃得假造“神训”或“乩谕”欺骗落后群众，进行反革命、反人民的阴谋活动。就政府宣布的一贯道的许多罪证上看来，一贯道及其他会道门真可以说是我国传统文化的一个毒瘤。他破坏社会的进步，阻碍文化的提高，使入道的人都摇尾乞怜于鬼神之前，而不能走上做人的光明大道，这一点实在是值得注意的。

写到此地，我又以为儒家虽没有鲜明的主张“定命”，而孔子的“知天命”，“凤鸟不至河不出图，吾已矣夫。”孟子的“不遇鲁候天也”，“五百年必有王者兴”。乃至横渠西铭“生吾顺事，没吾宁也”的“安命”论，多少也带有上述迷信传统的色彩。如果说儒家学说有封建味道的话，这一点是不能忽视的。佛教自印度传入我国之后自始就被这种迷信的传统所侵蚀，就是到现在，一进庙门“牛鬼蛇神”森列两旁，而三世因果也成为机械的定命论。

如果说佛教也有封建味道、迷信色彩的话，这就是。而其实佛教是主张“造命论”的，出世的意义，应该是“控制自我，主持因果，把握生死，创造更高的生命”之谓，但这个道理大部分佛教徒是不大理会的，那就不能不使人深深地叹息了。这一番探索，与本文关涉不多，就此为止。现在再来谈谈为什么有那么许多人加入一贯道？

要解答这个问题，不能不引用列宁论宗教的话，列宁说，“神是恐惧心理造成的。现代宗教底根源就是害怕资本家盲目势力的一种恐惧心理，因为他使无产者和小私有主随时随地都可能遭到，而且其正遭到突如其来的，出人意料的，偶然发生的破产、灭亡、变成乞丐，变成穷人，变成娼妓，死于饥寒的危险。”（《工人政党对宗教的态度》）。

一贯道及其他会道门虽然不是宗教，但这一个原则还是可以通用的，则被欺骗的一贯道徒之所以加入一贯道，其最大原因还是由于在反动政权统治之下，各方面备受压迫或威协之故，所以一般“道亲”只要退道，是可以原谅的。事实上政府非但原谅他们，而且帮助他们进步，这当然只有真能为人民负责的政府才能做得到。

此外还有一个问题，就是退道的一贯“道亲”，是否于退道之后，就完全把一贯道扔掉呢？当然有许多人是完全扔掉了的，但有一部分人是扔不掉的。我就听见过“人邪道不邪”的传说。这个传说是否是潜伏的一贯道头子散布的妖言，或者出于良善的人们的无知之论，尚不得而知，但可证明一贯道的潜势力，还没有能够完全肃清。对这班人进行教育提高其文化，固然是一个最好的办法，惟是否能完全生效，我以为还是有问题的。因为这里面还包含着一个“宗教的要求”原因在内。所谓宗教的要求，就是感于四时代谢、人事沧桑以及生命的脆弱而希望得到寄托，得到慰藉，得到勖勉的要求，这不是靠说服、教育所能解决问题的，苏联到现在还有宗教存在着恐怕就是这个缘故。那么要彻底消灭一贯道的残余影响，或在割治毒瘤之后使能迅速收功，即使被欺骗的落后的一贯“道亲”都能振作起来，从内心深处改邪归正，我们宗教界，尤其是佛教界不能不负一点责任了。

近来很忙，又有一点小病，没有时间参考其他书籍，把这一个题目解释得更加详尽，粗疏谬误之处，希望读者多多指教！

（原载《现代佛学》1951 年第 1 卷第 6 期）

在北京市佛教界成立保卫世界和平反对美国侵略委员会大会上的开幕词

各位先生，各位大德：

我们北京市的佛教界在今天成立保卫世界和平反对美国侵略委员会，首先要谢谢各位来宾先生的光临，使我们佛教界增添了光辉与安慰。其次是我们佛教界的同仁们，自从知道要举行爱国游行，不论出家在家，男女老少，一个个都眉飞色舞，异常高兴。负责筹备的同仁，不分昼夜，紧张地工作着，今天连各位年高的长老们，都不顾疲乏扶杖出席，表示我们佛教界对于保卫世界和平反对美帝侵略都认为是每一个人的庄严的任务。所以今天开这个会，我觉得有几个重大的意义。

第一、这样的一个集会，在北京佛教界是空前未有的。从这个会上，我们可以肯定的说，一向只顾个人的修行，不问世事的佛教徒，尤其是出家的佛教徒，从今天起，开始走入社会，开始和现实的世间结合起来了。这不是奇迹，而是由于毛泽东主席领导的各级人民政府之所感召。我们佛教徒在这一两年来，在政治、经济、文化、教育、社会各方面，清清楚楚地看到各级人民政府为人民服务的精神和成绩，使我们不能不承认这样的政府，才是真正的人民政府。在这个政府的领导之下，一定可以建立起一个真正的自由平等富强独立的新中国。这也就是我们佛教徒一向所祝愿所祈求的。因此我们北京市的佛教信徒认为做新中国的人民是非常光荣的，是值得骄傲的。对于这样的一个祖国是应该尽其所有，竭其所能加以保卫的。因此我们对于美帝国主义者的武装侵占台湾和朝鲜，以及武装日本，坚决的表示反对。我们这一表示固然出于我们热爱祖国，反对侵略的真诚，同时也说明了在毛泽东的光辉照耀着的国土内，没有那一个阶级，没有那个人，不积极动员起来为抗美援朝保家卫国而努力。这个意义我认为是很重要的。又从这个意义上面，我们佛教徒可以明白的说，过去佛教徒所以只顾个人的修行，不问世事，实在是受了封建社会的压迫之故，并不是佛教教理原来如此。否则我们佛教徒不会在今天来开这个会的。那么人民解放军非但解放了被帝国主义、官僚主义、封建主义所奴役的人民，同时也解放了我们的佛教。

第二、在北京市人民政府取缔一贯道及其它会门道门之后，成立佛教界的保卫世界和平反对美帝侵略委员会，其意义也是值得重视的。一贯道是白莲教的余孽，是中国原始宗教多神崇拜，阴阳五行的残渣，与佛教毫不相干。但他们假冒盗用了佛教的若干名词，招摇撞骗，破坏革命，危害人民，无恶不作，使佛教也连带着蒙受了不白之冤。所以我们佛教徒对于一贯道及其它会门道门无不切齿痛恨。过去他们和敌特勾结我们无可奈何，现在经人民政府严厉取缔了，无异替佛教昭雪了冤屈，我们所有的佛教徒觉得非常安慰。但潜伏着的会道门分子和敌特们，则在暗中造谣说什么一贯道取缔了不久就要取缔其它宗教。落后的人民有许多受影响，对于人民政府的宗教信仰自由政策发生怀疑。现在由于我们成立这个委员会，可以堂堂正正的告诉大家，人民政府对于宗教信仰自由政策是没有什么折扣的。一贯道及其它会道门不是宗教，而且有反动的罪证，所以取缔。正当宗教，尤其是佛教、耶教与回教一定受到共同纲领宗教信仰自由政策的保护，我们成立这个会就是一鲜明的例子。因此我们要劝告西藏的达赖喇嘛和三大寺的僧众们不要再顾虑了，不用再迟疑了，赶紧投向祖国的怀抱，帮助人民解放军，和平解放全藏，宗教信仰自由确实是有保证的。

第三、朝鲜的历史上和我国佛教的关系很深，现在朝鲜祖国统一民主主义战线里面还有两个佛教的政党参加。汉城解放之后有1300个佛教徒自动参加人民自卫军，可见佛教徒在朝鲜的革命阵营里面有其相当的作用。他们在水深火热之中和美帝国主义者艰苦作战，不但保卫他们的祖国，也保卫了世界和平与我国的安全。就这一个事实上说，我们成立保卫世界和平反对美帝侵略委员会，意义也很重大的。

第四、美帝国主义者，决不甘心于他的失败，处心积虑要想破坏我们的阴谋诡计，无所不用其极。去年6月在锡兰召开的世界佛教徒联谊会，其实是美帝在暗中操纵。这说明美帝正在利用我们的佛教进行侵略。我们决不容许，我们要用这个会的名义昭告日本、锡兰、缅甸、暹罗等国的佛教徒，本着佛教爱好和平反对侵略的教义，向美帝国主义者及其走狗们作坚强的斗争，直到获得世界持久和平而后已。

根据上述的四个意义，我们今天成立这个会是有相当责任的，希望每一个与会的佛教同仁们，大家把这个责任负担起来，团结一致，整齐步伐，在政府领导之下，坚决的为保卫世界和平，反对美帝侵略，反对美帝武装日本而奋斗到底。同时我们要知道保卫世界和平反对美帝侵略以援朝为起点，我们必须以实际行动支援人民志愿部队。目前我们可能做得到的约有两点：一、不断学习，提高政治的认识与觉悟。二、努力生产支前。关于生产支前，我们开办大雄麻袋厂，已有僧尼五十余人参加工作，春节以后即能扩大至156人工作，欢迎佛教同仁参加。其它的话有各位来宾先生指示，恕不多说。

（原载《现代佛学》1951年第1卷第6期）

附录（一）

庄严的行列　新生的气象

北京市佛教界爱国示威游行

《人民日报》一月二十八日讯

北京佛教界人士二十七日下午在中山公园举行抗美援朝座谈会。由巨赞法师主持，出席座谈会的有：巨赞、达如、圣泉、玉山、静融、秀泉、慧泉、宝林、寂轩、常安、志达、隆眼、泉峰、纪明、宝祥、西愿、通愿、永静、果莲、能本等法师及周叔迦、殷宽良二居士，共二十余人，中国人民保卫世界和平反对美国侵略委员会北京分会秘书长李乐光亦出席讲话。座谈会上，大家热烈发言，一致表示：北京市佛教界应积极参加抗美援朝爱国运动。巨赞法师首先发言："我们佛教是主张和平的，美帝是和平的死敌，要保卫和平就一定要反对美帝国主义。"他并且指出："朝鲜的祖国统一民主主义战线里面，有两个佛教政党参加。汉城解放后，朝鲜有两千佛教徒参加人民军。现在朝鲜人民受到美帝严重的摧残，援助朝鲜不仅是保卫了祖国和世界，而且也保护了佛教。"最后他着重地说："现在美帝正在利用佛教对亚洲进行侵略，去年六月在锡兰召开的世界佛教徒联谊会，就是在美帝操纵指使之下进行的。为了警惕美帝阴谋，不受美帝利用，就必须加强我们的抗美援朝运动。"隆眼法师说："美帝一百年来一直在侵略我们中国，我们必须要反对它。"殷宽良女居士说："我们佛教是以慈悲为主的。消灭像美帝这样的恶魔，使广大人民得到安乐，这才是最大的慈悲"。圣泉法师说："过去的佛教是落后的，解放后，我们出头露面了。经过学习，我们分清了敌友，我们坚决的反对美帝国主义"。各位法师居士发言中，并纷纷提出佛教界要有实际行动来表示抗美援朝的决心，最后一致提出应当举行示威游行。当时秀泉法师感动地说："几百年来我们和尚一直不曾有过游行权。现在解放了，毛主席也把我们当作人民一分子看待，而且我们可以游行了。"达如法师激动地说："我们一定要游行。因为这样不但表示我们佛教徒抗美援朝的决心，而且在取缔一贯道运动中也可以分清邪正。我相信只要是佛教徒，他们一定会参加这一爱国游行的。"西愿法师说："我非常赞成游行。因为这样不仅表明我们的爱国立场，而且还警告美帝国主义：我们中国佛教徒是决不会被利用的”。

经过热烈讨论后，为了推动全体佛教徒很快行动起来，决定成立北京市佛教界保卫世界和平反对美国侵略委员会，当即推举巨赞、达如、圣泉、玉山、静融、秀泉、慧明、宝林、寂轩、常安、西愿、云山、隆眼、宽祥、明智、慧如、光宗、纪明、泉峰、宝祥、静果、隆海、志达、峻明、宽林、玉宗、永静、普坤、通愿、慧楷、果莲等法师及周叔迦、殷宽良、张体道、祁少鹤等居士共三十五人为筹备委员。接着推出巨赞、达如、圣泉、秀泉、静融、永静、通愿等法师及周叔迦、殷宽良居士等九人为常务委员。决定于2月2日召开大会并举行示威游行。筹备会决定于本月28日下午在贤良寺召开第一次会议，筹备有关游行事宜。

新华社2月2日讯

北京市佛教界举行了史无前例的爱国示威游行，充分表现了中国佛教徒抗美援朝反对美帝武装日本的爱国意志。2月2日上午，全北京市百分之八十以上的僧众、尼众，都纷纷从城内和郊区的四百多寺庵汇集至中山公园音乐堂举行抗美援朝反对美国武装日本爱国示威游行大会。参加大会的还有信仰佛教的男女居士、北京32个庙的喇嘛代表和佛教界所办的小学校学生，共二千八百余人。上午十一时许，大会在雄壮的国歌声中开始。巨赞法师讲话，说明佛教界人士今日的行动不是奇迹，是毛主席和人民政府的感召。这表示佛教徒也和全国各界人民一样地热爱自己的祖国。他盛赞朝鲜汉城一千三百佛教徒参加人民自卫军的义举，号召全国佛教徒用实际行动支援朝鲜人民，并警惕美帝国主义利用佛教进行阴谋活动。叶恭绰居士讲话，以佛教教义来说明佛教徒应该坚决反对美帝国主义侵略。郃元真喇嘛、海岑法师和仁观法师（尼）在讲话中都表示了佛教抗美援朝的决心和信心。

自由讲话以后，大会通过决议，成立“北京市佛教界保卫世界和平反对美国侵略委员会”，并选出巨赞法师、宽祥法师、叶恭绰居士、李书城居士、玉山法师、郃元真喇嘛等三十九人为委员。

最后大会在热烈的掌声中，一致通过向毛主席、向中国人民志愿军、向朝鲜人民军的致敬电和“北京市佛教界抗美援朝反对武装日本爱国示威游行大会宣言”。大会并订立了五项爱国公约，以表示他（她）们爱国的决心。

会后，二千多僧众、尼众、男女居士和学生举行了爱国示威游行。他（她）们穿着灰黑色衣裳，戴着风帽，抬着毛主席、斯大林、金日成和各国共产党领袖巨像，高呼“反对美帝侵略！”“反对武装日本！”的口号。游行队伍在沿途受到市民热烈欢迎。

附录（二）

北京市佛教界保卫世界和平反对美国侵略委员会委员名单

巨赞、宽祥、叶恭绰、李书城、周叔迦、饶聘卿、郃喇嘛、白喇嘛、圣泉、达如、福振、玉山、宝林、圣如、通愿、永静、殷宽良、祁少鹤，秀泉、海岑、真泰、静融、露祥、泉峰、寂轩、月朗、慧如、玉宗、宽林、普庆、峻铭、净果、弥彰、果莲、会楷、普锟、王宗周、张体道、董永祥。

（原载《现代佛学》1951 年第 1 卷第 6 期）

附录（三）

北京佛教界抗美援朝委员会国庆节上毛主席书

（本刊讯）本市佛教界抗美援朝委员会为庆祝国庆节，特于9月29日下午在贤良寺召开区代表会议，出席各区代表四十余人，会议由该委员会主任委员巨赞法师主持，经过一度热烈发言后，当场决定两件事情：（一）将原定的捐献数额提高一倍，如期完成；（二）写信给毛主席，报告解放后京市佛教界的进步情况并致以敬意。信的全文如下。

亲爱的毛主席：

开国两年来，全国人民在您的英明领导之下，起死回生，革故鼎新，我们北京市的佛教徒也没有例外，我们一向是超然世外，不问世事的，现在组织了北京市佛教界抗美缓朝委员会，成立的那一天，参加示威游行的有二千二百多人。对于拥护斯德哥尔摩宣言的签名拥护五大国和平公约的签名，及反对武装日本的投票，我们全体热烈的参加了。最近又发起捐献“中国佛教号”飞机，号召全国佛教徒参加爱国运动，得到的响应是非常热烈的。我们北京各寺庙现在虽然并不富裕，但在这一个运动上认捐了五千万元，已缴一千五百万元，全数争取如期完成。又我们过去大都没有参加过劳动生产，现在有的参加了大雄、大仁等麻袋厂工作，有的织布、织毛巾，有的缝纫，有的办社会事业，估计全市大约有五分之二的僧尼参加了体力或脑力劳动，其余或者年老缺乏劳动力，或者忙于照应寺庙，没有实际参加生产，但是劳动观点在一般僧尼的认识上，是初步建立起来了。我们大家以不劳动的生活为耻，准备用自己的血汗争取自力更生。当然这里面还是有许多曲折和困难的，但我们坚信，在您的光辉照耀之下，可以逐步完成我们这个愿望的。我们以往不懂得政治，现在，在市人民政府领导下分区成立了六个学习班，经常参加学习的人数约共三百人左右，此次政协全国委员会领导京津两市各界人士参加工作，我们两次都推派代表参加，工作回来的人，都向我们作了动人的报告，对于我们思想的发行极有帮助。爱国、劳动与学习，这是我们大家认为是起死回生革故鼎新的表现，我们将从这个基础上，争取做好新中国的人民和新时代的佛教徒。

敬爱的毛主席，在此伟大的国庆两周年纪念日，我们全北京市的佛教徒，谨向你保证，我们坚决的跟着你走，为新中国的富强、进步而奋斗！

此致

崇高的敬礼

（原载《现代佛学》1951 年第 2 卷第 2 期）

本刊一年来的回顾与前瞻

无论哪一个刊物，创刊以后，经过相当时期，一定有这样的文章，用以检讨过去，开展未来。这就工作上说是非常需要的，对读者及社会各方面说，也是不可少的，本刊自亦未能例外。……

本刊刚出版，看到的人，有的惊讶地说："在这时候，居然还有佛教刊物创刊，不能不说是奇迹。"有的则兴奋地说："谢天谢地，居然又看见佛教的新刊物了。"这两个"居然"，字音虽同，而辞气有异。惊讶地说"居然"的人，由于不了解政策，主观上认为共产党既然反对宗教，就不会再让人家谈佛。现在看见佛教界出版了新刊物，所以说是"奇迹"。其实何尝是奇迹。共产党从历史的发展和辩证唯物的观点反对宗教，但并不反对所有的人信宗教、谈教理。信宗教、谈教理是个人的事，共产党决不干涉。否则共同纲领上为什么又要明文规定人民有"思想"、"言论"、"出版"、"信仰"等自由呢？本刊出版，正是用事实证明共同纲领上规定的各种自由是不折不扣的。这是作用之一。兴奋地说"居然"的人当然是佛教徒。他们过去中了蒋匪帮反动宣传的毒，认为共产党和佛教是决不干休的，内心凛凛畏惧，怕不能保持信仰。现在看见了佛教的新刊物，所以不由得就要"谢天谢地"了。其实"谢天谢地"可以不必。佛教徒只要明白时代，靠拢政府，不做违反政策的事，信仰只管信仰，内心凛凛畏惧，大似杞人忧天。那么本刊出版，对于安定佛教界信仰的情绪，可能有些帮助，这是作用之二。又佛教来到我国，差不多已有两千年的历史，和我国的学术思想、风俗习惯早已打成一片，现在还依旧保持其影响。我们如果不谈社会上各方面的改革则已，如果要谈改革，则佛教和我国文化以及社会各方面的关系是应该搞清楚的。本刊一年来对于这一点特别注重。野人芹曝之献，或非无益之举，这是作用之三。又我国佛教界内一向因袭讹传，穿凿附会的谬误思想是不少的，如方外观点，脱离现实的作风，流弊所至，几乎使佛教变质。本刊每期都有文章加以批评纠正，希望能够破邪显正，恢复佛教的本来面目，这是作用之四。次则从我们个人的信仰上说，佛教理论不像一般人想像的那样简单肤浅，也不似少数学者望文生义地解释得那样玄之又玄，确有可以为我们安身立命之处，人类始终是需要他的。保持一线慧命，以备人类精神上的缓急所需，这是本刊的作用之五。

至于缺点，确是很多。首先在内容方面没有做到像缘起上所说的那样充实。如传达政府的宗教政策，和处理佛教问题的方针，那是全国佛教同仁所一致渴望的，而我们传达解说得不够。政府的其他政策，如土地改革、镇压反革命，都与佛教有密切的关系，而我们也没有能够从各种角度上向佛教界详细分析解释。对于破邪显正的理论，似乎还不够显明深刻。各地前进的佛教徒纷纷写信来，要我们大胆地发表革新佛教的理论和办法，我们十分同情地接受了他们的意见，而没有能够满足其要求。历史考证的文字，一般佛教徒认为枯燥的文章，倒反占据了大部分篇幅。有的人说，本刊太学术化、专门化了，和广大的佛教群众脱离了关系。有的人则干脆说我们又在钻牛角尖。总之，我们自己也认为通俗化的文字太少，佛教同仁对于本刊不满是应该的。编排印刷方面，则格式太呆板，错字太多，字体墨色也不大美观；发行方面还不能迅速地处理各地订户来信，有时尚有误寄漏寄的毛病，这些都是可以指摘的地方。缺点的造成，编辑发行两部的负责人固然要负主要责任，但也并不是没有客观存在的困难原因。如深入浅出的文字，要写得好是不大容易的，第一要不违背佛教的真精神，第二要结合时代意识，第三要文字流畅，娓娓动人，第四又要顶门具眼，一针见血。这样的文章，大家是爱读的，但是请什么人写呢？能写的人太忙，不忙的人又不一定能写这样标准的文章，因此这一方面就闹稿荒了。次则本社经济，仅够维持目前现状，不能添聘办事人员，扩大组织。什么事情都堆在少数几个人身上，解决问题起来，就不免迟缓而易发生偏差了。所以本社目前困难，不外干部不够和经济不足，其中经济不足的困难最大。

上月二十二号，本社召开第六次常务社董第九次编辑委员联席会议，到李济深、叶恭绰、李书城、林宰平、李一平、周太玄、周叔迦、张中行、许丹、巨赞等十余人。关于经济问题的报告和决议如下：

本社自1950年7月份起至1951年6月份止，刚好一年。全年收支，尚能平衡，计共收入7119万元，其中订刊费占60%，捐款占35%，广告收入仅5%。支出方面印刷纸张占60%，稿费占10%，邮电杂支占17%，薪津的总数为816万元，占全支出的13%，平均每月68万元。从这里可以知道，本社办事人员待遇菲薄，并无浪费现象。而订刊费收入仅仅可以作为印刷纸张的开支，其它各项支出，则有赖于捐款的弥补。所以本社经济，尚不能以刊养刊，自足自给，估计第二卷全年，须募款3000万元，才能维持。

又关于稿件及稿费的决议如下：

本社所用稿件，其内容应以下列三点为标准：一、与政策时事相结合。二、发扬佛教真精神，破邪显正。立言但须揭举与马列主义相通之点，使读者心悦诚服，无可非议，而不必牵强附会。三、佛教与中国文化有关的考据文字。根据这个标准去拉稿，稿费必须增加，暂定为每千字 4 个单位至 8 个单位，即每千字稿费 2 万元至 4 万元。以上是本社继续出版第二卷的初步计划，归根结蒂，还希望爱护本刊的订户和读者，从各方面给我们以支持。现本刊每期发行 2200 份（比以前增加 200 份），而订户总数尚仅一千五百余份。我们竭诚期待着达到 2000 订户的目的，庶几可以勉强维持。一篑之亏，尚希全国佛教同仁替我们加一把劲，以免尽弃全功。至于本刊有不能满足佛教界要求的地方，以及其他缺点，盼尽量提出意见，以便改进！

（原载《现代佛学》1951 年第 1 卷第 12 期）

从参加上海郊区土改工作得到的一点认识

一、怀着“见识”的思想出发

“五一”那天，在天安门前观礼台上遇见了端木蕻良先生，我因为即将随北京土改参观团上海分团出发，而他是参加过北京郊区土改工作的，所以问他参加土改有什么心得。他说他很赞成我参加土改工作，因为对于阶级观点、群众观点等都能深入了解，帮助自己改造。我就用调侃的口气问他道：“那么你改造好了没有呢？”他说：“有空再向你做总结报告”，语气之间有点不愉快。的确，当时我是不大明白参加土改工作的作用的。

5 月 4 号，中国人民政治协商会议全国委员会为我们送行。李维汉先生说：“参加土改，好处甚多，公私两利，还没有发现坏处，所以毛主席指示，要用各种方式去参加。这是中国历史上的大革命，空前绝后的机会，我们不能置身事外。”这一番话鼓励了大家的勇气，但我对于“空前绝后”的说法是了然的，所谓“好处甚多”，则很模糊。究竟有什么好处呢？实在不大清楚。所以随团出发之初，思想上只是见识见识而已。

二、初步体会了“合情合理”的政策

到了上海，首先研究《土地改革法》和《城市郊区土地改革条例》。大家在原则的认识上是没有问题的，可是上海郊区情况如何，又如何实施土改，则一点认识也没有。所以又向上海市郊农民协会要了《华东土地改革实施办法的规定》和《上海市郊区土地改革实施办法》两种文件，细心研究。从这里，我深深地感觉着，《土地改革法》是总的原则，其他的许多条例或规定，都是结合具体事实，定出来解决问题的办法，并且愈到下面愈详细，照顾得也愈周到。譬如土地改革法第3条，城市郊区土地改革条例第4条都规定“征收祠堂、庙宇、寺院、教堂、学校和团体在农村中的土地及其他公地。”华东土地改革实施办法的规定第 3 部分和第 5 项则补充规定如下：

学校所有的操场、苗圃、农场及附属于学校、孤儿院、养老院、医院，寺庙或教堂内的小块园地，不予征收分配。征收与分配族田时，是否酌留小量祭田，可由本族农民自行协议处理。

又上海市郊区土地改革实施办法第8条第14款补充的规定是：

凡属名胜古迹之庙宇、寺院，如其所有土地征收后别无其他收入者，其今后所需看守、修理费用，由市人民政府所属主管部门另行规定。

这样才真正把征收寺庙土地可能引起的问题解决了。住在寺庙里的人，除了不守本分者外，可能安居乐业，无所顾虑。我才恍然大悟，所谓“合情合理”原来是这样做的！

研究文件的同时，民盟的罗子为先生向上海各民主党派的人士报告参加浙江嘉兴专区土改的经过，我们也被邀听讲。他娓娓不倦地讲了三四个钟头，在场的人都感觉很具体，没有一句空话。他说：

土改的进行是重点实验，逐步推进，全面展开。第一阶段宣传教育，使农民了解阶级的意义与土改的必要。第二阶段划分阶级，是土改工作中最重要的一个阶段，要防止提升阶级、模糊阶级。农民们通过了地主阶级之后，地主如有意见，可以到乡区政府去申诉。第三阶段征收没收，“六要”（要地主的土地、耕牛、农具、多余粮食，多余房屋和武器）“四不要”（不要地主的浮财、不要没收工商业、不要扫地出门、不要乱捕乱抓）。第四阶段分配土地有六大原则，即农民团结互让，干部大公无私，方法民主协商，目的有利生产，分配公平合理，结果群众满意。

这许多做法，在参加过土改工作的同志看来，或者很平常，但我当时觉得非常新鲜，同时也证明了我所体会到的“合情合理”。

后来上海郊区土改委员会的马万杰先生，就上海市郊区土地情形，和土改进行过程与存在的问题，为我们做了一个启发报告。他说：

上海郊区共分十区，人口近90余万，面积约70余万亩，农田约60万亩左右。远郊农村占二分之一，其情况和苏南农村相差不远。近郊农村占二分之一，则与一般农村迥不相同，如土地占有关系与使用关系的复杂，土地和农作物商品化的严重，都是一般农村所没有的。所以土改进行，就强调自远而近，分区稳步前进。对于划分阶级，因土地占有关系的复杂，特别小心，都是搞清楚了成分才划，如搞不清，干脆不划，因此土改已经结束的乡村，还有一部分土地没有分配。又近郊职业关系非常复杂，纯农民少，对于富农、中农、贫农、雇农的区别，不强调划分清楚，只把应征收没收的土地确定了，抽多补少分配给无地少地的农民。所以乡村之间土改的办法并不一律。我们是强调从实际情况出发，从全局观点出发，不强求一致。

我们听了马万杰先生的报告，大家都觉得心里面蕴藏着的疑问，都被他一语道破了。我个人对于“从实际情况出发，从全局观点出发，不强求一致”几句话，很感觉兴趣，因为这是“合情合理”的最好注解。从文件上，从报告中，我算认识了土改政策的皮毛。

三、什么是封建的本质

我们分发下乡工作是5月12号，正是逮捕了大批反革命分子以后的半个月，各区各乡都在大张旗鼓热烈地展开镇压反革命分子运动。我们参加过一万多人和四五千人的两个大型诉苦会与其他许多小型诉苦会，也参加了培养苦主、访问苦主的工作。亲目见到、亲耳听到反革命分子迫害残杀我良善人民的罪行。如洋泾区张桥乡的军统匪特黄关福有一百多条命案，强奸妇女不计其数，连他的岳母和亲生女儿都被他奸污了，他又把被害者的心肝挑出来炒炒吃。又同区张楼乡的汉奸恶霸黄保康，在敌伪时期诬指农民为游击队员，非法拘捕，严刑拷打。除灌冷水坐老虎凳之外，还更残忍用烧红的铁丝缠在农民的腰上，待焦烂的血肉结疤后，连皮带肉把铁丝抽下来。又用新棉花塞在伤口，等凝结成疤，又把棉花连同皮肉一起拉掉。还将鱼刺铁钉钉在帽内，戴在农民头上刺得满头流血，就这样不动，待凝结血疤之后拉下来，活活地把一个人折磨死。这许多披着人皮的贪狼恶虎，历来就是这样凶暴地压在人民身上作威作福。从这里，我想起了殷商时代千人殉葬的惨案，纣王的酒池肉林、炮烙之刑；周厉王的立台杀谤；秦始皇的焚书坑儒；汉高祖的大杀功臣；南北朝时代的白骨盈野鸡犬不留；唐酷吏来俊臣日啖人肉；以至清初的文字大狱。这一连篇历史上的血债，把人间变成了地狱，而其债务的最后继承者则是蒋匪帮和一切反革命分子。所以几千年来，不管他是秦皇、汉武、唐宗、宋祖也好，又不必管他是“圣文神武”，或者是“内圣外王”，其实是和蒋匪帮及一切反革命分子一鼻孔出气的。这就是封建的传统，一贯与人民为敌的反革命传统。

反革命分子继承了封建的传统，喝惯了人民的鲜血，吃惯了人民的脂膏，决不甘心他的失败，千方百计想法破坏革命。当洋泾区张楼乡国民党匪帮撤退的时候，许多民房被烧掉，田里的麦子被全部拔光。解放后，人民政府即刻运粮食和木材去救济灾民，并分发黄豆种子叫农民生产。反革命分子就到处造谣说：“共产党是先甜后苦。他们的粮食与黄豆不是救济品，一斤黄豆种要还十斤，这样使你一世还不清。”有的农民虽有迫切需要，也不敢去领救济粮和黄豆了。后来当缺雨之际，反革命分子利用迷信散布谣言说：“你们看，连天老爷都反对共产党，使我们老百姓遭殃。”对渐渐积极起来的农民说："国民党快回来了，共产党快要走了，你们是跑不了的，你们将来还要不要脑袋？"到后来农民提高觉悟，谣言不起作用的时候，反革命分子就企图暗杀积极分子来威胁农民群众。当土改开始时，被暗杀的积极分子，各乡都有。又如洋泾区钦仰乡十八间的刘匪得胜，自知罪大恶极，难逃法网，竟作垂死挣扎，用斧头劈死冬防队副，并且说："这已够本，如再杀死一个就是赚了。"此外他们又在江湾区泗塘乡，真如区江桥乡的井内放毒。高桥区高南乡有反革命分子在水车上放手榴弹，企图炸死农民和牲畜。浦东很多地方有反革命分子放火烧麦田，烧掉农民收割的麦子。

至于地主，在上海大都和特务恶霸勾结在一起剥削农民，如新市区新民乡北沙港村的地主全树兰，他有一所相当讲究的楼房，和26亩收租田。过去在乡下是能够为所欲为的，从他造楼房的历史可以想见。原来他造楼房的地基是霸占公路三分之二，填塞公浜四分之三而来，砖石是从同济大学火灾烧过的墙上偷拆去的。农民陆兆林种他1亩3分6厘田，虚报作二亩收租；陈思义种3亩8分作5亩，租额每亩8斗（比通常收租额超过二斗），其实是每亩一石一斗左右。农民奚宝根病了，没有医药费，要挟卖田给他，克扣田价一半。又周宝生因兄病还不出田租，硬要抽田。周兄死了无钱买棺木，天热尸臭，他还去要田租，再三央求，请他原谅，他说："你们死人，与我何干！"结果还是抽了田，并且硬逼周宝生搬家。他为什么敢这样做呢？因为他和全文圃、全根生两个恶霸勾结着的。这铁一般的事实，充分地说明了什么是封建的本质。

在上海郊区，封建剥削表现在地租方面的还有：预租（预收全年或两三年的租），礼租（逢年过节要送地主鸡鸭时鲜蔬菜等礼物），工租（要农民服劳役，规定每年要多少工），包租（指定交麦稻等实物或银数多少），押租（预交抵押金做担保，交租迟延或短少没收全部或一部），积租（以物价升涨，积累计息类似高利贷）等多种多样的形式，而剥削更为深重的要推小租制度。小租是二地主与恶霸、流氓、狗腿子的剥削，其剥削的程序是由二地主、三地主，甚至于到六地主。换言之，农民除了缴付地主的正租外，还要遭受四五次的重重剥削。以种小麦而论，每亩收成不过200斤（包括麦秸三担，折小麦40斤），人工、种籽、肥料等成本约130斤，交租50至60斤，这样农民所得不过一、二十斤而已。所以农民的生活资料，必要时只好以豆饼和糠粃来补充了。高桥区江心沙村六十六岁的老农民徐再福，四十年只穿过一双袜子（每年新年穿三天，现陈列在高桥区人民政府），这又说明了地主剥削农民到了如何严重的程度。

四、帝国主义者凶恶的面貌

上海是在帝国主义的铁蹄蹂躏之下开辟为商埠的。一百多年来，由于帝国主义操纵着旧有的封建势力和后来的官僚资本，把上海市内造成为一个反动的魔窟，这情况是大家都知道的，不必细说。在郊区呢？根据初步统计，帝国主义者共占有土地7473.52亩。以国别讲，英国占有最多，共3993.56亩，美国次之，共1785.4亩，法国又次之，共913.79亩，其他国家占有较少。以类别来讲，商业方面占有土地最多，计3628.54亩，工业占有1121.9亩，私人占有807.11亩，教会占有土地6888.91亩。其占有方式，大都是通过官府或地保，强占或强买得来的。如真如区电台乡美国人兰金以办华夏大学为名，在解放前通过地保，向农民用廉价强买了153.27亩土地，用来出租给43户佃户，残酷地剥削农民。所以帝国主义者的侵略是无微不至的，乡村土地居然也很合他们的胃口。农民们被封建阶级压榨了几千年，现在又加上帝国主义的压榨，水深火热命如倒悬，在过去漆黑一团的社会里，真是上天无路，入地无门，只有活活的饥寒折磨而死。

但帝国主义者替他们预备了一个“天国”。如洋泾区张楼乡张楼村天主堂的“神父”在做弥撒的时候，用虔诚的姿态，宽大的声调对教徒们说：“诉苦应该向天主诉，在人间诉了不能升天。”又说：“共产党主张无神论，相信共产党就是欺宗灭祖，当心不要受土改工作队的欺骗。”这班神父就是用这样的说教，统治了张楼村差不多一千个教徒的思想。据调查这个天主堂已有80年的历史，解放之前，美国给洋泾区的救济物资都是由他们发放的，于斌亲自到那里去组织过“公教青年会”，该会的会长张若奎，副会长张国棠皆因反革命有案被捕，张国棠且已于5月18日提出控诉，群众一致要求枪毙他，为民除害。我曾经和那里一部分的天主教徒谈过话，他们都不知道有“三自”革新运动，并且不敢向“神父”提意见，不敢对张国棠的案件表示态度。帝国主义者毒害我良善人民的思想，不能不说是根深蒂固的了。

五、“大慈大悲”

良善的人民，过去受惯了反动统治的压迫，在他们心目中，所谓政府，除了千方百计和人民为敌以外，决做不出什么好事来。所以上海新市区新民乡的土改工作队到了三天，接触不到一个农民，访问农民时农民都回避，都不肯说什么。自从展开了镇压反革命运动以后，农民们看到过去欺侮蹂躏他们的恶棍一个个都被逮捕起来了，始而惊，继而喜，最后大彻大悟，知道共产党和人民政府是替人民撑腰，替人民解除苦难的，和以前的政府完全不同，大家才敢站出来说话。张楼乡的农民说：“上海解放两年了，我们农民直到现在才得到解放。”泗塘乡的农民也非常高兴的说：“这是天大的喜事，把十四口臭棺材（反革命罪犯）抓起来了，泗塘乡人民真翻身了”。新市区狄家浜的农民说：“这次人民才发挥了威力”。压在他们头上已有二十来年的汉奸特务恶霸陈炳良被捕后，农民们都觉得头上去掉了一块大石头，脖子可以直起来了，腰也可以挺起来了。他们自动做了一面锦旗，上写“感谢我伲（我们）政府为人民除害”，在5 月6 日锣鼓喧天的献给区长。各种控诉会上，苦主们悲伤地回忆过去，兴奋地指着反革命罪犯，一诉再诉，诉说不完，有的甚至于昏倒过去。群众们看处决反革命罪犯，像办喜事一样，打锣打鼓，兴高采烈。张楼乡农民刘秀根被反革命分子张国棠用非刑毒打，终身残废后，不敢住在本地，逃到南汇避祸。解放后，就带信给他的住在张楼乡的妹妹说：“倘若天老爷有眼睛，张国棠恶贯满盈了，务必通知我，让我来看一眼。”这次知道要控诉张国棠了，他早五六天就坐船赶到张楼乡来，他自己不能站立，也不能多说话，由他妹妹控诉。完毕后他回南汇时对妹妹流着眼泪说：“我这样的身体，恐怕今年过不去了，但是看到张国棠恶贯满盈，已有毛主席代我伸冤，我死也瞑目了。”农民们多少年来的血海深仇，直到这时候才申诉出来，吐了苦水。人民政府的确把广大的良善人民救出了苦海，替他们拔除了苦根。

与救苦同时，人民政府有计划、有步骤、有办法的为人民建筑了幸福之路。如张楼村前面的一条河，淤塞已久，国民党反动政府时代因人民的一再要求，答应疏浚，并且在田赋上附征了开河经费约十五六年，可是始终没有动过工。张楼村的人民用不到河水，只好开井，而井水又是咸苦的多，不能当作饮料。所以过去张楼村的人民用水很感困难。又一到夏天，淤塞了的河道变成臭水坑，群蝇乱飞，疾病丛生。解放以后，人民政府没有要大家捐输一个钱就把那条河开通了，河岸上还铺筑了可以行走汽车的道路，电灯电话也都安装好了。这事实就是最顽固的天主教徒也不能不衷心感激。

当然，为人民造福最彻底、最基本的办法是土地改革，土地改革最为农民所关心的是分配土地。我们在新市区新民乡北沙港村帮助农民抽田补田，搭配和插牌，和无地少地的农民在一起开会，通过自报公议，把132 亩9 分4 厘8 毫田分配给51 户农民，最多的6亩，最少的7分，使大家都能发挥自己的劳动力，安心生产，而不再愁没有饭吃了，所以群众非常满意。当插牌的那一天，全村男女老少都出来了，拿着大大小小的旗帜和标语，打着锣鼓，放着爆竹，一会儿扭秧歌，一会儿高呼口号，把整个田野盖上了狂欢的热潮。他们说："过去买田，几根条子（黄金十两为一条）；现在分田，一块牌子。"这是真的，在过去时代，贫农们要想买一亩半亩田地，恐怕连做梦也不可能，而现在只要他能种得了，要多少是多少，农民们怎么不欢喜得跳起来呢？

就佛教教理说，予乐名慈，拔苦名悲，为广大人民予乐拔苦，则是"大慈大悲"。大慈大悲和压迫、剥削、与人民为敌，刚好是善恶的两极，天地悬隔。这是新时代与旧时代，新政治与旧政治根本上不同的地方。我们从这里才真正认识到做毛泽东时代的人民，和有机会参加土改工作，实在是无上光荣。

六、一炉熔化的纯钢

我们就工作当中体会到，解放以来，全国人民自上而下，自毛主席以至于穷乡僻壤的农民，已经紧密地结合为一体，好像一炉熔化的纯钢不可动摇、不可分割、不可破坏。记得去年在北京市各界人民代表会议上，聂荣臻先生曾经说过："美国的几十个以至几百个原子弹并不可怕，而且要毁灭；我们的原子弹只有一个，其威力是不能征服的，那就是四亿七千五百万人民一条心。"当时听了不大很懂，现在才知道聂荣臻先生的话是完全正确的。美帝国主义者在朝鲜战场上吃了一点苦，知道我们是亚洲新兴的强国了，但我以为美帝国主义者其实不知道我们是如何强起来的，假定他知道我们有这么一个原子弹的话，就是帝国主义本身代表战争，恐怕也不敢来自讨苦吃的。那么我们这颗原子弹是如何造成的呢？不妨还从镇压反革命运动说起。

当开始展开镇反运动的时候，大多数农民都觉得镇反是政府的事情，与自己没有多大关系，表现得并不积极，有的意存观望，瞧瞧政府怎么办。又如真如区江桥乡的农民起初讲到反革命分子，只敢讲死的不敢讲活的，讲小的不敢讲大的，讲远的不敢讲近的，主要是怕反革命分子放出来了吃不消，因此有一部分苦主不敢诉苦，对干部们说："过去吃了苦认命，算了罢，对于反革命分子，政府爱怎么办就怎么办。"但苦既然是老百姓吃的，镇反当然就是老百姓的事情，政府不能一手包办。因此土改工作队的干部们耐烦地通过了若干次小型诉苦会和培养苦主，使群众们认识镇反是大家自己的事情，政府的责任在于替大家作主。大家如果不提意见，不表示态度，政府就不好办。大家提供了正确的意见和办法，政府一定照办，因为政府是人民的。群众们想想道理不差，又看见政府的确替人民作主，不明白的明白了，消极的积极起来了，苦主们也敢于诉苦了，政策和群众开始结合在一起，群众们也开始认识了自己的力量。以前怕反革命分子放出来吃不消的顾虑没有了，每一次盛大的诉苦会都表现得非常热烈愤激，对于潜藏的反革命分子检举得也很认真。如上海市在5月30号处决了一批反革命罪犯以后，几天之内，治安机关接到检举的信件有两万多封。张楼乡的一个小孩子说："现在我们大家起来捉反革命分子，看他们逃到哪里去，就是钻到蟛蜞洞里去，也要把他们捉出来的。"这说明在镇反的工作上，群众们经过耐心的说服和事实的证明，的确是起来了，发挥了力量，反革命分子是可以在群众的天罗地网之下连根拔掉的。

不过群众们虽已起来，而对于《惩治反革命条例》不熟悉，有人认为凡是被捕的都要杀，落后干部也是反革命，贪污也是反革命，欠了赌账不还也是反革命，一切有私仇的都指为反革命，要向政府告密检举。甚至夫妻吵嘴，妻子也告丈夫是恶霸反革命分子。有一个农村只70户人家，而被检举为反革命分子的有六十余人。这种敌我不分的模糊思想，如不及时纠正，会使社会秩序混乱，破坏镇压反革命工作，因此又布置一连串的会议，如农代会、妇女会、青年会等，学习讨论《惩治反革命条例》，再由各村代表召集全村农民分组反复讨论。使他们依据本村具体的反革命分子实例，自己订出处理标准，谁应该杀、谁应该关、谁应该管。结果都与《惩治反革命条例》完全一致，这叫做"明确标准"，也就是通过了镇压反革命运动的伟大教育，使群众从行动中认识了自己在作主人翁，这样就真正的建立了而且是巩固了"人民民主专政。"

土改工作也是如此。起初农民们也认为是政府的事，只要政府一道命令，谁敢不从，而事实不然。首先地主就不答应，他们不肯放弃几千年来传统的阶级特权，用尽一切可能的方法来抵抗阻止土改法令的实现，如果不发动群众，把政策与群众结合在一起，群众就得不到利益，土地改革也不会完成。其次是农民的阶级成分不同，再加上几千年来封建制度所造成的隔阂，如果不让群众自己起来解决问题，则土改纵然完成，也不一定能得到圆满的结果。如新市区新民乡北沙港村的农民，素有本帮客帮的畛域，解放之初，本帮人怕出头，推举客帮人出来当农会主任、村长等职，后来看看社会整个改变了，又妒忌客帮人出头，在土地改革的过程当中，双方经常闹些小意见。分田的时候，本帮人中有一位姓全的自耕中农，除有自耕田四亩多外，种国有化地一亩半，应该抽出，但因为国有化的土地非常好，不愿意抽出来，而其他本帮的农民颇有同情他的。客帮农民大都是贫雇农，为了团结中农，化除本客帮的封建畛域，经一再讨论，让他拿一亩九分自耕田，调换一亩半国有化土地，才把这个问题圆满地解决了。

又上海近郊菜地很多，而种菜又是相当专门的，大多数农民不会种，分田的时候，如忽略了这种情况，难免不发生偏差，因此定出五大照顾办法。第一是照顾种植习惯，第二是照顾贫雇农与原耕基础，第三照顾农业劳动力，第四照顾生活状况，第五照顾地质好坏，距离远近。次则抽多补少也不是很简单的事情，因多种田的人，心里面大都怕抽，而无地少地的人是希望多抽点田出来大家分配的，如处置得稍欠公平，也难免不发生事故。因此定出五大抽田目标：一、逃亡地主耕种的国有化田；二、老家有田者所耕种的田；三、老家一部分有田者照生活情况抽补；四、以其他职业为主兼种地而生活好者抽全部或一部，生活不好者少抽或不抽；五、佃中农按平均数及实际情况抽田。这工作是极琐碎、极复杂，而且要非常耐心去做的。非由群众自己来做，并且由积极分子带头，充分发挥团结互让的精神不可。所以从最初就要培养积极分子，认清天下农民是一家，做好群众的思想准备工作。当大家在分取胜利果实的时候，贫雇农要先表示大公无私，推多取少，来团结其他农民，再通过农代、妇女、青年各团体会议上，反复说明六大口号五大照顾五大目标来打破个别的思想顾虑，保证了实际行动，才能够无所争执，顺利地实施分配，做到真正的“群众满意”。群众满意即群众真正成为新中国的一员，也就是与新中国血肉相连，他个人的利害与整个国家的利害是分不开的了。我们从工作当中，确实体会到广大的农民和新中国是血肉相连的。

记得任弼时先生说过：“贯彻土地改革，是需要很细致的很艺术的领导，要真正把群众发动起来才能把封建阶级消灭。”这是土地改革的至理名言，从上面的叙述可以得到证明。但我觉得通过了很细致很艺术的领导，非但真正发动起来了群众，而且也真正教育了干部。如张楼乡土改工作队第一第二两组的工作同志中，只有一两个人受过高等教育，其余大都是各个团体调来的中学程度的青年及本地的农民，有的连字还不大识，而他们为人民服务的热情，耐心启发与说服群众的毅力，和虚心学习接受批评的雅量，都有相当高度的修养，所以能够把工作搞好，不出偏差。过去常听说上海方面有这样的谣言：“上级好、中级少、下级糟”，有不少人如此相信，现在看来，完全错误。下级非但不糟，而且很好，以后必将更好，因为在工作的实践中，要解决具体的问题，他是非好不可的。大家想，一个国家有了英明的领导，有了忠诚的干部与广大的觉悟的人民，紧密地、热烈地团结在一起，那是何等伟大的力量呀！“一炉熔化的纯钢”和“原子弹”，还不过是粗浅的比喻而已。这是新中国的本质，为全世界人民争取和平民主平等自由的康庄大道。从今以后，在新中国的领域里将没有敢于为非作歹的人，国民道德将逐渐提高。而在广大的农村里，我们可以看见下列的许多事实：

一、农民认识了生产就是爱国，生产情绪显然提高。如洋泾区去年计划改种改良棉六千亩，结果由于农民们不了解政策，只种了4000亩；今年也计划6000

亩，农民自动增产，一共种了14000亩。江桥乡去年只种800亩，今年也种了2000亩。

二、农民为肃清反革命分子，保卫胜利的果实，自动组织了自卫队，很积极地执行着保卫家乡的任务。日间农民要到田里去工作，自卫由妇女儿童负责，夜间则由农民分班轮流巡哨。分田以后，农民自动要求组织民兵，他们的意见是："我们多生产一担棉花，就是多打倒一个美国鬼子；多肃清一个反革命分子，就是多拔掉一条美国鬼子在中国的根。"所以土改之后，在农村里就很快地贯彻了三大政策（土改、镇反与抗美援朝），他们响应抗美援朝总会的"六一"捐献号召，情况比城市里坚决热烈。有人说："土地改革是与解放战争密切结合着的，而解放战争之胜利也就是毛主席和中共中央的土改政策的成果之集中表现"。又说："正因为解放区的农民为保卫土地改革的果实而参加了解放军，也正因为解放军是土地改革的军队，所以敌军士兵，一旦被俘虏过来，与解放军战士接谈，经过简单的诉苦教育，很快就觉悟了，掉转枪头来向国民党反动派进攻。"（《土地农民问题与中国共产党的土地政策》）用这一段话去贯串上述的许多事实，就可以了解人民志愿军在朝鲜战场上为什么会打胜仗，抗美援朝以及全世界的人民解放为什么一定可以获得胜利的原因了。

三、农民之间的团结互助，开创了新纪录。如洋泾区钦仰乡泗连村的杨阿三，养两只母牛，一大一小，灌七十亩田的水，不幸大牛陷入濠沟了，小牛力量不够，无法工作，邻居马上匀出五只牛来，在五天之内帮助他灌完了稻水。张楼村的张福元说："过去农民各顾各，希望人家的牛死掉，要人家帮忙解决困难是不可能的。现在政府号召天下农民是一家，又真正替农民解决问题，所以农民们的思想全改变了。"他自己申请贷款买了一只牛管30亩田水，实在忙不过来，就替张然义申请贷款也买了一只牛，也管30亩田水，互相合作，才解决了困难。今年他们都制备了新水车，每辆价值80万元，也是向政府贷的款。又如新市区的驻军，在6月11号那天派了50名军人到新民乡替军烈属割麦，一不要款待，二不要酬谢，做完了工作就走。这种高度的互助精神，实在令人感动。

四、农民们学习文化非常积极。如张楼乡码显滨的农民，为了一个"诲"字不明白，在开会的时候，到处问人，问明白了就记下来。其中妇女们尤其活跃，她们被封建制度束缚了几千年，一旦得到解放，好像出笼的小鸟，表现得非常愉快活泼，所以学文化最起劲，开会发言也最多，就是干部当中也是如此。总之，新中国的农村，精神和面貌全变了，到处洋溢着欣欣向荣的朝气，到处表现着要把新中国搞好的决心。伟大的祖国，实在太可爱了。

七、“顾影自怜”

由于中国共产党光明的照射，把佛教在中国的影响显得只是暗淡模糊的影子而已。这个影子对于佛陀或佛教的本来面目说是有距离的，过去如此，现在分别得格外清楚。因此在惋惜慨叹之中，不免带有自怨自艾的情调。也就是说，照佛陀或佛教的本来面目来讲，佛教徒在人类社会上可以表现得很好，非但不会落后，而且还应该是非常前进的，但事实不然，这就不能不令人徘徊终夜，“顾影自怜”了。

佛教主张打破阶级，实现自由平等的社会，这是大家都知道的；但他又主张深入群众，从群众中锻炼自己，并且还有许多深入群众的方法，这是大家不甚知道，而且连佛教徒本身也大都是莫名其妙的。如《大方广佛华严经》卷四十云：“一切众生而为树根，诸佛菩萨而为华果。何以故？若诸菩萨以大悲水饶益众生，则能成就阿耨多罗三藐三菩提故。是故菩提属于众生，若无众生，一切菩萨终不能成无上正觉。”又《菩提资粮论》卷三云：“菩萨发如是意，凡利世间事我皆应作，立此誓已，于诸众生所作事中，不应疲倦，不应放逸。又当作是念，若利世间即是自利，是故菩萨于利乐众生因缘，不应舍弃。”读者读到这里，或者会联想到“向群众学习”，“从群众中来，到群众中去”等一类现代的格言。又我还想引用艾思奇先生的几句话如下：“有些人问：究竟应该先改造自己呢？还是应该先改造世界呢？我们的答复是：在改造世界的行动中来改造自己。”（《实践论和学习方法的一些问题》）

艾思奇先生的名言，固不必认为与《菩提资粮论》的“若利世间即是自利”相同，但也不能否认其间完全没有相通之处，所以大乘佛教的精神是值得重视的。至于深入群众的方法，则有六度，四摄，四无量等。各种经论都有解释，现在不妨谈谈“四摄”。

“摄”有化导、引持、调服、安辑的意思。“四摄”就是四种化导以及安辑众生的方法。第一种是“布施”，通常又分为财施、法施、无畏施三项。财施是把物资帮助有苦或贫穷的人，如上海市人民政府在解放之初，把黄豆种籽分发给洋泾区的灾民，就是财施的一例。法施是用各种方法委宛曲折地把真理告诉人家，土改第一阶段的“宣传教育”，用佛教的眼光看，也可以说是法施之类。无畏施是壮人家的胆子，帮助人家克服困难。镇压反革命运动当中的培养苦主，诉苦会等，我以为就是无畏施。“四摄”的第二种是“爱语”，谓“与有情常乐宣说可意语，谛语，法语。”所说当机，使对方满意为可意语。谛者诚实，谛语就是诚实不欺的话。法语即所讲的话有所依据，堪为法式。据我观察，上海郊区土改工作队的同志们，一般都应用了爱语的方法，发动群众。“四摄”的第三种是“利行”，即经常做有利于人民的事情，如棉花下种，地老虎滋生的时候，干部们天不亮就起来带着农民捉虫；又在乡村普遍成立合作社，积极发放农贷等等，都是“利行”的表现。“四摄”的最后一种是“同事”，《瑜伽师地论》卷四十三云：“诸菩萨若于是义，于是善根劝他受学，即于此义，此善根或等或增，自现受学，如是菩萨与他同事。”这就是说，因为要引导人家学某一种道理，或某一种文件，恐怕人家不能信受，自己虽已学过，故意装作和人一样不懂，或比人家稍懂一点的样子，陪人家一同学习，这可能作为“向群众低头”的解释。佛教徒如果能够这样做，叫做菩萨行，而我们佛教徒事实上并没有那样做，现在非佛教徒倒反普遍地那样做了。我记得英国的红色主教詹森在克里姆林宫对斯大林说过：

我个人观察苏维埃政府的许多行动，苏维埃当局为了人类大众所做的事情，实在比任何别人都更符合于基督的教义和道德。像一句老话所说，那些自称信仰正义的上帝的人，他们在行动上似乎并不信仰；而那些并不信仰上帝的人，在行动上他们倒像是信仰的。这句话至少有多少理由。(《战后苏联印象记》)

詹森此言，我颇有同感。中国共产党领导人民民主革命的所以成功在此，佛教徒的所以落后也在此。

但是佛教徒为什么不照着佛经上所说的做呢？主要原因还是阶级的关系。目前我国的佛教徒，除了少数的地主官僚之外，大部分是小资产阶级。毛主席说：“自由主义的来源，在于小资产阶级的自私自利性，以个人利益放在第一位，革命利益放在第二位，因此产生思想上、政治上、组织上的自由主义。”这里所谓革命的利益，也就是人民大众或佛教所谓“一切众生”的利益，小资产阶级的佛教徒，既然把一切众生的利益放在个人的利益之后，当然就不能用六度四摄去行菩萨道了，平常在思想行动上表现出来的都是自私自利的作风，各自为政，一盘散沙，感情脆弱，经不起考验乃至顽固不化，自甘堕落，这一套就都和盘托出了，佛曰“可怜愍者，”即此是也。

八、跟着毛主席走

从土改工作当中，证实了在毛泽东主席领导之下的新中国，光明无量，前途无量。毛主席不但是各族人民的大救星，也是各宗教信徒的大救星。在毛主席的领导下，基督教天主教挣脱了帝国主义的污秽的锁链，走上了自治自养自传的革新大道；

我们佛教徒也可能走出自私自利的泥淖，实践“利世间即是自利”的大乘菩萨行。共产主义社会的实现，或者也就是“人间净土”的一种典型，我个人有此自信，希望全国佛教同仁们也有此觉解。从这个观点出发，我们佛教徒应该以无比的忠诚拥护毛主席，响应毛主席的一切号召。尤其在这帝国主义还没有彻底灭亡、千方百计想破坏我们胜利果实的时候，我们中国的佛教徒，更应该热烈参加爱国主义运动，就各人的可能，尽力为伟大的祖国减除困难或麻烦，增加力量及利益。这里面有一个问题应该解释明白，就是由于历史造成的原因，佛教徒与共产党员之间可能有些距离，毛主席在《新民主主义论》里说过：“共产党员可以与某些唯心论者甚至宗教徒建立在政治行动上的反帝的统一战线，但是决不能赞同他们的唯心论或宗教教义。”因此，有一部分佛教徒感觉不大起劲，也因此在某些地方不免受点委曲。我则以为“不大起劲”还是小资产阶级的作风，如果有受委曲的地方，那也是革命过程中不可能完全避免的缺憾。根据大乘教理，我们佛教徒的拥护毛主席，是义务而非权利。也就是说，我们为着饶益众生，为着利乐世间，为着成就阿耨多罗三藐三菩提，无保留条件地（不是无目标、无原则）拥护各民族人民、各宗教信徒的大救星——毛主席。我们并不希望在这样行动当中得到什么，一不为地位，二不为权势，三不为待遇，乃至连“尊重”两个字都不必顾到，我们只有一片赤热真诚的心，默默地做我们佛教徒应该做的事。即使受点委曲，得不到谅解，也认为当然，无须顾虑，同时要原谅人家的偏差，责备自己不能使人家谅解的缺点。这一切究竟为了什么？饶益众生，成就无上正觉而已。释迦牟尼在因位中为饶益众生所流的血，东西南北四大海洋装不尽，才能成其为佛，一点委曲算得了什么？所以在我们看来，佛教徒与共产党员之间有没有距离，是不成问题的。全国佛教同仁们振作起来，在毛泽东旗帜下前进！

（原载《现代佛学》1951 年第 1 卷第 1、2 期）

佛教徒坚决拥护严厉制裁细菌战犯的声明

在朝鲜战场上，我们的阵地是铜墙铁壁，我们的战士是英勇顽强，美帝侵略军虽然装备了最新式的武器，不断用各种凶残无比的方法向我们进攻，但一两年来，除了沉重地挨打以外，什么也没有得到。他的国际地位降低了，他的帮凶们也不大听他的指挥了，他国内的物价不断上涨，他们内部也在互相争吵。加以国际间民主力量的日益壮大，使美帝国主义者感到自己已经走上穷途末路。因此它就下毒手，撒播细菌了。美帝国主义者这种绝灭人性的罪行，比之希特勒、墨索里尼和东条英机三个法西斯魔王加于人类的灾害，是没有两样的。我们佛教徒一致坚决反对美国这种罪行。

我们佛教徒和全世界爱好和平的人民一样，希望世界真正能够和平，大家都能安居乐业。解放以来，眼看着中华人民共和国在毛主席的英明领导之下，一天天走向光明，全国人民一个个都生气蓬勃，振作起来。我们正以无比的欢欣迎接这个时代，正以无比的热情，爱护我们的祖国，凡是毛主席号召的各种运动，我们都参加了，因为那是符合于我们佛教徒的愿望的，那是使我们佛教徒从封建的枷锁里解放出来，可以重新看见释迦牟尼佛的光辉的。但美帝国主义者偏偏和我们的愿望相反，它要毁灭我们光明灿烂的国家，它要杀害我们可爱与良善的人民，它要使我们佛教徒不能再看见释迦牟尼的光辉。我们忿恨，我们切齿，我们高高地举着手，坚决拥护各民主党派以及周外长的声明，对细菌战犯予以最严厉的制裁。我们并且随时准备听候政府指示，为消灭细菌战争，消灭垂死的美帝国主义者，以争取世界的持久和平而奋斗到底。

（原载《现代佛学》1952 年第 2 卷第 7 期）

佛教徒应参加“三反”运动，进行思想改造

就我个人说，出家之前，稍稍参加过政治活动，出家之后，从来没有和国民党反动政府及其一切官僚政客发生过任何关系，而且经常与民主人士和革命干部往来，但对共产党并无正确的认识。所以1939年秋天在长沙，一位共产党的老前辈劝我去延安，并且说明可以代为解决沿途的一切困难，我都拒绝了。为什么？怕思想改造。当时以为每一个人脑子里的思想是自由的，共产党要用马克思主义改造全中国人民的思想，事实上决不可能，并且也无此必要。后来在广西桂林，听到延安进行改造思想的整风运动，使我更加骇怕。我那时感情上还是同情共产党的，但思想上则不愿意跟着共产党走。1949年春天从香港来北京，目的也不过是想来瞧瞧而已。

两三年来，由于参加了大大小小很多次会议，从政策的推行和共产党员的品质与作风上，使我逐渐认识思想改造有其必要。“三反”运动开展以后，在全国范围内普遍与深入地进行了整风，每一个人都受到了教育。由此，我个人对于思想改造这一个问题，才能得到下列的体会。

一、毛主席号召我们改造思想，是要我们丢弃思想上的烂包袱，建立真正做人的基本条件，也就是要我们“从头学起，重新做人”的意思。所谓思想上的烂包袱，就是几千年来，人类在封建社会，资本主义社会里面养成的自私自利的腐朽思想。过去我们常听人家说：“人不为己，天诛地灭”，这实在是过去社会上一般人立身处世的金科玉律。所以到了新社会来，承包军需物品，可以用臭肉和没有消过毒的烂棉花暗害抗美援朝和保卫祖国安全与世界和平的人民志愿军。其余偷漏国税、盗窃国家物资等等，更是家常便饭。其实在过去社会里，那样做法，叫做“有办法”，还会受到一般人的羡慕与恭维的。而现在要把他一扫而空，重新做人，这正是白毛女歌剧里面所说的“旧社会把人变成鬼，新社会把鬼变成人”。就佛教说，悭贪嫉妒及邪见深重者便是鬼。那些奸商为着个人的利益暗害人民志愿军，悭贪不可谓不重；腐蚀干部，暗中篡夺领导权，嫉妒不可谓不重；而在过去社会里非但不以为罪恶，不以为可耻，并且反以为“得计”，邪见不可谓不深，则过去的世界，真可以说是鬼世界。把鬼世界的思想改造成人世界的思想，这就

是思想改造。

二、以前的所谓主义或哲学，都企图建立一个庞大的体系，想像自己就是最后的最完整的哲学形态，所以要人家跟着他走，把人家的思想改变成他自己的思想，所谓“入主出奴”或“不入于杨（朱），则入于墨（翟）”，就是这个意思。马克思主义哲学却与此相反。日丹诺夫说：“它不是站在其他科学之上的科学，而是一种科学研究的工具，而是一种贯串一切自然科学和社会科学的方法，同时这种方法又以这些科学在其发展过程中所得的成就，而更加丰富起来。”（《在西欧哲学史讨论会的发言》）马克思主义的本质既然如此，则凡是一个愿意把自己的思想科学化的人，就必须以马克思主义武装自己的头脑。因此必须站定无产阶级立场，同时要有辨证唯物论与历史唯物论的观点和方法。无产阶级是被剥削阶级，除了一条锁链以外，其他一无所有。所以最革命，能团结，大公无私，光明磊落；像资产阶级那样鬼鬼祟祟，损人利己是不会有的。所以站定无产阶级立场，也就是建立做人的基本条件。唯物观点的详细解释很繁，此地不谈，简言之，凡从客观出发，合于事实的，就是唯物。根据客观事实，掌握全面，从发展看问题，对具体事物作具体的分析，这是马克思主义者解决一切问题的方法，的确是最最科学的。我们如果不能把这样科学的马克思主义武装自己的头脑，作为科学研究的工具，那么我们就会关闭在主观主义、空想主义、宗派主义以及唯心论的黑狱里，永远自己骗自己，看不见光天化日。所以共产党要用马克思主义改造全中国人民的思想，实在是极大的慈悲。

三、左倾机会主义者，领导中国共产党的时候，曾经以“无情的铁锤”，打倒一切。可是毛主席则主张感化，教育，说服，商量。如在《论联合政府》一书中说：

“我们共产党人区别于其它任何政党的又一个显著的标志，就是和最广大的人民群众取得最密切的联系。全心全意地为中国人民服务，一刻也不脱离群众；一切从人民的利益出发，而不是从自己小集团或自己个人利益出发；向人民负责与向自己领导机关负责的一致性；这些就是我们的出发点。共产党人必须随时准备坚持真理，因为任何真理都是适合人民利益的。共产党人必须随时准备修正错误，因为任何错误都是不适合人民利益的”。“有无认真的自我批评，也是我们和其他政党互相区别的显著标志之一。房子是应该经常打扫的，不打扫就会积满了灰尘。脸是应该经常洗的，不洗也就会灰尘满面。我们同志的思想，我们党的工作，也会沾染灰尘的，也应该打扫与洗涤。‘流水不腐，户枢不蠹’，是说他们在不停地检讨工作，在检讨中推广民主作风，不惧怕批评与自我批评，实行‘知无不言，言无不尽’，‘言者无罪，闻者足戒’，‘有则改之，无则加勉’这些中国人民的有益的格言，正是抵抗错误、缺点这类政治微生物侵蚀我们同志的思想与我们党的肌体的唯一有效的方法。以'惩前毖后，治病救人'为宗旨的整风运动之所以发生了很大的效力，就是因为我们在这个运动中展开了正确的而不是歪曲的，认真的而不是敷衍的批评与自我批评。以中国最广大人民的最大利益为出发点的中国共产党人，相信自己的事业是完全合乎正义的，不惜牺牲自己个人的一切，随时准备拿出自己的生命去殉我们的事业，难道我们还有什么错误的不适合人民需要的思想，观点，意见，办法舍不得丢掉的吗？难道我们还欢迎任何政治的灰尘，政治的微生物来玷污我们的清洁的面孔，与侵蚀我们的健全的肌体吗？无数革命先烈为着人民的利益牺牲了他们的生命，使我们每个活着的人想起他们就心里难过，难道我们还有什么个人利益不能牺牲、还有什么错误不能抛弃吗？"

读毛主席此文，真不能不令人心悦诚服，肃然起敬，而现在共产党就是照这样做的。所以凡参加过组织的人，都感觉着党的温暖，而愿意死心蹋地在党的教育与领导之下，牺牲一切，为人民服务。最近我认识一位女居士，她是某大学毕业生，虔信净土曾经每天念过十万佛，一心一意求生西方。解放之后，她错误地认为一切都完了，闭门家里坐，混日子等死。去年下半年因为同学的坚邀，到一个小学里去代课，通过学习和实际地看见在毛主席和共产党教育之下，一般干部做事做人的态度，深受感动，以前的人生观，整个翻了一个身。她对我说："旧社会里，乱七八糟，我实在看不下去，也不愿意和那许多人鬼混，所以念佛求生西方。解放之初，不了解新政策，认为共产党反对宗教，决定不会比蒋匪帮搞得更好，所以只求早死，别无希望。在小学代课，经过学习，又看见同事之间的热诚互助，校长虽然年轻，而那种刻苦耐劳，虚心和牺牲的精神，我也是从来没有看见过的，我在这里开始感觉着人间的温暖，我也开始转变对于共产党的看法，努力求进步。现在我深深地相信，在毛主席领导之下的共产党和人民政府，才可以说真正实践了佛陀的教法，才真正是度一切苦厄的大乘菩萨"。她又写了一篇详细自传交给我，内中有这么几句："过去之佛教，只尚空谈，不务实际。讲经不过教条，上殿徒具形式。口讲大乘，求自了尚不可得；空云度人，即己身未必能度。敲打唱念，藉此资身，缘簿乞化，形同勒索，兴念及此，实觉痛心，所谓对共产党有愧者，此之谓也"。

从这位女居士的思想转变上，我们更可以肯定的说，毛主席号召的思想改造，实在是全国人民"起死回生"、"超凡入圣"的灵丹妙药。我以前惧怕改造思想，不愿意跟着共产党走，实在是中了蒋匪帮宣传的毒，和犯了主观主义的毛病，的确是错误的。

至于我自己的思想，改造了多少，也不妨谈谈。

第一、我以前对于阶级观点是非常模糊的，所以对于“资产阶级疯狂进攻”的说法，也像有些老先生一样，不大首肯。最近从各方面所揭发出来的具体事实，并通过学习，才认识到资产阶级的本质是充满着罪恶的，薄一波先生所说的三十二个字：“剥削群众，不劳而食，损人利己，唯利是图，假公济私，投机取巧，铺张浪费，享乐至上”，正是说明了资产阶级的阶级性。我以前对于这一方面所以认识不清者，与其说是“主观主义”，还不如说我自己是小资产阶级出身的关系。记得孙晓村先生说过，有许多人不首肯“资产阶级疯狂进攻”的说法，可能是“不识庐山真面目，只缘身在此山中”。章乃器先生以为这样说法未免美化了些，还不如说：“如入鲍鱼之肆，久而不闻其臭”。我倒很同意章乃器先生的说法。嗅觉失灵，自然对于无产阶级的本质也不会认识得清楚，结果难免不走向违反人民利益的道路，那是非常危险的。现在我对阶级观点比以前明白了些，这是“三反”运动给我的教育。

第二、因为阶级观点模糊，对于阶级斗争也不知积极参加，所以感情上还是靠近佛教界内封建阶层那一方面的，解决问题起来，仍旧是过去的折衷、调和、敷衍、凑和那一套，而不能明确地走上革命的道路。过去有人批评我魄力不够，我还坚不承认，现在想来，魄力不同于“大言不惭”，“鲁莽灭裂”，而是从阶级斗争的洪炉里煅炼出来的革命的勇气与毅力。我过去对于阶级斗争既然认识得不够，魄力当然是不够的。

第三、感情上靠近了佛教界内封建阶层的一面，就自然而然地脱离了广大的群众。我参加人民政协和北京市第二第三届各界人民代表会议，都是政府邀请的，所以我过去的思想上确实存在着用不着接近群众的倾向。如前年我曾经在佛教界的会场上对一部分僧尼说过：“我到北京来是为了佛教，没有在你们庙里挂过一天单，吃过一顿饭，你们庙里的事情，是你们个人的事情，我管不着”。现在想来，大错特错，因为那样一讲，就使自己孤立起来，不能深入了解佛教界内的一切情况，那么我怎样在佛教界开展工作呢？自从去年底推动佛教界直接选举代表而我又当选为代表以后，我在群众的鞭策之下，才深深地知道所谓群众路线究竟是怎么一会事。我现在觉得只有当群众的小学生才能真正教育自己，改造自己，也只有在这个理论基础上，才能建立“众生无边誓愿度”，或全心全意为人民服务的人生观，否则为人民服务，或普度众生，将变成一种“恩赐”观点，也是大错而特错的。

第四、小资产阶级的动摇观望，主要是怕自己吃亏，也就是怕劳动多、享受少。去年赴上海郊区参加土改，快要做总结的时候，在小组讨论会上，严景耀、文阳魁两位先生都说我吃苦耐劳的精神不够这是很对的。我自己检讨，平常还是说空话，要人家如何如何做的地方多，自己切实去做的地方比较少。每日虽然也很忙，但并不能够很细心很耐心地去分析每一个问题，尤其对群众的启发与教育工作做得太不够，有时空空洞洞唱些高调，实在无补于事，我认为这就是小资产阶级的阶级性。在“三反”运动中所进行的阶级斗争，目的无非是化私为公，为走向社会主义的道路扫除障碍。我们知道在社会主义社会里面，工业国有化，农业集体化，全国上下，没有一个人不是为着全国人民的利益而老老实实地工作，也就是没有一个人能够为个人的利益唯利是图。整个社会将由于贪瞋痴三毒的逐渐减少，而到达更理想更幸福的世界。所以毛主席所号召的思想改造，在一个佛教徒看来，正符合于佛教修行的基本原则，我自己虽然做了佛教界的几次代表，其实并不能真正代表佛陀的精神，依旧陷落在小资产阶级的窠臼里面而不自知。所以最近我常常这样说：“只有通过共产主义的教育（思想改造），才能做好一个佛教徒”。现在我决定抛弃个人的一切打算，深入佛教群众之中，老老实实地、诚诚恳恳地工作，凡有举动，无不回向众生，以众生的智慧海，浇灌自己的菩提树；以众生的大冶洪炉，锻炼自己的金刚种子，悲智双融，理事无碍，而一归于无所畏，无所求，无所住，无所得。这或者才是佛教的所谓“解脱”，这或者才能与无产阶级携手同行，进入社会主义、共产主义的社会。

其次再谈谈在思想改造运动当中，全国佛教界有哪些思想急应改造。我以为把佛教的公产或人民的财产当作私有的观念，是最违反佛教精神的，首先应该改造。次则我们佛教界普遍地存在着以不问政治为高，或超政治的思想，乃是在封建社会里养成的一种逃避现实的消极思想，对封建反动统治起了帮凶的作用。是与大乘积极救世的精神相违背的，也应彻底加以改造。又因超政治思想而不承认有阶级，害怕阶级斗争，不敢用斗争两个字，也是佛教界内相当普遍的思想。我们应该参加到政府号召的各种运动中去认真学习，深入了解，才能正视现实，扭转这种思想上的错误。又把修行的范围压缩在念佛，参禅，闭关，调息，上殿，过堂等狭隘的项目里，而不承认其他庄严的大乘菩萨行是修行，更是一般佛教徒思想上极大的偏差。因此一入佛门，等于死了一半，谁也提不起精神来看一看眼前人民大众的生死祸福。有的甚而假借“刚强众生，难调难伏”的话，把眼前的人民大众一脚踢开，闭着眼睛去超度“孤魂野鬼”。与此相反的思想，就是误用佛经里面“烦恼即菩提”，“生死即涅槃”等一类文句，肆无忌惮，胡作非为，连起码的做人的基本条件都不顾，而他们还自以为大彻大悟，无罣无碍，其实拆穿了讲，不过是“便于其私”而已。此外如不能团结，不能开诚相见，喜欢搞小圈子，耍花枪，自高自大，轻视劳动等等，皆属通病，我以为都是旧社会加在佛教徒身上的烂包袱，都应当彻底丢弃的。佛教徒只有通过“三反”运动才能和其他各阶层的人民一样，建立重新做人的基础。从这个基础上去念佛，参禅，闭关，调息，上殿，过堂，方能走上佛陀的道路。否则冥顽不灵，膠柱鼓瑟，终属自误误人。全国佛教同仁们，赶快实际参加到“三反”运动的斗争中来，彻底改造自己的思想。

（原载《现代佛学》1952 年第 2 卷第 7 期）

巨赞法师在北京大雄麻袋厂
庆祝“八一”建军节大会上的开幕词

今天是八一建军节，本厂举行庆祝大会，邀请本寺各位军属到会出席，藉表安慰致敬之意。另外关于建军和佛教徒来庆祝建军节的意义，也可以向大家讲讲。

从前中国有句老话：“好铁不打钉，好人不当兵。”这是对于军人很轻视的看法。因为旧社会的军人，都是帮助统治阶级压迫人民的。他们不但不受人民的欢迎，就是自己也看不起自己。所以他们的行为都很不好，大家叫他们丘八，如在街上买东西不给价钱，坐火车电车都不打票，随便打人骂人，老百姓一提到丘八都头痛，都憎恨。所以社会上才流行出“好人不当兵”这句不好听的话。我们从这句话上可以见到过去的军人不但不保护老百姓，而且是很妨碍社会秩序的。

现在的人民解放军绝对与旧社会的军人不同了，他们每一个人都有高度的政治自觉，他们都自己知道为了人民革命，为了保护祖国的安全，为了保卫世界和平而参军而作战，也可以说每个人民解放军都认清了自己的神圣任务，所以二十四年来，经过无数次艰苦英勇的斗争，才能得到今天光荣伟大的胜利与成功。因此我们要热烈的庆祝这个建军节。同时我们在庆祝建军节的今天，可以想到我们光荣的军人家属，都是深明大义，热爱祖国的，因此，才肯督促、鼓励他们亲爱的子弟去参军，加入伟大革命的队伍。我们对于革命的军人家属，真是万分钦佩，借此纪念建军节的机会，以表示最大的敬意。

其次我们知道解放军部队里，大部分是过去国民党反动派的军人，他们参加解放军以后，经过教育改造，马上成为很好的人民战士，他们在过去帮助反动派压迫人民，现在他们是帮助人民革命来解放被压迫被剥削的人民，过去这些人是被人看不起的，现在已获到广大人民的尊重了。由此想到我们佛教徒，尤其是出家人，在一般社会上看来，好像是没饭吃，没办法的人才出家，有些出家人也不尊重自己，在思想行为方面，有多少要受人指摘的地方，这和过去时代的军人是差不多的。在今天这个建军节日，我们佛教徒尤其是出家人，应该深深的觉悟过去被人家看不起的军人，经过教育，已经成为人民的战士，被人尊重了。难道我们被社会看不起的佛教徒尤其是出家人，就不能够很快的转变为一个被人民看得起的佛教徒吗？这个就在自己真正的有觉悟，从思想上改造自己，再很好的实行劳动生产，痛改过去不好的习气，自然就会得到人民的尊重了。

（原载《现代佛学》1951年第1卷第12期）

大雄麻袋厂1951年下期总结报告

大雄麻袋厂自1951年1月1日开工以来，上半年经过情形，已于6月底做过总结一次；兹再将7月至12月中间经过情形，大概略述于后。

一、经过情形

在此六个月中大概可分为两个阶段：第一阶段为摇摆时期。在5、6月间经职工大会检讨错误、纠正偏差，一时全体职工振作情绪很高，一致为争取本厂的改进而努力，都能克服个人利益，做到提高质量、合于标准，但是在本厂建立之初，树定制度，目的在为将来发展打下基础，所以力求企业化；人事组织，就当时情形而论，可谓庞大，工作形式则完全手工化，而管理方面，极端散漫，可谓之家庭化。因此在改进上相当迟缓，原定改进方针有三大原则，希望在五月间能作到产品合于标准规格，六月间做到管理能民主集中，七月间作到经济能精简节约，皆未能如期完成，仅第一项便费了极大很长的时间，尚未曾作到好处，同仁思想之普遍有了矛盾存在；工作上，一方面为求品质提高，而另一方面因为质高量减，影响个人收益，于是发生大量用水现象；管理上一方面希望本厂转亏为盈，另一方面鉴于逐月虚耗，于是对领导上发生怀疑不信任现象；因此工作热情由高潮而逐步退减，七、八两月显有盈余，九月份又复亏耗。第二阶段为稳定时期。根据以上情形，认为必须加强全体职工的学习，改进思想、提高觉悟，方能挽回颓风。于是将全体职工按照部门，分别编为小组，每组协商指定生产组长、学习组长各一人，由各组长组织为生产委员会与学习委员会，经常举行报告会与讨论会，同时个别同仁加入工会，逐步吸收积极份子，发展工会领导工作，并成立职工业余补习班，提高其文化水平。自此以来，组织与领导虽尚未有圆满成绩，而职工方面已能显然团结一致，互助精神亦有进展，工作情绪又渐增强，偶有错误亦能展开自我检讨。三个月来成本逐渐降低，产量逐月提高，每月皆有相当盈余。统计此下半年之盈余，可以抵补上半年之亏折，本厂基础可谓已相当稳定矣。

二、未来计划

在上次总结时，即见到麻袋制造业中，手工制造难有前途，必须改进为机器制造，方可久远图存。因于九月股东会议决，呈经工商局批准，改组为股份有限公司，另行增资兴办。原来计划资本暂定拾亿元，先将一部分工作改为机器，仍保留一部分手工，以期根据经验、稳步前进。现经多方面研究，一致认为手工与机器制造无法配合，于是决定改为全部机器制造，经与东北方面机器厂接洽，订机草约业已商妥，交货期限为一年，以每月生产十万条计，需用资本60亿，现正在积极筹集股本。所有招股办法如下：一、资本总额：本公司股本总额为人民币60亿，分为六万股，每股10万元。二、征股办法：股东于认股后在1952年1月31日以前，交足半数；1952年12月底以前交足其余半数。

以资金而论，为数不钜；就事业前途而言，唯有此转向机器制造一条出路。为求树立此唯一佛教新兴之工业，以示范全国，尚有待于全国佛教徒之踊跃投资，共襄盛业焉！

附：大雄麻袋厂股份有限公司缘起

现在全中国各阶层无不为建设新中国而奋斗，为求转贫弱的农业国成为富强的工业国，所有昔日的消费都市必须转变为生产都市。北京为全国的首都，在全国有示范作用，尤应先求转变之道。但是由消费转向生产其势必须根据环境之具体条件而定，在北京方面创办重工业是不可能；轻工业中就现在全国工业发展之情况而论，在集中原料、照应工人、适应市场需要、掌握生产技术，常以棉麻纺织为适合于北京之工业建设。尤其麻袋为物资交流之必需品，过去皆依赖进口货品，为我国经济漏卮之一端。当此建设新中国，发展工业、提高农民经济，提倡麻纺麻织，实为至要。本厂创办之初，原为领导僧尼从事劳动生产，曾就各种事业多方考虑，结果决定麻袋工业实有前途。但机器纺织资本所需既多，设备亦不易购得，同仁亦尚缺乏经验，不如先就手工制造，熟习经验，再谋逐步改进。因集合资金积极创办，命名为“大雄麻袋厂”。内部工作计分四部：一、软麻，二、梳麻，三、纺线，四、织袋，全是手工，月产麻袋3千余条。自今（1951）年1月1日正式开工以来，以迄现在，各方面皆获有相当成就：第一、僧尼皆能真正建立劳动观点，团结互助，以主人之姿态努力生产，对于全国僧尼起有示范作用。第二、应本市群众之要求，吸取一部分失业群众参加工作，协助社会解决部分失业问题。第三、自本厂开办以来，继起仿效成立者将近十家，皆是吸收本厂经验，或派人到厂实地学习，或来访问调查；是本厂对于首都工业建设有相当贡献。由此可证明麻袋制造工业之适合于北京。但今当全国建设在毛主席英明领导、共产党热烈奋斗之下雄飞猛进，全国经济逐步繁荣，此种落后形式之手工业，实不足以应环境之需要。试就机器与手工两者相较，生产方面手工业者每人日产仅可半条，机器制造每人日产10条。就全厂而论，手工制造招集200人在管理上已有相当困难，每月生产3千条已达饱和之点；机器制造可容纳一、二千人，日产一、二万条。利润方面，手工制造每条麻袋之利润最高不过2千元，半机器制造有利润三、四千元，全机器制造者小型麻袋厂可能有利润5千元，大型麻袋厂可能有利润7千至1万元。二者相较，不仅事业之巨细相差不可比拟，即利润之悬殊亦无法相衡。同仁等详细讨论，认为保守目前手工制造、维持目前利润而不改进，便有日趋没落之虞；若改向机器制造，便有发展腾达之可能。为求此佛教唯一新兴工业根基之巩固与繁荣，为求北京生产工业之推进，于是共同决定改组为大雄麻袋厂股份有限公司，招集股本，添置机器，资金总额定为60亿元，就原来基础添购电力梳麻、纺麻、织袋、平袋等机，要期根据经验稳步前进。尚希各界热心实业爱国人士与护持佛教诸居士投资赞助，共襄盛业，是所至幸！

（原载《现代佛学》1952年第2卷第5期）

拯救和平是人类当前唯一的任务

——为迎接亚洲及太平洋区域和平会议而作

在阶级社会里，由于统治阶级的剥削、压迫、掠夺与侵略，不断有残酷的战争发生。发尔巴（G. Valbert）根据莫斯科公报的统计，指出西洋史上，从公元前1496年安飞泰阿尼联盟（Anphicyonic Leagne）的构成时起，到公元1932年，共经3428年，其中有战争的年代共为3145年，占着这些年份的91.7%。而在公元1618年至1648年的三十年战争当中，欧洲中部经过战争的破坏，有些地方简直要待上一百年才能复元。过去希腊、罗马灿烂的文明，据西克教授（Otto Seeck）的研究，也是被战争摧毁的。现在朝鲜的领土上埋葬着数不清的无辜被害的善良人民的尸骸，朝鲜的文化遗产和一切建设也都被掠夺尽净与彻底破坏。这就证明统治阶级自始就是靠压榨人民的鲜血养肥，而战争是应该彻底消灭的。

达尔文说："战争越文明，也就越能证明战争是一种有害的淘汰。"列宁说："我们的目的，是要完成社会主义社会建设，消灭人们的阶级分化，消灭人与人之间以及这一民族对那一民族的一切剥削，一般地坚决地铲除战争的一切可能。"佛教的《优婆塞戒经》（UPasaka-Sila-Sutru)上也说："在家菩萨若得自在为大国王，于自国王常修知足，不以非法，求觅财物，不举四兵而取他国。"这许多金科玉律一般的指示，告诉我们凡是相信科学，服膺马克思主义以及信仰佛教的人，都应该坚决与战争作斗争，把战争的一切可能性彻底消灭，则人类的历史才能展开新的一面，人类的生活才能得到真正的自由平等和幸福的保障。两年多来，朝鲜人民和中国人民志愿军抗美援朝的伟大胜利，影响所及，已经收到了相当大的效果。

但是美英帝国主义者真像佛经上所说波旬魔鬼（Papiyas）一样，憎恨真理，憎恨善良的人民，憎恨人家的安乐与成功，也不甘心于他们自己的失败，处心积虑地、千方百计地想达到无止境地喝血的目的，不惜违反日内瓦公约而使用细菌弹和化学武器，不惜违反现有的国际协定而单独对日构和及订立军事协定，更不惜厚颜无耻而拖延和阻挠朝鲜停战谈判。亚洲及太平洋各国的安全与和平现已遭受到严重的威胁，如不及时拯救，则另一次世界大战不可能避免，而全世界善良的人民不知道有多少要被屠杀，历代遗留下来的劳动人民创造的文化遗产不知道有多少要被毁灭，战祸的创伤也不知道要经过多少年才能复元。浩劫茫茫，必须拯救。所以亚洲及太平洋区域和平会议在北京召开，实有其非常重大的意义。

亚洲及太平洋区域各国有很多佛教信徒，由于佛教的熏陶，大都是爱好和平的。过去因为没有争取和平，上了帝国主义的大当而吃尽苦头。现在是站起来的时候了，中国佛教徒大都组织了抗美援朝的团体支援中国人民志愿军，北朝鲜的佛教徒联盟和佛教青年党也参加了朝鲜祖国统一民主主义战线，越南的佛教徒对于解放战争的贡献也是很多的。此外如苏联、蒙古、印度、缅甸、锡兰、暹罗、马来亚、加拿大以及日本的佛教徒，都在各种不同的环境之中，努力作争取和平的呼吁和斗争。他们为保卫祖国的安全及世界的和平尽了力，也分得了初步胜利的光荣。今后应该更积极地动员起来，与亚洲及太平洋区域各国其他爱好和平的人士紧密地团结在一起，更广泛、更深入、更有力地拯救垂危的和平，把战争两字在人类历史上一笔勾去，使全世界的人民不再受战争的威胁而生活在互相信赖、互相帮助的融洽和乐的社会之中。这非但是全世界人民的共同的愿望，也是佛菩萨共同的愿望。亚洲及太平洋区域各国的佛教信徒们，拯救和平是人类当前唯一的任务，当然也是我们佛教徒当前唯一的任务！

（原载《现代佛学》1952 年第 1 卷第 3 期）

学习《共同纲领》的重要性

《共同纲领》在新中国实施将近三年，无论我们从小处看，大处看，从国内看，从国际看，都可以证明完全是正确的。有一位国际友人在杭州市上和一位老太太谈到警察，她说："解放之前常到她家里去的一个警察，敲榨勒索，无所不为。解放以后完全变了，非但一毫不敢苟取，而且还帮助大家解决许多困难。"那位国际友人接着就说："自然，换了老干部当警察，作风上是会完全不同的。""不是，还是原来那一个人"，她说。这使那位国际友人大吃一惊而深受感动，这是从小处看。大处如稳定物价、治淮导沂、荆江分洪、土改、镇反、三反五反以及成渝铁路等等。没有一桩不是在人类历史上写下了辉煌的一页。国内如此，国际方面由于抗美援朝创造了胜利的奇迹，事实上我国和苏联已经成为领导全世界人民去向和平、民主、自由、幸福的两大主力。国际地位空前提高，我们去到国外的人，也都得到各国人民热烈的欢迎与尊重。这一切都是原则性地规定在《共同纲领》里面的，所以最近陈伯达先生说："《共同纲领》是我国的临时宪法，又是我国的百科全书"（《关于学习共同纲领的问题》），这话是十分正确的。

《共同纲领》的所以如此正确，因为是科学的成果，是真正民主的大宪章。这里面包括着从太平天国一直到孙中山先生以及其他爱国民主人士，一百多年来反帝反封建的革命经验、优秀思想，和毛主席在革命过程当中所得到的一切经验在内。易言之，《共同纲领》是毛主席根据马克思主义的基本原理与中国革命的具体实践，密切地结合起来的、史无前例的人民民主的纲领，也可以简括地称之为毛泽东思想的结晶，所以每一条目都不犯片面性，都很正确，所以是科学的成果。又《共同纲领》的草案虽然是中国共产党提出来的，但是初稿写出以后，除各单位自己讨论不计外，由先后到达北京的政协代表五六百人分组讨论两次，政协筹备会第三小组本身讨论了三次，筹备会常务委员会讨论了两次，广泛地吸收了各方面的意见，然后将草案提交筹备会第二次全体会议作了基本通过，再提交政协全体会议正式通过。所以《共同纲领》的民主成分，除了社会主义的国家以外，没有更民主的，因此《共同纲领》的确代表了四个阶级全体人民共同的利益，和资本主义国家的民主只代表资本家的利益，迥不相同。所以是真正民主的大宪章。

全国人民依照这个大宪章在各自的岗位上进行工作，决定不会犯错误。但是事情不是那样简单，往往有断章取义甚或附会曲解当作“护符”的，那就不免要犯错误了。譬如《共同纲领》第五条规定人民有宗教信仰的自由，一部分佛教徒认为既有宗教信仰自由，佛教界的一切就可以原封不动，各行其是。不知道这个宗教信仰自由是规定在《共同纲领》上的，而《共同纲领》则以反对帝国主义、封建主义和官僚资本主义为前提。佛教徒如果不能理解这个前提，遵行这个前提，一味铿铿地死守着佛教在封建社会里养成的一套，就要犯错误了。又如《共同纲领》第26条规定五种经济分工合作，各得其所，以促进整个社会经济的发展，资本家们如果不看看上下文，而埋着头单为自己的利益打算，以为就是“各得其所”，也就要犯严重的错误。因为《共同纲领》第26条明明规定各种社会经济成分要受国营经济的领导，而国营经济是社会主义性质的经济，决不容许少数人投机倒把，散播五毒，损害整个社会经济的发展和工农的利益，那么“五反”运动正为资本家们误解了《共同纲领》而发，从这里也可以知道学习《共同纲领》是如何的重要了。

记得陈伯达先生说过：“共产党不做强人所难的事，所以并不希望资本家站在马克思主义的观点，资本家尽可以用自己的观点看问题，但不能妨碍国家共同的利益，也就是不能违背《共同纲领》。其实共同利益包括少数人的利益在内，妨害共同利益，势必妨害少数人的利益，所以少数人考虑其个人的利益时，必须考虑共同的利益，所以不能不择手段。这与原来的作风不同，因此发生困难问题，所以要进行思想改造，学习《共同纲领》。”从这几句话上，我们更可以知道学习《共同纲领》实在是刻不容缓的事情。

最后，关于《共同纲领》上的宗教信仰自由问题，不妨引用周总理最近的指示，以资遵循，周总理说：“宗教信仰并不妨碍国家的建设，不尊重宗教信仰，忽视宗教信仰都是不能的，团结起来，对于国家的建设是有好处的。”全国的宗教信徒门，我们应该遵照周总理英明的指示，好好地学习《共同纲领》，参加国家的各项建设工作，为中国的独立、民主、和平、统一和富强而奋斗。

（原载《现代佛学》1952年第2卷第12期）

悼斯大林大元帅

释迦世尊入涅槃的时候，据《大般涅槃经》卷一说：“是诸众生见闻是已，心大忧愁，同时举声悲啼号哭，呜呼慈父，痛哉苦哉，举手拍头捶胸叫唤，其中或有身体战栗涕泣哽咽。尔时大地诸山大海皆悉震动。”为什么？因为释迦世尊是一切众生的依怙，是指示一切众生超凡入圣、了生脱死的大导师。

斯大林大元帅的死，全世界爱好和平的亿万人民齐下泪，在北京的首长们很多痛哭失声，就是小学生们也表现出无限的悲哀，佛经上所说“大地诸山大海皆悉震动”的景象又见之于今日。为什么？因为斯大林大元帅不仅亲手缔造了苏联社会主义共和国，使全苏联人民得到真正的自由与幸福，同时也替我们中国人民和全世界人民带来了光明。中国革命的所以能够胜利，中国人民的所以能够得到解放，解放以后中国的一切建设所以能够成功，抗美援朝的所以能够取得胜利，这和斯大林大元帅的指导与帮助是分不开的。这许多鲜明的事实深深地铭刻在中国人民的心髓之中，所以斯大林大元帅逝世的噩耗传来，大家都不约而同地痛哭流涕和带上黑纱，那是十分应该与十分自然的事。

我们佛教徒对于一个人的死，本来看得很平常，丛林里面素来规定不替师长上人以及父母带孝，但是此次北京佛教徒都为斯大林大元帅的死而带上黑纱，像二千五百年前佛弟子追悼释迦世尊一样。为什么？因为斯大林大元帅的光明也照耀看我们佛教徒。中国佛教协会发起书上说：

中国人民的解放，给予了中国佛教以涤瑕荡垢，重见光明的机会。三年来，人民中国的一切，是值得佛教徒热情歌颂的。我们歌颂广大地区经济改革的成就，使佛教徒不再为封建经济所束缚，而得以恢复持戒精进的生活；我们歌颂镇压反革命，尤其取缔反动会道门的胜利，使佛教徒得以分清邪正、警惕阴谋而护持宗教的纯洁；我们歌颂抗美援朝保家卫国的伟大运动，使佛教徒有了报国土恩、报众生恩的殊胜因缘；我们歌颂宗教信仰自由之日益得到切实而周到的保护，我们歌颂民族政策之正确而完善的执行，使所有信仰佛教的各民族兄弟们都能够在这一友爱的大家庭中和衷共济，弘法利生。

这许多鲜明的事实也深深地铭刻在我们佛教徒的心髓之中，同时认为与斯大林大元帅的光明遍照是分不开的。

据佛经上说，人民真正的领袖和导师，无论他所治理的国土或大或小，都是菩萨的化生。我们佛教徒仅以此情此理，沉痛地悼念着斯大林大元帅的死，并竭诚保证加强学习斯大林大元帅以及苏联人民全心全意为全人类谋幸福的精神，并随时警惕帝国主义者的阴谋，为参加国家建设和保卫世界和平而贡献其一切力量！

（原载《现代佛学》1953年3月号）

培养人才的问题

——在中国佛教协会会议纪要上的发言（节选）

关于汉地佛教界培养人才的问题，可以分为普及与提高两方面来讲。提高是在现有人才的基础上进行教育，普及则对一般佛教信徒而言。所谓现有人才的基础，就是说有许多人过去已经受过相当教育，是目前佛教界的人才，是续佛慧命的基础。我们要在这个基础上进行教育，首先应该珍惜这许多人才，珍惜这个基础。能够珍惜人才的人才能尊重人家的优点，用人家的优点，才能帮助人家改正偏左或偏右的缺点。否则扩大人家的缺点，抹杀人家的优点，则普天之下没有一个人才，当然也就谈不上培养的问题了，这是非常危险的。又能够珍惜人才的人才能珍惜自己，才能有与人为善的，光风霁月的胸襟而在六度四摄的菩萨行中不断改正自己的缺点，庄严自己。从这次的聚会可以知道各地佛教界还有人才，佛教事业大有可为，目前急于需要的是对人对己的珍惜。知道珍惜人才才可以谈团结，能够团结，对于培养人才问题才可以统一筹划，具体分工。对一般佛教信徒的要求也不能太高，因为他们都是从旧社会来而且大都是受过旧社会薰染具足烦恼的凡夫，把他们一脚踢开，拒之于千里之外是不可以的。三四年来北京佛教界在人民政府领导下不断学习政治，学习文化，已有相当成绩，这也就是佛教界进步的一个方面。从提高与普及两方面教育全国佛教信徒，培养人才，全国佛教界才能精诚地团结起来，造成一个有血有肉的生气勃勃的团体，对于国家，对于人民，对于佛教都有很大的利益。

（原载《现代佛学》1953 年 6 月号）

学习国家在过渡时期的总路线

一、两个阶段和两个任务

中国共产党领导的整个中国革命，是包括新民主主义革命和社会主义革命两个阶段在内的全部革命运动。从1919年“五四”运动起到1949年10月1日止，整整三十年历史是新民主主义革命阶段。毛主席在《新民主主义论》中说：

这种殖民地半殖民地革命的第一阶段，第一步，虽然按其社会性质，基本上依然还是资产阶级民主主义的，它的客观要求，是为资本主义的发展扫清道路；然而这种革命，已经不是旧的、被资产阶级领导的、以建立资本主义的社会和资产阶级专政的国家为目的的革命，而是新的、被无产阶级领导的、以在第一阶段上建立新民主主义的社会和建立各个革命阶级联合专政的国家为目的革命。

从新民主主义革命的性质决定第一阶段即新民主主义革命阶段的任务为：由工人阶级领导人民大众，推翻帝国主义、封建主义和官僚资本主义在中国的统治，变半殖民地半封建的社会为新民主主义的社会。这个任务已经胜利地完成了。

1949年10月1日中华人民共和国的成立，标志着中国革命第一阶段的基本结束和中国革命第二阶段的开始。这个阶段的任务是：要在中国建立社会主义的社会，完全消灭城乡资本主义的成份。

二、过渡时期

现在我国正处在社会主义革命阶段，但社会是新民主主义性质的。为什么呢？因为现阶段的整个社会，是同时包括社会主义的成份和非社会主义的成份的。如经济方面有国营经济、合作社经济、农民和手工业者的个体经济、国家资本主义经济和私人资本主义经济等五种经济成份；其中国营经济的性质是社会主义的，合作社经济是社会主义的（供销合作社、消费合作社、信用合作社、集体农庄和一部分手工业合作社）或半社会主义的（目前的一般农业生产合作社和另一部分手工业合作社），一部分国家资本主义经济在我国条件下也带有若干社会主义性质，其余都是非社会主义性质的。政治方面，工人阶级的领导权和工人阶级领导下的人民民主专政的政权是社会主义因素，但非社会主义因素的资本主义的比重还相当大。因此社会主义因素和非社会主义经济的和政治的因素必然会彼此斗争着。斗争的结果又必然是社会主义因素不断增长并得到最后的胜利，非社会主义因素不断受到限制、改造以至于消灭。这就是我国新民主主义社会属于社会主义体系的和逐步过渡社会主义社会的过渡性质。因此，从中华人民共和国成立到社会主义社会建设完成，是我国从新民主主义社会过渡到社会主义社会的历史时期，简称过渡时期。

在过渡时期的头三年，也就是从1949年10月到1952年，在农村中实行土地改革，在城市中接收官僚资本主义企业使之变为社会主义的企业，建立社会主义的国家银行、国营商业和合作社商业，并对私人资本主义企业开始实行了国家资本主义的措施，完成了经济恢复的工作。但是我国经济和文化都很落后，还有极其广大的个体农业和手工业，资本主义工商业在国民经济中所占的比重也很大，决不可能在经济恢复之后，一下子就转变到社会主义社会。斯大林在《论列宁主义基础》一书中说：

不应把无产阶级专政，把从资本主义到共产主义的过渡，看做是转瞬即逝的时期，看做是一批最革命的法律和法令，而要把它看做是一个历史时代……这一个历史时代之所以必要，不仅是为要创造那些保证社会主义完全胜利的经济上和文化上的前提，并且是为要使无产阶级能够：第一，把自己教育并锻炼成为能够管理国家的力量；第二，按照那个保证组织社会主义生产的方向来重新教育并改造小资产阶级。

因此，过渡时期是相当长的。

三、过渡时期的总路线

关于过渡时期的总路线，毛主席指示如下：

从中华人民共和国成立，到社会主义改造基本完成，这是一个过渡时期。党在这个过渡时期的总路线和总任务，是要在一个相当长的时期内，逐步实现国家的社会主义工业化，并逐步实现国家对农业、对手工业和对资本主义工商业的社会主义改造。这条总路线是照耀我们各项工作的灯塔，各项工作离开它，就要犯右倾或“左”倾的错误。

这一指示，其实贯彻在《共同纲领》的每一项目里，现在恢复时期已经过去，开始进入第一个五年建设计划，所以明确地提出来。根据毛主席的指示，我们可以知道，实现过渡时期的总路线，就是要充分地发展社会主义工业，并把现有非社会主义的工业变为社会主义工业，使我国从落后的农业国变为先进的工业国，使社会主义工业成为我国整个国民经济的发展起决定作用的领导力量。其次要把农民和手工业者以自己劳动为基础的私人所有制改造为合作社社员的集体所有制，把以剥削工人阶级为基础的资本主义私人所有制改造为全民所有制。总之，过渡时期总路线的实质，就是要使生产资料的社会主义所有制成为我国国家和社会的唯一的经济基础。生产资料即生产手段，指器械、机器、仪器、原料及其它等等而言，社会主义所有即全国人民所有；把生产资料掌握在全国人民手中，成为我国国家和社会的唯一的经济基础，才能够从根本上铲除人剥削人的制度，根绝人剥削人的事实而建立各尽所能、各取所值的自由幸福的社会主义社会。这里面有四点应该认识：

一、只有发展了充分强大的社会主义工业，才能吸引、改组和代替资本主义工业，才能支持社会主义的商业，改造和代替资本主义商业，才能用新的技术来改造个体农业和手工业。例如要发展农业而不走集体合作的道路，让它停留在个体经营的状态，那是无论如何做不到的。但走上了集体合作的道路就必需用机械，如拖拉机等等，机械是工业供给的。供给农业以机械的工业如果不是充分强大的社会主义工业，那也是无法解决问题的。又如没有充分强大的社会主义的轻工业，则国营商店就不能满足人民购买各种商品的要求，国营商店不能满足人民的要求，当然也就无法改造和代替居间剥削的资本主义商业了。轻工业的机器，是重工业供给的。

二、生产资料掌握在全国人民手中才能使生产力迅速向前发展，才有利于在技术上起一个革命，因为生产力从剥削制度中解放出来了，每一个劳动者都自觉地积极起来找窍门，学经验，增产节约。这类事实，时刻都有，有的贡献大，有的像很微细，但积累起来，就可以把在我国绝大部分社会经济中使用简单落后的工具农具去工作的情况，改变为使用各类最先进的机器去工作的情况，大规模生产各种工业和农业产品，提高人民的生活水平。

三、有了充分强大的社会主义工业，才有强大的现代化的国防力量，才能巩固人民政权，防止反革命的复辟，反对帝国主义的侵略，保卫世界和平。

四、根据总路线完成总任务，大约需要经过三个五年计划，大约十五年左右的时间（从1953年算起，到1967年基本上完成，加上三年经济恢复时期，共为18年，已经过去了4年）。当然，这是一个大概的估计，全国人民在总路线的号召之下加倍努力，时间可能是会缩短的。

四、社会主义工业化

斯大林在《论苏联经济状况和党的政策》中说："不是说随便怎样发展工业都是工业化。工业化的中心，它的基础，就是发展重工业（燃料、冶金等等），归根到底，就是发展生产资料的工业，发展本国的机器制造业。”这是社会主义工业化的原则，所以我国第一个五年计划的任务首先是集中主要力量发展重工业，建立国家工业化和国防现代化的基础。大家知道，我国过去重工业的基础是非常薄弱的，有了铁路、公路，自己不能制造火车头、汽车和钢轨，也不能制造轮船、飞机、坦克和拖拉机，许多轻工业的机器，尤其是精密的机器不能制造，因此经济不能独立，国防不能巩固，帝国主义国家就来欺侮我们了。同时我们也知道苏联因为采取了社会主义工业化的方针，从建立重工业开始，在第二次世界大战前就有了机器制造工业，所以在1941年到1945年的卫国战争中，能够击败德日法西斯主义的侵略，战后又能迅速恢复，成为世界上第一个强大的保卫世界和平的堡垒。我国实现社会主义工业化，正是依据苏联的经验从建立重工业开始。到1959年我国工业化的成就，大约相当于1932年苏联第一个五年计划完成了的水平或1937年日本的水平（日本工业化走资本主义的道路，从轻工业开始，花费了六七十年的时间，才到达1937年水平。）

斯大林又说：

“我们所需要的并不是随便一种什么工业化。我们所需要的工业化，乃是保证社会主义形式的工业化，对小商品形式的、尤其是对资本主义形式的工业所占的优势愈益提高的工业化。”（《在联共（布）第十六次代表大会上关于中央委员会政治工作的总结报告》）我国实现社会主义工业化的方针，也是参考这个原则的。因此，一方面努力建设国营的新工业（新工厂、新矿山等），另一方面改进和办好现有的国营工业，提高劳动生产率。我国正在新建和改进的141个矿厂，在苏联政府无私的帮助之下，都是以最新的技术装备起来的，并且规模巨大，它们是我国社会主义工业的心脏，也是我们国家的命根子，决不是任何资本主义形式的工业所能望其项背的。同时还发展国营交通运输业，国营轻工业，国营商业和合作社商业，逐步实行农业和手工业的合作化和对资本主义工商业的改造，借以保证国民经济中社会主义经济的比重不断地增长。这也就是第一个五年计划的基本任务。遵循着这样的道路到达第三个五年计划的完成，我国将有自己的强大的钢铁工业、机器制造工业和现代化国防工业，将有自己制造的大量汽车、飞机、火车头、轮船和农业机器，将有更好的更发展的轻工业和运输业以及现代化的农业。到那时候，我们的国家将更加强大而繁荣，我国人民的物质生活水平和文化生活水平都将比今天大大提高。

不过有一点应该注意，就是发展重工业需要资金多，而赢利较少较迟，产品还不能直接满足人民的消费需要；同时我们又不能走资本主义国家发展工业的死路，向劳动人民剥削资金，向殖民地或落后国家掠夺资金。所以在工业化时期全国人民不能不节衣缩食，艰苦奋斗，大家同舟共济地拿出力量来完成工业化的计划。苏联人民在为国家工业化而斗争的时期，甘愿担受牺牲，在各方面实行极端节省，节省教育经费，节省饮食，节省布疋，以求积累创立工业化所必要的资金，这也是值得我们效法的。我们又要知道，社会主义工业化是全国人民的最高的利益，全国人民的一切局部的暂时的利益都应当服从这个最高的利益。我们在思想上有了这样的认识，每一个人就会对于社会主义工业化有所贡献了。

五、对农业和手工业的社会主义改造

土地改革铲除了农村中的封建剥削制度，解放了农业生产力，但分到了土地的农民还是一家一户成为一个生产单位，这叫做小农经济。小农经济无力采用农业机器和新的耕作制度，又无力抗抵天灾，收获量低是必然的结果。同时小农经济建立在生产资料私有制上面，有向资本主义道路发展的可能性，这都是和社会主义工业化矛盾的。因此，必须按照社会主义的原则来逐步改造我国的农业，使我国农业从分散的落后的个体农业进到先进的集体农业，在农业中采用拖拉机和其它农业机器，采用化学肥料和科学耕作法，采用机器来进行灌溉和发展水利事业，扩大耕地面积，并在人口稀少、土地辽阔的地区进行移民垦荒，这样就可以提高农业生产，保证顺利进行计划经济建设，保证工业化事业的发展，并使农民生活逐步地普遍地提高。这就是对农业进行社会主义改造的方针。

改造的方法是从互助合作开始。互助有两种办法，一种是简单的共同劳动的临时互助组，一种是在共同劳动的基础上实行某些分工分业而有少量公共财产的常年互助组。农业生产合作则已实行了土地入股，统一经营而有较多的公共财产。从这里再进到实行完全社会主义的集体农民公有制的集体农庄。除了农业生产要合作以外，供销也要合作。农民买卖东西，要逐步地做到都经过合作社，不经过私商。这样就可以使农民与资产阶级割断联系，就可以使农民不受私商的剥削，农民自己也可以不变成剥削旁人的私商。同时国家还要用银行贷款和发展信用合作的方法领导农民向农村中的高利贷作斗争，逐步消灭高利贷。所有这些方法，都是限制资本主义在农村中的发展，限制富农的发展的。这里要注意的是，目前对富农采取的政策是限制而不是消灭。因此应当进行各种工作来和富农的剥削作斗争，既不是在法律上加以禁止，也不是在实际工作上听其自由发展。

在发展农业合作化的工作中有三项基本原则必须遵守：一、依靠贫农（包括土地改革后变为新中农的老贫农），巩固与中农的联盟。二、根据农民自愿的原则，反对主观主义和命令主义。必须用说服、示范和国家援助的方法来使农民自愿地联合起来，企图用简单的号召或强迫命令的办法来推行合作社是错误的。三、对暂时不愿意参加互助合作运动的，单干的劳动农民，必须采取热情的照顾，帮助和耐心教育的态度，发挥其生产积极性，并给以必要的贷款和技术援助，使他感到互助合作的好处，加入到互助组和合作社来。

对农产品实行计划收购与供应，也是对农业实行社会主义改造的措施之一。这样，不但能够保证国家的需要和对人民的供应，稳定物价，保障经济建设，还可以打击投机奸商和囤积居奇的剥削者，削弱资产阶级对农民的联系和影响，加强农民和社会主义经济的联系和合作，引导农民抛弃资本主义的道路，积极地走互助合作的社会主义的道路，巩固工农联盟。

关于手工业方面，目前全国城乡从事个体手工业劳动的人大约有一千多万，还能供应人民以许多种生产资料和生活资料，如各种金属制品和木器（其中主要的是农具）、棉毛织品、服装等。所以其中很大一部分还有存在价值和发展余地。不过手工业生产也是十分落后的，个体手工业又是小商品经济，它和大多数农民一样也是不稳固的，如果听其自发地发展，也会走资本主义的道路，就是少数人发财、大多数人破产的痛苦的道路。因此，对个体手工业的社会主义改造，也是要经过合作化的道路，把手工业劳动者的个人所有制改变为集体所有制。其方法是和对农业进行社会主义改造相似。

六、对资本主义工商业的社会主义改造

我国资本主义工商业在一定时期内对国计民生有两种相反的作用，一种是积极作用，对国计民生有利，一种是消极作用，对国计民生不利。因此，对资本主义工商业的社会主义改造，采用利用、限制和改造的政策。即：利用资本主义工商业的积极作用，限制其消极作用，并逐步实行社会主义改造。

国家对资本主义工商业的社会主义改造的第一个步骤，就是经过国家资本主义的监督和管理，经过国营经济对资本主义的联系和合作，把私人资本主义引导到国家资本主义的轨道上来。国家资本主义的意义，就是在人民政府管理下，用各种方式与社会主义国营经济联系和合作的、受工人阶级监督的资本主义经济。这种国家资本主义经济已经不是解放以前的那种资本主义经济，它主要地是为国家和人民的需要而生产的，资本家已不能为所欲为地唯利是图。不过在国家资本主义的企业中，资本家还可以在整个赢利中分得四分之一左右的利润，其余四分之三左右的利

润则为国家、为工人、为扩大企业设备所均分。从这里，我们可以知道我国现在实行国家资本主义是在工人阶级领导下的新式的国家资本主义，一部分是带有若干社会主义性质的。

实行国家资本主义的办法，有高级的公私合营和中低级的加工、订货、统购、包销、收购、经销、代购、代销等形式，都可以限制资本主义工商业消极的作用而发挥其积极的作用，达到改造的目的。但是不能说在实行国家资本主义的过程中不会发生困难和障碍，也就是说，资产阶级和工人阶级之间不可避免地要有斗争。事实上，利用限制和改造资本主义工商业就是过渡时期工人阶级向资产阶级进行阶级斗争的一种新形式。因此，应当继续加强团结资产阶级中的进步分子，愿意接受社会主义改造并按照国家计划发展生产的分子，继续保持对资产阶级中一切爱国守法分子的联合，并加强其爱国主义教育和国家政策的教育，同时必须克服资本家所必然会采取的各种形式的反抗，以保障社会主义改造事业的顺利进行。

对资本主义工商业进行社会主义改造，也必须经过一个相当长的时期，但生产资料的资本主义私人所有制最后必被消灭。到那时候，资本主义工商业者也就成为社会主义国营工商企业里面各部门的劳动者，光荣地加入工人阶级里面去了，而个人的生活资料还是归个人所有。所以从整个利益说来，利用、限制和改造的政策，对资本主义工商业者是十分有利的。

以上是国家在过渡时期的总路线的简要说明，供全国佛教同仁参考。至于我们佛教徒在总路线的照耀之下如何进行各方面的工作，我刊将陆续发表专文，向全国佛教同仁请教。

（原载《现代佛学》1954 年 3 月号）

学习志愿军，继续开展抗美援朝运动

第三届赴朝慰问团回国以后，向全国人民广泛地作了传达报告，它使我们对于美帝国主义的残暴和腐败、志愿军的可爱以及朝鲜人民的英雄气概和高贵品质有了更进一步的认识与体会，现在扼要地叙述如下：

一、美帝国主义的残暴和腐败

贺龙总团长在报告里说："由于中朝人民军队打败了以美帝国主义为首的侵略集团，获得了停战的胜利，我们在朝鲜才有机会能够看得更多，听得更多，作得更多。而我们所看到的和听到的第一件事，更激起我们对美帝国主义无限的愤怒和无比的仇恨；美帝国主义不单是中朝人民的死敌，也是全世界爱好和平人民的死敌。"赴朝慰问的其他代表们也都同样愤恨地说：一过鸭绿江，凡是城市和乡村，没有一处不是被美国强盗炸成废墟，有的城市简直连形迹都荡平了。例如战前有14万多人口的元山市，四万多所洋房全部被炸光。又如著名的佛教圣地金刚山，所有名胜古迹，包括六百年前的古建筑"释王寺"在内，也都全部被毁。宗教界的代表说，他们赴朝慰问，到过的地方很多，可是没有看见一所佛教的寺庙，没有看见一所回教的清真寺，也没有看见一所天主教或基督教的礼拜堂。战前朝鲜各宗教的建筑物全部被美帝国主义消灭了。

从建筑物被毁灭的情形，可以想像得出朝鲜人民生命被伤害的惨痛。例如1950年江原道的金城市沦陷以后三天，伪治安会和美国侵略军在举行所谓庆祝胜利宴会时，强抓了军干家属妇女33人，剥光衣服，叫她们在宴会上唱歌跳舞，当晚被轮奸后惨杀在坑道里。12月25日在平康郡西区玉洞里把军属徐送朝捕去，她已怀孕六个多月了，被剥光衣服牵着游街后用刺刀杀死，并把未出生的胎儿取出挂在树枝上，叫伪军当作靶打，并叫伪军齐喊根绝人民军。昌道里的军属张采兰，被美军抓去轮奸后，说她是赤色份子的家属而枪杀了，连她的两三岁的子女也被杀死，说是要绝其复仇的后代。阳口郡有一位劳动党员的妻子名叫李相顺被美军抓去，在审讯时施以酷刑，她始终没有供出什么，野兽们用烧红了的铁棍插进她的眼睛里，后来她就光荣牺牲了。金城里有一位民主青年同盟女盟员卢在安，已怀孕几个月了，被敌人抓去绑在树上，拷问她哪些人是盟员，她只字不说，敌人把她的衣服剥光用铁棍插入她的阴户，她仍坚决不说，最后被几个敌人分拉两脚，活活地拉成两片，并将她的肠子和胎儿挂在树上，强迫群众围集来看，并凶狠地说："哪个人参加了组织，哪家人参加了劳动党、人民军，如果不说出来，就像卢在安一样的死。"昌道郡沦陷时，敌人利用地主特务分子先后绑架了九十位劳动党员，都被用尽非刑拷打以后，在昌道邑集体枪杀了。文昌郡的图书馆主任郑基沫，沦陷时因肺病不能后撤，不久敌人到他家里搜查，连他在内共被捕去15人，大都是文教机关的干部，其中有七位是妇女，敌人逼问他们的组织情况，他们都不说话，后来全被活埋了。10月间在涟川郡全谷里有六个美军轮奸一位不满14岁的幼女李英淑，野兽们因为不能满足兽欲，把刺刀插进她的阴户。在金城又组织地主地痞开诉苦会，要那些坏蛋告发积极份子或斗争过他们的人，先后共被捕去462人，关在集中营里。敌人用尽各种方法拷问他们，要他们说出游击队的活动情况，可是没有一个说话的，后来敌人用绳子把男人的肾囊和脚趾绑在一起，然后用针刺脚，如果忍不住痛，脚一蹬睾丸就会挤出来。这462人先后共被惨杀了379人，其余的人被游击队解救出来。根据不完全的材料，江原道在1950年秋冬的沦陷期间，共被敌人公开枪杀了15000多人，朝中部队解放昌道郡时，在近东面的一个坑里就挖出360具尸首。仅1300多户的金城里，也被惨杀了农民379人。

美帝国主义的穷凶极恶，比日本军阀、德国法西斯匪帮有过之无不及。野兽们企图用以征服英雄的朝鲜人民和吓倒我们伟大的中国人民。可是事实并不是那样，朝鲜人民并没有被征服，中国人民也没有被吓倒，而美帝国主义被迫在停战协定上签字了。在朝鲜战场上，美国兵碰上了英雄的中朝人民军队，纸老虎的原形是非常可笑的。如1953年4月中旬，鱼隐山南边志愿军的某炮兵营长，接到了一个紧急的电话："营长同志！13号炮兵观察员报告，在敌人329号交通沟里，发现了一个怪物，它像有四个轮子的小车，又像个毛驴，我一个人不敢判断，请求首长命令友邻观察员协同观察。"营长急忙把这情况传达给了其他观察员，并命令道："我命令你们仔细观察敌人329号交通沟附近的一切交通沟！"观察员们联合观察了好久得到结论：原来自从志愿军开展冷枪冷炮杀敌运动以后，就开始"低下头来"的美国兵，现在又因为志愿军的炮火更加强大，在交通沟里只"低下头来"还不行，在背上还得驮着块钢板爬着走，那就是像小车又像毛驴的怪物。又如志愿军的战士们在金城前线某地打扫战场搜山的时候，有五个战士走进了一个山洞。在洞里发现了一个面黄饥瘦、头发有一寸多长的美国兵。当战士们把他领到洞口的时候，拍哒一声，那个美国兵倒在地上不走了。战士们以为美国兵又出洋相了，没有联络员说话也不懂，两个战士扶着他回来交给英语联络员。英语联络员和那个美国俘虏的问答如下："你叫什么名字？""我叫维廉。""你害病了么？""没有。""为什么你的头发这样长？""我进山洞一个来月，没有理发。"为什么不出来？""出来怕被你们的炮火打死。""你在山洞里吃什么？""最初我有几包饼干，吃完了我没有办法。""二十多天不吃东西那不是把你早饿死了？""我以后每天都捉青蛙吃。""啊！"联络员和志愿军战士们这才知道那个美国俘虏面黄饥瘦原来是吃青蛙吃的。又如停战协定生效的第二天（1953年7月28日），鱼隐山前非军事区里的志愿军战士们为了庆祝胜利，创造了一种小爆竹，战士们一听说，大家都围拢起来，你争我夺地谁都想放一个玩玩。一个美国兵以为出了什么新鲜事，也靠近军事分界线来看。这时，一个战士用烟火头点着手里的小爆竹，叭地一响，把那个美国兵吓得手忙脚乱不知所措，双手蒙住脸，卧倒在地，再也不起来了。志愿军战士们鼓掌哈哈大笑，英语联络员就对那个美国兵说："没关系，我们在玩，起立。"那个美国兵才慢慢地爬起来，摇摇头，拍着自己快要把心都跳出来的胸脯，划着十字，嘴里嘟囔着说："阿们！我的主！我以为又是什么了呢！"又如7月29号那天，有一辆美国小吉普车直向朝鲜东线文登里附近的军事分界线驶来。志愿军战士们盯住了它，看他们是搞什么鬼的。小吉普车停在军事分界线南边约十几公尺的地方，一个美国上校先跳下车，随后跟着几个美国兵也下了车，上校看了看地形，掏出照相机就想照相。按照停战协定，非军事区是不准随便照相的，战士们想说话禁止他罢，不懂话，于是一个战士打着禁止照相的手势，大声咳了一下，以引起上校的注意。那个被志愿军吓破胆的上校抬头一看，一个志愿军向他走去，也没有看懂手势是什么意思，以为志愿军又要把他们怎么样，随手把照相机扔在地上，连吉普车都顾不得上了，像跑百米决赛一般，拔起腿来就拚命地往南跑。这时美国兵显得比他们的上校还高明些，都跑到上校前面去了。原来上校身穿十来斤重的尼龙避弹衣，跑起来太不方便。只见他一边跑一边脱，结果把尼龙避弹衣拖在身后，活像个尾巴。战士们笑得肚皮都痛了，可巧来了一个英语联络员，他问："怎么这样笑？"战士们说："看，前边有个大尾巴的上校。"联络员用英语大声喊他们："回来！"那个上校和美国兵才连呼带喘地走了回来。联络员向他们说："没关系，我们只是不准你照相。"这时那个大尾巴的上校才急忙地拾起丢下的照相机，上了小吉普，开足马力向南逃去。

三年多的抗美援朝战争，我们愈战愈强，敌人愈战愈弱，从这许多美国官兵的丑态上面可以得到证明，这是美帝国主义不得不在停战协定上签字的基本原因。

二、志愿军的可爱

抗美援朝的伟大胜利不是轻易得来的。贺龙总团长说：

“慰问团的同志们从我们最可爱的人——中国人民志愿军身上，受到极为深刻的爱国主义与国际主义的教育。……中国人民志愿军发扬了高度的革命英雄主义，广泛地开展了群众性的立功运动。在三年抗美援朝战争中，涌现了30多万名英雄、模范和功臣，有6100多个单位集体立功。在30多万英雄模范和功臣中，有231000余人荣获朝鲜民主主义人民共和国最高人民会议常任委员会颁发的各种勋章和奖章。”正是这许多英雄模范和功臣用生命、用鲜血、用勇敢和机智，把美国强盗打到三八线以南，挽救了朝鲜民主主义人民共和国的危局，保卫了祖国的安全。可歌可泣的英雄事迹，举不胜举，慰问团的其他代表说：“会见了志愿军，好像看见了另外一种崇高、伟大、坚强、热烈和进步的人类。”这话是有道理的，如青年英雄赖永泽跟随部队穿插到敌人纵深，坚守在黑云吐岭的前沿阵地上，一个人在工事里整整坚守三昼夜，打退敌人优势兵力无数次的进攻，杀伤了大量敌人，最后只剩下两颗手雷和两个爆破筒，配合正面主力歼灭了敌人。又如在攻占轿岩山战斗中，由于进攻道路被堵，战士李家发带着炸药包和两颗手榴弹去爆破敌人的碉堡，在解决第一个碉堡时就负了伤，他仍然向前爬行，继续去炸第二个大碉堡。他把炸药包和手榴弹投入碉堡射口，里面敌人的机枪停止了射击，但当部队向上冲时，大碉堡里的机枪又叫起来，在这一瞬间，李家发全身扑上去压在碉堡的射口上，使后面部队能够迅速上去占领了阵地。再如机枪连战士任西和，在反击十字架山战斗中，为了掩护部队冲锋，把自己身体当重机枪架。两只膀子都被枪烫破了，胸部又负了伤，一直坚持到底，终于掩护部队冲上了敌人阵地。最后他牺牲了。他向战友们留下的一句话是：“保卫祖国，为毛主席增光。”还有火箭筒班班长李云峰的英雄事迹，更使人十分感动。在攻占北汉江东岸八八三点七高地的战斗中，突击部队被敌人的铁丝网拦住了，时间很紧迫，在炮弹的爆炸声中，李云峰高呼：“同志们，从我的身上通过吧！”他毫不迟疑地伏在铁丝网上，用身体盖住尖利的铁刺。同志们谁也不忍从自己战友身上踏过去，李云峰又一次催促大家：“同志们，冲上去就是胜利，为了胜利，快从我身上通过吧！”他就这样用自己的肉体铺平了前进的道路，使突击部队顺利地通过三层铁丝网。大家都在李云峰同志这种高尚的自我牺牲精神感动下，以无比的勇敢，攻上了阵地，歼灭了敌人。

我们大家也都知道志愿军的钢铁阵地，就是志愿军建筑的坑道工事。据说朝鲜的山岩特别的坚硬，而志愿军用一双手和通常的铁镐凿成了各种堑壕、交通壕，连接起来的长度，可以从祖国东海岸的连云港起，横越江苏、河南直达陕西的西安，工程的艰苦和巨大，超过万里长城。他们还修了无数个地堡，如果把挖出的土修一条高宽各一公尺的长堤，可以围绕地球赤道一周半。又为了保证前线的供应，志愿军的铁道部队和工程部队，在朝鲜人民和朝鲜铁路员工配合之下，建立了打不烂、炸不断的钢铁运输线。三年来，敌人为了破坏运输线，曾出动敌机15万多架次，投弹约88000多吨，可是我们的运输英雄们随炸随修，始终保证了运输的畅通。到停战前夕，铁道通车线路比1950年底增加14倍，运输效率提高5倍。据说1951年中秋节，前线战士4个人分1个月饼，52年中秋每人吃1个，53年中秋每人吃4个。美帝国主义的“绞杀战”在这奇迹一般的事实面前宣告了彻底的失败，进不能攻，退不能守，企图在停战谈判的桌面上得到补偿，致使停战谈判拖延了很久。1953年7月13日，我志愿军部队在强大炮火和坦克配合下，向金城以南敌人战斗力最强的伪首都师等四个师的阵地同时分路进行反击。仅仅经过一小时的战斗，便突破敌军阵地，我军各部立即以迅速勇猛的动作，插入敌人纵深，直扑敌人的高级指挥所和炮兵阵地，将敌人各个分割包围予以歼灭。在一天之内，就把敌军四个师全部打垮。全线敌军溃不成军，丢盔弃甲、狼狈逃窜，有的连鞋子都来不及穿，赤脚就跑。有的阵地上敌人的机枪还整齐地架着，大炮、汽车、坦克、炮弹、子弹丢得满山遍野，甚至还丢下一架完好的战斗机。我军各路部队以排山倒海之势，向前追击，到14日下午就攻占了金城以南敌4个师的防御阵地220多平方公里，过此往南，敌人就没有什么坚固的阵地了。美帝国主义知道停战谈判再拖延下去决不会有什么好处，才乖乖地在停战协定上签字。所以说抗美援朝的伟大胜利不是轻易得来的。

此外，志愿军部队里面的医务人员、文工队员、担架员以及炊事员，都和指挥员与战斗员一样，在各自的工作岗位上忘我地战斗着。如女护士赵丽珍，在反击战中四天四晚没有合眼，劳累和困倦使她几次晕倒在伤员的床边；同时，胸疼和腹疼地使她难以支持工作。上级和同志们大家劝她休息，她都微笑着回答说：“为了伤员不痛苦，我有点小病算什么！”有一天，她发现一名头部受重伤的伤员脸上发红，气管和喉咙中堆了很多痰不能吐出，呼吸受到阻碍，如果不及时排出就有窒息的危险。她开始用镊子取痰，可是一点也取不出，她非常发急，想了许多办法，最后把一个给伤员喂水用的胶皮管插入伤员喉中，就用自己的嘴吸住，把伤员的痰从胶皮管里吸到自己嘴中，排出了伤员的痰，挽救了伤员的生命。又如炊事员王锡照得到朝鲜老大娘的报告，知道有三个李承晚的特务在附近，可是部队上除了他自己以外，只有司务长成炳勋和一个通讯员在家。他和司务长一商量，让通讯员去和友邻部队联络，他和司务长就带着一枝手枪和两个手榴弹照着朝鲜老大娘指示的方向跑去。果然，发现有三个穿着朝鲜人民军服装的特务藏在一间房子里，其中一个正端着冲锋枪向外了望。王锡照想：“投一个手榴弹，这三个家伙都完了，但不免会伤害隔壁的老百姓。”他又隐蔽了一下，看看司务长离自己还有一百来公尺的时候，便喊起来：“一排向右，二排向左，三排包围房子！”司务长会意，马上打了一枪。这一下，便把端冲锋枪的特务吓住了，立刻缴了枪，三个人一齐投降了。

现在志愿军许多连队都订立了爱国节约公约，如某连队的同志，在两个多月中翻山越岭，从河沟里、泥塘中、被摧毁的敌人的工事内和炮兵阵地上收集废铜，初步统计已经有716000多斤，如按每斤37000计算，就为国家增加了250亿元的财富。又如擦炮布每月发一次，同志们为了节省，将擦过炮的布，用自己的肥皂洗后再用来擦第二次、第三次，有的部队甚至准备擦到第六次。同志们又特别注意节约粮食，在不影响部队健康的原则下每人每日节约一两米。他们在吃饭的时候都很小心，不掉一粒米，做饭的锅巴，晒干后压成粉末渗在面里吃，因为粮食是祖国人民辛勤劳动的果实。这许多事实好像都是小事情，其实正足以表现志愿军同志们热爱祖国的崇高的品质。

志愿军同志又利用一切可能的战斗空隙，帮助朝鲜人民春耕秋收、修渠治水、造屋植林、防疫救灾。此外还把自己节余的粮食、衣服等捐助当地贫苦或受灾的烈军属和居民。在敌机空袭和敌人炮火轰击下，为了保护朝鲜人民的生命财产，许多战士献出了自己的生命。停战以后，志愿军部队又积极帮助朝鲜人民进行恢复和重建工作。这是国际主义高度的表现。中朝人民在战斗中用血肉结成的友谊，因此又得到进一步的巩固与发展。慰问元山市的代表们说，他们回来的时候，朝鲜人民依依送别，男女老幼集体跳舞着，反复回环地唱着下面的四句词：

金刚江水滚滚的流，
英雄们的鲜血没有白流。
金刚江水滚滚的流，
志愿军的英雄事迹永远记在我们心头。

感人的歌声庄严着祖国历史，也永远回环往复地歌唱在全世界爱好和平人民的心头，我们应该从这里体会志愿军的可爱。

三、朝鲜人民的英雄气概和高贵品质

年轻的北朝鲜只有一千多万人口，经过美帝国主义那样严重的破坏和伤害而仍屹立若山，这就不是简单的事情。他们不仅保卫了自己祖国的独立与自由，同时也保卫了中国的安全。朝鲜人民对于远东与世界的和平事业付出了重大的代价，也有了重大的贡献。贺龙总团长在报告里说："1951 年 8 月中旬，敌人为了打开北犯的道路，开始了对于有名的 1211 高地轰击和进攻，一直连续进行了两个多月。在战斗中，朝鲜人民军战士里涌现了许多可歌可泣的英雄人物：如电话员张泰镇，在炮烟弹雨里，用嘴咬着电线头，手拉着另一头，以自己的肉体接通电线，保证了指挥部与前线部队的联系。青年英雄李寿福用自己的身躯堵住敌人的火口，打开了胜利前进的道路，使人民军能够全部歼灭了盘踞在 1052 高地上的敌人。在英雄的人民军重大打击下，敌人伤亡 15900 多人，攻势宣告了惨败。在 1952 年全年中，敌人继续对这个高地每平方公里平均发射 527000 多发炮弹，敌机投弹 4000 多颗，扫射 1800 余次，昼夜不断地连续进行攻击，石头打成粉末，绿山变成黄砂，但是英勇的朝鲜人民军每月平均打退敌人 300 次到 500 次的进攻，彻底纷碎了敌人的狂妄计划，这个高地始终扼守在英雄们的手中，这就是美国侵略军惊呼为'伤心岭'的有名战斗。停战前一个月，敌人在 351 高地上构筑了坚固的防御工事，叫做'刺猪式堡垒'。英雄的朝鲜人民军运用灵活的战术，发动了猛烈的进攻，只用 30 分钟就完全占领了这个阵地，全歼敌人 8000 多名。又如美军海军陆战队第一师和李伪军第八师用两年时间构筑的自称为"不落的高地"的 854.1 高地，朝鲜人民军也只用 15 分钟就占领了，完全歼灭了敌人一个大队的兵力。这说明朝鲜人民军已锻炼成为一支能守能攻的强大力量。"

朝鲜人民的坚强敢决和对于中国人民志愿军的亲切热爱，更是令人感动。如"共和国英雄"金凤来的妻子辛承玉，在金城前线我军不断进行反击的日子里，她曾在炮火封锁线下为来往的部队和朝鲜人民支前队做饭，几天几夜没有睡，但从来没把饭做生做糊和带着沙子；她还照管伤员，喂水喂饭。雨天她宁肯被雨淋着，却把自己的衣服盖在伤员身上；她还曾在来往二十多里的山路上每昼夜五、六趟地抬担架。有一次一颗炮弹在距担架六、七公尺的地方爆炸了，她连忙伏倒在伤员身上，自己的身体被飞起的石片和土块打伤，却安全地保护了伤员。1953 年春天，她刚从前方抬担架回来，美机又去轰炸她的村庄，她的稻田里也中了几颗炸弹，她急忙跑去一看，她的在田里插秧的婆婆已经被炸得血肉模糊了。但是她仍旧没有流一滴泪，和邻人们掩埋了婆婆的尸体以后，更坚决更勇敢地去参加生产和支前工作。又如一个十九岁的姑娘韩桂芝，家里只有一个弟弟，他家住着四个志愿军重伤员。一天，我们的医务人员出去了，她去给伤员洗衣服。刚走到河边，敌人又来轰炸。她立即跑回去，看到房子已经起火。她冒着烈火冲进房子，她不顾弟弟，先把伤员一个个背出来，最后去背弟弟时，可是已经被烧死了。她擦干了眼泪，放开弟弟的尸体，又把伤员一个个安置到防空洞里，还安慰伤员说："你们受惊了，好好休息吧，你们比我的弟弟更重要。"又如在汉江东岸反击"方形山"的战斗中，朝鲜青年农民担架员方元根，在敌机轰炸时以自己的身体保护了志愿军伤员的安全而自己受了重伤。当时，方元根的父亲方兴福正赶到旁边，他没有先去照料倒在血泊中的儿子，马上抬起他儿子所抬的担架，把伤员送到了医院。后来当方元根被送到医院时，由于伤势过重，施行手术无效而牺牲了。英雄的父亲沉痛地说："元根是为了祖国与和平事业而牺牲的，他牺牲得有价值，牺牲得光荣。我并不因为失去了自己的儿子而悲伤，我却为我的儿子做出了这样的事情而感到光荣和骄傲。"贺龙总团长说："这类的事实是说不完的。我们所到之处，志愿军的干部战士们一致怀着崇敬和怀念的心情，向祖国的亲人叙述这些生死团结的光辉事迹，常常是说的人和听的人一同感动得流下泪来。"我们揣想，假定朝鲜人民不是这样的英勇和顽强，不是这样热爱支持志愿军，我们能够在朝鲜战场上取得这样伟大的胜利吗？恐怕很成问题。不能在朝鲜战场上取得胜利，我们祖国能够这样安全地进行大规模建设吗？那也是不能设想的。这样说来，我们固然援助了朝鲜人民，朝鲜人民实际上也援助了我们。贺龙总团长说："中国人民有这样英雄的邻邦，是我们的骄傲和光荣"。

佛教同仁们！美帝国主义虽然在朝鲜战场上失败了，可是决不甘心死亡，它还坚持着侵略政策，用尽一切蛮横无耻的手段，使朝鲜的形势仍然处于严重状态，并随时有破坏停战协定使战争再起的危险，所以继续开展抗美援朝运动在目前是非常必要的。继续开展抗美援朝运动的办法在我们佛教界可以分为两方面：一、思想认识，二、具体行动。在思想认识方面，可以先从这篇文章阅读起，再参考《人民日报》上发表的抗美援朝专刊和其他文件，研究讨论，深刻地认识到美帝国主义强盗们的残暴行为，确定美帝国主义是恶魔。同时还要深刻地认识人民志愿军的英勇事迹和对于祖国人民的伟大贡献，以及朝鲜人民的英勇和朝鲜人民援助中国人民的重大意义。有了这样的认识，对于敌我的界限就会划得非常清楚，划清了敌我界限，才能站稳人民立场，达到中国佛教协会成立会议"进一步分清敌我，明确立场"的要求。

在具体行动方面又可以分为学习和支援两项。学习志愿军克服困难、忘我牺牲的精神，学习志愿军增产节约的精神，以他们的榜样来参加国家的建设工作。学习志愿军热烈帮助朝鲜人民的国际主义精神，以他们的榜样来增进中朝两国人民的深厚友谊。支援方面在我们佛教界应该经常做好拥军优属的工作。例如北京佛教界对于租住寺庙房屋的军烈属都有优待办法，有的房租打折扣，有的全免，逢时过节还分送日用必需品，曾经得到北京市人民政府的奖励。我国佛教徒一向集中在城市，而城市寺庙大都有空房出租，所以北京佛教界的具体行动是可以参考的。又北京佛教界经常把自己的工作情形和祖国的建设写信告诉志愿军。据慰问团的代表们说，志愿军关心着祖国的一切，把祖国人民寄去的信当作宝贝一样珍藏着，因此就起着互相鼓励的作用。佛教同仁们，经常做好拥军优属的工作，和志愿军建立前后方的联系，都是我们可以做得到的。要求并不算高，而对于加强我们佛教界内抗美援朝的运动是有一定的作用和良好的效果的。

（原载《现代佛学》1954年2月号，署名育之）

解放军同志们深深地教育了我

1949年9月底，人民政协闭幕举行庆祝晚会的时候，光未然先生致词的第一句话是："革命胜利，得来不易"。这话好像午夜清钟一样扣紧了我的心弦，以后就常常萦迴脑际。我对于革命胜利得来不易的道理是明白的，但究竟如何不易法，由于没有参加过实际斗争，依旧很模糊。此次光荣地参加了全国人民慰问人民解放军代表团第六总分团至山西慰问，会见了许多长征的老战士和在各个战役里立过功的英雄、功臣与模范，从他们的报告和谈话当中，我才深深地知道，解放前后，无论是大的战役、小的战斗，没有一次不是解放军指战员们冒着千辛万苦，甚至贡献了宝贵的生命才赢得了胜利。

二万五千里长征的英雄故事，如抢渡金沙江、飞夺泸定桥、强渡大渡河、突破天险腊子口等等，大家都知道一些；对于爬雪山、过草地、以及其他一切艰难困苦的情况也可以想像一点。但亲耳听了长征老战士抚摩着累累伤痕亲自的叙述，就不由我们不竦然动容，肃然起敬。据说他们现在都有一点病，神经衰弱和肠胃病居多数。神经衰弱是过去工作过分紧张的关系，肠胃病由于长途奔波不能按时饮食和营养不良。长征的胜利完成，奠定了中华人民共和国的基石。换句话说，没有长征的胜利，就没有中华人民共和国，也就没有我们人民的一切利益。在长征道途上牺牲的战士们，有许多恐怕连遗骨也没办法找得到，现在还活着的英雄们又大都为我们全体人民患着病。《维摩经》卷中云："譬如长者唯有一子，其子得病，父母亦病，若子病愈父母亦愈。菩萨如是，于诸众生爱之若子，众生病则菩萨病，众生病愈菩萨亦愈。……菩萨病者以大悲起。"

《维摩经》里所说的病，当然不是指长征老战士现在的病痛而言，但他们为着全体人民得到解放的幸福而才患病是实在的。把这个事实解释经文，似乎比较深入比较具体些，而从我们佛教徒眼中看来，解放军战士们也就不是通常所说的"兵士"了。

辽沈战役是打得相当激烈的，某部战士特等功臣阎世全为了侦察敌情，了解辽河情况，通过重重岗哨三进新民城，对于胜利有很大的关系。他说：第一次化装为逃亡地主，混过岗哨走到辽河边上，因为同行的一个战士暴露了武器被敌人发觉包围，最后他逃到一个小山上被敌人抱住了，还英勇地歼灭了敌人，完成任务。第二次化装为卖米的老百姓机智地随着一家难民进城，侦察敌人增援的情况，又从敌人口中探得阵地所在，大胆地走到敌人阵地里面去，装作耳聋，瞒过敌人的盘诘，安全地返回部队。第三次在激战的前夕，双方戒备很严，为了侦察敌人攻击的时间和方向，以及武器的性能等等又进了城，回来的时候在第四个岗哨上被敌人扣留，上老虎凳，用电刑，要他说出工作的任务，但他始终只说是老百姓，不承认别的。最后他被带到一个土岗上，走到挖好了的土坑边，敌人严厉地对他说，如再不招认，性命就此完结。他以为完了，心里正在为没有完成任务发急，只听得一声枪响，震动了一下而并没有倒下去，知道敌人是用死威协他，可是他仍旧只说是老百姓，别的一句话也没有说。敌人在他的坚持和镇定面前不能断定他是老百姓或八路军，终于放他走出了魔窟。

在解放西北的扶风战役当中，特等功臣侯林泉和他的一个排，一昼夜急行军一百九十里抢先占领军事要道包围了敌人，取得胜利。后来又步行19天追击马洪逵的几个骑兵团，沿路以大豆酸菜当粮食，还冒着猛烈的炮火，炸毁有35个敌人据守的碉堡，打开解放西北的道路。又如特等功臣姚党林参加某部队过江追击敌人，在进攻江西樟树镇的战斗中，不顾一切，隐蔽七个新同志，自己和一个老同志于5小时内抢救伤员20余人。后来又在广东三水参加奋勇队，以每天走140里的速度走了7天，赶到阳江聚歼了蒋匪帮的增援部队，才把残匪企图逃往台湾的道路截断。

从以上的几个例子，可以知道无论是大小战役，又无论是条件顺不顺利，赢得胜利都不是容易的事。中华人民共和国的自由幸福之花，是解放军同志们的鲜血灌溉出来的。现在许多英雄、功臣和模范又在文化进军的号召下，用战斗的精神加紧学文化。如阎世全同志在1952年上半年还是文盲，现在他已经加入初中班，开始学习代数几何了。又如特等功臣李庆武，他从小就在地主家放牛，13岁参军当情报员，现年22岁，1952年以前也是一字不识，现在他在文化学习上立了三等功。他说，多识一个字就是消灭一个敌人，读会一篇文章就是打毁一个碉堡。又如某部副班长许凤章也是从小没有读过书，开始学习文化以后，患了很严重的胃病，医生劝他住院，他不肯，坚持突击生字，后来病势更重，接受命令住进医院，还是突击生字，有时打了针比较好一点就去参加小组学习，到不能起床的时候，还在床上学写学拼。病好了，全部生字也都学会赶上了大家。他还时常帮助进步比较慢的同志站岗值勤，使能有充裕的时间学文化，别的同志也都受了他的感动努力前进，共同在文化学习上立了功。据速成中学的校长说，功臣模范们进了速成中学，没有一个不是拼着命尽力学习的。他们在一年半之内，从文盲半文盲学完小学六年的功课，又在一年半之内学完初中三年的功课。所以经常要注意学员们的健康，不让他们过分用功。

有一次在一个速成中学的座谈会上，听了功臣模范和一个文化教员的报告，我当时有这样的感想："能够在速成中学教书多么好呀！"教书的工作对我来说并不是陌生的，为什么感觉在速成中学教书好呢，因为我从功臣模范的报告中和他们的言谈举止上发现了一种新的人格，又从文化教员的报告里发现和功臣模范相处对于自己的改进比较快。那个文化教员是小资产阶级出身，因响应抗美援朝的号召参军。参军后即在部队里教音乐、自然、化学等功课。对于提高部队文化是建设现代化国防军的基础认识不够，教起书来不免马马虎虎，有时还想调动工作。后来学员们如饥如渴的求知欲和刻苦自己帮助别人的崇高品质深深地使他受到感动，他就纠正自己教学的态度，尽力想办法帮助学员学习。例如教自然讲到太阳系的时候，学员们记不住行星的方位就编成快板。讲日月蚀，模型还不能解决问题，就利用月蚀的机会半夜起来讲课。教化学把元素符号用方块记，把原子价编成顺口溜，大大缩短了学习的时间。教武器的时候，他没有实际经验，就向学员中的战斗英雄学过后再讲。有一次试验灭火器，硫酸喷出来伤了他的手臂，他坚持不下课，随即改造仪器，又把电铃和蒸气机的原理编成歌，因而他也立了三等功。立功，其实不单是某一个人的光荣，而是全国人民共同的光荣。我们从这许多功绩当中，看见了世界上第二支优秀的现代化国防军的面貌。

我们慰问团的一位副团长曾经对我说，他很奇怪，为什么一个人在没有调到部队去的时候，工作起来不够积极，调到部队里去工作就完全改变了面貌，成为一个生龙活虎的人？接着他又自己解释道，恐怕是部队的优良传统的关系。我补充说，部队里面阶级觉悟高。我们这样的谈话，恐怕不是没有意义的。刘少奇副主席在《论共产党员的修养》一书中说：

共产党员是在不断和反革命的斗争中去改造社会，改造世界，同时改造自己。……在革命的实践中，即是在和反革命的各种成份进行斗争中，发扬他主观的能动性，加紧学习和修养，然后他才能够逐渐深刻地体验和认识社会发展与革命的规律性，认识敌人和自己，并发现他自己原来的思想、习惯、成见之不正确，而加以改正，提高自己觉悟的程度、革命的品质并改善革命的方法等。……为了党的、阶级的、民族解放与人类解放的事业而牺牲个人，以至牺牲自己的生命，而毫不犹豫，以至感觉愉快，这就是最高的共产主义道德的表现，这就是党员最后原则性的表现，这就是党员无产阶级意识的纯洁的表现。

正是这许多表现，形成了解放军部队里面的优良传统，也就是上面所说的新的人格。因此我又感觉到整个解放军部队像一个极大的马丁炉，什么样的铁块投入进去就融化为精钢。又好像一个整个的人，一毛发之微也是痛痒相关，行动一致的。例如节约方面，据军区会计报告，去年冬季的办公费就比秋季节约了40%。工作同志们经常把信封用两次三次，用过的钢笔尖擦洗干净了再用。一位姓李的老战士最关心电灯的开关。每天迟睡早起检查电灯，其实他并不是管电灯的。由于他的关心，去年冬天的电费有了盈余，以前是经常不够的。烤火用煤多余14 万斤，干部们准备自己打煤球留备今年烤火，勤杂人员听到了要包打，干部们就自己做勤杂工作，半个月打完，节省四百多万圆，炊事员又把打剩的煤末收拾了再打，一点也没有浪费。电影放映队的同志说，平常出去放映的时候，装运机器本来是雇三轮车的，为了节约改用大车，去年共节省四十五万圆。据山西军区负责同志说，在1953 年第四季度，军区部队就为国家节约了人民币18 亿4 千多万圆，并将节余的14000 余斤细粮，主动的交还国家。此次学习了总路线，全体指战员们不但对于国内外斗争形势和我国的前途有了更进一层的认识，还纷纷给自己的家庭、亲友写信，宣传总路线，动员他们把余粮卖给国家和参加农业生产合作社。军区司、政、干机关百分之八十的人给家庭写了信。警通营战士动员家中卖余粮，仅据家中来信报告统计，出卖余粮就有59000 余斤。对于购买公债尤为热烈。如军区干部部青年女共产党员张双鸾同志，从每月18 万圆的补贴费中节储100 万元打算买手表，听了购买公债的动员报告后说：社会主义工业化是全国人民的大事，比我买手表重要。就把钱全部买了公债。这样的事情，在部队里面非常之多。

此外，人民解放军不但是战斗队，同时也是工作队的说法，我们在慰问当中也得到了证实。如山西最大的一个国营农场——晋源农场，就是军区的部队于1950 年开辟出来的。该处本来是12000 多亩大的一片水沼，满地芦苇，从来不种粮食，每逢下大雨，周围十多个村庄都要受到灾害。解放军同志克服一切困难，排水修渠42 华里，才把有害的荒塘变为富裕的良田。又全军耕种附近的熟地21776 亩，年终收入除开支外，折合小米1688310 斤，增加了国家的收入，同时也改善了部队的生活。驻在晋北、晋南的部队，还参加了各该地区的水利和铁道工程。仅水利就做工213515 个，开土方59709。

又自中华人民共和国成立，在大陆上基本消灭了反动的武装以后，我们脑子里经常有糊涂的太平观念。朝鲜战场上的停战协定签字后，更加觉得天下太平，可以高枕无忧了。其实被打倒的敌人是死不甘心，它们非但不甘心，而且还在阴谋活动。如山西的一心天道龙华圣教会的头子大姑、三姑等，于1950 年被逮捕后，它们的活动虽然一度消沉，但1952年又以晋城为中心，借口宗教信仰自由，进行特务活动。又利用政府修建古刹的事实，宣传说共产党信了道，尽量发展道徒。自1952年5月到1953年2月，仅长治专区被引诱入道者四千多人，它们就企图暴动。幸而解放军公安部队的同志布置周密，没有酿成事变，30多个道首全部落网，又有三名从江西去联合的道首也一并逮捕。据说在偏僻山区人口稀少的地方还有秘密活动的情况。同时被逮捕的敌人也并不都是老老实实的，其中少数坚决与人民为敌的匪徒，一有机会就发生事故，因此解放军公安部队同志们的工作是非常艰苦的。由于他们的艰苦奋斗才维持了社会的秩序，保障了人民生命财产的安全。

从各部门解放军同志都能在工作中胜利地完成任务上面，我又深刻地体会到一个原则，真诚地为人民服务的群众路线。例如公安部队某连押解犯人至某地劳改时，当地居民因为地势偏僻，不大了解政治，对于解放军同志不大敢招惹。解放军同志在驻地附近打扫道路，教小孩子唱歌，渐渐和当地居民熟识起来。那时正在冬天，有一头驴陷在河泥里很久爬不出来，驴主急得没有办法，刚巧被一个解放军同志看见，就跳下河去帮忙把驴子拉出来。又新年小孩放爆竹烧着了堆在一家屋旁的稻草，看见的人因为都穿着新衣服怕弄脏，谁也不肯上去扑灭，火势愈烧愈大，几乎要烧着屋子了，一个解放军同志跳上去滚灭了火，自己的棉衣服烧了很多窟窿。当地居民经过这样的教育，才和解放军同志们打成一片，亲如家人父子一般。又如1949年4月某部下江南在安徽桐城解放江中铁板洲的时候，洲上居民对于我军还不了解，某连所住房子的房东跑了，连正在下蛋的鸡也不管，解放军同志就每天把鸡蛋拾起来保存好。三天以后，六十多岁的房东老太太回来了，同志们就把鸡蛋交给她。老太太说："你们吃了吧！"同志们立即向她解释："我们是人民的子弟兵，不拿群众一针一线，更不能吃人民的东西。你快快收起来，再看看少了别的东西没有，我们要移防了。"老太太拉了同志们的手笑着说："东西一点不少，我活了一辈子，没见过你们这样好的队伍。要是国民党那队伍，别说几个鸡蛋，连鸡他们也都吃完了。"我们不要以为这是解放军同志们日常生活上的小事情，其实正是打垮国民党取得革命胜利的基本原因。

又解放军同志们对于同志之间的互助友爱也是无微不至的。如某部模范班长董金德，他本来是国民党军队里的炮兵，俘虏过来成为解放军的战士以后，他并不完全明白为自己找到了正当的路，可是副班长徐占成对他很关心。董金德抽烟，徐占成给买；董金德吃不惯小米，徐占成用自己的津贴给买馍吃；董金德没鞋袜，徐占成把自己的给他；董金德出差，徐占成替他；董金德不想干，徐占成劝他，用国民党抓兵的事实教育他。徐占成处处以自己为人民服务的榜样影响他，董金德不清楚这是人民战士的本色，还只当是碰上了好人，为要对得起这样的好人，他在班里干得比较积极，为报答这样的好人，他一次再次地拖延了自己开小差的计划。后来徐占成负伤，他因为勇敢被提升为副班长，但还想动员另一个解放过来的战士一同开小差。那个战士把情况向上级反映，全营就开了董金德的批评会。在会上许多被解放过来的战士用自己的亲身体验劝说他，拿自己所经过的思想变化启发他。董金德这才看见了自己的前途，真诚地向大家表示要彻底改正。营首长接受了他的坦白，在大会上宣布："过去是坏的，只要改正了就好。人民解放军不昧任何人一点功劳、一点才干，副班长的职不撤，仍旧信任你。"董金德原想着就是承认了，一定不是枪决，也起码要关禁闭，万没想到是这样，感动得什么话也说不出，只是连声地说："看俺以后的工作，看俺以后的工作吧！"后来他果然成为模范班长，出席群英大会。解放军部队里这样的温暖，似乎又像春风化雨一样，处处充满着蓬蓬勃勃、活活泼泼的生气。我们佛教徒根据维摩经文，不把通常所说的"兵士"看待解放军同志，应该是正确的态度。

最后，我又感觉到在毛主席的英明领导之下，党、政府和全国人民决不会把任何人为人民为祖国所立的功劳遗忘掉，也决不会把任何人的才干一笔抹煞。为解放军部队里的功臣模范开办速成中学，一再号召做好优抚工作，此次又派遣我们组织慰问团大规模地进行慰问，就是极好的例证。解放军同志们太可爱了，光荣属于他们自已。在他们面前，我只觉得太渺小了。从现在起我想为人类多做一点有益的工作，以减少心头的愧恧。

（原载《现代佛学》1954 年 4 月号）

学习"时事"的重要性

从我们佛教界各方面的情况看起来，加强爱国主义的学习还是十分必要的。本刊五月号育之同志的文章里已经写得非常明白，毋庸再加说明。但是如何加强爱国主义的学习呢？我们以为经常注意"时事"，学习"时事"是最好的办法之一。如此次周恩来外交部长出席日内瓦会议，对于保卫世界和平有着非常重大的关系，我们如果把会议的远因与近因了解清楚，不但可以明白这种重大的关系，同时也能进一步认识国际的大势所趋和我国的光明前途，就可能加强爱国的热情。现在试把召开日内瓦会议的原因分析如下，作为佛教同仁学习时事的参考。

一

大家知道，美帝国主义在两次世界大战中发了财以后，生产消费极不平衡，商品过剩的数量非常庞大，非争夺国外市场不能倾销它的货物，如果市场或销路发生问题，它就等于一个人只吃不排泄，非害严重的病症或死亡不可。所以"市场"和"销路"对于美帝国主义来说，是头等重要的问题。我国地大物博，人口众多，是美帝国主义倾销货物的最理想的市场。在国民党反动统治时期，到处都是美国货，甚至解大手用的草纸也是从美国来的。美国货不是白白送给我们的，它必须保本赚钱，因此美帝国主义在我国市场上倾销的货物愈多，我全国人民的膏血也就流出愈多，造成普遍的贫穷和落后，而美帝国主义则在一旁拍着喂饱了的便便大腹嗤笑我们，说我们不文明，说我们野蛮。美帝国主义的无耻和可恨，即此可见一斑。

毛主席在中国人民政治协商会议第一届全体会议的开幕词中说：

"中国人从来就是一个伟大的勇敢的勤劳的民族，只是在近代是落伍了。这种落伍，完全是被外国帝国主义和本国反动政府所压迫和剥削的结果。一百多年以来，我们的先人以不屈不挠的斗争反对内外压迫者，从来没有停止过，其中包括伟大的中国革命先行者孙中山先生所领导的辛亥革命在内。我们的先人指示我们，叫我们完成他们的遗志。我们现在是这样做了。我们团结起来，以人民解放战争和人民大革命打倒了内外压迫者，宣布中华人民共和国的成立了，我们的民族将从此列入爱好和平自由的世界各民族的大家庭，以勇敢而勤劳的姿态工作着，创造自己的文明和幸福，同时也促进世界的和平和自由。我们的民族将再也不是一个被人侮辱的民族了，我们已经站起来了。……中国人被人认为不文明的时代已经过去了，我们将以一个具有高度文化的民族出现于世界。”可是美帝国主义最不愿意中国人民站起来，也最不愿意眼看着中国人民创造自己的文明和幸福，因为中国那样，就会使它丧失有着5亿以上人口全世界最大的市场。所以美帝国主义曾经用60亿美元的武装、物资装备蒋匪军，并派遣军事顾问团策划向我们人民的解放区进攻。国民党反动政权在大陆上被消灭之后，它又利用蒋匪帮侵占我国的台湾。这说明美帝国主义对于它在我国大陆上的失败决不甘心，也决不甘休，所以乘我建国之初，恢复还没有就绪的时候，亲自动手侵略朝鲜。当它打到我们安东对面新义州的时候，曾经公然否认鸭绿江是中朝两国的国界，同时派出许多飞机轰炸扫射我东北各地。据说当时的美军统帅麦克阿瑟估计我们兵力脆弱，武器陈旧，它们只要跨过鸭绿江，打到东北，我们一定抵挡不住，就会望风披靡，而蒋匪帮就可以被搬回我们大陆上来仍旧替它们奴役、屠杀中国人民，当然它们是不会估计到我们为保家卫国而抗美援朝的。

那个时候，国内有许多对于时代认识不清的人日夜焦虑，惶惶不安，以为第三次世界大战就要爆发，我国将糜烂不堪。而事实证明美帝国主义是纸老虎，它被我们英勇的志愿军和朝鲜人民军打得落花流水，退到原来发动战争的地方，竭立挣扎也不能向北越过我们的防线一步。我们则愈战愈强，非但能守，还能攻，运输线一点也没有问题。几个出色的战役，如上甘岭、伤心岭等等，都显示了我们无比的坚强，像泰山一样无法动摇。美帝国主义在推车撞壁、损兵折将的情况下，不得不承认“四错”，即“错误的地点、错误的时间、错误的敌人和错误的战争。”它们国内和几个帮凶国家之间也都因此吵闹得非常厉害，它才肯接受苏联驻联合国代表马立克的建议，在板门店的篷帐里坐下来和我们商谈停战。有人说：“帝国主义肯坐下来和它的对方谈一谈，就表示它内心里已经承认了失败。”这是正确的。因为美帝国主义侵略朝鲜的主要目的在于向我国进攻，而现在倒反要坐下来和我们商谈停战，心里面实在是万分不愿意；这种不愿意也表现在停战会议上。它希望在战场上得不到的东西能够在会议桌上得到，所以制造种种借口、障碍和撒播许多谣言，用来威胁我们。我们既然在战场上打胜了它，当然不会在会议桌上屈服或上当。最后金城战役在一天之内就把敌军四个师全部歼灭，攻占敌人最坚固的防御阵地220多平方公里，使美帝国主义惊惶失色，无所措手足，它才又熬着万分的不愿意，在停战协定上签字。朝鲜停战缓和了国际紧张局势，增强了和平阵营在国际间的威信。尤其是我国，在解决亚洲的问题上，已有举足轻重之势。

二

美帝国主义在朝鲜既不能战，又不愿和，就只有“拖”。它希望在“拖”的过程中保持紧张局势，占一点便宜。停战协定签字后，美帝国主义在各种问题上要的把戏，就是“拖”的手法，也就是不让一切问题痛痛快快解决。可是现在“拖”也很难拖下去了。例如禁运问题，本来是美帝国主义在朝鲜战争中用来钳制它的帮凶国家的阴谋，受害的帮凶国家很多，如果朝鲜问题长此拖延，禁运问题当然得不到解决，许多帮凶国家还要受害下去。要是那些国家在忍无可忍之中起来拆美帝国主义的台，那么它将更加丧失国际地位，所以在朝鲜问题上酝酿着再谈的趋势。

其次是印度支那问题，主要是越南民主共和国与法国的问题。据《世界知识》1954 年第 5 期的一篇文章里说：自 1946 年 12 月 19 日，法国殖民者撕毁了在同年 3 月 6 日与 9 月 14 日和越南民主共和国签订的协定，背信弃义全面进犯越南以后，到 1953 年 11 月 20 日止，越南人民军歼灭法军的总数达 320026 名，其中将级军官四名，上校军官 22 名；缴获敌军各种武器共计 89100 多件，击毁敌机 258 架；解放土地 78000 多平方公里。越南人民军并把越北根据地扩展到北至我国边界，南至寮国边界，除河内、海防周围的红河三角洲以外，完全打成一片。最近解放奠边府，拔除了法国殖民者插进去的一把刺刀，更无内顾之忧。同时在敌后心脏地区也建立了许多游击根据地，巩固和发展了敌后地区的游击战。法国侵略者在越南的精锐部队损失很大，补充不易，加以保大伪军的拼凑困难，使得法国侵略军丧失主动，到处挨打，陷于顾此失彼，拆东樯补西樯的困难境地。去年五月底法国政府为了挽救被动挨打的岌岌可危的战局，改派一个专干特务活动的享利·纳瓦尔去当侵略军的总司令，希望他拿出一套办法来，转危为安。纳瓦尔果然有一套办法，就是所谓“纳瓦尔计划”。当这个计划宣布的时候，法国和美国的官方报纸替它吹得天花乱坠，好像越南人民军在纳瓦尔面前束手无策，马上就会溃败似的。结果纳瓦尔的扫荡计划非但没有实现，并且他手里的机动部队，还是照以前一样整营整连被消灭。奠边府那个特别坚固的据点被越南人民军解放，一方面显示越南人民军攻坚战已经到达了十分威武的阶段，一方面也表明在越南战场上，法国殖民者也像美帝国主义在朝鲜战场上一样，毫无办法。

法国人民大都是看清楚这一件事情的。他们的国库本来就很空虚，七八年来，为了越南战争，每天平均要消耗 20 亿法郎，每年要花费 7 千到 8 千亿法郎，这个数目为法国所得到的美援的两倍。如果再打下去，法国人民在金钱和人力两方面的负担更重，而且看不出有什么前途，因此他们大都厌恶侵略越南的战争，称为“肮脏的战争”，要求政府和越南人民共和国谈判，从速结束战争。但是现在的法国当权者是为垄断资本家服务的，垄断资本家有很多财产在越南，不肯放弃。同时我们还要知道一件事情，就是此次法国外交部长皮杜尔出席日内瓦会议，西方的记者们挖苦他为“没有行李的旅客”，这个意思是说法国已经没有什么谈判的本钱了，因此法国要处处将就美国大老板的意见，而美帝国主义是不愿意印度支那停战的，这就是印度支那问题一直没有得到解决的原因。不过战争拖下去，必然加重法国人民的痛苦，而痛苦愈重，反抗力也愈大，法国当权者对此不能熟视无睹。又法国虽然没有什么本钱了，但究竟还是独立国家，美帝国主义用支持印度支那战争的手法抢夺法国的权益，如果超过限度，法国政府是要考虑的。如美帝国主义要替法国在越南训练军队，法国就表示拒绝。这是法国政府的苦闷，亦即印度支那问题还可以坐下来谈判的可能性。至于美国对于法国政府也是有顾虑的，因为现在的法国政府基本上很脆弱，如果压力太重，一下给压垮了，再起来组阁的一定不是进步派就是中立派。进步派不会跟美国走，中立派对美国也不利，所以它就不能不对现在的法国当权者有所迁就，这又是和谈可以召开的另外一个因素。

英国虽然是一个老大帝国，而在第二次世界大战中弄得精疲力竭，美国就用租借法案、援助计划等挟制英国，夺取它的殖民地和海上霸权。美国首先把加拿大从英国拉开，然后通过美澳新公约把澳大利亚和新西兰纳入美国的轨道。在印度，美国也已在贸易中赢得优势，并正在扩张其经济、政治的入侵。在埃及、巴基斯坦、约旦、伊拉克、伊朗、希腊和塞浦路斯等国，英国本来占有控制的地位，且随着法国的衰落，在叙利亚和黎巴嫩两国也占优势，而现在英国只在约旦、伊拉克和塞浦路斯维持着优势。美国已把阿拉伯诸国、以色列、土耳其、希腊纳入它的势力范围之内，而且通过施舍克里的独裁在叙利亚扩张其势力，通过支持纳吉布的独裁在埃及扩张其势力，通过萨希迪的独裁在伊朗扩张其势力。因此许多头脑清醒的英国政治家们都一致认为：美国公开制造对人民民主国家和共产主义进行冷战的烟幕，目的是在于对英帝国进行“秘密的冷战”。由于英国经济衰弱，从1945年到1953年，每届英国政府都受美国的津贴，英国就不能不割肉补疮，饮鸩止渴了。现在美国想利用印度支那战争组织什么“联合行动”，其目的之一也是在于进一步夺取英国在印度、缅甸、锡兰、马来亚等国的市场。而英国在印度等国还保持着支配地位，并且也就是英国的生命线，如果完全给美国佬抢去了，大英帝国就会垮台。所以不久以前印度、缅甸、锡兰等五国总理在哥伦坡开会宣布不参加“联合行动”，主张在印度支那停战讲和，其实这和英国的态度是有着关系的。英国对于印度支那战争的态度既然和美国不同，当然也是促进和平的一种因素。不过印度支那旁边就是英国的马来亚，如果印度支那的停战实现而法国牺牲的利益太多，可能会影响到马来亚的局势，所以英国在这方面是采取审慎态度的。

自从朝鲜停战以后，美帝国主义的生产就一直下降，面临着严重的经济危机，据美国官方透露的消息，积压在仓库里的销售不出去的工农产品总值1千亿美圆左右，因此许多工厂纷纷裁员减薪或者倒闭，完全失业的人数已超过5百万，如果连半失业的人数加在一起可能超过1千万。据说现在美国只有催账公司最发达，一个芝加哥催账公司的职员说："在我们27年来的营业中，从来也没有见过这种情况。在过去30天到60天时间内，交给我们催索的账目的数目有可怕的增加。"在许多大小城市里，债户们因无力偿还债务而被债权者拿去其他东西作抵偿的现象越来越多，因纠缠不清而提起诉讼的案子也不断增加。那些有工作而不至于欠债的人则不敢多花钱，因为怕一旦失业，无法生活。纽约"先驱论坛报"说："美国人现在由于经济萧条而产生的惊慌，比任何时候都厉害。"这种惊慌也深深地引起别国政府和资本家们的警惕，他们深恐美国的经济危机会影响到自己，就不敢过分依赖美国而想另打主意，这也是走向商谈的原因。

三

朝鲜停战，使国际间的关系发生巨大的变化，使全世界人民都认识到任何国际争端是可以通过和平协商的方法求得解决而不必诉之于战争的，和平的力量一天比一天强大，迫促着美帝国主义不能不改变它的手法，因此它同意召开1月25日至2月18日的柏林四国外长会议。莫洛托夫在四国外长会议上第一次的发言中，开头就说：

> 朝鲜战争的停止和停战协定的签订，是不能对之估计不足的。而朝鲜战争的停止和停战协定的签订，首先要归功于中华人民共和国和朝鲜民主主义人民共和国的主动。这件事无论在亚洲、无论在欧洲或美洲，都产生了良好的影响。

莫洛托夫这样说，其用意可能是在提醒参加柏林会议的美、英、法三国代表，考虑一下国际的实际形势而在会议中开诚布公地商谈问题。莫洛托夫在这方面所作的努力是很大的，他主张首先讨论缓和国际紧张局势的措施和召开五大国会议的问题，并提出了相应的具体积极建议。这个建议遭到美国代表杜勒斯的反对，他说："美国反对举行五大国会议来结束国际紧张局势的概念。"因而主张柏林会议对召开五大国会议的问题不作任何决定。美国的那种态度引起了一切关心和平的人们的指责，而现实的局势，特别是朝鲜和印度支那的局势，已经不容许对召开五大国会议再行拖延了。这一切情形，尤其是莫洛托夫外长耐心地在柏林会议上所作的努力，使得美、英、法三国政府，特别是美国政府终于不得不同意召开中、苏、美、英、法及其他直接有关系的国家的会议来讨论朝鲜问题和印度支那问题。这甚至连美国、英国和法国的通讯社也都承认是苏联争取协议的努力所获得的成就。关于欧洲问题，莫洛托夫也都提出了公平合理的积极性建议，如对德和约、对奥和约、保障欧洲集体安全的全欧条约等，都是真正符合各国人民的利益的，虽然遭受杜勒斯等人的反对未能取得协议，但它已和杜勒斯等人蛮不讲理的言论同样地提到世界公众舆论的面前。谁指出了人类光明的前途，谁阻塞着社会进化的道路；谁真诚为和平而努力，谁把人家的鲜血喂肥自己，只要稍有一点社会常识的人，一定分别得出。所以莫洛托夫的建议，在全世界人民心中已经引起了基本的影响，使广大的爱好和平的人民卷入和平运动之中，形成了力量。

总起来说，柏林四国外长会议是有成就的：第一、恢复大国协商的道路，扭转了反对协商的趋向；证明过去要求协商是对的，并且可以不断的取得胜利，因而加强了和平运动的信心。第二、实际承认了我国在国际间的地位，离开中国不能全面的解决问题，特别是在远东问题上。第三、暴露了帝国主义之间的矛盾和美帝国主义的丑恶面貌。莫洛托夫在关于柏林四国外长会议结果的声明里说：

正是在过去五年之中，使中国人民摆脱了外国帝国主义的暴力统治的中华人民共和国，不但成立了，而且也巩固下来了。这一事实使整个亚洲的局势发生了根本的变化。这一事实对于整个国际关系的进一步发展具有极其重要的作用。正是对于中国，过去和现在都特别顽固地、极端荒谬地采用了‘实力政策’。然后恰恰就在这里，这种政策的失败具有特别的说服力。

朝鲜停战协定的签订，有助于国际紧张局势的缓和，这就使得苏联有可能提出进一步缓和国际紧张局势的问题。柏林会议的召开本身就证明了：在目前的条件下，这种可能是存在的。大家也都知道，在美国，某些参议员批评杜勒斯，特别是他们认为杜勒斯在对中国的问题上表现得过分软弱。这些参议员留恋过去，他们恨不得伟大的中国人民仍然处于半殖民地国家的地位，受外国资本的无情剥削。然而，这样的时代是永远过去了。让我们希望这些参议员也能了解到这一点吧。根据以上所说各点，我们可以做出一些肯定的结论。当然，不应该过高估计柏林会议的结果。尤其是因为柏林会议的结果如何，事实上只能根据会议上所同意召开的日内瓦会议的结果才能加以判断。不过，我们不能不考虑这样一个事实，就是大国会议长期中断达五年之久的情况，现在已经结束了。柏林会议已经举行了。这个会议有助于澄清几个国际问题，并铺平了美、英、法、苏联和中华人民共和国代表与其他国家代表举行会议的道路。苏联政府所采取的措施的目的在于缓和国际紧张局势，也就是在于巩固和平。事实说明，这些措施并不是没有成果的。一切都说明，苏联政府所奉行的政策有助于巩固苏联以及整个民主阵营的国际地位。莫洛托夫的声明，一点也没有夸大，但是美帝国主义并没有能够如愿以偿，因此它还千方百计想法破坏柏林会议的成就和日内瓦会议。像什么太平洋公约、联合行动、李承晚叫嚣北进、以及在太平洋公海里大规模试验氢气弹武器等等，都是一贯的吓诈手法，企图对日内瓦会议起破坏作用。但是它不敢不去日内瓦开会，也不敢更改开会的日期；关于主席问题和议事规则等问题，由于莫洛托夫的努力，也并没有像会前杜勒斯所布置的那样不能达成协议。在讨论朝鲜问题和印度支那问题上，杜勒斯的发言很不受重视，相反的，周恩来外长的声明和朝鲜民主共和国南日外务相的建议则发生了强大的作用。据说4月29日杜勒斯在会议上叫嚣联合行动，只有泰国的代表鼓掌。杜勒斯一看风头不顺，就匆匆逃会返国，西方的记者们都认为是美国外交史上最大的失败。当然，杜勒斯是不会死心的，他回国以后所要的一套，仍旧是讹诈恐吓，拼命破坏日内瓦会议，企图加紧国际紧张局势以挽救致命经济危机。我们要知道，和平不是轻易能够得到的，必然有许多曲折的道路；但东方的和平已从朝鲜停战显出了曙光，全世界的持久和平或者会从东方开始。

四

上面三段，把目前的国际形势和召开日内瓦会议的远因与近因描绘了一个大概，一定还有许多疏漏的地方。如果我们认识到召开日内瓦会议的近因是柏林四国外长会议，而远因是朝鲜停战协定，那么对于抗美援朝的伟大意义才能够有比较全面的体会，也才能够更深一层地体会到毛主席所说的“我们的民族将再也不是一个被人侮辱的民族了，我们已经站起来了”的意义。同时对于毛主席所说：“我们的民族将从此列入爱好和平自由的世界民族的大家庭，以勇敢而勤劳的姿态工作着，创造自己的文明和幸福，同时也促进世界的和平和自由。”才会感觉着意味咀嚼不尽。这就是祖国的光明前途，这就是祖国的可爱之处。

抗美援朝之所以取得伟大胜利，由于毛主席领导的正确，由于全国人民热烈的支援；在这热烈的支援里面也有我们佛教徒的一片心，一份力。现在，我们更应该积极起来支援祖国的建设。因为只有把祖国建设好了，美帝国主义才不敢碰我们，我们在外交上才能取得更加光辉的胜利，以巩固世界的持久和平。佛教同人们，支援抗美援朝是光荣的，积极起来支援祖国的建设将在光荣上增加光荣！

（原载《现代佛学》1954年6月号）

体验民主生活，努力宣传讨论宪法草案

《中华人民共和国宪法》（草案）公布之后，中国佛教协会代理会长喜饶嘉措大师著文发表感想说：

《中华人民共和国宪法》（草案）的公布，是中国人民政治生活上的空前大喜事，全国无分城市、乡村、海岛、草原的各族人民，都投入了学习的热潮。这个宪法草案是以共同纲领为基础，又是共同纲领的发展。它纪录了和巩固了我国人民革命和建国以来的经验与成果，同时它依据了我国国家性质和经济关系，反映了国家在过渡时期的根本要求和人民建设社会主义社会的共同愿望。因此，它是中国人民过渡到社会主义社会的指南，是极端符合全国人民长远的、共同的、最高的利益的根本法。我深信它一定获得全国人民的热诚拥护与支持。

喜饶大师对于宪法草案的体会是非常深刻的，可以作为佛教同仁宣传讨论的参考。我们知道，前清末年曾经有过两个类似宪法的东西，即光绪三十四年颁布过的《立宪大纲》和宣统三年宣布的《十九信条》。这些所谓大纲和信条，名曰立宪，其实都是巩固“君上大权”，丝毫没有民主的成分或气息，当然不成其为宪法。前清被推翻后，又出现过几个约法，例如民国元年（1911 年）孙中山先生的南京政府曾经颁布过《临时约法》。这个约法不仅不能使我们满意，而且也不能使中山先生本人满意，他说过：“在南京订出的约法里头，只有中华民国主权属于全体国民那一条是兄弟所主张的，其余都不是兄弟的意思，兄弟不负责任。”但是袁世凯已经觉得对他的约束太大，因而他在民国三年（1914 年）颁布了《中华民国约法》。民国十九年（1930 年）阎锡山在太原和北京召集扩大会议，颁布了《扩大会议约法》，民国二十年（1931 年）国民党也颁布过所谓《训政时期约法》。约法从法律形式上讲并不是宪法，更不用说从内容上讲了。形式上经过立法机关通过并正式颁布作为宪法的只有民国十二年（1923 年）曹锟的宪法和 1946 年蒋介石的宪法。这两个宪法的内容都是反人民的，而且在当时就是非法的。曹锟宪法颁布时，就不仅受到全国人民的反对，而且孙中山先生领导的南方政权也不赞成，因此它并未能实施于全国。蒋介石的宪法颁布时，也受到全国人民的反对，而且当时已有广大的解放区，这些地方的政权都不承认它，所以它在法律上并未能在全国范围内生效。因此，那两个所谓宪法就法律上讲都不能算作宪法，如果再就人民的利益来说，就更加不成其为东西了。因为它们都是抄袭欧美资本主义国家宪法的条文，完全为地主官僚和资本家服务的。为地主官僚资本家服务，就是压迫和剥削广大的劳动人民；所以那些所谓约法和宪法，是不敢拿出来给大家讨论的，广大劳动人民根本就不知道那些所谓宪法。

我们的宪法草案起草过程就和那些所谓约法宪法完全不一样。自从1953年1月13日中央人民政府委员会第20次会议通过的《关于召开全国人民代表大会及地方各级人民代表大会的决议》中，规定成立以毛主席为首的《中华人民共和国宪法》起草委员会，进行宪法起草工作，就不断在政协全国委员会的各个工作部门征求各方面的意见，到1954年3月23日毛主席代表中共中央提出《中华人民共和国宪法》（草案）初稿，可以说整整酝酿了一年的时间。提出以后，经过宪法起草委员会周密研究和讨论，并组织了各方面人士8千多人参加讨论，到6月11日完成宪法起草的工作，差不多经过三个月的初稿讨论时间。由于参加初稿讨论的人士代表性非常广泛，提出的意见很多，其中比较正确合理的意见大都吸收在宪法草案里面。6月14日中央人民政府委员会第30次会议审查通过后，又决定把这个宪法草案公布并在全体人民中展开广泛的讨论，以便收集更多的意见，再作修改，准备提交第一届全国人民代表大会第一次会议审查。这样充分的高度的民主精神，在资本主义国家是没有的，在我国历史上也是从来没有的，所以喜饶大师说是“空前”。

又宪草上规定全国人民代表大会是最高的国家权力机关。它的权力非但可以修改宪法，制定法律，选举和罢免中华人民共和国主席、副主席，决定和罢免国务院总理、副总理等等；而且还有一款规定了“全国人民代表大会认为应当由它行使的其他职权”，也就是说，它的权力无限大，谁也不能干涉它。但是第三十八条又规定：“全国人民代表大会受代表原选举单位的监督。原选举单位有权按照法律规定的程序随时撤换本单位选出的代表。”这说明全国人民代表大会虽然有那么大的权力，而构成全国人民代表大会的每一代表都必须服从原选举单位即人民群众的意见，否则按照法律规定随时可以撤换，那么最大的权力还是属于人民。至于主席，虽然统率全国武装力量、担任最高国务会议和国防委员会的主席，但他执行职务必须以全国人民代表大会或全国人民代表大会常务委员会的决定为依据。我们如果回想一下曹锟的解散国会，蒋匪帮的祸国殃民，以及资本主义国家国会的形同虚设，就更可以体会到“人民当家作主”的意义是何等的严格，何等的丰富，又何等的宝贵，所以喜饶大师说是“大喜事”。

我们如果再就宗教信仰自由那一条的产生经过来说，就更加可以知道喜饶大师所说的“空前大喜事”是十分有意义的。去年8月，中国人民政治协商会议全国委员会宗教事务组为了征求宗教界对于在宪法里面制定有关宗教信仰条文的意见，曾经召集宗教界人士开过几次座谈会，当时先参考各民主国家的宪法。如苏联宪法第124条规定：“为保证公民信仰自由计，在苏联实行政教分离及教育与宗教分离。一切公民皆能自由举行宗教仪式或进行反宗教宣传。”此外在保加利亚、匈牙利等国的宪法里也都有类似的条文。当时大家以为我国的宗教情况和苏联等国不同，不能照抄。如我国宗教和教育的关系本来就不大，解放以后，少数由宗教界掌握的学校皆已收归政府办理，也就没有规定宗教和教育分离的必要；而西藏地方历来政教不分，如果规定了宗教和政治分离，就会影响到民族的团结，所以也不必规定。至于反宗教宣传，由于我国汉族宗教徒信仰宗教和宣传宗教的方式与其他国家不尽相同，少数民族的信仰宗教又与汉族不同，所以也没有规定的必要。对于“自由举行宗教仪式”一项，有人主张增加，有人不主张增加。主张增加的人说，有许多人认为宗教信仰只是思想上的事情，如果不增加这一项，则举行宗教仪式可能会受到干涉，影响宗教政策的贯彻，所以需要增加。不主张增加的人说，宗教信仰自由六个字言简意赅，包括的范围很广。如果有人认为信仰只是思想上的事情，那是他了解不够，不是宗教信仰自由的规定有什么不够。如果增加了“自由举行宗教仪式”，也可能被误认为只有举行宗教仪式的自由，其他宗教活动就不许可，宗教信仰倒反受了限制，所以不必增加。这两种意见当时没有得到一致，都由宗教事务组提供宪法起草委员会参考。

宪法草案初稿上没有在宗教信仰自由下面增加“举行宗教仪式”一项，展开讨论的时候，又有人主张加上，经过反覆的辩论，最后根据各宗教内部的实际情况仔细分析，大家同意以不增加为是。因为解放四五年来，全国各宗教信徒的思想情况极不一致，时常发生宗教仪式妨碍生产、阻塞政令的事情，如果在宪法上明文规定了自由举行宗教仪式，可能会助长宗教界内某些落后的现象，而造成宗教信徒与人民群众的对立，对于宗教信仰当然没有好处。但为着明确起见，照苏联等国的宪法把宗教信仰自由单立一条，则有百利而无一弊，这就是宪法草案第88条产生的经过。宪法草案第88条虽然只有短短的17个字，但充分保证了宗教信仰自由，并且为各宗教信徒的进步排除了障碍。不久，宪法经过全国人民代表大会通过，明令公布以后，宗教政策将进一步得到贯彻，那是很自然的事情。

北京佛教界从6月28日起，已经热烈地参加宪法草案的宣传和讨论。他们准备在两个月内，初步明了宪法的主要内容和基本精神，以及认识到国家制定宪法这一事件的重大政治意义，从而提高政治觉悟，爱国热情，进一步体验民主生活，分清敌友，为实现国家过渡时期总任务而奋斗。北京佛教界这样的努力，也是值得全国佛教同仁参考的。

宪法草案的内容非常丰富，不是短短数千言所能说得明白，也不是随便讨论几次就可以完全懂得的，我刊拟在下一期发表有关宪法基本精神的文章给佛教同仁作参考。同时希望大家注意人民日报有关宪草的社论和阅读一些其他参考资料，如最近期的《中国青年》、《时事手册》等，对于讨论宪法草案一定很有帮助。

（原载《现代佛学》1954年7月号）

我们的宪法草案是以大安乐与人民的正法

一

《大乘本生心地观经》卷二《报恩品》云：

是大圣王以正法化，能使众生悉皆安乐。圣王能生治国之法，利众生故。譬如长者唯有一子，爱念无比，怜愍饶益，常与安乐，昼夜不舍；国大圣王亦复如是，等视群生，如同一子，拥护之心，昼夜无舍。如是圣主名正法王，以是因缘成就十德：一名能照，以智慧眼照世间故；二名庄严，以大福智庄严国故；三名与乐，以大安乐与人民故；四名伏怨，一切怨敌自然伏故；五名离怖，能却八难，离恐怖故；六名住贤，集诸贤人评国事故；七名法本，万姓安住，依国王故；八名持世，以天王法持世间故；九名业主，善恶诸业属国王故；十名人主，一切人民王为主故……若有民能行善心，敬辅仁王，尊重如佛，是人现世安稳丰乐，有所愿求，无不称心。

经文对于什么是治理国家的正法，和如何拥护正法，解释得非常明白。根据这段经文来学习我们的宪法草案是非常有意义的。因为由毛主席亲自领导而制订出来的宪法草案，正是以“大安乐与人民”，“集诸贤人评国事”的正法。至于经文里面所提到的国王或圣主是就当时的社会制度说的，当然不能和人民的领袖并作一谈。现在把宪法的基本精神和主要内容叙述如下。

二

宪法是一国的根本法，草案就是宪法的稿本。在我们的宪法草案里，体现了人民的意志，把有利于人民民主的社会制度、国家机构、公民权利和义务规定下来，以巩固人民民主政权。关于宪法草案上面的若干用语，在叙述之先，还应略加解释。一、宪法的宪字，其意义为“法”，再加一个法字就是“法之法”，所以宪法本身也是一种法律，而和其他法律不同。其他法律如劳动法等等要根据宪法才能制定，而且劳动法只规定工人阶级的权益和义务，不能涉及其他方面。宪法就不然，它所规定的，不是个别的事情、个别的行为或个别的制度，而是全国公民必须共同遵守的大经大法。全国人民代表大会是国家最高权力机关，有权制定或修改宪法，但在制定宪法之后，修改宪法之前，人民代表大会本身也受宪法的约束，也要遵守宪法，因此宪法叫做“根本法”，或称“母法”。二、解放之前，少数剥削阶级是统治阶级，它用国家权力来压迫劳动人民和镇压民主与社会主义的力量，严重地伤害广大人民的利益，所以是反动的。现在，以工人阶级为领导的全体人民是统治阶级，它用国家权力来对过去的统治阶级专政，镇压他们的反抗，又用来推动社会进步，从过渡时期过渡到社会主义社会去，深深地符合人民大众的利益，所以是革命的。三、社会制度或称社会结构，就是构成社会的基本内容，其中主要规定阶级关系和政治制度，亦即国体与政体。宪法草案第一条规定：“中华人民共和国是工人阶级领导的、以工农联盟为基础的人民民主国家。”这是国体，亦即我国目前的阶级关系。第二条规定：“中华人民共和国的一切权力属于人民。人民行使权力的机关是全国人民代表大会和地方各级人民代表大会。全国人民代表大会、地方各级人民代表大会和其他国家机关，一律实行民主集中制。”这是政体，亦即我国的政治制度。这政体与国体合起来，就是我国目前的社会制度，从而产生其他的规定。四，国家机构就是指国家的权力机关（全国人民代表大会和地方各级人民代表大会）、行政机关（政务院和地方各级人民委员会），和司法机关（法院和检察机关）等而言。宪法的任务之一，就是要调整这些国家机构之间的关系，规定它们的组成、职权、活动方式等等。

我们知道，资本主义国家也有宪法，也说宪法是国家的根本法，并且标榜他们的宪法是代表全体国民的意志的。事实上资本主义国家的宪法只是为资产阶级服务的，其目的在于维护资产阶级既得的利益，把剥削制度规定下来，作为永远压迫劳动人民的工具。在资产阶级的宪法里也规定选举权，但同时又规定了文化程度、财产、纳税额等项来加以限制，使得参加国会或议院的所谓代表或议员，只有资产阶级和他的喽罗们才有资格当选，他们就在这样的情况下通过和公布宪法。我们如果回想一下蒋匪帮召开国民大会前后的奇形怪状，不就可以明白他们所说的民主或代表全体国民意志的话完全是骗人的吗！因此他们不敢在宪法上规定阶级关系，也不敢明文规定所有制，有的甚至于不敢把公民的权利和义务规定出来。照《大乘本生心地观经》来说，资本主义国家的宪法，既非由“贤人”集体所产生，也不能以大安乐与人民，实在不是治理国家的正法。

我们的宪法草案第二条规定国家的一切权力属于人民，第85条又规定中华人民共和国的公民在法律上一律平等，第86条对于选举权和被选举权的规定，也完全没有民族、性别、宗教信仰、教育程度、财产状况等等的限制。从过去几年的各级人民代表会议和此次的普选看来，我国是真正实行人民当家作主的民主国家。宪草的许多条文正是这种精神和成果的纪录，即将召开的全国人民代表大会也必定是由真正能够代表各阶层人民意志的代表所组成。《大乘本生心地观经》上所说的“集诸贤人评国事”，本来是一个伟大的理想而在我国见之于事实。又每一个人从生下来就不愿意受人压迫而希望过自由幸福的日子的，则所谓人民的意志，应该也就是反对压迫，废除剥削的意志。现在我们的宪法草案上已经明文规定依靠国家机关和社会力量，通过社会主义工业化和社会主义改造，保证逐步消灭剥削制度，建立社会主义社会。这是符合全体人民意志的伟大目标，也是全体人民共同奋斗的指南针，因此把国体、政体以及所有制等规定出来是十分必要的。依靠这个规定，贯彻在国家的每一项措施里和全体人民的日常行动中去，才能达到目标，完成伟大的任务而以大安乐与人民。这样说来，我们的宪法草案应该就是《大乘本生心地观经》上所说的治理国家正法。也就是消灭个人主义的贪瞋痴而到达集体主义的无贪无瞋无痴的十善的国家。

三

就目前国际的情况来说，宪法只有社会主义和资本主义两个系统，没有第三个系统。如上文所说，我们的宪法草案既然和资本主义国家的宪法大不相同，当然不属于资本主义系统而是属于社会主义系统的。再从革命的性质来看，也是如此。因为我国新民主主义革命是属于世界无产阶级革命的一部分；自1954年10月1日起，我国已经结束了新民主主义革命的阶段，进入社会主义革命的阶段；这在宪法草案序言第2段和总纲第4、5、6、7、8、9、10等条已经规定得非常明白。但我们只是在基本上吸取了苏联和其他人民民主国家的先进经验，而没有抄袭苏联等国宪法的嫌疑。我国的宪法草案有其自己的特点，主要有以下三方面：一、我国的宪法草案是切合我国实际的，例如关于民族自治机关的规定，关于四种所有制的规定，关于通过和平道路而进行社会主义改造的规定等等。二、在苏联，社会主义已经实现，虽正向共产主义过渡而比较固定；我们由新民主主义社会过渡到社会主义社会，过渡性很大，变化也比较大，因此许多东西不能规定得太死、太详细。三、苏联宪法把已达到已争得的东西固定下来，不带一点纲领性；而我们的宪法草案基本上也是反映过去革命的成果，但由于处在过渡时期，就不能不在宪草里面规定了一些今天还没有完全实现，但已经开始在做，不久就会实现的东西，所以又带有纲领性。例如宪草里肯定了今天还有资本家的所有制，还要依照法律保护它，但这不是永久保护，因此宪草里也规定了将逐步用社会主义的全民所有制代替资本家所有制。

写到这里，附带再说一说《共同纲领》与宪草的不同之点，大约可以分为五项：一、《共同纲领》有些条文在当时还是一种要求而今天已经实现了，就不必再来规定；如土地改革在《共同纲领》中规定而且已经实现了，宪法里就不需要再规定，而只规定了保护农民的土地所有权。二、有些条文《共同纲领》中还不能提出，现在则必须而且可以提出；如对资本主义工商业进行社会主义改造。三、《共同纲领》中需要那样规定而现在已经过时了的，必须加以修改；如《共同纲须》中规定“五种经济各得其所”，当时那样规定是合适的，而现在要对资本主义工商业进行改造，在宪法里就不能和《共同纲领》中一样规定，而需要规定逐步用社会主义的全民所有制代替资本主义所有制。四、有些内容是《共同纲领》中可以规定，而宪草中不必规定的；如兴修水利、修铁路等属于生产力方面的问题，《共同纲领》的经济政策中可以规定，在宪草里就不必规定。五、有些内容在《共同纲领》里规定得比较简单，宪草中则要规定得详细些；如四种所有制的问题。宪草序言第三段说“这个宪法以1949年的中国人民政治协商会议共同纲领为基础，又是《共同纲领》的发展”，便说明了这一情况。那么《共同纲领》还要不要呢？我们有以中国共产党为领导的各民主阶级、各民主党派、各人民团体的广泛的人民民主统一战线，就必须有一个共同奋斗的目标，所以《共同纲领》还是要的，但是原来的《共同纲领》必须加以修改。

四

《共同纲领》曾经起了临时宪法的作用，根据几年来社会生活的实践，证明《共同纲领》是完全正确的。从《共同纲领》发展出来的宪法草案，也一定能够从法律上保证我国过渡时期总任务的实现，从法律上巩固国家的进一步民主化，从法律上加强各民族的团结。

大家知道，过渡时期的总任务是我们国家和全体人民的根本要求和共同愿望，宪法上已经作了明确的规定。不久的将来，宪草在全国人民代表大会上通过作为正式的宪法公布以后，它就成为全国人民所必须遵守的法律，这对于实现国家过渡时期总任务，将会起巨大的保证和推动作用。又宪法上规定国家保证优先发展国营经济，对非社会主义所有制指出了具体改造的道路，鼓励公民在劳动中的积极性和创造性，这都将十分有力地保证国家过渡时期总任务的实现，逐步地把我国建设成为繁荣幸福的社会主义社会。

又从宪法草案第二章第一节看来，我国的民主化得到了进一步的发展。因为全国人民代表大会的权力无限大，而选举代表的原选举单位有权照法律程序随时撤换自己选出的代表。这就充分说明了我国人民掌握了国家权力，成为国家真正的主人。此外宪草上还规定了逐步实现公民的民主权利与自由的物质保障，使公民能够真正享受到这些权利与自由。这一切都是在资产阶级国家的宪法里找不到的。国家的民主化是和国家的工业化有密切关系的，宪法巩固了国家的进一步民主化，必然会进一步发扬人民的积极性与创造性，促进国家的社会主义工业化。

我国是一个多民族的国家，除汉族外，其他各少数民族共约四千万人左右。在反动统治时期，他们是根本享受不到任何政治、经济、文化各方面的权利的。中华人民共和国成立以来，各族人民之间的关系有了根本的改变。我国各族人民已经团结成为一个自由平等的民族大家庭。现在在宪草上又把我国民族政策的基本原则，如：民族平等、民族之间和民族内部不准实行压迫、各民族有权使用自己的语言文字、有保存或改革自己的风俗习惯和宗教信仰的自由等，都用法律形式固定了下来。关于聚居的民族，又单独规定了一节“民族自治地方的自治机关”，在自治机关里可以按照法律规定的权限管理本地方的财政，组织本地方的公安部队等。这一切都是“各民族一律平等”的实际说明。

五

属于社会主义系统的我国的宪法草案通过以后，必定会把全国各民族人民更紧密地团结在中国共产党和毛主席的周围，共同通过社会主义改造的和平道路，向着社会主义的目标迈进。社会主义是什么呢？一般说来，其基本特点为：废除生产资料私有制，消灭剥削；没有人压迫人的现象，大家一律平等，每个人都有工作，都有饭吃；每个人依照自己的能力工作，依照劳动取得报酬，即所谓“各尽所能，各取所值”。个人的生活资料仍属个人所有。大家都以劳动为光荣，等等。总之，社会主义就是治理国家的正法的实现，在社会主义社会里，“一切众生悉皆安乐”。我们应该秉承佛陀的教示，“行善心”而“敬辅”之。应该为加强对宪法草案的学习。并为实现宪法草案中所规定的社会主义社会的伟大理想而精进不息。

（原载《现代佛学》1954 年 8 月号）

爱祖国

《共同纲领》规定中华人民共和国全体国民的公德为五爱，第一项就是爱祖国。毛主席说：

我们中国是世界上最大国家之一，它的领土和整个欧洲的面积差不多相等。在这个广大的领土之上，有广大的肥田沃地，给我们以衣食之源；有纵横全国的大小山脉，给我们生长了广大的森林，蕴藏了丰富的矿产；有很多的江河湖泽，给我们以舟楫和灌溉之利；有很长的海岸线，给我们以交通海外各民族的方便。从很早的古代起，我们中华民族的祖先就劳动、生息、繁殖在这块广大的土地之上。……在中华民族的开化史上，有素称发达的农业和手工业，有许多伟大的思想家、科学家、发明家、政治家、军事家、文学家和艺术家，有丰富的文化典籍。在很早的时候，中国就有了指南针的发明。还在一千八百年前，已经发明了造纸法。在一千三百年前，已经发明了刻版印刷。在八百年前，更发明了活字印刷。火药的应用也在欧洲人之前。所以，中国是世界文明发达最早的国家之一，中国已有了将近四千年的有文字可考的历史。中华民族不但以刻苦耐劳著称于世，同时又是酷爱自由，富于革命传统的民族。……中华民族的各族人民都反对外来民族的压迫，都要用反抗的手段解除这种压迫。他们赞成平等的联合，而不赞成互相压迫。在中华民族的几千年的历史中，产生了很多的民族英雄和革命领袖。所以，中华民族又是一个有光荣的革命传统和优秀的历史遗产的民族。(《中国革命和中国共产党》)

毛主席这一段话，从自然环境、革命传统和历史遗产各方面说明祖国的可爱，而在历史遗产之中，就有我们佛教大德的贡献在内。如法显、玄奘、义净诸师的介绍印度文化，对于我国的学术思想都发生了很大的影响。此外在语文、文学、艺术、建筑、天文、医药等部门，历代佛教大德也有不少的贡献。我们不能数典忘祖，也就必须热爱我们的祖国。

解放三年多以来，新中国在各个战线上都赢得了辉煌的胜利，各方面都发生了深刻的根本的变化。我们的国家已经实现了空前未有的人民的统一，有力地击破了美国帝国主义者企图侵占朝鲜并进而侵略我国大陆的狂妄阴谋，使美国帝国主义者不得不接受苏联的建议，同意举行停战谈判，而达成协议。停战协定已经在7月

27日上午10时正式签字了，双方的敌对行动也已于7月27日下午10时起完全停止。为和平解决朝鲜问题完成了第一步的工作，为保卫祖国安全与世界和平奠定了巩固的基石。这就是我国人民统一力量的具体表现。又全国约有4亿5千万农业人口的地区完成了土改，封建主义的基础已被彻底打垮。帝国主义的残余特权已被废除，中国人民被当作掠夺和压榨对象的时代已告完结。全国的工农业生产不仅已经全部恢复，而且一般已超过以往年代的最高水平。国家财政收支已经平衡，全国物价已告稳定。人民的物质生活、文化生活和卫生条件，都有了显著的提高和改进。现在又在这个基础上开始国家建设的第一个五年计划和实行普选。最近，出席中国佛教协会成立会议的昆明代表弘伞老法师回去以后写信给北京的朋友说："四年多未出昆明一步，此次往返南北，凡所见闻，显分两个时代。以前所经，无一不黑暗；现时所见，无一不光明。大多数劳动人民的生活均已改善。只有在无私的共产党和毛主席领导之下，才能得此果实。幸有残生，得遇盛世。"弘伞老法师从心底里说出了他对于新时代的欢喜赞叹，也就是佛教徒应该热爱祖国的另一个最基本的原因。回溯以往，环顾当前，伟大的祖国是值得我们佛教徒热爱的。有了对于祖国的爱，我们的感情才会和现实世间结合起来，我们的聪明才智才会用之于人民群众，才会恢复释迦世尊积极救世的精神，庄严自己的法身慧命，而把超然世外逃避现实的方外思想洗涤净尽。因此中国佛教协会成立会议全体代表一致通过关于筹备工作报告和时事报告的决议，号召全国佛教徒广泛组织爱国主义学习，积极参加爱国运动，实为"惩前毖后，治病救人"而设。传达提纲当中批判了爱国爱教相提并论的模糊思想，和两个立场（人民立场及佛教徒立场），两种敌人（国敌和教敌）的错误提法，也是十分必要的。这里面不妨再加以说明：一、通过爱国才能扶衰救弊，在衰弊还没有扶救好之前，提出爱教，可能耽误衰弊的扶救，所以爱国爱教和相提并论是模糊思想。二、佛教徒是新中国的人民，当然应该站稳人民立场。如果另外还有一个佛教徒的立场，那么，反革命分子里面的佛教徒，就和我们有了一个同一的立场；我们把他当作不同立场的敌人呢？还是当作同一立场的朋友？这就成了很严重的问题，所以错误。三、信仰佛教的人不能强迫人家信佛，不信仰佛教的人也不能强迫人家不信佛，这就是宗教信仰自由，非常合理。我们如果把批评佛教的非佛教徒或改变信仰与不十分虔诚的人当作敌人，那就会闹出很大的乱子，所以也是错误的。指出这样的错误而及时加以纠正，我认为是中国佛教协会成立会议的重要收获之一。全国佛教信徒遵循着这个正确的指示，进行爱国主义的学习，参加爱国运动，一定会有很大的成就，而其具体的表现在划清敌我界限上面。

最近上海市人民政府公安局破获两起帝国主义利用天主教进行破坏活动的案件，

值得我们深切注意。《人民日报》社论里说："爱国的天主教徒已经坚定的站起来了，揭发了帝国主义利用天主教侵略我国的种种罪恶，把一批披着羊皮的豺狼赶出了教会。同时，他们也积极地参加了抗美援朝爱国运动，有的更勇敢地检举了帝国主义分子的间谍特务活动，使人民公安机关能够迅速破案。这些爱国的行动都说明，广大天主教徒的政治觉悟已经提高了，因而获得了各界人民的同情和赞助。但是应该着重指出，由于至今还有一批帝国主义分子窃据着天主教内的神职，对于稍有爱国表现的教徒和神职人员，动辄用摘神权、停止神功、开除教籍、不给领圣体等手段来威吓；因此，天主教内的爱国正气还没有得到充分的发扬，有些教徒还心存疑惧，不敢起来和帝国主义分子作斗争。更有极少数的天主教徒长期受了帝国主义的欺骗宣传，中毒较深，至今仍然看不清帝国主义分子利用宗教进行破坏行动的假面目，而在利诱和威胁之下，参加了间谍特务活动，犯了危害祖国和人民利益的罪行。这就说明清除天主教内的帝国主义分子，对于巩固人民民主专政和保障国家的经济建设是有着重大的意义的；对于天主教徒的爱国运动也是有力的支持。在这一反帝斗争中，少数误入歧途的教徒应该赶快悔悟，毅然决然地和帝国主义分子斩断关系，站到反帝爱国这一方面来。"

这里面指出：爱国的天主教徒协助政府揭发了帝国主义利用天主教侵略我国的种种罪恶，获得了各界人民的同情和赞助。又帝国主义不甘心于他的失败，利用天主教进行破坏活动的阴谋还没有彻底扑灭，需要爱国的天主教进一步努力。又少数误入歧途的人，只要毅然决然和帝国主义分子斩断关系，就可以站到反帝爱国的一方面来。这对我们佛教徒来说，也是非常有意义的。因为佛教和帝国主义的关系虽然没有天主教那么深，但帝国主义及其走狗们并没有忘情于佛教。赵朴初居士说过："去年九月间，在美国操纵下，在东京举行了一个国际佛教大会，发表了荒谬的言论来诬蔑和平民主国家，向我国佛教徒进行挑拨离间。"又如本刊七月号所载福建长汀反动会道门头子萧明生伪装比丘，进行反共反人民的活动，也是一个很鲜明的例子。这就够我们佛教徒提高警惕，严加防范的了。

三年多来，全国佛教徒努力学习，参加各种爱国运动，思想上提高了很多，也初步划清了敌我的界限，但和其他各阶层的人民比较起来还是很不够的。根据目前的情况，我们佛教徒在进一步划清敌我界限这一行动方面，有几项工作应该进行：一、效法爱国的天主教徒，更广泛更深入地清除披着佛教外衣、进行阴谋活动的反革命分子。如以前在浙江慈溪伏法的皓明和尚，就是一个蒋匪帮的特务头子。像皓明那样的反动分子，恐怕还有潜伏在佛教界里面的，我们一定要严密注意，勿让他们漏网。二、协助政府揭发检举反动会道门的罪行。像萧明生那样的反动分子，各地恐怕还有混杂在佛教界里面的，我们要严加区别和防范，勿让他们逍遥法外，贻误佛教。三、发扬各宗积极教义，改变消极自了不问世事的思想和行动，在各种具体问题和工作中划清敌我的界限。如“自鸣清高”的思想，有时会形成愤世嫉俗或玩世不恭的态度，主观上不分别是非善恶，也就没有敌我的界限，可能就是敌人所要寻找和所要钻的空子。又超度被镇压的反革命分子，首先在思想上要寄以同情。对反革命分子同情，就是对革命人民的残酷，这一点如不分别清楚，敌我界限也就无法划分。佛教界里像这类的具体问题和工作很多，我们如果抓紧现实，随时注意，对于进一步划清敌我界限的工作，可能有很大的成就。中国佛教协会成立会议传达提纲里说：“在小组会议中，反复讨论如何参加爱国主义学习和运动问题，一致认识了我们当前的最根本问题，是划清敌我界限问题。此一问题不解决，佛教各项工作都无法进行。”因为敌我界限不划清，爱国就成了空话，自然一切工作就无法进行了。我们应该把传达提纲里面的指示当作座右铭。

（原载《现代佛学》1953年8月号）

爱人民

在释迦世尊成佛以后，最初说法的华严海会当中，文殊师利菩萨就对智首菩萨说："若诸菩萨善用其心，则获一切胜妙功德，于诸佛法，心无所碍；住去来今，诸佛之道；随众生住，恒不舍离；如诸法相，悉能通达；断一切恶，具足众善；当如普贤色像第一，一切行愿皆得具足，于一切法无不自在，而为众生第二导师。"接下去，文殊师利菩萨又向大众开示道："佛子！云何用心能获一切胜妙功德？"我想，当时在场的人听到文殊师利菩萨这样一问，一定肃静无哗，洗耳恭听，或者翘首企足，屏息以待。因为"一切胜妙功德"是佛教徒与非佛教徒大家急于想争取的东西。但是文殊师利菩萨在解答这个问题的时候，并没有传授大家什么法宝，也没有宣说什么秘密经咒，更没有上身出火，下身出水，飞行自在，故炫神奇，只是平平淡淡地说：

菩萨在家，当愿众生，知家性空，免其逼迫。孝事父母，当愿众生，一切护养，永得大安。若在房室，当愿众生，入贤圣地，永离欲秽。求请出家，当愿众生，得不退法，心无障碍。发趾向道，当愿众生，超佛所行，入无依处。见升高路，当愿众生，永出三界，心无怯弱。见趣下路，当愿众生，其心谦下，长佛善根。见斜曲路，当愿众生，舍不正道，永除恶见。若见直路，当愿众生，其心正直，无谄无诳。见路多尘，当愿众生，远离尘坌，获清净法。见路无尘，当愿众生，常行大悲，其心润泽。若见险道，当愿众生，住正法界，离诸罪难。若见众会，当愿众生，说甚深法，一切和合。若见高山，当愿众生，善根超出，无能至顶。见树叶茂，当愿众生，以定解脱，而为荫映。若见树华，当愿众生，众相如华，具三十二。若见大河，当愿众生，得预法流，入佛智海。若见汲井，当愿众生，具足辨才，演一切法。若见桥道，当愿众生，广度一切，犹如桥梁。若见园苑，当愿众生，勤修诸行，趣佛菩提。见欢乐人，当愿众生，常得安乐，乐供养佛。见苦恼人，当愿众生，获根本智，灭除众苦。盛暑炎毒，当愿众生，舍离众恼，一切皆尽。暑退凉初，当愿众生，证无上法，究竟清凉。若洗足时，当愿众生，具足神力，所行无碍。大小便时，当愿众生，弃贪瞋痴，蠲除罪法。以时寝息，当愿众生，身得安稳，心无动乱。睡眠始寤，当愿众生，一切智觉，周顾十方。……

文殊师利菩萨说完了一百四十一个“当愿众生”以后，又总结起来说：“佛子！若诸菩萨如是用心，则获一切胜妙功德，一切世间、诸天魔梵、沙门、婆罗门、乾闼婆、阿修罗等以及一切声闻缘觉所不能动。

这也就是说，从“当愿众生”用心所得到的一切功德，超过世间出世间的一切功德，所以称之为“胜妙”。而在一切胜妙功德之中，“随众生住，恒不舍离”是其中之一，更加值得我们佛教徒深切注意。因为照一般佛教徒所说所行的看来，好像学佛以后，五蕴皆空，四大非有，一切人物事务如梦如幻，与我们自己都没有什么密切的关系，个人坐亡立化，了生脱死，就算达到了修行的最高程度或最高目的，因此不必“随众生住”，也不必为众生立什么誓愿，这用北方话说，“干脆”是够“干脆”的了，但照文殊菩萨所说，恐怕不能获得胜妙功德，为什么？普贤行愿品卷四十云：

菩萨若能随顺众生，则为随顺供养诸法。若于众生尊重承事，则为尊重如来。若令众生生欢喜者，则令一切如来欢喜。何以故？诸如来以大悲心而为体故。因于众生而起大悲，因于大悲而生菩提心，因菩提心成等三觉，譬如旷野沙碛之中有大树王，若根得水，枝叶华果悉皆繁茂。生死旷野菩提树王亦复如是，一切众生而为树根，诸佛菩萨而为华果。以大悲水饶益众生，则能成就诸佛菩萨智慧华果。何以故？若诸菩萨以大悲水饶益众生，则能成就阿耨多罗三藐三菩提故。是故菩提属于众生，若无众生，一切菩萨终不能成无上正觉。“菩提属于众生”是佛教的群众观点，是“随众生住”、“当愿众生”的理论根据，无可否认，当然是正确的、进步的。但是从这个正确的进步的理论发展，也发生了两个相反的方向：一个方向是有些人看到经上有“以大悲水饶益众生”的话，就在佛前供上一杯净水，烧上几炷香，加持几遍大悲咒，就拿去给人治病解厄，认为那样就算做到了饶益众生的事情，其它如博学多闻、舍身济众、以及轰轰烈烈的抗美援朝运动、国家建设的伟大任务等等，都是世间俗事，与饶益众生无关。这是把佛教真理庸俗化、迷信化的一个方向。

另一个方向是真正实践了“菩提属于众生”的真理。玄奘法师为着要解决当时佛法上的疑义，历尽千辛万苦，只影西征，取回了“真文”，介绍了佛法中“了义”，（真文了义见《续高僧传》卷四《释玄奘传》）为我国佛教建立了良好的基础，这是一个典型。又如《高僧传》卷十二云：

释法进，或曰道进，或曰法迎，姓唐，凉州张掖人，幼而精苦习诵，有超迈之德，为沮渠蒙逊所重。逊卒，安周续立。是岁饥荒，死者无限。周既事进，进屡从求乞以赈贫饿，国蓄稍竭。进不复求，乃净洗浴取刀盐，至深穷窟饿人所聚之处，次第授以三归，便挂衣钵著树，投身饿者前云，施汝共食。众虽饥困，犹义不忍受。进即自割肉和盐以啖之。两股肉尽，心闷不能自割，因语饿人云，汝取我皮肉犹足数日，若王使来必当将去，但取藏之。饿者悲悼，无能取者。须臾弟子来至，王人复至，举国奔赴，号叫相属，因舆之还宫。周敕以三百斛麦以施饿者，另发仓廪以赈贫民。至明晨乃绝。

法进法师的血和玄奘法师的汗，真正是普贤行愿品上所说的“大悲水”。这样的“大悲水”把“当愿众生”的誓愿在行动上庄严地表现出来，收到了饶益众生的实效，所以正信佛教徒在“爱人民”这一个公德上面，是比较容易体会的。

不过有一个重要的问题在这里应该分析清楚，就是“爱人民”究竟应该怎样爱呢？照佛经所说，众生的范围很广，包括四生六道的一切有情在内，也就是说，凡是有知觉的生物我们都应当爱，那么人民的敌人，他们也是众生之一，我们是否应该爱呢？如果一视同仁地爱，就敌友不分；如果不爱，又违背了“当愿众生”的原则，这该怎么办呢？毛主席说：

爱是观念的东西，是客观实践的产物。我们根本上不是从观念出发，而是从客观实践出发。我们的知识分子出身的文艺工作者爱无产阶级，是社会使他们感觉到和无产阶级具有共同的命运的结果。我们恨日本帝国主义，是日本帝国主义压迫我们的结果。世上决没有无缘无故的爱，也没有无缘无故的恨。至于所谓“人类之爱”，自从人类分化成为阶级以后，就没有过这种统一的爱。过去的一切统治阶级喜欢提倡这个东西，许多所谓圣人贤人也喜欢提倡这个东西，但是无论谁都没有真正实行过，因为它在阶级社会里是不可能实行的。真正的人类之爱是会有的，那是在全世界消灭了阶级之后。阶级使社会分化为许多对立体，阶级消灭后，那时就有了整个的人类之爱，但是现在还没有。我们不能爱敌人，不能爱社会的丑恶现象，我们的目的是消灭这些东西。(《在延安文艺座谈会上的讲话》)

毛主席的这一段指示，是领导中国革命取得胜利的理论之一。我们用来衡量上述的佛理和史实，可以得出下列四个意见：一、玄奘法师的流汗，为了解决佛教理论上“隐显有异，莫知适从”的问题；法进法师的流血则是不忍灾民们的饥饿，都是从客观实践出发，所以成为佛教真理的实践者而为天下后世所敬仰。二、释迦世尊出世在奴隶社会崩溃封建社会形成的时代，当时印度社会上已有严格的阶级制度，受统治阶级压迫的人，生活非常痛苦，文殊菩萨号召大家护念众生，实在是有感而发。可是在阶级社会里，这样的号召是不能真正付之实行的，所以只能保存在经藏里面成为佛教信徒们庄严慧命的指标。三、在阶级还没有消灭的社会里提倡统一的爱，事实上会助长丑恶现象滋长而打消正气的升腾。正气消沉就是众生苦痛的加重，与诸佛菩萨的用心完全乖反。四、实践佛教真理，时时护念众生的信徒们应该站在革命的一面，分清敌友，坚决不爱敌人，坚决不爱社会的丑恶现象。

知道了不应该爱什么人，也就是知道了应该爱什么人。我们应该爱冒着生命危险在枪林弹雨中和敌人作战的人民解放军战士，因为没有他们就不会取得革命的胜利。我们应该爱从事体力劳动和脑力劳动的工人，因为他们是用自己的力量和智慧创造世界的人。我们应该爱广大的农民，因为他们胼手胝足为我们耕种了维持生命的粮食。我们应该爱中国共产党和毛主席，因为在毛主席和中国共产党领导下，工人、农民和士兵才能够团结一致，发挥能力，把中国从帝国主义的铁蹄下解放出来，建立独立、自由、富强、统一的新中国，全国人民才有过富裕幸福生活的希望。

知道应该爱什么人，接着就是应该怎样爱。我们应该怎样爱中国共产党、毛主席、工人、农民和士兵呢？第一、我们要学习中国共产党的政策和毛主席的著作，深深地体会他们为人民服务的精神，并学习他们为人民服务的方法。第二、我们要发挥佛教的积极精神，提高文化水平、技术水平，以备响应政府的号召，参加祖国的建设。第三、我们要留心国内和国际的时事，警惕敌人的阴谋，加强爱国主义的运动。第四、我们要做好佛教工作，研究教理，努力行持，修整寺庙，爱护经像法物。这都是我们佛教徒能够做得到的事情，表面上看来好像平淡无奇，其实就是根据客观情况护念众生的最宝贵的实践，“一切胜妙功德”可能从这里获得。我们如果能够这样做，文殊菩萨在三昧光中一定合掌赞叹曰：善哉！善哉！

（原载《现代佛学》1953 年9月号）

爱劳动

十月革命之后的苏联，在肃清帝国主义的武装干涉和结束国内战争的艰难时期，国民经济遭受严重的破坏。据联共党史第九章所说，1920 年农业出产总量，只等于战前出产总量一半左右，大工业出产量少于战前六倍，大多数工厂停闭了，矿山和矿井有的被破坏，有的被淹没了。国内所有储存的金属和布匹差不多都已用完，甚至连最必需的物品如面包、油脂、鞋类、衣服、火柴、食盐、煤油和肥皂等，也都极感缺乏。当时苏联的敌人大都用幸灾乐祸的眼光，盼望苏联自行垮台。可是苏联人民并没有向困难低头，相反地还在这个“穷竭不堪”的经济基础上恢复了过来，并且从 1928 年开始了史无前例的第一个五年计划，取得社会主义建设的伟大胜利。他们一无外援，二不侵略剥削其他国家，他们所有的一切成就，完全是靠自力更生。《联共党史》第十章说：

这个计划（按即第一个五年计划）虽然非常宏伟，但它对于布尔什维克并不是什么出乎意料和足以冲昏头脑的事情。它是由工业化和集体化事业的全部发展进程所准备好了的。它是由先前已普及于工农群众而表现于社会主义竞赛的那种劳动高潮所准备好了的。……人们对于劳动的观点改变了。在资本主义制度下，劳动是一种强迫性的和苦役式的义务，而现在劳动却变成了光荣的事业，荣耀的事业，豪迈和英勇的事业。

这一段话，充分说明了苏联今天的伟大成就，是和苏联人民豪迈英勇的劳动分不开的，这也就是“劳动创造人类世界”的事实证明，对于我们佛教徒来说，更加特别有意义。

在北方有一句谚语，叫做“馋当厨子懒出家”，这就僧尼出家的动机和生活上说，固然有刻画过火的地方，但过去佛教界里是以“清闲”为贵的，“清闲”和“懒”是同胎的孪生兄弟，因此过去佛教界中并不讳言“懒”。如高僧当中以懒为名的有懒残、懒融、懒庵……。当然，以懒为名的人，并不一定都是懒汉，或者在修持上事业上还是顶积极的大德哩，不过这不能否认过去佛教界里有轻视劳动的现象。大家知道宋朝和苏东坡来往的佛印禅师，据说他是一个相当忙碌的人，当时的所谓名士对于他的忙碌就曾加以攻击。记不清是哪一部宋人笔记上记载着一段有关佛印的故事，大意是说，有一个名士看见佛印禅师忙，大不以然，认为是“六根未净”，“凡心未除”，但又不便当面斥责。有一次那个名士到华山去游玩，在半山上看见一个游方僧枕着破钵躺在岩石旁边晒太阳，身上只穿一件破衲袄，此外一无所有。他认为遇到了真正的高僧，上前作礼，那个游方僧懒洋洋地坐起来，瞅了瞅，一声不响，拿着破钵懒散而去。于是他更加以为真是遇着了理想中的高僧，就宣传说佛印虽是赫赫有名，比起那个游方僧来，真有天渊之别。又唐朝的杜牧之是顶顶大名的人物，有一次他到寓所附近一个庙里去游玩，遇着一位和尚就上去攀谈，谁知那个和尚推说耳聋，佯佯不睬。他告诉那位和尚他就是顶顶大名的杜牧之，那位和尚还是推说耳聋，摇摇头表示不知道。于是杜牧之大受感动，回去做了一首诗：

家住城南杜曲旁，五枝丹桂一齐芳。
禅师都不知名姓，始识空门意味长。

“空门意味长”的一句诗里，活画出一个清癯、闲适的“高僧”的相貌，如果再加一点“懒”味，可能就显得更高。这是有很深的思想根源的，不妨引用一些诗词为证：

铁甲将军夜度关，朝臣待漏五更寒。
日高山寺僧未起，算来名利不如闲。

终日昏昏醉梦间，忽闻春尽强登山。
因过竹院逢僧话，又是浮生半日闲。

滚滚长江东逝水，浪花淘尽英雄。是非成败转成空，青山依旧在，几度夕阳红。白发渔樵江渚上，惯看秋月春风。一壶浊酒喜相逢，古今多少事，都付笑谈中。

昨夜因看蜀志，笑曹操孙权刘备。用尽机关，徒劳心力，只得三分天地。屈指细寻思，争如共刘伶一醉。人世都无百岁，少痴骇，老成尪悴。只有中间些子年少，忍把浮名牵击。一品与千金，问白发如何回避！

“人世都无百岁”，“是非成败转成空”，把世事看得一文不值，当然也就不值得为世事枉抛心力，能够闲适一点，能够多睡一会觉，就好像半路上拾着金宝似的，非常受用。因此山寺日高而还没有起身的懒和尚就成为名士们赞咏的对象，“空门”，自然也就成为四壁悬空、无所事事的“安乐窝”了。过去佛教僧尼在这样的社会环境里生活，要不懒惰是不大可能的；在家佛教徒要不崇拜清闲、学习懒惰也是不大可能的。明朝的道衍法师，其实是一位了不起的人物，据《明纪》卷八云：

道衍为太子少师加资善大夫，复其姓姚赐名广孝。广孝未尝临战阵，然事帝藩邸定策起兵战守机事皆取决，论功为第一，帝与语呼少师而不名。命蓄发，不肯，赐第及两宫人皆不受。常居僧寺，冠带而朝，退仍缁衣。

道衍法师在佛教修养上的高下，此地不谈，但据明纪所说，似乎不是一个离经背道的和尚。可是他功成之后回去见他的姊姊，据说他的姊姊不肯见他，并且斥责他和尚还没有做好。他的姊姊是何等样人，我们现在也不知备细，可能是一个虔诚的佛教信徒。自从她对于道衍法师加以斥责，六百年来我国佛教史上就没有道衍法师的地位。这不是道衍法师那位姊姊的批评发生了效力，而是历史传统在作怪。所以现在有许多信心居士看见终日忙碌的僧尼，还不免要说一声“何不出家。”僧尼们耻于被讥笑，也就落得清闲和懒散了。

这里有一个问题，就是清闲也好，懒散也好，必须先要能够活，也就是说必须有要饭吃。肚子饿着，恐怕是清闲不起，懒散不起的。记得有这样一段故事：

满清时代的扬州是盐商荟萃之地，盐商最有钱，也最喜欢招待名流学者，附庸风雅。有一次在某盐商的花园里雅集，名士们酒酣耳热，自鸣高雅，大有瞧不起那个东道主人盐商的意思，盐商就去拿了一大锭银子向桌子中间一放，指着问那些自鸣高雅的名士们说，“这叫做什么”。银子这东西名士们是看见过的，可是盐商那样一问，倒给愣住了，大家弄得目定口呆，回答不出。那个盐商微笑着说，“这叫做雅根”。名士们经盐商一指点，恍然大悟，也就纷纷而散。风雅的根源是大锭银子，这是实在的。那么清闲和懒散的根源可能就是田租、房租、高利贷等等。崇拜清闲的根源可能就是建筑在“神圣的私有原则”上面的小资产，都是封建社会的物质基础。从这个基础上面所形成的思想意识当然都是封建的思想意识，而不是佛教原来的思想意识。

在没有叙述佛教原来的思想意识之前，我先引宋末文天祥被拘囚在燕山所作的《沁园春》词并略加说明如下：

为子死孝，为臣死忠，死又何妨！自光岳气分，士无全节，君臣义缺，谁负刚肠！骂贼睢阳，爱君许远，留得声名万古香。后来者，无二公之操，百炼之钢。人生翕欻云亡，好烈烈轰轰做一场。使当时卖国，甘心降虏，受人唾骂，安得留芳。古庙幽沉，遗容俨雅，枯木寒鸦几夕阳。邮亭下，有奸雄过此，仔细思量。

文天祥这首词里，有两点值得注意：一、“死又何妨！”二、“人生翕欻云亡，好烈烈轰轰做一场。”可见上面所说“人世都无百岁”的道理，文天祥是深深地明白的。但是他从这个道理所启发的实践是“好烈烈轰轰做一场”，“死又何妨”，而他的确是轰轰烈烈地死了，在天地间留下不可磨灭的正气。如果叫安于清闲的人来解答，可能就是“算了吧”，“是非成败转成空”，“有什么可以争的”，势必阿依逢迎，如脂如苇，成为最恭顺的奴才，或者听天由命，一声不响，成为最没有出息的人。佛教“无常”的教理，如果陷溺到这样的地步，那就严重地损害人类的慧命和社会的发展了。

可是佛教原来的思想意识并不是这样的。如《瑜伽师地论》卷三十六《真实义品》云：

诸菩萨由能深入法无我智，于一切法离言自性如实知已，达无少法及少品类可起分别。……以真如慧如实观察，于一切处具平等见，具平等心，得最胜舍。依止此舍，于诸明处一切善巧勤修习时，虽复遭遇一切劬劳，一切苦难而不退转，速疾能令身无劳倦，心无劳倦，于诸善巧速成能办，得大念力，不因善巧而自贡高，亦于他所无有秘吝，于诸善巧心无怯弱，有所堪能，所行无碍，具足坚固甲胄加行。是诸菩萨于生死中，如如流转遭大苦难，如是如是，于其无上正等菩提堪能增长。

从“无常”的觉解而深入法无我智，从法无我智而得最胜舍，从最胜舍而勤修诸明一切善巧，这是佛教原来的一系列的思想意识，和封建的偷懒的思想意识完全不同。文天祥词里的“死又何妨”是最胜舍的好注解，“好烈烈轰轰做一场”的说法，也可以作为“真实义”的一个转语。而真正通达佛理的大德也从来就是反对清闲，赞成勤劳的。如《中峰广录》卷十八之上云：

或懒于应酬，不受拘检，恃其给养无缺，世相无求，饱食暖衣，任情肆识，自言绝俗，高卧游谈，反讥为众之勤，奉公之冗，惰四体而不知惭，背群恩而不知报，岂退守者宜如此耶。一旦报缘忽尽，业何可逃，淪墮死生，噬脐无及。

中峰禅师的观点，和我们上面所说的似乎没有什么出入。他又说：

今之学人，概言动作施为皆是尘劳，直欲置身于一物不侵之域。或少事役其情，微务干其虑，谓消道力，必欲掉臂径去，不肯回顾。其志亦苦矣，而返堕迷中，不可与之论道也。何则？盖不能返照尘劳所起乃根于迷妄，非出于事务也。若出于事务，则饥不当食，寒不当衣，居不当屋庐，行不当道路，审如是则死无日矣。其必当然，则不思所食之谷出于耕锄，所挂衣出于机杼，所居之屋庐出于营缮，所履之道路出于开辟，使各各俱不涉事而历务，则资身之具何从而得耶。复不思即今行道之身，本来无有，皆自父母养育之尘劳而生，抚抱之尘劳而长。又不思从上佛祖道大德备之人，未有不食不衣不居不履者。以其廓悟圆满清净之自心，一刹那间，转八万尘劳为八万佛事，故永嘉云，'不见一法即如来，方得名为观自在'。安有了悟自心之外，别见有一法为尘劳耶。是故华严会上诸善知识皆借此尘劳为行菩萨道，修菩萨行，以至庄严佛净土之一种要门。当知离尘劳无六度，舍尘劳无四心，虚尘劳无圣贤，尽尘劳无解脱。盖尘劳是三世佛祖十方开士无边善知识，一切戒定慧恒沙功德之胎孕，苟不有尘劳，则圣贤事业无出生之理。嗟乎！学者不了此义，妄生欣厌，无乃将尘劳去尘劳，转增迷闷而已。(《中峰广录》卷十一之下)

中峰禅师的这一番开示，刚好作为上引《真实义品》的注解。此外《经论》上面宣扬这个义理的地方很多很多，如《大乘理趣六波罗密经》卷七云：

懈怠众生所修事业功力微小，犹如水滴不至大海，懈怠之人亦复如是，不能得至无上菩提。譬如有人手足俱无，行住坐卧不得随心，乃至微小作业皆不成就，如是之人岂能越渡江河大海，懈怠众生无精进足亦复如是。此懒惰人于家事业尚无所成，岂有慈悲具修戒慧，能度有情出于火宅，修行菩萨六波罗密菩提资种。菩萨摩诃萨以精进波罗密多而为船筏，三无数劫福智所成，与诸有情同乘此船超越生死大海彼岸。复次世间众生总有三种：一者懈怠，二者非勤非惰，三者精勤勇锐。言懈怠者于己家务悉亦弃舍，况能为他营建事业。非勤非惰者于大事业都不能作，设欲进求，遇缘便退。勤精进者恒为有情受大劳苦，但利益彼，无念己身。窳惰之人，为懈怠鬼常所拘执，惑乱身心，譬如有人入于大海至七宝山，于是山中宝珠无量，方欲采取，为鬼所着，欻然之间徒步而返，不获一宝，裸露而归。懈怠众生亦复如是。此赡部洲福德之地，十善业力来生其中，菩萨观之，无量无边十善珠宝遍满大地，而诸群生为懈怠鬼之所魅着，狂乱失心，设见好宝都无取心，如妙高山不可移动。若精进人取斯宝物，不足为难，如举一毛。菩萨摩诃萨为欲圆满精进波罗蜜多，普为众生无量劫生死长夜不惜躯命，勤行精进方至菩提，菩萨观之心无懈倦犹如食顷。复更思惟过去诸佛行菩萨行，为欲满足六波罗蜜，经无量劫亦如食顷。菩萨摩诃萨复观现在未来无量无边一切诸佛行菩萨行，经无量劫方成正觉。如是劫数难可校量，譬如有城极为高广，四面高下各百由旬，于此城内满中油麻，经百千劫除去一粒，如是劫数渐渐除一，乃至城空为一大劫。如是大劫积数满三阿僧祇耶，菩萨摩诃，萨如是劫，当为五趣一一有情，勤行精进，受诸苦恼，方至菩提。譬如大地末为微尘，假使众生如彼尘数，菩萨为彼一一有情，如上劫中勤行精进，不惜身命受诸苦恼，然后乃成无上菩提。……菩萨摩诃萨应勤精进，坚固其心，所舍头目髓脑手足支节无所惋惜，如是思已，一心精进，恒无懈倦，此即名为菩萨摩诃萨精进波罗蜜多。

经文告诉我们：一、精进等于人的手足，等于过河的船筏，离开了精进不能办成世间出世间的一切事业。二、世间的珍宝遍地都是，只有精进的人才能得到。三、成佛作祖，圆满无上菩提都是从长劫精进得来。四、菩萨把艰苦奋斗的长劫当作吃饭那样的一会儿功夫，把长劫精进当中所受的劳苦艰难乃至牺牲头目髓脑当作家常便饭。五、菩萨精进只是为人，不求己利。佛教的实践如果有此内容，有此气魄，那么每一个佛教信徒都成为“神龙香象”，担当得起，站立得住，没有什么叫做困难，没有什么叫做劳苦，乃至没有什么叫做生死。这是当前社会所希望于我们佛教信徒，也是我们佛教信徒应该振作起来，信受奉行的。我们佛教信徒如果有此觉解，那才能够纠正过去图清闲、远尘劳的懒惰习惯；那才能够明白苏联人民把劳动当做光荣的事业、荣耀的事业、豪迈和英勇的事业的意义；那才能够热爱劳动而积极参加国家的各项建设。

国家大规模的第一个五年建设计划已经开始了，现在各方面正在大力争取超额完成今年的计划。9 月 6 日《人民日报》社论说：

我们深信，由于广大工人，农民和各级干部为迎接国家的第一个五年计划所表现出的高度的积极性，由于我党有着克服各种困难的丰富经验和坚韧不拔的毅力，由于我们在各方面尚存在着巨大的潜在力量，只要各级党的组织和各级干部，保持清醒的头脑，加强与群众的联系，依靠群众，很好地贯彻党的政策，发扬全党的智慧，善于抓住关键，发掘潜力，精确地计算和掌握收入支出，我们就一定能够克服一切困难，胜利地超额完成今年的建设计划。

我们佛教徒是群众之一，人数这么多，一定还存在着丰富的潜在力量。大家结合佛教原来的积极的思想意识，响应这个伟大的号召，各就岗位，尽力而为，对于胜利地超额完成今年的建设计划，可能也有帮助。尽力而为的方向，除参加爱国主义学习，提高政治觉悟外，我以为还有几点可以做：一、努力研学及宣扬大乘佛教积极的教理。二、出家僧尼应普遍提高文化。住在城市里的，学习较便，在一两年内，一般至少应提高到高小毕业程度，已有小学程度的，至少要提高到初中毕业程度。散住在乡村且已分到田地的，应参加当地的文化补习班，尽量争取多识字。还有集体住在名山丛林里的，最好恳请其中文化比较高的人发心出来教书，有计划有步骤地，在一两年内把文化提高到高小或初中程度。三、如果条件许可，出家僧尼还应该提高技术，如杭州风景区各寺庙的僧尼可以学习莳花种竹、栽培果木的园艺工作；五台、峨眉、普陀、九华、天台、南岳……等名山的僧尼可以学习造林、制茶、榨油、及栽培药用植物等工作。四、男居士当中文化的参差也很大，技术水平更是非常悬殊，各地居士团体最好根据个别情况，想出种种方法，使文化低的人提高，没有技术或技术不够的人学会和学好技术。五、女居士中老年和中年的妇女占绝大多数，她们大都儿女成行，家务琐琐，并且没有什么文化基础，提高文化和技术的要求，对她们不能太高，但是可以帮助她们搞好家务，使她们的丈夫或儿女安心于工作或求学。这一切都是需要体力和脑力的劳动的，我们大家如果能够积极起来认真去做，就是"爱劳动"的具体表现，那么对于创造人类世界的伟大事业，我们佛教徒也尽了能尽的力量，同时为圆满无上菩提也建筑了稳固的基础。佛教信徒们，请从现在起，爱惜每一分钟的光阴！

（原载《现代佛学》1953 年 10 月号）

爱科学

就通常的观点说，科学和宗教互相对立，矛盾重重，把科学的论证拿到宗教界里来谈，“格格不入”之外，可能还会发生不必要的误会，所以有的人主张在宗教界里暂时不谈“爱科学”。不过我以为爱科学不是要大家都去做科学家，更不是用科学的尺度去衡量宗教，否定宗教。要求并不算高，谈谈清楚，对于宗教徒未始没有益处。这是我写这篇文章的用意所在。

我们应该爱科学，科学值得我们爱，为了什么呢？因为科学大胆地发掘自然的秘密，深入到最复杂的现象的本质里面去，同时把世界和自然的规律画出一幅正确的图象，领导人类前进，使人类对于自己的力量怀有信心，从而掌握自然，改造自然。自从科学昌明以来，我们这个世界上面已经大大地改变了面貌，人类的生活也已经有了显著的提高。尤其是在社会主义国家的苏联，科学在改造自然，提高人类生活的工作方面，发挥的作用更加伟大。新中国的富强，指日可待，而其成功的迟早，和如何加强科学的功用是分不开的。所以共同纲领上规定“爱科学”为五爱之一，实在意味深长。

过去我们佛教界里，若干留心新知识的法师们曾经谈到过科学，也有研究过科学的居士们把佛教和科学互相比较，他们当中有人说佛教是“最科学的”，理由如下：

我们试把研究佛法的方法和研究科学的方法比较一下：第一、佛法重疑不重信，这点正和一般科学家的态度相同。第二、是重解不重疑，这点是叫我们不单是要怀疑而且是要研究它，知道它。第三、是重行不重解，行就是实验，我们不但在理论上研究，而且要更进一步以实验来证明。第四、是重证不重行，佛法所求的是证果，证果就是证得最后的结果。我们不但要实验，而且要求得最后的结果，彻底用实践来证明这最后的结果是否真实。我们所需要的是坚定的信心，不是迷信。而是信我们用实践的方法，一定能彻底明了佛法所说的最后结果，这不是最科学的吗？

这种说法，显然不能自圆其说。他先说佛法重疑不重信，而接着就说需要坚定的信心，已经是前后矛盾的了。又单单只坚信有一套实践的方法，而不把实践的结果具体地、毫无掩饰毫无保留地拿出来，或者只坚信可以拿出来，是否就可以说是“最科学的”呢？当然是不可以的。又把佛法说成是最科学的，显得别种学问好像不一定合乎科学，或者够不上一个最字。所以那种说法是十分不妥当的。

又有人说佛法是“超科学”的，因为佛法有一部分的理论可以用科学来解说，而另有一部分则已超过了科学的领域。这里所说超过科学领域的意义，如果是指有些问题在现代科学里还没有研究到而言，则将来的科学可能研究到，仍在科学领域之中，并未超过。如果永远不是科学研究的对象，科学不可能在那些问题上发现什么，那么，所谓超科学就是不科学。所以“超科学”的说法，也是有毛病的。

其次有人要想把佛教和科学配搭在一起。他们说：“按佛书说世界安立，与今天文学虽不尽相符，亦颇多不谋而合之处。如言日绕须弥成昼夜，若将须弥作北极会，即与地球自转成昼夜之说宛然相通。”这样比附是很费苦心的，但佛经上说须弥山的周围还有盐海、香水海、大山围和四大部洲，与现代天文学上所知道的北极究竟不大一样，于是又有人加以补充说：

太阳与八星轮轨间之空皆喻云海，实为以太及空气也。地球蒙气与地上之海水迭相凝变，故统说为盐海。须弥山指太阳全系统言，日及诸星、地球上人皆从仰望而见。在仰望中，似从下而上，轮轨层积，喻之曰山。……第一东毗提诃洲，当今行星中之水星，距日轮为最近故。第二西瞿陀尼洲，当今行星中之金星，距日轮亦较地为近。第三南瞻部洲即地球。第四北俱卢洲当今行星中之火星，距日轮较地球尤为远故。水金地之三星，大小略等，火星较大，北俱卢洲传为四洲中最宽广之妙胜大洲故。以俱卢洲为人生完美之器界，足为吾人想慕之境。

这样补充，好象言之成理似的，其实和现代科学上的发见并不一致。据苏联普尔柯天文台的齐霍夫院士说：用天文镜仔细地观测火星，可以看到火星两极积雪区域的大小，随着冬夏而消长，火星上较暗部分的颜色，也随着季节变化，恰似地上植物，春夏苍翠，秋冬枯黄的景状。但是我们从所看到的这一点现象，便立刻认为火星上有植物存在，还未免武断。又如果以为火星离太阳比地球远，温度比地球低得多，便认为火星上不可能生长植物，这种看法也不妥当。可见火星上有无植物，还是天文学上的未决之疑，而气候比地球上面冷得多则是可以肯定的。但是北俱卢洲的情况怎样呢？《起世经》、《大楼炭经》、《起世因本经》、《长阿含经》都同样说：

北俱卢洲有无量山，遍生香树，香充其洲。地生香草，青翠柔软，树生种种杂色花果，诸鸟栖鸣，音声雅妙。其地平正，纯是金银。不寒不热，时节调和，地常润泽，植物蕃茂，人生日用都由植物自然成就。有安住树林，高六拘卢舍，密叶重布，能遮雨滴，为彼人等居住。有婆娑树在枝叶花果中出诸宝衣，有诸宝树出璎珞花环等种种严饰，有诸器树出种种人生日用之器具，用诸果树出色香味俱美之果供人取食，有诸乐树出生乐器乐音供人娱乐。其地又生粳米，自然鲜白，不藉耕舂。有敦持果，随意生火，熟诸饮食，不假薪炭。

北俱卢洲的“享乐”情况，如果存在于佛教徒的信仰之中，那是没有什么问题的，可是不能说它就是现在火星上的境界。生拉活扯，硬把两种说法配搭在一起，难免不贻笑大方，尤其是科学家。所以过去我们佛教界里那样讲法，都不是“爱科学”的真正的态度。因此《一个科学者研究佛经的报告》的作者可以说：“或云马克斯的唯物论是科学的，其实现代的科学亦不认物质为真常不灭，所以唯物论在近年来已是非科学的了。”《佛法与科学之比较研究》的作者可以声色俱厉地斥责对于他的大著表示不同意的内侄说：“著者夫妇怜他是孤儿，所以替他出钱疗养，二三年来他底病倒总算不曾加深，却想不到他在病院里看了些什么书，种得唯物史观的毒倒很深了”。这是多么危险的思想，多么违反科学的议论啊！

其实我们要使佛教信徒们爱好科学，走上科学的道路，也不是在佛经里面找不出根据，譬如《大般涅槃经》卷六所说的四依：“依法不依人，依义不依语，依智不依识，依了义经不依不了义经，”就是很好的思想方法。佛临涅槃教诫我们不要迷信、盲从、依托、附会，而要实事求是，依靠智慧，这是合于科学精神的。佛教徒如果领会这种精神，就可能爱好科学，也就可能用科学的观点和方法发扬佛教的优良传统，而把夹杂在佛教里面的民间迷信逐渐洗刷干净，同时也可以为广大的佛教信徒们解决一些信仰上的实际问题。

在爱科学的基础上，我以为目前我们佛教徒们有几桩工作可以做：

一、自从中国佛教协会成立以后，据说有很多地方的佛教徒因为天旱而领导当地民众求雨。求雨的行动在佛经上有无根据，这里暂时不谈，但民众们忙着求雨，一定会耽误抗旱防旱的具体工作，耽误了抗旱防旱的具体工作，必然会影响收成，那么求雨非但无补于事，而且是妨碍生产的。又今春前后，闹神水治病的地方很多，这可能是反动会道门分子乘机造谣生事，但有佛教徒混杂在内，使社会上无法分别清楚，影响佛教问题的处理。又过去佛教界里常常把自然现象附会成奇迹，如四川峨眉山金顶舍身岩的“佛光”，其实是云海上面太阳的反光，像天空里面的虹霓一样，并不稀奇，但是佛教徒一向把它当作佛菩萨所放的光，而且故神其说，引诱人家膜拜信仰。据《峨眉山志》说，过去经常有人看见“佛光”出现，跳下岩去，死于非命。又如最近有人送我们一大一小两颗“佛牙”，大的一颗宽广各四寸左右，高三寸，重十余斤。如果真是佛牙的话，佛头就应该像山那么大，无论如何是说不过去的。我们请古生物学家检查了一下，原来是古代巨象的遗齿，并非佛牙。据说全国许多大寺庙里，这样的佛牙很多，而且都把它恭敬供养起来，这不是天大的笑话吗！爱科学的佛教信徒们对于这许多事情，应该用冷静的头脑，科学的精神，仔细分析，纠正偏差。譬如当地民众发起求雨，就应该根据政策，反复解释，耐心说服，要大家响应上级政府的号召，接受当地干部的领导，做好抗旱防旱的具体工作，而不必求雨。如果民众们不听劝告，坚决要求雨，当然不便硬加拦阻，但佛教徒不应参加。对于神水治病的骗局，应该根据当地情况，尽量揭穿，尤其要把它和佛菩萨的联系割断。如当地发生了神水治病的事情而讹传为观音菩萨或弥勒菩萨等等显灵，就应该向民众解释道：佛经上只说观音菩萨三十二应救度众生，并没有说神水可以治病。神水治病是一贯害人道妖言惑众、敛财生事的恶毒计谋，千万不要上当。关于“佛光”的问题，既然经过科学家说明，和天空中的虹霓一样，并非奇迹，峨眉山的佛教信徒们就应该把它当作是峨眉山的胜景而非圣境或灵境。这样做，一方面帮助了民众们进步，一方面洗刷了社会上对于佛教的误解，效果可能是很好的。

二、佛教传入我国以来，差不多已经有两千年了。大家知道，佛教和我国学术思想、文学艺术、风俗习惯，以及政治经济都发生了密切的关系。但是密切到如何程度呢？所谓关系，究竟是好的关系呢？还是不好的关系？如果好，好在什么地方？坏，坏在什么地方？直到现在，还没有比较可为依据的说法。而事实需要，有的人又不能不谈。当然，一谈就会发生问题，有时或者还愈谈愈糊涂。目前我们佛教界里有人提出意见，认为有些人把佛教问题谈错了。其实平心而论，我们是不能深怪人家的。因为人家不是佛教徒，没有把浩如烟海的佛教文献翻过一道或者精读一过，谈错是必然的。但是我们佛教徒怎样呢？我们并没有把我们认为正确的资料或理论拿出来。譬如佛教通史，过去土饭尘羹的一大套是不能解决问题的，用新观点，新方法来写佛教通史，是否有人着笔呢？似乎还没有听说。又如现在人民政府对于古代文物非常注意，而古代文物之中佛教文物所占的比重很大，但是我们佛教徒中究竟有几个人对于佛教建筑、佛教雕塑、佛教绘画是内行？我们在这方面拿出了什么重要的资料给有关方面作参考？似乎也没有听说有。这是我们佛教界目前最大的缺憾，应该急起直追，填满这个空白。这又非深爱科学、运用科学的观点和方法不可。

三、有许多人抱怨目前我国有那么许多佛教信徒，而没有几个人重视学术，而对于纯粹宗教形式的一套倒反非常尊敬。其实这样抱怨是不必要的，因为佛教徒的皈依三宝、信仰佛教都是有他内在的宗教要求的。所谓宗教要求，形形色色，各有不同，而其中最主要是怕来生的沉迷或吃苦。作为一个活生生的人来说，这个要求非常实际，但是目前各方面还不能满足这个要求，他们就不能不乞灵于宗教形式了。譬如最近有人对我说，因为朝山看见了“智慧灯”，坚定了信仰。又有人说，峨嵋山的佛光固然是太阳的反光，但“神灯”可不是假的。他们都是要把个人或少数人偶然的经验作为奇迹，证明来生的可信，藉以寄托自己的感情，满足自己的宗教要求。在他们看来，学术最好也不过是世智聪辨，与来生无关，所以要他们重视学术是不大可能的。但是佛教徒能常此终古吗？宗教要求就这样能够真正得到满足吗？恐怕也不大可能。为什么？因为社会飞跃地进步了，文化也将飞跃地提高，信仰建立在奇迹上面，必然会发生动摇。所以目前若干虔诚而有远见的佛教徒应该从狭隘的宗教要求中，走向学术的庄严大道。譬如看见了“智慧灯”或者塔放光，就应该化工夫仔细研究，灯自何来？光从何出？如果不是幻觉、错觉所见，必有事实，既有事实，必有发生的道理和规律。我们如果能发现和掌握此一规律，就为人类生命史上增加了一项资料。如经仔细研究，并不可靠，那么寄语同仁，勿再盲从，也未始不是功德。又如戒定慧三学虽以智慧为重，但戒与定都是智慧的助缘。戒是规律，解、行尚易，定是生理心理互相结合的一种特殊现象，佛出世前，有许多外道邪魔用这个诳惑愚夫，可是佛陀自己也是非常高明的，佛灭度后，佛弟子中又常以此互相砥砺。我国禅宗盛行之后虽然不注重修定，可是一直到现在还有以入定或修持为号召的。这里面龙蛇混杂，真伪难明，是否经得起科学的考验？又是否对于发掘人身潜在的能力有所帮助？如果经过科学的考验而确实证明对于人类生命有所贡献，那么，信不信又是多余的事情了。列宁说：“人类的智力在自然界中发现了许多不可思议的事物，也正在发现更多的不可思议的事物，而用他所发现的在增加他对于自然界的控制力。”（《列宁文选》，第14卷，268页）从宗教要求出发，到发见更多的不可思议的事物，我认为若干虔诚而有远见的佛教徒是大可一试的。但是记着，这里必须用科学的观点和方法。

第一项工作对一般佛教信徒而言，第二项工作对佛教界内的知识分子而言，第三项工作期望于爱好修持的佛教信徒们。是否有当，请予指正。

（原载《现代佛学》1953年12月号）

爱护公共财物

“爱惜常住物，如护眼中珠”，这是各寺庙经常用红纸条写着贴在墙壁上警策大家的两句格言。“常住”，有公共团体、保持不坏的意思，这里是指佛教寺庙而言，“常住物”，也就是佛教寺庙里面的公共财物。佛教徒爱惜寺庙里面的公共财物，要像爱护自己的眼珠一样，这是深深地符合共同纲领上规定的“爱护公共财物”的公德的。

解放以来，全国人民有一个共同的真实的感觉，就是新中国在中国共产党和中央人民政府的领导之下，一切公之于人民，一切服从全体人民的利益，真正做到了“天下为公”。用佛教术语说，也就是把整个国家、整个社会当作全体人民的“常住”。而事实上的确有许多人真是像爱护自己的眼珠一样来爱护这个全体人民的“常住”的。例如在洪水危急，眼看着金黄色的庄稼就要遭受损害的时候，有像王洪春那样的防汛英雄把自己的身体堵住堤岸的裂口，挽救了危局。又如纺纱厂里多出皮辊花是非常耗费原料的，十七岁的女工郝建秀响应工会的号召，创造出一套少出皮辊花多出棉纱的办法，使皮辊花降低到0.25%。据说全国纱厂皮辊花率如果降低到郝建秀的标准，一年可以多产4460件棉纱，因少出皮辊花增加生产的超额利润，就可以买六七十架战斗机。这是一个多么可观的数目字，而是从爱护公共财物的这一公德发挥出来的。现在全国各阶层出现像王洪春、郝建秀那样的模范人物很多，他们的文化程度大都不很高，但有一腔热爱祖国、热爱人民、热爱祖国和人民所有的公共财物的赤诚。这赤诚使我们祖国的一切伟大建设得到胜利，使整个社会从漆黑一团而进入光明。

佛教徒在新社会中所感到的，当然不会和其他各界人民有所不同，那么，把爱护常住的观念扩而充之，来热爱祖国、热爱人民、热爱祖国和人民的公共财物，也是理所当然的了。这在思想上首先还应该知道：个人的一切，包括生活、事业、幸福等等在内，离开了大众是没有办法可以得到的。大众好了，自己才会好；大众受到损害，自己必然会连带受到损害。受损害是祸事，得利益是福德，避祸得福是智慧，所以一个佛教徒如果要圆满福慧，除了尽力为大众谋福利以外，没有其他更好的“法门”，而爱护公共财物是为大众谋福利的途径之一。

但是有些佛教徒说："公共财物固然是应该爱护的，不过，我们有的住在山上，有的住在农村，有的虽然住在城市里，但也不过是料理寺庙而已，所接触到的公共财物很少，因此也就无从爱护起。"这种说法其实是十分不正确的。例如住在山上的佛教徒一定多见树木，树木就是公共财物。现在中央政府正在大力造林，住山的佛教徒很可以学习护林常识，各就地宜，分别加以保护。住在农村的佛教徒大都从事生产，生产和水利、公粮等等有关，那些都是公共财物，我们都有力量加以爱护。总之，公共财物随处随时都有，爱护的方法也随处随时而异，只要我们有此认识，爱护的工作是非常之多的。譬如防汛英雄王洪春把自己的身体堵住堤岸裂口，挽救水灾，这是爱护公共财物的伟大行动。假使我们正在那里，看见了王洪春那样做，马上号召大家帮助王洪春竭力抢救，也就是爱护公共财物。又如郝建秀创造了一套少出皮辊花的办法，为国家节省了大量棉花，在纱厂做工的佛教徒如果学习郝建秀的办法，对于爱护公共财物也可以有所贡献。这样说来，只要我们佛教徒肯开动脑筋，圆满福德智慧的道路是非常广阔的。

又人民的敌人——帝国主义及其走狗们是死不甘心的，它们时时刻刻想破坏我们胜利的果实。如本月 3 号《人民日报》发表，天津市破获美蒋反革命特务屈鸿祺阴谋破坏的案件就是一个明显的例子。据报上说，屈鸿祺在美国特务头子的直接指使之下，于去年 7 月 29 日从香港潜抵天津，后来又偷偷地运进爆破器材和毒药来，希图破坏天津市人民政府建筑工程局天津建筑公司某重要工地、中国石油公司华北区公司某重要储油库和天津市公私合营的新中原公司等。幸而天津市公安局防范严密，事先破获，现已将屈鸿祺和其他从犯依法分别判处死刑和徒刑。但是屈鸿祺决不是美蒋派遣的最后一个匪徒，以后说不定还有其他特务潜入内地，暗中活动。特务是公共财物的死敌；提高警惕，协助政府破获特务的反革命活动，也是爱护公共财物的另一方面的表现。

至于住在城市或名胜地区料理寺庙的佛教徒，对于爱护公共财物的工作那就可更多了，不妨抄录上月 16 号《人民日报》发表的两种文件如下，作为参考。

雕刻工作者刘开渠等十人致《人民日报》编辑部信，揭发奸商岳彬盗卖龙门石佛的严重罪行。

编辑同志：我们为了研究古代美术遗产，组织了古代雕刻考查团，到大同云岗、太原天龙山、洛阳龙门等处参观了古代雕刻。一向被人认为是唐代石刻典型的天龙山石刻，已被帝国主义盗窃破坏一空，真是令人痛恨。世界闻名的洛阳龙门的石窟中，数以万计的佛头佛像也大部被敲下盗走。据说洛阳龙门石佛在反动统治时代遭到了盗卖和破坏，就中以北京琉璃厂炭儿胡同古董商人岳彬盗窃最多。岳彬勾结帝国主义有计划地、大规模地盗窃，他一次就盗走大型佛像十八尊，小佛无数，龙门造像中最优秀的作品之一“王后礼佛图”就在那一次被他盗走，卖给美帝国主义者。我们祖国历代最可珍贵的美术遗产，竟被他破坏得惨不忍睹，造成无法补偿的损失。此种盗卖国家文物丧尽天良的行为，无异人民公敌。为此，我们特提出检举，对岳彬这样的奸商，必须严加惩处。

《人民日报》短评——“制裁盗卖文物的奸商”

在我国辽阔的土地上，从新疆的高昌、库车，甘肃的敦煌、天水的麦积山，解放后发现的永靖炳灵寺，大同的云岗，太原的天龙山，洛阳的龙门，峰峰矿区的南北响堂山，济南的千佛山，到义县的万佛堂，矗立着一连串壮丽的石窟寺。这些石窟寺都有丰富的精美雕像或塑像或壁画，是我国艺术史上的光辉杰作，是我国重要的文化遗产。

在过去的几十年间，跟其它古代文物一样，这些石窟寺大半都成为帝国主义者特别是美帝国主义者的掠夺对象。华尔纳剥取了敦煌千佛洞的唐代壁画和唐代供养人像。天龙山的北齐和唐代造像，几乎全部为奸商倪玉书所破坏而卖给日本山中商会，其中大半转卖给美帝国主义分子了。最著名的云岗石窟、龙门石窟，也在帝国主义分子、当时的反动政府和古玩奸商的相互勾结下，被彻底破坏了。

今天本报三版所揭发的古玩商岳彬盗卖龙门宾阳洞等的雕像和浮雕事件，又是一个典型的例子。当时美帝国主义分子在龙门照了相，指名要杰出的北魏雕刻“王后礼佛图”及其它著名雕刻。岳彬就和他订立契约，保证在五年内把那么珍贵的文化遗产盗凿下来。岳彬勾结当地反动政府，肆无忌惮地把一千四百年前的艺术杰作打成大小碎片，经过粘对运出。如今宾阳洞著名的浮雕“王后礼佛图”的一面，就摆在纽约市博物馆里。这样盗卖文物的严重罪行应该受到法律的制裁。

为了加强文物保护工作，必须广泛宣传中央人民政府政务院所颁布的一系列保护文物的法令，激发广大人民爱护文物的热情。我国是一个文化悠久的国家，除了石窟寺以外，全国分布着许多古建筑、古墓葬、古文化遗址，流散各处的有关革命、历史、艺术的文物图书也很不少，必须加以保护。只要大家爱护文物，保护文物，帝国主义分子和古玩商就无隙可乘了。

从上面两种文件，可以知道社会各界正在热烈响应中央政府的号召，进一步做好保护古代文物的工作。而古代文物之中，佛教文物所占的比重很大，当然在保护工作方面就与我们佛教徒有关了。但是佛教徒中有人说，政府及社会各界既然重视佛教文物，并且正在竭力设法分别加以保护，我们佛教徒的责任就减轻了；同时有些文物也不是佛教界的力量所能保护得了的，因此保护古代文物的工作与佛教

界的关系不大。这种对待保护古代文物的态度也是十分不正确的，可能在思想上有许多认识不清的地方，现在略略加以解释。

第一、古代文物（包括佛教文物在内）都是我国历代劳动人民辛勤创造的结晶品，在这许多结晶品上记载着中华民族发展的史迹。我们如果要知道我们的祖先如何生活，如何发掘自然的秘密和如何创造历史等等，除了古代文物就无从找到其他的真凭实据，势必数典忘祖，造成对于历史的模糊，影响当前的发展。毛主席说：

中国现时的新政治新经济是从古代的旧政治旧经济发展而来的，中国现时的新文化也是从古代的旧文化发展而来，因此，我们必须尊重自己的历史，决不能割断历史。(《新民主主义论》)

从毛主席的指示上，我们更加可以知道保护古代文物，决不是单纯的嗜好古董，或者片面的考古研究，而是要从被保存的文物上吸收其精华，作为发展民族新文化，提高民族自信心的必要条件，所以保护文物与全国人民目前和将来的利益密切结合着的，每一个人民都有其一定的责任。

第二、在反动时代帝国主义者勾结着官僚、军阀、奸商、地痞，破坏盗窃我国的文物，我们除了痛心疾首以外，毫无办法可想。如果说，在那个时候因为无法可想而保护古代文物的责任很重，究竟有什么用处呢？现在中央人民政府三令五申保护古代文物，各地政府正在切实遵行，而我们倒反哈哈大笑说："好了，古代文物得到保护了，我心里面的一块石头落下去了，我也可以去睡我的觉了。"轻松倒是够轻松的，但对于保护文物究竟又有什么用处呢？一个是担心，一个是放心，同样没有实际的作用，都不是真正负责的态度。

第三、据甘肃省文化教育委员会的冯国瑞先生说，政府为了切实有效地保护麦积山的佛教文物，在麦积山瑞应寺成立了文物保管所，又在岩洞周围修建了栈道。不久，对于永靖炳灵寺的佛教文物也要那样做。这笔经费很大，当然不是我们佛教界所能为力的。但所谓保护古代文物并非单指石窟寺而言，《人民日报》短评里面已经说得非常清楚，《现代佛学》第36期云音居士所作《在伟大的爱国主义运动中佛教寺院保护民族文化遗产的责任》一文中也说：

解放三年以来，政府正确的执行了文化建设的政策，培养了许多考古工作者，在各城市成立了文化馆宣传保护文物古迹，在各地都调查了发掘了许多古文物，其中有许多是有关佛教的古建筑与雕刻。这些建筑与雕刻，如寺院、塔、幢、摩崖、石窟等类是在地面以上，人人可以看见，可以调查研究，可以考定鉴赏，这些文物是容易被发现、被重视而得到保护的。此外还有寺院以内所收藏的文物，例如一卷经、一轴画、一个钟、一口磬，乃至一砖一石之微，若不是僧尼自己能鉴别、能爱惜、能保护、是不易被外人发现而加以重视的。

这都是说明佛教文物的范围很广，数量很多，如果不是我门佛教徒自己积极起来参加保护的工作，也就可能造成无法补偿的重大损失。例如山西太行山上某一古寺里，据说有很多唐写本、宋版和梵文的佛经，现在都散失了。又如北京西郊某寺里的宝贵藏经，从前散满几屋，无人保管，曾被懂得版本的游人在那里面拣了几部宋版《法华经》去。此外还有一些僧尼把藏经当烂纸卖，而且竟有自己撕碎了卖出去的。这许多都是罪恶，在过去固然不应该有，在今天更不应该有。

去年 12 月23号《光明日报》上发表了一面消息说，最近在山西五台山李家庄发现唐建中三年所建的南禅寺，是我国现存最早的木建筑，这愈加可以证明蕴藏在我们佛教界里的文化遗产非常丰富，只要我们肯用心保护和发现，对于祖国文化的贡献一定是很大的。写到这里，再举两件保护佛教文物的典型事实在下面，一并作为佛教同人的参考。

山西赵城广胜寺的金刻藏经，不但在佛教史料上是无价之宝，就是从印刷术发展史的观点看，也是价值连城的。抗战期间，日寇想抢走，这个消息被广胜寺的住持知道了，就连夜报告当地的人民政府，人民政府马上派了一支队伍去迎头痛击，还牺牲了八位战士的生命才保存了这部金刻藏经，现在安全地珍藏在国立北京图书馆的善本书库里。此其一。

清末以来，全国各地雕刻方册藏经的地方很多，而以金陵刻经处、扬州刻经处、中国内学院、天津和北京刻经处为最有成绩。据说，以前曾经计划把这几处的刻经录集起来再加以补充成为百衲本大藏经，可见工程的浩大。最近已经把金陵刻经处的经板整理好了，还要把扬州和中国内学院的经板归入金陵刻经处，使管理和流通两方面都得到很大的方便，也就再不会散失和毁坏。至于北京和天津两处的经版也已经集中在北京的瑞应寺，不久整理完毕，即可印刷流通，此其二。

佛教文物是公共财物的一部分，大都散布在城市和名胜地区的寺庙里，我们佛教徒有爱护的天责那是无法推诿的。其次寺庙房屋和其他财产都是十方施主布施作为维持僧团之用的，保管失时与失当，都能招致房屋的毁坏和财产的浪费，均与“爱护公共财物”的公德违反。北京佛教界修理寺庙的办法很好，也可以参考。

北京各寺庙大都有多余的房屋，解放之前，除出租给贫苦市民居住外，有很多寺庙是专门停放灵柩的。停灵有碍公共卫生，解放之后一律迁出。房屋经过打扫，依然可以住人，加以北京人口日渐增加，各寺庙的住户也有人满之患。起初，住户当中有很多人由于在解放之前受了蒋匪帮反动宣传的蛊惑，认为租住房屋等于分到房屋，可以不出房租，就是出，数目也非常之少。据说每间每月的房租有少至一二千元的，这就严重地影响到寺庙的修理。北京佛教界就请求人民政府协助调整房租，经过一年多的努力，房租调整得很合理，各寺庙除维持生产之外，都有力量修理寺庙房屋，其中如果工程过大，自己力量不够，则可以向银行贷款，分期归还。这样，各寺庙都修理得整整齐齐，没有破坏不堪的房屋。

跟着修理寺庙而来的是各寺庙的互助合作运动。互助是指对于老病僧尼的救济而言，合作则是各寺庙彼此之间的有无相通。这个运动现在刚刚开始，一部分老病僧尼已经得到了救济，将来修理寺庙不足之款，也可通过合作，彼此商借而不必贷之于银行，这对于减少寺庙财产的浪费是有其一定作用的。《大集经》卷五十四云：

若有四方常住僧物，或现前僧物，笃信檀越重心施物，或华或果或树或园，饮食资生床褥敷具，疾病汤药一切所须，私自费用或持出外，乞与知识亲里白衣，此罪重于阿鼻地狱所受果报。

经文告诫我们，公共财物如果私自费用或者假公济私，都有很大的罪过，所以像爱护自己的眼珠一样去爱护公共财物是做人的基本条件之一。北京佛教界那样做法是值得赞叹的。

最后我再举两则禅宗公案作为结束：

雪峰禅师与钦山、严头行脚参访，从湖南入江南，走到新吾山下，钦山在山涧里洗脚，看见上流头流下几片菜叶，就很高兴的对雪峰说，上面一定有住山的老修行，我们不妨去参访参访。雪峰当时就责备钦山说，你也太无见识，将来如何辨别是非。你看，流下的菜叶不是还可以吃的吗，而他竟丢弃了，这样不惜福的人，住山有什么用！修行有什么用！（《景德传灯录》卷十六）

宋朝的佛鉴禅师是四佛之一，声望很高，住持太平寺时，高庵禅师充任维那。那时高庵年纪还不太大而意气甚豪。一天正是大家齐集在斋堂里吃中饭的时候，高庵看见侍者在佛鉴禅师面前放下一个与众不同的食盒，认为佛鉴独尝美味，侵损当住，就走出座位高声责备道："五百僧众的善知识，和大众在一起吃饭的时候，还侵损常住，独尝美味，何以做后学们的模范？"佛鉴听到了好像没有听见一样，并不回答。直到吃完了饭，高庵再去调查，原来佛鉴禅师有胃病，不能吃油，食盒里面盛的是白水煮菜。高庵知道错怪了佛鉴，不好意思，就到方丈里去辞职。佛鉴说："你说的话很对，但我因为有胃病，不能吃油，食盒里面的东西并不比大众吃的好，所以并不以为你在骂我。你这样志气明远，是将来佛门的栋梁，希望你不要介意。”高庵经佛鉴一解释，打消了辞意，后来并为佛鉴之嗣。（《禅林宝训》卷第四）

上面两则公案虽然都是小事情，但我们可以知道，一个不惜福的人，也就是通常所谓“暴殄天物”的人，决不会爱护公共财物，纵使住山修行，也不足取。其次，为了“常住”不受损侵，不顾情面责备长辈的人，即使语言粗鲁，或者竟是错怪了人家，倒反是志气明远，可以作为栋梁的人。这是佛教史上的美谈，也可以说是佛教的优良传统之一，值得我们佛教徒取法并加以发扬的。

（原载《现代佛学》1954年1月号）

社会主义改造的光明大道

解放以前的社会是少数人发财享福，多数人贫穷受苦的社会，现在是向着“大家富裕”的目标迈进。“大家富裕”就是每一个中华人民共和国的人民都能够过富裕幸福的日子，当然也就没有少数人榨取多数人的血汗以供享受的事情，因此大家的富裕幸福的日子，是大家用自己的劳力挣来的，这里面也包括我们佛教徒的富裕幸福在内。

根据总路线的指示，我们的国家要达到“大家富裕”的目标，农业、手工业以及资本主义工商业必须走社会主义改造的道路，这和我们广大的城乡四众佛教徒有着非常密切的关系。现在先把农业、手工业以及资本主义工商业进行社会主义改造，取得辉煌成绩的典型事实介绍在下面。

一

出北京，过卢沟桥，向西南走约四五里就到张郭庄农业生产合作社。那里都是旱地，只能种玉米、花生、小米等四五种旱地作物。历来由于依照老方法个体经营，收获量既少，再加上灾害重重，闹得地瘠民贫，生活非常艰苦，有很多户经常借债度日。土改以后，贫雇农都分得了足够的土地，起初还是各自分散耕种，因为贫雇农先天不足，不是缺耕具，就是少畜力，要把田地种好，事实上确有困难。思想比较进步的人，如现在张郭庄农业生产合作社主任郭荣，就在政府号召之下组织互助组。互助组替他们解决了很多困难问题，打通了大部分组员保守思想，大家感觉把互助组结合成合作社，对于各人会更加有利益，就于1953年2月正式成立合作社。

据郭荣主任报告，张郭庄农业生产合作社是由四个互助组结合起来的。成立之初，仅34户，109人，其中9户中农，25户贫农，耕地共776亩。组织方面，由社员大会推举委员组成管理委员会分工负责，如生产委员会、财务委员会等都是设立在管理委员会下面的业务机构。每月开社员大会一次，检讨会一次，每星期学习一次，星期天还上政治课，课本用的是互助合作教材。

这个合作社是社会主义性质的，土地不分红，全体社员完全按照“按劳取酬”的办法进行工作，所以民主评分很重要。他们规定每一个劳动日为十分，但勤劳和工作做得好的可以超过十分，不够的可以不足十分，三分四分都有，这叫做“死分活评”。刚开始的时候都在晚间评分，因为不结合现场的工作实况，时常发生争吵，有时评到半夜，影响白天的工作，就改用中午休息时间在田地里评分，这样，谁的工作好坏，大家有目共睹，谁也不能强辩争论，评分既省力又公道。这是该社创造的先进经验之一。

又社员的个性每人不同，有的过生活很节省，有的喜欢浪费，如果对于喜欢浪费的人不加限制，到结算的时候，可能因为所余无几而抱怨合作社。所以他们规定收支账目日清月结，每月公布账目一次，每十天公布工分一次。社员借支在五万元以下经财务委员会批准，十万元左右由管理委员会批准，二十万元以上必须经社员大会通过。社内公共开支在五十万元以上也必须由社员大会通过。这对于巩固全社经济基础，改进社员生活两方面都发生了很大的作用。

又据郭荣主任说，互助组比单干强，合作社又比互助组好，这是大家知道的，好处在于能够合理使用土地、资金、畜力、劳动力和推广先进经验。在互助组的时候，因为土地还是各人私有的，谁想吃什么就种什么，所种的作物不一定合于土地的性质，譬如应该种玉米的地种花生，应该种花生的地种玉米，就会大大影响产量。合作社的土地是社员共同经营的，可以根据土地的性质种植合宜的作物，土地既不吃亏，产量也随着增加。又互助组的资金归组员各人自己掌握，应该买肥料的钱可能买了布匹或其它用品，到了必须买肥料的时候则又没有钱，自然会妨碍生产。畜力也是这样，有时小毛驴拉大车，有时又使好牲口拖破车，合作社里就没有这种毛病。又劳动力的合理使用也只有在合作社里才能办得到，例如男女同工同酬的规定，起初许多男社员思想搞不通，认为妇女劳动力低，不能和男子同工，更不能同酬。后来由于分工明确，一部分男子做的活妇女固然做不了，但一部分妇女做得非常好的活男子也做不了，才把办法打通，大大提高了妇女的工作效力。又如有一个男社员做正经活做不好，经常歇工，可是他气力大不怕脏，就叫他专门挑粪。据说他做得非常有劲，一工也不歇，挣得的工分比一般社员还多。

合作社的土地合并以后就可以使用拖拉机，捷克斯洛伐克曾经送张郭庄农业生产合作社一辆拖拉机，为该社节省了九百多个劳动力，解决了劳动力不足的困难。1953 年夏秋之间，张郭庄一带水旱不断，又有部分虫灾，由于有了以上的许多条件，农业生产合作社的产量并未减低。他们种玉米206 亩，平均每亩产量290 斤，比互助组高37%，比单干户高40% 强。种小米207 亩半，平均每亩产量204斤，比互助组高24%，比单干户高29%强。种花生119亩，平均每亩产量294斤，比互助组高15%，比单干户高33%。如果连同副产品和副业生产的收入合并计算，全年收入折合人民币共为271004480元。除去生产管理费、生产资本、公粮、公积金的支出外，纯收入为151449950元。共折为68998分，6898个劳动日，每一个劳动日可得工资21940元。因此34户之中，比互助组的收入增加一倍者23户，增加70%者7户，增加50%者4户。他们大都添置了新衣服，还清了积欠，有的还修理房屋。这一事实，教育了附近的农民，纷纷要求加入，所以今年张郭庄农业生产合作社几乎扩大了十倍，计共388户，5870亩地，他们的工作方法又有了很大的改进。

二

在1950年6月的时候，有一个被解雇的糖果业工人黄嘉生和一个失业的小学教师杨世清，一个失业的饭馆厨师马德祥，卖了自己的衣服和被条，每人凑足40万元，总共120万元作为资金，在北京市第八区租了两间小房子，成立食品生产小组。当时砂糖每斤6000元，买了100斤糖做原料，用去一半资金，再加香料、印包糖纸等费用，所余无几。买不起工具，借了邻居一个小煤球炉和一个旧铜洗面盆就熬起糖来。谁知两个外行毫无熬糖经验，熬了两次都熬苦了，损失十多斤糖，就有点灰心，想把存下的糖均分散伙，以免完全破产。经过黄嘉生用自己被资本家解雇的苦痛经验说服了杨马两人，才又坚持下去。第三次熬糖熬到深夜才成功，第二天，三个人就分头出去销售。因为包糖的纸是他们自己用木刻印刷出来的，既不好看又掉颜色，没有一家食品店愿意销售他们的糖果。他们就在小摊上竭力说明他们的产品不掺假，比其它的糖果甜，价钱又便宜，才有一点销路。销完了又回去熬糖，每人每天只支伙食费三千元，其余都作为流动金，概不动用。大约每天熬糖18斤，获毛利一两万元，除去伙食尚可盈余一万元左右。这样继续了两三星期，由于他们不断提高产品质量，逐渐打开了销路。首先和他们建立产销关系的是邮政总局消费合作社，其次人民印刷厂等消费合作社也和他们建立了固定的加工定货关系，他们才站稳了脚跟。到1950年9月，又吸收两个做饼干的失业工人，增加饼干生产。

黄嘉生食品生产小组在消费合作社的支援下，蓬蓬勃勃地发展起来了。不意1950年10月糖价因受私商操纵，每斤砂糖由6千元上涨到了1万2千元，后来竟形成有价无市；百货公司虽然供应，但每人限购五斤，新发展起来的黄嘉生生产小组遭遇到了新的困难，业务开始下降，生产不够成本，组员们都万分焦急，有时甚至各自暗中哭泣。北京市总社知道了这个情况，就以每斤砂糖低于市价 3000 元的价格（9000 元）供应他们原料，并加工订货，支援他们生产。到 1950 年底，砂糖经过国家大量供应，价格逐步稳定了下来，他们也从 3 个人发展到 12 个人，积累资金 550 万元。1951 年 4 月底，他们的产量已提高到日产糖果 300 斤，具备组社条件，遂组织北京市第一食品生产合作社筹备委员会，5 月 1 日正式成立合作社，并选举了理监事，清洗了资本家王玉庭。

王玉庭是黄嘉生原来工作的光明糖厂的老板，1950 年底表示愿意参加生产小组，并愿意把工具借给小组使用，当时黄嘉生生产小组需要工具，就允许他参加。王玉庭参加生产小组后，当了组长不劳而食，工资比谁都高，并设法篡夺领导权，把生产小组攫为已有。开始他拉拢一部分落后组员，增加自己的势力，后来组员们反对，他就用工具要挟，明目张胆地耽误了生产。社员们忍无可忍，决定把他开除出社。王玉庭出社时带走了全套工具，还拉走了售货员和另一个社员，组织了正兴糖果厂，声言要在六个月内挤垮第一食品生产合作社。

王玉庭的正兴糖果厂最初以包装漂亮，肯赊欠等方法同合作社竞争，合作社到那里销糖他也到那里销糖，并破坏合作社的信誉。合作社则以价钱低、质量好，和向消费合作社宣传这场斗争的真实面目来争取销路。各消费合作社帮助他们推销，销路日渐扩大。不到六个月，王玉庭的糖果厂因质量次、价钱贵、销路困难停了业，全套工具以半价卖给第一食品生产合作社，被拉走的社员作了检讨，重回到合作社。经过这场斗争，第一食品生产合作社在组织上比以前更加团结巩固了，业务也更为发达。到 1952 年底，社员发展到 36 人，另有试工的非社员 8 人，合计 44 人，股金增至 862 万元，全年生产总值 18 亿 3 千万元，盈余 1 亿 9 千余万元。1953 年经过不断的整顿和扩大，业务蒸蒸日上，现在他们已经添置了打蛋机、轧糖机、双型烤炉、烫腊机等十几台机器，有许多产品已不用手工制造，社员增加到 150 人，每月流水约 14 亿元，全部资金已达到 13 亿元，比 1950 年刚开始的时候增加了 1 千多倍。

北京市第一食品生产合作社不仅生产提高了，生产过程改善了，民主组织也是健全的。他们每月定期召开两次理事会研究生产工作，一次监事会检查理事会的工作和生产。每月定期召开社员大会，报告上月业务、财务、生产情况，确定下月工作计划和批准社员入社退社。盈余分红的规定是：公积金 52%，劳动返还金 18%，教育基金 5%，建设基金 15%，劳动奖励金 5%，福利金 5%。社员的每月工资在生产不断发展情况之下也逐渐提高了。如 1951 年 10 月社员平均工资为 23 万元，1952 年 10 月即为 45 万元，1953 年 10 月为 57 万元，最高工资 90 万元。除工资外，1952 年每个社员还平均分得劳动返还金 100 万元，1952 年 150 万元。随着生活的改善，社员对于学习也非常认真。他们于1953年1月成立了学委会，每天进行一个半小时的学习。目前全社有34人参加文化学习，65人参加政治学习，黄嘉生参加小组时只认识七八百字，现已认识二千多字，这都是进一步发展社务的有利条件。

三

北京第五棉织手工业生产合作社也是值得介绍的。它从1952年4月由8户分散生产的手工业织布户组织起来以后，经过一年多的发展，已经由二十七人的小型合作社变成了127人的大型合作社。去年年底，该社安装了电力织布机，开始由手工生产走上机械生产的道路，生产日益发展。

原来那八家小手工业户，每户一般只有两、三台人力织布机，三、四百万元资金，两三个工人或徒工。由于生产分散，资金小，人力少，各户经常停工待料，一个月起码停机四、五天。尤其是到每年春季布疋淡销的时候，“等轴”的现象更是严重，有时甚至一台机子停工两三个月，连生活都很难维持。到了秋季，布疋旺销，各户又往往不顾质量，粗制滥造。

1952年初，这八家小手工业户大都停了一台机子，共积压了二、三十疋布，生产非常困难。当时小作坊主们经过“五反”运动的教育，对自己的前途有了些认识，工人们也提高了觉悟，因此在四月里就自愿组织了这个合作社。他们一组织起来就实行集体生产，并集中财力添了十二台人力织布机，按技术能力合理分工，会织布的织布，会染线的染线，并且选出理事会来经营社务。这样就大大节省了人力物力和费用。过去每户都要一个人跑业务，这时一个业务员就够了，过去八户要用十四个打线车和十四个打线工人，这时只要十个打线车、十个打线工人就够了。同时又得到国营商业公司的扶植，收购原先各户积压的一部分布疋，借给一批原纱，又和它订了加工褥单布合同，解决了原料和销路问题，从1952年5月起就开始正常生产了。

但当时合作社还有困难，就是资金少，只够维持生产，没法发社员工资。又绝大多数社员过去没织过褥单布，产品质量低。这在小作坊的时候是没法解决的问题，而合作社顺利地解决了。因为合作社里没有雇佣关系，人人都是合作社的主人，社员们的生产积极性很高，困难当前，他们就自动向理事会提出不要一个月的工资；日夜班生产小组展开竞赛，互相学习技术，各组下班后开碰头会检查质量，研究改进办法，因此提高了产品的质量，渡过难关。六月份全社织了九百疋褥单布，只有三疋二等品。同时大家抓紧时间生产，产量普遍提高。到六月底，这个刚组织两个月的合作社，就盈余2100余万元。社员们的工资有着落了，原来没有工资的徒工每月也能得到20多万元，大大提高了社员们的情绪，生产更加有劲。到1952年底，盈余8400万元，除社员劳动返还金、福利基金、教育基金外，合作社有了公积金2千多万元，买了8台电力机，社员们更高兴了，他们说刚参加合作社几个月，就能看上电力机了，合作社真比小作坊强啊！现在该社有24台人力机和19台电力机，资金2亿2千万元。所以又准备盖一间大厂房，再安装20台电力机，发展二、三十个社员，添织花被单和机毛领子。

四

义利食品公司原是上海一家有三十年历史的私营食品公司，过去受着官僚资本和美国食品的挤压掠夺，弄得它朝不保夕。到解放前夕，资金枯竭了，产品没销路，每月勉强开工十天、二十天，连六十多个工人的工资都发不出去。公司所有股东大都无意经营，坐待倒闭。

1951年6月，国家通过北京市兴业投资公司，前新华银行等单位以投资方式与原义利公司组织合营。那时，义利公司已经搬到北京来了，挂出公私合营的招牌，动工生产。可是企业的经营方针、组织机构、管理办法都原封未动，经理（私股代表）还像过去一样依靠把头管理企业，既不研究市场需要，也不掌握生产情况，无计划，无制度，不依靠工人，科室之间互不联系，互不配合，因此造成忽而加班加点，忽而停工待料。工人不满意这种情况，觉得和私营没有两样，劲头上不来，对待行政管理也和对待劳资关系一样，尽是冷淡和争吵。工人与职员之间，南北工人之间也存在着不团结的现象。这就使生产浪费大，产量低，成本高，产品销不出去，月月赔钱。

“五反”运动以后，国家在该公司主要部门配备了干部，协助行政进行了一系列的民主改革和生产改革，打倒把头，从领导上明确了依靠工人的思想，消除了劳资对立的情绪。随后又降低产品售价，打开销路，才扭转了赔钱的局面。工人在党、工会和团的教育下，认清了公私合营后的公司是半社会主义性质的，前途是社会主义；同时在打倒把头，进行生产竞赛和整顿劳动纪律的过程中，进一步树立了主人翁思想，因此在生产上发挥了很大的积极性和创造性。如有一段时期蛋糕滞销，蛋糕车间生产组长董福生就去门市部了解情况，发觉自己制造的蛋糕式样少而单调，价钱高，顾客不欢迎，回来就和工人研究，创造了三色、卷筒、豆沙、纸杯、小樱桃等十多种好吃又好看的蛋糕，再加上调整了劳动组织，1953

年5月就把蛋糕的价格由每磅15000元降低为8000元，蛋糕畅销之后，日产量由200磅提高到500磅。

由于公司业务日益扩大和四百多个工人劳动生产率逐步提高，该公司产量的增长是非常惊人的。如以1953年每月平均产量与1951年每月平均产量比较，糖果增加了28倍，蛋糕14倍，饼干10倍，面包5倍。今年的产量又比1953年增加，光是糖果一项每天就要生产1万多斤，大约占全市供应量的四分之一。销售量大了，利润率虽不高，但实际利润数字却大大增加了，这是一般私营食品厂所望尘莫及的。该公司为了适应业务的发展，在1953年8月召开了股东会议，重新拟订了公司章程，选出了董事。会上并作出两项决议：一项是预计1953年大约可以盈利20亿元，决定除发给各股东1953年股息和红利外，还补发1951和1952年的股息。一项是准备再扩大投资一倍，动工新建冷饮车间和扩建糖果车间。估计完工以后，每天可以生产冰棍一百万支，冰激凌两千斤，糖果产量可以再提高五倍，即每日生产糖果五、六万斤，这是一个多么可惊又可喜的数字啊！

五

社会主义改造的道路是异常广阔和光明的，从上述的事实可以得到充分的证明。住在乡间分到土地的佛教徒，请仔细研究张郭庄农业生产合作社的情况；住在城市经营手工业的佛教徒，不妨参考北京市第一食品生产合作社和第五棉织手工业生产合作社的成功经验；以资本主义方式经营工商业的佛教徒，如果在业务上遇到了不易克服的困难，也可以考虑一下公私合营后的义利食品公司的发达情形。这不但对于每一个人所做的工作或经营的业务有帮助，就是对于培养道德，提高品质也有莫大的关系。如张郭庄农业生产合作社的郭荣主任说，农民们单干的时候，各人自扫门前雪，不管他家瓦上霜，加入了合作社不知不觉就养成了互助友爱的精神。譬如谁家房子破漏，一个人修理不了，社员们就在歇工时间，大家一窝蜂似的七手八脚替他修理好。又谁家缺了粮食，就有人把自己多余的粮食送给他。又如在政府号召卖余粮的时候，一个老大娘对他的儿子说："余粮不要卖，不知明年是什么年成，我眼看着家里有存粮，心里舒服些。"但儿子的思想是进步的，就问母亲道："我们家里以前从没有存过粮食，现在存粮是那里来的？""合作社的好处呀！傻子，你还不知道！"母亲答。儿子又问："合作社怎么会多打粮食？""拖拉机。"母亲似乎有点不耐烦，简单地回答了三个字。"拖拉机从那里来的？"儿子追问。"不是捷克吗？"母亲有点生气了，反问儿子。儿子反驳道："谁不知道捷克送我们拖拉机，我是问谁制造的？""那么，工人。"母亲开始对于儿子的问题感觉惊异。"工人是否要吃了饭才能造拖拉机？"儿子继续问。"对呀！"母亲答，注视着儿子的神情。"既然如此，我们如果不把余粮买给政府，工人吃什么呢？"儿子说出了他的心事。"对了，对了，我老糊涂了，没有想到这一层。那么，你把粮食拿出去卖吧！"母亲解开了思想疙瘩，同意儿子意见。这也是张郭庄农业生产合作社的一段佳话，从这里可以知道，生活在组织里面，即使乡间的老大娘也会明白爱国主义和国际主义。

又如第五棉织手工业生产合作社主任刘铁臣说："我经营小作坊的时候，从不把技术教人，就是亲兄弟也不教。学徒要学本领，只有自己从旁边偷看揣摩，我自己就是这样学来的。加入了合作社，因为休戚相关，技术不再保守秘密，谁不会教谁，所以合作社社员之间，比亲兄弟还亲。"我参观了第五棉织合作社，看到他们在工作上的互助合作，确实感觉到他们比亲兄弟还亲，这又是因为生活在组织里面，发挥了人类互助友爱的崇高德性。

人与人之间的互助友爱，是六度四摄的基础，是菩萨行的准备，谁说社会主义改造的总路线不是庄严自己福德、智法身慧命的菩提大道呢！

（原载《现代佛学》1954年5月号）

提高警惕，加强爱国主义的学习

中共四中全会的《公报》里说：

现在中国正处在社会主义革命即社会主义改造的阶段，我们要逐步实现社会主义工业化，逐步实现对农业手工业和对资本主义工商业的社会主义改造，把我国建设成为一个伟大的社会主义国家，这是一个比反对帝国主义、封建主义和官僚资本主义的革命更深刻更广泛的革命，包含着极复杂极尖锐的斗争。在这场斗争中，一方面，外国帝国主义决不会袖手旁观；另一方面，国内那些已经被打倒的阶级决不会甘心于自己的死亡，那些将被消灭的阶级也决不会没有反抗，他们中的坚决反革命分子必然要和外国帝国主义互相勾结起来，利用每一个机会来破坏我们党和人民的事业，企图使中国革命事业归于失败，使反动统治在中国复辟。……因此我们的任务决不是用万事大吉的精神来解除全党的警惕性，而应当相反，应当用阶级斗争的现实和历史的教训来提高这种警惕性，使全党处于清醒状态，并且用增强党的团结的实际行动来答复敌人的阴谋。

这个指示，不但对于全体共产党员和一切民主党派的成员有其重大的意义，就是对我们佛教徒来说，也是非常重要的。

从最近几个月的国际消息看来，美帝国主义制造紧张局势的活动日益疯狂，如干涉越南、高棉与寮国的解放战争，指使李承晚匪帮叫嚣北进和组织所谓“佛教国联盟”等等，都是穷凶极恶的表现。越南的范世龙法师曾经说过：

看到了在毛主席英明领导下的中国佛教界的光荣，也随着中国人民的幸福而发展，使我很兴奋，同时也加强了我对我们胡主席英明领导的信心。我深信，对于最近我国人民和军队在义路前线的胜利，我们全体越南佛教徒也和我一样兴奋更充满着信心。……越南佛教界将更加紧密地和各阶层人民团结在一起，努力增产，努力战斗，消灭法国殖民侵略者和美国干涉者，夺回民族独立权，为保卫世界和平的胜利而贡献出自己的力量。（1952年12月17日广播）

范世龙法师的广播词，说明了印度支那佛教信徒们共同的愿望和努力的方向，也就是越南、高棉与寮国的解放战争所以不断获得胜利的原因之一。美帝国主义的疯狂活动，不惟与印度支那所有爱国的佛教徒为敌，也威胁着我们国境的安全。此外它还利用若干国家一部分的佛教徒在国际上对我国和苏联造谣诬蔑。

大家知道，佛教传入我国以后，在封建社会里生长了近二千年，和封建阶级的关系特殊密切。如过去很多寺庙靠地主们布施，就很自然的和地主们熟识；现在地主阶级打倒了，而佛教信仰得到合法的尊重，寺庙也得到了保护；不甘心改变成分的地主分子，就有利用过去和寺庙的关系钻到佛教界里来，藉共同纲领宗教信仰自由的条文作为掩护，进行非法活动，有的竟敢指使作风恶劣的僧尼兴风作浪。

又在国民党反动统治时期，若干地区的佛教组织，掌握在反动党团分子和地痞流氓手里，解放以后，有的虽然改组或停止活动了，但由于佛教徒政治觉悟的水平不一致，有些地方并没有进一步划清敌我界限，还有少数反革命分子隐藏在佛教团体之内，时常利用机会鼓动事端，造成社会秩序的混乱现象。如大张旗鼓斗争依据戒律宣布还俗的僧尼，在旱象严重的时候鼓动群众破坏干部领导的救灾运动，还有把兵痞恶霸等血债累累的罪犯登记为会员，这对地方治安都是非常不利的。

目前还有一个最普遍也最严重的现象是：反动会道门分子都想摇身一变成为佛教信徒。他们有的假装着改邪归正皈依三宝，有的利用订阅的佛教刊物作为自己是佛教徒的护符，有的还振振有词地向当地政府请求成立佛教团体，有的竟至擅自巧立名目，招摇撞骗，增加了各地政府处理佛教事务的许多麻烦。

不甘心改变成分的地主，隐藏在佛教团体里面的反革命分子和狡猾的反动会道门首恶分子都是封建的余孽，人民的公敌，也是帝国主义最忠实的走狗。帝国主义的魔爪一定会紧紧地抓住它们，随时指使它们破坏我国的革命事业。我们佛教徒如果不提高警惕，坚决和它们划清界限，那么，对于今后佛教事业的发展，恐怕是不会没有妨碍的。

此次各地佛教信徒经过总路线的学习，在政治认识上可能都提高了一步，但继续把爱国主义的学习经常化，目前还是非常必要的。因为只有加强了爱国主义的学习，才能充分认识时代，辨别是非，才能随时提高警惕，分清敌友。这里所说的“分清”，不是通常的所谓明白，而是爱憎分明，绝对不含糊，绝对不妥协的意思。因此继续加强爱国主义的学习可以分为两方面：一、结合政策时事的学习，互相策进，把停留在我们脑子里面的旧观点、旧思想，像“改朝换代”、“不问人间是与非”等等，揭露出来，洗涤干净。二、从行动上注意和防范反革命分子利用佛教的活动，不让它们在佛教界内得到喘息和隐蔽的机会，随时发现情况，随时报告当地政府有关部门。这样行动与认识互相配合，才能真正把爱国主义的学习加强起来，才能斩断帝国主义的魔爪，保卫祖国的安全与社会的秩序。这样进步的表现，一方面可以整饬佛教内部，一方面可以得到人民大众的了解与尊重，对于佛教事业的发展关系很大，希望全国佛教同人们多加注意！

（原载《现代佛学》1954 年5 月号）

支持越南南方佛教徒和人民保卫宗教信仰自由民主权利的正义斗争

——向越南南方佛教徒的广播词

越南南方的佛教同仁们：

当5月8日，你们在顺化市，为了保卫信仰自由的权利而游行示威，寺院和生命受到美国——吴庭艳集团任意蹂躏的时候，全中国的佛教信徒和其他宗教徒，以及各阶层人民，都义愤填膺，一致声援你们，并严厉地谴责了美吴集团灭绝人性的法西斯罪行。可是他们非但没有丝毫悔改，反而变本加厉地蓄意扩大罪行。6月11日，迫害西贡市内游行示威的佛教徒，致使广德和尚自焚街头，表示抗议。16日，又调动大批军警，用催泪弹和水龙阻止十万群众前去瞻仰广德和尚的遗容，当场被逮捕者一二百人。7月17日，西贡当局又向示威的佛教徒发动猛烈进攻，还用铁丝网等障碍物把大多数寺院封锁起来。焚身自杀表示抗议的爱国僧尼，增加至五人之多，这就更加激起了越南南方人民和全世界佛教徒以及爱好和平人民的义愤。8月16日，越南南方佛教协会会长善豪法师说："在美帝国主义的走狗吴庭艳集团的残暴统治下，没有一个宗教和一个阶层的人民得到过自由和安宁。当前争取信仰自由的斗争，是完全符合包括佛教在内的越南南方各宗教的利益的，是迫切需要的。越南南方各宗教徒和各阶层人民，只有紧密地团结起来，才能取得胜利。"这是理直气壮的呼声。美吴集团能够用残酷的镇压，使这样坚决的越南南方佛教徒屈服吗？不能。美吴集团在8月20日发布全国戒严令，疯狂地逮捕佛教徒并搜查寺院，企图用以挽救其绝望的统治。这能说明他们强吗？不能。这只能说明他们已经走投无路，到了坠崖落堑的边缘。事情是这样的明明白白，是与非，正义与邪恶是这样的清清楚楚，美吴集团再凶恶，能够把天变成地，能够抹杀真理，能够逃避灭亡的命运吗？万万不能。用佛教教义来说，佛与魔是势不两立的，魔鬼即使能够在某一时期向佛陀大肆侵扰，而最后都要被佛陀所降伏。目前，越南南方佛教徒和人民向美吴集团展开的斗争，正是降魔的正义行动。斗争纵然是十分复杂、非常艰巨，但是胜利一定是属于敢于拿起降魔宝杵向魔鬼作斗争的人的。

不过，我们也不能不充分估计到魔鬼们的狡猾阴险。他们在人民的强大压力面前，有时会变得和顺一些，有时还会装成佛的样子，其目的无非是欺骗轻信，以便于他们的分化和宰割。历史上的正义斗争，由于轻信敌人的鬼计而遭受损失乃至失败的事例很多，刚果民族英雄卢蒙巴的被杀害，就是很好的证明。所以佛教故事里面所说的照妖镜，实际就是看透妖魔的伎俩，不被他蛊惑而已。

我们中国佛教徒有被魔鬼侵扰的痛苦经历，也有降伏了魔鬼之后享受宗教信仰自由和其他民主生活的愉快经历，对于越南南方佛教徒是十分同情。并且认为越南南方佛教徒保卫信仰自由权利斗争，不但是越南南方解放斗争的一部分，而且也是保卫世界和平的斗争的一部分。我们全中国的佛教徒和人民坚决支持你们，全世界爱好和平的人民完全支持你们，你们的汗和血决不会白流。只要能紧密团结起来坚强地继续斗争下去，最后胜利一定是属于你们的！

1963年8月28日北京

（原为新华社播发，《现代佛学》1963年第5期转载）

把美帝国主义扮成菩萨是对善良人民的欺骗

——在首都万人集会上的讲话

作为佛教徒的一分子，我怀着万分悲愤的心情，在今天大会上强烈抗议美国——吴庭艳集团残酷迫害越南南方佛教徒，屠杀和平群众的滔天罪行。

这几个月，从越南南方传来愈演愈烈骇人听闻的暴行，是美帝国主义野蛮侵略越南南方的结果，吴庭艳反动集团多年来一贯替他的美国主子积极推行战争政策，早已把越南南方变成人间地狱。据越南南方民族解放阵线代表阮氏萍女士三个月前的报告，越南南方有十五万多人被屠杀，一百多万人关进监牢，三百万人关进集中营，一万几千妇女被蹂躏。美吴集团的匪徒们，可以把人拿来剖腹剥皮，当着母亲面前把小孩子扔进火坑以供笑乐，其野蛮残酷，虽罗刹、修罗也不能比拟。

日本佐藤行通法师去年率领广岛——奥斯威茨和平行进团一行四人，路过越南南方，曾经在西贡停留了一天，据他今年对我们说，那里是到处军警林立，人民处在刺刀机枪监视之下，动辄得咎。佐藤法师们仅仅在那一天之中，所接触到的社会悲惨景象已经指不胜屈。单提一件事为例，西贡街上随时可以看见一种穿特种服装的青年女人，这些是吴庭艳反动政府用各种方式强迫来充当美国士兵蹂躏的工具。她们都是佛教信徒，看见佐藤法师，都走过来顶礼，一问她们的名字，有的叫做“眼泪”、有的叫做“哀伤”、有的叫做“苦命”，她们都以这样悲惨的字样来做自己的名字，可以想见她们过的是什么样的非人生活。佐藤法师们走过了亚洲的许多国家，他们得到的一个看法就是：“哪里有美帝国主义的势力，哪里就是地狱。”这是正直的宗教徒从亲身经历中得出来的结论，也只有在地狱里，才会发生美吴集团屠杀佛教徒这样五逆十恶的罪行。

越南南方人民80%是佛教徒。今年5月间释迦牟尼佛的诞辰，顺化市的佛教徒要集会举行庆祝，这应该是宗教信仰自由的一点起码要求，可是吴庭艳反动政权却临时突然宣布禁止，并对和平群众发动武装镇压，造成流血惨案，这一暴行激起了越南南方人民的愤怒，各国佛教徒同声谴责。吴庭艳集团毫不悔祸，反而变本加厉，蓄意把罪行继续扩大到西贡等其他城市，连续出动武装，包围寺庙，逮捕僧人，残酷迫害和平居民，不断造成重大死伤。南越佛教徒赤手空拳为自己的基本人权向反动政府作殊死的斗争。6月间，七十高龄的广德老和尚，甚至以焚身自杀，来作抗议。越南南方佛教徒坚持正义的大无畏精神，在世界佛教徒和善良的宗教徒中，引起了广泛的共鸣与深刻的同情。强烈抗议的声音来自方方面面。中国佛教徒也一再发出了抗议和声明。但吴庭艳对于这一切都置若罔闻。几个月来，在美帝国主义的支持下，吴庭艳集团的暴行愈演愈烈，继广德老和尚之后，僧人焚身抗议的事件，又连续发生了好几起，其中有比丘，有比丘尼，有几十岁的老人，也有十几岁的青年。他们并不是轻视生命，而是由于水深火热，才不愿与吴庭艳集团共戴一天。越南南方佛教徒的惨痛灾难，让我们又一次看清了帝国主义宣传的所谓“自由世界”是个什么样子。在那里，对于一小撮魔王和魔子魔孙来说，的确有充分的自由，那是杀人放火的自由，践踏人权的自由，杀盗淫妄无恶不作的自由，而对于广大人民来说，则连起码的生存的权利也被剥夺干净，更谈不上什么宗教信仰自由了。这就是美帝国主义的恩赐，这就是一手玩箭、一手玩着橄榄枝的肯尼迪的杰作。

现在居然有人硬要把一个魔王扮成一尊菩萨，要人们相信他是为“和平事业操心的”，是具有“慈悲心肠”的，是可以把我们全人类的命运寄托在他们的“明智”和“善良愿望”上的，这真是对于善良人民不可饶恕的欺骗。

中国佛教徒及其他宗教徒和全国人民，对越南南方佛教徒和人民所遭受的深重苦难，表示深切的同情。我国天主教人士，并且对美吴集团利用不同信仰在人民之中制造分裂的阴谋，表示愤慨。最近在日本广岛举行的第九届禁止原子弹氢弹世界大会的宗教界分组会议，也特别做出决议，抗议吴庭艳政府迫害佛教徒的暴行，亚洲及世界各国不同宗教的信徒纷纷对于这一事件，表示抗议，连美国也有许多团体和各界群众对他们的政府，提出了抗议和谴责。这说明越南南方佛教徒反对美吴集团的爱国正义斗争和他们在斗争中表现的不屈不挠的大无畏精神，已经得到了全越南爱国人民的支持，得到了全世界佛教徒以及一切宗教徒的支持，得到了亚洲人民和世界各国人民的支持。

他们一定能够得到最后胜利，美帝国主义大魔王和他的魔子魔孙们一定要被打入他们自己制造的烈火地狱中去。

（原载《现代佛学》1963年第5期）

书信摘录

书信摘录

编者按：巨赞法师博通内外，识见高远。敦气节，重然诺，言信行直，人乐与交。数十年间，与各界来往的书信、诗词很多。可惜在十年浩劫中，又以有关方面没有重视，丢失殆尽（其中包括伟大领袖毛主席的亲笔复信及徐特立、柳亚子、田汉、李济深、张大千、徐悲鸿、齐白石、陈半丁、关山月、恽寿田等老前辈赠法师的诗词书画）。这里所发表的只是劫后余烬，吉光片羽，弥足珍贵。

肇安[1]法师复巨赞法师书

（1936年）

定慧[2]法师鉴：

山野卧疾乡居，远承明问。既为宗教所系，强支病体，勉为裁答，愿加谅察。宗门既为教外别传，自然不能与诸宗合为一致，后起之秀往往引为殊途同归。混合其说，其意虽美，转增后学迷闷，又恶乎可？至于诸祖深明佛旨，著述传经，均皆意在言外，有若抛砖引玉。学者不察，甚至执方成病，饶尔精密披拣，亦难免执药为病之羞。又况从门入者不是自己之家珍乎？就如来函真如二字，山野敢道座下认得亦变成两个，认不得亦成两个，况真如岂是一种食物，犹尔口中乱嚼者哉。诚能默契此旨，开口和盘托出，纵使横答竖答离间答，或世间一种游戏，成言自然函盖相称，铢两分明。盖其句下有分身之路，有把定乾坤之手段在矣。山野老矣，丁此慧命悬丝之日，报答佛恩深有望于后贤。又愿座下毋矜伐毋施劳，时时以此为进，得能心同槁木，呆若木鸡，自然识智枯竭，方得谓之偷心死尽，默契此旨其庶几乎。至于古德一句便了，盖其平日涵养功深，行业纯一，世界身心早已付之度外，故能忘缘直下承当耳。再者所引论传均是指斥后人，非是呵诸前辈。盖古人处世不同，机感一异，只虽如此，如良马见鞭即行。今人死于句下，又不能甘领痛棒，甚是望崖不前，于故纸堆中讨个分晓。古人出其手眼与前贤分疏直与今人解缚，岂得已哉！

冬寒保重，珍重不宣。

病僧肇安复

注：⑴肇安法师时寓重庆佛学社。

⑵定慧法师，即巨赞法师出家时之法名。

漆园（熊十力）致巨赞法师书

（1950年10月27日）

巨赞有道：

佛会所出刊物，秋逸所发表诸文字及吾子有关教理之文，均望检寄一份（上海（十七）青云路招商二邨九十一号熊世菩收交漆园老人）。千万勿不寄也。

兹有恳者周朋初君，重庆人，昔与吾共处于湖上庆化寺年余，今年半百矣。其弟亦中共在东北。渠昨冬奉其老母在东北而住不惯，近欲奉母来京难找屋，闻广济寺甚宏阔，拟烦就寺中觅一旁隅小小房子，他母子二人容身便得。吾顷上车而南，即颂

法祉。

漆园上

十月二十七日

附：小札

佛家得失，古今真知之者，实难其人。仅是穷经析论（固然须经过此功）决不济事，非入于其中而超于其外，直是了他不得。

足下全文虽未出，然即此所见者言之，谓吾即犯攻难，尚未然也。但愿贤者将来得便能作若干时间之快聚，诚心、虚心相对，不杂一毫客气与成见，自有相契于真理之一日也。

四月八日灯下

得《论学》，且表面注有因称定慧者多，故取号万均，是昔与张诗言相契。而曾与吾同住庆化，后依太虚出家，亦曾住其院者否？如非此人，亦望以籍里姓字见

告（万均想非其本来姓名）。大作固是用心人语，非浮士口气，此甚可佩。唯学问之事，确是难言，吾老多千磨百炼，已近半百而始出新论，今出已，又且五六年。要非随便立说，吾于此土先哲及梵方佛学几经出入，最后，却是扫除各家名言反求诸已。若自己未得着下落，依人语下转，无有是处。

漆园致巨赞法师书

（1951年3月25日）

巨赞法师：

人生不过数十寒暑，所可宝者此心耳。世事无论若何，此心之公与明、刚与毅，不容埋没。如是者，谓之有守。吾子担荷大法不随外缘移转，十方三世诸佛，皆当赞叹。老夫亦随喜。宗与毅昨曾函劝其回乡，而未得复，今亦无法通信。

漆园老人

三月二十五日

诸法实相（即实性）不可空，此处不容戏论，须反己体认。某法师文字，吾有怪者此耳。此外任何非难皆可不计。

看了拉碎。

熊十力致巨赞法师书

（1951年5月1日）

巨赞有道：

前谈某不被抨以不敢故。某曰：不足抨耳。义理之谈一本无影响于社会，非若历史，人人必阅，不正其谬将误人也。无易由言，昔人所戒，并示虞君（编者：即虞愚）。

五一节

熊十力致巨赞法师书

（1951年8月4日）

巨赞有道：

向后佛经及各古典均难得人了解，其自识字以后，一切熏习皆与先哲路向不近。昨劝贤者勤作经论注疏，幸勿忘今后弘法必接近世间，殆无疑义，担荷责任非子莫属。土改报告自不容不作。梁先生每出参观，甚留心各方面情形，有文字发表，吾子亦须注意。徐特老有卓识，对佛学曾用过心，但未专耳。君毅宗三僧人，梁先生回当一商。二子俱美才，流落于外甚可惜。子如移广济，现住之庵幸为吾留，不可忘。

八月四日

论江陵书，顷查手边甚少，不过四、五本，我非保留不可。请你向大众书局购一本，一万元即可行，本要一万几千元的成本，他们减价。如从一平处借看一下也可。摧惑《显宗记》请你千万勿购，《论六经》者已付排，将来尽先送你一部。此二书你千万勿买。《显宗记》下星期六可着人取去。至聆。如遇一平亦嘱其下星期五、六取一本去。

八月五日　星期日

熊十力致巨赞法师书

（1955年2月11日）

巨赞法师：

我倦困之极，不及晤谈，秋逸先生想已南行。居素初次枉过，适我去照相。二次来，适我偶外出，回寓他恰恰走了。他要谈，我困倦、气不足、头闷痛。人生过七十，一劳便受损，马上又登车，不敢耗气，善为吾致意居素。

二月十一日

德钧留京为是，然不知如何设法。学校向有阀在，渠宜亲同表方先生商派文化机关为是，吾子为他计之。

幻叟致巨赞法师书

（1936年3月23日）

万均仁者：

日前接阅《论学》四本，中有评熊先生之大著，详加玩察，不意仁者读书颇有内心几微之处都能钻入，评论态度亦尚温雅，喜慰无量。虽然言说三界本真实灭苦因，法义无界，莫但闻已便生品想，甚愿趁此年富时境一超直入，做到能歇手时再歇才好，若中途间断殊为可惜。人命呼吸间岂能容尔安排十年得耶？幻期尔成就甚大，不欲草草了之。此事谈起来颇长，姑置之容后面叙。今小孙女又要来杭医眼，体师又有嘉兴之行，拜托仁者代我关照保护一切，心感心感，手此代面，顺颂。

法乐!

幻叟合十

夏历三月二十三日

注：万均，乃巨赞法师的笔名。

欧阳竟无居士复巨赞法师书

万均弟：

自弟出院，国难遽起，好容易救得经版抵川。其图书房屋，都付荡然。……至渝察局皆泄沓罔觉，且无安足佳地，遂决志溯上流至江津而止。五千构院，三千购地造作房安庋经版，二千办流通。近则月数千刻经。……渐以为国家之坏，坏在乡愿，乡愿而汉奸，而虏奴，刹那间耳。乡愿之根在媚世，求容，以畏祸偷生而求容，以重生轻义而偷畏。是故抉根拔本，孔之谋道不谋食，孟之舍生取义。救世之真谛，入学之初门，本此意而风世，出内院杂刊（入川之作）

已八期矣，以无赀而九期以下暂停印。涅槃之学如凤毛麟角，藏文密宗举处皆是。虽然，藏学之得失取舍，又谁知哉！但趁时髦以盲欺盲，本分事不图，真学问尽舍，人心浮伪，难焉能平。飞机惨炸声中，勉为此耳，不能多谈也。

渐。九，十三。

（原载《狮子吼月刊》1940 年第 1 卷第 1 期）

田汉先生复巨赞法师书

巨赞法师：

临冰先生转来手书，乃知缁衣人又向人间惹出是非矣。（编者按：田汉先生赠巨赞法师诗中有："锦衣不着着缁衣，敢向人间惹是非"句。）抗战至今日尚有这许多魔障，可胜浩叹。然挣扎出一自由幸福之国家，譬之修成金刚不坏之身，悟出仁慧至尽之理，愈达成功，愈多波折，殆为必然。今者整个形势实为至险，我内外危机，实尚未突破，亦有人以为此非吾等潜修至道之时，而必须各排万难，从岗位上作进一步努力。在缙云寺狮峰顶曾与法舫法师谈及吾师，彼似甚关心吾师者，顷已率三数人出国。……何妨来渝一行，当为各方介绍，一者出国或易为力，二者必要时不妨竟佛青、佛救未竟之业。我觉得那真是应做而未做好之事。舍此不图，遽以挫折去今日佛法隳颓，斗争尖锐之印度，在某些朋友中，似反觉吾师道心之未坚，忘此间即是西天之语，以为如何？以汉所感，近来读各方谈佛之书报亦不在少，青年人而着僧衣者亦多，其于抗战之尽力，反不如师等在南岳衡长一带当时之成就。真能以不退转之精神，多少适应时地人事，继续为之必能蔚为风气，造福国家不小。其实际成就必不仅功利意义，或者释迦生于今日中国，亦将为此。……昨日此间三次警报，附近与江南北皆被轰炸甚烈。晨光中写数行道意，并祝

安胜！

汉于瓦砾中复兴的重庆，中秋日晨。

（原载《狮子吼月刊》1940 年第 1 卷第 1 期）

田汉复巨赞法师书

（1940年2月2日）

巨赞我兄如握：

前在浔中演风雨归舟，承代约一游桂平，奈皆困于俗务不及成行，不胜怅然。弟年来疏惰出乎常情，甚至于华笺累稽裁复，劳兄久望负罪深矣。

今日为二月二日，去旧历新年五日耳，俗习难移，街头熙熙攘攘于濛雨中此皆年忙之人，寒家以老母素重农历亦未能免俗，颇亦迈其趑趄之步向□原稿市场谋升斗之粟，年头如此尚何可言？唯较去年此时为评剧、湘剧、话剧而紧张情形，又觉有仙凡之别矣。不知西山深处又复如何，吾兄无“再出家”之必要否？

昨云彬兄招饮在其案头，获见弘一法师涅槃瑞相及绝笔“欣悲交集”，法悦之中对今日局面仍未免一抹悲悯之情，则知法师真情之至亦智之至也。

夏衍兄在《法西斯细菌》剧中提出“智识分子再出发”之口号，汉殊有同感。今年决当好好读些书，趁头脑较为明澈之年好好学些做人和立本之道。吾兄学道有德，诚望随时予我钟鼓也。家母转健，弟日以读书课女为事，今晚抽暇驰短柬。即问

近安

汉二月二日

田汉复巨赞法师书

（1949年6月22日）

巨赞兄：

手书诵悉，兄所云专门研究机关，不知有一定目标否？否则，兄处距北京图书馆甚近，何妨就该处阅读？

政协有宗教代表七人，佛教方面兄应当仁不让，前者弟曾为周恩来副主席道

及，兄何妨一面加紧佛教界组织，一面向统战部罗部长接洽，因佛教至少应有一、二名额也。余面罄，匆复顺问。

日安

弟田汉

六月二十日

巨赞法师致法舫、印顺、道安法师书

法舫、印顺、道安法师慧鉴：

江南解放，政令革新，佛教前途未始无望，兹新政治协商会中，以弟与赵朴初居士为佛教代表，自便于改革工作之进行，不久拟组全国性之佛教改革团体，届时务请公等北来参加，共谋良策，二千年佛教之生死存亡在此一举，忍置事外任其生灭乎？得函盼电告，交通方面当设法予以便利，望更与在港诸大德熟商之，翘首云天，无任伫企，专此，即祝

旅安。

弟巨赞和南

1949年9月2日

巨赞法师复印度岫庐法师书

岫兄法师：

大函敬悉。以宗门为归，至深钦仰，弟亦有意于此者也。然宗之与教，初无分别。宗者教内精髓，而教则演绎宗乘者也。对读教而滞名着相者说有别传，落草之谈，盖为慈悲之故，且自宋而后，宗已成为义学（即知解宗徒），扬学拳竖拂，尽属鬼窟活计，应请特别注意。弟昔有整理宗门文献，考正源流之计划，自修无暇，集稿不多，迄未敢公之于世。今则治教者非支离破碎，则拢统

糊涂，无论任何宗派，皆不能清晰，况与之学宗门乎？宗门活泼，非第一流人不能办，而最易为中下根人之所附会假借，弟年来所参宗门名德多矣，方之古人几不可以同年语，则宗门岂易言哉。故弟以为有志者归趣于宗门固可，欲学佛者皆学宗门不可也。一般人还应先使洞明教典，然后锻炼之以宗门，庶几流弊较少。唐代宗门鼎盛，乃在教乘昌炽之日也。虽然，洞明教乘，亦未易言，此弟之所以外学也。专覆，顺颂

道绥！

弟巨赞和南

（原载《狮子吼月刊》1940年第1卷第1期）

成都徐季广居士复巨赞法师书

（上略）梁漱溟近在壁山创办勉仁中学，熊十力亦在彼处。前弟返省日闻艮庸在省筹备，曾走访之，值已去蓉。友人处得梁君所撰勉中缘起，意旨甚好，惜环境恐难如人意，不副所愿耳。弟前曾与湛翁一书，复语气象甚好，此公所造，似在并时诸贤上。所刻讲录，体异撰述，浅深杂见，然可藉窥所持。盛德滋先生亦不以文字自见，将来大约又与广德张凤篪生生（宦蜀甚久，没于新都）同无闻于世。（凤篪先生清季人，学问深邃，兼通儒释，平生不著文字，死后遂竟无传。）虽在彼无足轻重，而在学人方面，则损失殊大也。知名者不必皆贤，贤者不必知名，此世间事，固本如是，吾兄深心大愿，愈久弥笃，区区敬仰之忱，亦与日俱增。所祝胜缘早足，不负平生。大抵为学以量为本，器局苟浅狭，则所成有限，且易生畦畛，更启流弊。时乏没量大人，故其所就非无甚美者，而於道所明已仅，且所伤亦多矣。隐君子又不足以首兼善，此学之所以难也。别来数年，交游中亦颇有出格人否，幸以见示，俾增远快。……数年以来，困于谋食，旧所有书，自杭返蜀时，即已卖作旅费，交游不广，借书非易，于三乘典籍，遂无福缘再研读。案头所有，仅通行古书数十册，盖连陋字已说不上。来阆因力求行李简单，只携王辅嗣注周易三册，心赋，澈悟语录各一册。到此更无处借，经时数月，始假得晦翁注四书一部，可怜可笑。本分事固难言，直更将成没字碑。唯响学微愿尚未衰

馁，每念平生师友，辄用自奋警，聊足以告慰耳。弟于易究之垂二十年，所见书少，苦不餍意，屡屡厌之，又复不能舍去。客冬偶于考订文字有会，因逐渐有头绪，觉辅嗣，伊川，确是可人，然所发明则太狭局。自余所见，就本书消息者首推理堂，（焦循著有周易通释等书），然只成其臆说。能综研各家，当数辛齐，（杭辛齐有易楔等书）然博而实与易所明无关，亦是门外汉，吃亏皆在读书方法不够。堪舆家有言，一步不到不言龙，易亦如是，研之须面面皆到而精神又能笼罩，然后免于言子嗫嚅，徒说费话也。恨无三年闲时，专意研究此经，一为此奇书发覆。然使弟真有三年闲，又当先究向上事，或求证念佛三昧，不能埋头故纸矣。乃知人生草草，所能作之事至少，况在末世浩劫之中，更何能言之。怀此郁郁，聊借上书一快愚意，（下略）

（原载《狮子吼月刊》1940年第1卷第1期）

浙大李源澄教授复巨赞法师书

（一）

……弟所教为上古史文化史，皆提问题专门研究，但每月非四篇文章不能应付，弟每月无论如何只能作三篇，好在如此教法自然吃力，也易见工夫，学生对弟亦能原谅，以至现在上期功课方告一段落。下期改教中古史思想史二课，亦欲采用上期教法，虽然是苦，可以将学与教打成一片。蒙先生（文通）下期离川大，已应东北大学聘（三台县），离家甚近。季广近常有小病，事亦太忙，不宜读书，彼颇有意教书。但现在聘人非亲即故。不然，即有小小虚名可以彼此利用者，暗然潜修之士，恶能识之！熊子真先生在壁山来凤驿黄家花园，生活甚苦，兴会亦不如曩时。老年人遭此乱离，大不幸也……

（二）

……弟觉世间甚少居心为恶之人，惟是志趣卑下，目标一错遂错到底。我辈今日无可致力，有机会即劝人多读好书，使其浸润渐深，自可激发其志趣，此于世道人心，关系不小，但不可以善知识自居，倘以居高临下之态度出之，则听者不受也，公以为何如？某某近来感情冲动，苦不可言。其弊总在不于可努力处着力。而在不可能处起悲。孔子言“思不出其位”，非仅避免烦恼，亦惟如此方能真有益也。映佛师真所谓“穆如清风”，就涵养论，朋辈中真少有及之者。且虽绝未与通信，其气象实常想见之也。……

（三）

……弟对月刊之事，虽极同情，亦深为公虑。此中困难，弟曾两次尝试，殊觉劳民伤财而所得并不多，有时且惹烦恼。常觉我辈作事外缘太缺，惟有节省精神，向内用力，此事既已发而不可收，即望以困苦艰难，作为磨练身心之用，则将来所得者，亦或不在外而在内也。弟近年颇收敛，意在求一安静用功之地，是以外似宽容，内实抑郁，今觉所求亦是偷心，故翻然改图，不作安排计较，当如何便如何，心中遂坦然也。……五浊恶世，无处不有难处之事，难与之人，惟不计较利害，谨慎行事，以观此中变化耳，公以为何如？……

某居士致巨赞法师书

……闻人言马一浮先生颇有客气，从之游者，除随入蜀之张立民，邬以风，汤某外，皆新招后生，程度当甚浅，而意气殆不小。马本入于道似见本原，讲学亦头脑清晰，惟旧套仍不免。梁漱溟、熊十力前闻均在四川办学，其人均有可敬，而学皆不为深，（梁尤浅陋不足言）其自负则不可一世，或由量小之故。历年所遇学人，一知半解，便尔高视阔步，俯视一切，静言思之，此辈去常人几何，然已不堪其骄慢之。故近来绝罕与人言学问，致交友日寡，无处借书，环境既不能读书，心亦安之，谓可少烦恼扰耳根也。后生中结实者甚少，秀鲜靓，矧可言实！世道衰微，人才亦遂难得，可叹可叹！……

明真法师致巨赞、道安法师书

万均、道安两法师：

在你们一股热情艰苦的支持下，终于狮子吼出了。编排内容，俱能适合时机，投好一般“新头脑”的口胃。寄发以后，喝彩的函件，近想已案头高盈尺矣。云山遥隔，愧不能买一长串十万响的鞭炮，在你们面前热闹的放放，跳起跛脚大喊一声恭喜。万兄回顾前瞻时，能大刀阔斧，痛快劈杀，显出无畏的精神。但有几点亦颇不敢胡乱恭维，如：对佛青尽情渲染，而无勇气检讨她失败的症结，只将破灭责任归到“可恶的日本鬼”。又：佛抗之不能实现，大家应负责任，而兄毁誉出己，未免偏重个人的感情了。对太虚法师，亦未免失之过苛；因佛法是多方面的，各人有其立场，有其环境，有其困难；天下事岂能尽如人意，万兄你不要咒骂我吧！担儿压到自己肩上才晓得重呢！安兄专函宠召，盛意足感。但果真南台缘尽，弟颇想离君羊索居，多过两天自由生活。非敢厌舍人事也；自审太不行了，近来许多好的场面，给我一搅入都弄糟了！且在我心里较紧的一点念头，似乎还是觉得生死不能明了，近人多以生殉财，抵死求乐，而狂夸曲饰，自以能觑得破，不怕死；其事实何尝如是。生死不透，老是糊涂；日本人果自知有一死者，当亦不如是自杀杀人矣。

弟明真和南　十二月九日

（上三则，均原载《狮子吼月刊》1941 年第 1 卷第 2 期）

性空法师致巨赞法师书

万均兄：

狮子吼创刊号看来已成功了，阵容整饬，压倒现代一切佛教杂志了。也已压倒白湖编的《人海灯》六、七、八三期。但是没有政治意识，照佛教说，没有具体救度众生的办法。卡尔说：从来的哲学，只是用种种方法解释世界，我们的任务是改变世界。我想你们顶好再进一步来写作，来发表思想，比较有力量。不然，我想用不是前卫的理论，不过比文化主义者的刊物高一筹来批评你们了。你对虚大师的批评，没有半点苛刻，委曲。比芝峰在《人海灯》白湖七八期内的批评宽多了。……

弟性空合十

十二月二十四日

（原载《狮子吼月刊》1941 年第 1 卷第 2 期）

殷实居士致巨赞法师书

编辑法师：

也是偶然的缘法吧？今晚会在酒楼中，从报贩的手里买到一册《狮子吼》创刊号。读了一过，惬怀已极。尤其令人欢喜赞叹的是：暮气沉沉的佛徒中，却有法师们这许多大德，具着高瞻远瞩的慧眼，来改革久已失了西来真面目的佛教。法师！我是一个已经过了世法所谓："三十而立"，却毫无所立的天涯游子。为了贪图性命，甚至抛了慈爱的母亲和可怜的妻儿，从沦陷区逃到后方来。在这山国的寓楼里，有时梦回人静思前想后，真是无限怅惘；不仅是怅惘，竟是痛苦。所以者何？原因是没有确切的宗教信仰。以前虽也比较接近佛教，但是为了没有大德的指导，和看到一般所谓佛弟子的腐化行为，误会到佛教没有真价值，所以也就缺乏坚决的信心。现在读了狮子吼之后，把我的信心从新坚定起来，很想藉此机缘，皈依我佛，对于佛教哲理，深切的加以研讨，以求人生的真谛。但是这个志愿，在入门之前，非有大德予以指导，万难成功的。因此写这封信来，希望法师大发慈悲，惠予指教，在最初应当看何经典？如何入手？详细示覆！筑垣就法师所知，应就那位大德请益？亦盼明示！最好代为介绍，尤所感荷！敬祝

胜利安健！

殷实顿首

十二，六日

贵阳东门外街36号

（原载《狮子吼月刊》1941年第1卷第2期）

唐君毅教授致巨赞法师书

巨赞法师道席：

《狮子吼》第三、四期昨日奉到，正拟作书与兄即得兄书，殊以为慰。读贵刊三期，于兄宏扬佛法之苦心与热诚，极为佩服，如此办下去，于兄所欲提倡之新佛教运动必有好影响。唯此期印刷似太坏，兄之一文全看不清，使文章

减色，此点亦宜注意。又关于通俗佛学讲座一类之文及论佛法与世法之关系者，宜增多篇幅，似较徵经溯原之作，尤多现代学术之价值，可以使佛法与实际文化发生关系。弟于佛法固是门外汉，然佛之立教，无论如何多系对当时外道立言，且亦多用当时外道术语，今日之外道已非昔比，佛徒诚欲重兴内学，当不可以考证自限。兄于广研三藏外，复有以二十年治西欧中土之志，弟最为钦服，惟此亦非一人之力。须先提倡此风气，从事者多，其中自有卓异之之士出，而开风气之始，固不免有牵强附会之谬说，然为应有之现象，诚能观文化变迁之大势者，不能因噎废食。弟以为就个人治学问言，必敢于犯错误者乃可以言求真，自文化学术风气之开创言，亦必能容一时之异论杂出者，乃可以言辟魔与外。以今世唯物功利思想之混流，岂特佛法衰微，即中土固有思想，西方宗教及正统哲学亦在陵替之类势，诚注目于整个人文化之问题，则知门户之不可不广，而经生之事业为次要也。又今之老师宿儒教人者恒不免强人就一定之矩范，其苦心孤诣，诚堪矜式，然在今日绝不能通，而先摧折学者向上之锐气，其意固在绝学者之骄慢，实则反隳其远志，尤为不可。日前贵刊有某先生一函。致叹于今世后生之无可望。此固未尝不可如此说，唯此类谓世无人之心，亦潜藏之慢。弟总以为真欲望人信已所信者，于人之不已信时，但能自责其说之善巧，不能怪他人之不能接受，至于学者方面，则又只能怪自学力之不足，即始终只有一面话无两面话方为切己之义也。此话与兄随便谈及望绝勿发表，否则又成责备他人矣，一笑。关于中西文化之文，弟已四年不作，此类问题，大而无当，弟虽有一些意见，但尚不知如何写出，且弟意贵刊仍以使之为纯佛教刊物为是，勿犯凌杂之病。弟近来教论理学一课，复思及科学知识真确性问题，仍归于一切科学知识，只有内在之理性必然，而无世所认客观效准之义，（亦可合于唯识所谓分位假法之义，）此义西哲持之者亦多，然大皆不足以自圆，颇拟于此下了番工夫，唯亦大不易。迩来兴趣不佳，顺笔所之又是坏笔，潦乱之至，乞谅！匆候禅悦！

弟君毅叩。

四月十五日

（原载《狮子吼月刊》1941 年第 1 卷第 5、6、7 期合刊）

王恩洋居士致巨赞法师书

巨赞法师大鉴：

前接来书，敬悉一切。禅宗深浅，诚难一概。秋公所论，亦非无因。去冬今春两晤于内院，见其德业精进，至足佩敬，为法持身，真有不易及者也。狮吼力足声宏，振聋发聩，弘济之功，诚难限量，至诚无息，久而益光，是所至祷。近寄三期合刊十册，敬谨收到，拜谢之至。兹特附寄邮票十元，略助寄费。诚知法运艰难，印费不易，聊以尽意耳。顺颂法乐！

王恩洋拜启。七月十五日

（原载《狮子吼月刊》1941年第1卷第8、9、10期合刊）

巨赞法师复田光烈居士书

——预兆与心电辐射

光烈居士慧眼：

浙大李浚清先生转来大札，循诵再三，想见至性，兹据鄙见奉答如次。晚近生物学心理学界，名预兆，连心（或作他心通字Telepathy）等现象为灵异心理，而皆以为本于心电之作用，前有神觉，放射等说，近有辐射说。虽其言颇多臆测，而渐近于佛学之领域。吾人于此，除益坚其对于佛学之信仰外，自亦可采取其说之较长者，以释众事。《心电辐射下之灵异心理》作者孙道升（《经世季刊》第一卷第二三合期）解预兆之形成，引《三国演义》七七回所记关公遇害，先主惊梦事。其言曰："关羽当临刑之时，其思深，其情迫，其心电振动则频率极高而剧烈；于是辐射心电磁波，经运动神经的神经末梢，而播放于远方。先主与他情逾骨肉，则因电容量与电感量相同，自然周期一致，遂受周公所辐射的心电磁波之激发而起心电共振，其伴随电共振而起之灵异反应，便是浑身肉颤，便是眼跳心惊，便是神思昏迷，便是关公梦中现形等等。据此可见预兆为伴随心电共振之特殊觉知所形成，可见预兆系为心电辐射所形成。"足下之梦，亦预兆也。或系令兄于修墓发信时。极意关念，引起足下心电共振所生之幻觉。揆以唯识疏所缘缘之论，亦属可通。《唯识义演》卷十六云："疏所缘缘者，唯藉他所变本质为缘，自识于中变起本质之相，名所缘。如论云：或有外本质能力缘，发起内影像相分。"此中他所变本质（即外本质）或可假定为令兄所辐射之心电磁波，自识于中变起者，即足下之心电共振，本质之相（内影像相分）当是足下之梦境，故与先德无涉。唯识言变，尽反应形成之故。孙君未能更抉其微，终不能不齐人于木石（汤姆生科学大纲云矿物亦有心灵），此近人之所短也。十九年夏（出家前一年）赞因事赴申，先父不知，先父因经理茧行。至无锡与各丝厂结账，赞亦不知。在申所事犹未有头绪，而心中惶急思归，自不论其故，友人力劝亦无效。甫抵家门，先父在锡病危之急电至。力疾至锡，犹及送终，此与先主惊梦之事同。又敝友成都徐季广居士，笃行君子也。十余岁时，梦至一藏书室，伸手于架上抽得一书，视之为《大乘起信论》。醒而遍询师友，时成都犹无佛学社与佛经流通处，故无知之者。其后十年，偶至佛经流通处，见《大乘起信论》，狂喜购回而始学佛，此则惟唯识可以解释之。专此，即颂

教安！

释巨赞合十

（附来书）浚清先生尊鉴：夙夕风雨之夜，梦与先母聚谈。母似嫌窀穸隘窄，留连缱绻不忍遽别。忽被雷声惊醒，慈魂一缕，随风消逝，不觉拥衾大哭。次日中午，二兄来书，云适与母亲修茸墓地甫毕。阴阳相感，识识相网，有如是之效验乎。……唯识家言，一识生时，必有四缘，四缘中第三曰所缘缘……外境与他识可为疏所缘缘。证之夙夕所见，则人虽死而含藏识种之赖耶，亦能生起而为生人现识生起之疏所缘缘乎。此问题觉幽玄难喻，不敢自是。堪以转陈巨赞法师而祈教督乎。……

田应矩谨上

（原载《狮子吼月刊》1941年第1卷第8、9、10期合刊）

巨赞法师复潜庐居士书（一）

潜庐居士道席：

今日得镇清法师转来大教，悬河泻辨，搴文苑之菁华；运注投机，嗅大养之

萏卜，再三雒诵，不尽朵颐，勉酌蹄涔，以酬下问，洋洋玄肆，还乞正之！来教论列神通理事，厘然各有所当，小释迦仗击神僧，见五家录，洞山嘱侍者勿泄其禅定放光，似见丛林盛事，手头无书可检或有误。克实而言，则扬眉瞬目，尽是神通，运水搬柴，无非威力，慧思被毒，发誓不得他心通不说法者，实是激之使然。古德云："绝因之士，不厌果而自亡；扑火之宾，不扬汤而自止"，仰山示僧所云即此意，亦所以救弊。"得悟早行为便不免有蹊跷不外悟理未澈，习气未融"，卓见千古。晚近眩奇者多，而都不能入理，观行加持，几成利欲工具，可慨也，恨不能以居士此言，一一晓示之耳。取与之间，君子小人所由分，孔孟而下以及宋明儒者，于此莫不三致意焉。养吾心以仁，仁则霭然无欲，而后可以优入人法两忘之圣域；养吾身以廉廉则介焉无竞，而后可以独立于天地之间；孔佛教人，要无二致。惟言之尚易，力行则难，"视生如剩，视死如归"，其几庶乎，"冲破罗网，蓦直向前"，此则赞所仰望于居士者，下学上达非下学而后上达，划成两截也，下学即上达，烦恼即菩提，更何法之可舍。尝闻之欧阳竟无先生言，杨仁山居士以孔子为八地菩萨，或非无据，赞常言修行应于举心动念处，举足下足处体察，将自家身心作为研究之对象，方能踏实，乃与居士之议不谋而合，昔之辟佛者都不知佛，知佛者心不辟佛，程朱无论矣，陆则大醇而小疵，王似犹有客气。赞于儒家言涵养不深，未敢定论，希指正，至于著作，宋大慧禅师尝规黄山谷弗作绮语，近儒辜鸿铭先生亦以惜墨如金为座右铭。元黄子久有句云："风流不在谈风胜，袖手无言味最长"，颇有味。近之佛学者，不失之拢统，即落于琐碎，拢统者浑沦无归，琐碎者零落无序，皆与本分事不相干。贵省桂伯华、黎端甫二公往矣，宜黄周扬烈（少猷一号幻叟）粹然长者，其示子诗云："柴米油盐酱醋茶，养生须用不须奢，刀兵水旱灾黎地，露宿风餐百万家。"可以想见其为人。抗日救亡，以战灭战，佛陀许波斯匿王于前，功德铠策关婆国王于后，助粮著宗密之贤，存国食慧休之惠，僧传所载，其例甚多，而况救护组训，教国两利，慰劳访问，即属弘化者乎，僧苑凋残，有识者寡，种种计划，殊难实现，前与赵恒惕等组织湖南佛道抗敌后援会，拟藉以举办大规模之救亡团队，而或者梗之，致成为虚话，附上拙作佛家之救亡抗战论，希进教之。

专复，顺颂

法乐！

释巨赞合十

（原载《狮子吼月刊》1941年第1卷第8、9、10期合刊）

巨赞法师复潜庐居士书（二）

潜庐居士道席：

前日方得三月七日大教，稽复乞谅。功德铠策关婆国王事见慧皎《高传僧》卷三。“吾心与佛心无异故求诸经而有不得者，求诸吾心终可得之。”云云，诚甚精当。吾侪学佛，不过聊备参考而已，举足下足皆道场，何必三藏十二部分经而后谓之佛说哉。古德言佛来亦打，魔来亦打，或此意，惟不可为浅人言耳。考《大智度论》卷十四释生忍云：“云何生忍？若于恭敬供养。瞋骂打害，其心能忍，不爱敬养众生，不瞋加恶众生是名生忍”是其忍之对人而言故曰生忍。又卷十五释法忍云：“法有二，心法非心法。心法有二，一者瞋忧疑等，二者淫慢等，菩萨于此二法能忍不动等，是名法忍。”此仅对法言忍，故曰法忍。又卷九云：“佛法甚深，法门无量，能一心信受，是名法忍。……声闻畏恶秽恶，早求入涅槃，菩萨未得成佛，而欲求一切智，怜众生，欲了了分别知诸法实相，是中能忍名法忍。”小词典所云：“心法之瞋恚忧愁之诸烦恼能忍而不厌弃，”或即据此，幸更一览《大智度论》，有多胜解故。“与世接触，自己磨练，随分领众，依教说法，随缘提倡佛教，随缘兴办善举，不懒惰亦不强为，即是自利自度，”云云，实获我心。前者奔走呼号，虽无多大成就，而烦恼即菩提一理，则藉以证明。匆复不尽，敬颂道安。

释巨赞合十

（原载《狮子吼月刊》1941年第1卷第8、9、10期合刊）

檗庵居士致巨赞法师书

（1943年6月30日）

巨赞和尚法鉴：

西山之约未践，方自愧怼，而新茶一裹贻自山中来，厚意无以为谢，故奉左一章聊申鄙怀。茶裹到时逾旬不雨，以为旱象已成，故有《愿挥杨枝》之句，诗成后旋得甘雨，皆我师慈悲感召所致，益见如来愿力之宏，欢喜赞叹宁可言喻，专颂。
慧安

檗庵敬状

六月三十日

贺麟致巨赞法师书

（1949年10月23日）

巨赞法师：

年前承惠寄《灵隐小志》一册，近又奉到《现代佛学》二期。无任感佩。对法师在新局面下，在民主与进步基础上，宏扬佛法之努力，至为钦仰。手教所提问题三则，皆系就义理方向发问，可谓近思切问，高于一般人只就表面末节着眼者远矣，有暇麟当趋访畅谈也。新研会近注重小组提纲工作，一时尚不能集会讨论尊提三大问题。麟已将所提三则，交新哲学研究会负责人郑昕教授，彼或将转提交苏联来京之哲学家某君，俟渠月内作公开演讲时，或将予以解答也。法师惠然肯参加座谈会赐教，于对佛学有兴趣同人裨益必多，不胜欢迎。顷由朱孟实先生及麟介绍，领得申请表一纸，即请填好寄交本市南河沿金钩胡同十九号中国新哲学研究会收。该会收到后，自当寄送各项提纲不误，耑复，顺颂。
道祺

贺麟敬启

十月二十三日

马夷初（叙伦）致巨赞法师书

（1949年7月12日）

赞师：

又数日不见，伦疾小起，尚未克多谈久坐，少延当诣教也。今致幻师一启，呈鉴后乞即转致为感。

叙伦手启

一九四九·七·一二

幻师[1]：

奉到三次手札，敬悉。结夏来戒体何如？赞师已谈二次，并托将鄙意大略，转陈法鉴。伦近苦神经衰弱，未能多及。承师以伦说每个僧人皆当是社会主义者为然，鄙见如僧众不拒是说，即当以无畏精神，不仅靳靳于法施，而实际为人民服务。虽断发披缁茹素皆不必更有张弛，以示有所信仰。然必须努力生产，材能异众者竟当从事政府，不自异于方内，至结婚不必为嗣续之困，弟不宜背自然生殖之理与夫影响社会组成之素原。总之，佛学之前途，正恃师辈之阐扬，而佛教之存废，使随自然之变化。环顾佛徒，非师与赞师者流，不能空瞭斯旨，亦非师与赞师不能肩此革命重任，使伦有生余年，得见二师之成功，此盛业二师不可拒也。

注：(1)幻师即法舫法师。

叙伦

一九四九·七·十二

陈叔通致巨赞法师书

（1949年8月1日）

承示慧辂见《云林寺续志》，至谢。恽南田事有所闻，而不得其详，未知师从何书摘录，仍盼再示，原志附缴，即上

巨赞法师

叔通

八一

家毁于役四字是否有脱误

董鲁安致巨赞法师书

（1949年×月29日）

赞公大和上慧照：

二十八日到北海奉候兴居，适值飞锡丁沽，未获面聆教益。

本拟伫候，藉得亲近善知识，惟省中函到，亟需返回料理，一切容再拜晤，并拟召集座谈会解决。

谨此布诚。肃颂

禅悦

董鲁安

二十九夕

董鲁安致巨赞法师书

（1950年1月8日）

赞公大师法座：

伏奉来教，并附寄各件，均已祗诵。

大师护持法轮，极佩弘愿，唯上毛主席一书未得寓目，如有副本，甚盼一读也。

《觉讯》内容，正确翔实，揭橥正信，以出迷涂。朴初先生棹广长舌，现微妙义，大菩萨辅教广化，厥功尤伟！万慧即以“地论戒品”而发心者，故洛诵再三，弥感亲切也。座下如通函时，祈为我唱道“善哉”，遥致钦仰，感盼无量！

南国法运，气象葱茏，北边颓势，已难复振，自有待法门龙象之清理门庭耳。匆此布谢！专祝

法喜

上行学人 董鲁安合十

一月八日

张志强复巨赞法师书

（1950年9月9日）

琴朴[(1)]兄：

手书遥颁，雒诵欣慰，将来驾临常州，当可一叙阔别也。

吾兄既成佛界先进，尚祈多多研究毛泽东同志的论著，为完成革命初旨而奋斗！革命的真理在推动社会生产力向前发展，希能循此途径以教育佛教界，改造过去封建剥削和唯心论观点，共同为建设民主富强自由的新民主主义的新中国而努力。

此复顺请

旅安！

弟张志强[(2)]即渐湧

九·九

注：(1)琴朴，为巨赞法师俗名。

(2)张志强解放初任江苏省民政厅厅长，为巨赞法师参加地下工作时的同志。

齐燕铭复巨赞法师书

（1950年8月9日）

巨赞先生：

示悉。罗膺中先生是我的受业先生，但他的夫人赵纫秋先生则不熟识。尤其最近十余年他们都住在昆明，生活情形更不熟悉。

罗先生的长子罗式刚同志现在北京青年剧院工作。如市级同志希望了解可找他一问。特致敬礼！

齐燕铭

一九五〇年八月九日

法舫法师致巨赞法师书

（1950年9月9日）

巨赞法师道席：

前年别后，匆匆两载矣。在港时，时闻起居，知为教护教热情运动。我恨不能留居国内者，亦极愿返回与法师共谋改革（去岁法师来函召我与印(1)、道(2)三人返京），但我早与锡兰有约，出席今年五月所召集之世界佛教大会，故不愿匆匆去京，又匆匆出京也。

国内佛教趁此时改革一新，实为最恰当而易着手也。唯因社会经济制度改变，僧寺穷困，故无法以存，何云改与革耶？虽然如是，我意最好约数同志，走入乡间、山中，学唐人之禅禅生活为如何？若在都市者恐旧制度不能维持，最好作生产与文化工作。惟青年多变装还俗服务，于教无补又如何耶？今日中国无四十岁以下之青年愿独身居寺为社会大众、为佛教而服务，盖已失去热情之宗教信心矣。不知法师高见如何？但究应如何着手，吾人应切实思维奋斗，如有好办法，我仍愿返去以努力也。

在此已被任为锡兰大学“大乘佛学”及中国佛学教授，为期约三年至四年，始能返国也。法师近况如何？

再者，前在此开佛教大会时，有人提议选毛主席为佛教之保护者，但弟以先未征同意不知可否，故未提出。弟愿以李任潮副主席为佛教之保护者，惟亦未得提出，故此事仍悬搁。如法师能征得毛、李两主席之同意，任佛教之保护者，则新中国之地位与信仰在东南各佛教国必大大增强也。盖此间反共集团曾恶意传布新中国政府破坏佛教也。此事甚重要，盼法师先与任潮公一谈，托他转问毛主席。以函告我（来函时须以佛会公函为盼）。

再者，新中国之佛教形况如何？及改革情形如何？政府对佛教之态度如何？如法师能写一报告式之文章寄来，我可译英刊布，亦极重要者也。耑此即颂
道安！

北平诸友均好！

从棠、叔迦诸友好！

平市佛情盼告一二。

弟法舫敬启

一九五〇年九月九日

通讯处：Rev Fa Fang
Muinersity of Coylon colomba
(ceylon)

注：⑴印顺

⑵道安

陈其瑗致巨赞法师书

（1950年10月13日）

巨赞大师：

违教多日，至以为念。关于贵友欲在锡兰佛教大会提出毛主席作“保护者”一节，经与当局商量，据称：“信仰宗教自由”载在共同纲领，毛主席经已领导各级政府切实执行，佛教受到合法保护当无例外。毛主席的地位对各宗教皆一视同仁，但如对佛教特别受一头衔，使到其他各教误会以为有所厚薄，则有违统一战线的政策。请将此层意思函告贵友，请其向大会传达并善为说辞是所殷盼。

关于佛教座谈会，总理近因外交事务极忙尚未能定出一个时间来。容当随时注

意从旁提起以副尊嘱。

前在雍和宫讲话记录如已整理，请给我一份，始行发表切盼。即致

敬礼！

陈其瑗

十·十三

李维汉致巨赞法师书

（1950年12月28日）

任潮副主席并请转巨赞法师：

法舫先生两信奉还，所提佛教大会想选毛主席为保护者，这是不适宜的，请转告他不要这样作。至盼：有机会时，容面谈。致

敬礼！

李维汉

十二月二十八日

巨赞法师复虚云老和尚书

（1952年5月）

虚老和尚座下：

捧读慈示，知已安抵武昌，至以为慰。顷与李副主席等谈及，据谓座下如有困难之处，请即见告，以便设法解决。舟车劳顿，以至违和，尚恳商之耆婆，早占勿药。耑复。敬颂

痊安。

晚 巨赞作礼

五月十六日

（原载1990年河北省佛教协会编印《虚云和尚法汇续编》）

巨赞法师致徐悲鸿书

悲鸿先生：

兹向北京图书馆借得咸通木刻照片两张送上，即希查收，用毕请迳交还图书馆王馆长可也。

此致

敬礼

巨赞合十

十一月二日

附：徐悲鸿致北京图书馆负责人信

负责同志：

此两张照片（在两年前）乃我借自巨赞法师、借到后，我因生病未曾用。兹捡出、特为奉还。请为巨赞法师注销。

诚祷无量。此致

敬礼

徐悲鸿

五月五日

致高棉佛教徒书

亲爱的高棉大德僧伽和佛教信徒们：

在亚洲及太平洋区域和平会议期间，寮国的诺哈·冯沙万先生曾经把寮国和高棉的佛教情况大略告诉了我们，此次又会见了贵国出席世界人民和平大会的高密斯先生，我们用无比的兴奋和关心倾听了你们为保卫和平而奋斗的一些消息。

和平是全世界人民一致的愿望，同时也是不可分割的，再加上共同的信仰，我们彼此之间有著手足一般的痛痒相关，那是十分自然的事情。

中国的和平局面曾经被日本侵略者所破坏过，我们和全国人民一道克服了种种困难，终于获得和平，所以我们对于和平特别感觉珍贵。

佛陀说："和平者常乐"，这就是说侵略者必然失败，全世界的持久和平必能实现。

然而和平的实现，则是以全世界爱好和平人民的一切努力做基础的。你们的伟大行动，就是保卫世界和平运动的一部分，是实现佛陀神圣的遗教。希望我们彼此之间永远携手向着光明的前途迈进。

愿佛陀和平之光照耀全世界！

你的兄弟般的　巨赞

1953年1月6日

（原载《现代佛学》1953年2月号）

锡兰达马拉塔纳法师致巨赞法师书

敬爱的巨赞法师：

我于十一月六号平安回到了锡兰。对于你们的伟大的国家和高贵的人民，深刻地记忆着，并且认为永远是光明的。我没有话能够表达我对于你和其他北京佛教徒的感谢之忱。你们的殷勤招待和兄弟般的友爱，深深地感动看我和锡兰的其他代表。

我日夜忙碌着把新中国与和平会议的情形报告我国的人民。我们正计划在全国各地召开各种会议，把新中国惊人的成就与和平会议的一切普遍而详细地解释给大家听。

这不过是报告到达锡兰的消息而已，不久我将写一封详细的信给你。我从心底里祝贺你为中国人民及全人类的伟大工作而继续努力。

和平万岁！

你的兄弟　达马拉塔纳

1952年11月10日于锡兰

（原载《现代佛学》1953年1月号）

复锡兰达马拉塔纳法师书

达马拉塔纳法师：

我接到了你的来信以后，即向北京佛教界传达，大家对于你的平安回抵锡兰与为和平工作而昼夜忙碌，都感觉非常安慰与兴奋。

这几个月来，我国全国各地佛教名寺古刹修理完工的更多了。圆瑛法师在上海启建的祝愿世界和平法会刚圆满，虚云老和尚又接着举办规模更大的禅宗法会，盛况空前。同时全国性的中国佛教协会筹备处已经成立了，不久将召开大会，全国各地区、各民族、各宗派的佛教界著名人士都将云集北京，商讨新中国佛教界今后应该举办的一切事宜。

我们希望能够经常读到锡兰佛教界用英文或德文、法文撰写的一切著作与报导，和在锡兰可以买到其他国家的佛教刊物如印度的“摩诃菩提”等。请告以刊物名称、通讯地点及订刊价目。

你大概很辛苦吧，为和平工作所得到的成绩，一定也是很大的。我们关心这一切，希望知道这一切，请抽暇详细告诉我们！

此致

敬礼

你的兄弟般的　巨赞

1953年1月24日

（原载《现代佛学》1953年2月号）

叶圣陶、胡绳致巨赞法师书

巨赞法师：

朴初居士转来法师对高小历史第一册第十五课修改的意见，经同仁研讨，认为原文宜酌加修改。其“佛教的传入”一节，拟改为：“佛教产生在印度，汉时由西域传进中国。教主释迦牟尼，原是释迦族的一个王子，他反对代表奴隶主的婆罗教禁止下等人修道，出家苦修，创立佛教。他主张众生平等，认为无论那一等人，只要肯行善修道，都可能成佛，常住西方极乐世界。但他不重视对恶势力的反抗，也就容易使人逃避现实斗争。因此，这一消极因素，也常常被统治阶级利用，作为麻醉人民的工具。”

“佛教道教的盛行”一节之内“过着没有生气的道士和尚生活”一语，亦拟删去。教科书有关叙述宗教的文句，同仁咸知力求慎重。对于法师指示，极表感佩，敬以修改要点奉达，即祈

慧照！此致

敬礼！

叶圣陶
胡　绳　同启

十月十四日

巨赞法师复叶圣陶、胡绳书

圣陶、胡绳先生：

十四日大教敬悉。承示于高小历史第一册第十五课“佛教的传入”一节酌加修改，无任感佩。不过鄙意还有几点须加解释之处：

一、在原始佛教经典里，没有提到西方极乐世界。况且成佛不必常住西方，如释迦在印度成佛。又常住西方的不必是佛，如弥陀经上的观世音菩萨等，故“常住西方极乐世界”八字可删。

二、《增一阿含》卷二十云：“波斯匿王白佛言，今此国界，有大寇起，夜半兴兵擒获，今已坏之。功劳有在，欢喜踊跃，不能自胜。故诣来至，拜跪觐省。设我昨夜不即兴兵者，则不获贼。尔时佛告波斯匿，如是大王，如汝所说。”又《瑜伽菩萨戒》云：“菩萨见劫盗贼，为贪财故，欲多造无间业。无间业成当受大苦。如是菩萨以怜愍心而断彼命。由是因缘，于菩萨戒无所违犯，生多功德。”又云：“菩萨见有增上（意同皇上或领袖），增上宰官，上品暴恶，于诸有情，无有慈愍，专行逼恼，菩萨见已起怜愍心，发生利益安乐意乐，随力所能，若废若黜增上等位。由是因缘，于菩萨戒，无所违犯，生多功德。”又《六度集经》云：“豺狼不可育，无道不可君，臣民齐心，同声逐焉。”

此外如《涅槃经》等更重视对恶势力的反抗，可见佛教的本质，并不含有所谓“消极因素”，何况还有打退亚历山大这一历史的事实。所以“但他不重视”以下五十一字还请“酌加修改”。

三、没有一个会门教门不是藉扶乩迷信引诱落后人民，也没有一个会门教门不是有一套秘密的“内功”传授，这实在都是道教的东西，是佛教所反对的。所以“民间流传的会门教门，都是道教的小流派，有时假冒了佛教的招牌，妖言惑众（或改为欺骗人民）”的修正文字，的确是实在情形，并无代佛教诿过于道教之意。

以上意见，是否有当，还请指正，为祷！

此致

敬礼！

巨赞合十

十月十八日

叶圣陶、胡绳复巨法师书

巨赞法师：

十月十九日惠示敬悉。本会同仁对小学课本中有关宗教之记述，一以常人之了解为范围，自不免门外之谈。偶有论评，亦以求合于人民民主专政之要旨为依归，而避免无谓之争讼，盖皆以儿童之了解程度与国民教育之需要为前提也。前函所陈修改课本，即本上述意见，斟酌尊旨，去甚去泰而已。迭承赐教，敢不拜嘉，敬贡愚陋，还祈亮察！倘以为尚有必需详加究辨之处，敢乞法驾贲临，俾便面商，如何？专复，

顺致

敬礼！

叶圣陶
胡　绳　敬启

十月二十日

编者按：（本刊102期发表巨赞法师纠正教科书关于佛教误解一文，兹接到修正文句商榷函三封，特披露以快读者。叶圣陶、胡绳二位先生为人民政府出版总署负责人也。）

（原载《弘化月刊》1950年第104期）

张汝舟教授致巨赞法师书

巨赞法师慧鉴：

《现代佛学》第五期收到。总此五期，鄙稍感不满者，惟创刊号有谤“净土”毁“楞严”“起信”之意见，大足妨碍团结。康居士“答客问”一文，第二期即为刊出，私心为之释然矣。《现代佛学》将出特辑，揭发“参禅”、“修净”之偏差，实为至要。然疑谤“参禅”、“修净”，则是大错。最希望各宗学人揭发本宗之偏差，易于具体而真切，又免有互谤之嫌。法师以为何如？然果确见他宗之错误，亦可揭发，“批评”与“自我批评”本并行不背也。《现代佛学》中，颇有改革佛法之建议，什九鄙人皆赞同。不过政府“坚决改造，稳步前进”之方略，须能体会运用之耳，尤其希望《现代佛学》每年能预定中心任务。就鄙见所及：最近一年，应以“生产”与“学习”二者为中心任务。“应经忏”、“打水陆”一切无谓铺张，应立即提出批评，并说明只须一炷香，请清净佛徒诵经超度，功德更为增胜也。至于改革服制，更定课诵仪规之类，至早须在三年以后。何以故？今后一切改进，必须从群众中来，到群众中去；只应说服，不应强迫。群众教育不够，便无法说服，假使贸然改进，必难成功。讲经道场，目前亦应暂缓。不能结合马列思想，照旧讲去，诸多脱离实际。各丛林果能展开“学习”，学习文件，一半取诸政府文教法令，一半可择取《现代佛学》中之确能解决问题之名著。如此学习，不但政治认识，日益提高；即对于佛法了解，亦逐渐深入矣。暂不讲经，并无大害。两年后，希《现代佛学》提出“注释经典”为中心任务。先择小经或大经中之一二品而注释之，交海内大德参订，也是从群众中来，到群众中去。此一批新注经典，结合时代思想，发挥如来旨意，使各级文化干部乐意参阅，使各地大德一致欢喜接受。如不达此目的，新注必须失败。此等大任，非经相当时间，集体努力，决难成功。所以恢复讲经道场，至早须在五年以后也。目前群众教育不够，纵有大德能用新观点讲经，一般人讥为附会，佛徒斥为出卖佛法，试问有何利益？所以目前第一中心任务，须激起“学习”高潮！若谓我辈学佛，自有如来正法，何须学习，何须改造？不知中国佛法成长于二千年封建社会中，遍体是锈，遍体是霉。今之所谓改造者，只是拭锈去霉，要将佛法提高一步耳。隋唐时代，各宗建立，大半非印度所有，是佛法经过融会“格义”而提高一步矣。隋唐各宗非印度所有者，不能说不是佛法也。宋明儒学，经过融会禅学提高一步矣。宋明理学，不能说不是儒学也。今后佛法，融会马列主义，亦复如是。如果忽略历史发展规律，不求进步，则只有灭亡，别无他道！海内大德，如不认清此点，不肯虚心学习，努力改造，自以为三业清净，自身有何“锈”、“霉”。试问聚数十百人于一处，吃众生的饭，穿众生的衣，天天谈“普度众生”，岂非戏论之至！总之，凡有意见，尽量发表，拒不改进绝非办法！今后佛法，非少数人之可左右；今后佛法，亦非少数人所能发扬也。《现代佛学》中之“问题商讨”及“读者园地”两栏，希今后篇幅加广，亦即希各地大德勇于发言耳。区区之见，希法师代为披露，供全国善知识商讨，至为心祷！拙著《广居士传》稍迟即钞奉，前代居士，均已脱稿，近代居士加桂伯华，欧阳石芝，黎端甫，江味农，徐蔚如，韩德清，吴倩荄，（此七人陈无我居士提）唐大圆，王小徐，梅光羲，罗庸等，资料尚不充足，希法师及各地大德，代为搜求是荷！不具，敬颂净安！

净业学人张汝舟顶礼

一九五一·二·一二

张汝舟教授致巨赞法师书

巨赞法师慧鉴：

手示敬悉。事太忙，不能抽空陆续将《广居士传》钞奉，抱歉得很。此书不只是具体将佛教徒在历史上起过的积极作用，据实披露；并将迂儒们阴谋诬陷，全盘揭穿。此类稿件对目前的《现代佛学》尚是次要。目前一年内《现代佛学》之重点，诚应如真如先生之指示：须放在“深入浅出的新理论文字”上。尤有进者，中国历史是一个空前的翻身，一切上层建筑，都要彻底翻身，这种翻身，是“出幽谷，迁乔木”。宗教自不能除外，前日我写信给真如先生称你俩是中国的“谢尔基”，决非过誉，其事功更有大于谢氏者，以佛法精微，非一切宗教可比故。《现代佛学》出刊，快到一年，指出全国佛教徒应走的方向，已经起一些决定性的作用。不过离成功很远很远。近的看贵阳，各丛林也约我讲两次话，居士们似有感悟；有的地方倒要组织“全国佛教总会”了！不知成员在那里？《现代佛学》出刊了一年，以全国之大，发现多少能够算是新时代的佛教徒呢？不多，我们就应该惶恐；不是没有，我们又应该抱绝大希望来努力。我在贵阳向佛教徒提出五项努力的标准：（一）通晓马列主义，热爱祖国，能在本岗位工作上起积极作用，（二）遵守佛的基本戒律，（在家五戒十善，出家加不肉食，不配偶）；（三）通晓如来“甚深微妙法”，（四）有“普度众生”的志愿；（五）彻底肃清佛法在封建社会里带来的那些迂谬和迷信的东西。大家团结起来，并培养一些年青的佛教徒，都希望能合上前面五个标准。必须这样，佛法才能住持；必须这样，佛法才有住持的必要！现在还在做“护国救灾法会”，至少是错了努力的方向！谨奉《贵大中文系系刊》一份，向法师保证我一定要做一个新时代很称职的人民教师，不然，还能够在“人民大学”的教授宿舍里大谈其佛教吗？近又得雪荔法师信，他是受过高等教育的；他的朋友“严叔夏”精通佛法，福州大学教授，福州市副市长，几道先生第三子。希法师和他们联系！

此致

净安！

净业学人张汝舟顶礼

一九五一、八、十三

张汝舟教授致巨赞法师书

巨赞法师：

近一年来，在法师和真如先生领导下，走上菩提大路，只希望不愧做一个“现代佛学社”社员而已。接到“社董”的聘书，倒有点惶恐了！但只有更加努力，追随公等完成这一伟大的历史任务！《现代佛学》出了十多期。每期我都细细地阅读，深深地赞叹：“联系群众”、“掌握政策”这八个字，真做到了。“问题商讨”一栏，尤其表现得好，但十五期，最后一条答的不够好，就是“掌握政策”不稳。“所嘱可以照办”是不对的。我认为可以这样答：“佛教徒应当勇敢自承，在家居士，尚且如此，（看本刊十期施剑翘居士文）何以出家人以“法师”为讳？应当说服群众，更要改正自己观点。倘做不到，定阅本刊，可委托在家人代收，通知本社可也。”

这些处，是大关节，不应忽略。

又三十二面“王保民同志的意见”主张少登读者函件，与我恰恰相反。因为这一类通信，比“报导”更有血肉，更为深入。社长与徐黄二居士通信，很可以鼓舞一些教育工作者，参加我们奋斗，能说是“标榜”吗？我的通信赞扬到“明真”、“雪荔”、“振寰”……几位法师，都是没见过面的，我相信这些人，对社会，对佛法是能起作用的。明真法师和法师常通信吗？南岳、沩山、长沙都要此老积极起来就好了。一省至少要有三五个这样的高明干部，我们要加紧吸收，加紧培养，正当的鼓励，不是“标榜”。《现代佛学》除极少篇考据文不大精炼外，通体是好的。一要培养高明干部，唤醒深入佛法的大德；二要引起社会上高级文化工作者注意，太通俗、太简单是不对的。将来发展，可以照《学习》杂志出个初级版，是可以的。（这对明真法师的意见发的）附寄《贵大中文系系刊》第二期，可以看出我在本岗位上的确起了一点作用。内人萝卜干子已经晒好了。我准备放寒假后，争取下乡参加土改工作。有成绩表现站在革命的最前列，同时对于“戒律”决不马虎：这就是我们“掌握政策”的具体原则。法师以为何如？此颂

净安！

净业学人张汝舟顶礼

一九五一、十二、十九

张汝舟教授致巨赞法师书

巨赞法师：

十二月二十三日会议录收到。某同志对拙文（编者按：即《现代佛学》第五期所载《社会主义国家要不要宗教》一文）提的意见，非常正确。一年前的我，对于革命的感情，是多么不够啊！烦法师向某同志代致谢忱！我院师生响应政府号召，参加贵州第三届土改工作，十三日即离校，为期半年。希常常赐教，（校中有人转信）免得多犯错误！此颂

净安！

佛弟子张汝舟顶礼

一九五二、一、六

（上三篇，均原载《现代佛学》1951年第2卷第1期）

巨赞法师复张汝舟教授书

汝舟居士：

大教欣悉，敝刊每年应预定中心任务，实为非常宝贵之意见。而最近一年应以“生产”与“学习”二者为中心任务，亦为目前当务之急，足见居士观察之正确深切，以后拟就此进行，更希多提意见。至于创刊号有谤净土、毁楞严、起信之意见，似系误会。盖所谓谤净土者，实为纠正修净土而脱离现实之偏差，非“谤净土”也。楞严、起信为佛教史上之老问题，以前曾有一度争论，迄未论定。居士如以为楞严、起信可信，不妨从历史考证及教理方面提出证据，以资讨论。在此问题未得解决之前，似未可以疑楞严、起信且有历史考证及教理上之理由者为“毁”也。匆复不尽，即颂

法乐

巨赞合十

三月四日

陈铭枢致巨赞法师书

巨赞法师：

佛学月刊第五期张汝舟教授一文，使人心目豁开，深契鄙怀，中举金刚华严两段文字，手握龙骊，目烁区字，实最切合本社旨趣之作。早欲写一文以广其意，以事务丛集，迄无暇执笔。日来复有徐令宣黄有敏两君投书求见，觌面之下，出语迥常，于教旨禅味，颇知甘苦，且年方逾壮，而愿力甚宏。据两君自白，十余年来执教中学素相共斯学，既无师承，复无统系，而造诣若此，诚足异也。应念来日学人，比肩踵接，决不乏人，上人闻知，亦当喜跃了。顷两君复见，我语他们云：我欲写一篇“忙中净土闹中禅”，恨晨夕无暇晷，你们代笔如何，他们当下允诺，翌日得渠等来文附寄尊览。该文具一种闲洁境界，语简而义完，深入而浅出，且切合新时代的思想方法论，尤当于本社之宗趣，因亟附书呈阅，望将该文载在月刊第七期，（编者按：该文将在第八期禅宗特辑刊出）腾

此书于篇首，且因以对汝舟教授致仰慕之忱也。

此致

敬礼

陈铭枢

二月十六日

张慧渡居士致巨赞法师书

法师慧鉴：

收到净宗月刊两期，具见为道殷切，至为佩仰！谨奉人民券万圆，助印净刊，希查收。我公与如岑上人实为川中法门龙象，主持正法，四众钦依，已非一日。不过时代突变，佛教徒应当细心研究：此种突变，向好处变，抑向坏处变，倘向坏处变，吾辈岂能以法徇俗？倘向好处变，而吾辈佛徒，袖手旁观，略无赞助，则此佛法，与人何益，与世何补？修慧之人，断不应贸然随人，亦不应执法自缚，吾公以为何如？渡皈依印光大师，笃修净土，解放以来，晚课绝未间断；全家素食，亦无变更，惟是学习年余，又多接近领导干部，习其理论，观其作风，不觉自惭自愧，虚学释孔，三十余年，枉作人师！历观各地道友深深被"微妙法"束住，不服他人之长，不觉自家之短。锢蔽如是，"微妙"何存？似此，纵然学习，亦是敷衍。何能挽佛教这颓靡，显如来之光耀？渡近见北京《现代佛学》实能导我前趋，不敢忽视也。非佛光精深如公与如岑上人者，对马列主义亦不易深入，若徒拾一二语，聊作掩护，适足贻笑识者耳。今后佛法不能具体有助于社会，佛法理论对于世法理论不能有相助提高之功能，则此种佛法，必难幸存，希公等领导川中四众努力学习，提高政治认识，须知政府政策，绝不姑息，不可不预为来日计也！渡不慧，主讲上庠，努力著述，恬淡自守，三十余年，何至投机，取媚世俗？实因年余学习观察，确有所见，人民政府确能著度生救世之奇勋，远非吾辈佛徒所敢望，妄自尊大，不求进步，佛徒如此，又何足取？目前一切不谈，甲不必骂乙守旧，乙不必骂甲叛法，大家虚心研究，广大佛门，是为至要！

幸多赐教！

净业学人张慧渡顶礼

一九五一、二、十八

丁文隽居士致巨赞法师书

巨公上人：

久违道范，渴慕良殷。《现代佛学》逐期见到内容甚好，只是考据性的文章较多，而谈如何澄清佛教的文字较少，偶尔有之，尚不够具体，似乎是小小遗憾。最近一期本以破邪显正为重点，而于究竟应如何分别邪正，颇少正面讲论，恐发生的作用不大。兹就不佞一得之见，写一篇“真正佛教和旁门左道的分别在那里”一文，从目的、教理、行为、形式四方面，把真正佛教和旁门左道详细的加以区分，全文万言，已写就一半，一二日内可以脱稿，先此奉闻，又愚意《现代佛学》应以肃清佛教形式方面和理论方面的许多封建迷信渣滓，使佛法恢复固有的光明为中心工作。例如“应如何改革佛教仪轨？”“如何创造佛教新理论？”“如何纠正社会对于观音菩萨的错误观念？”等都是很好的题目，不妨碍题征文，展开讨论，不知尊意如何？即颂

法喜

清信弟子丁文隽和南

三月四日

巨赞法师复丁文隽居士书

文隽居士：

来教言及敝刊缺点，甚是。关于如何澄清佛教的文字，当指理论及制度而言，巨赞对于此事，本拟撰写许多论文发表，如佛教的人生观，佛学新论等书，皆拟有提纲，而以事务过忙，无暇写作，至负读者厚望，深以为憾。居士能就所见，补此缺憾，则正敝刊同仁所仰望者也。复，即颂

法乐

巨赞合十

三月四日

（上六篇均原载《现代佛学》1951年第1卷第7期）

曹培灵居士致巨赞法师书

巨公我师上人：

自帝国主义侵入我国，将历来为统治阶级利用的佛教（其中亦有卓然不受利用者则远隐深谷与世相隔矣）、转而受外国宗教的排挤影响，趋向衰退现象，种下了目下一蹶不振的情况，其间虽亦有奋臂振呼、力图中兴如太虚、印光、谛闲诸大德，于事于理，各有发明，奈一手而障既倒之狂澜，徒赋“出师未捷身先死，常使英雄泪满襟”之句，不禁感慨系之。我公身当佛法大任，自宜夙夜筹谋，必使摇摇欲堕之局而有以维护。培常闻诸佛学高人指示，谓现前诸大德，对全国佛教行政之组织，宜由下而上。（即重在基层组织，而逐级组成，以迄最高领导机构之成立）此种方法，的确是现代作风，定能获得预期果实。目前政府组织人民已由基层发生甚大效力，非特能为国家尽很大贡献，即自己本身（包括各单位），亦能以团结而获致了协调。所以我在今天乡区土改完成之后，不得不向我公进一雏议。关于基层组织，是一件刻不容缓的事，无锡虽已略具模型，然据最近检查，各方都未能着手进行。叩其故，则都说无所适从，这说明负领导之责者，尚未能以具体基层组织法，指示给与基层群众，因此他们在十字路口徘徊着。然而环境却不允你们徘徊，而造成不愿见闻的局面。故这点，先请我公注意，及时指示他们怎样组织基层单位，然后再进一步由这单位集中而组织单位，及全国机构。（希望可能在《现代佛学》里发表组织指示。）第二件事情，要和你商讨的是佛教的分子。溯自抗战前即有佛教会组织，那时的行动，简直不堪闻问。凡遇省会开会，都由幕后操纵，成了形式主义。所议者，无非寺产之纠纷，对于佛法的如何推行，就噤若寒蝉。因此这弘法的行动，除少数法师照成规而讲经弘法，或以刊物抄老文章的著作宣传外，关于深入群众的弘扬，僧众就很不高兴。（除一般以弘法攀缘）。故此居士弘法乘机而兴。老实说，居士各有牵累，办佛法总难如法，而大德高僧对居士一味推崇戴高帽子，不肯道破弊病，恐怕得罪居士影响缘法，所以弄得居士说法授皈依授五戒做法事甚有更甚于此者。明眼的僧人，亦因事不涉己，何必自找麻烦，这里就发生颠倒主客的弊病。最近苏锡一带居士，在僧人处学会了五堂功课，以及唱念，两三人合作，纷纷成立茅蓬、小庵，或假托莲社而作生活，或自建屋，或借观音堂与原有人合作。在解放前，此方的纠纷很多，遂造成社会寄生虫的不良观感。到后来这班人有了地位，根本不需要团体领导，除非遇到纠纷，要来请你帮忙。这种人浅见浅闻，事理不明，只知自私，不顾大体，这类事实，更不值佛教会诸委员的一顾，更谈不到去领导他们正确行动。现在这批茅蓬小庙（乡间），多先后被当地干部加以改造消灭，因此近郊区的佛徒们，亦有兔死狐悲之感，逐渐亦响应我们的号召，来学习时政和其他了。照目下的局面，政府纵然承认信教自由，但决不容许不合佛法组织，和佛徒的不合法行动。所以我们就有责任在这重要时代里发出有力的正确指示，给他们在合理的条件下，享受自由信教的权利，一方面使他们知道在现在受淘汰“不是偶然的。”我们的学习材料和情况有暇抄奉。此请

撰安

弟子曹培灵敬上

八月十六

巨赞法师复曹培灵居士书

培灵居士：

八月十六日来信所提意见甚是，具见护法热诚，兹奉复如次。关于基层组织法，目前最好结合爱国主义，与当地抗美援朝分会，中共地委统一战线部及人民代表会议协商委员会接洽，成立佛教界抗美援朝委员会或工作组，把佛教界团结在爱国行动之中，则有许多便利。一、符合政府对于各界人民的要求。二、以爱国的行动，纠正佛教界的超然世外，脱离现实的封建作风。三、爱国必须先知祖国之可爱，因此展开广泛与深入的学习。四、爱国不能徒托空言，必须结合增产捐献，因此展开劳动生产。五、在工作当中可以考验谁是爱国，谁是爱教的，因而产生领导人物及干部。六、其他一切佛教问题，在爱国的前提下，可以争取解决。七、佛教徒在爱国行动上与各界人民取得一致，可以改变视听，得到尊重。八、抗美援朝结束之后，经过改组，就是佛教会。九、经常有上级督促指导，不致空挂招牌。十、人事与工作的伸缩性很大，灵活应用，决不会出毛病。组织抗美援朝委员会有此十利，所以北京只成立了佛教界抗美援朝委员会而没有筹备佛教会。关于北京佛教界抗美援朝委员会成立的经过，见本刊第六期通讯栏。现在我们设秘书处及宣传组织两部，由此统率各区代表，进行工作。区代表是每区寺庙负责人共同推举出来的，人数不等，每人负责联络几个寺庙成为一组。遇有什么事情，由会通知区代表，区代表再分头通知他所联络的几个寺庙，

非常迅速便利。每星期六下午区代表集合开会一次，检讨工作，进行学习。此外还有六个学习小组，经常由民政局同志领导学习。会中费用，归各寺庙分别负担，而由区代表经收。以上是北京佛教界组织的实际情况，一般都认为比以前的佛教会好，各地佛教界如果要仿照我们这样做也并非烦难的事。至于组织其他佛教团体，则武汉有佛教联合会，昆明有佛教联谊会，四川有佛教工作委员会，南京有佛教革新委员会，杭州宁波有佛教协会筹备会，只要条件具足，都可取法。则所谓“徘徊十字路口，无所适从”者，实未尽人事之故耳。

信仰自由载在共同纲领，明如日月，不折不扣。但须知此共同纲领是新民主主义时代的大宪章，而新民主主义是以反对帝国主义，反对封建主义及官僚资本主义，推翻国民党的反动统治，肃清公开及暗藏的反革命残余力量为前提的。佛教徒如果不奉行这个前提，则非反动派就是落后分子。反动派是没有政治权利的，落后分子不明白时代，思想上当然不大信任政府，政府也就不能予以适当的尊重及照顾，除非他前进了，成为新民主主义时代的人民，才可以充分享受共同纲领上的一切自由。来信所言：“政府纵然承认信仰自由，但决不容许不合法的佛法组织，和佛徒的不合法行动，”这是很对的。不过有些佛教徒认为共同纲领既然规定了信仰自由，一切都可以随便了，凡有纠正其思想与行动的地方，就以为侵害了他的信仰自由，这是非常错误的，正是落后分子的思想。无锡佛教界如有此种情况，应极力加以纠正，如不听，应向政府检举，此复即颂

法乐！

巨赞合十

八月三十一日

陈铭枢居士致巨赞法师书

巨法师：

七期月刊收到，公于“读者作者编者”栏中各答书都很确当。本刊宗旨一是澄清邪蔽，二是阐扬正法；而悉纳之于方便普化之途以改造现实世间为依归。说到澄清就是救弊，念佛者效最广亦不易流于狂妄，在反动政权的时期，凡有问我佛法者总以念佛两字答他，盖理不易言，可与言者极寡耳。在黑暗时代，若不

能挺身从事革命，则闭户自修者，实亦足况尚。然名心不死利欲暗滋之流，把念佛与世间砉然分作两橛，其自欺欺人之病，又属于虚伪一途，与禅流易入狂妄，乃两宗流弊所极广的两种表现。今为使都返于面对现实脚踏实地庄严世间净土起见，故创刊号所论净土禅流处不免言之过激，亦以不激则不能起偏救弊耳，汝舟教授殆睹此辈不多耶？我对于净土与禅的态度到第八期《我的禅观》登出时，海内读者当可释然了，故数月来对于指摘我谤净土者不仅汝舟教授一人，今始作答者系因公答汝舟教授书已代我一语说透了我本意了，先师桂伯华先生教我念大悲观世音菩萨，二十九年来我一日未尝歇却此念，并且我念他就是念有情，把一切有情与他相结合了。又我对近代净土宗大德最拜服者唯印光大师一人，盖由读他文集见无一语不是从真实践履中来，且深深觉到他的净土就是禅的缘故。因便道出我心事，不妨把此信登出与大家相见，此信写在冗繁中，很不称意，望公修正，然后付登。

匆致

敬礼

陈铭枢

四月三日

（原载《现代佛学》1951 年第 2 卷第 1 期）

净尘、智安等致巨赞法师书

巨法师：

我们是《现代佛学》的读者。《现代佛学》就是现在佛教界的指南针。我们以为，我们佛教徒必须照着这个指南针指示的方向向前迈进，才有光明的前途。我们很落后，又处在偏僻的山野小地。附近虽有些寺僧，解放前都是过的打锣鼓、吹喇叭、拜经忏、送亡灵的与鬼为邻的生活。提起佛法大意，一点不知。这一类僧人，是自己在消灭自己。就是我们又拙、又笨、又愚、又钝的几个苦恼子，要不是有北京旧日的老同参加慧、静缘、海愿等从数千里外与我们寄来《现代佛学》，我们亦是没有把握。现在有了《现代佛学》，我们安定了。读了《现代佛学》，我们定了四个课程：（一）以劳动生产为基础；

（二）以《现代佛学》为学习指南；（三）以勤修净业为正行；（四）以坚持净戒为根本。我们就以这四个课程向前迈进，以迎接光明幸福的社会主义社会和共产主义社会为目的。又我们“太平寺”所有房屋除小学校借用一部份外，还与我们留了一部份。这都是农会干部与群众关顾我们。我们此地的土改同志，初来的时候，看见我们，有些嫌厌。我们就把《现代佛学》拿出来请他们看。工作同志一见《现代佛学》四个字很是注意。临走时把它带了去。隔了几天，他们把《现代佛学》送回来。从此以后，见了我们很是客气。目下此地土改快要完成了。“太平寺”共住四个人，每人分六挑多稻田，还有菜地，树木竹林，合北方亩，大约有一亩多。“太平寺”因前任主持不守清规，简直败的连一个破碗亦没有了，别的可想而知，所以被群众赶走。随后群众又请净尘来此接任主持。土改评阶级，我们是一中农阶级。我们想：以上一切一切，都是《现代佛学》诸位作者的“广长舌相”光明所照。所以我们不得不感谢《现代佛学》，所以我们希望全国佛教真正信徒，必须订阅《现代佛学》作为学习指南。

学人释净尘、释智安、
古并惭愧僧、赵普盛老居士 同启

一九五二、三、十八

觉纯致巨赞法师书

巨赞编辑：

昨天匆匆汇上人民币四万元，趁着我腰包里有几张钞票，我就掏出来先付刊资，令你刊使用，我慢慢零销零收。你刊十九期首篇的《佛教徒应参加“三反”运动进行思想改造》，学习组下期开始就要拿这篇作学习材料，上星期就有学员要求过。我亦感到佛教徒应当轰轰烈烈来一番思想斗争，特别是穷禅和子（十方僧）对于大寺院当家（大方丈）应该来一番斗争。我这次读到你的大作，启发我不少的认识。对于改造思想，除共同学习外，我私自读《共产主义教育》、《毛泽东选集》第一卷。我惟恐自己的思想太陈旧，难以改造，所以总是虚心学习。我昨日看了一幕《解放西藏大军行》电影，感觉到解放军的勇

敢和毛主席的伟大，解放军在露天里搭起帐棚，旁边有大寺院不去住；这表明解放军是如何忠诚地执行信教自由政策，与和平解放西藏的协议，足见现在的政策不但是正确的，而且是不折不扣的。我认为现在的“三反”、“五反”运动就是在推行真正的佛法。所以我要求全国佛教徒都来响应你刊的号召，认真参加这一运动以改造自己思想。我今寄上志愿军答复我的一封信，请在你刊披露。

此致

敬礼

觉纯合十

四月二日

观音庵尼众致巨赞法师书

巨赞法师：

本月六号，恭读复示，必遵所示与有关方面讨论，收效如何？近必去函。最近阅读《现代佛学》，知全国佛教界在抗美援朝爱国爱教旗帜下都踊跃参加了捐献运动。我们看了非常着急，未能参加佛教界这一运动，仅在本组人民数内参加了捐献。本年我们保证拥护毛主席增加生产、厉行节约，支持人民志愿军的号召。以后佛教界如果有爱国捐献号召时即请示知，我们一定要积极响应的。《现代佛学》实在是佛教徒的指南针和救星。但是，我们文化很浅，想组织学习又没有计划。希望你们不客气地指导我们，尤为渴求。今随邮局汇去人民币拾伍万元，以十万元捐《现代佛学》社，三万元作常信邮资，二万元请买关于政府的宗教政策及新佛学宣传品，以资学习，请早邮下，是感！谨祝

教安！

观音庵全体尼众顶礼

一九五二年三月十九日

（上三篇均原载《现代佛学》1952年第2卷第9期）

会觉法师致巨赞法师书

——目前中国佛教迫切需要全国性的民主组织

巨赞法师：

由毛主席和共产党所领导的人民革命，在全国获得了胜利以来仅短短的三年中，作成了伟大的建设新民主主义国家的基础。近来各省都在修理名胜大寺院，表现对佛教要加关心。就个人观察，新国家不是不许有组织宗教存在，如苏联的耶稣教、正教会仍保持着过去的组织系统，不过是革除了一切封建的旧思想，取得与政府一致的民主组织罢了。那末，中国佛教就不需要健全的民主组织么？况且佛教原来是最民主的，到了中国落在个人主义的阶级社会里，失却了本来面目，正好在这时恢复过来。还让那些光辉灿烂的佛教文物，在千八百年的悠久历史上，都作了有价值的珍贵保管，使它流传到了今日，反不能在有组织的佛教中整理光大。连这个二千五百年前传下的民主集体的僧团，也让它长此散漫零落下去，甚至灭亡，只留下些历史上的文物，摆在博物馆做古董陈设，这难道是我们对历史负责吗？

座下在问题解答中指出：为吃饭穿衣来出家的僧伽，都让他们随着自己的志愿，回到自己的工作（农工）岗位上去。佛教内的旧思想是很反对的，但是事实摆在目前，反对也没有用，现在可以说是去得差不多了，还留下少数的青年人，都是信仰坚定，有志学习的人了。如是我感觉着目前有一件重要的工作，就是如何来推动一个全国性座谈式的代表会。能得到各省的代表集会起来，取学习方式使大家对于政治和教内各种重要问题，有充分的讨论和了解。在这会议中应该产生一个全国性的整理委员会，就教理方面设教理研究院，分教理和律仪两系整理，由国内有志的人集合工作。教务方面设各部门的委员会，如生产节约委员会，统一各大名山培植森林，垦荒生产，找出教内自身的工作，做到自给自足。设文物保管委员会，整理教内的文物，就名山胜地设保管处，就交通文化区设图书馆，建设佛教文化。这不是偏执与政府划分，乃是在固有的文化上应该分工整理建设，发扬祖国文化，表现民族的伟大精神。

这个工作向来没有做过，就是在组织上从来没有搞好，由此在教理的研究上也总是各搞各的，从没有作系统的建立。这个工作很难做，过去的太虚大师尽了四十年的努力，成就很少，在今日看来一点不足怪。在那个人主义极度发达的时候，任何人也不高兴听他那一套话，都在本着个人的主观批评他是贪名，他的理论自然得不着多数人理解。今日可不同了，应该是佛教的理论充分发展的机会到了。

你近来代替了太虚大师的领导岗位，这也许你并不这样想，事实确是如此的。你的工作条件较之他好多了，“三反”、“五反”是打下了由新民主主义到社会主义的基础！此时谈统一组织是应该的，佛教必须通过这个工作始能生存发展。佛教是人类的宝藏，发扬佛教的真理来为人民及世界人类服务，是我们的天职，义不容辞。基督教有三自革新运动，并发出宣言，宗教事务处指导时常提到他们的努力，觉得佛教在组织方面太落后了。真能这样干起来，政府一定赞成，况且在这两年来打下的基础很好，再能起劲干，要有《狮子吼》时代的一贯精神来干，是一定成功的。

上面的话，是我在两天的时间随想随写的，请你不厌烦读看一遍。

会觉

（原载《现代佛学》1952年第3卷第1期）

盛法致巨赞法师书

巨公法师：

十一月三十日收到复示，我充满了热忱的喜悦和感激，我有了确切的方向，我有了勇气，我得到了导师，我感到佛教的方来将展放着更璀灿的光芒！

法师啊！您的慈音严训太感人了，差不多每个字都振动了我的心弦，如“死得好，不如生得好，真正生活得好的人也一定死得好，因为能处处在烦恼上去用工夫，自然生活得好，也自然死得好。”“以佛陀为师而学习佛陀的人最主要的工作，就是在人海中去断除自己的烦恼，控制自我，克服私欲，”“请用你的智慧去分别是非、明辨真伪，在人海中去不断地拔除你的烦恼吧！”这是何等亲切而慈悲的指示啊！这便是把佛陀的高深教理，运用在平常日用中去的实践论，佛教的基本精神，真所谓“神通及妙用，运水并搬柴”了。“佛教界内的青年知识分子是很宝贵的，应当处处起骨干作用、领导作用和先锋作用，如果事事退缩，不求进取，只是念一句佛就万事大吉，就算是一位好的佛教徒，释迦牟尼还是不赞成的。”“有志气的佛教徒，单考虑到自己的利益，更是不对的，重要的是考虑整个佛教的利益，乃至整个社会、整个人类的利益。”这又是何等庄严肃穆的训诫啊！

在这里使徘徊在歧途中的我，鼓起了新的勇气。是的，我是一个知识青年，而且还是佛教信徒，我应起骨干和先锋作用，在追求真理的道途中负荷起庄严人间净土的使命勉力以赴。在这里，使我更体会到艾思奇先生的话了："有人问究竟是先改造世界呢，还是先改造自己？我们的答复是要在改造世界的行动中来改造自己。"是的，我自己需要改造，世界更需要改造，今后愿在改造世界的行动中（为人民服务）来切实改造自己（克私欲欲烦恼）。决不愿"把整个的人生在死字上去白用工夫"，过去所谓清修，其实是逃避现实的防空洞，以致"结果到头，漆桶一个，而回顾人生已一去不复返了"。法师！你好比是一位最慈爱孩子的母亲一样，我永远跟着你走，向着那光明的世界里走去。

盛法合十

（原载《现代佛学》1953 年2 月号）

明真法师致巨赞法师书

巨赞法师：

假借神权，愚民敛财，岂惟佛门深恶，实亦道家所痛绝。但不知始自何年何月，南岳山一部份佛道教徒，竟崇奉与自家史乘无关宏旨的"圣帝老爷"作为自己底摇钱树。未解放前，你是在南岳住过两年的，这些钱真不知摇到什么孽海里面去了。说来确实非常痛心。去年秋季香会要开始的时候，湖南区委会统战部的负责同志为了支持实现香民主统一管理的要求，曾亲身到南岳来搞了九天，不知费了多少脑筋和唇舌，才打开了大家的思想，使圣帝殿内十六家的佛教徒和道教徒，心悦诚服的接受了民主统一管理的要求。大家在香会中做得非常卖劲，祝融峰和市区圣帝殿共同净余了人民币四千一百多万圆，南岳山丧失了劳动力的同参道友，靠着这，就基本上解决了物质生活的困难。加之有劳动力的，多能硬干苦干，也打出了自己底江山，在我这一次回到南岳的时候，看到许多同参道友身上都穿了新棉衣，还有弹了新棉被的。大家脸上都是笑嘻嘻的，真使我心里也感到异常的舒服。一千万圆生产贷款，也就是从这香火盈余里面抽拨出来的。除单干户借去两百多万圆，还剩有七百一十四万，大概会全部拨借互助组。因为他们计划要种两百株广橘，最低需要五百万圆的成本，他们底经济还是相当窘迫的。除了这一点经济果林以外，他们在季节性农作物方面，准备种三百斤马铃薯的种子，大概可能挖三十石；插两万兜红薯秧子，大概可能挖一百石，此外估计还可能收二十石稻谷，十五石番茄、十五石萝卜。他们组织底动机，的确不是单纯为了个人底利益。一般劳动力和文化水平，也还不十分差。这个组织的确是有前途的。我非常珍视他们底漫谈，特地记录下来，作为他们自己经常的警惕和鞭策，这对他们确实也有点好处的。顺颂

年安

弟明真和南

（原载《现代佛学》1954年2月号）

虚云老和尚致巨赞法师书

巨赞法师惠鉴：

敬启者，电悉中国佛协将于八月十六日召开全体理事扩大会议，行见十方贤哲，云集燕都，花雨缤纷，欢声雷动，法筵清众，得未曾有，引领尧天，曷胜翘恋！云德薄能鲜，屡承协会诸公暨诸檀越错爱，嘱赴京师，愉觐圣化，同沾优渥，敬受圆音。无奈云以行解两芜，老病相逼，耳患重听，口讷微言，惭预盛会；兼以荒山住僧近百，大小问题赖云解决，一旦远行，势将星散，则大好云居，重见湮没，有负地方政府护荫深情，此云不敢遽离之苦衷也。为瞻仰盛会计，特着监院慈藏趋座请安。伊年青智浅，诸希示导！顺呈荒山云雾粗茶，用辟炎蒸，并除渴想。专此敬请

道安

贫衲虚云和南

（原载1990年河北省佛教协会编印《虚云和尚法汇续编》）

巨赞法师致吕秋逸先生书

秋逸先生：

最近连续拜读了三篇大作（吕先生三篇文章先后发表在《光明日报》的是一九六一年七月三日的《谈有关初期禅宗的几个问题》，曾转载于《现代佛学》一九六一年第六期；次之是一九六二年六月六日的《试论中国佛学有关心性的基本思想》；第三篇是发表在《学术月刊》一九六二年第四期的《〈起信〉与禅》——编者注），就思想的严整和引证的精密上说，对我个人启发很大。现就管见所及，提出几个问题，请于便中惠予指教。

一、大作《试论中国佛学有关心性的基本思想》中有云："他们由此推论人心之终于能够摆脱烦恼的束缚，足见其自性（本质）不与烦恼同类，当然是清净的了。——这样构成了以明净为心性的思想……随着这些对于人心的不同解释，心性的意义也由原来只从它和烦恼的关系上去作消极的理解的，渐变为从具备成佛的因素方面去作积极的理解。不过，以为人心自性不与烦恼同类的那一基本观点是始终未曾改变的。"我以为这样说法，只是印度佛学中心性明净的一种理解，而不能概括其余。

《大智度论》卷六云："喜根法师容仪质直，不舍世法……但说诸法实相清净，语诸弟子，一切诸法淫欲相、瞋恚相、愚痴相，此诸法相，是诸法实相，无所挂碍，以是方便教诸弟子入一相智……是弟子利根得法忍。问胜意言：'是淫欲法名为何相？'答言：'淫欲是烦恼相。'问言：'是淫欲烦恼在内耶在外耶？'答言：'是淫欲烦恼不在内、不在外，若在内，不应待外因缘生，若在外，于我无事，不应恼我。'居士言：'若淫欲非内非外，非东西南北四维上下，遍求实相不可得，是法即不生不灭，若无生灭相，空无所有，云何能作恼。'"这是就缘生性空的教义，而说贪瞋痴三毒烦恼实相清净。《大般若经》卷二〇一至卷二八四所云："贪瞋痴清净故即色等清净，色等清净故即贪等清净……一切智智清净故色等清净，色等清净故，六度二十空真如法界乃至诸佛无上菩提清净。何以故？贪等清净与色等清净、六度等清净，无二无二分，无别无断故。"也是这个道理。似乎很难说它和"人心自性不与烦恼同类"的理解，属于同一个范畴。

二、大作《〈起信〉与禅》在证成魏译《楞伽》的错误之后，即引《起信论》文云："依如来藏故有生灭心，所谓不生不灭与生灭和合，非一非异，名为阿赖耶。”说明这一思想导源于魏译《楞伽》的异说。但是《大智度论》卷三二云：“实性与无明合故变异则不清净，若除却无明等得其真性，是名法性清净实际，名入法性。”这与《起信论》的说法虽然很不相同，而草蛇灰线，其间似乎有学说发展上的线索可寻。若更向上推，则《大般若经》卷五六九《法性品》云：“诸法虽生，真如不动；真如虽生诸法，而真如不生。”此奘师所译，当然没有误译的问题，它与《大智度论》的说法，似乎也不能说没有学说发展上的关系。

三、大作《〈起信〉与禅》又云：“由此推衍，还说此净心即是真心，本来智慧光明，所谓本觉，所有修为亦不待外求，只须息灭无明，智性自现；这样构成返本还源的主张。”似乎返本还源的主张，肇源于《起信论》，恐与事实不符。《大智度论》卷三二云：“诸法实相常住不动，众生以无明等诸烦恼故，于实相中转异邪曲，诸佛贤圣种种方便说法，破无明等诸烦恼令众生还得实性，如本不异，是名为如。”龙树菩萨的这一段话，虽然不能说它就是返本还源论的始作俑者，但是也很难断然地说它与《起信论》的说法毫无关系。

四、就道理上讲，通常所说的返本还源论，实在是很难讲得通的，所以唐代复礼法师以偈问“天下学士”，曾经在当时引起了热烈的讨论。就是到了宋朝，天台宗的四明尊者也还提出了相应的看法。因为一提到返本还源，必然要牵涉到“性起”的说法，而性起之说与台宗、贤首宗以及禅宗的教义都有密切的关系。但是法藏法师在《华严经问答》中云：“缘起无自性故，起本具性……言起者即其法性……如其法本具性故名起耳，非有起相之起。”这样说来，贤宗的“性起”说，似乎基本上没有超出《中论》：“以有空法故，一切法得成”，《维摩经》：“依无住本，立一切法”的论点。因此探讨中印佛学的异同问题，似乎还可以从另外的一个角度去谈。《起信》、《楞严》的真伪问题，初期禅宗的思想问题，也可作如是观。一孔之见，无当大方，抛砖引玉，伫候明教。

顺祝

六时吉祥

巨赞敬启

六月十八日

吕澂致巨赞法师书

（1950年5月26日）

万均法师：

昨见《现代佛学》5月号登载大作《禅余随笔》，为龙树，无著之学作辨护，甚佩！惟大作中有数处似应再作商量，兹列举于下，以备参改。

1．所引《中论·业品》一颂，实系龙树假设正量部之说，（见《中观释论》、《般若灯论》等书），用来破斥者，故为对立面的文章，似不应该同龙树之正论。

2．又引《摄论》一颂，实系无性《释论》引用陈那之说（见《掌中论》）与无著无关，似亦不应混同。

3．又引“性境不随心”一句，原指第八识与前五识之所缘相分性种等不与见分一致者，统为相分，其性质仍是识之一类，与心外客观存在不同。故唯识家言，始终是一种唯心论（客观的唯心论），似乎难为辨解。

愚见如此，尚希不吝指教为荷。

专颂！

禅安！

吕澂

5.20

吕澂复巨赞法师书

（1950年6月2日）

巨赞法师：

惠教于愚见赐予商量，极快！唯尊解云云，实未敢苟同。

第一点，《中论》虽空不断一颂，系承以上六颂总结，“不失法”（Avip Ranasa）之离断常两过。上颂为外论，此颂自亦同然，故《中论》旧注八大家、余存无畏，佛护、安慧、清辨、月称五疏，解释此文莫不如是（无畏、佛护解见藏要本《中论》41 页校注五；安慧解见藏要本《中观释论》58 页左；清辨解见缩制藏本暑帙一108 页左，月称解见影印本西藏大藏经98卷51 页）。“不失法”为正量部业论之独有主张，《般若灯论》有明文，亦不容异议。因此，我前函谓此颂乃反面文章，绝非无据之空谈。至于《智论》了身有与此相似之文，此殆罗什误解《中论》之意（《中论》青目释从“无畏论”出，全书章句与“无畏”相同，惟此颂独异，当是罗什误会。）而又于《智论》以意增益耳（《智论》译文不尽为原作所有，最近见于泻龙祥专文论之极详，见《印度学佛教学研究》第七卷一号）。否则《中论》明明破斥“不失法”，《智论》反又取之，出尔反尔，大智不应如此，且“不失法”为专名，亦不应泛泛以不灭解之也。

第二点，大作原以“于绳起蛇觉”（应译原作“于绳谓蛇觉”）一颂为无著《摄论》之颂，我前函辩此颂并不属于《摄论》，而系无性释论所引陈那之作，所辩在颂，而不在释。来教乃以释解难，似有未合，且就释言，大作云云，亦有误解为所之病。

第三点，性境为相分，虽与见分别种，但依唯识家言，相不离见，见性是识，以是或等唯识（见《成唯识》7）。此明明与离识自在之“客观”意义相违，凡辩论，三支所用概念，应主敌所解一致。否则各道其所道，或犯不成，或犯不定，永久不得真实是非矣。来教乃以“客观”意义含混为武器，似亦不尽当也。

总之，龙树、无著之真意，应加探讨，亦应步步踏实而探讨，此则前书提供意见之本怀，幸洞察之，即颂

禅悦

吕澂 新自 6.2

前惠药方，已托李先生代谢，兹再一次申谢。附与石先生复，请转交。

吕澂复巨赞法师书

（1950年8月4日）

巨赞法师：

得信，藉悉近日有暇从事著述，快慰之至！我旧讲《佛传与佛说》誊本，第捲寄供参考。（该本系游于默君所用，阅毕，即恳掷还。）英、日文资料，讲稿附录若干种，惟截至一九二六年为止，其后续出者，请参考望月信亨：《佛教大年表》（一九三七年版）。另有较新之资料为立花俊道《考证释尊传》（一九四七年版）。佛弟子传记资料，前只见山边习学：《佛弟子传》与《教团·人人》；赤治智善敬《释尊，四众》（见《日本佛教学协会年报第一年》，皆甚旧。佛时政经状况之研究，旧有羽溪了谛《佛教兴起，政治的背景》与增谷文雄《原始佛教之种姓制度》（皆见一九三一年《宗教研究》杂志）。又金仓圆照：《印度古代精神史》（一九四一年版）有简略的综合的叙述。英文资料，前见《新建设》载印度近年对古代经济史有新著作刊行，谅可参考，请设法搜罗。（上述日文资料，南京图书馆偶一有之。请在京先查借，再向宁邮借，弟处现在缺乏各书，恕未寄奉也。）

天热，为法珍重，不一一。

吕澂　八.四

吕澂复巨赞法师书

（1950年9月2日）

巨赞法师：

惠复及寄还讲稿，均收。该稿下册，另邮寄奉，阅毕，仍乞即行掷还是盼。此稿系前在法相大学特科所讲，阅时已三十年，资料、见解，均须简别，以是不宜发表。佛学七宗源流，系抗战时在蜀所讲，较新，较确，唯文字须重写过（原系文言笔记，有六万言），方合时宜。五科讲习纲要，属于讲疏体裁。总别有十六种。又附辑《阿毗昙经》及节本《成唯识论》（四卷本），约二十万言。各稿虽经展转抄写，但无清稿，且寄不胜寄，待稍缓时日，再呈教可也。至零篇文字，藏密三书导言（载三书篇首）及禅学述原，前时均已在华大刊物发表。藏汉佛学传承，讲时含有批评，须改写。均缓日再检寄。

专颂

法乐

吕澂　手上　　九.二

吕澂复巨赞法师书

（1950年9月4日）

巨赞法师：

前寄内学院研究工作总结改稿，闻已列入月刊首期，甚慰。兹发现该稿尚有两点措辞未妥需加改订，另纸抄上祈设法代改为感。又见编委会记录，悉已逐译史彻尔氏之《涅槃论》，该稿译成后务盼同人详加审定方可选载，因原书见解极为平凡也。氏信《起信论》为马鸣之作，视作初期之大乘家，又以属瑜伽一系，皆有误会。

专布即颂

撰祉

吕澂　拜上　九.四

吕澂复巨赞法师书

（1950年7月16日）

巨赞法师：

久别极念，获书备悉年来苦心护教之经过，佩慰无已。藉学兴教今正是时，学社之设极所赞同。贵同人欲澂任名义，如与法事实有裨益，谨当应命，请转达真如居士与贵同人再予斟酌为感！近见沪上佛刊登载大作《佛教人生观》，甚有精采，倘全稿尚存副本，邮惠先睹尤为盼祷。

专复即颂

法悦

吕澂和南　七.十六

吕澂复巨赞法师书

（1950年8月1日）

巨赞法师：

惠复暨附件均收。兹附复贵社函一纸，即希转交为荷！嘱为月刊撰稿，容缓日草就寄呈备用。又内院工作报告原稿略须改订，亦俟缓寄可也。

专复即颂

法乐

吕澂　顿上　八.一

吕澂复巨赞法师书

（1950年11月20日）

巨赞法师：

近得林君来信，藉悉备蒙照拂，至为心感。澂因院友促归，定于本月二十六日由宁搭轮赴蜀。月刊需稿，容后撰寄，兹检奉旧作《契丹大藏考》一种，请叶遐庵[1]先生指正。如编辑同人认为合用先行刊布亦可（不受酬），月刊经法师等努力前途无限，不胜欣慰。有便时惠佳音为祷。专颂

净祉

吕澂　拜行　十一.二十

注：(1)即叶恭绰。

吕澂先生复巨赞法师书

巨赞法师：

得十八日惠书，真不胜空谷足音之喜！最近拙作数种皆匆促间写成，语焉不详，有劳疑难，实深惭悚！兹遵嘱略就所难分疏，当否，再候明教。

（一）惠书引《智论》“六”一段文，致疑拙作之以心性不与烦恼同类释成明净，只是印度佛学中一种理解，并不能概括其余。诚然，印度佛学大小空有异说纷如，随举一题，皆难得通彻之论。但以心性明净言，如拙作所解，则固属较能彻上彻下者也。盖心性明净一语，本与“客尘所染”合成一完整命题，此从巴利文《增一》下至《胜鬘》、《楞伽》、《中边》、《宝性》，莫不皆然。故谓其不与烦恼为类（即染而不染，见非染性），既惬当于原意，亦融贯于群言，似亦可谓得其要领，正不必以全概与否相责备也。且拙作中段小结亦云：“印度佛学对于心性明净的理解是侧重于心性之不与烦恼同类”，其中特别点明“是侧重于”，或亦能幸免于语病欤？其《智论》“六”所说，意指法性，虽心性亦必以法性为基础，但究竟是两事，惠书对此，似辨析尚有未尽也（拙作还引用宗密《都序》所谈空性两宗论性不同一段，借以说明即在法性基础上看心性，亦可见其以空寂为明净——当然所谓空寂者有不同。至于进一层辨析心性，则印度要以非烦恼为性相解释，而中国却落到本觉上，两者遂迥异矣。宗密所见自未能致此，引文不过旁证中印两方立说实有不同而已）。

（二）惠书又引《智论》“三二”、《大般若》“五六九”两段文。致疑拙作之说《起信》依如来藏有生灭心，所谓不生不灭与生灭和合的思想导源于魏译《楞伽》，并不正确。愚意此应辨明两点：其一，《智论》所说仍明明是指法性而非心性，且立说方式又与《智论》“六”有不同，盖系从主客相对的认识上言之，故上文有“众生以无明等诸烦恼故于实相中转异邪曲”之语，下文又明言“名入法性中”（入是悟入，不能离开认识）。依愚所理解，《智论》之文，乃是说客观的诸法实相由于众生无明所障蔽，以致在认识上发生歪曲的理解而构成不清净的看法（从主观方面说来是不净），亦犹因为乌云之蔽空，而成昏天黑地，其实日月光明固自若也（此从客观说仍是净，论文所谓实相常住不动也）。论云“实相与无明合”，乃以主合客，此与《起信》纯从主观一边立论而谓不生不灭与生灭和合，固属两个类型矣，必欲寻其草蛇灰线之迹，似亦可不必也。其二，上推《般若》“五六九”一段文，所指实亦迥异。先以译文言，玄奘所翻此段，颇多沿用《胜天王》旧译之文（此由对照两者而知），不能视为精确无误（玄奘诸译并非百分之百的正确，其中有意的改动，无意的错落，甚至由于不得其解而流于含浑，实例甚多，因此非本题，今姑不谈）。次以意义言，惠书断章只取经文“诸法虽生，真如不动；真如虽生诸法，而真如不生”两句，其实应连上文“如实知见诸法不生”通读乃识其意。依愚所理解，经文正说诸法不生，下文连贯两句，只是层层纵夺以坚人之信解而已。其意若曰，纵使诸法有生起之义，而从真如言仍是不动即不生；更进一层，纵使真如有动即能生诸法，而如本身仍自不动即不生。如此归结到诸法不生，可谓剥蕉见心。若泛泛以真如生法解之，似未为善得经意也。经文上面亦说由法性生无边功德之法，此正是惠书所谓以有空性诸法得成之意，其成也亦非自成，乃由悟者如应而设施之耳。此经与论相通，只可从法性言，其与心性之说固犹隔一间也。

（三）惠书又引《智论》“三二”一段文，致疑拙作说返本还源的主张起源于《起信》恐与事实不符。此亦未免误会。拙作之谓返本还源只专指以人心为本觉（甚至说成已觉，与佛不异），去蔽即现，不待外求；此正是后来禅家正令之所自出，其为从魏译《楞伽》、《起信》所说展转构成，有如拙作之阐发，似亦已确然无疑矣。至于《智论》之言，仍是从主客认识关系上以谈法性，其与拙作所说心性固属两事，不拉关系，似无不可。

惠书还旁论返本还源之不当，而涉及性起之说，此又说来话长，恐涉支离，姑略而不论。惟最后说到中国印度佛学的异同问题，亦可从另一角度上看，此自是切确之见。拙作以心性思想论中印佛学之异同，亦只以其上与孟荀性论相涉，下又与宋明理学有关，从中国思想史上言，此乃甚为重要之一环，因而先论及之，非谓中印佛学之异即限于此一点也。法师得暇，如能另端论列，以开茅塞，则感幸无既矣。

吕澂　再拜

六月二十三日

（原载《现代佛学》1962 年第 5 期）

何家槐致巨赞法师书

（1953年4月5日）

巨赞法师：

自四九年一别（当时我们都住西河沿的永安饭店）即一直没有机会再见，至以为念。现在我想请教您一个佛教典故，即：“何立从东来，我向西方走”这一偈子中的“何立”二字究系何指？这一偈子应作何解？拟请拨冗示知，无任感盼。专此奉恳即致

敬礼

何家槐上

四月五日中午

赐复请寄：万寿山马列学院。

中印友好协会成立大会筹备处请巨法师为会员信

巨赞同志：

为发展中印两国友好关系、促进中印两国文化交流，特发起组织中印友好协会、拟请巨赞同志参加为会员，谅邀同意。兹定于五月十六日（星期五）上午九时假中国人民外交学会举行中印友好协会成立会、通过章程并选举理事会。十时举行庆祝成立大会，邀请印度文化代表团及印度驻华大使馆人员参加。务请九时前准到，以便完成成立会程序，接开庆祝成立大会。

此致

敬礼

中印友好协会成立大会筹备会

附上中印友好协会章程草案一份

五月十日

中缅友好协会成立大会筹备处请巨法师为会员信

巨赞同志：

为发展中缅两国友好关系、促进中缅两国文化交流、特发起组织中缅友好协会、拟请巨赞同志参加为会员，谅邀同意。兹定于五月十一日（星期日）上午九时假中国人民外交学会举行中缅友好协会成立会、通过章程并选举理事会。十时举行庆祝成立大会，邀请缅甸文化代表团及缅甸驻华大使馆人员参加。务请九时前准到，以便完成成立会程序，接开庆祝成立大会。

此致

敬礼

中缅友好协会成立大会筹备会

附上中缅友好协会章程草案一份

五月七日

梁漱溟致巨赞法师书

（1953年10月21日）

巨赞法师：

本月三十一日系旧历重九登高之日，漱拟约二、三友好一游潭柘寺，但未悉入门时是否需有介绍信？假如需要的话，是否可乞佛教协会或寺庙管理方面惠予介绍，以便得遂此愿？敬乞费神酌量示复为感！手致

敬礼

梁漱溟

十月二十一日

冯国瑞致巨法师书

巨赞法师：

去秋在京叩谒，实遂愿望。清华朗润，何禁仰止。返兰后久疏问候。得麦积山瑞应寺文物保管所函，知以《佛学月刊》见贶，至深感谢。麦积石窟瑞弹力保卫法物逾十余年，今始修建，保管设有机构为世所重。今年四月八日，拟结合去年未完工程之集聚，并有说经之会，西来宏法不知师有意否？倘能随缘作秦陇之游，无任企祷。炳灵寺石窟初稿奉上二册，幸指示漏失，研究部张先生幸为致意。长春有培树和尚，去秋亦邂逅识之，未审知其人否也？专肃即颂。

慧安

冯国瑞

三月二十六日

郭沫若致巨赞法师书

（1955年3月15日）

巨赞法师：

关于鉴真上人，我又写了一首《满江红》，录奉。

郭沫若

三·十五

满江红·纪念鉴真上人

咄咄奇哉，开元有扬州和尚。盲目后，东瀛航海，奈良驻杖。五度乘桴拼九死，十年讲席谈三量。招提寺，犹有大铜钟，声宏亮。　晁衡来鉴真往。唐文化，交流畅。恨今朝，有美帝从中阻障。千二百年堪纪念，樱花时节殊豪放。要同心，协力保和平，驱狂妄。

郭沫若致巨赞法师书

（1955年8月22日）

巨赞法师：

近见一北齐文物，上有“沙诃楼陁碎汝身首，如阿梨树枝”文句。沙诃楼陁是何神？阿梨树枝是否佛典中有此典故？盼示知。

百益

郭沫若

八·二十

复函请交什刹海西河沿八号于立群。

郭沫若复巨赞法师书

（1955年8月27日）

巨赞法师：

复信收到，谢谢。问题解决了。字确是针字。唯字是否为施针砭，尚听断定，可备一说。

秋佳

郭沫若

八·二十七

郭沫若复巨赞法师书

（1956年9月11日）

巨赞法师：

信悉。“敦煌古墨”承为详细考校，甚感。《道余录》及《现代佛学》并已拜领。关于□少陟木刻像保存事，我已致函王冶秋同志，请他们加以考虑，据像片看来，殆是七十岁左右之像。《故宫》第六期及《故宫周刊》（一九二一、九、一九）有画像，闻系南薰厂历代名王像之一，则更年青些。要之，此人为一值得重视的历史人物。敬礼！

郭沫若

九·十一

印度文化国际学院教授信

印度文化国际学院

旧礼堂（国会）休息议院

1956年6月17日

Raghu Visa 教授

尊敬的巨赞法师，

我已收到您的来信及中文文章，我很高兴您能花时间来从事这方面的研究。

在印度有四个瑜珈学派：冥想瑜珈、王瑜珈、巴克提（信仰）瑜珈以及精神（智慧）瑜珈。它们是相互补充的。我送给您的书能让您对它们的发展有一个基本了解。

在冥想瑜珈里，最重要的著作是《冥想瑜珈略释》。关于王瑜珈，有 patanjali 的著作 Yogsulia，在这方面，还有 bhoja 和 vacspati-mis 对它做的详细著名的注解。另外在《奥义书》中也有涉及到瑜珈的，它们的名字是：maitsayana，sandilya，dhyanalindu，hanisa，hadalindu。我可能把这些书送给你。

瑜珈对欧洲及美国的思想家们的影响是极大的，欧洲及美国的作家在这方面有大量的著作。让我解释一下我在知道你及其它中国朋友后的巨大喜悦，我们两国的历史友谊对于人类的和平与发展，在现在这个时期比以往任何时候都更具有重要意义。

请多多转达我对所有朋友及印度文化爱好者们的问候。

我希望能收到你更多的关于瑜珈的文章和著作。

我从报上知道中国佛教协会正在整理完整的文献，即最近挖掘出来的保存完整的中国经文的古代石刻，请能多多告诉我这方面的消息。

你可能会很高兴地了解到我们正在准备出版一本用五种语言，即梵文、中文、蒙古文、藏文、满族文，解释佛教词条的辞典。

致

礼！

Kaghurisa

北京邓初民致巨法师书

巨赞法师：

来示读悉种切，您对于张老先生的关怀使我十分敬佩，关心人的进步和生活是我们应该做的事情。但是，对于张老先生的问题，我是心有余而力不足。自从经过整风之后，我认识到党在处理一件事之前，总是从各方面经过反复调查、慎重考虑之后才处理的。我们既无法变更这种处理，也无别的办法可想。请转告张老先生不要枉驾，并向他表示歉意！

此致

敬礼

邓初民

1959.6.6

竺可桢复巨赞法师书

（1956年7月4日）

巨赞先生：

六月三十日来信收悉。我们正在找人为一行做传记，尚未决定人选，等决定以后告诉你，并请他和你取得联系。

一行发起测量子午线是不可否认的，不过那时不用子午线的名词，测量结果也欠精确而已。

此致

敬礼

竺可桢

一九五六·七·四

师哲致巨赞法师书

巨赞法师：

蒙协助，我得以浏览三藏法师传。谢谢您对我的帮助，现将这部书送还，请查收。

祝

健康

师哲

十二月七日

卫生部办公厅就气功事复函巨法师

中华人民共和国卫生部办公厅（58）卫中 字18号

巨赞先生：

您寄李德全部长关于气功的两篇论文我们已收到了。

气功是一种流传已久具有特殊性质的医疗保健方法。在它历史发展过程中和道家佛家都曾有着密切的关系和影响。因此，研究气功必须旁征博引始能窥其全体。奉读大著，深知先生对气功有精湛的造诣。我们现在对气功无论是在临床实验方面及其理论探讨方面都还只是个开端，并且应有的条件也都正在创造中，所以目前我们对气功方面的知识更是相当贫乏。今后将不断地向您请教并恳切地希望您在这一方面多给我们提供宝贵的意见。使我们在工作中得到您的帮助。

1956年1月26日

卫生部办公厅郭子化复巨法师书

巨赞法师：

来函敬悉。知你同周潜川先生研究养生学，很好。

关于周大夫所写《峨眉导引点穴法浅释》一书的出版问题，当经询问了人民卫生出版社，据该社称，书稿他们正在研究，并说还须送请外地专业人员协助审查。请转告潜川大夫，并祈代候。敬复，并祝

健康

郭子化

一九六四年四月七日

四川乐山乌尤寺了心致巨法师书（一）

巨赞大师法席：

久疏音候，渴念时萦。屡于报端诵读大著，手眼高出，钦佩无量。然未知为谁之椽笔也。去岁接照喜师来书，始识即昔日在宝华同戒同居之传戒大德也。英年特达，颖悟超群，当年目为佛门龙象，今界作中流砥柱矣。赞仰奚如。老拙自在杭别后，不久辄去结茅终南，追抗日军兴，乃携钵入川，寄居荒寺，农园自给。卅五年日寇投降，拟朝峨后即便东归，道经嘉定被当地诸居士留住。至解放后，外缘尽断，全凭垦山生产自活，忽忽又六七载矣。前月阅报知京中有佛学院之筹设，佛日重光有望，闻讯之下欣喜莫可言。当此大法绝续之秋，凡为佛子，皆应努力，随时代而改进。拙虽老病残年，亦思奋勉。岂可沉寂空山。因之不揣冒昧。肃笺敬恳大师可否为之介绍，加入僧团学习服务。倘获依止处，得亲善识，幸何如之。待宝成路通车后，便可带一随侍能耐劳苦之青年新戒，准备北迁，有无机缘，万望拨冗赐复，鹄候慈旨，专此并颂

禅安

老拙了心和南

六月十七日

四川乐山乌尤寺了心致巨法师书（二）

巨赞法师莲座：

两接惠书曷胜感奋，本欲即日束装就道，奈因去冬劳动过度，营养不良，致成风疾。左边脚手战抖不停。初未注意加以治疗，近渐增剧，远旅难支。须事休养，待稍轻痊，而后可定行期。若到可能时，当先奉告。诸维

慈照，肃复敬候

禅安

老拙了心敬启

九·一

四川乐山乌尤寺了心致巨法师书（三）

巨师法座昨接

慈惠，拜登之下感谢莫可言。业躯日朽，病难遽调，有愿无力，惭愧奚如。云山北望，徒切神驰。现已迁居本地风景区乌尤寺，自后简单生活由政府照顾，请忽悬念。邮筒往返亦较便矣。

专此鸣谢，敬颂

禅安

老拙了心和南

十月二十日

又山居行脚，禅余结习偶发，留存点滴，自愧不文，从未就正于高明，来乐后偶为嗜痂者所见，强灾梨枣，今附上聊当别后生活之报告，即希不吝慈悲指错为幸。

惠书请外写四川乐山县秘水院圣水街七号刘中六老先生展。内封请其转达了心师。山中邮筒不能直达，进出均须托人，殊感不便。还望以后示知通信处，以便随时请教。

韩大载致巨法师书

巨赞法师：

顷搜得甘波巴大师《修拙火除障传记略录》，奉上请审览。拙火为在瓶气基础上进增煖、乐、明，因而显现法身的中心环节。气、脉、明点是物。修持要有程序，有先后，躐等冒进、障难百出，而生起（第一灌）次第的佛慢坚固（第二灌）与三脉通利，尤为修气脉（第三灌）明点行者的唯一加行。甘波巴从弥拉尔巴学密乘时，年已逾卅，由于深信与精进更得到上师的清净教授和大力加持，其成就如操左券。此非传言而是实事。　仁者如取藏文而全译之，固所望也，专此顺致。

年禧

韩大载白三十一除夕

凌楚苓致巨法师书

巨赞法师：

信收到时，可能您刚回京，正值春节，特叩春喜，并祝身体健康！

练功情况，变化如下：

由大圆星变成只有圆星中的一小点，很亮，闪闪有光芒，天门发动，有一气由小点要由天门出去，我没有叫出去，因怕小圆点跑了，很不好受。

又由小圆点变成一大黄、黑相杂的大圆球，很沉重、没光芒、不动、渐渐变成一纯黄金色的小圆珠在黄庭沉重而不动。

又在亶中发现一黑如铁的带茎的莲花蕾。随着黑莲花蕾分开成两瓣时，黄庭内的金黄小圆珠就跑进了莲花蕾里去了，接着莲花蕾就闭上了（这时我就马上心疼，病倒了，百病丛生。百魔俱至，卧床数日，直至现在尚未复元）。四周很清静，除了一茎莲花蕾亭立之外，甚么也没有。莲花蕾不久由黑色变成了黄金色，再由黄金色莲花蕾化遍全身，我自己身体变成一圆的黄金球，这时我也没有了，什么也没有了。这时五蕴皆空，只有一种“清虚宁静”的气象，人也没了。下次坐时，渐渐地又觉得自己身体被一种东西溶解了，由四肢、最后头部，最后是溶到舌根，自己又没有了。这时真清静，只有一片白色，没有光，也不暗，有点透明。从此便觉身体随时可以溶化。身体里、外无间，都是一样的空气，很舒服。因此问题来了。

一、身体里、外无间都是一个东西，而且里、外都没有东西了，应该守哪里呢？

二、以后应该怎样用功？希具体指导！

三、口诀还念吗？

四、是否气破了或东西跑了？应如何补救？

五、“紫花地丁”由保定中医研究院找到了，要多少？现在出汗好些了，就只有时心口难过、肠胃不好、泄肚。

以上问题希暇时指导。什么时在家？季老我们一块来拜年。余面谈。敬叩春禧！

凌楚苓谨上

二月三日

中共中央统战部金城致巨法师书

巨赞先生：

六月四日大札及《保存在峨眉山佛教寺院里面的祖国医学遗产》、《试论王叔和》论文两篇均已收到。因我对医学是个外行，读了两篇大作，了解不深，故难以提出意见。先生对祖国医学遗产致力收集研究，甚为感佩，故已将大作转请中医研究院加以研究。

专此

奉覆

金城

6.12

钱钟书致巨赞法师书

（1961 年×月 19 日）

巨赞大师方丈：

客腊从向觉明居士乞假《摩诃止观》书三种，得邀　惠允，分慧灶之光，被法雨之润，感刻何极，今敬奉还并谢。

大德即问讯

安隐不一。

弟子 钱钟书和南

十九日

广州中山大学吕逸卿致巨法师书

巨赞法师

来教悉，邮递稽延各情已函转江民风同志。

健康不好，承法师和周潜川大夫深切关怀至感！

我于七月底离医院，打算到从化疗养，后听从朋友意见，认为从化比广州热，而中大环境清幽，不比从化差，因此留校疗养。两月来病情时有反复，主要是后遗症状：腹壁内手术后瘢痕钙化，形成一块四寸许硬骨压住胃部；胆囊和十二指肠割除后消化不良；肠部阻塞，经手术后蠕动不正常。胃壁受压，多动多食每感心恶，消化不良。腹部时觉胀闷，营养吸收不易，体重日减，时觉头晕、再引起肝脏肿大，后遗症状的链锁反应，病情至不稳定，由于伤口瘢痕压住胃壁、练功深呼吸每感压痛和心恶，遵医嘱暂停练功。黄婆丹当设法配制试用，疗效再奉告。因肝脏再次肿大，练功效果，日前未能作最后定论，俟将来总结。请函便转知周潜川大夫为感！

承嘱长期调护，暂避烦剧，当善自珍摄以报厚谊。……

沉疴久缠死里逃生，这与组织照顾，朋友鼓舞，医药治疗是分不开的，当然这与法师的亲切关怀也是分不开的，谨此重申谢意。并祝

健康！

吕逸卿

一九六二年十月二日于中大

谢无量致巨法师书

巨赞法师左右：

日前虞竹园兄见过，出示手书，殊深愧悚。顷遵命试草《佛教东来对中国文学之影响略说》，拉杂饾饤，恐不足用，姑呈斧削。暑气未阑，仰维

慎护。

谢无量和南

八月九日

陈雪湄致巨法师书

赞法师：

承命收集万慧诗集题词，兹于无量诗集中觅得小诗二首，题《慧业吟草随笔》一则，别纸抄奉，不知可用否？

又，夏莲居老先生题万慧遗照短偈二十一首，马一浮先生撰万慧塔铭与塔铭后记一并捡出，奉呈以备参考。尚希查照为荷。

此致

敬礼

陈雪湄

三·二

巨师致余克钧书

克钧同志：

别后迄未通信，未知近状如何？对于拙作想已提出意见，希即寄还为盼。顺祝

时佳

巨赞手启

一月写于北京

克钧同志：

转辗探询，才知你现在的通信处，文革中，我一点也没有吃过苦。现在恢复原职原薪，倒也逍遥自在。你现在身体如何？工作怎样？便希告我一二。此祝

康健

巨赞手启 九月十八日

通迅处：北京西四中国佛教协会

饶宗颐致巨赞法师书

（19××年9月16日）

巨赞大师：

多年阔别，无时不在念中。顷朱淑芳君至舍下，携来赐书，快慰无既！

弟自六八年离开香港大学，就任新加坡大学首任教授，七〇～七一年在美国耶鲁大学工作，一年回香港任中文大学讲座。七八年九月退休，赴巴黎任高等研究院客座，今年应日本京都大学聘，在扶桑四阅月，八月二十九日回港，仍在中文大学文化研究所担任研究工作。

弟定本月十九日赴穗，即飞成都，出席古文字学会议（去年到过湖南、湖北），会后将至兰州，在莫高窟小住数日，再往西北、洛阳各地，然后晋京。下月中旬，盼谋良觌！至京日期有定，再行函告。

弟于一九六三年尝至印度研究，又历游锡兰、缅甸、柬埔寨、泰国为时半载。

良晤在近，不尽依依，此祝

康健

宗颐敬启

九月十六日于香港

在京都时，于八月十三日（日本人盂兰节日）登高野山，至奥之院空海大师入定之处，有和空海诗，录博一笑。

深林晏坐忘昏晓，万籁寂处无啼鸟。
疏雨数滴洗秋来，高山一望青未了。

禅林独坐草堂晓，三宝之声闻一鸟。
鸟鸟有声人有心，声心云水俱了了。

又及

端木蕻良致巨赞法师书

（1941年7月12日）

巨赞法师：

早就想去看你就教，但以行路不便，未克如愿，待秋凉与迩冬同往。五月间我在江南访曹雪芹旧踪，访求了几座古刹，多已修复，也访问了寒山寺，大概由于对张继诗印象深的原故，对寒山寺也特感兴趣。前些日子写了一幅不算诗的诗送你，以博一哂耳。

见面再谈，祝好

端木蕻良

七月十二日夜

附：月牙山纪事呈巨赞上人

（1941年10月4日）

初闻狮子吼，山外起清钟，
魑魅惨闻变，衣冠喜动容。
花枝春浣浣，无际月溶溶，
此意谁能解，流泉响入松。

端木蕻良　合南　十月四日

端木蕻良致巨赞法师书

（1941年7月20日）

巨赞法师：

前日奉访，当年漓水榕城之情，复现眼前，待秋后当再作长谈。临行承送过虎溪，欣幸何似！我正赶写《曹雪芹》中卷，法师允为佛典顾问，当随时匡我不逮。种竹技艺当代询专家，届时奉告不误。

耑此，即问

道安！

端木合十

七月二十日

何日赠我法书一幅，悬之斗室，以为策励耶？

端木蕻良致巨赞法师书

（1980年2月22日）

巨赞法师：

春节时，遇到老纪者张蓬舟，他告我你经常在广济寺，我一直想去看你，但因年来患冠心病，又加忙乱不堪，便不能如愿以偿。

现在介绍一位青年，他在两年前就曾写信，要我介绍给佛学人士，他很有志于佛学的研究，用力弥坚。

现在介绍高健去看你，但愿随缘随分吧！请予接见示教，为感！

回想月牙山顶相访，菩提会前相值，当以诗存，春暖花开时，（或者灵感一至）去看你去，其乐何如乎！

我最近请人作一图章，文曰“日日是好日”据说是佛家语，又及！

端木蕻良

一九八〇年二月二十二日

诗

词

诗　词

一九三七年冬题宁乡寒铁生余楼　二首有引

佛家以无余涅槃为究竟，其余皆有余也。身是心之余，心是空之余，空是实相之余。（诸法空是浅，说见《大智度论》卷七十二）实相无相，超绝言思，不可以色见，不可以声求，希夷寂灭，廓然无圣，而况山河大地，田宅妻孥等身外之物，独然有余乎。知有余以证无余，则冲漠而无所待；无所待者，然后可以独立于天地之间，余之字义大矣哉。铁，至刚之物也，无待而后能至刚；至刚则炯炯孤明而似寒。以此为号，殆如郑思肖之取号所南，自见其志者也。世方离乱，竞尚贪嗔，造作苦因，无有底止，安得大心之士，鼓扇玄风，灭斯毒焰哉。眺瞩中原，不胜凄愍，感而赋此，亦将取正于大方。

为厌浮沉湖海梦，来傍僧舍结蓬庐。[1]
岳云千絮凝檐碧，沩水一泓映座舒。
楼外诸山无捷径，室中万卷间梵书。
回看车马纷驰迹，袖手高吟意豁如。

九洲沉陆滋蛇豕，绝脰刳肠亿万夫。
文物忍看沦敌手，江山默祝复康衢。
挥戈反日思良将，袒臂高呼待硕儒。
寄语山林深密处，倾危大厦要君扶。

注：⑴楼傍香山寺。

（原载《狮子吼月刊》1940 年第 1 卷第 1 期）

一九三八年初夏沩山道中

叱牛声里沟渠满，蛙鼓莺簧赚客听。
长板桥头村树密，碧流萦绕万山青。

（原载《狮子吼月刊》1940 年第 1 卷第 1 期）

雁·燕·蝉

道出衡阳几岁年，遥瞻乙阵倍欣然。
风高莫逞凌霄翼，霜重休侵待晓天。
边塞烟迷应远飏，荒江日暖好安眠。
秋来可有一消息，为我传书灵鹫巅。

三界由来如火宅，结巢营幕亦寻常。
依人倘解人情美，掠水应知水味长。
对语无心诉离乱，翻飞依旧惯炎凉。
春花落尽莺歌歇，底事呢喃恋鹿堂。

一声叫破桐阴月，春去无痕独尔知。
高占何妨从露饮，环飞本不羡云垂。
权衡金羽空轻重，比拟彭殇漫圣痴。
秋到荷塘冷更切，毕生心事问谁窥？

——（原载《求是草》）

一九四〇年秋徙桂林月牙山寺

疑入蓬瀛路，(1)浑忘岁月迁。
襟江澄碧濑，(2)不用买山钱。

注：(1)寺有小蓬瀛阁。
(2)住襟江阁。

（原载《狮子吼月刊》1940 年第 1 卷第 1 期）

一九四一年元月三日与盛成、万仲文、闫宗临三教授纵谈影波楼作

凭岩吊丧乱，倚槛话行藏。
波影澄空碧，悠然此味长。

（原载《狮子吼月刊》1941 年第 1 卷第 3、4 期合刊）

南岳明真法师、成都徐季广居士来书勉以脚跟下事，感赋

万里寄良箴，常渐道未深。
达生空有愿，避世岂无心？
窗外波光定，岩前古木森。
遥闻市井闹，时或发长吟。

（原载《狮子吼月刊》1941 年第 1 卷第 3、4 期合刊）

辛巳人日，与方孝宽、盛成、徐植松、李焰生、雷震林、林半觉、唐伟、余维炯、关山月、林爱民诸公，为龙翁积之预祝期颐于月牙山纪事，步方孝宽韵

期颐预祝除腥腻，活火添薪煮嫩菘。
雅谑不嫌京海派，清谈竞辩色心空。
掀髯拟古情犹热，走笔成诗句独雄。
更卜花朝共一醉，未知今是几番风。

（原载《狮子吼月刊》1941 年第 1 卷第 3、4 期合刊）

一九四一年春题关山月所作画贺白虹书店开幕

曲岸袅秋风，江枫叶叶红。
一篙当骇浪，无意到瀛蓬。

（原载《狮子吼月刊》1941 年第 1 卷第 5、6、7 期合刊）

又题关山月峨眉黑龙江图

人言黑龙江，我道印心处。
接木度悬崖，闲云任来去。

（原载《狮子吼月刊》1941 年第 1 卷第 5、6、7 期合刊）

一九四一年秋题尹瘦石盲群图

牵连归败屋，未必是前愆。
酒肉朱门臭，饥寒只自怜。

又题尹瘦石百寿图卷

长空留雁影，展卷几沉吟。
业绩终成幻，声华何处寻。
难求不死药，幸有救时心。
肝胆传千古，跫然觉世音。

（上二首，原载《狮子吼月刊》
1941年第1卷第5、6、7期合刊）

经桂林开元寺废址

空王原不计行藏，种福无田实可伤。
舍利函空秋露冷，金刚碑仆月华凉。
难凭胜侣穷生死，孰认残灰体断常。
极目神州无限泪，桂江日夜泻汪浪。

感　赋

道高一尺魔千丈，吠怪憎贤古已然。
尼父周游曾削迹，达摩面壁辍谈禅。
精金岂却炉锤炼，大任须从穷饿肩。
独倚江楼观万汇，春来无处不芳妍。

（上二首，原载《狮子吼月刊》
1941年第1卷第5、6、7期合刊）

白下张仙搓月牙山远眺一律，梅根山樵赵叔冶和之，凡十八叠，搜奇集胜，为吾门生色不少，爰亦勉和一章

偶学赵州露爪牙，洞庭波送桂江涯。
倚虹风月随入领，满室诗书属自家。
静里阿谁论党籍？闲来犹事灌山花。
春深帘重侵浓绿，客至惟斟一味茶。

送关山月画师入蜀

闻道巫山天下奇，峨嵋西峙更嵚巇。
料羸点染丹青笔，马尽临淄曼丽辞。

（上二首，原载《狮子吼月刊》1941年第1卷第5、6、7期合刊）

汨罗张健甫先生以古风见赠，雅健雄深未能和也，勉成七律一章报之

袈裟不掩伤时泪，偶向中流发浩歌。
衡岳云封惊夏雨，湘江风起皱春波。
幸从八桂瞻文范，且喜三车蕴大和。
酬答未能还奉约，山花争发可相过。

澳门竺摩法师以寄李仙根诗索和步原韵

高僧自昔半工吟，只为山州蓄积深。
严子论诗参法味，(1)陈公规语漫格箴。(2)
篆香稿已传南国，禅月集疑再见今。
愧我乏才扬无本，(3)劳君屡屡许知音。

注：(1)沧浪诗话多着禅味。

(2)宋陈瓘劝洪觉范毋作诗，见《能改斋漫录》。

(3)明李东阳《麓堂诗话》称唐僧诗无本真有所得。

（上二首，原载《狮子吼月刊》1941年第1卷第5、6、7期合刊）

一九四一年中秋书感

毁誉寻常事，难舒饥溺容，
从来羞舞鹤，宁悔学屠龙。
焰宅伤芝艾，荒园咽蟏蛸，
储看明月上，不觉过前峰。

一九四一年六月重游南岳

滞云笼古寺，宿雨涨山泉。
策杖探经藏，怀诗酬隐贤。
炎威禅榻外，游兴碧峰巅。
细认岩前路，重来又一年。

（原载《狮子吼月刊》1941 年第 1 卷第 8、9、10 期合刊）

将至西山留别桂林诸友

十年磨剑学屠龙，海阔风翻浪万重。
入桂何期逢沈宋，归山犹得卧云松。
胡尘滚滚天无色，宿雾漫漫阙尚封。
昨夜思陵发清籁，相迟歌啸对晴峰。

（原载《狮子吼月刊》1942 年第 2 卷第 1 期）

酬柳亚子见赠

皎皎初冬月，悠悠古柏心。
故都怜草莽，桂岭可登临？
方外缘偏熟，吟怀蕴更深。
思灵松竹茂，何日共探寻？

与耶回两教徒论人生

至理原非二，横分疵与醇。
物心谁造作，善恶漫陶钧。
天国知何处，人间故有春。
辞家为表法，上帝亦孤身。

友朋中有以罢道为劝者，诗以答之

亡羊自昔多歧路，脱俗方为中道行。
夏绿春红何足惜，要以冰雪验人生。

林素园居士以诗僧见称却赋

枇杷树下泪如绳，[1]柳絮沾泥只自矜，[2]
色见声求无一是，耻为人唤作诗僧。[3]

注：⑴宋诗僧仲殊自缢于枇杷树下。

⑵参寥有“禅心已作沾泥絮，不趁东风上下狂”之句，东坡称之，而晚节不终。

⑶朱熹以诗人被荐于朝，终身耻之。

林素园居士和章有“只缘分别恼高僧”句，再却赋

名实未分白二毛，悬牌表刹亦徒劳。[1]
中行自昔归平易，僧在真修不要高。[2]

注：⑴此土悬牌，印度名刹，皆所以显扬高僧。

⑵“僧要真修不要高”，明陈继儒语，见《岩栖幽事》。

田寿昌[1]嘱和柳亚子韵祝郭沫若五十大寿及创作二十五周年纪念

微服归来三岛哗，中原到处馥如花。
从知沫水滋芳杜，应薄虞山醉苦茶。
前日已闻温古史，今朝欣见颂名家。

边关未复生民瘁，何惜萧萧两鬓华。

注： (1)即田汉。

一九四二年孟春再至西山寄怀桂林诸友

言入西山路，和风发籁音。

泉甘堪涤虑，茶淡自清心。

隐几双江合，开轩万木森。

难忘饯别意，于月每沉吟。

桄榔杖寄赠李任仁议长

坡公迁岭外，此杖独随行。

坚过仙人杞，文如紫玉英。

灵山分得种，净手自雕成。

世路犹崎仄，扶持步履轻。

一九四二年岁暮寄怀桂林田汉

崎岖山下路，恻怛佛家情。

对镜憎华发，年来白几茎。

桂平西山山居即事

（一）

塔影波光映远村，平畴万顷接山根。

春风习习春云淡，一路花香到寺门。

（二）

倦抛心力逐无涯，山色溪声属自家。

吏隐洞壁余隙地，秋来更欲补梅花。

（三）

莫谓山居百事捐，清闲未许抱云眠。
松阳趺坐读书罢，手采新茶供佛前。

（四）

空林滴露夜犹香，一片清溶入浩茫。
横笛几番吹折柳，已无残梦到潇湘。

（五）

烟雨凄迷春意阑，鸟啼花落篆香残。
惊涛拍岸东流急，极目云天独倚栏。

（六）

朝暾初上影横斜，叶底轻凉透碧纱。
定起关心惟一事，春归到处落山花。

（七）

鲁阳未必回三舍，夸父空怀恨满腔。
晚课香沉归鸟寂，看移山影过南江。

（八）

林隙流光月影明，山门寂寂夜澄泓。
扶筇峭立浑无语，恐扰枝头鸟梦清。

（九）

久雨炎威已敛藏，游人渐少午风凉。
秋来更觉山居好，日满长林黄叶香。

（十）

油茶种罢点花生，茄子黄瓜芽已萌。
谁谓僧家多俗事，真诠原不隔躬耕。

一九四三年秋赠别朱蕴山

风月谁为主，山河壮客心。
春随巴水出，秋傍桂江吟。
浩唱归黄鹤，覃思倚碧林。
遥知松菊茂，愿托白云岑。

一九四四年一月太虚大师至桂林赠诗《狮子吼月刊》以诗奉和

入佛常怀援引德，榕城今又值雷音。
魔强法弱浇风急，整顿僧规仰胜心！
独秀峰孤漓水涸，山门何幸满清音！
狮弦岂人时人调，大地沉沉春有心。

一九四四年赠别觉光法师

山门两载赖维持，缘尽思灵未忍离。
此去好研真佛理，男儿贵不负相期。

佛慈篇，时在一九四四年秋

人生天地间，扰扰竟何为？强弱常苦斗，智愚时相欺，
乃至骨肉亲，浚井土掩之。感慨发长叹，秋月为低迟。
昨朝开经箧，鼠溺透封皮，偶置新书籍，背脊尽支离。
艺友赠佛像，肃穆仰高姿，装裱勤供养，群蚁蚀之縻。
二虫岂有恨，夫亦便其私。凭此论人事，枢要或可窥。
私为俱生惑，纵之由于痴，星星如不灭，千愁万恨随。
佛陀开觉路，慧日破沉疑。入门扫诸相，痴即无所施。
心光常皎皎，处境自得宜。居家成孝悌，在位兼人师，
终日埋尘涅，终日未尝淄，是以佛慈爱，永永无穷期。
卓哉圣言量，钻仰信可追，感时心戚戚，蒿目陈芜辞。

一九四五年国庆登北流山围之磐石山，用饶宗颐教授韵，时同执教于无锡国学专修学校

避寇入山围，游观乐已捐。
匈奴忽解甲，金瓯缺复全。
登高一舒啸，慷慨动乾坤。
崩榛纷塞路，荒寨壁尚坚。
乱离信已久，远溯卅年前。
今当时命改，生意满园田。
饶子饶清趣，当风喜欲颠。
新诗效敕勒，警句共辗然。
蒋子勤掇拾，情深木石缘。
二生亦矫健，绝尘道可传。
会当倩画笔，描写付归船。

一九四六年岁首中印庵赏雪记事

大地无寸土，开轩斗玉卮。
璇花时入座，怪语不攒眉。
天际洞然朗，途中坦复夷。
扶筇归灵隐，峰下矗琼枝。

一九四六年二月超山观梅

（见苍梧黄君华表留题，深以超山之梅不得陈君柱尊、冯君振心之题咏而并名孤山为恨。陈君往矣，冯君余故人，未曾来游，爰以一绝解之。）

卅里浮香雪叆叇，一泓澄碧影横斜。
丰干何必多饶舌，留待梅花自品评。

哭霭亭老法师

道树凋零祸乱频，海云深处悟前因。

施为未尽菩提意，法苑梁摧泪满巾。

（原载《霭亭法师纪念特刊》1948 年 4 月香港出版）

共和国开国观礼志喜诗

（中华人民共和国和中央人民政府成立，中国保卫世界和平大会成立，余皆得参与其盛，爰步陈真如居士观礼志喜原韵，以志因缘。）

殷殷雷震动欢声，民主新都定北京。

铁骑千群惊丑虏，红旗万幅壮干城。

富强独立除前耻，统一无私载首盟。

保卫和平真佛意，环球从此可休兵。

注：1949 年 11 月作。

和陈真如居士庆祝中国佛教协会成立原韵

禹颜非异辙，真俗本相依，

国运隆前古，梵葩香益奇。

抑扬除旧垢，澹泞指新机。

不作两头话，披衣得坐时。

注：1953 年 6 月，中国佛教协会成立会议开幕时作。

挽圆瑛长老

象王勤蹴踏，投老更雄恢，和运垂加护，新民实主催。

涅槃抑何速，檐葡待谁栽[1]？凄绝常西望[2]，声声祝再来。

注：⑴佛协成立之后急于培养人才，故云檐葡。

⑵圆老挽寄禅长老诗有“云山北望一凄绝”句，今用其意。

——见《圆瑛大师年谱》第 347 页

一九五七年玄中寺法会和高阶珑仙长老

石壁峥嵘禅净融，他方此土久相通。

秋容不减春容盛，[1]佛号声中慧业丰。

注：(1)石壁秋容为交城八景之一，玄中寺前有秋容胜迹坊及秋容塔。

和无文禅师原韵[1]

临济薪传磨镜台，祖庭无恙未曾隤。
真风浩荡坤干动，三学精勤岁月催。
向上玄诠堪砥砺，无多直指见崔嵬。
秋容觌面成相契，好待他时优钵开。

注：(1)1957年9月19日，日本佛教访华亲善使节团和中国佛教僧众，访问山西交城玄中寺。无文禅师是日本临济宗大德。

咏史六首

（国际共产主义运动总路线之大是大非，由于年来之不断斗争，已大白于世。革命号召，胜利在望。爰以咏史之体，寄其所感。古今史实虽不尽相同，而窥豹一斑，或亦可以概见其余也。）

冲破蚩尤五里雾，轩辕巧作指南车。
铜头铁额俄成幻，华夏昭辉旭日初。

奸雄意气壮如牛，横槊浑忘霸道羞。
诸葛运筹彰大讨，东风浩荡助奇猷。

天下同声逐暴秦，项王恃力袭前尘。
鸿门虚设和谈宴，一夜悲歌自杀身。

契丹欲壑本难填，割地求封亦枉然。
石晋早随逝水尽，儿皇帝号臭千年。

山城万众盼和衷，如约亲临好恶同。
民贼技穷惟诟詈，凶形毕露舞台终。

鉴古知今道易明，步趋应自竭精诚。

肝肠付与回天手，坤转乾旋指顾成。

奉和重人同志见访之作步原韵

春回黍谷启含灵，天地清宁绝晦冥。
文教寻源探故籍，岐黄显用砺新硎。
中西互习通症结，佛道相资忘户庭。
妙手旋施功德在，勉随驱策静中听。

——1957年10月23日

庆祝建国十周年

十载辛勤除旧垢，山河严净众如亲。
工农跃进开新局，宗教恢弘阐至仁，
是处笙歌皆慷慨，每逢耋耄更精神。
巨龙夭矫惊天下，党政英明见理真。

一九六一年大连避暑纪事七绝

千苍万绿江南路，凝碧澄蓝海上波。
浴罢轻凉生肘胁，令人长忆夏家河。

吐浪长鲸留革皮[1]，经营卌载竟何为[2]。
而今天予东风便，纸虎将成木乃伊[3]。

“永矢不忘”万骨墓[4]，凶残嗜杀灭人纲。
京都胜会应成议[5]，保卫和平制虎狼。

将军兴会不寻常，舞袖翩跹满港香。
“礼炮”误传纷市宠，惊魂甫定已亡羊[6]。

伏果鲜甜口颊香，超时越节早登场。

水肥劳力施间作，打破陈规见主张[7]。

山楼寂寂净无尘，蔬果堆盘日日新。
体重已随夏绿长，秋来勉作不凋身。

归来无计补时艰，寸草春晖几汗颜。
常愿步趋随觉路，遥岑极目恣登攀。

注:⑴大连自然博物馆有大小鲸鱼标本，大者原重三十七吨。

⑵日本帝国主义侵占旅大之后，改地名为关东州，前后经营四十年，解放之后，全部归还我人民，亦如吐浪长鲸于被捕之后，不能不留皮于人也。

⑶旅顺历史博物馆陈列一千二百年前的木乃伊数具。

⑷甲午战争日寇获胜占领旅顺之后，纵兵屠杀我居民三日夜，牺牲者数万人。“永矢不忘”四字，即墓前祠额也。

⑸世界宗教徒和平会议于七月二十五日在日本京都开幕。

⑹据旅大市交际处梁同志云，日俄战争之初，日军偷袭旅顺口，俄军守将正为其爱人举行生日舞会，炮声被误为“礼炮”。且以为宠，以至旗舰被毁，一败涂地。

⑺旅大市第一农场以培植水果为主，伏果，即早熟之苹果。该场打破陈规，以水肥劳力三大原则，在果园中种植蔬菜粮食，产值增加而不防碍水果之产量，此亦先进经验也。

忆少年·寄丁于同志并柬寒声局长

（1962年3月17日）

幽林啼血，幽兰初吐，幽怀难说。东风尚披拂，只鼠牙穿折。
吹尽游尘芳榭洁，数前因，顿成还灭，歌台擅盛业，更陶镕文哲。

敬祝李重毅[1]先生八十大寿

（1962年）

漓江清漱拂和风，常忆樽前矍铄翁。[2]
八桂香残施雨泽，西山泉涸护云松。[3]
红旗招展声先应，僮族区成议自同。
国有老成瞻轨范，期颐预祝建丰功。

注:⑴即广西省参议院李任仁议长。

⑵日寇犯桂，已近全州，余自阳朔遄返桂林，重毅先生介乘军车南下，始免于难。临行并设席饯行于广西建设研究会。

⑶余住桂平西山龙华寺，值久旱，地方土劣以乳泉枯涸为罪，赖重毅先生护持之力，乃得无事。

杜宣同志访问亚非各国返京，来书谓桂林一别，二十一年矣。离绪萦怀，感而有作。

（1961年）

二十一年弹指过，临书滴濑涌心头。
相逢未必都成老，云海苍茫曙色浮。

和越南释智度法师原韵

南越同仁苦难中，十方援手此心通。
今逢胜会情怀壮，化释凶残道不穷。

注：1963年亚洲11个国家和地区佛教徒会议在北京开会期间，中国佛教协会设宴热烈欢迎全体代表，即席奉和。

奉和越南智度法师西湖偶兴原韵

十载曾为湖畔客，重来兴会我称优。
三秋桂子飘金粟，一片波光映画楼。
远树萋迷彰义举，轻舟欸乃喜同游。
何时更下陈蕃榻，剪烛云林百日留。

赠印度尼西亚苏马多诺居士并东苏达尔多雅斯明两居士

风雨同舟情谊长，心如明镜耀清光。
从来浩气凌霄汉，律转春回满地芳。

再叠前韵庆祝会议圆满

胜会圆成似日中，因缘研讨已相通。
降魔伐恶肩斯责，法运绵绵永不穷。

注：1963年10月20日在北京法源寺举行会议，数百名中外法师参加。

游拙政园

（1963年）

自古苏州曾著名，百般文物早形成。
只看拙政园中境，亦可令人心目惊。
一花一石本无名，巧手安排景物成。
动静交参融妙谛，匠心独出赚人惊。

和正义哲人游栖霞诗

（1963年）

秋来山色好，游屐栖霞到。
遗绪仰前修，芳规钦新造。
林峦启欢颜，岩岫昭古道。
惟愿魔事平，人间无热恼。

满庭芳·庆祝建国十五周年

歌遏行云，旗挥红浪，满城花雨缤纷。光华日月，勋业冠群伦。多少丹心碧血，皆回向，祖国人群。凝眉处，东风浩荡，英爽动乾坤。

凄凉思往事，魑魅魍魉，豕突狐奔，漫招致，山河破碎如焚。搔首问天不语，又谁信，扫尽氛昏。钦鉴甚，誓随高躅，努力建斯文。

风月同天法运长

（一）

风月同天法运长，闲邪存正耀辉光。
年高九秩心犹壮，过海东来遗德芳。

——赠日本大西良庆长老

（二）

风月同天法运长，圆融真俗镜生光。
天台立本情无隔，一树花开两地芳。

——赠日本日莲宗立本寺细井友晋贯主

注：1963年10月3日，北京纪念鉴真和尚逝世1200周年活动，欢迎应邀前来参加的日本金刚寿一法师等人。

赠日本菅原惠庆长老

一九六四年七月陪同日本菅原惠庆长老等参礼玄中寺，用长字韵率赋一绝，以志不忘。

风月同天法运长，三临石壁耀心光。
娑婆此日多魔障，弘阐真诠道树芳。

应日本菅原敏子女士之属

昙鸾大师临终诫众曰：劳生役役，其止无日，地狱诸苦不可以不惧，九品净业不可以不修。语重心长实为修净业者不可不铭记之训示，因师其意，用长字韵，缀成一绝，以应菅原敏子女士之属。

风月同天法运长，秋容塔畔焕慈光。
莲开九品劳生止，回向三途净德芳。

赠日本高仓隆文先生

（赵公绂画松树图）

风月同天法运长，苍松郁郁傲冰霜。
当前美帝伸魔掌，奋斗欢然共一堂。

赠日本后藤欣也先生

（水边松石图）

风月同天法运长，前贤懿范发幽光。
一衣带水何成隔，交谊应如松石强。

赠日本高村りエ女士

（秀竹图）

风月同天法运长，依依秀竹散清香。
自来善女多贤举，憎爱分明共有光。

赠日本茜个久保奈美女士

（丹竹图）

风月同天法运长，人民友谊发新光。
肝肠如铁心如火，翠竹随时改旧装。

一九六四年十一月用长字韵应日本铃木物众先生之属

风月同天法运长，狂澜共挽阵堂堂。
和平获胜魔军灭，伫看东方耀佛光。

一九六四年十一月用长字韵应日本石川康明先生之属

风月同天法运长，英英朝气蕴谦光。
毗黎铠甲摧强暴，慧日高悬共焕彰。

一九六五年五月用长字韵敬赠即真周湛座主

风月同天法运长，天台比睿共辉光。

三千一会情无碍，保卫和平胜业芳。

一九六五年五月用长字韵敬赠杉谷义周总长

风月同天法运长，愿文悃悃示周行。

枢机在握施方便，共卫和平教有光。

一九六五年五月用长字韵敬赠佐伯秀胤议长

风月同天法运长，照权实镜发清光。

群伦协义彰宗义，饶益人民道果芳。

一九六五年五月用长字韵敬赠梅山圆事议长

风月同天法运长，山家学式岂寻常。

利他菩萨人中宝，继往开来寺刹光。

一九六五年五月用长字韵敬赠壬生照顺法师

风月同天法运长，入唐巡礼事煌煌。

前行方便功难计，友谊常青慧业芳。

一九六五年五月用长字韵敬赠今井玄崇法师

风月同天法运长，虔随佛学境难量。

千山万水心无隔，共结来缘往返常。

十六字令二首　庆祝国庆十六周年

新，坤转乾旋万物春，十六载，证验果然真。

亲，启导关怀雨露恩。学毛著，努力作新人。

一九七五年出狱后书感

不婚不宦情如洗，独往独来无所求。
收拾乾坤归眼底，一肩担却古今愁。

无　题

十年浩劫中，两文[1]安无恙。
沧桑弹指事，观化颐高年。

注：(1)两文：指1960年4月3日所撰《保存在峨眉山佛教寺院里的祖国医药遗产》及同年5月11日所作《试论王叔和》两篇文章。

一九七八年“七·一”北海观荷

蓦地苍穹降九天，姮娥点点舞红鲜。
熏风解温香生海，报导昌时猛着鞭。

一九七九年“五·一”再登香炉峰顶口占，时年七十有二

一上炉峰未觉难，再登游旅喜相看。
仰天大笑风云变，[1]始信吾华道路宽。

注：(1)“文革”初立，余即被禁，曾有结束后登“鬼见愁”仰天大笑之想，“鬼见愁”在香炉峰顶。

昭雪志喜，用口占韵

错节盘根取胜难，华肠未许等闲看，
晴晖煦煦生机发，锦绣前程天地宽。

（**编者注：**此为“再登香炉峰诗”诗两首，巨法师于1979年10月12日录奉谢龙升先生收藏。早年巨法师与谢同在江阴师范，有师生之谊。）

咏怀四律

桂林诗句悔屠龙，谁识今朝剑血浓。
夸克犹存基本想，核酸尚作仿生攻。
思维未越雷池步，实验应登辩证峰。
惆怅东君仍作客，李公往矣意憧憧。[1]

从谏如流思唐太，新时何幸沐朝旸。
多时积重今皆反，一撮凶顽已下场。
烂额焦头功可庆，徙薪曲突议谁彰。
追怀二十年前事，“善意”亲闻不敢忘。[2]

上天入地求诚急，涉海探骊心更齐。
买椟还珠世所笑，忘蹄得兔意何迷。
人身未许勤分割，宇宙从来无畛畦。
安得苏秦三寸舌，指看南北与东西。

时空无限岂徒然，真理非存事物前。
旷世未闻常不变，山河竞逐众缘迁。
人生目的知多少，改造关头着祖鞭。
待到中天圆月朗，光辉普照瞎驴边。

注：⑴李四光院长曾告我拟设生命科学研究所。
⑵周总理语。

追怀李任公（李济深）

将军宽厚播仁风，民主先驱正气崇。
香港筵前交密信[1]，首都会外达微衷。
老成谋国为猷壮，怛恻立宗理事融。

遗爱从今传百代，追情清德永无穷。

注:(1)密信交陈铭枢、郭椿涛。

悼田寿昌（田汉）

靴声橐橐忆当年，慷慨陈词猛着鞭。
南国剧场聆夜话，祝融峰顶设斋筵。
北来常作书房客，迟到方知厄逆连。
往事萦思剩一恸，于今昭雪尚凄然。

昭雪谢沈公端先（夏衍）

漓江清澈底，巨象卫关津。
一任封姨妒，终逢万木春。
壮怀辉艺苑，辣手洗嚣尘。
饥溺同人己，昭苏及眇身。

寄怀桂平西山宽能法师

（1979年5月）

西山景色近如何？犹记当年爱国歌。
噩耗屡传余仍健，殷勤申谢萨婆诃。

祝于澄（味青）[1]八十大寿

（1979年8月）

君山[2]怀故国，旧雨见新姿，
矍铄公真健，期颐值盛时，
险夷何足道，忧乐几人知？
南海归来时，操觚再献诗。

注:(1)大地书店经理。

(2)在江阴。

黄山之歌

（1980年4月）

匡庐三叠飞千尺，泰岱初阳旋火轮，
未若黄山天削就，群峰一一展奇珍。
天都壁立冰川擦，探海松疑扪北辰，
皴法多般看不尽，始知画笔出天然。
玉屏一夜狂风雨，云海茫茫弥寰宇，
尘世风波一望平，心超物外忘今古。
莲花阅尽仙桃开，天海从知即玄圃。
历尽崎岖见平畴，我思于此构堂庑。
幽深西海极嵯岈，怪石奇峰映晚霞。
北海巍峨花生笔，清凉台上趣无涯。
皮蓬峰拥胸怀壮，云谷流清茶味嘉。
浴罢温泉消积累，兹游我欲向人夸。

寄怀日本菅原惠庆长老

（1980年10月11日）

玄中一脉传嘉话，读罢常铭道谊深。
石壁山中情似昨，弥陀会上昔犹今。
精金岂跃洪炉炼，枣寺欣闻遍界香。
极目东溟波更壮，期颐默祝涌虔心。

读香港黄居素居士惠诗，步原韵

（1980年11月）

道谊常新玉可温，钟山无恙境犹存。
旧闻竞说心先物，新进唯知风动幡。
不二义高难凑泊，双非行业费辛勤。
年来画笔知何似？想越黄公深厚门。

李侠文先生来京同与政协之会，又欣逢于广济寺，作此以赠

域外开文运，风波不即离。
心安义自得，笔健敢陈辞。
祖国声威播，他山攻错随。
浮生闲半日，俚句寄心期。

辛酉秋避暑山庄观白荷

（1981 年）

姑射仙人冰雪姿，亭亭玉立耀秋池。
经尘怯染铮铮骨，烦恼难抛袅袅丝。
历尽兴衰惟莞尔，忘情荣辱不求知。
端严常使须眉愧，磊落襟怀未易窥。

东游纪事三首

京都欢宴志感

京都五月飞花雨，旧识新知笑语喧。
护法情怀系砥砺，从来盛举出真源。

比睿山纪游

苍萃睿山道，和风发籁音。
猿群近远客，旭日耀虔心。
古刹游观胜，同行耳目新。
会当倩画笔，助我发长吟。

赠别道端良秀长老

难波存古谊，别绪涌心头。
待到明年健，名山处处留。

（**编者注：** 1982 年6 月23 日至7 月2 日，应日中友好佛教协会的邀请，由巨赞法师率领的中日佛教协会友好代表团一行七人访问日本。）

维摩四说法

（1982年9月奉题法隆寺）

维摩说法超群彦，丈室宏开不二门。
天女飞花缘底事，只因二谛本同源。

题赠高田良信长老

（1982年9月）

法隆久已著乐国，一见方知宝积门。
维护周详诚匪易，名标教史耀清源。

书大雄宝殿门联

（1982年，喜闻洗石庵[1]重塑佛像）

梵宇庆重光，接引莘莘善信；
经声开觉路，伫看朗朗乾坤。

注:(1)在广西桂平西山。

壬戌仲春故宫怀古

（1982年赠戴文葆）

碧眼胡僧认劫灰，汉宫秋月照尘埃。
唐宗宋祖风骚歇，明阙清宸万户开。
莫谓帝王存德泽，应知民众建楼台。
兴亡谁识环中义，默对螭头看几回。

附录：

答巨赞来书

◎却非[1]

浮生逢未劫，据事应三斟。
破瓦伏凉鼠，瓜田避盗心。
立身同美玉，择木似良禽。
莫昧于来去，古人耻拾金。

注:⑴杭州灵隐寺方丈，巨法师师父。

题桂林小筑寄巨赞法师

◎滕白也

莲花壩口夕阳斜，绿树森森处士家。
门对青山天作画，园临曲水地飞霞。
客嫌路僻寻难到，吾爱市遥兴转赊。
莫向东风探消息，十年磨剑旧生涯。

（原载《狮子吼月刊》1940年第1卷第11、12合刊）

赠巨赞法师

◎田汉

缁衣不着着锦衣，敢向人间惹是非，
独惜潇湘春又暮，花前趺坐竟忘归。

（**编者注：**抗战期间，巨法师在湖南南岳发起成立南岳佛道救难协会，田汉先生喜而赠诗。见《田汉文集》）

答巨赞大师二律步原韵

◎欧阳予倩

每欲听经月牙访，岂期衣带隔天涯？
待偿微愿难忘俗，为效愚忠早置家。
难得新欢联旧雨，断无绮思逐空花。
年来襟袖红尘满，何日山斋共品茶？

再步巨赞大师原韵

◎欧阳予倩

中原豺虎正磨牙，浩劫虫沙未有涯。
俚唱砭时宁避俗，微生随处可为家。
喜培浓绿新成实，莫怨残春已谢花。
抵掌何妨珍敝帚，听泉闲话不须茶。

（上二首，原载《狮子吼月刊》
1941 年第 1 卷第 5、6、7 期合刊）

春游偕镇华兄访巨赞上人于月牙山倚栏而谈春色二分尽在楼外聊成一绝志之

◎李焰生

绿上窗前碧满江，山容树影两幢幢。
倚栏犹说人间事，楼外依微细雨降。

（原载《狮子吼月刊》1941 年第 1 卷
第 5、6、7 期合刊）

雨中怀巨赞上人

◎万民一

文化人中今有子，浑融墓畔久无僧。
不离世觅菩提果，乃舍身为暗宅灯。
竹屋禅谈容数与，雨山吟槛想孤凭。

鳜生苦厄何时度，欲访祇园病未能。

赠巨赞上人

◎李焰生

浑融墓畔久无僧，[1]胜景南州被许称。
万顷波澜看起落，一般尘法未规绳。
艰难衣钵灵明见，寂寞鱼龙感慨增。
世网撄时思有着，新诗欲与证禅乘。

编者注：(1)用万民一句

月牙山访巨赞大师

◎ 陈铎

为访阇黎诣月牙，影波楼峙水之涯。
已从书味耽禅味，故视春华作幻华。
宏教不辞研妙义，传灯宁欲待名家。
灵峰高躅今犹在，风雨寮前共品茶。

春日访巨赞法师于月牙山襟江阁承赠《狮子吼月刊》一份，赋此志谢

◎张健甫

曩闻巨赞名，未识巨赞面。已知巨赞卓锡月牙山，春风蓬瀛走相见。相见浑疑是故知，襟江阁上细谈诗，壮心活跃尘心死，菩萨别□热慈悲。我知君本江阴士，前身原是读书子，耻向人间衣锦衣，瞿昙座下皈依礼。色相诸天幻即空，袈裟扶杖西东。破钵芒鞋庵外月，木鱼清磬耳边钟。南游我愧衡阳雁，故乡回首汨罗畔。闻君来自祝融峰，长沙痛哭经忧悲。吁嗟呼国危家破良非偶。济时全赖生公口，凭谁说法警愚顽，蒙君赠我狮子吼，狮子吼，君知否？编者谁？巨赞手！度世金针信慈航，名满天下不胫走。

次韵酬巨赞法师

◎吕集义

一先生言是姝姝，诗坛久矣堆榛芜，君诗诵罢双眼明。芙容映日盘走珠，鸱枭何妨吓腐鼠。凤凰本是栖高梧，不辞干家事漫淫。自有万象供遣驱，他年艺苑传佳话，君过参寥吾愧苏。沧浪论诗以禅喻，解此庶几无偏枯。会当就君穷究竟，如鱼相忘于江湖。

巨赞上人之黔，赋此别之时桂林尚在风鹤警中也。

◎吕集义

径去跻灵鹫，严城我尚羁。无家真足乐，有别不烦啼。
瓶钵秋山路，风尘午枕鼙。思君如有梦，应到夜郎西。

月牙山纪事，呈巨赞上人

◎端木蕻良

初闻狮子吼，山外起清钟。
魑魅惨闻变，衣冠喜动容。
花枝春浣浣，天际月溶溶。
此意谁能解，流泉响入松。

偶阅《狮子吼月刊》得读巨赞法师重游南岳五言一首，谨以韵奉和

◎方孝宽

狮吼何曾息，玄思涌玉泉。
禅灯无显晦，(1)净域泯愚贤。
万窍鸣江阁。双趺结石巅。(2)
从师乞金篦，刮目豁长年。

注:(1)师近著录宗门文献。

(2)师所居澄江阁地势崇峻。

戏赠巨赞法师

◎万民一

师家有产业，衣食足养身。友爱于兄弟，教顺能承亲。
肄业大学中，聪慧超群伦。岂徒学识博，兼之道德醇。
肝胆广交际，文章蜚令闻。乃不想做官，建立政治勋。
亦不任教授，爱悦皋比尊。独抱贝叶书，弱冠栖空门。
萧然伴木鱼，矻矻过晨昏。俗人乍见师，猜疑私议论。
岂厌他职业，藉此谋饔飧。抑曾遭激刺，消极不结婚。
师闻惟莞尔，放眼望乾坤。此中有真意，欲辩已忘言。

送巨赞上人赴桂平西山住持并叠雨中奉怀前韵

◎万民一

所愿众生皆作佛，我闻自了不成僧。
革新喜见空门杰，慧定优传本体灯。
要以功行深作证，固知言语未专凭。
当来浊市现甘地，先入宝林修惠能。

伴锡仍遭尘网牵，羡君把橹去飘然。
名山著作千秋业，浊世完成大事缘。
鄙吝恐萌漓水畔，高超空望暮云边。
何当行识西山路，一酌参寥最上泉。

敬和巨赞法师将往西山留别原韵并呈漓江诸友郢正

◎胡瀞波

曾闻法鼓聚鱼龙，渺渺风涛障几重。
但得禅心参贝叶，何须仙迹访乔松。
避兵藕孔红尘扰，飞锡莲溪碧藓封。
此去西山多怅望，愿随行脚度云峰。

万均上人振锡西山以诗言别为赋长歌述平日之言如此

◎何觉

徕为风月盟，去作烟霞主。去去复何之，请下一转语。
苦海罕慈航，世路多豺虎。膻腥染神州，城社寓狐鼠。
畎亩植狂药，故宫有禾黍。白骨平山丘，膏血流漂杵。
劫火罩大千，何去足安处。上人为我言，苦乐合自取。
火坑有青莲，华堂伏刀斧。住灭随心生，无明生恼苦。
世劫转相因，盍将恶因去。门前即西方[1]，此心有净土。
得解转豁然，天童尝法乳。西山有寒泉，山深有梵宇。
万劫佛灯明，菩提散花雨。何当煮芽茶[2]。为我再挥说麈。

注:⑴门前流水即西方，坡老句。

⑵西山产佳茗。

万均法师将往桂平西山作住持，有诗留别，次韵即送其行并乞正教

◎吕集义

经年上下逐云龙，别恨灵山忽万重[1]。
舍我忍飞空外锡，思君长在梦边松[2]。
可容棒喝无狮吼[3]，自笑功名恋蚁封。
何日渊明赋归去，拂衣先为访名峰。

注:⑴桂平西山又名思灵山。

⑵山中松树特多。

⑶君在桂林主编狮子吼，刊此后□中止。

青玉案　巨赞法师将赴西山书此志别

◎齐荪

巨赞法师将赴浔州西山，信笔书此，聊志别意云尔，时壬午孟春二十一日也

濛濛烟雨迷春树，遮不断，长亭路，杜宇声声啼不住，高人去也，名山寂寞，客有愁无数。

片帆明日浔江浦，送别恨，朝朝暮暮。云锁西山知何处，林封古寺，相思难寄，目断孤鸿去。

送巨赞上人步此生原韵

◎万仲文

紫姹嫣红又一春，西山行脚送高人。
维摩懊恼原无碍，佛教如今已革新。
西山此后更何之，儒佛原来不可思。
记取桂林还俗论，逢君已觉十年迟。

送巨赞上人归西山

◎佚名

师自西山来，还归西山去。来去何匆匆，问师笑不语。
来时凌云风，烟霞生巾屦。去时满京尘，缁衣定非故。
作诗欲留师，情迫不得喻。师云子无然，无去亦无住。
是身如浮云，来去赴何处。西山泉石佳，幽泻膏乳注。
何时子能来？烹茶倚岩树。长歌答廖廓，共饮世外趣。

桂平佛教信众于思灵山龙华寺举行佛教分会成立及欢迎巨赞、圆熙两法师大会欣逢其盛颂之以诗

◎万民一

卓锡龙华寺，空门见此雄。
真如能证觉，大众为倾衷。
济济灵山会，悠悠莲社风。
天人齐顶礼，发愿自今同。

无明燃恶焰，侵略轴心凶。
天地久流血，干戈未戢锋。

一劳戡世乱，永逸望时雍。
要布慈悲教，从根降毒龙。

奉和留别原韵

◎纫秋

清隐南阳羡卧龙，茂林峻岭自重重。
推敲带月夜吟句，趺坐听涛风撼松。
山径应教青草掩，寺门且任白云封。
九年面壁修持后，佛法高仝天际峰。

奉和寄怀原韵

◎纫秋

飞锡西山去，无由听梵音。
深妨生鄙吝，长是役身心。
清水源泉远，春林树木森。
寺门敲月下，知又动高吟。

巨赞法师寄示言志及论人生近咏，盖为答复劝还俗者而作。“辞家为表法，上帝亦孤身。”语妙趣新，堪推绝唱，敬酬一律。

◎万民一

情俗生迷惘，人生任策躯。
期能登彼岸，知已缚于菟。
存得自由体，宁非大丈夫。
泰山摇不动，吾德勿忧孤。

巨赞法师重游桂林携西山名茶遍饷同人予因病未获趋谒禅座谨赋七律一首致谢录呈　郢政

◎方孝宽

名茶犹带湿云封，长忆高踪寄碧峰。
法乳细斟参色味，圣泉初试涤心胸。
六时梵吹飘香粟[1]，上界楼台隔暮钟。
便欲从师登净域，扶筇闲倚拜经松。

注:(1)闻西山多古桂。

巨赞上人过访吕手撷红豆贻

◎梁岵庐

衲自西山来，又向西山去。
闲云自来往，禅心无去住。
昨渡相思江，徙倚相思树。
贻以相思子，心印非言喻。
遥计过山时，看云定何处。

送巨赞上人之西山

◎陈此生

空锡行将飞异域，我闻如是愁充臆，
桂林山水亦多情，和尚缘何留不得。
花香鸟语满途春，付于逍遥自在人，
闻道西山茶叶好，从今诗思更清新。

（原载《狮子吼月刊》1941年第1卷第8、9、10期合刊）

巨赞法师将赴西山有诗留别次韵送之

◎陈树勋

自有禅心制毒龙，南游不计岭重重。
随缘可证三生石，说法如听万壑松。
诗咏今朝春草长，锡飞何处白云封。
桂林话别飘然去，直上灵山第一峰。

（原载《狮子吼月刊》1942年第2卷第1期）

次韵巨赞上人赴西山留别之作

◎区文雄

惊雷破雾起鱼龙，千叠春山路几重。
锡度芒鞋追水石，诗成梵籁落风松。
浮生原患同功过，专壑何殊异数封。
为问思灵方外地，倘容元度访高峰。

（原载《狮子吼月刊》1942年第2卷第1期）

巨赞上人被聘赴桂平西山倚调人月圆送之

◎李焰生

桂城烟霞榕湖水，春色最空蒙。旧时新柳。依依惜别，还对桃红。波澜壮阔，闲看起落，人上高峰。随缘邦国，勤擂暮鼓，猛打晨钟。

（原载《狮子吼月刊》1942年第2卷第1期）

送巨赞法师赴浔州西山

◎释道安

（师来桂，佐理广西佛教会兼辑狮刊，将三年，成绩卓著，今应桂平各界之请，主持龙华古刹，赋七古一章，以为纪念。三一年三月七日。）

忆君二十九年七月来，何期三十一年三月去；来去匆匆如飞燕，聚散忽忽似飘絮；飞燕秋归春复出，飘絮翩翻仍知处。相与期君化飞燕，晨昏展翼凭所抒。

浔桂相距八百里，水陆舟车迅风驭，往来过客纷如云，耿耿情怀亦胡虑。深交水乳将三年，离别讵能无一赋？漓江风雨多狂澜，海洋烽火照斧锯；狐鼠踏追选佛场，虎狼横行吮膏醺；岂克默默无关怀？同体应予生民助！八桂愦城酬酢繁，韬光兰若为述着。伫看龙华说法时，缤纷天花润如雨。人间景色浓如许，百花待发春无语；东风不解杨柳心，莺歌历落鹧鸪翥。千红万紫近清明，折柳题诗不胜情；遥羡思灵多景茆，朝朝荷月带云耕。

（原载《狮子吼》1942年第2卷第1期）

赠巨赞上人

◎柳亚子

上人撰《桂平的西山》一文，披露于《旅行杂志》，读之令人神往，惜少杖头钱，无能为买山终老计耳。

根器平生钝，论交方外疏。哗时宁足取，绝俗倘堪模。
旧雨伤弘一，新缘证了如。怜君文字障，意气属吾徒。
谢宏一双屐，卢同七碗茶。灵苗劳见饷，健笔更堪夸。
龙象宗门钵，琼琚智慧衣。西山薇蕨美，投老怅缘赊。

（原载柳亚子《磨剑客诗词集》，及1943年第4期《大千》。）

三十二年旧历元宵佛西、瘦石、寿昌、蕻良等招饮榴园纪事，并寄巨赞上人

（1943年2月19日）

◎柳亚子

绛烛双烧成晕红，春灯燕子可怜虫。
殷雷爆竹声如沸，倘向漓江起卧龙。
龙象宗门任废兴，伊蒲供养我难应。
肥鱼大肉今宵醉，多谢西山行脚僧。[1]

注:⑴巨赞上人预留稿费宴客故云。

谢巨赞法师惠赠西山名茶

◎檗庵

远帆秋水阔，怅望阻长路。何来一裹贻，兰芽早春吐。
活火烹新泉，恍饫仙掌露。知君诗益清，怼我尘久污。
须臾涤烦襟，稚眷逾琛赂。方忧岁洊饥，万里彤云布。
澄谭卧乖龙，眢井哀涸鲋。饮茶不能甘，癖诗悔成痼。
愿师挥杨枝，法乳大千护。慈悲感至诚，顷刻遍甘澍。
篝车歌穰穰，鼓腹笑童孺。与子续茶经，共倚西山树。

巨赞上人惠西山茶赋诗谢之

◎梁岵庐

我昔泝浔江，西山隔烟雾。劳筋苦未休，那得山中住。
开士江南来，颇躭林壑趣。看遍桂林山，嗜奇复南顾。
西山憩瓶钵，灵境天所付。岩深岚彩霏，谷静乳泉注。
弹指见如来，花叶纷无数。庄严涌眼前，时有惊人句。
我昨栖桂林，青霭对朝暮。半塘访遗宅，园柳衰欲仆。
师从西山来，邂逅惬良晤。招我游西山，为纠诗律误。
欢言兴未已，还山跋芒屦。去往亦偶然，沙上狎鸥鹭。

远贻佳茗诗以奉报上巨师

◎梁岵庐

怪底一瓯有禅味，却分清供自西山。
封题遥忆僧房静，生受恰喜书窗闲。
芒鞋不到艳歌处，竹垆只在流云间。
闻道斋厨余白饭，松下几时来敂关？

重阳日巨赞上人约登月牙山感赋

(1943年)

◎陈此生

林霁山诗云水到兰亭转呜咽。黄梨洲诗云：饶地犹流呜咽水。愚运用于此，其意有二：一谓吾人现所能为者，兰亭修禊之类而已，一谓涉足世间皆伤心环境也。意谓无论如何，末句吾人总有文章可作。

八旬庾公哀乱离，名山咫尺亦天涯[1]。
未能绝世依兰若，偶尔忘机在菊篱。

涉足但余呜咽水，低眉遥想太平时。
劝君不必伤□落，天下兴亡总有诗。

注:⑴不到此山三年余。

病中读《浮士德》第二卷怀念友人巨赞上人填菩萨蛮一阕奉正

◎阎宗临

花如春雨向人恼，田间绿草向人耀。帘外拂天香，月圆人寿长。慈悲缘未了，不论坏和好。胆壮小精灵，神仙学自成。

送巨赞上人归西山

◎吕集义

师自西山来，还归西山去。
来去何匆匆，问师笑不语。
来时凌天风，烟霞染巾屦。
去时满京尘，缁衣定非故。
作诗欲留师，情迫不得喻。
师云子毋然，无去亦无住。
是身如浮云，去住知何处？
西山泉石佳，幽涧膏乳注。
何时子能来？煎茶倚岩树。

长歌答廖廓，共领玄外趣。

登磐石山

◎饶宗颐

亭亭盘石山，娲皇昔所捐。
其山临清流，独立得天全。
斩新日月明，特地出坤乾。
佛哉南方强，曾经百炼坚。
仰登若顶天，我意欲无前。
俯视万人家，原畴何田田。
佳节也重阳，吹帽秋风颠。
清谈心无义，独喜僧皎然。
二年客桂东，与山久结缘。
此石尚玲珑，山公岂心传。
何当江南去，载将入画船。

巨赞法师赠大作《桂平的西山》谨次留别桂林诸友原韵

◎通贤

巨公健笔可降龙，赐我新书下九重。
法雨润沾三界上，慈云普覆万株松。
西山旧事深深忆，北塞烽烟密密封。
彼岸同登凭佛力，新诗吟上最高峰。

赠巨赞大法师

◎通贤

巨擘推前辈，赞声海外传。
法流震旦国，师是大金仙。

一九五〇年巨赞法师索题

◎田汉

十载曾弯射月弓，低眉和尚气犹雄。
焦枯几处求霖雨，应脱缁衣学秉忠。

（**编者注：**抗日战争时期，巨法师在湖南主持由青年佛教徒组成的“湖南南岳佛道救难协会流动工作团”，从事抗日救亡运动，徐特立曾书元代刘秉忠《朝中措·书怀》一词相赠。1950年，巨法师在京装裱此墨迹时，索题于作者。作者应而题此。刘秉忠，字仲晦，少为僧，法名子聪，后还俗，为元代著名政治活动家。）

——（原载《田汉文集》13卷45页）

朝中措　北海夜泛同巨赞上座

◎赵朴初

中秋时节不寻常，夜叩赞公房。领取轻舟小桨，清风明月徜徉。西湖仿佛，濛濛烟树，滟滟波光。漫忆吴山越水，弥天一味清凉。

奉和巨赞和尚

◎了然居士

大地翻腾日，天风播梵音。
拯世凭千手，降魔愿一心。
芊芊鹿苑茸，郁郁鹫峰森。
芒鞋万里路，瞻望发长吟。

百字令·乙巳秋集体参观京郊焦庄户民兵斗争纪念馆及“地下长城”，赋此阕向同行诸公索和并乞正

◎王之南

苍黄大陆，想金戈铁马，当年驰骋。胡马窥江，南渡后随处鹊巢鸠占。黯黯阴山，茫茫碣石，忍见孤村燹。薪传火种，延河光耀如电。崛起百户人家，全凭赤手，地下成天堑。十万骄兵都遁去，惟此长城难撼。几度星霜，几经风

雨，赢得东方旦。乾坤待造，倚天还拭长剑。

日前奉访之作，录呈巨赞法师吟政

◎李重人

念载穷经困九灵，摊书兀坐思冥冥。
众香长在难施钵，慧剑高悬未发硎。
欲谢尘劳观白鼻，还寻寂照起黄庭。
由来导引人间法，会向禅房仔细听。

八十自述敬奉巨赞法师哂正 三首并序

◎李任仁

（“人生七十古来稀”，乃杜甫曲江二首诗中之句，当在旧社会里，由于混乱之日多，安定之时少，加以生产落后，阶级剥削，多种多样，衣食不足，疾病相侵，时所不免，一般人七十以上者，确实少见，而在今日新中国，政局稳定，不仅衣食无忧，卫生有方，且向创造更幸福生活前进，人人有舒畅的心情，所谓心宽出少年，寿享耋耄，是不为奇，故作八十述怀，以留纪念。）

八十行年体未疲，身逢盛世不为奇；
眼观后辈超前辈，继续高擎革命旗。

半生艰险夜茫茫，解放一朝始见光；
从此东风吹益遍，神州处处是天堂。

旧事重提心甚酸，昔时志友大多殚；
残生自愧无成就，尤喜青年紧接班。

忆少年·十二时

◎佚名[1]

赤松挺秀，赤矛共鉴，赤诚莫说。神州添异彩，喜祝桂枝折。
诵罢严经蒲团洁，更不须，青灯明灭。方丈仰弥高，且湛文史哲。

编者注：⑴可能是丁于同志或寒声。

参观栖霞寺感兴折作

◎正义哲人

闻道栖霞好，今天携伴到。
雄壮是天然，美丽由人造。
石洞凿佛像，松涛演妙道。
若人临此境，便可薄烦恼。

西湖偶兴

（1963年）

◎越南释智度

传说杭州仙界喻，西湖风景最为优。
面含秋月呈银镜，影落青松似水楼。
自古騒翁诗屡出，于今国际客频游。
携朋赏玩心无厌，佳境催人效韵留。

北京开会即兴

◎越南释智度

万法都从缘起中，现成善果各心通。
可将此会发展好，魔灭道隆化不穷。

感作诗　巨赞法师

◎越南释善豪

中越从来手足情，踏危远至喜相迎。
伸长正义吾侪事，不灭波旬誓不停。

中国一来感盛情，政团教众并欢迎。
南方佛子怀厚惠，战斗自由死不停。

盛会有感

◎释智度

吾侪共仰佛光中，忧爱心同互感通。
此会支持南佛子，利他功德叹无穷。

一九六五年七月十二日 由桂乘飞机赴京途中口占

◎李任仁

青天一片带云行，老去雄飞到北京。
不过四时真快速，为争人类享和平。

来访巨赞上人拜佛牙不遇，留诗一首请教正

◎李任仁

来访上人已离家，佛牙在望只空嗟。
闲闲一院无尘染，九树碧桃正茁花。

游谐趣园一首　呈巨赞法师赐正

（1965年7月22日）

◎慧澍

七宝楼台映粉墙，雕栏回合芰荷香。
尘襟一洗清溪水，始信山门意味长。

向巨赞法师致敬

◎慧澍

满地风霜雪意深，珠林远隔白云岑。
愿师海屋添筹日，道济群生拯溺心。

雨夜赋呈巨赞法师莲座

（1981年7月3日）

◎端木蕻良

（王夫之号姜翁，云门禅师常以一字作答。余既不能前者之老辣，复不能有云门之简洁。以为憾也。）

少时曾遇卖姜仙，老去难参一字禅。
有作无时无作有，牧童遥指杏花天。

寄巨赞法师

◎杜宣

（1982年7月15日访天台山高明寺，午歇遇雨，见大殿中有巨赞法师一联，因忆1940年与田汉同游南岳，与巨赞相遇旧事。口占二十八字寄请巨赞法师留念。）

幽溪地僻高明寺，大殿高悬巨赞联。
四十年前南岳雨，今朝淅沥到阶前。

艺苑遗珍

对于解决中医基本原理问题的芹曝之献

一、关于“针麻热”

我国中西医务工作者，在党和政府的指示、督促下，做了不少工作，取得可喜的成果，例如：发展了在我国已经有几千年悠久历史的针刺疗法，目前已为不少国家所采用。中药麻醉、骨病骨伤的中西结合新疗法等，也引起国外医务工作者的重视。我国为了满足他们学习的要求，还不断为他们开办学习班。特别是在前十多年中推陈出新，飞跃地发展了的针麻手术，得到极大的成功。到现在为止，在一百多万例的临床记录中，包括长达十二小时的骨髓吻合术在内，成功率竟达百分之九十以上。因此，得到全世界各国医学和其他自然科学工作者的欢迎，甚至出现了“针麻热”。

但是，在怎样总结针麻的丰富经验，从感性认识上升为理性认识，以便进一步发展针麻技术方面，目前，还有不少不同的意见。有人用大脑皮层兴奋、抑制的学说解释，有人认为是经络的作用，有人认为是针刺后体内产生某些镇痛物质的作用，有人认为是神经系统的功能，有人认为是通过神经体液的多级协调实现的，还有人认为是针刺使肌体产生的生物电大于手术创伤所产生的生物电，因而提高了痛阀的关系。至于国外的许多医务工作者，或其他自然科学工作者，他们当然不知道中医的基本原理，只能按照他们所熟悉的传统说法加以揣测。所以他们说什么“闸门控制”呀，“社会的心理因素”呀等等，都只能称作是对于针麻手术表示接受的一种赞歌。

不过，他们的说法虽各有不同，而有一个共同之点。就是，在人们对于人体结构和功能的了解还有许多“未知数”的时候，从临床的良好的效果中，不能不肯定针麻镇痛是一个生理过程，是客观存在的。进一步对针麻镇痛开展深入的探索和精细的研究，就有可能从中发现人体结构和功能的某些“未知数”，而使中医基本原理的未解之谜，得到较为全面的认识，从而最后解决针麻的原理问题。这是实事求是的科学态度，是无可非议的。

针麻镇痛手术是根据《内经》举痛论、刺腰痛、缪刺论等篇中，治疗头痛、牙痛、耳痛、喉痛、腰痛、关节痛、胃痛以及肠道寄生虫引起的腹痛的记载发展起来的。如果说，关于针麻镇痛的原理，还有待于今后进一步的探索和研究，才能明白的话，那末是否可以说，我国古代的医务工作者，只掌握针麻镇痛的方法和技术，而并不知道其原理呢？我认为是可以那样说的，为什么？

十六世纪二十年代，西班牙殖民强盗把天花从墨西哥传入现在的秘鲁及其附近地区。当时建立在那里的印加帝国首都库斯科的中高级贵族，由于缺乏较高的医学文化，无法治疗而大批死亡。后来，印加皇帝海依那也染上了天花，一病不起，致使他丧失了民族生存的自信心，加上地震和西班牙强盗的入侵，他就认为是印加帝国即将灭亡的预兆，所以他在死前留下遗嘱，命令印加人民服从外来入侵者的统治，印加帝国就这样在历史上消失了。有没有较高的医学文化，关系到民族、国家的存亡，这是历史的鉴证。

我中华民族已经有了五千多年的历史，无论在古代或近代，都曾不断遭受传染病的侵袭。如1894年，鼠疫传到广州，据目击者并为《鼠疫抉微》一书作序的李仲珏说："穗垣内外，死于是疫者，十余万人"。开始，庸医乱投药饵，死者十之八九。幸而有一位张尉，用"防风通圣散"根据疾情加减，治愈了不少人。接着就有吴子存的《鼠疫治法》、罗芝园的《鼠疫汇编》、贾肖岩的《鼠疫约编》问世，基本上解决了鼠疫的防治问题。他们不但保卫了当时人民的生命和健康，而且更加丰富了我国的医学宝库。如果说，我国古代和近代的医学经典著作，其中并无医学基本原理，医务工作者也不知医学基本原理的话，能够那样辩证论治，保卫我中华民族的健康发展吗？

那末，是否可以说，我国古代和近代的医务工作者，不但掌握了医学基本原理，而且笔之于书，如《内经》、《难经》、《伤寒论》等等，只是限于时代，不可能用现代的科学用语表达出来，至使后人难于理解。而用现代科学最新的理论与方法给以证明，并解释明白，这种责任，难道不正是落在我们的肩上吗？我认为是可以这样说的。事实上，也只有这样，才能创造出中国统一的新医学新药学来。

二、攻破"阴阳关"

不过，真正要兑现的话，现在还有不少困难要克服。主要是中西医务工作者，在方法、技术方面，可以达到水乳交融的程度，逐渐形成统一，而在理论方面，由于思想方法不一样，则大有径庭。老实说，中医是可以接受西医的理论的，而西医大都认为中医理论"不科学"，不大肯接受。这样下去，势必形成西医统一中医的局面，即使勉强创造出中国统一的新医学新药学，也是名不符实的。那末，难道中医理论真的"不科学"吗？当然不是。为了解决这个理论问题，必须攻破"阴阳关"。因为"阴阳”学说是中医基本原理的纲，攻破了这个历来被人们误解、曲解的阴阳学说，一切问题也就迎刃而解了，所以称之曰“关”。

有人问，《内经》几乎全部讲的是阴阳，而阴阳的含义，并不相同，你要攻破哪个“阴阳关”呢？我认为，不管《内经》所说阴阳的含义有千差万别，而归纳起来，不出两种：一种是哲学上的阴阳，即抽象的阴阳，属于社会科学范围之内。另一种是科学上的阴阳，即具体的阴阳，属于自然科学范围之内。毛主席说：“一点论是从古以来就有的，两点论也是从古以来就有的。这就是形而上学跟辩证法。中国古人讲‘一阴一阳之谓道’，不能只有阴没有阳，或者只有阳没有阴，这是古代的两点论”。讲的是哲学。《内经·阴阳应象大论篇》所说的：“阴阳者，天地之道也，万物之纲纪，变化之父母，生杀之本始”，也是讲抽象的阴阳。当然，“抽象”是从“具体”来的，他是总结一切具体事物的原则，但不能代替某一个具体事物。有人曾经说过：“马克思主义只能包括而不能代替文艺创作中的现实主义，正如他只能包括而不能代替物理学中的原子论、电子论一样”。因此，在哲学的阴阳学说之外，研究科学的阴阳学说，是很有必要的。我所要攻破的“阴阳关”，就是属于自然科学范围的“阴阳”学说。那末，什么是科学的阴阳或具体的阴阳呢？

1. 要回答这个问题，我觉得，对于中医的基本原理的阴阳学说，无论是赞成的或反对的，都有一个老大的疏忽。就是他们都没有仔细参考过《易经》，特别是其中的《系辞传》。关于《系辞传》，《中国思想通史》第一卷说：“《系辞传》有些部分，可能成于汉武之后”。这是错误的。因为从长沙马王堆三号汉文帝时墓葬发掘出来的《系辞传》二千七百多字，与今本内容大致相同，后于汉文帝时代的人，怎能为他添砖加瓦呢？晚近哲学史、历史学上的许多新奇之论，往往没有根据，这是一例。所以《系辞传》至少是战国时代的作品。《系辞传》说：

乾，阳物也；坤，阴物也。仰则观象于天，俯则观法于地，观鸟兽之文，与地之宜，近取诸身，远取诸物，于是始作八卦。

我不是在这里讲《易经》，引用《系辞传》的文句，在于说明我国古代人民，经过仰观、俯观，近取、远取，才总结出“阴阳”的概念，其中“近取诸身”一语，对于研究科学的阴阳学说，尤为重要。因为一个人最近者莫如己身，古人总结出“阴阳”的概念，还包括了从自己身上体察出来的“阴阳”在内。我所说的属于自然科学范围内的阴阳，或具体的阴阳，就是指从自己身上体察出来的“阴阳”而言。

2. 这种从自己身上体察出来的“阴阳”，究竟是什么东西？要讲清楚这个问题，就得借助于最新的高能物理学和分子生物学。高能物理学告诉我们，组成全部物体的原子，是由带正（阳）电的原子核和带负（阴）电的电子，正负相吸，结合在一起而构成的。由原子而分子，由分子而发展到距今十二到十四亿年前出现的“真核细胞”，才进入生命进化的阶段。“真核细胞”中间有细胞核、核仁、核蛋白体等微细物质，都是在细胞膜的保护之下，才能在生命造化的“长征”中发挥作用。细胞膜在安静状态时，膜外带正电，膜内带负电，而在兴奋状态时，则膜外带负电，膜内带正电。霍基金（Hodgkin）在这方面，根据严格实验提出的“膜电位离子理论”，至今仍为生理学界所公认，这里就不谈了。最近，分子生物学家，对于构成生命的物质基础：蛋白质、核酸、酶等生物大分子进行分析研究，不但证明了细胞膜电位的重要，而且还创制出，由于酶蛋白组成中不同的带电荷分子，在电场中迁移而形成的“电泳图谱”。可见细胞内外，都有“生物电流”的现象。根据科学家的估计，一个人全身的细胞总数，包括160亿个脑细胞在内，共约一百万亿个细胞。每一个细胞都有正负电荷，所以人体是导电的，而电荷的移动就成为电流。现在医学上能应用脑电图、心电图以及皮电等，无非是因为有了这种电流的缘故。我国古代的医务工作者，从自己身上发现这种现象，当然不能用“电”名之，就称之为“阴气”和“阳气”。

3．有人说，近代科学发现人身上有“生物电流”的现象，是经过不少科学家多年的辛勤研究，并借助于科学仪器才获得的。中国古代的医务工作者，既无科学知识，更没有科学仪器，说他们能在自己身上发现“生物电流”的现象，无非是在死人脸上“贴金”而已。我认为，这种说法，如果不是“殖民地文化民族虚无主义”的残余，就是说美国月亮比中国月亮好的洋奴哲学的再版。为什么？因为公元前三百多年亚里斯多德（Aristotle）就提出电鳗鱼的“震击”现象，后来又陆续发现地中海的电鲦鱼、尼罗河的电鲇鱼也有同样情况，都受到欧洲学术界的尊重。一直到一七七零年左右，人们才知道，电鳗鱼的电器官是由许多特殊分化的肌肉细胞（肌电板）组成的。每一肌电板可产0.14伏的电动势。电鳗鱼的电器官总共可放出650伏的电压。亚里斯多德等所提出的“震击”现象，就被证实了，欧洲学术界能够尊重公元前三百多年亚里斯多德提出的电鳗鱼“震击”现象，而用科学方法加以证明，难道我们中国人不能尊重二千五六百年前，长桑君、扁鹊等医务工作者发现人身上有“阴气”“阳气”的现象，而不可以用现代科学最新的理论加以证明吗？

其实，十九世纪，由于发明了“电位计”，欧洲出现了不少从事“生理电学”的科学家。他们都认为，生物体能发电是一种“普遍的生活现象”，而且从古以来早就有人知道。所以我国古代的医务工作者在自己身上发现有“阴气”“阳气”的现象，并不是奇怪的事情。当然，还可以追问，长桑君、扁鹊等古代的医务工作者，是怎样在自己身上发现“阴气”“阳气”，或曰“阴电”“阳电”的？

我记得，《医学衷中参西录》的作者张锡纯说过：“人身上头部不怕冷”，是错误的。因为，如果整个头部不怕冷的话，为什么还要戴帽子，有人甚至还要戴上皮帽子呢？但在我们头部，确有一处是不怕冷的，眉心以上大约一寸多的小块地方，即使严寒季节，冷到零下几十度，也不需要保护他。通常都知道，阳是代表热的，我们头上那一小块地方既不怕冷，当然就是“阳气”或“阳电”集中的地方，从而证明人身上确有“阳电流”的存在。另外，我们身上确有一处是最怕冷的，小孩要用红布“兜肚”保护他，就是年轻人中午休息时，也要用被子盖上，否则就要受寒，这就是“脐”。脐是人身上最怕冷的地方，通常也知道，阴代表寒冷，所以“脐”是“阴气”或“阴电”集中的地方，从而也可以证明，人身上确有“阴电流”的存在。人身上有“阴气”“阳气”分别集中的地方，是客观的存在，一经说明，谁都可以了解，并无任何秘密，更不神秘。

4．人身上既有阴阳生物电流存在，又迭经科学证明了的，那末，中医基本原理把脏腑分属于阴阳两类，是否可以说，五脏对于阴电的感应较强，所以属于阴，六腑对于阳电的感应较强，所以属于阳呢？我认为是可以这样说的。同时，五脏中的各个器官，对于阴电流的感应又有程度上的不同，因此再分为少阴、太阴、厥阴三类。六腑中的各个器官，对于阳电流的感应，也有程度上的不同，于是再分为太阳、阳明、少阳三类。脏腑及其所属器官的性质既已区分清楚，一旦发生疾病，就可以按照其性质，辩证论治了。至于经络是否存在的问题，一般西医们认为，生理解剖上，至今还没有找到经络，大都不肯相信。常言道，眼见是实，这也难怪。不过，在临床的经验上，经络还是与神经有所区别的。例如：在臂丛神经上注射麻药，只能引起它所支配的同侧上肢麻醉，不能影响对侧上肢，而按经络学说进行针刺，则可以影响对侧上肢。因此，我认为，中医基本原理所说的经络，其实是阴阳生物电流的通道，其作用在于连贯五脏六腑，调节整个肌体的功能，所以按照脏腑的阴阳性质，对他也同作区分，奇经八脉亦然。经络既然是阴阳生物电流的通道，循经的“气穴”，可能就是小小的“磁场”了。再说神经系统吧，都是由神经细胞组成的，神经传导能力那样敏感迅速，难道没有“生物电流”的作用在内吗？从针麻疗法创新以来，出现的许多现象，以及各种不同的意见来看，应用中医基本原理中的阴阳学说，是可以解决其原理问题的。当然，这只是我的一种推测。

5. 高能物理学告诉我们，原子核和电子的电性相反，互相吸引。另一方面，电子又有一种强大的排斥力，用以克服原子核对它的吸引，保持电子能在原子核外面运动，而构成原子。至于电子怎么会有那样强大的排斥力呢？则是电子具有“功能”的原因。电子的“功能”又是怎样构成的？众说纷纭，莫衷一是，似乎还是未决之谜。中国古代的医务工作者当然不会知道高能物理学的理论，可是他们从自己身上也观察到“阴气”和“阳气”互吸互排的现象，并且解释得相当清楚。《系辞传》说：“阖户谓之坤，闢户谓之乾，一阖一闢谓之变”。这是用通俗的事例来说明阴阳性质的不同。中医工作者根据《内经·阴阳应象大论》“阴在内，阳之守也；阳在外，阴之使也”的说法，简化为：“阴守于内，阳卫在外”的口诀，以便于治病，那末，在人身上究竟有没有“守于内”，或可以用“阖户”作比喻的功能呢？有。

大家都知道，胎儿在母腹中，是靠脐带吸收母体的营养成分而长大的。脐是阴气集中的地方，显然有“守于内”或“吸入”的功能。一般生理学书上说，胎儿生下后，脐带脱落，脐的“吸入”功能就消失了，这是不正确的。在临床上，有时还可以发现个别病人，脐仍有“吸入”的现象。又胎儿在母腹中，到第七个月，肺泡已大量发育，而由于脐的控制，不用以呼吸。落地一声啼哭，肺才开始呼吸，而仍受脐的控制。这种生理现象，现在的生理学家和医学家还不知道，将来也可以在临床上证明。总之，脐是一直保持着它的“内守”或“阖户”的功能的。脐既如此，“阳气”集中的眉心以上一寸多的小块地方，自然就具足“卫于外”或“闢户”的功能了。这说明，由于“阴”“阳”性质的不同，形成内外有距离的互排现象。但“阴”与“阳”又有“守”（这个“守”字，在这里是守卫的意义）和“使”的关系，说明“阴”“阳”互相依傍，造成互吸现象。此外，《内经·天元纪大论》说：“阳中有阴，阴中有阳”，也是一个重要的原理，用它来解释“阴”“阳”互吸互排的现象，一点也不牵强附会。高能物理学告诉我们，带正电的原子核被轰击之后，放射出来的“基本粒子”，到现在就发现三百多种，其中有带负电的反质子，这不是证明“阳中有阴”吗？阳中既有阴，阴中必定有阳。我记得有人说过，电子是可分的。为什么可分呢？现在高能物理学家尚未有答复。我认为，电子是带负电的，根据中医基本原理“阴中有阳”的说法，电子之中必有属于阳性的物质，这也就是说，带阴电的电子里面，包含着阴阳的矛盾，所以是可分的。当然，这还有待于今后的证明。根据上面的引述，我觉得，中医基本原理中，阴阳性质不同，与阳中有阴，阴中有阳的说法，似乎可以回答高能物理学中，电子为什么有“功能”的问题。现在，高能物理学对于微观世界的观察与研究，虽然还未注意及此，我认为，提出来，未始不可以作为高能物理学家的参考。对微观世界的观察研究如此，对宏观世界的观察研究，何莫不然。太阳与地球的互吸互排，星系与星系的互吸互排，乃至无边无际无穷天体的互吸互排，何尝不是基因于此呢？

6．高能物理学还告诉我们，原子核里有一种比电磁作用强一百倍的强相互作用，使得核子紧紧地结合在一起，组成牢固的原子核，任何化学变化对它都不起作用，即使强烈地压缩或加热，对它也毫无影响。这当然就是一切物体能够保持常态的基本原因。不过，有放射性的元素，还是可以从原子核内部放出射线来，而且一经放射之后，就会变成另一种原子核，这样就妨碍着用现在有办法能够处理的原子核，使它放出巨大的能量。于是，高能物理学家想方设法，用加速器强迫原子核改变常态。果然，原子核经过裂变、聚变，释放出巨大的能量，世界上就有了原子弹、氢弹，还可以利用它来发电，改变生产的面貌。对于宏观世界的了解，也比较清楚了，如太阳之所以能长期发光发热，原来是核聚变的缘故。目前，高能物理学家还不满足于这个成就，正在提高加速器的力量，进一步强迫“基本粒子”贡献它的宏大能量于人群。我想，不久的将来，一定可以实现。对于核子的改变是没有穷尽的，每前进一步，就进一步造福于人群，因此，未来的世界，确实是绚丽多彩，现在还不能想像得到。

物理学方面的原则，也可以适用于生物学方面。人体因为阴阳互吸互排的作用而保持常态，但人体是能辐射电波的，能量不断耗散，所以年纪越大越衰弱。我国古代的医务工作者，曾经采取强迫人体阴阳改变常态的办法，以达到祛病延年的目的，这就是《内经·生气通天论》所说的：“凡阴阳之道，阳密乃固。……阴平阳秘，精神乃治”。因为“阳气”的常态是卫于外，强迫它“密”，就可以不至于辐射太多而“固”了。再进一步达到“阴平阳秘”，则“精神乃治”了。“精神乃治”的内容，可能是很丰富的，我认为，至少可以解决李老（四光）曾经向我提出的问题。李老是卓越的地质科学家，为发掘祖国的地下财富，作出了非凡的贡献，这是全世界都承认与钦佩的。可是他血压高，苦于失眠。我曾经介绍一个医生为他治病，他也学过“气功”，而一点效果也没有，所以他在1965年初，亲自到我那里去提出“脑筋静不下来，怎么办”的问题。当时，我还不懂“阴平阳秘”的道理，不能给以圆满答复。当然，我现在还是不大懂，但《内经》上既然那样说了，即使从字面上讲，也不能说对李老的病体没有帮助。

有人问：就算“阴平阳秘”是生理上一种改变常态的办法，而李老提出的是思想方面的问题，有什么相干呢？我认为，这种说法，实在是老掉了牙的旧观念，该收起来了。钱学森同志最近发表的一篇文章《现代科学技术》中说：“我们说计算机能代替人搞一部分思维，因为思维同世界上其他一切一样，都是物质的运动或运动着的物质；不然我们就陷入唯心论”。这是正确的，是和国外一些先进的科学家，如《控制论》的作者维纳（Wiener）等人在这方面的主张有些类似。因此，生理上做到“阴平阳秘”，就可以达到“精神乃治”。

可惜，唐代的《内经》整理者王冰，不知道“阴阳”就在自己身上，对于“阴阳之道，阳密乃固”，注释为：“阴阳交会之要者，正在于阳气闭密而不妄泄尔”。这是用“房中术”的观点，解说中医基本原理中的阴阳学说。如果，中医基本原理只是“房中术”的话，那还有什么中医基本原理可言，所以他的注释是完全错误的。以后，如马莳等《内经》名家的注释也差不多，是糟粕，都应该抛弃。

三、结束语

我上面所说，虽然不见经传，而是我自己从练功中体察出来的。首先我认为，人身阴阳既有各别集中的地方，按照阴静阳动的原则，要使阴阳相通，必须先引阳入阴。所以先把阳气集中在眉心上一小块的地方，就感觉有从眉心下行，并有微麻之感。经过十天，突然发现一缕紫光，射向脐中，但脐并不接受，反把紫光弹回。我根据周易所说阴中有阳，阳中有阴和同性相排，异性相吸的理论，认为脐之所以不接受，是阳中之阴与脐中之阴相排之故，所以仍旧继续锻练，果然，不出十天，紫光下射，就被脐所吸收，紫光即变为白光。接着腹中就发生抽动的现象，但并无痛苦，反觉舒服。开始抽动得很猛烈，后来逐渐和缓，大约经过一年多，才不再抽动。此时，发现有一缕淡黑色的光从脐中射出，稍经迂回，最后归向眉心。又经过几个月，淡黑色的光完全变成白光，整个身心就进入“阴平阳秘，精神乃治”的状态，身体自然就强健起来。谓予不信，请尝试之。

※注：原文无标题一、关于“针麻热”，今据原文意补上，供参考。

保存在峨眉山佛教寺院里面的祖国医药遗产

去年冬天，承领导上的照顾，用了三个月的时间，对于保存在峨眉山佛教寺院里面的祖国医药遗产作了初步的了解与研究，现分六段，介绍如下。

1.保存在峨眉山佛教寺院里面的一部分祖国医药遗产，过去一向用之于宗教方面，非常秘密，一般人都不知道。据我亲自抄到的《峨眉宗莲花宝笈》正册及副册看来，保存的地点是峨眉山最高峰金顶的“永明华藏寺”，而传自宋末元初的白云禅师，因而称他为第一代祖师。第五代是寒杉长老，第十代是民国初年的果禅师，第十一代为永严禅师，现年七十多岁，住在康定。从第一代的白云禅师到永严禅师，共经六百七八十年，而只有十一代的传承，平均每一代为六十年，似乎太长了一点，不能为讲历史考证的人所承认。不过这一派的医药传承，特别注重动功和静功，也就是以养生医药为主，他们的寿命可能长一些，如果每人的寿命平均在八十岁左右，则每一代平均为六十年，并不是不合事实，否则就可能是：依托宋末元初的白云禅师为第一代，而实际的开创年代在以后的明末或清初，每一代平均为二三十年。这种假定，当然比较合于“常情”，但是也很难站得住脚。第一、白云禅师的事迹，仅一见于峨眉县旧志卷一“梅子坡”条下，而且写得非常简单：

始白云禅师道行偶渴，索求不得，望前坡有梅树，拟此累累梅实，可以回津，至其地，无一梅树而渴已止矣，故名。

此外遍查峨眉山志、峨眉县志、四川通志、嘉定府志以及蜀典等书，都没有发现关于白云禅师的记载，可见白云禅师并不是一个声名赫奕的人，没有以他为依托的必要。第二、峨眉山医药传承中的内容，有很多是在我国医药界早已失传而又确有根据的东西，来源必定很早，如果在明末清初异军突起，就与文化发展的规律不符。所以我认为“峨眉宗莲花宝笈”上记载的历史事实是可以相信的。

又传承这一医药派别的人，都是在金顶出家或久住在那里的僧人，他们既不担任住持职务，也不负其他重要责任，例如果禅师只是金顶的一个火头师，就是在大厨房里烧火的苦行僧，永严禅师虽在金顶出家，也到过西藏，而并没有在金顶负一点责任，因此过去编修山志等等都提不到他们。加以他们为了宗派的缘故，严守秘密，讳莫如深，这使他们更加不能为外人所知。据说，永严禅师传承了这一套本领之后，偶而露一露，佛教界内抱有宗派偏见的人就指斥他为旁门外道，使他不敢为佛教徒特别是为出家人治病。解放十年来，党的为人民服务的伟大号召，深深地激动了佛教界内有能力“弘法利生”的人，英明的中医政策，光芒万丈，使一向保存在峨眉山佛教寺院里的医药传承，就象涸辙之鲋一样，得到润泽而开始恢复它的活力，我之所以能够对于峨眉的医药传承多少有所了解，原因就在于此。

2．中医的“经络学说和阴阳五行脏腑营卫气血等共同组成了完整的理论体系，贯串在中医学的生理、病理、诊法、治则等方面，从理论到实践，无不占着相当重要的位置”[1]而人体五脏六腑四肢百骸五官皮毛筋骨肉血脉等不同的生理功能，在日常生活中进行着有机的整体活动时，都要依靠经络的互相密切联系，才能保持人体内外上下左右的平衡与协调。否则随着人体各部分机能的失去平衡与协调而即发生病变，甚至死亡。所以汉代张仲景在著名的《伤寒杂病论》里说：“凡欲和汤合药炙针之法，宜应精思，必通十二经脉，三百六十五穴，营卫气血，知病所在。宜治之法，不可不通。”[2]宋代朱肱在活人书里也说：“治伤寒先须识经络，不识经络，如迷途冥行，不知邪气之所在”。清初的喻嘉言在《医门法律》一书中，更直捷了当地说：“凡治病不明脏腑经络，开口动手便错”。古代名医临床的经验之谈，都说明了经络学说在生理、病理以及治疗上的重要作用。

《灵枢经》卷三经水篇云“凡此五脏六腑十二经水者，外有源泉，而内有所禀。此皆内外相贯，如环无端，人经亦然”。这是用水流做比喻，说明十二经脉有人体中运行的总情况。“如环无端”就是循环往复的意思。十二经脉循环往复，周流不息，所以能够“内外相贯”，这在《灵枢经》卷四营气篇里，已经把营气流注，从太阴经到阳明经、少阴经、太阳经、少阳经而至厥阴经，又从厥阴经回到太阴经的周流情况解释明白了。[3]又根据隋杨上善《黄帝内经》太素卷九，注释《灵枢经》卷十邪客篇所谓“脉行同异”的一段文字看来，十二经脉的循环往复，除了十二经互相贯串周流之外，每一经的出入，也是自成一个循环的。这个自成的循环可以说是最基本的，杨上善注释手太阴肺经的循环说：

手太阴脉从脏行至腕后，一支上大指次指之端，变为手阳明脉，其本从腕后上鱼，循鱼际，出大指之端，即指端内屈回循大指白肉，至本节后太泉（按即太渊）穴处停留成詹而动，然后外出上于本节也。

这就非常明显地告诉我们，每一经的本脉自成循环，而其支脉则与其他的经贯串着，构成营气流注的循环（后来发展为子午流注的学说）。因此说每一经自成的循环最为基本，是可以肯定的。

不过《灵枢经》邪客篇谈到每经自成的循环，只举出手太阴肺经和心经做例子，其余十经的循环，就用："其余脉出入屈折，其行之徐疾，皆如手太阴、心主之脉行也"几句话节略了，而所谈手太阴肺经和心经的循环也并不详细，至使我们对于十二经以及奇经八脉自成的循环关系，仍旧隐晦难辩。例如足太阳膀胱经起于睛明，出于至阴。睛明在两目内眥外一分宛宛中，膀胱则在腹腔下部，相距甚远，膀胱经怎样从腹腔下部上行到"睛明"的呢？又膀胱经从足小趾外侧的至阴井穴出去以后，又怎样自成循环的呢？这在中医的经典著作里面都没有说明，那末我们现在所知的经络学说，实际上是不完全的。可是在峨眉山的医药传承里面就有比较详细的说明，不能不说是一种惊人的发现。

又人体经络，虽然循环往复周流不息，而有阴阳盛衰的不同，因此经络本身必定有调节的枢纽，并且一定有各种类型的枢纽，其中有的可能发生调节的作用较小，有的较大。我们还可设想，在人体经络的各种类型的枢纽之中，可能有总的枢纽。我们如果掌握了这种枢纽，则治病保健就更有把握了。我们通常所知道的门穴、海穴、俞穴、募穴，其实都有枢纽的作用，不过它们的调节作用都不算太大，不是属于总的枢纽之类的，中医的经典著作里也没有谈到关于总的枢纽的问题，致使我们在治病保健上还有很大局限性，而在峨眉山的医药传承之中却保存了有关经络的总枢纽的学说，以及在病人身上和在自己身上操纵这种枢纽的理论与技术。这也不能不说是一种"绝学"。

3. 中医切脉，是临床的诊断的重要方法之一，通常我们看到的，只是用三个指头在肺经的太渊脉上，按照寸关尺的部位诊候病情，此外就没有看到别的切脉方法，其实古人早就提出过意见。如宋代的朱熹在《跋郭长阳医书》一文中说："予尝谓古人之于脉，其察之固非一道矣，然今世通行惟寸关尺之法为最要"。这是说，依照古代流传的方法，切脉的时候在诊候肺经的寸关尺之外，还应该诊候其它各经的脉。又元代的吴澄也说："医者于寸关尺，辄名之曰，此心脉，此肺脉，此肝脉，此脾脉，此肾脉者，非也。五脏六腑，凡十二经，两手寸关尺者，手太阴肺经之一脉也，分其部位，以候他脏之气耳。"这是说，太渊脉属于肺经，因为"脉会太渊"，所以能够借以"候他脏之气"，并不能固执地认为左手的寸属心，右手的寸属肺，左手的关属肝，右手的关属脾，左手的尺属肾，右手的尺属命门。这种说法，得到明代《本草纲目》的作者李时珍的赞许，认为"有真见，学者所当宗师"。[4]这就证明，从肺经太渊脉的寸关尺三个部位上，并不能直接诊候其他脏腑的脉。既然如此，我们何不直接再诊候其他脏腑的脉，以与太渊脉的情况作比较，而增加诊断的科学性和正确性呢？

汉张仲景《伤寒杂病论》序云：

……观今之医，不念思求经旨，以演其所知，各承家技，终于顺旧，省疾问病，务在口给，相对斯须，便处汤药。按寸不及尺，握手不及足，人迎趺阳，三部不参，动数发息，不满五十，短期未知决诊，九候曾无仿佛，明堂阙庭，尽不见察，所谓窥管而已。……这里所说的“人迎”，是胃经的一个穴道，元滑寿《难经本义》卷三云：“古法以挟喉两旁动脉为人迎。……昔人所以取人迎气口者，盖人迎为足阳明胃经，受谷气而养五脏者也”，非常正确。《灵枢经》卷八禁服篇云：“寸口（即寸关尺之寸）主中，人迎主外，两者相应，俱往俱来，若引绳大小齐等，春夏人迎微大，秋冬寸口微大，如是者名曰平人。人迎大一倍于寸口，病在足少阳，一倍而燥，病在手阳明。”这就说明，古人诊脉辨证，在诊候太渊脉的寸关尺之外，还要诊候喉结两旁的人迎脉。如果在春夏两季，人迎脉比寸口脉稍微大一点，或在秋冬两季，寸口脉比人迎脉也稍微大一点，都不是病，“名曰平人”。反之，人迎脉如果比寸口脉大了一倍，就可判断为足少阳胆脏的病象，其余类推。可见张仲景主张候人迎脉，完全是有根据的。可是问题也就发生在这里——单候寸口脉，不候人迎，不能比较两者跳动的情况，无从明确地判断病在那一脏腑，如再草率地处方用药，不就非常危险吗？所以张仲景贬之为“管窥。”

趺阳也是胃经的一个穴道，又名冲阳，在足趺上五寸骨间，仰足取之。此穴是胃脉的“原穴”，可从以诊候虚实的情况。《伤寒论》卷一云：“趺阳脉浮而涩，少阴脉如经也，其病在脾，法当下利”。宋成无已云：“趺阳者，胃之脉，诊得浮而涩者，脾胃不足也。少阴肾脉也”。这是用趺阳脉和少阴脉做比较而辨证论治的一个例子。趺阳脉在足，张仲景批评当时的医生“握手不及足”，即指此而言。诊候人迎脉和趺阳脉都可以分为“浮、中、沉”三部，用以辨别证候，当然比较正确。此外，其他脏腑也有固定的穴道可以诊候，我们如果都能应用，则按照张仲景的观点来说，应该是比较全面的，事实上恐怕也是比较科学的。可惜这种诊候的方法，早已在医药界失去了传承，现在一般大夫切脉的时候，还是“握手不及足，人迎趺阳，三部不参”，假使两千年前的张仲景还有知的话，恐怕又不免要慨叹地念着“管窥管窥”。现在知道峨眉山的医药传承里面，保存着一整套二十部脉的诊候方法，“握手”既“及足”，人迎趺阳也按三部诊候，这是否就是张仲景所说的方法，或者比张仲景所知道的更有所发展，犹有待于科学实践的证明，不过根据临床观察，用这种切脉的方法辨证论治，确实是能解决问题的，病例如下：

某省检察院的金检察长，年五十左右。自诉二十多年来一直吐逆不止，而胃纳如常。累经治疗无效，化验检查，迄无定论。平常吃二斤肥猪肉才觉舒服，久而不胖。最近又引起高血压，中西医治疗也都无效。经用峨眉山传承的二十部脉诊候，证明为阴虚于下，阳燥于上之症，用滋胃平燥，沁脾解毒的药物施治，连服二剂，就见功效，服至十余剂，病疾全愈。据说，病愈后在大暑天深入农村视察，登山涉水四十多天，没有发病，至今平安，工作如常。

4.要在病人身上和自己身上，操纵或控制经络的运行，以及诊候十二部脉，必须在操作上先有所锻炼，锻炼的方法，在峨眉山的传承之中有动功和静功两大类，而动功和静功又是密切地结合在一起的，不能分割的。动功有“十二字庄”的传承，即“天地之心，龙鹤风云，大小幽明”十二套拳法。[5]此中天地两庄一正一反锻炼全身的气脉，是全部动功的基础。之字庄练奇经八脉中的带脉，附练任脉和督脉。龙鹤两庄练全身百脉的大开大合，而龙字庄宽，鹤字庄小。风字庄注重外用，云字庄练肺肝两脏，小字庄练肾脏和肺脏。幽字庄仰卧在床上练，是动静两功的桥梁。心字庄综合动功各庄的特点，变通运用，比较复杂。大字庄用两线各系十二个康熙钱，平举两手以大指和食指练习，是由动归静的一种方法。明字庄趺坐着练习，是静功的一种。

练习十二字庄的时候，都要调息修观，使呼吸与姿势的升降开合相一致，同时把意念集中在每一个动作的尖端小处，动静合一，则不要多久，全身的关节自然通利调柔，暖气周流无碍，对自己说，可以逐渐却病延年，用之于治病，则又从而化出三十六种指穴法，其名称如下：

1.鹤嘴劲	2.凤钗劲	3.鹰嘴劲
4.蛇头劲	5.鸭嘴劲	6.日月扣劲
7.冲天杵劲	8.一指禅劲	9.金钩劲
10.五丁开山劲	11.虎爪劲	12.龙探爪劲
13.丁头劲	14.鹰爪劲	15.龙卸珠劲
16.平指劲	17.通天劲	18.量天尺劲
19.复雨翻云劲	20.剑诀劲	21.离经劲
22.落雁劲	23.捧沙劲	24.太极摩云劲
25.少阳祖气劲	26.豹扑劲	27.袖底劲
28.托天截地劲	29.拔山劲	30.大背锁劲
31.排山劲	32.力士举鼎劲	33.伏虎劲
34.天龙行雨劲	35.三尸除虫劲	36.顺风耳劲

运用指穴法治病，称为“导引术”，每一种指穴法都能治若干种病，列举豹扑劲治头痛病为例，以资说明。

甲、用法：豹扑劲出天字庄，劲在大拇指第一节，其变化则用冲天杵（按天字庄中有冲天杵一式)，分为阴面、阳面及正面三个用法。阳面的劲最刚，阴面最柔，正面介于刚柔之间，各有揉、推、批、掛、圆、钉六种手法。运用时控制着七部经脉的穴道，计为：

足太阳膀胱经，窍在攒竹。

足阳明胃经，窍在鱼腰。

手阳明大肠经，窍在太阳。

足少阳胆经，窍在率谷。

手少阳三焦经，窍在丝竹空。

督脉，窍在天目。手太阳小肠经，窍在月窟。

乙、操作：“分为三部，第一步，大指按天目，食指按率谷，用阴面推法，取柔劲，顺眉棱骨阳明经至丝竹空，即变成正面及阳面，用刚劲倒批。然后落在瞳子窌上，变阴面，用圆法，再取柔劲。第二步，用大指向后推，循率谷至玉枕，变成阳面，在玉枕穴上用阳面倒批，再倒提指经率谷至丝竹空，用圆法柔劲。第三步，从发尖循太阳经，直抵肝脉的青龙角，先用阴面推法，次变阳面，用钉法内震，然后进取风池，稍批，经率谷回至丝竹空，再回天目。

丙、主治：阳明头痛，眼胀痛。做气功不得法，三阳气机与督脉气机纠结，聚而不散，也可以此法治之。

指穴法，锻炼精熟，不但可以医治一般的疾病，还可以医治气功病，即所谓“走火入魔”，大跳大动不能控制的严重病患。一个大夫如果能够医治这种严重病患，就可以控制或操纵经络的运行，同时切脉诊候也更合标准。因为十二部脉的跳动都很微细，分别比较不大容易，如果没有动静合一的功夫，难免不扑索迷离，顾此失彼。所以峨眉山的医药传承，十分注重动功和静功的锻炼。

5.在动功和静功的锻炼之外，还有医治各种疾病的专门丹药。峨眉山的四大丹八十一小丹，过去在熟悉此道的宗教界内是相当有名的。医治骨伤的特效药鸾膠丹、离合散，据说比道教方面武当派的跌伤散、八步回生散更为有效。同时峨眉山的一套接骨技术，由于有了动静两功长期锻炼的经验做基础，也非常宝贵。骨病方面，无论阴症阳症，都有不少丹方，并且还有“移形换岳”的方法。所谓“移形换岳”，就是把附骨的痈疽毒症，移到肌肉表面不重要的部位上去。据我所知，峨眉山医药传承中的“移形换岳”，是先用五行散敷在患处，再用神龟散敷在打算移上去的地方，中间用葱汁和密调独活散做导引，等到移上去之后，再照普通骨病的治法施治，就可以化险为夷，解决问题。其他男妇各症，如崩漏、淋浊、痔瘘、白喉、肝硬变腹水症、消渴、哮喘、关节炎、伏梁、内外障、癫痫、疝气、百日咳、霍乱、黄疸、癥瘕积聚、瘰疬鼠疮等等，都有经验良方，相当有效。例如肝硬变腹水症，是目前我国医药界作为重点研究的严重病症之一，据一九五九年十一月号中医杂志说，[6]中医研究院附属医院用臌症丸、舟车丸等古方施治后，消水有效而还存在着七个问题，即：在二十四个病例中有八例无效，五例死亡。病人恶心、呕吐等反应很大，肝功能的恢复尚不能理想等。但是峨眉山的医药传承用“四时丹”治疗肝硬变腹水症的疗效，就比臌症丸、舟车丸等为好。现在把四时丹的详细用法述之于次，藉以考见峨眉山医药传承中的丹药值价之一斑。

甲、四时丹的处方：

初服八正散方：扁蓄、瞿麦、滑石、焦栀子、木通、炒酒军、灯芯、车前仁，分量临症酌之。次服卯丹方：制甘遂三钱、槟榔三钱、二丑生熟各一钱半、牙皂（去弦）一钱半、滑石一钱，共研细末。三服酉丹方：茅苍术（米泔水炒）、油厚朴、陈皮（留白）、云苓、猪苓各一钱半，肉桂、水炙草各一钱，共细末。四服醒中丹方：党参五钱、茯苓、山药、莲米、芡实、苡仁各三钱，白叩仁二钱，共研细末。

乙、四时丹的用法：

四时丹以“甘遂”为君药，和臌症丸、舟车丸同。但甘遂峻历，苦寒有毒，如果象臌症丸那样生用，攻水的効力虽大而付作用强，反应也大，病人感觉痛苦。峨眉山的医药传承有鉴于此，先用甘遂浸泡水中，一日一换水，大约冬春十天，夏秋七天，使变苦寒微辛而为甘淡。同时甘遂利于火而不利于水，所以要在去心后，再用湿面包裹入子母灰火中煨至香气透出为度，再变甘淡为芳香，取出拌以滑石粉，待乾，同其他各药合研为细末（丑牛炮制法，是用瓦珰鼎阴鼎烧热，阳鼎冷合上去，使每粒都是半生半熟），是为卯丹。在服卯丹的前一天晚上，空心服八正散一次，大人三钱，小儿减半，以动摇腹水积聚之势。翌日卯时，服卯丹五分，二小时后必下水。酉时服酉丹五分，下水即止。这样一攻一补，准确地控制着，病人才不至因下水而有损真元，同时甘遂经过制炼，用量又少（臌症丸用生甘遂至一钱六分）病人几乎不感觉有什么反应。卯酉二丹可连服三次或四次，体虚者可间一二天服一次。待腹水消至十分之六七，衰其大半的时候，即不能再服卯酉丹，改服醒中丹两星期，同时用四叶莲、大草鞋板等草药炖黄酒及鸡肉作饮食疗法。则腹内余水逐渐消失，食欲增进，稍事休养，就可以恢复健康了。至于忌吃盐酱南瓜红薯，则与通常的治法相同，开盐法也差不多。

峨眉山医药传承中的丹药有这样的疗効，文献证明，实在不是偶然的。例如治疗喉症的碧玉金玄四丹，源出华陀中藏经的“玉霜膏”。“玉霜膏”用朴硝、牙硝、硼砂、攀石四味共以火锻炼为末，和玉丹的用药相同，但制法方面，则峨眉山的医药传承比中藏经进步得多。又如单用玉丹或玉霜膏而不配以碧、金、玄三丹，以之治疗喉症，固然也有効验，而祛风消热去痰定痛的功用不够，还不能说是最好的喉症丹药。又如八十一小丹中的玉壶丹的变通用法，已超过华陀所说的很多倍，硇砂丹的用药也比“治症瘕方”增加了很多。由此可知，峨眉山医药传承中的丹药，不但继承了古代医方的优良传统，还吸收了后来广大劳动人民创造的许多临床经验，截长补短融合而成的。

6.广泛地采用草药治病，也是峨眉山医药传承的特点之一。据说，其中有人能辨认和应用两千多种草药，现在我还只知道他们应用的四川出产的四百五十种草药，其名称如下：

马鞭梢、水荆芥、水茴香、赶山鞭、九节鞭、回春草、白斑鸠窝、石苇、响铃草、怀胎草、筋骨草、苍蝇翅、五楞香、三百草、水皀角、水杨柳、大开喉箭、地柏皮、云雾草、见血清、化痰清、元元草、分经草、通经草、小红娘、疏经草、水岸板、红浮萍、刺荷叶、五朵云、金牛草、野黄菊花、捆仙绳、吊鱼杆、香炉草、大过路黄、剪刀草、一柱香、一皮草、一枝箭、二郎箭、三皮草、棘棘草、飞天蜈蚣、水串草、猪毛草、人字草、水朴荷、蓝布裙、牛毛毡、风寒草、树苇、瓦苇、地葵、油葱、蔓水草、地蜈蚣、石灵芝、水仙桃、墨斗草、铁灯盏、鱼胆草、随手香、石龙胆、石凤胆、龙胆草、鬼点灯、鬼见愁、铁线草、仙人对坐草、酸酸草、铁灯心、扁粟、扁柏、香巴茅、硃砂草、辰砂草、刺黄芩、蛋不老、花斑竹、金龟连、钻地风、过强风、箭桿风、九节风、树九节风、土百部根、独足莲、黄牛刺、席草根、苛草根、芹菜根、韮菜根、萝布头、钻骨黄、茨梨根、木槿花根、状元红、漏芦根、铁扒头、硃砂莲、雄黄莲、凤尾根、地三甲根、洋雀根、石竹根、春芽根、臭春根、七星凤尾根、金鸡尾、棕树根、老虎须、搬倒正、牛舌根、茨萝布根、铁藜巴根、巴地草根、白牛夕根、红牛夕根、水牛夕根、尿珠根、山豆根、野峨眉豆根、挖耳根、香衣根、元麻根、茴香根、指甲花根、苋菜根、沙萝布根、芭蕉根、气柑根、李子根、石榴根、莞花根、乌鸦凤根、五爪金龙根、八爪金龙根、乌鸦蒜、红毛芪根、倒性根、甜柘根、苦柘根、野花椒、小开喉箭、香通根、白通花根、花通根、黑斑竹根、苦楝根、草巴茅根、白果根、水蜡烛根、金不换根、九节菖蒲根、面根藤、过河藤、海风藤、大风藤、莫娘藤、红藤、奶浆藤、左转藤、右转藤、黄角藤、金刚藤、石兰藤、天仙藤、鸡血藤、野丝瓜藤、野花生藤、石花、石莲花、西番莲、腊梅花、凌霄花、闹羊花、白桃花、红茶花、白茶花、刺梅花、荷包花、芙蓉花、铁甲松花、醉仙花、棠棣花、棕树花、芭蕉花、栀子花、木槿花、气柑花、石榴花、玉簪花、茉莉花、白莲花、月月红、七里香花、丝毛花、巴茅花、夜合花、鸡儿花、核桃花、漏芦花、天茄子、麻芋子、红筷子、风车子、大叫力子、小叫力子、鸡肾子、白灵子、石枣子、高桐子、气柑子、阴桃子、地瓜子、地白菜、雪白菜、岩白菜、水芹菜、水菠菜、血皮菜、红青菜、红厚皮菜、红芹菜、胡椒叶、水苋菜、毛芹菜、地韭菜、苦麻菜、竹叶菜、干油菜、玉儿参、鸡爪参、猪辽参、四季参、貓参、虎尾参、浮瓶参、臭浮瓶参、石岩参、竹叶灵芝、凤眼灵芝、六合灵芝、石灵芝、雪灵芝、瓦灵芝、木灵芝、天泡芝、野棉花、红龙须、黄龙须、白龙须、黑龙须、龙须草、搜山虎、括金板、跑壁虎、蛇倒退、一点气、千里光、天葵壳、金串珠、石泽兰、观音柳、肥猪苗、接骨丹、藤薄荷、大茅香、黄荆条、档木叶、苦麻地丁、日头鸡、鹅足板、鸭足板、金腰带、刺柏、茨利果、苦楝皮、石榴皮、冬瓜皮、香椿树皮、铜牛皮、芫须桿、苋菜桿、瀹菜桿、气柑壳、水白腊、毛泽南、醉仙桃、泥蜂房、曲蟮屎、齐头蒿、狗屎椒、野葡萄根、八月瓜、大血藤、小蓟、水当归、屎瓜娄、败酱草、寒气草、铁草鞋、野薄荷、麻药、八角风、夜气珍珠、家花椒根、狗尾草、铁扫巴、水霍香、姜豆壳、阴竹笋、亚腰葫芦、雀不站、芦竹笋、山萝布、金竹、南瓜蒂、冬虫草、铁梨叶、兰花根、大蒜梗、雪中莲、峨参普贤线、飞莺草、黑芋子、枸杞芽、染江子、凤凰衣、丝瓜花、大肥猪苗、地耳、马蹄包兰、鸡丝兰、天罗汁、房上败草、红甘庶头、蕉心水、蕨鸡菜、蕨鸡粉、花红寄生、梨子寄生、枇杷寄生、核桃寄生、气柑寄生、铁篱巴寄生、柏树寄生、青羊屎、黄牛屎、鸽子屎、铁锈、鱼肚泡、壁钱、叫姑姑、蜘蛛网、蚕蛹、土狗子、狗蚊子、蜗牛、倒退虫、青篙虫、苍耳虫、桑心猪儿虫、芭蕉虫、白花夹竹桃、鱼儿牡丹、子午莲花、水灯心、旱仙桃草、马蹄草、透骨消、芸香草、四瓣草、过路黄、百花草、免耳风、六月雪、见肿消、牛耳大黄、鹿含草、猪鼻孔、老君须、九头狮子草、三角风、藤五甲、排风藤、野地瓜藤、锯锯藤、鸡屎藤、野紫苏、牛屎蒿、过山龙、茨五甲、娃娃拳、草鞋板、矮桐子乌灵参、一朵云、牛筋草、地麦冬、白花珍珠草、笔管草、明镜草、白毛夏枯草、观音草、红毛五甲、红毛走马胎、双铜错、翻天印、五皮草、六月寒、还魂草、方梗刘寄奴、夜关门、虎耳草、地地菜、小马蹄草、青蛙草、九头大狮子草、小晕药、大晕药、金钱草、红泥鳅串、白泥鳅串、水黄连、曼佗螺、无花果、红姑娘、金针花、糯米草、鸡骨草、路边姜、土人参、铧头草、箬叶细辛、红活麻根、玉荷桿、矮驼子、野蓝菊花根、清明菜蒿、土山七、胭脂花根、过江龙、红合、红灵子、寻骨风。上面的许多草药，绝大多数没有著录于本草纲目，而治疗效果，根据临床观察，大都有效。如铁线透骨消治百日咳及筋骨疼痛，旱仙桃草治跌打损伤，鹿含草治咳嗽吐血、九头狮子草治瘰疬、乌灵参固肺气补肾脏、夜关门草止血、大晕药治头晕高血压，糯米草健脾胃等，都非常有用。目前，由于普通药材供应紧张，各地医药界已经采用草药治病，也有不少讲草药的书籍出了版，在这时候，峨眉山医药传承中的草药知识，似乎应该发挥作用了。

此外，关于望诊、针灸、药性、处方的应用在峨眉山的医药传承中，也有其与众不同的地方。因此，要全部继承这一套遗产，非坚持苦学苦练不可。这一套遗产对于建立新中国的医学学派，究竟有多少贡献，固然犹有待于科学的辛勤研究和实验证明。但是峨眉山的医药传承毕竟从封建社会曲曲折折的道路上传了下来，没有失坠，即使贡献不大，也不能不说它有功于祖国的文化而予以应有的尊重。又我个人觉得，峨眉山的佛教寺院里保存了这样宝贵的祖国医药遗产，其他名山寺院以及别的宗教，特别是道教里面难道就没有了吗？恐怕未必。这就希望有关方面及时注意采访发掘，使一向秘密保存在宗教里面的医药遗产完全公开出来，为人民服务，或者对于建立新中国的医学学派不是没有帮助的。

1960年4月30日

附注:

⑴南京中医学院编:《中医学概论》第73页。

⑵现收于《金匮玉函经》卷一。

⑶《灵枢经》卷四营气篇云：”气从太阴出注手阳明，上行注足阳阴，下行至跗上，注大指间，与太阴合，上行抵髀，从脾注心中，循手少阴，出腋，下臂，注小指，合手太阳，上行

乘腋，出颇内，注目内背，上巅，下项，合足太阳，循脊，下尻，下行注小指之端，循足心，注足少阴，上行注肾，从肾注心，外散于胸中，循心主脉，下臂，出两筋之间，入掌中，出中指之端，还注小指次指之端，合手少阳，上行注膻中，散于三焦，从三焦注胆，出胁，注足少阳，下行至跗上，复从跗注大指间，合足厥阴，上行至肝，从肝上注肺，上循喉咙，入颃颡之窍，究于畜门。其支别者，上额、循巅，下项中，循脊入骶，是督脉也，络阴器，上过毛中，入脐中，上循腹里，入缺盆，下注肺中，复出太阴，此营气之所行也，逆顺之常也。

⑷见李时珍著《脉诀考证》。

⑸峨眉十二庄中，有一部分流传在四川民间，专究武功，称为“字门功夫”，尤其在川南，习这种功夫的人很多。据说自流井的罗国柱，就是这种功夫的代表人物，至今还留下他的传授。抗战时期，传承罗国柱的周剑龙，还在教授这门功夫。

⑹见“中医治疗24例门静脉性肝硬变腹水的临床总结及治疗规律的探讨”一文。

一九六〇年四月三十日

试论王叔和

关于王叔和的评介，通常都以为他编撰过《脉经》和整理保存了张仲景的《伤寒杂病论》，对祖国医学作出了卓越的贡献。当然，王叔和对于祖国医学是有其一定的贡献的。但是他杜撰脉法和割裂《伤寒论》，却给祖国医学带来了损害，其中杜撰脉法所造成的损害，还比割裂伤寒论为大。古代医学界的著名人士如唐代的杨上善，宋代的朱肱，明代的陶节庵，清代的喻嘉言等，已多少有所指责，现在我再补充说明如下：

王叔和《脉经》自序云："今撰集歧伯以来逮于华陀经论要诀，合为十卷。百病根原，各以类例相从，声色证候，靡不该备。其王阮傅戴吴葛吕张所传共同，咸悉载录"。这一段话给我们的印象是：《脉经》十卷，集古说之大成，异同并见，巨细靡遗，可是事实上并非如此。例如王叔和所说的"歧伯要诀"，无疑是指内经而言的，《内经》卷六三部九候论云：

故人有三部，部有三候，以决死生，以处百病，以调虚实而除邪疾。帝曰：何谓三部？歧伯曰：有下部，有中部，有上部，部各有三候。三候者，有天有地有人也。必指而道之，乃以为真。上部天，两额之动脉，上部地，两颊之动脉，上部人，耳前之动脉。中部天，手太阴也，中部地，手阳明也，中部人，手少阴也。下部天，足厥阴也，下部地，足少阴也，下部人，足太阴也。故下部之天以候肝，地以候肾，人以候脾胃之气。……中部之天以肺，地以戾胸中之气，人以候心……上部之天以候头角之气。地以候曲口之气，人以候耳目之气。

这是我国最古的切脉方法，为了便于了解，根据王冰注解所说的部位，列表于次：

上三部
- 天——取候胆经的悬厘双穴，以诊头额病。
- 地——取候胃经的四白双穴，以诊口齿病。
- 人——取候三焦经的和窌双穴，以诊耳目病。

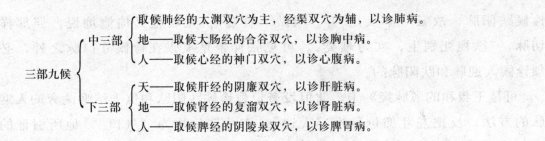

- 三部九候
  - 中三部
    - 取候肺经的太渊双穴为主，经渠双穴为辅，以诊肺病。
    - 地——取候大肠经的合谷双穴，以诊胸中病。
    - 人——取候心经的神门双穴，以诊心腹病。
  - 下三部
    - 天——取候肝经的阴廉双穴，以诊肝脏病。
    - 地——取候肾经的复溜双穴，以诊肾脏病。
    - 人——取候脾经的阴陵泉双穴，以诊脾胃病。

岐伯或《内经》的这一套脉法，在王叔和的《脉经》上根本没有提到，更谈不上取舍批判。他虽然不能藉以完全掩盖古代相传的脉法，但后来的医生，因为脉经不提，《内经》上又没有详细载明那一套切脉的技术，久而久之，大家几乎不知道古代的医生，在诊候手太阴肺经太渊脉部位的寸关尺之外，还要诊候其他部位的脉。

切脉以诊候手太阴肺经太渊脉部位的寸关尺为重点，一般都认为创始于战国时代的《难经》的作者扁鹊（即秦越人），如《难经·第一难》云：

十二经皆有动脉，独取寸口，以决五脏六府死生吉凶之法，何谓也？然。寸口者，脉之大会，手太阴之脉动也。

这种说法，可能是切脉方法上的一种发展。因为照《内经》三部九候的部位切脉，比较烦难。稍一疏忽，就会造成诊断上的错误。扁鹊把切脉的重点固定在寸口脉上，诊候起来，就比较容易掌握，但是他并没有排除诊候其他部位的脉。如《难经·第二十三难》云：

经脉者，行血气，通阴阳，以荣于身者也。……别络十五，皆因其原。如环无端，转相灌溉。朝于寸口人迎，以处百病，而决死生也。……终始者，脉之纪也。寸口人迎，阴阳之气通于朝使，如环无端，故曰始也。……

无代滑寿的《难经本义注释》云："古法以挟喉两旁动脉为人迎，为足阳明脉，受谷气而养五脏者也。……阳经取决于人迎，阴经取决于寸口，朝谓气血如水潮，应时而灌溉，使谓阴阳相为用也。"又《难经集注》卷三引唐代杨玄操的注释云："经络流行，皆朝会于寸口人迎，所以诊寸口人迎，则知其经络之病，死生之候矣。"滑寿和杨玄操的这种解说符合于扁鹊的原意，也不违背我国医学界一向尊之为"医圣"的张仲景的主张。

张仲景生于东汉末年。后于扁鹊约三百多年，从他所著的《伤寒论》看来，他也象扁鹊一样，切脉以诊候寸口脉为重点，而不排除诊候其他部位的脉。他在伤寒论自序中，批评当时的医生不研究《内经》、《难经》等重要经典著作的内容，在切脉的时候，"按寸不及尺，握手不及足，人迎趺阳，三部不参"。也就是草草地诊候了寸口脉而不知道再诊候人迎脉和趺阳脉（趺阳脉在足，不知道诊候趺阳脉，故云“不及足”），叫做“管窥”。接着他又愤慨地说，照那样切脉，“欲视死别生，实为难矣”。可见张仲景是主张在诊候寸口脉之外，必须诊候人迎脉和趺阳脉的。

可是王叔和的《脉经》上，非但没有记载诊候趺阳脉和位于结喉两旁的人迎脉的方法，反把左寸部位称为“人迎”，右寸部位称为“气口”，他所引证的脉法赞，并没有书明作者是谁，大概就是他自己做的，其实是一种杜撰。唐初杨上善《黄帝内经太素》卷十四云：

结喉两箱足阳明脉，迎受五脏六府之气，以养天人。故曰人迎。下经曰，人迎，胃脉也。又云，任脉之侧动脉足阳明，名曰人迎。明堂经曰，颈之大动脉，动应于手，挟结喉以候五脏之气，人迎胃脉，六府之长，动在于外。候之知内，故曰主外。寸口居下，在于两手，以为阴也。人迎在上，居喉两旁，以为阳也。九卷终始篇曰，平人者不病也，不病者，脉口人迎应四时也。应四时者上下相应，俱往俱来也。脉口谓是手太阴脉，行气寸口，故寸口脉口亦无异也。既上下俱往俱来，岂以二手为上下也。……此经所言人迎寸口之处数十有余，竟无左手寸口以为人迎，右手关上以为寸口。而旧来相承，与人诊脉，纵有小知，得之别注，人多以此致信，竟无依据，不可行也。

杨上善说：“别注”以左寸为人迎竟无依据，当然是指王叔和的《脉经》而言，“竟无依据”就是杜撰。但是从杨上善的这一段话上，可以知道，自从王叔和在《脉经》上杜撰了以左寸为人迎的说法，就为“小知”者所采用，在唐初已很流行。这就搅乱了人迎脉与寸口脉的诊候方法，而自歧伯、扁鹊、张仲景以来，历代相传，在诊候寸口脉之外，还要诊候其他部位的脉的方法，因而淹没不彰。后来医学界在谈到人迎脉的时候，大都依稀恍惚，无所适从。例如宋代朱肱在其所著的《活人书》里论人迎气口云：“人迎气口在颈，法象天地要会始终之门户”，本来没有什么错误，而注解上则说：

人迎气口为太阴肺经，而黄帝乃云人迎亦胃脉何也？左手关前一分者人迎之位，挟喉咙两旁者人迎之穴，属足阳明胃之经也。

这和杨上善的说法对照一下，就可以知道是非常错误的。所以明代徐春甫在《古今医统》一书中慨叹着说：

上古诊法有三者，其一，诊十二经动脉，分天地人三部九侯，以调虚实。其二，以喉旁人迎与手寸口参诊，取四时，若引经，大小齐等曰平，偏盛曰病。其三独取气口，分寸关尺外内以候脏府吉凶。今废其二，惟气口之诊行于世，而且失真，噫，可胜惜哉！

徐春甫的慨叹惋惜，代表一千多年来，我国医学界及文化界中一部分有思想的人的见解和感情，其中包括宋代的朱熹，元代的吴澄和明代的李时珍等人在内，而脉法“失真”，应归咎于王叔和。

王叔和的《脉经》可议论的地方很多，我现在只想就上述的一点谈到此地为止，用意不是在做翻案文章，而是认为：切脉方法对于临床诊断的关系很大，歧伯、扁鹊、张仲景的方法有可取之处也比较全面和合于科学，应该整理研究。王叔和杜撰的脉法，对于我国脉学的发展起了障碍作用，应该澄清。不过，要澄清王叔和和杜撰的脉法，和整理研究歧伯、扁鹊以及张仲景的脉法，单根据书本资料和一般的也就是王叔和脉法圈子里的临床经验是不够的。据我所知，王叔和以前历代相传的脉法并未失传，依然保存在民间，应该发掘。这一部分宝贵的祖国医药遗产，如果能够公之于世，则不但对于整理研究歧伯、扁鹊、张仲景的脉法有了活生生的参考资料，得以去伪存真，开展诊断上的技术革命，同时对于建立新中国的医学学派也不是没有帮助的。

谈到王叔和的割裂伤寒论，清初名医喻嘉言说：

尝观王叔和……编述伤寒全书。苟简粗率，仍非作者本意。如始先序例一篇，蔓引赘辞。其后可与不可与诸篇，独遗精髓。手脉一篇，妄入己见。总之，碎剪美锦，缀以败絮，盲瞽后世，无由复睹黼黻之华。况于编述大意，私淑原委，自首至尾，不叙一语。明是贯人居奇之术，致令黄岐一脉，断绝无遗，悠悠忽忽，沿习至今。所谓千古疑城，莫此难破。兹欲直溯仲景全神，不得不先勘破叔和（见伤寒尚论篇）

此中所谓“碎剪美锦”，也就是“割裂”的意思。此外明清名医如陶节庵、方中行、张路玉、黄坤戟、吴仪洛、程郊倩、章虚谷等都有同样的论调，即使为王叔和辨解的人，也不得不说他“智浅才薄，不能心得全书精义”（见伤寒论本义）。因此可以肯定，王叔和在编集《伤寒论》方面也确实是有问题的，现在我再提出一点前人没有谈过的地方，以为助证。

现在通行的《金匮要略方论》，大家都认为是仲景《伤寒论》原书的一部分，而《金匮玉函经》是《伤寒论》的相同内容不同体裁的另一书名，都是王叔和编次的。可是王叔和在《金匮玉函经》卷一证治总例中说：

经云，地水火风，合和成人。凡人火气不调，举身蒸热。风气不调，全身强直，诸毛孔闭塞。水气不调，身体浮肿，胀满喘粗。土气不调，四肢不举，言无音声。火去则身冷，风止则气绝，水竭则无血，土败则身裂。愚医不思脉道，反治其病，使脏中金木水火土，互相攻克。如火炽燃，重加以油，不可不慎。

这一段当中引证的“经云”，既非医经，也不是儒家的经典，而是“佛经”。佛经上经常说“假借四大以为身”，四大就是“地水火风”。四大有内外两类，内四大指人身上的四大而言。凡人身上的皮肉筋骨属地大，血液脂膏以及涕唾属水大，暖属火大，呼吸属风大，和我国医书上所说的金木水火土五行，完全不是同一系统的理论，而王叔和把这两种思想系统不同的理论生拉活扯堆砌在一块，也没有写明不是张仲景的说法，真是“厚诬古人”。

另外他在《金匮玉函经》卷一又援用了如下的佛教术语：

人一气不调，百一病生，四神动作，四百四病，同时俱起。

六识闭塞，犹如醉人。

生熟二脏，虚实交错。

《金匮要略方论》卷下，还有：“凡心，皆为神识所舍，勿食之。使人来生复其报对矣”，这是佛教里面“六道轮回，因果报应”的教义，拿来放在张仲景的《伤寒论》里，无论如何是说不通的。这不是更加可以证明，王叔和碎剪了《伤寒论》的美锦吗？

王叔和为什么要这样搞，我个人的揣测是，西晋初年，我国佛教界方面译出的经典已经相当多，佛教的影响也已相当普遍，名士名僧迭相往还，促进了清谈玄学，王叔和大概也染上了“玄风”，而自命为“通人”，所以不惜割裂伤寒，藉以自重。照现在的观点分析起来，还是出于自私自利，喻嘉言说他是“贾人居奇之术”，恐怕不是没有道理的。

1960年5月11日

饶云杂录（一）

采花兼蝶至
买石得饶云
——中峰诗——

Ernest Barker(巴克)National character（民族性——王世宪译、商务版）

1.考察吾民族过去发展之方法与过程中，大可发现吾民族将来发展之问题。

2.法律、政治、宗教、文学、教育乃民族之创造物，同时亦为民族之创造者。人类创造此四种伟大之事物，此四种事物亦同时创造人类。

3.民族性又分为三阶段，其始以种族、环境、人口及各种物质要素造成一民族之性格。继则以其民族所造成之政治、宗教及文学对于民族本身所发生之反响而自造其民族之性格。今则于社会组织及教育制度之范围中，以自由之选择及自由之理想自造其民族之性格。

4.民族性乃人类精神所创造者，乃可以更改者。然同时并因其为传统者，是以吾人亦须承认，凡历时愈久之民族性，则其性格愈为经久而坚实。过去之重要性，仍较现在者为甚也。……此过去非单独包含吾民族之过去，且有其他民族之过去，过去永远不致死亡，即或有时变晦，然日久尚可复明。及复明之后则将放发新奇之光彩，其影响于吾人之生活至钜。

5.历史中最早之民族实大半由共同之文学造成之，是以文字至今日尚为一民族之重要结合力。

6.宗教观念乃影响民族行为与民族生活之基本观念，能使民族性格趋于高尚之发展。

7.种族乃物质的下层基础，此基础须以精神陶冶之。此精神的陶冶较其所谓所陶冶之对象即物质基础，尤为重要。

※（民族非种族，因一民族有若干种族，种族乃自然之事实，有史以来即已存在。民族乃人为之组织，此组织于历史过程中运用人类之思想感觉及意志以构成之，占之史乘，国家先民族而产生，造成国家者非民族，造成民族者乃国家，因历史之发展，有一国家非一民族，有一民族非一国家。

民族之因素：

一、物质

遗传因素——种族

地理因素——土地气候

经济因素——人口职业

二、精神因素

政治因素——法律与政府

宗教因素

语言文学与思想，理想与教育制度。）

8.人类与其他动物不同，有理想在，有精神在。环境之物质因素并非直接施力于人类之身体，乃间接影响人类之精神，而造成其行动之动机。人类之理想可改变某种环境因素对于人类所施之影响，有时且可与此因素对抗，人类非环境之奴仆，可违抗环境之意旨，或消极地与环境作不相依赖之合作。

9.希腊时代希卜克拉特（Hippocrater）一派之某作家及亚里士多德，以为民族性之各不相同，应归因于地理之不同，尤须注意其气候之各异。孟德斯鸠于《法意》中有一书专论土地性质对于法律之影响，彼谓英气候使人对于任何事物不能忍受，是以对于任何专制均表示反抗，其终于造成自由之国家。英人巴克鲁（Buckle）于英国文化史之中亦谓：印度之自然环境令人生畏，是以印人冥想发达。希拉之环境简洁温柔，故智力达于极点。法维地尔（Vidal de La Blache）则纠正地理定命主义，而主地域可能性说（Regional Possibility）。迈尔氏（Edward meyer）即为言曰：自然与地理，仅乃人类历史之下层基础，其所贡献者，乃人类发展之可能性，而非人类发展之必要条件。人类生活所作种种之决定，乃恃人类之精神及个性之支配，此既成之下层基础，是否为人类所使用，则恃人类之意志自由选择之。……吾人必须立一概念，即人类乃在不断地创造新可能性中，人类于其可能范围之内，创造宇宙及宇宙之地理。宇宙及宇宙之地理，亦于其可能范围之内，创造人类。意大利之土地于纪元前二千年前，大部分为原始时代之森林。至纪元前二百年，人类砍伐森林、培植葡萄橄榄，而人为之可能性遂输入意大利之环境中，后感觉军事及商业之需要，又复穿森林越沼泽，屏除天然之阻碍而人为之新可能性又输入意大利之环境中。

※（斐格荣云："地方之适于人类生存或否，确为地理条件所支配，各种地理条件曾支配（control）历史之整个过程。

热度水量充份之地，诚为动物最易生存之地。然事实上人类支配能力之程度最高者，乃不在于近赤道之区，而在于温带。其故一因热带生活而不必作较大努力之刺激，又在热带，日日相似无变化可言。温带生活较困，日光能力缺乏使不得不作更多之心理活动，气候变化一年为一循环，乃有预为将来打算之趋势，世界历史所以大抵介于纬线三十度与六十度温带区者即由于此。地理条件为支配力，而非发动力，故其影响较发动力需更长之时期，始能发现。）

10.凡疆界遥长之国家，其人民莫不感其疆界有随时为人侵略之虞，遂认识强有力的行政首领之必要。与行政官吏之必须为人尊崇，必须为人服从。而其首领及官员之行动，自不能受普通法庭之制裁，岛国反是，故孟德斯鸠谓岛国人民较大陆人民趋向于自由。

11.亚里斯多德于《政治》第七卷第七章谓生于欧洲寒冷之地人民（彼心中似指提利斯（Thrace）与巴尔干而言），虽精神饱满，然缺少智巧。是以虽为自由之民，然无自创之政府与统制他人之能力。亚洲人民（似就亚洲气候之温暖而言）富于智巧，然缺少精神，是以其人民甘为人奴隶。希腊之地理介乎两者之间，兼有两者之特性。孟德斯鸠谓热燥之产物为怠惰，故有奴隶制度，使妇女屈服于一夫多妻制之下及专制政府。冷湿所得适相反，故又云：英格兰之冷与湿，乃英国自由之母，彼又谓寒湿之气候使人易生怒，易于鼓励人类勤勉之精神。不毛之地，使人有奋斗与自由之精神。肥沃之地使人生自满之心，不求进步，甘为奴隶。迩者亨丁顿（Ellsworth Huntington）研究气候与文化之关系，其结论亦谓英之气候，与气候最有益，可刺激精力，鼓励工作。（伦敦全年平均五十度，风雨无常，气象莫测，甚有价值。昔日希腊之天文家谓变化乃活力之母也。）

12.惟气候之影响力可变更，盖文化如伞，遮盖于吾人之头上，可使吾人避免气候之影响。吾人今日受气候之支配，不如百年前之甚，百年前又不如千年前之甚。

13.又英格兰因适应不安定气候故，养成英人不妄加预测（Distinct Foresight）而明于洞察（Cultivate Insight）之自然倾向，因此动作迅速，敏于应付，不失时机而富于个性，然易流为投机主义（Opportunism），临时敷衍，不欲谋彻底之解决。

※（整个史程，包括其发端，显皆为个人或种族特性所影响。特性中有若干可以溯出其地理支配之结果（如高原沙漠海洋沼泽等），一方面历史上所发生之事件，以及因此而发生之一切结果。其发生或发生之可能，皆在于人类有行动之力量，如人无行动之力量，则历史无从发生。另一方面人之行为又受其环境之限制，一如其体格之形式，历史之较大趋势，大抵不受个人特性之十分影响。故就根本言，地理条件实较个人天才，甚之较种族之特性为有力（除非该种族特性，由地理影响而形成者），一地历史之开始，实发端于地理之条件。文明初起之地，其

地之生活比较易于维持，其所处之地区，必能容纳超于家庭或部落之组织，至少亦可以自成一单位及自行供养，其地必可供给彼等以相当之保护，使不能为破坏力大于建设力之敌人所侵害。——《地理与世界霸权》有谓满州粗豁、直隶沉郁、山西和平、秦陇迟钝、山东固陋、江浙柔靡、江西平庸、武汉狡猾、四川狭隘、广东激烈、云南质实、湖南刚正，亦地理使然。）

有一些德侨于一八一七年移居于Jiflis附近与乔治亚人混杂而居，可是到了后来，他们之身体组织上有一些显然的变动了。在原初，他们的头发是白皙的，眼是兰的，容貌是粗俗的。但两代之后，他们有黑发棕眼及高贵之蛋形面了，此非由于他们与本地人互婚而生，因他们并未如此做。学者们认为只是由于气候及一般之外界环境所生之结果——W·B·Pillshniy：民族心理与国际主义引岐因（Reane）人种学。Hippocrates著一书曰《Air，Water and Place》，附带论及地理环境与人民性格间之关系，并说明气候与地势加于亚细亚与南欧人民之物质特性与政治倾向之影响。亚里斯多德以地理说明希腊人胜于野蛮人之优点，氏以希腊人处地理之中心，故兼南人之智与北人之勇，但于南人之暮楚朝秦，与北方人之鲁钝则未之习染。罗马西塞禄（Cicero 106—43BC）指出：罗马城在地形上所占之种种利益，而维持鲁维阿（Vitruvins C. 30B.C.）说明意大利之顺利与星多之势力。威格帝阿（Vegetins）以地理环境之不同，解释各民族之战斗膂力。孟德斯鸠有“气候影响人类”之论文，谓地理环境之知识，于了解各民族之习惯、法律、文化颇属重要，其后立成（Rasl Rissan 1817~2）以为自然之功用颇迟缓，其发生作用之方式亦极复杂，渠主张采取严格之观察方法，并须慎重发展地理决定主义（Geographical determinism）之学说。又在人类文化进化之各阶段中，地理因素以程度不同之影响加于人类。某一时期之障碍妨害文化之发展者及至以后之时期，则变为鼓励文化发展之助力。就一般论，在原始阶段，地理影响于人类者至大，迨人类之知识，技术逐步发展，其克服自然亦较有把握。于是地理形式亦降低其操纵人类之程度，换言之，即减低其决定影响……温带气候于文化之发展最为相宜，欧洲地势，即不似玻里内西亚（Polynesia）群岛分隔离散，又非如非洲紧密连系，又加温带之气候故，欧洲文化冠绝今世，立氏门人阿伽西（Agassig）说明温带助长文化之优胜点，彼以为文化起源于古代东方之半热带，遂迁移到地中海较温之地带，更由欧洲文化之扩大，征服大西洋而弥漫全世界，柏瑟尔（Oscar—Pesechel）（1826~1875）说高等宗教，大其一神教，多半发祥于半热带地。特别是沙漠地带，盖因在此种地域，供给哲学宗教之暇时与机会较温寒者为多，而在温寒地带之居民，多半耗费其时间于生产上之努力，以维持自身生活以延续其子孙。

14．经济仅人类生活之一部分，乃发展民族生命各种因素之一而已，政治制度，宗教信仰，教育力量与文艺等等，实产生各种文化之创造机关。吾人更须注意者，即经济之须注视人类之意志，与人类之价值，应与注重物质对象，与物质力量相同，凡论经济因素与构成民族生命与民族性之关系者，苟忽视社会思

潮，与社会意志之力量，则难免偏颇之弊。

15.职业之方式，非仅因其影响人口之密度与数量，而间接及民族之行为标准。同时某种职业可产生某种性情、习惯，即每业均有其行规。亚利斯多德于《政治》之第一章中，谓人类生活之方式，因其觅食之方法之不同而各异。

16.每一民族皆须经过理性的过程，而后始能造成其共同的理想，并受社会理性之指导与理性之制裁以传布其理想。吾人即于此传布之过程中，注意本能与传统之区别，本能乃生理遗传而来，乃先天流动于血液之中。一民族之传统乃精神之互相传透，非固有者，仍世世增长者，乃恃传授（法律、宗教等）之过程而保持其生存……。一民族亦有其种族混合体之气质，此气质乃受物质环境之影响而改移，又亦有共性癖，或称之为本能。此性癖随时因人口密度及人民之职业之状况而异，又亦有其性格，乃由其领袖在其活动范围之内，得全社会人民之同意与合作造成若干获得之倾向。

17.世界两大法律系统，一则为罗马法，一则为英之习惯法。罗马之民法影响法、荷、德及其他欧陆国家之法律，且普及于南非、南美。英之习惯法不惟流行于英伦三岛，且及于其所属地及北美。而巡回法官制度、陪审法官制度、及调解法官制度，尤为英国法律制度之特色。其结果有四：一为守法之精神，二为保护人民之自由，三习惯法之法官皆居于最高之地位，无论其为处理行政案件、民事案件，四为巴力门之最高主权（巴力门乃法律之最后创造者）。其在政治制度上所表现者为民主政治，或代议政府，三权分立，有世袭之政治讨论影响所及，产生三种结果：一产生折衷之方法，二产生中庸之精神，三养成集体之精神行动。

18.近代希腊民族，所以尚能生存，大部分归功于宗教。希腊所以能免于灭亡而得创造其新生命，实皆希腊教会之赐也。中世纪之希腊，与百年前之希腊，所以能继续而于近代史中享受独立地位，而不庇托于罗马帝国，乃凭借希腊教会之扶持。诚如曲奇（Deanchurch）所云：希腊乃于其宗教信仰中获得三大教训：一、于孤立时须知忍耐，盖基督纪之前之希腊，几因独立而沦于灭亡。二、博爱之精神，恢复昔日希腊人好交际之精神。三、抱民族再生之志愿……。又苏格兰民族即苏格兰之教会，其成功非于政治范围求之，乃于宗教组织中求之。而苏格兰之教育制度乃由苏之教会产生……。即有民族不以宗教为其主要因素，然宗教仍不失为构成其民族之生命与民族气质之大因子。

19.中世纪之德意志所以继续分裂，乃教会促成之。中世纪法之统一，亦教会促成之。意之教皇好平均分权，故意不能早统一。英则不然，其统一较意为早，凡此皆表明教会对于各民族之影响并不相同。……然宗教之法律（上帝之启示）与规律，较宗教之组织之影响较为重大。未经陶冶之日耳曼民族，即得力于此教会之法律，予以道德之训练，以宗教之纪律，以规范冥顽不灵及沉于酒色之原始人民。其忏悔制度与自首制度（忏悔制度圣奥斯格丁与格里哥利（Gregory the Great）之通信中已曾述及。）开始实行之时，日耳曼民族颇受其惠。一千年后，流弊发生，教会内有功德宝库（Tredsury of merits）之理想出现。教会如一银行储蓄有先圣之积德，凡忏悔之罪人可自此库中提取其先人之功德，以赎一已之罪。不外巧立名目以增加贫民之负担，故为日耳曼人民所吐弃。

20.克尔文教会（Calvin）影响及于苏格兰民族性，最著者为爱护自由之民族性，次即贡献其生活规律，助长解放苏人之思想力。主教之布道与彼此之争论，皆为一种社会教育，世人常谓克尔文宗教之高深问题，如命运问题，自由意志问题等。乃训练民族作抽象思想之问题，教会与国家之争，即为砥砺思想之磨石。然克尔文对于苏之贡献非在其启迪关于神学之问题及政治之原理而已，且有其在教育上之贡献。克尔文教士最初即有创立国家教育之愿望，其目的在使全国完全认识教义，故十五世纪时苏即已设立格拉斯哥（Glasgow）等大学。苏之思想所以能于十八世纪大行，苏之教授所以能于英德教哲学伦理（如韩舒森(Hutchesen)，亚当斯密司（Adam Smith），赖特（Reid）之流，实皆受赐于教区学术及国立大学之教育基础。……苏为贫苦国家由来已久，贫苦养成苏人节俭性之母，正复与克尔文教会苦行之精神相合。

21.英之非国教（Nonconformity）有两派，其一总称清教（Puritan)，其全盛时代为自伊利沙白即位至一六八八年之大革命（恩格洛肯（Anglican）国教大绅士，地主，农夫之宗教，好保守传统思想，继续历史精神及民族之统一。承认国王之神权与主教之神权平行，国王且乃主教之主教。）其教徒为下级之牧师及脱离国教之分子，今日之长老会，组合教会，浸礼会皆是。清教主义似含有反抗之精神，其开始即从事反抗国家之工作，并反对国家干涉宗教之事业。故鼓吹政治自由，主张灵魂自救，与非宗教个人主义之哲学合，又与古典派之经济学，如边泌亚当斯密斯之说极相似。“寻觅个人创造之途径”（Way for Individual Enterprice）乃非国教主义教旨，深得工商阶级之拥护而实现。米尔（John Stuart Mill）及斯宾塞（Herbert Spenca）之哲学，沾染非国教之传统实深。又清教主义非惟欲干涉国家之权力，乃欲行使其坚强之意志（意志乃清教主义之最主要要素）以实现基督之真理，乃欲统一人类之意志。磨练自制与克己功夫，以实现基督之理想，故其精神虽孤独，其生活并不孤独。彼等主张各人各自奋力，追求真理，不必务外，不必注重任何教会之形式，务须求之于内心清净之良知与坚强之意志

(孤独乃成功之准备，亦成功之母，大概宗教运动莫不发源于沙漠之地，犹太教产生于漠地，耶酥于未传道之先曾产生于沙漠)。因清教孤独之精神，养成英人孤独之性情，(然能忍受孤独之民族，即最能扩充其殖民地)。孤独可发生自私之流弊，造成自是自傲之性情，又清教尚富勤劳之精神，或与英气候有关。贝克斯特（Baxter）有言曰："苟为信徒者，忽视工作而谓我愿默祷上帝，则不啻拒绝接收伟大之工作，而从事其轻而易举者"。明乎此，则知清教之精神生活乃以物质之工作表现之，充实之。从事生产乃人生之铁则，故与米尔等说合。近世学者有以清教主义为资本主义之母……。清教主义拥护真理之壮烈精神，乃表现英民族传统思想最良好因素之重新复活，且还支配北美民族之生命。其影响于林肯亦不亚于影响于克林威尔，萨姆森（Samson）之精神最足以代表之……。又清教徒于讲道之时，凡普及教育、改良监狱、废除奴隶贸易等皆所致力。彼籍宗教机关以连络中等与贫民两阶级，工业革命之前，社会阶级之鸿沟遂为之缩小。

22.教会之思想家现正努力探讨一种永远不变之真理，期能不受时代之变迁或人类知识之增加而改移。彼等以为今后之宗教务须避免非真理之蒙蔽，昔日之宗教仪式，已非新历史与新科学发明之所注视者。此外又研究基督教之精神与社会问题及社会政策之关系。

※（H.T.Buckle(1821-1862）云："风景过分壮丽如印度北部，殊令人望而生畏，产生一种卑贱气质足以阻碍文明之进化。五光十色之景致，悦目畅心之景致，如希腊半岛，于产生进步之文化极为适宜。麦奇尼可夫（Metchnikoff）以东方伟大江河流域颇有历史上之意义，并证明此流域供给土地肥沃与户口集中以不可缺之条件，人类方能开始走向文明之初步，氏更认定文化主要阶段。第一以江河环境为基础，海次之、大洋环境又次之（道德行为取决于群中之多数，而多数之成立又由户口反应其物质环境之所致。）民族性格之组成，可以兴邦，反之，民族性格之崩溃、亦可丧邦。机体腐乱即停止活动以故国性沦亡，则国家亦即瓦解土崩。陈兼善《气候与文明》云："有人说印第安人从亚洲渡白令海峡到美洲的时候，曾受过一次变化。他们一定在极北正月间气温平均在摄氏表零下十度，冬天有几个月长夜阴沉不见日光的环境中耗费了若干时代，使他们变成了神经质，甚至消失了理性。所以他们都很有注意力，刻苦力和忍耐力。但天赋的缺乏适应力和迅速的发觉与机敏之能力。热带国家对于文化底贡献，在远古时代实在毫无价值，除穆罕默德是生于在距赤道二十五度的地方，此外就没有什么真正伟大的人物了。建立佛教的释加牟尼，诞生在赤道二十五度以北的地方，然而他的家庭在高山中，那边的气候比低洼之处富于刺激性。美索不达米亚也出过伟人，他的名字不为世人所熟知，然而这个国家在夏季虽然很热，其地位却在赤道北三十度至三十五度之间，埃及亦然，他们的伟人是出在提

比城（Thebes）北，也在二十五度以北。同时穆罕默德他的思想的成熟，也是因为有一班人将他传播到较北的地方去，在那边，当时人民的思想，比较南部阿拉伯要活泼多了。因为热带气候可使人因过度之兴奋而消失能力，高热可以使新陈代谢作用加速进行，其结果发生了有毒的物质，高热使原形质之化学作用过度，所以热带人民就在不用力的时候也觉得疲倦。一遇细菌侵入便受蹂躏，其活动与发热之影响，每有致命之虞。至细菌之机械作用虽未决定，总不利于太活动的人。黑人中活动的人失败，当只有比较愚蠢的性质了。文字的发明是在有变化有刺激性的气候的国家之中（埃及、米索不达米亚、北印度和中国都位于离赤道二十五度的地方。）如其热带地方的农业，有裨于文化之进步，在亚热带地方当更有益。在多风雨的温带地方，尤其不必说了。因为温带地方的气候常有变化，他们不能不及时割取干刍，否则要受损伤。所以气候虽非唯一原因，总是一个最显著的原因，因为世界上供给人生的一切原料，十九依赖于气候，一切食物，一切衣服，以及大部分建筑房屋之材料，都绝对要靠着气候的。（热带国家的人民，大都意志薄弱，其表现的形式，以懒惰、易怒、好饮、好色为最显著。寒带的人民缺乏进步，和热带一样。因此，世界的强盛民族，多在温带以内，富强国家的平均温度，多半在50° 和70° F中间。）

23．文学可使民族各分子之心灵充满共同内容之思想，而促进全民族之统一，一民族之文学乃构成一民族精神传统之一部分。文学与宗教同，在精神传统中，占居最高超之地位，盖其所着眼者，含有永久性。

24．英国文学艺术，实趋向于解释人生，社会沟通及劝善之途经，英诗人自斯宾塞至雪莱皆立意将艺术与道德及改良人生之观念合而为一。吾人可谓释解人生（莎士比亚为最甚。）与努力劝善（以米尔顿之诗最显。）乃英文学特具之要素。古典派学者莫不知荷马之诗乃统一希腊之连结力，乃希腊宗教之圣经，乃希腊教育之源泉，且实为当时唤醒民族传统而造成希腊民族之创造者。英文学之于英民族性亦然。英文学尚有一体裁，为其始终不变者，且为其所以能发生影响之原因，即其悲壮之精神。此精神悲而不弱，哀而不衰，忧愤而坚忍，虽感时光易逝（如沙翁所谓“人生不过是幻影”。），然绝无失望之心，乃为自己而创造者。故往往于悲壮之中演奏凯旋之歌，实际、忠实、忍痛、奋斗乃英文学给吾人之教训，其影响社会思想与社会想像力最大者：一、首推《圣经审定本》(Anthiriged Version)内之诗篇（Poem）约伯全书（Book of Gof）及圣保罗福音；二为圣徒前进曲（Pilgrim's Progress）；三为沙氏之悲剧，与史剧如Hamlet Gulins Cacsar Falstaff Cycle各剧；四为米尔顿之Poradise Lost Comus等；五为温德华士之社会诗；六为威士利（Wesleys）活特（Watt）考伯（Cowper）之赞美诗；七为拜恩（Burns）之社会诗；八为狄肯斯之（Pickwich Paper）；九为德孚之鲁滨逊漂流记，及格利

(Gray) 之Elegy in a country churchyard、鲍思伟 (Boswell) 之Life of Johnson，史考脱Walter Scott之Heart of midlothian，舍以上十二人外，尚可加入者为故事、诗、及挽诗。此外，尚有Fox之Book of Martyrs，海克拉特 (Hakluyt) 之英国民族航海术 (Navigations of English Nation)，巴克 (Burke) 之演说词，Oliner Croniwell之书信及演词。

25.英国思想家对于伦理、政治、经济三方面之研究，颇有一致之倾向。研究道德哲学者，皆以个人责任与个人满足为基础，无论其为巴特勒 (Butler) 以理性制情欲之直接理论，或为功利主义者认为完满之人生，乃以计算苦乐以获得个人快乐。研究政治哲学者，亦遵循同种路线，洛克之反对国家，主张个人有享受财产（由自己劳力获得者。）之自然权力。边泌氏虽以自然权力为理想之物，是理性之最大敌人，政府之最大破坏者，然彼亦主张政府须予个人以最大可能之自由，以判断自己之利益，而以其自己之自由行动获得自己快乐。亚当斯密斯之经济学说，以为利人企益与公善虽不免冲突，然彼仍主张个人利益之调济以启个人自由竞争之途径。此种思想乃生产于同一时代。其时英国社会因1660年之复辟，1688年之革命，产生商人阶级，此中人大半富有清教徒个人责任之思想，又产生君主立宪政体，议会之特别权利与人民之自由，因而确立。十八世纪更产生其他变化，如土地之归个人地主管理与工业之归由私人企业家经营，故一哲学思想而无时代背景者，于英殊不多见，是故英之大思想家皆曾置身于实际生活者。此固可增加其发生直接之影响力量，然同时亦减少其影响之范围与时效性，英之思想家舍洛克，亚当斯密及十八世纪之史格兰哲学外，鲜有流行于大陆者。即在国内，其影响后世之力亦微，英国实际讨论之性情，可于其数百年之政治生活中表现之。原理原则之空谈，实非英人之性癖所长，法人醉心追求真理，亟欲其真理普遍化，期能于国内国外发生影响，法乃世界各民族之伦理学家，亦为坚信其本国伦理学之信徒。英人从未有醉心追求真理者，不乐于谈理论，英人好将经验与传统混合，好根据先例以决定办法。

※英思想倾向于个人主义及实际生活与实际问题。

26.共产主义之本质，究为虚无主义之革命方法与俄皇专制精神之混合产物，碍难为尊重法律，爱护自由之民族所能接受。

27.教育影响社会组织与民族性范围之大小，恃其传播范围之大小而定，同时亦恃其主持机关之何属。

28.亚里士多德有言："人类有理性与言语之特别能力，苟能善用其理性，从事创作则为万物之灵；苟以巧言悦语以欺人，则禽兽不如。"吾人殊未可以理性与语言之流弊而病人类，科学上之发明众多，可促使人类之文明，亦可残害人类之人生，然吾人未可以其残害人类而病科学。

29.法人之社会生活非常密切，民族之传统习惯非常划一，其民族性之表现于个人之身上彼此大体相同。英则不然，吾人所自知者，一富于精力，一半由于吾人种族因素内有精力之种族，占据强性，一半乃受气候之影响。二富于创造力，固由于气候，同时亦由于：A.习惯法之尊重公民权益。B.宗教思想之尊重个人责任。C.经济制度与经济活动皆足以鼓励国家之工商业走向自动发展之途径。D.富自由精神，乃英法律所赐与者。

30.和谐之民族性，必须以农业为其基础，故吾人希望能捐除某党或某种政策之利益而以全民族全体之利益，重新发现农业之新的可能性。农业新可能性所以需要，并非因其能减少失业之数量，乃因其对于转变民族政策与民族性格之力量，能充分增加其必不可少之因素，此因素即农业之原料与农业之传统习惯是也。然超乎物质富源所含蓄之可能性之上，尚有人力所含蓄之可能性，煤、铁、棉可以枯竭，人力乃永远存在，任何富源最有开发之价值者，莫逾人力之潜在力，故吾人须认识人力可能性之伟大。不惟须保留原有之性格，且须发展原有之性格，此外尚须增加预先之思虑与计划的设计之两性格。

31.精神之发展，皆在休息工作之时。盖休息之时乃人类运用理想之时。……人类天生有造作之精神，于其工作及职业中均可表现之。然其创作者仅为体外之工作，其精神上对于人生之究竟及人生之问题，绝不能有正确之观念。如今之世工作必日趋于笨拙，日趋于单调，人类创造之精力必日益减少……然人类之具有冥想力，与天生之有创作力相同，冥想可使其作真美善之想象，此种想像，惟于休闲时能之……，吾人不惟须努力组织，须培养吾人之休闲。

32.追求真理之欲望，有时可助长新社会制度之产生与新事业之实现。

33.法国民族之造成，乃由于与英德之发生关系，英国文学之传统作风与格调，与英人态度之和蔼，乃自法国学习而来。英人之思想与行为亦莫不受其影响。

34.马志尼谓：每一民族有每一民族之使命，每一民族须实现其使命以贡献于丹丁所谓“人类文明之总体。”吾人希望世界各民族能在国际合作制下造成今后之新民族性。

35.亚里斯多德分个人精神之发展为三时期：一为天然之赋与，二为社会之习惯与社会之训练，三为个人精神自觉之负责行动。民族性之发展，亦然，一种族与土地是也。二法律制度，政治制度，与乎宗教思想，生活方式是也。三国家教育制度，此制度成立后，即为责任的自我行动。(最足决定一民族之命运者，莫如教育，教育可触动人之心灵，心灵乃人类真正之生命，教育即刺激心灵，追求真理（实际与理论），复唤醒其审美观念（声与光之美兼有。），更使其意志归于至善，以培养其性格，又训练人类之技能，充分开发人力之富源）。

※E.C.Semple：lnflunce of geographic，Environment 谓："因交通运输之进步，致使人种的存在发生危险，文化的独立感受威胁，所以我们所怀预感，相信人与文化将渐次成为一整个了，那时真的是 Wisslar 所谓万国型（the universal pattern，出现于文化上而世界的生活样式在均化的时候，亦即司科脱（geuffrey Scott：The Architecture of Humanism：A Study in the History of Jaste 24 所谓"一个道化的世界之型" Lapping 谓：损己益人之思想，文化进步端赖之。）

佛教与日本（集稿）

蒋方震：《日本人》——一个外国人的研究第二章："创造日本文字的是一个有名的和尚，在中国受了精深的佛典教育，那时候，如同水入空谷一般，几个佛教大师把他们的理论风靡了全国，上逮皇室，下迄国民。"

"日本人以为另有欧洲人所没有的'内在精神'"所谓大和魂（Yamato Jamachi）这个东西，这个大和魂，不仅外国人不能捉摸，就是日本人也不能说明。据我看来 Lity 论美学曾说到忘我的境界，这种容易导入于忘我境界的性格，恐怕就是大和魂的真谛。而这一刹那间的异常境遇，是从佛教禅宗所谓悟、所谓空而来的。但其中有厌世悲观的色彩。"

"两个真正的日本指导者：一是从前的圣德太子，他奠定了日本第一期文化，接受了佛教与中国哲学。一是现代的明治大帝，他创了日本第二期文化，接受了欧洲的科学文明。"

王纪元：《日本政治研究》第五章："明治二十四年（1891）已组织了所谓黑龙会，发行亚细亚时论刊物，鼓吹对俄作战，吞并朝鲜，更进而向亚洲大陆发展。"又云：日本法西斯的理论之二为日本主义。"日本主义"也是政治上、外交上、经济上、社会上的主张混然打成一片的称号。如果分开来讲，那末，在政治上是皇室中心主义，在外交上是大亚细亚主义，在社会道德、国民精神上是日莲主义（日本宗教名称，具有牺牲小我精神），在经济上是全体主义，在文化上是东洋文明主义。"

又：日本法西斯之国粹主义派，以头山满所领导之玄洋社为主脑，而黑龙会亦系于其下。

又：龙象《最近日本政治的剖视》四十九页云："明治中叶以后藩阀政治势力渐被政党排挤的时候，于是即有黑龙会等右翼团体出来反抗。"又五十九页："黑龙会光绪二十七年二月三日创立，为以内田良平为中心之民族的祖国主义团体。”

戴季陶《日本论》六页，论佛教与神教之冲突与调和。八页谓传入日本千余年之印度、中国的思想，已经和日本人的生活融成一片，于是日本民族自尊的思想遂勃然发生。

十五页论武士道之起源（不正确，因未涉镰仓武士）。

十七页论封建制度与佛教思想。

十八页论假名之创造及日本生活风俗。

十九页又论神佛二教之调和。

二十六页论所谓日本化之夸大。

二十九页论武士生活与武士道。

三十三页谓日本人尚武思想非由于中国及印度之思想，是由于宗法社会之神权迷信。

一六八页日本社会中一切平和习尚是佛教及礼教的表现。

一五七页论中日佛教之不同，有谓日禅定可以变为军队最高总率。

《中日交通史》木宫泰彦著，陈捷译，商务版。

上

六十五页推世纪十四年有：“朕欲兴隆内典，方将建佛刹，马司达之子多须达出家，为汉人创日僧之始。其女岛为尼之始，弃其制鞍业制佛像（炀帝二年）

七十一页纪圣德太子遣小野妹子使隋求佛典。

七十七页遣隋留学生有僧旻，僧倩安等八人，传播儒佛思想及政府组织，旻（八十一）任国博士。

八十三至九十二页遣唐使表，所携入唐留学生多系僧人。

一二九页论与文化之遣植。

一三五页遗僧赠绝一百以内。

一三八至一四九页论唐末留唐学僧情形。

一五六至一八六页论遣唐留学僧与文化遗植。

一八八页论留学僧带日唐风，使日本风俗转变，如饮茶、烹饪，七七乞巧，元旦屠苏，五五菖蒲酒，又建筑亦依唐式。

一九三至二一八页论日本都市佛教国分寺，山岳佛教东大寺大佛之建立亦照唐制。

一九五页言日本路旁植树亦仿唐法。

二一九至二三一页论留唐僧携来品中二二一谓：真备所呈唐礼，对于日廷礼仪影响甚大。又大衍历亦为淳仁朝废本有之仪凤历而采用。

二三五页言奈良朝初道明在日造十一面观音像，为密教传演之祖。前于空海，道荣致力于流布汉音。

二三七至二五十页论鉴真与其弟子所与日本文化影响。

二五二页论印度僧与日本音韵乐曲之关系。

二六八页谓五代时中日间文化交涉已不如以前之重大，渡海之僧侣颇少，且吴越王尝向日求天台教迹而日僧著作有流布于中国者。

二七〇至二七九页论北宋中日交通事迹，亦以僧侣为多。

二八九页论北宋中日国际交涉，皆以僧侣为使。三〇一页亦有论及。

三〇六页论入宋僧携归日之大藏经实影响日本之出版事业不少。

下

十七至二十六页列南宋时代入宋僧一览表，谓彼等大部分传南宋烂熟之禅宗及宋代特色之新文化，由文化移植上观之，实为最重要时期。

四十页，谓入宋僧屡携大藏经归，刺激日本之印刷事业。又多携宋儒书回而翻刻之，遂令日本有志于宋学者，渐次兴起。

四十四页，谓入宋僧带回顶相，与画家之写实之风，亦大有影响。又荣西携归茶种，日吃茶之风乃盛。

四十九至五十七页论镰仓武士与归日禅僧之关系。

五十九页论日建筑之唐式，一名禅宗式。

八十三页论元世祖命僧使日。

九十一至九十七页论入元僧及元又遣僧使事。

一一四至一二四页论归日元僧与文化之移植。

中

一一八页谓：一山至日，公家禅继武家禅而起。

一二一页论武家礼法之发达，亦直接受正澄百丈清规之影响，世谓论武家礼法之《三议一统》之贞宗与正澄相议制定者云。

一五九至一六六页，论入元僧因多携宋元高僧语录题跋归，刺激五山之诗文学，又携其请问师之法语顶相及宋元名人佛画归，开后世厅堂挂书画之风，与日本画界猛烈之刺激。云谷派、守野派乃受正信等之引发也。

一六八至一七〇页论文学书法绘画与僧侣之关系。

一七一至一七四页论入元僧与中国寺院制度之移植。

一七五至一八〇论入元僧与中国式茶会之流行。

一八五至一八六页论明使祖阐、克勤入日事。

二一四至二一八页论明代勘合船日使皆僧而表文亦五山名僧所作。

二三三页亦然

二七五至二八八页入明僧一览表。

二九〇页论求法僧与使僧。

二九三页使僧桂庵学宋学归致力于兴隆镇西文运者甚多。又随使僧入明之祥端，在明学着色陶器之制法，归国后开窑，为日制陶史上重要事实。

二九四至二九八页论使僧归国携回书籍既多，与日本诗、文学、儒学以清新之刺激，于是有纯中国味之五山文学。

三七一页言德川时，仍遣僧去苏使朝鲜结通商条约。至于清代中、日交通商人多。

三七三至三八六页则论来川并归日明清僧与文化之移植，有建筑、雕刻、书法、绘画、印刻、医药、音乐、乃至豆腐、素烹饪、流布唐音等。

参考书

《大日本史》（德川光国）、《国史总论》（内田）、《古事记》及《日本书记之新研究》（津田）、《日韩古史断》（寿田）、《日韩两民族同源论》（喜田）、《古事记》、《释日本记》、《日本书记》、《续记》、《日本古代文化史》（和迁哲郎）、《朝鲜历史地理》（津田）、《上世年纪考》（那珂）、《延喜式》、《万华集》、《姓氏录》、《三代实录》、《满州历史地理》（白岛箭内）、《善邻国宝记》、《异称·日本传》（松下见邻）、《入唐求法巡礼行纪》（圆仁）、《后记》、《续后记》、《日本纪略》、《延历僧录》（从鉴真往日，思托撰，为奈良朝重要史料，今佚。）、《日本高僧传要文抄》、《东大寺要录》、《东大寺杂录》、《怀风藻》、《文德实录》、《头陀亲王入唐略记》、《智证大师传》、《元亨释书》、

《行历抄》（圆珍）、《扶桑略记》、《禅林奇僧正传》、《书写诸来法门等目录》（宗睿）、《传教大师将来台洲录》、《越州录》、《睿山大师传》、《慈觉大师传》、《唐大和尚东征传》、《入唐五家传》、《东洋史讲座》（伊东忠太）、《三国佛法传通缘起》、《弘法大师传》、《佛教史学》（前田慧曾）、《佛教之美术及历史》（小野玄妙）、《宁乐刊经史》（大屋德诚）、《灵山三藏行历考》、《朝野群载》、《本朝高僧传》（圆仁、智证、空海、惠运各有请来目录）、《日本逸史》、《历史与地理》（内藤）、《悉昙目录》（真源）、《本朝文萃》、《本朝世纪》、《权记》、《百练抄》、《参天台、五台山记》、《传法灌顶杂要抄》、《历代皇记》、《天台霞标》、《京都府寺志稿》、《正元古写源信僧都传》、《金石叙志》、《佛光国师语录》、《泉涌寺不可弃法师传》、《圣一国师年谱》、《律苑僧宝传》、《法灯国时明国师遗芳传》及《行实》、《行谱》、《兴禅护国论》、《三修记类聚》、《内证佛法相承血脉谱》、《慈觉大师传》、《历代编年集成》、《释门事始考》、《艺苑日涉》、《和汉禅刹次第》、《禅林象器笺》、《日本佛教全书》、《图书学概论》（田中致）、《法然上人行状》、《海藏和尚纪事录》、《集古十种》、《本国寺年谱》、《镰仓五山记》、《大觉一山、兀庵、东岩安、佛源、大通、无学禅师语录》、《镜堂、无象、虚舟语录》、《东国通鉴》、《帝王编年纪》、《高闱史》、《五代帝王物语》、《帝王编年纪》、《北条九代记》、《关东评定传》、《延宝传灯录》、《海藏和尚纪年录》、《妙慈弘济大师行记》、《真源大照禅师行状》、《竺仙和尚语录》、《日本史之研究》、《清拙、寂云、圆应、大拙语录年谱》、《荫凉轩日录》、《鹿苑日录》、《戊子入明记》、《允澎入唐记》、《三井寺续灯记》、《五山文学小史》、《东明、佛日塔铭》、《济北集》、《雪村行道记》、《禅居集》、《贞大杂记》、《百丈清规奥书》、《东归集》、《空华皇集》、《五山文学全集》、《五山诗僧传》、《禅林僧传》、《碧山日录》、《大灯国师行状》、《宝町时代之研究》、《友山梦窗语录》、《和汉合编》、《吉日家日次纪》、《武家年代纪里书》、《增修和汉合运图》、《东寺王代记》、《修史为征》、《历代镇西要略》、《南方记传》、《薛氏日本考略》、《大乘院日记目录》、《东海琼华录》、《异国使僧小传》、《续善邻国宝记》、《南聘纪考》、《亲元日记》、《壬申入明记》、《异国出契》、《策彦入唐记》、《补庵京华别集》、《默云诗稿》、《卧云件录》、《大乘院寺社杂事记》、《岛津文书》、《荫藩旧记》、《大明谱》、《东西洋考》、《名山藏邻交征书》、《佛智年谱》、《绝海语录》、《翰林芦芦集》、《桂庵塔铭》、《古画备考》、《半陶稿汉学起源》、《竹居清事》、《图书编》、《苍霞草》、《续本朝通鉴》、《中古日本话乱记》、《南国史话》、《异国日记》、《琉球国志略》、《津岛国史外藩通书》、《外国入津记》、《朝鲜交通大纪》、《德川记实》、《通航一览》、《华夷变态》、《台湾郑氏纪事》、《日本乞师记》、《海东逸史》、

《海上见闻记》、《华夷通商考》、《德川幕府时代书籍考》、《长崎志》、《普照广录》、《禅宗史料》、《日本高僧传》、《先哲丛谈续编》、《续日僧传》、《黄檗僧传》、《木庵、即非年谱》、《黄檗宗史料》、《日本洞上联灯录》、《长亭杂谈》、《东皋集》、《长崎实录》、《和汉寄文》、《近世支那及于日本文化之势力影响》（中村久四朗）、《黄檗外记》、《近世丛话》、《先哲丛谈》、《诸家人物志》、《续近世丛话》、《事实文编》、《画乘要略》、《续诸家人物志》、《琼浦画人传》、《山中人饶舌》、《二老略传》、《松屋丛书》、《玉叶》、《荣尊年谱》、《园明行实》、《法海行状》、《寒岩传》、《日域洞上诸祖传》、《丰臣秀吉传》、《朝鲜征伐记》。

约翰根室（John Gunther）《亚洲内幕》（Inside Asia）第二章："中国给日本——引林语堂语——下列各种文物：陶磁、画、丝绸、漆器、印刷及书法、铜币、纸、窗、灯笼、爆竹、儒教、唐诗、饮茶，以及花卉及假山堆砌的花园，若干旧俗节日……。日本人对于从中国所受的恩惠，非常气愤。他们妒忌中国优秀的文化，他们轻视中国，一半因为他们所负实在太大了"。……"日本人的爱国心在某一程度中实为神道教的效用，神道教告诉人民说，国家是一个家庭，一个单位。"

郑振铎编《文学大纲》第十九章："奈良时代之诗歌集《万叶集》（manyoshin）作者之一山上忆良，信佛，多表现敬神忠君之思于诗歌。令反感情歌，詠人世之羁绊，纠正遁世出家之念。又有贫穷问答，同情于下级贫民之贫乏。又醍醐天王延喜五年（公元九〇五年，唐哀宗天祐二年）所集之'古今和歌集'多表现上流阶级之国民心理。融合儒佛二教，见花感聚散，窥月叹无常，多因果宿命之观念。"

文化传播辩论——《文化传播辩论集》（周骏章译）

一、进化派（人种学家）（平凡派）

1.人物：

a.摩尔根（I.H.morgan）

b.夫累瑟（J.A.Frajose）

c.拉布克（J.Lubbork）

d.泰罗尔（E.B.Tylor）

2.主张：

人类固由低级动物进化而来，文化亦然。文化在各处单独生长，单独发展进化可分为几个阶段，假若两地文化发展到同一阶段，双方就有许多相似之处。

3．缺点：

忽略了外来的影响，历史上的接触和地理上的交通往来。

二、播化派（Diffusionist School）（浪漫派）

1.德国派

a．人物：

甲，夫瓦（W．Foy）

乙，格培累尔（F．Graefner）《人种学之方法》

丙，安克曼（B．Ankerman）

丁，史密特（W．Schmidt）

戊，科柏斯（W．Koppers）

b.主张

以为全世界有七八个文化区（Kulhu ksni）在原始时独立，后互相传播交织在一起，以致近代各处的文化都是数种原始文化之混血儿，传播的方法很多，如移民、殖民、征服、传教、通商、留学、旅行、革命等。

※斯宾敦说："德国浪漫派主张三种原始文化导源于游牧时代猎人的简单生活，第一种文化是女性的，因为发明农业技术的是女人。此时宗教和艺术，均与女神和月亮有关。第二种是男性的，由男性的技艺完成后而产生。男性的文化注重父系嗣续，创图腾制，崇拜男神、编出太阳神话。第三种文化成立于驯养家畜之后，由游牧民族加以推进。以后的历史皆由此三种原始的社会生活调和而成。"

2．英国派：

a.人物

甲：斯密司（G．E．Smith）——《古代埃及人》、《原始时期》、《人类的历史》、《文化之传播》

乙：培利（W．J．Perry）

丙：瑞维斯（W．H．R．Riws）《美拉尼西亚社会史》

b.主张

以为世界上一切文化都从埃及发源，罗马文化脱胎于希腊。希腊渊源于克利特（Crete）和小亚细亚，这两地文化受惠于埃及，埃及与美索不达米亚孰先孰后学者间犹无定论。但两者间必有密切之关系，即苏米尔（Sumer）先巴比伦，伊拉姆（Elam）文化亦取自埃及。因当伊、苏文化成熟之际，埃及文明发展或已千年。其后伊、苏文化播达西比利亚中部和陕西（潘培利—Punpelly）—

在土耳斯坦发掘亚诺（—Anan之结果），安特生在河南、辽宁发现初民遗址。证明中国原始文化与亚诺，伊苏及其他西亚各地原始文化有相似处。故东方文化亦由美索不达米亚（在幼发拉的底格里斯两河之间之平原，即巴比伦巴述建国之处，今为土耳其之一州），约在纪前二三千年之间，美索不达米亚之影响达于印度、马沙尔（Sir John Morshall），在印度旁遮普（Punjab）和信地（Sind）两省发掘古城，找出初期铜器时代印度苏米尔文化的（Indo —Sumesian Culture）遗物。他们的船，在形式上与金字塔时代（纪前三千至三千五百年。）原为航行尼罗河而发明的完全相合。

※德布劳恩（Edward Braun）很久以前就说埃及为一切文化发源处。

※英埃及学者彼特利（Sir Flinders Petrie）牛津大学教授教授迈厄斯（J.I.myers）和伊凡斯（Sir Arthur Erans）于埃及为文明发源地说皆加以非笑。

三、功能派（Functional School）（改良的进化派）

1.人物：

a.马林诺夫斯基（B.Malinowske 波兰人）——《文化之生命》

b.布朗（Padcliffe—Brown）

2.主张：

文化可以单独生长，因人类有生理和心理上之需要必须发明用具、制度或技术。除发明以外，各种文化可互相假借，但不是播化而是适应。大凡某地接收外来的文化以适合本地的需要为标准，新来的文化必须与固有的文化相调和，经过一番改造的手续，文化上的产物不论新的、旧的、本地的、外来的，只要有相当的功能，有相当的用处就可以存在。功能大的自然受欢迎，小的自然被淘汰。每一种文化上的成就，传播与发明之力各占其半，而传播与发明，绝不能单独存在。在社会组织、宗教、语言和经济各方面，文化的发明是要供给同一的需要。他们的功用相似，但各处的发明在形式上完全不同，方法上也不同，故文化有独立的起源。考古学家知道指南针、文字、化学和日历都是各处单独发明的。埃及人以纸草造纸，中国人以碎布造纸，墨西哥人另以一原料造纸，没有一种文化完全从他种文化抄袭而来，埃及从诸邻所得的，不亚于他所给予诸邻的。

四、批评派（美国历史派）

1.人物：

a.鲍曷斯（F.Boas）

b.斯宾敦（H.J.Spinden）——《迈雅之艺术》、《墨西哥与中美古代文化》、《人类学的平凡派浪漫派》

c.戈登唯塞（A.Goldenvosiser）——《原始文化》《有限制的可能性之原则》

2.主张：

鲍不主张进化、播化或适应。他觉得这类问题，不应先下主观的定理，然后强事实以就已，他采取折中的方法，收各说之长，而指责其短。戈大体上赞成马林之说，而攻击其“文化既非发明，亦非传播”等议论。

※鲍虽承认地理环境可改变居民身体之形态，但改变之方法与程度则不能确定。而文化亦非全由地理环境所决定。对于人心统一说则拥护之，并谓关于人类天赋理智之数量，原始人与现代人殊无显著分别。文化上之差异，基于发展所需要之机会有差别，氏以为对于文化上之雷同不可单恃一原则以说明之，往往表面相同而肇因则绝不同，故对于文化雷同之产生，或须承认“独立发展”与“传播”均有关系，（班兹新史学与社会科学引）。

※新旧石器为先史（Prehistory）时代，青铜铁时代为历史时代，在新石器时代之后（文字开始）而又在文字的开始之前，这一段称之为原史（Proto-history）时代。

※新旧石器之分，并不完全基于石器之粗细，或是否琢磨，却在石器以外的文化现象：1.陶器、2.弓箭、3.农业的开始、4.动物饲养的开始，故新旧石器时代之分，陶器之有无，实一重要基点。有中以阿奇林期为中石器（Mesolithic）时代，又有称为尾旧石器（Epipaleolithic）时代作为旧石器时代之尾声。此期骨器及制作技艺之衰落或使他们开始有土器使用的想象，而终于出现了以陶器为特征的新石器时代。《史前史概论》在曙石器、芝良期之间，又有前芝良期。阿奇林期或与达丁诺要期（Jardenoisean）合称为阿……达……期。又云：“阿奇期时代之工业，细石器角制鱼叉最具特色，鱼叉多以赤鹿角为之，较马特期者为粗。

欧洲先史表——震旦人与周口店文化（叶为耽）

(近遂尔（Meyer）编一书史前二字，为求术语之正确，已改为文前（pre-literary）

地质时代	
第四纪 (Quaternary) 更新统 Peistocene	现代（Holocene）
	冰退期（past —Glacial）
	武尔穆冰期（wirm）
	第三间冰期（3rd Interglacial）
	内士冰期（Diss）
	第二间冰期（2nd Interglacial）
	第一间冰期（或民德尔冰期Minde）（1st Interglacial）
	恭磁冰期（Gunz）
第三纪 (Tertiary)	上新统（pliocene）

	文化时代	人种类型	距今年数估计
	新石器时代（neolithic）	现存人种	公文前一万年
后旧石器时代（在古生物子业称驯鹿时代）（upper Paleolithic）	阿奇林期（Ajiliam）驯鹿绝灭，角骨制器衰落；马期艺术亦不存，小石器为特征。）	格里马地人（Grimaldi）（发现于法意边境之曼东纳一mentone具有浓厚之类尼格罗人或云黑人之祖）	公元前二万五千年马期《史前史》纪前一万六千年
	马特兰宁期（magdalenian）（打石用一个中间的媒介，为钻子一类的东西，故有大小自如的石器，骨器多而精。）	克鲁马农人（Cro-magnon）（或云白人之祖）洞穴绘画，最初宗教观念之创造者为现代文化人祖先，脑客积1500立方厘米。	
	苏鲁脱灵期（Solutrean）（石器开始有两边锋。）	白鲁姆人（Brimn）	
	阿里诺辛期（Arrigracian）（与里斯期无甚差别）（有鹿角制的骨器及骨针）	真人（Homo Sapiens）	公元前五万年
前旧石器时代（Fonen palcoecthnc）	墨期梯灵期（mousteri-an（不但使用石心，且有石片的使用，其边锋又更锐利，——此又称为再击的使用（开始有骨器的制作，但较粗糙。）	奈安德塔尔人（Homo neanderthalinsis）（在古生物学上为象犀Age—of the Ele. and of the Rh.）一穴居守猎、脑容积一千四百立方厘米。	公元前十五万年（《史前史概论》纪前四万年，又称旧石器中期。
	曷朱良期（Achenle-an）（石器分出石刀及石刮刀等名目，但亦不过敲去其碎片而用其中心。）	古人（Paleoanthropus）即海德尔堡人（Homo Fni-Inlburojmiyir）	公元前十七万五千年
	芝良期（chellean）只有一种石斧（Coup—de—Poing）（石斧之外有石铲、石锥与前芝良期相似。）		公元前三十七万五千年 公元前四十万年《史前史》纪前十万年
曙石器（Eolithic）		曙人（Eoanthropns）（发现于英皮尔顿，但证据不足很成问题）至于爪哇之猿人，发见到今四五十年，亦有问题，但因震旦人之发见而可证实期存在这三种人出现于三个辽远区域，暗示着其前已有更原始的人类游移欧亚大陆之间，经几百万年，然后形成此三种人	公元前四十七万五千年 公元前五十万年

在墨斯期有雕刻，至阿里期又有造型艺术之开始，马特期艺术有了最初的最高的成就——复现自然形象的造型艺术，考商务，斐文中旧石器时代之艺术——法先史考古学者，在墨曷二期之间置一中间文化期曰米哥克因（micoquean）颇为一般学者所认许。

埃及文化，距今八、九千年。较苏美尔文化迟三四千年，因埃及在苏马尔南十度，近于热带、印度与埃及同在北纬二十五度，何以印度文化又较埃及迟二三千年。因埃及南有非阿比尼亚山脉，山阴气候凉，印度在喜马拉雅山南，热故迟——卫聚贤之说。

新石器时代精神文化之特征，可说是天文学，这和农业上的太阳宗教相关联的。但在旧石器时代，已知太阳运行和动植物繁殖有关系了，在曷朱良期已有太阳神话的原始形态。即将太阳加上两足跨于空中，以表象伟大的Phallus（动植物繁殖的象征）下降为打猎的巨人与战士。新石器时代，因为已是生活于农牧的氏族社会了，就在太阳天文学的形式里发生素朴的自然科学，这时僧侣已不单是念咒师，而要以祭场作天体观测所了。欲举石器时代文化的特征，旧石器时代为艺术的（绘画的）文化，新石器时代为太阳宗教文化，抱此原始文明而构成世界最古两大文明的，为巴比伦与埃及。创造巴比伦文明者为苏美尔人（Sumerians），乃巴比伦最初用金属的人。大约西纪前四千年，原住中央亚细亚发生民族移动的苏美尔人通过伊兰高原（阿富汗俾路支、波斯之总称）移住美索不达东南部的冲积平野。这时阿瑙（Anan）在俄属土耳其斯坦据阿瑙发掘者R.Pumpelly，E.Huntington之推定，第一期文化起于纪前九千年，第二期纪前六千年，第三期（铜器）文化经长久干燥期后，从纪前五二〇〇至二二〇〇止）苏撒（Susa on Shushan）古伊朗—Elam—首都，据苏撒发掘探险队长靡尔根与孟成略斯（Montelias）说，苏撒文明持续时间，自始自终亘二万年之久。而兰敦（S.Lungdon）把苏撒第一期文化与第二期文化的境界定在纪前四千年，已在使用铜器与青铜器了。这就暗示苏美尔人用金属的来历，在苏美尔古都市的底层可以看到是金石并用时期。农业发达，突飞猛进，家庭工业生产力增大，因此有城市，有市场。纪前三千年时，且远贩至西北印度的印度河谷间摩恒招旦罗（Mehenjo Daro）等处进行外国交易。此时政治是祭政合一的都市国家，即所谓神治政体（Theacracy）苏美尔人所发明的文字是近于绘画文字的象形书体，渐次形成线状即所谓楔状文字（Cuneiform Script）巴尔顿—G.A.Barton—分之为七期。）

建国于美索不达米之国家，他的政体，从西元前四十世纪之初期都市国家时代至西纪前六至四世纪之波斯帝国时代，始终一贯是王制。大概最初是苏美尔（有

Eridn，Ur Logash，Umma，Nippur）阿闿底（Arkad（两河北部高地）有 Arshak Rish Usin 等）地方都市国家，互相争霸而为都市国王。继之为统一这都市国家，树立专制君主政体，萨艮之阿闿底王国（东至伊朗，西至叙利亚，巴勒士登、从地中海至波斯湾）施行官僚政治。不久，变成一个法治的商业的代替官僚的君主政体（法典编纂者 Hammuraofi（第六代国王）的巴比伦第一王朝。在纪前二二五O年顷，王为阿摩利族之 Suma Abum，首据巴比伦），最后是把各国各族武力兼并欲行世界统治，成立军国主义的亚述帝国，波斯帝国。纪前一二OO以后 Chaldeans Kaldi）（迦勒底人）侵入巴比伦南部，和巴比伦混血同化，至纪前六世纪顷，达于文化最盛期，于是巴比伦尼亚之地名，作为“迦勒底之地”。迦勒底人多经商，和米太人（Medio）同盟，灭亚述帝国（纪前十三世纪巴比伦文明的政治中心，移往北方亚述 Shalmaneser，征服北部美索不达米亚和北方叙利亚。至纪前八世纪以后，亚述帝国彻底实行军国主义，率引农民军队和佣兵的亚述诸王，席卷叙利亚、巴勒士登、埃及、亚美尼亚和波斯的山地），以巴比伦作首都，建设新巴比伦王国（纪前六二五年至五三九年）波斯帝国灭亡，亦以巴比伦为首都——中原与茂九郎：《西南亚细亚文化小史》。

- 新石器时代
  - 创比尼安期（Campignian）—岑家梧《史前史概论》，细石器及陶器；
  - 罗宾哈西安期（Robenhansian）…700B.C 瑞士之湖上居民即属此期，纺织工业发达，织染精巧；
  - 卡尼西安期（Carnacian）／（或称纯铜时代，即冶铜犹未知用锡）／金石并用期（Eneolithic age）…3000—2000B.C（埃及纪前五千年，已入金石并用期、希腊三千年，仰韶三千年。）

- 青铜器时代（含锡）
  - 第一期……2500—1900 B.C.（埃及纪前四千年已有青铜器，或谓三千年，希腊二五OO年。）
  - 第二期……1900—1600 B.C.
  - 第三期……1600—1300 B.C.
  - 第四期……1300—900B.C.

- 铁器时代
  - 哈尔斯泰特期（Halstatt）…1000—500（又可分第一、第二期。）
  - 拉、特尼期（La T’ene）…500 年—罗马时代（又可分三期。）

（用铁似以埃及为早，一般承认希腊用铁 B.C.1000—900 年之荷马时代，因伊利亚特中有铁战具也。）

※或又根据发掘（欧战后）之研究，断两河文化与伊兰文化层无先后可分。总之从先史时代起已脱新石器时代而并用铜器及石器。

※苏美尔人与阿闿底人宗教的原始状态是万有灵话论（Animism）在自然现象背后，相信“灵”或“生命”。于是有万神庙（pantheon）之成立，古代巴比伦的僧侣拿他丰富的天文知识和宗教连

结，组天文宗教，大概以巴比伦主要诸神为诸星显现，如Shomash为太阳，Sin是月，又金、木、水、火、土五星。关于地面一切事象发展的预言，都容含在诸星中，而一切事象都预定在天文运行里。在其年开始，决定运命者为最高神，恩利尔，以后则归马都克（巴比伦主神），而由诸星中默示天文运行之，启示而卜知之者有僧侣。亚述巴尼帕尔时代，宗教界出现一神教倾向，但为某神摄取属性类似之神而最后统摄于马都克，与以色列宗教不同。

※《史前史概论》云："阿瑙与苏撒出土之彩陶，一方与我国新石器时代者似，一方又与黑海沿岸之彩色陶器文化群者似。故阿瑙实为新石器时代东西文化沟通之要道。苏美尔人之言语与雅利安族语不同，其容貌为类蒙古式的，故世界最古之文明，乃亚细亚类蒙古人之所建立。

旧石器时代人类之宗教信仰，如对死者之埋葬，举行种种礼仪，即为崇拜死者灵魂之表现。上部旧石器时代人类曾有魔术行为，从洞壁艺术上可得证明。

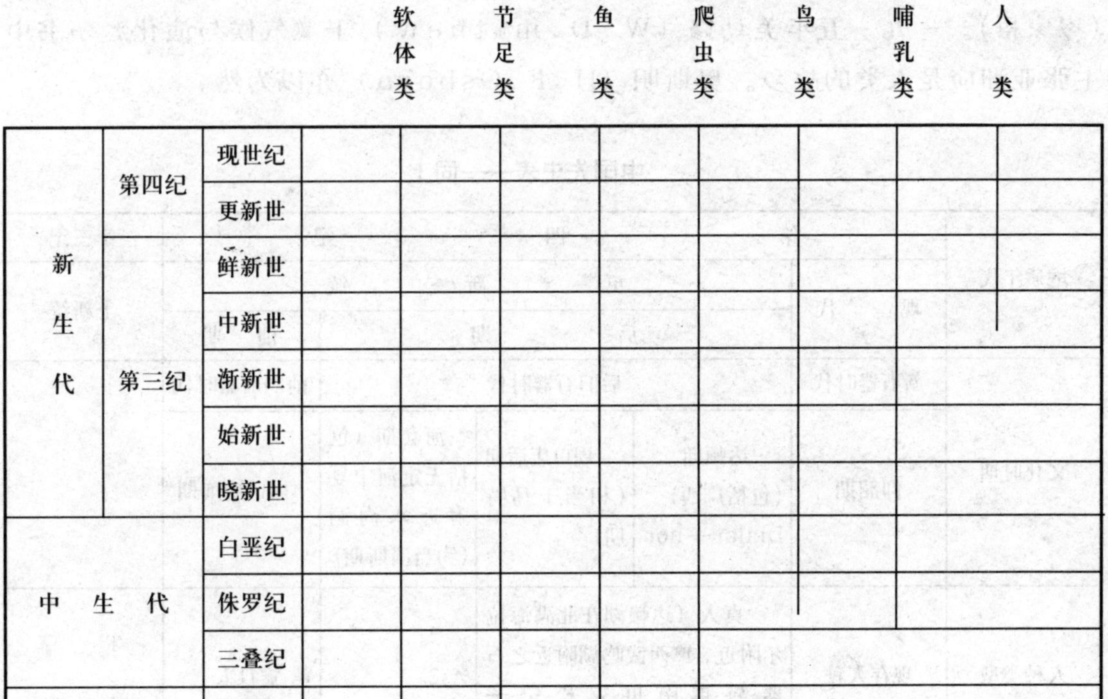
软体类
节足类
鱼类
爬虫类
鸟类
哺乳类
人类
新生代
第四纪
现世纪
更新世
第三纪
鲜新世
中新世
渐新世
始新世
晓新世
中生代
白垩纪
侏罗纪
三叠纪
古生代
二叠纪
石炭纪
泥盆纪
志留纪
寒武纪
始生代
前寒武纪

阿奇林期之社会制度，仍为图腾。然已有民族制之转形期的特征，故其图腾集团中，以家族为单位，有家长之存在。（如北美印第安人之社会）至新石器时代进而为氏族制，此制度下，男女分工，男渔猎畜牧开垦等，女种植纺织，故显占重要地位（生产经济上之主人），乃有母系氏族制出现。其后经济生产发展为高度农业时，非女子所能任，乃转为父系氏族制。宗教则因氏族长老之制而图腾崇拜渐为祖宗崇拜所代。又因农业之故，以山河日月为崇拜之对象物。又因家族分工之发生，专门从事魔术之巫师随之产生。

今日一般主张最初使用青铜器之地带，为中亚北部。盖阿尔泰及帕米尔之天然铜矿至富，当时由大气之压力增大，矿岩崩露为人所取而用之，向西传至巴比伦，腓尼基，埃及，爱琴海而达欧洲。因铜铁器之使用而生产力大增，私有财产之制起，于是有初期之封建，土地转移于少数人之手而产生奴隶。对于灵魂崇拜，更甚于石器时代，而灵魂世界亦随现实世界而有贵贱——《史前史概论》（岑家梧）。一九一五年美马修（W.D.mathew）于《气候与演化》一书中主张亚洲应是人类的故乡。奥斯明（H.F.Osborn）亦以为然。

中国先史表——同上

<table>
<tr><td rowspan="3">地质年代</td><td colspan="5">第　四　纪</td><td>第三纪</td></tr>
<tr><td rowspan="2">现　代</td><td colspan="4">更　新　统</td><td rowspan="2">上新统</td></tr>
<tr><td colspan="3">后　期</td><td>前　期</td></tr>
<tr><td rowspan="2">文化时期</td><td>新石器时代</td><td colspan="3">后旧石器时代</td><td>前旧后器时代</td><td rowspan="2"></td></tr>
<tr><td>仰韶期</td><td>达顿期（包括广西）Dialai—nor</td><td>周口店后期（相当于马特期）</td><td>河套期（包括无定河宁夏附近水沟洞（约当墨斯期）</td><td>周口店前期</td></tr>
<tr><td>人种类型</td><td>现存人种</td><td colspan="2">真人（达赖湖在北满海拉尔附近，广西武鸣湖附近之石器与越南贝克松宁—Bacaopian—相似）</td><td>2.</td><td>震旦人</td><td></td></tr>
<tr><td>距今年数（估计）</td><td>公元前一万年</td><td>公元前二万五千年</td><td>公元前五万年</td><td>公前七万五千年</td><td>公元前四十万年</td><td></td></tr>
</table>

由动物及植物化石可知周口店时期，气候较现为温和潮湿，由红色土质存在。又可知当时纬度较现为低，当此时如水牛之出现，可知华北动物与南方必有相当往

还。魏敦瑞（Fram，Weidenreich）根据震旦人门牙之勺形的存在和颚瘤，以为与现代蒙古类人具有直接的发育关系。又以震旦人的脑形，小脑右部较左部为发达，而在大脑部分则左部较右部为发达，这表示震旦人已有惯用右手的习惯。又脑积左侧下前部有显殊的发达，这一部分我们知道在现代人里面是有关语言神经的，可知震旦人有充分的明晰的口语，震旦人是火的使用者及石器之作者。而石器外表上示与墨斯期有所相似（观其石器之制作技术及种类与骨器之使），使人类文化史展长数十万年（曙人、海德尔堡古人无文化遗迹。）。

※据 G.E.Smith 比较震旦人、直立猿人、曙人之结果，以为北京人之体能介于二者之间，而猿人则为第三纪末期人科中之一支。《史前史概论》云：中国新石器文化，以河南省为中心，西至陕西、甘肃、青海与古代东方系（即阿瑙等）相连接，东至山东、奉天、北至山西，与西伯利亚系相连。安特生分新石器时代后期至金石并用时代文化为齐家期（甘肃）—石刀、石斧、尖头角器、单色彩陶。仰韶期—磨制石器，多彩陶鼎鬲形陶器、骨针等。马厂期—更复杂纹样之彩陶。辛店期，寺窿期、沙井期则属金石并用时代，然编年颇难。

河套期属于更新统的黄土期（武尔穆冰期），而山西西部、陕西北部及甘肃东部亦有同样之发现，而与西伯利亚叶尼塞的旧石器及捷克斯拉夫，阿里诺辛工业的征象相似，暗示着其间似有相当的关系。河套与西伯利亚的比较接近，或他们同属一西伯利蒙古（Siherio—mongolian）区域。

广西石器既具有贝克松宁之特征（贝有陶器而广西无，故又稍先贝克松宁。）似可合一贝克松宁文化区。与达赖文化虽同属尾旧石器期，但不属同一系统。

据美生物学家葛利普（A.W.Graban），协和医院创办人步达生（Davidson Black）之研究，以为在中新统开始时，中印间无高山阻隔，尽是平地。从古生物分布上得知某种动物得自由游移于印度及中央亚细亚之间，到了中新统，喜马拉雅山耸起而隔绝，一支因其环境条件与他们祖先无异，在郁热林区享用食料不致有习惯的转移而改变了他们的机构，故仍为猿在热带区域内自由游移。其在新疆之一支，因气候及生活环境之剧变，迫其有习惯及机构之改变，变而为人。经过悠长的适应时间（《史前史概论》之说同），为了食料及斗争移游各处，隔了几百万年而有猿人，曙人，北京人之出现。

与仰韶文化相近之新石器，在山西夏县的西阴村、万泉县的荆村、辽宁锦西县的沙锅屯、南京栖霞山的张家库、杭州的古荡、福建武平、广东海丰、香港舶辽州、甘肃宁定县的齐家坪、青海乐都县的马厂沿皆有发现。

苏马尔文化距今约一万二千年，其居地在北纬三十五度。北有里海，西有地中海。中国黄河也在北纬三十五度，东北有渤海，东有黄海、气候亦相同。何

先史民族进化阶段

- 野蛮
  - 上段——以巢居，言语之形成，以采集野食及守猎为主要生活；
  - 中段——用火，古石器之使用，渔猎；
  - 下段——用弓矢，新石器之使用，渔猎，有皮制衣服，不舒服之住宅
  - （以上）杂交时代
- 蒙昧（未开化）
  - 上段——陶殖、牧畜、种植、知粗型纺织；
  - 中段——铜器，种植极盛；
  - （以上）由血族群婚至亚白族群婚
  - 下段——铁器，文字之发明；
  - 由一时之配合至固定的夫妻国家形成——男性中心
  - （以上）氏族社会
- （杂交时代至蒙昧上、中段）女性中心
- 文明
  - 上段——文学普及化，成文法律，使其传说习惯有永久性。上层阶级奢华，政治独裁，奴隶制或农奴制普通的，宗教则神学的。
  - 中段——科学开始兴起，成文的民法，出现政府官多，且注意等级，政治及社会制度如上段，商业兴起，均势的和平为人民所要求。
  - 下段——科学曷明，民主，无阶级，文学，美术成为大众所珍重的东西，宗教成为人道的，财富分配平均，消灭战争。

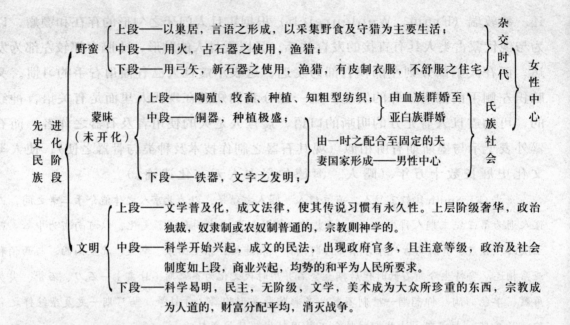

以苏马尔人早有文化，中国以神话中的黄帝计，也不过距今四千六百余年，又殷墟龟甲尚多像形，巴比伦已成拼音，是巴比伦较殷墟进步，即殷墟较巴比伦为早，应与苏美尔人相当——以上两段卫聚贤之说。

（据莫尔干《古代社会》爱尔马（Harlee A.Ellwood）《文化进化论》）关于中国天文学·L·De.Sanssure（特沙许）在尧典中关于天文学的二段及《中国天文学之起源》中力证中国天文学兴起极早且纯粹是独创的。关于中国占星术受西方的影响，大家都承认的。考阅伯作尔（C.Lajolle）《司马迁与巴比伦的占星术》（Opsapusipfa Jrispfunifs 卷八）

※海丰古物，皆为新石器时代及青铜石器时代之型式，更有确属旧石器时代之物。由此等发现可知：1.香港与非律宾间曾有交接。2.仰韶彩陶与青铜器间之文化间隙，可由华南之发现而满足。3.沙坑（Sow）文化为新石器时代之原始（前仰韶文化），故可说仰韶系沙坑文化之后裔，而是从柬埔寨、香港、黄海，或从缅甸，云南，四川而连华北及满州。（R.moglioni 海丰·史前遗物发见记。而香港发现的古物，一方面与江浙及安阳的古文化一致，一方面可受到南洋群岛的影响。

日本历代帝纪略抄

神应——仁德——履仲、反正、允恭、安康（元年西纪四五五，日纪一一一五，当宋孝武孝建二年，以上五帝之年代存异说）、雄略（元、西四五七，日一一一七，宋大明元

年）清宁（元，西四八〇，日一一四〇，高齐建元二年）——显宗——仁贤——武祖——继休（梁）

推古（元、西五九三、日一二五三，隋开皇十三年）——舒明（元，西六二九，日一二八九，唐贞观三年）——皇极（元，西六四二）——孝德（元，西六四五，年号大化，白雉）——齐明（元，西六五五）——天智（元，西六六二）——弘文天武（元，西六七二，年号白凤）——持统（元，西六八七，日一三四七，唐中宗嗣圣四年）——文武（元，西六九七，年号大宝广云）——元明（元，西七〇八，年号和铜）——元正（元，西七一五，年号灵龟、养老）——圣武（元，西七二四，年号神龟天平）——孝谦（元，西七四九，年号天平成宝、天平胜宝、天平宝字）——淳化（元，西七五八）——称德（元，西七六五，年号天平神护，神户景云）——光仁（元，西七七六）——桓武（元，西七八一、日一四四一，唐德宗建中二年，年号天应，延愿，大同）——平城（元，西八〇七）——嵯峨（元，西八一〇，年号弘仁）——淳和（元，西八二四，年号天长）——仁明（元，西八三四、年号承和嘉祥）——文德（元，西八五一，年号仁寿，齐衡，天安）——清和（元，西八五九，年号贞观）——阳成（元，西八七七，年号元庆）——光孝（元，西八八五，年号仁和）——宇多（元，西八八九，年号宽平）——醍醐（元，西八九八、年号昌太、延喜、延年）——朱雀（元，西九三一、年号、承平天庆）——村上（元，西九四七、日一六〇七，后汉高祖天福十二年，年号天历、天德、应和、康宝）——冷泉（元，西九六八、日一六二八，宋太祖开宝元年，年号安和）——圆融（元，西九七〇，年观、天禄、天延、贞元、天久、永观）——花山（元，西九八五、年号宽和）——一条（元，西九八七，年号永延，永祚、正历、长德、长保、宽弘）——三条（元，西一〇一二，年号长和）——后一条（元，西一〇一七，年号宽仁、治安、万寿、义元）——后朱雀——后冷泉——后三条——白河——堀河——鸟羽——崇德（元，西一一二四，宋徽宗宣和六年，日一七八四）、（二年，西一一二七，日一七八七，宋高建炎元年）——近卫、后伏见、后三条、花园、后醍醐（后醍醐延元元年后，另有北朝兴明、崇光、后光岩、后圆融、小松诸朝）——后村上（二十二年，西一三六七，日二〇二七，元顺帝至正二十七年）长庆（元，西一三七二，日二〇三二，明太祖弘武五年）——后龟山（九年，西一三九二，日二〇五二，洪武二十五年，北朝小松明德三年）——后小松（此后无北朝），称光，后花园，后土御门，后柏原、后奈良、正亲町、后阳成，后水尾、明正、后光明、后西（元，西一六五五、日二三一五、明永明王永历九年，八年为康熙元年）——灵元、东山、中御门、樱町、松园、后樱町、后桃园、光格、仁孝（天保八年、西一八三七年、日二四九七、清道光十七年）——嘉永（三，西一八五〇，道光三十年）——安政（元，西一八五四年、咸丰四年）——万延（一年）——文久（三年）——元治（一年）——

庆应（三年）——明治（四十四年）——大正（十四年，民元一四年、西一九一二——一九二五）——昭和（元，民十五年）。

德川末代名史家赖山阳著《日本政纪》、《日本外纪》纪年起，神武（西纪前六六〇年，当周惠王十七年。）而一班顽固派，如《神皇正统论》、《史实事实》及山鹿素行、吉田松阴等则以天照皇大神为始。日明治五年十一月九日宣布废阴历，用阳历，以六年一月二十九日为“神武即位日”，当阴历元旦，因日史有元月朔即位之文也，自后为法定纪元不许再有异说。其实据考古学者看，日本在三千年前，还是无人岛。在《三国志》倭人传时代，还是石器时代，还是一些母系制度的部落酋长和男酋长斗争不息的野蛮时代。《魏志》倭人传载邪马台女王卑弥呼与狗奴国男王互相攻伐，可为证。故所谓周惠王十七年即位的神武，绝对不会有的。日本史家，释神武之传说，也有认为神武和崇神（日史十代王，当汉武帝至成帝时）是一个人。也有认为神武东征，即“景行”东征，更有认神武，崇神，即应神（日史十五代王，当晋武帝至怀帝时），一人之复制。以周惠十七年算，同年（民三十年）为神武纪元二千六百年，以崇神算为一九三七年，以景行算为一八七九年，以应神算只一六七〇年。故日史家引黑浪速之《天地开辟史记》，即力攻周惠十七年之说。（最初伪造神武纪元的是宋史日本传僧奝然所贡的《日本今王年代纪》，他说，神武纪元甲寅，当周敬王三十三年，比周惠王十七年说少一七三年。此外，吉田东伍以研究中国史，朝鲜史来考证，主张以周考烈王十五年乙卯为神武纪元，则推扳二百十四年。后来那珂久世以为那许多说法都不合理，把神武纪元政为汉宣帝神爵二年，辛酉，但被人所攻击，连大学教授也革了职，明治则采用周惠王十七年不合理的怪说。同时我们知道，日本在持统女帝前（唐中宗前）无通纪岁次月日，延宝八年，（康熙十九年）保川春海仿中国年表著《日本长历》而增始增入岁次，明治年间，又模仿中国南北朝正闰论，硬把花山以后本无所谓皇室的群雄割据时代，凭空添出一个从来没有的南北朝帝系。新补造齐全的历代帝名的生没年月是明治六年三月定做的。而所谓神武据史家藤贞干的《衡口发》和林道春的《神武天皇论》考证，断定神武是吴人，正合于中国史上所谓倭人自称泰伯之后，是由江浙沿澎台琉球诸岛而到日本，征服了日本土人的最初统治者。其元年开诏里，有“奄六合以建都，并八纮而为宇”的六朝文骈语，其荒唐可想。倭皇文武八年（即庆云元年，唐中宗二十二年）始有诏词。

说　儒

（胡适论学近著第一辑）

孔子祖先是宋人，殷之后，他临死自称殷人（见《檀弓》）。而《儒行篇》，孔子对鲁哀公说："丘少居鲁，衣逢掖之衣，长居宋，冠章甫之冠。丘闻之也，君子之学也博，其服也乡，丘不知儒服。"由此可知当时所谓儒服，即是殷服。故可推想最初的儒都是殷人，都是殷之遗民。他们穿殷之古衣冠，习行殷之古礼。

※孺字始见《周礼》天官，然不见于周初代籍，陈澧谓是时儒尚未自为一家之学。

从周初至春秋时代，都是殷文化与周文化对峙而未完全同化之时代。最初殷民族仇视周，所以有武庚事件，东部的薄姑商奄都加入合作（《汉书·地理志》、《史记·周本纪》）周灭之建立了太公的齐国，周公的鲁国，同时又在殷虚建立了卫国，在洛邑建立了新洛邑，但不能不保留一宋国。大概还是承认殷民族问题之严重性，而予其文化以尊重，颇似北欧民族之征服罗马帝国。

※傅斯年作《周东封与殷民族》一文，证明鲁为殷遗民之国，晋为夏遗民之国。商之宗教，其祖先崇拜在鲁独发展，而为儒学。其自然崇拜，在齐独发达而为五行方士，故殷为中国文化之正统。

殷知识分子，在那新得政的西周民族之下，所过生活固惨，但有一事是殷民族的团结中心，也就是他们后来终久征服那战胜者的武器——殷人的宗教。（祖先教、祭祀丧礼（三年之丧等）——考毛奇龄《四书改错》在他们宗教里占一重要地位，又极端信占卜，是故有祝官及相礼的专家。）

※徐中舒据《左传》昭十六年，子产之说以为商之名起于殷贾——《国学论丛》1.1.21页。

※三年之丧，在西汉晚年行者甚少。光武后不唯官吏丁忧，直到邓太后（元初中）始着为诏令。安帝以后，三年之丧成为选举的一种资格，遂成风俗。

起初是为周人所借重，往往用"士"的名称来泛称他，此种遗民的士，古服古言，自成一特殊阶级，其长袍大帽的酸样子，又都是彬彬知礼的亡国遗民，习惯了犯而不校的不抵抗主义。所以得着了儒的浑名（与基督教不抵抗训条之出于亡国的犹太民族之耶稣有同样的史因。），而其职业无非是治丧相礼等等。生活都很困难，虽因宗教之故，在社会上也有地位，但颇受人轻视与嘲笑（如墨子《非儒篇》，荀子《儒效篇》所记。）此之为"小人儒"。其实孔子的职业也不能例外，（《论语》云：出则事公卿，入则事父兄，丧事不敢不免，不为酒困——殷人酗酒——此孔之自白也。）不过他能了解"礼之本"，不在仪节上斤斤计较——孔子是儒的中兴领袖，而非创始者——他看清部落性的儒是无法能拒绝那六百年来统治中国的周文化的。所以大胆宣言"吾从周”。他更知道周礼并不是西周人带来的，乃是几千年古文化逐渐聚演的总成绩，其中含有绝大的因袭夏、殷古文化成分。（即损益之论）他于是把那个做殷民族的□人的儒，变为做全国人的师儒了。他的眼光注射整个人群，主张“有教无类”，时时提出一个仁的理想境界。“仁”就是要尽人道，做到一个理想的人样子，他从一个亡国民族的教士阶级，变到调合三代文化的师儒，用“吾从周”的博大精神，担起了“仁以为已任”的绝大使命，这是孔子的新儒教，其精神非“一命而偻，再命而伛，三命而俯”的柔道所能包涵的了。

※夏曾佑曰：“儒家以君父为至尊无上之人，以人死为一往不返之事。以至尊元上之人，当一往不返之事，而孝又为政教全体之主纲，丧礼焉得不重。墨子既欲节葬，必先明鬼（有鬼则身死神存，其丧可从杀。故佛、耶、回之丧礼皆简），既设鬼神，则生死轻，而游侠犯难之风起，异乎儒者之尊生。有鬼神则生之时暂，不生之时长，肉体不足计，五伦非所重，而平等兼爱之义伸。异乎儒者之明伦，其他种种异义，皆由此起。”

※老子主无为，孔子亦曰：“无为而治者，其舜也欤。”

孔子自谓“天生德于予”等，或者殷亡之后，遗民因梦想而预言民族复兴领袖之出现（五百年必有王者兴）。亦如耶稣之前——希伯来——犹太——民族的弥赛亚（messiah）降生救生的悬记。宋襄公称霸，就有这种企图（且亦当五百年之时），但失败了。以孔子之贤智，乃为人所期望，孔子亦以之自期。结果王者兴的——秦王——悬记终于落在他身上，亦如耶稣被称为“犹太人的王”。

易卦爻辞，处处表现一种忧危的人生观，教人戒惧修德，教人谦卑巽顺，故系辞之作者曰“作易者，其有忧患乎”，故可推测卦爻辞之作大约在殷亡之后。殷民受压迫最甚之一二百年中，书中称“帝之归妹”、“高宗伐鬼方”，更可见作者为殷人。所谓周易，原来是殷民族卜筮书之一种——易六十四卦，每卦取自然界或人事界的一个现象为题，其中无甚深奥哲理，而有一些生活常识的观察。

秦以前论学术派别，只有儒墨，而无道家。宋、尹、惠、公孙属于墨，其余则皆可总称曰儒。老子以柔道教人，知礼、系史官，史官宗教之官也。在成周，即殷遗民所居，故老子是那正宗老儒的一重要代表。其为前六世纪人，殆无可疑。孔子曾向之问礼（如曾子向所记），亦毫不足怪，他的人生哲学，乃千百年世故的结晶。其中含有绝大的宗教信心——天网恢恢等——孔子则早以已超过那正统的儒。故孔老分家，墨子非儒言儒，以天为不明，以鬼为不神，乃指老子书中“天地不仁”“其鬼不神”言，孔子无此言也。至于老子说礼义忠信之薄，这是深知礼制的人的自然反动，亦如孔子所云：“人而不仁如礼何”同。

儒家认天地万物都有一定之轨迹。如老子的自然无为，孔子的天何言哉，这自然是社会上的常识积累进步的结果，相信一个“无为而无不为”的天道。即是相信“莫知为而为”的天命，这是进一步的宗教信心，所以孔老都是一个知识进步的时代宗教家。但其进步的天道观念是比较的太抽象了，不是一般民众都能了解，也不免和民间祈神事鬼的旧宗教习惯相冲突。子路请祷即一证，所以后来都不能深入民间，都只能成为长袍阶级的哲学，而不能成为影响多数民众的宗教——墨子最不满儒者处，就是儒者终生治丧相礼，而没有一点真挚的尊天信鬼的宗教态度——淮南子云：以伪辅情——

钱穆曰：孔子不仅懂当时之一切礼，还注意到礼之沿革与本源。因此别有一番理想、一番抱负，欲以改革世道。（孔子勉子夏为君子儒者在此，儒道之不能产生于贵族阶级中者亦在此，——孔子父为鲁贵族之下层，孔子为委吏乘田，常在贵族家里当些贱职，——）孔子批评当时贵族的一切非礼，一面是历史的观念。据文王周公从礼之本源处看，一面是人道的（亦可云哲学的）观念。根据天命，性、仁、孝和忠恕等等的观点，从礼的意义上看，礼之最重要者惟祭。孔子推厚祭之心理根据曰报本反始，此即原于人类之孝悌心，孝悌心之推广曰仁、曰忠恕（孔子以忠字奖进人类之合作，以恕字弭解人类之冲突，故曰忠恕违道不远。）是为人与人相处最要原理，即所以维持人类社会于永久不弊者。孔子指出人类此等心理状态谓根于天性，如此则生死群己天人诸大问题，在孔子哲学中均已全部化成一片。骤观孔子思想似有偏于复古之倾向，又似有偏于维持宗法封建阶级之倾向（如君、君、臣臣、父父、子子），其实孔子已指出人类社会种种组织之最高原理（仁）。苟能明此，自古至今，无所谓文化（孔子之好古，只是注重历史与文化），亦决不致为阶级权力所僵化。（孔子之好礼，只是注重大群体之融结，曰人而不仁如礼何，人而不仁如乐何）。孔子虽不直斥鬼神或则疑，孔子仍为宗法社会时代人之见解（如孔子主三年之丧），其实孔子于将人世与天国（即性与生命之问题所解答）、现实界与永生界（即孝与祭之问题所解答），并已有一开明近情而合理之解答，故孔子思想实绾合已往政治历史宗教各方面而成，切合于将来中国抟成一和平之大一统的国家，以绵延其悠久的文化之国民性。孔子思想亦即从此种国民性中所涵育蕴隆而出。《国史大纲》。

※孔子思想并不是帮助权力阶级，适得其反的他要制裁权力阶级。所以有后来孟子的王道论，君为轻之说。所谓“礼”也是防制阶级的斗争，而使天下趋于和平统一，其后乃为秦汉以来帝王所歪曲。

程憬曰：“古代封建社会里，没有所谓政治、法律、道德。土地所有者（天子、诸侯、大夫）和农奴是主仆的关系，用不着政治手段。至于天子与诸候间，本只是名义上的连络，无真正政治上的统属。（《公羊》有一节话可证，待查。）至于法律，只有刑法拿来制服奴隶的，不公开的，更无所谓礼法（上一节，不正确。）维持秩序的东西，便是宗教。天意的政治，天罚的戒律，天命的人生观。人类兢兢战战驯服天威之下，敬奉天为支配主宰。到了春秋中期以后便不同了，有怀疑天的威权的思想了。奴隶制的社会所形成的政治，刑法，伦理便渐渐控制不住人心，人从天意的约束中解放出来。孔子思想一方面怀疑古代的传统思想，一方面创立一适应于新生活的学说。所谓“德治”“礼化”皆与传统思想冲突。故他是一能注重社会实际情况之改进家，其思想之所以不能实现者，一因其主张过空泛，二其理想所依据之物质条件还未完全成立，只是在进行中。从孔子至荀子：二百余年中，新社会物质基础渐完成，小国渐灭，有统一的趋向。这时儒家的主张也渐完密，尤其所谓“礼”。汉的统一，是表明春秋战国间，社会的胎里所孕育成的物质条件完全成熟后而形成的一种新式国家，儒家道德主张正是当时权力阶级所梦寐求之的妙物。秦汉以下直到清末，这二千年的社会是一个基础，在同一的经济构造上建立的社会是一个半封建的社会，组织在富（帝、官僚、小地主、商人）和贫（佃户、佣工）两阶级上。儒家的思想主张之能受秦汉以后权力者欢迎，能够维持这么久远，其理由便是因为他们的学说非常吻合这二千年社会的权力派之需求耳。——儒家的道德主张，骨子里隐含“安名守分”的思想，二千年的礼教便是建筑在这四字上。这个观念，到了荀子手里，便玩得很完备，汉初儒家也曾出过力来制造这种礼法。儒家的得势，儒家的受各时代权力阶级的欢迎——便是为此——古史辨二——

傅斯年说：“儒家的道德观念，纯是一个宗法社会的理性发展。”——同上

冯友兰说：“近人桑戴延纳（Santayana）主张宗教亦宜放弃其迷信与独断（Dogma）而自比于诗。但依儒家对于其所拥护之丧与祭礼之解释与理论，则儒家早已将古时之宗教修正为诗（礼记问丧曰：“祭之宗庙，以鬼飨之，徼幸复返也。”祭之宗庙，以鬼飨之情感，希望死者之复返也。徼幸复返者，不以情感欺理智也。）……孟子之赞孔子曰：“孔子之谓集大成。”荀子曰：“孔子仁知且不蔽，故学术足以为先王者也。”如以孔为苏格拉底，孟似柏拉图，荀似亚里斯多德，……儒家，至少一部分的儒家，即不主灵魂不死，乃特注重于使人得生物学的不死，及理想的不死之道。旧社会中人及暮年，既为子娶妻生子，以为自己生命已有寄托，即安然以俟死，更不计死后灵魂之有无，此实儒家思想所养成之精神。由此可知儒家思想乃极人文主义，（Humanistic）积极主义的（Positivistic）此所谓中道。——古史辨二——

罗根泽曰：孔子实为改制之第一人，惟以复古改制，非托古改制。（墨子

为托古——禹改制之第一人，其后孟子言必称尧舜，许行为神农之言，庄更造古圣先王之说。）荀反先王，法后王，实由托古改制至反古变法之过渡人物。商、韩、李皆反古变法人物也。（战国初期托古改制，末期反古变法，东西两汉亦托古改制，吕氏春秋一面反古，一面托古，为两汉托古之枢——）——春秋战国时，旧制失典型，故没落贵族之拥护旧制度者，必提宗周之典型封建制，以修改其时之破碎封建制。其有新兴地主阶级之知识分子，乃封建社会正面之敌人，故其言论是一种革命论。然人情贵远贱近，故不能不托往古，此战国初期托古之故。诸子托古改制之政治主张有一最大同点为尚贤，尧舜禅让说之所由起——燕王哙禅位子之，魏王欲让位于惠施——但诸子皆不能得行其志，造成游士之流弊。商韩因反对私学而反古，以树立当时统治者之政治目的。（古史辨六——晚周诸子反古考。）

杨筠如曰："战国时，当功利主义之法家得势以后，社会上已有一种蔑视儒术的倾向，韩非骂儒为五蠹之一，李斯坑儒，高祖憎儒生。"——荀子研究

钱穆曰："儒书——六艺——为鲁之国粹——如韩宣子在晋未见儒书，至鲁才见易象春秋，故曰周礼尽在鲁——儒者当然也是鲁之特产。儒家之起，必后来在这些儒生——靠礼吃饭的术士——中有一两个特殊之士，超脱了专业的观念而学术化，渐成为学派。孔子全部中心思想，从一"礼"字出发，孔子对贵族提倡礼，自己讲礼，死后弟子讲礼更可惊。以前礼不下庶人，到此时有士礼，士礼一经成立，儒家便成为特殊阶级，进身贵族之列（固儒家讲礼太骇人，有墨家出现）孔子生时，和他的前辈门生如宰我、子贡、颜回、子路等都从事政治活动，死后因政治活动都未成功。后辈门生如子张、子游、曾子、子夏等都从事文学和丧葬末节的礼。子夏与魏文候接近，因此子贡弟子田子方、子夏弟子李克、段于木、曾子子、曾申弟子吴起，皆用于魏。因而儒鲁、魏二派，除左传外，竹书记年逸周书、周官、毛诗、孝经、尔疋、易等书恐都出在魏国。河间献王得书多与魏有关（今文学出齐鲁，古文学出于魏，子夏在魏，倡君礼贤下士，士立节不屈的礼，子思、孟子主张亦然。）吴起，李克（李悝）、商鞅皆魏国新派儒家人物、以无意识的改革推到有意识的的改革，都想把贵族打倒，改成军国制度，于是有信赏必罚的"法"。法的公布，解决了当时的盗贼问题。通常总认曾、孟为儒之正宗，其实就儒家的本旨论，法家可谓正宗，曾、孟等在鲁之一支仅是别派。古代贵族的礼，一变为儒家的士礼，再变为墨家的墨礼（桐棺三寸等），三变便成了法家的法"。

※孔子以前所谓士，不外：指男子而言，指卿士言，指理官言，指军士言。至孔子时代，便以之名四民之首的人物。

※据战国策之所谓礼，大多指人情礼节之礼，与春秋时代一切伦理，政治准绳之礼截然不同，则因春秋之礼为封建社会之产物，战国封建崩溃，故礼亦异。

上古至南北朝宗教思想——钱穆《国史大纲》

※佛教所传劫之增减与阴阳五行说有相似处。

古代中国人信仰上帝，可说是一神教（或等级的多神教），但人民只信仰上帝之存在而对之尊敬，至于礼拜上帝之仪节，则由天子执行（后世中国祭孔，亦以大群的公的敬礼事之，如关公等神祠，与观音等同为各个人的私祈求所归向，此两种不同）。相应于此宗教信仰，而有地上大王国之建立（所谓普天之下莫非王土，天视自我民视等，上帝、人民、皇帝三位一体，皇帝为两者之仲介，能尽此责为圣君，否则有革命）。天道远，人道迩，此※（子产语）项观念，渐渐在春秋时代开展，乃产生偏重人道之儒家思想。墨家偏于古宗教之维护（如天志明思皆是，其尚同论，则仍本天志，建立地上之大王国，与古代宗教观念极似。此又为墨与基督教相异之点，基教之王国乃在天上，人人可向上帝直接奉事。墨家尚同思想，则依然为一政治的团体的，与个人的私家的有别。基督教不容于上帝外别有鬼神。墨家依然为一种相应于地上王国政治的宗教，故天之下仍可有鬼。如天子祭天，诸候祭其境内名山大川之例。又耶稣对他母亲说，妇人，在你与我之间，有何关系，当耶稣闻其母和兄弟们要找他说话时，耶稣说，谁是我的母亲，又谁是我的兄弟。于是耶稣展其两臂向门徒说，你们看，此处是我的母亲和兄弟，又说：不论谁到我之前，若不自恨弃他的父母妻子兄弟姊妹，甚至于他自己的生命，也不够做我门徒。初期基督教，其对人类家庭之教诫如此，今墨子谓视人之父若其父，依然是地上人间之关系，故墨子仅一社会改革家而非宗教教主。）而道家对于鬼神上帝为激烈之破坏。比较最后起者为阴阳家（原于邹衍），依然根据实际的政治兴味，来修改古代宗教观念，而造成天人相应之说。

※阴阳五行并非二派，此派以阴阳五行说明宇宙万物，已为采用道家老庄自然的惟物论——一气分阴阳，其论来于道家，五行则由当时新发现天空，金木水火土五行星而起——惟其主要精神仍本于儒，即偏重于政治的兴味而言仁义是也。其学说大约可分为两部分（一）见于吕氏春秋十二纪，淮南时则训及礼记月令——此主五行相生说，如春为木，夏为火，木生火是也——大抵言王者行政，须随时序而转移。此种

学说似导源于孟子所谓不夺民时也。惟孟子偏重人道观念以不忍人之心及保民而王等说之，邹衍又折向古代宗教意味，偏重天道观念，遂成五行生克之说，如谓冬行水令，利用兵用刑等。又（一）则为汉儒之王德终始论，此主五行相克。如周为火德，秦灭周故自谓水德，尚黑，此所谓五德之运，其意亦颇似孟子所谓如水益深，如火益热，亦运而已矣也。运只是因民心之转移而影响政权之推迁。五行学家又从民转返天意，于是王室更迭，为一种必然之循环，不重在人道上，而转重到天道上，此又是天人相应之例。今俗运命传说，即由此来，故知邹衍学说原本孟子，不过天道人道畸轻畸重之间，两人不同而已。上述二说中，无论从何一说，已由惟一的上帝观演化为五色的五帝。※（此中议论，更须检讨。）

古代宗教，便利于大群体之凝合，而过偏于等级束缚，一般个人地位（除特权阶级）不存在。儒家以仁济礼，在大群体之凝合中，充分提高一般人的地位。墨家一面注重大群之凝合，一面反对等第之束缚，而其缺点，则在个人之依然无地位（天志）。道家则专意要向大群体中解放个人，而结果群体消失。古宗教以上帝、天子、民众为三位一体；儒家则以个人、大群与天为三位一体，墨家并不注重个人，只以大群与天合体；道家则以个人径自与天合体而不主有群，故于历史文化皆主倒演，即返于原始的无群状态。阴阳学家之缺点，第一在由儒家之偏重人道观又折返古代之偏重天道观（个人地位愈模糊）。第二在由儒家之正面的积极的观念中，杂进许多道家的反面的消极的观念（个人地位势必与群体冲突），因此遂有神仙思想混入。（神仙即由大群体解放出来之个人之最高理想。）

神仙思想之产生盖有两地，一在汝、淮、江、汉、陈、楚间，其地山川景物，均与中原不同。其居民活泼，而富想像，散居野处，巫鬼祭祀，男女相悦，其意态与北方殷周之严肃事奉一上帝者有别（此为自由的个人，彼则团体的大群的），其征见之于《楚辞》。其一则在燕、齐、滨海之区，海上神仙，缥渺无稽，亦同为神仙思想所蕴孕（滨海者之想像常超脱向外，故以求仙为宗，淮汉之追求在地上，故以降神为主，要之同为个人的，非团体的，又同为方术之重要泉源。其后秦灭六国。此等思想同为中原民族所吸收，而被编配于大群教一神之下，如湘君山鬼之类，不过一水神，一山神耳，其后以湘君夫人为尧之二女等。）其神仙思想之正式为学者所采用，则似始于庄子。（庄子思想承接杨朱：即主为我尊生，因此不愿有团体与社会之压迫，又不乐为团体社会而牺牲，遂于人事方面，政治教育诸要端，皆抱消极反对之意态。因此想慕及于一种自然的超人生活，而寄托于神仙之冥想中。阴阳学家即主天人相应，以人事诉合于自然，即易接受道家此派意见，惟于阴阳学家本意，则殊相远。（邹衍着眼于大群体，神仙思想只是个人主义，要之即儒道两家之别。淮南王合陈楚巫鬼，燕齐神仙，与道家思想而融为一体者，遂为此后道家之新宗）。秦汉方士遂以变法改制封禅长生说成一套（方士其先与礼家同源，即儒之所习而微变焉者。变法改制以顺天利人，此亦礼家研守之业。惟谓王者改制太平封神告成而得升天长生（如黄帝）为儒术所未有，（上帝之性质又渐从鬼神之神转换到神仙之神，此两种变化，即惟一的上帝变成五帝。天神变为神仙，皆由羼入道家思想而来）。

古代一种严肃的超个人的宗教观念（由是产生君主的责任观念）逐渐为一种个人的私生活的乐利主义所混淆。纯理的崇敬与信仰堕落，方术的权力意志扩张，团体性的束缚松解，个人自由发舒，此两机括，完全在道家思想之演进中完成。

※齐威王、宣王、燕昭王皆信方士的话，派他们入海求三神仙。据顾颉刚言：只因邹衍有九洲之说，而有航海觅地的事业，目的在求神仙。钱玄同则以为，因有航海觅地之事，所以才有求神仙的想像，大是。钱又云："黄老神仙，齐楚同风，正自詹何（《韩非·解老》谓何能坐堂上知门外牛黑而白在其角）环渊（《御览》九三六引《列仙传》云：涓子饵术至三百年。《史记·孟荀列传》云：学黄老道德之术）之徒始。"

※左昭二十：齐景公问于晏子说："古而无死，其乐何如？"可见景公所问，为受神仙家诳惑。

古代以王帝代表着上帝（王帝之性质不重在权力而在真理），以地上王国代表天上之神国（因此人生只在现在，不在未来），政治社会风俗文化（此一切即所谓礼乐），一切群体之事业的发展与生长，消融了个人的对立，而成为人生共同之期求（此即当时之一种宗教）。孔指出人心之一点仁孝，来为此种共信画龙点睛，只就仁孝基本，可以推扩身家国家天下，以及于天人之际而融为一体（此即儒之所谓尽性。），所以人生之归宿，即在身家国天下之融洽与安全（此即所谓天与命）。而人生之期求，即在所谓礼乐之合理与向上。此种意识与秦汉大一统政府相扶互进，不必再要另一个宗教。

逮乎大一统政府逐渐腐化（亦因儒家思想未能发挥尽致而自有其病痛）。人生当下现实的理想与寄托毁灭，群体失其涵育，私的需求奋兴，礼乐衰而方术盛，当此时期的社会，则自然舍儒归道。王莽时代即走上此岐途，惶惑之顶点。光武明章虽粉饰礼乐于朝廷，而社会上则方术思想日盛（消殃传祸，求福延年，不死炼金）于是后世之所谓道教，遂流行于社会下层。初期佛教输入，亦与此种社会情态相适协而渐占有其地位。黄巾乱后，方术信仰渐失势于士夫阶层（曹丕兄弟皆不信方士神仙之术），而大群体日趋败毁，即不能在社会大处着力。于是只有以方术再转到清谈（此自黄老转入老庄也。黄老尚黄，有政治意味，因其与阴阳家相杂故，老庄则全属个人主义。东汉治老子等常兼通天文图识，清谈家则否。清谈家一方面似为合理，一方面则对全体观念更浅狭），相应于此之佛教，乃亦渐有学理之输入。佛与老庄遂同于当时超世俗的学理之要求下绾合，至梁武而极盛一时。其时北方之信佛，开始便与南方不同，南方在一超世绝俗要求下接近佛法，北方则自始即以佛法与尘俗人事相调治。二在之于佛图澄，苻姚之于罗什是也，高僧亦往往以方术助其理义，遂与北方旧学统治经学而羼以阴阳家言者诉合。北魏太武帝时，遂以政治问题引起道佛之冲突，相应于此情势之北方僧人，亦能在政经上切实自占权地。考《魏书·释老志》可知，循至有北周之灭法，北方政治情态，慢慢恢复到秦汉大一统之传统局面。而东汉三国以下，相应于分崩离析，而一时崛起之两新宗教，亦渐失其在社会上之真实力量，而退处于不紧要之地位，以下佛道两教事迹，乃不复足以转动整个政治社会之趋向。

夏曾佑《中国古代史》云

有神人面白毛虎爪执钺，是为蓐奴，天之刑神也。（周语）有神乌身素服三绝，面正方曰：予为勾芒（墨子明鬼，此介神与非神之间者，礼记祭法注谓之人神。）至其名位，则昊天上帝最贵，化而为青、赤、白、黑、黄五帝，为王者之所自出，而佐以日、月、星、辰司中，因命风师雨师则天神备矣。（周礼、春官疏）——古天神

山海经（十三篇以前真禹书，十四篇以后汉人所作）所列鬼神，殆神数百，而楚辞所引湘君湘夫人，河伯，雒嫔，亦数十见，皆地示也，惟左国无名文耳——古地示。

齐候田于贝丘见大豕，从者曰公子彭生也（左庄八年），狐突适下国遇太子，太子曰帝许我罚有罪矣（左僖十一年），大事于太庙。夏父弗忌曰，吾见新鬼大，故鬼小（左文二年），魏颗见老人结草以亢杜回，杜回踬而颠，故获之，夜梦之曰，余而所嫁妇人之父也（左宣十六年），郑人相惊以伯有，曰伯有至矣，则皆走。子产曰：鬼有所归，乃不为厉（左昭七年）。（本文下云：用物精多，则魂魄强，伯有三世为卿而执其柄政，其用物宏矣，其取精多，强死为鬼，不亦宜乎。案此即庶人无鬼之理也。又墨子明鬼，周宣王杀杜伯而不辜，三年，杜伯乘素车白马，朱衣冠，执朱弓矢，射王，殪之车中。燕简公杀庄子仪而不辜，三年，庄子仪荷朱杖而击燕简公，殪之车上，诟观从事于厉，祭不以法，祩子举楫而藁之，殪之坛上。墨子虽在老子后，而所引皆古事，杜伯事亦见国语）——古人鬼。

方相掌傩，以殴方良，庭氏射妖鸟（周礼），涸泽之精云云，见《管子·水地篇》，《庄子·达生篇》，此皆物彪（今作魅）。

以上所言乃举古人言神示鬼彪之分见者，其合见之处，莫如周礼之春官，太宗伯曰……大祝曰……古人之分天神，人鬼地示物彪，其明画如此。然亦有不甚分明者，如社稷五祀皆地示也。而社即后土，是为勾龙，共工氏之子。稷为柱烈山氏之子，木正勾芒是为重，金正蓐奴是为该，水正玄冥是为熙及修，此三官皆少皞氏之子。火正祝融是为黎，颛顼之子，土正即勾龙，是以一体而兼鬼神示矣，此名之至糅杂者（左昭二十九年）。

鬼神位矣世间之事，无一不若有鬼神主宰乎其间。于是立术数之法，以探鬼神之意，以察祸福之机。术数者，一天文，二历谱，三五行，四蓍龟，五杂占，六形法（《汉书·艺文志》）。今即由此六术，以证古人之事，往往相合。惟汉志所列之书，今十九不传，故其术无人能通。今之术数，虽源于古之术数，而不尽为古之术数。术既无师，则观古人之已事，不能知其用何家之学说。然大略亦可分矣。大约可分四类，其天文历谱，五行三家不甚可分，其他三家可分为三：

楚灭陈，晋候问于史赵曰：陈其亡乎，曰未也。岁在鹑大，是以卒灭，今在析木之津，犹将复出（左昭八年）。春正月，有星出于婺女，郑裨灶曰：七月戌子，晋君将死（左昭十年）。冬有星学于大辰西及汉，申须曰：诸候其有火灾乎。梓慎曰；其宋卫陈郑乎，其丙子若壬午作乎，裨灶曰：若我用瓘斝玉瓒，郑必不大（左昭十七年）（又左昭十五、十八、二十、二十一、二十四、三十二年）——古天文历谱五行。（自此以下皆术数。）

※《洪范》一书，虽非出箕子而为周代遗书，其言休徵，咎徵都有星占家之见解，开后来，《洪范·五行传》之先河。《吕氏春秋》之《月令记》亦演之。

初，毕万筮仕于晋，遇屯之比，辛廖占曰：吉，公候之卦也，公候之子孙必复其始（左闵元年），又左庄二十年之卜婚姻；左僖十五年之占胜负，僖十七年之占生育。（又左成十六，襄九、十、二十五，昭五、十二，哀九）、（按：卜巫分为二术，卜者龟也。周礼太卜掌三占之法，一曰玉兆，二曰瓦兆，三曰原兆，其经兆之体，皆百二十，其繇皆千有二百，盖以火灼龟观其璺罅各从其形似占之。所谓使其卜之，其繇曰云云，皆卜也。筮者耆也，周礼筮人掌三易，使谓使某筮之遇某卦云云，皆筮也，其不言周易者，皆连山归藏。）——古蓍龟。

左桓亡，晋穆公之夫人以条之役生太子，命之曰仇。其弟以千亩之战生，命之曰成师。师服曰：异哉，君之名子也，明兆乱矣，兄其替乎。左庄十五年，郑南门内外蛇斗，内蛇死，六年而厉公入，申繻曰，人之所忌，其气焰以取之，妖由人兴也，人无衅焉，妖不自作。又僖五年秋，晋候因童谣而信必克上阳。十四年卜偃困沙鹿崩而言期年几亡国（又僖二十八、左六、十一、十七、襄十八、昭十一——赵简子占梦断吴入郢——二十五、三十一、哀七、十七）——右杂占。

王使内使叔服来会葬，公孙敖闻其能相人也，见其二子焉，叔服曰穀也食子，难也收子，穀也丰下，必有后于鲁国（左文元）——右形法。

春秋以前鬼神术数之外无他学。春秋之末，明哲之士如史笃（国将亡听于神，国将兴听于民——庄三十二），子产（天道远，人道迩，非所及也，何以知之——昭十八）。仲几（宋微于鬼，宋罪大矣——定元）渐多不信鬼神术数。至老子遂一洗古人之面目，九流百家，无不源于老子。五千言以反复申明鬼神术数之误为宗旨，万物芸芸乃至复命，谓鬼神之情状不可以人理推，而一切祷祀之说破，有物浑成先天地生，则知天地山川五行百物之非原质，不足以明天人之故，而占验之说废，祸福倚状，则知事非前定而天命之说破。鬼神五行前定既破，而复知天地不仁，圣人不仁，一切礼文更不足言也。孔子虽学于老子而知教理太高，必与民智不相适而废，故去鬼神而留术数，如言未知生焉知死，又言不知命，无以为君子。然社会多数之习，终不能改，至汉儒乃以鬼神术数之理解经。

※自上古至春秋，原为鬼神术数之世代，乃合蚩尤之鬼道（三苗信鬼，乃最初之思想）与黄帝之阴阳以成之（黄帝明历律乃有术数，则稍进矣。）

老子于鬼神术数一切不取，其旨过高，故教不能大。孔留术数而去鬼神较近人情，然仍与下流社会不合，故其教只行于上等人。墨留鬼而去术数，似较孔更近，然有天地而无天堂之福，明鬼神而无地狱之罪，是人之从墨者，苦身焦思而无报。违墨者放辟邪侈而无罚，故上下均不乐之其教遂亡，佛教西来，兼老墨之长而去其短，遂大行于中国。

秦汉时之学派，其质干有三，儒家、方士与黄老，一切学术皆此三者离合而成之。方士之说，内丹始见于屈原（《远游》闻赤松之清尘兮，愿承风乎遗则。奇传说之托星辰兮，义韩众之得一。餐六气而领沆瀣兮、漱正阳而含朝露，保神明之清澄兮，精气入而粗秽除。道可受兮不可传，其小无内兮其大无垠。无滑而魂兮彼将自然，壹气孔神兮于中夜存。虚似待之兮，无为之先。）外丹始见于邹衍，屈原赋二十五篇，无言孔子者。魏伯阳则言火记不虚作，演易以明之，是方士与儒稍杂矣。而外丹之说其始与儒不分，《史记》以邹子与孟荀同传，殆儒家者流也。而封禅书曰，邹子之徒，论著始终五德之运，及秦帝而齐人奏之，故始皇采用之。而宋毋忌正伯侨、充尚、羡门高最后皆燕人为方，仙道形解销化，依于鬼神之事，邹衍以阴阳主运，显于诸候。而齐燕海上之方士传其术不能通，怪迂苟合之徒自此兴，是方士外丹与儒相杂也。（秦本记三十二年，始皇使燕人卢生求羡门高誓。三十五年，卢生说始皇求芝奇药，卒有坑儒之士，此诸生与方士合一也。三十六年使博士为仙真人诗，三十七年博士曰水神不可见，以大鱼蛟龙为侯，此诸生与方士合二也。）《说文》魃，鬼服也。韩诗外传曰，郑交甫逢二女魃服（文选江赋注，南都赋注亦引。）又韩诗外传载子夏之言曰：黄帝学乎大坟，颛顼学乎绿图，帝喾学乎赤松子，尧学乎务成子附，舜学乎尹寿，禹学乎西王国，汤学乎贷乎相，文王学乎锡畴子，此治诗者合方士之说也。《汉书》李寻传、治尚书，独好洪范灾异。陈说汉历中衰，当更受命，哀帝为改建平二年为太初元年，号曰陈圣，列太平皇帝，是治书者合方士之说也。抱朴子论仙篇引董仲舒所撰《李少君家录》，其事甚怪，然以证《春秋繁露》所列求雨止雨之法，暴巫聚蛇埋虾烧雄鸡老猪取死人骨燔之等法。则仲舒之学，实合巫蛊厌胜神仙方士而一之是治春秋者合方士之说也。《易》道之阴阳，更与方士近，而道人之名，即起于京房，盖汉儒之与方士，不可分矣。其所以然之故，因儒家尊君，君者王者之所喜，方士长生，生亦王所喜。二者既同为王者所喜，则其势必相妒，于是各盗敌之长技以谋独擅，而二家合。然诸儒皆出荀子（夏曰、韩诗外传引荀子以说诗者四十四，是韩诗荀子之别子也。其余理由皆臆测）。设荀生秦皇汉武之世，有不为文成王利者乎。虽然，此亦孔子尊君重生之极致有以致之也，于汉儒荀子何尤（五行灾异，孔子本有，不得谓变相。）。

※翼奉治《齐诗》主用六情（贪怒恶喜乐哀）十二律（亥卯、子卯、寅午、己酉、辰未、戌丑）说诗宣帝，命平昌候王临往学。奉秦：“平昌候比三来见臣，皆以正辰加邪时，辰为客时主人，以律知人情，于王者之秘道也，臣诚不敢语邪人”——《汉书·翼奉传》

汉时民间盛行壬禽占验之术，皆谓之黄帝书。今所传黄帝有龙经，黄帝金匮玉衡经，黄帝玄七经（名见于抱朴子书在道藏）备列占岁利、月利、嫁娶、祠祀、天仓、天府、日游、妇人产、吏迁否、盗贼、亡命、六畜、囚系、远行、架屋、宅舍、田蚕、市贾、马牛猪犬奴婢、制新衣、子弟事师、怪祟、恶梦、死人魂魄出否、葬风雨、入水渡江、往来信诸家庭琐事。而其书有功曹、外部吏、五曹、对薄、王者、诸候、将军、庆相、二千石、令长等信，皆汉时名物，是必汉时民间日用之书。

※《汉志》道家著作者《黄帝四经》、《黄帝铭》等篇。注云：“起六国时，与老子相似也。”

即老子与黄帝合作之成绩，而黄老一名也从此打破。——顾《汉代学术史略》

东汉之末（如党锢诸公，皆无纤纬之习）鬼神术数暂为儒者所不道，而此欢迎鬼神术数之社会，则初无所变更，故一切神怪之谈，西汉由方士并入儒林，东汉再由儒林分为方术，于是天文风角河洛五星之说，乃特立于六艺之外自成一家。

魏晋尚老庄，其后渐变成天师道。天师道者，源起于三黄之巫风，而假合以外来之教，故尤以南方汉族为宜。其时江左大家如王谢等，莫不奉天师道。孙恩之乱且假天师道以惑众，其后士夫多不喜天师道，于是佛教之力达于江南，与古之巫风合而为一，而儒家不过为学术之一家，士大夫用之，非民所与也。

钱穆说：论语上的天字，有意志、有人格，如‘天生德于予’、‘获罪于天’、‘畏天命’、‘富贵在天’、‘天何言哉’，是一种朴素的观念。（《易》以天与地并举为自然界两大法象，天只与地为类是形下之一物。《论语》以人事证天心，而系词以天象来推人事，把天尊地卑来定君臣夫妇之地位，亦系词之思想，孔孟并不如是。）冯友兰亦作此说。

※按：此中或可得出一个反结论。

※顾颉刚曰："孔子自己不能轻信宗教（敬鬼神而远之，祭如在。）作一个宗教的信徒，又不肯自己创立一种宗教来吸收信徒"。——《古史辨》二——

论语之鬼神也是有意志、有人格的，故曰："非其鬼而祭之，谄也。""祭神如神在"。"系词上的鬼神，如精气为物，游魂为变，是故知鬼神之情状。"均用惟物的说明，绝不带先民素朴的迷信色彩。——又《论语》之道，是合理的行为如"君子之道"、"父之道"，是行为的理法如"志于道"、"朝闻道"，是社会风俗国家政治的合于理法底部分，如"文武之道"、"古之道"，其他还有天道。《系词》上之所谓道，是抽象的独立之一物，如"一阴一阳谓之道，与《老》、《庄》之说合。

埃及人承认一个人死后，须受尼罗河神马悉立斯（Oriris）神之裁判。随着生前行事的善恶判定赏罚，坏人罚变畜，愈坏愈低，等罚尽之后再变人。此原则到《玉历钞传》中还没变，我对于这方面研究的步骤，拟先从《楚辞》、《国左》、《山海经》、《汉书·效祀志》等书入手，认识道教未起时的各地神道，更以佛教与道教之神比较，将受了佛教影响而成立的道教之神道认识……如道教中本只应崇玉帝（即诗书中之上帝）为最高无上之主宰，但因佛教中有三世佛，故又摹拟了而建立三清天尊。※（此言非是。）古代的神有生有死，有嗜欲攻伐（看山海经可知），与希腊的神话相似。自佛教流入，看神道成了超绝的人格，一切嗜欲都染不到，生死更说不上，爱情变成了猥亵，于是女神和男神就同具了严正的性格。风流艳冶之事全付于狐精花怪。——《古史辨》一顾自序——

刘复曰："西印度各民族，直到现在还没有'帝'或'上帝'或'天帝'一类名称，若要向他们解释'帝'字，只能指东画西地说星、日、火、善灵、不欺之善灵等。他们非但不知道帝，而且竟没有一个抽象的'天'，要向他们说明一个天，只能借用实物，说：'云上头的''星中间的'、'上面的地'、'在上'、'星与日'、'高高的'等等。便是古埃及人，他们的文化也不算低，而所造象形文字中竟没有一个和上帝相当的。他们虽有许多神，如日神、月神、尼罗神、红冠神等，都各有专司，并非总管一切的玉帝。所以无论'帝'也好！'good'也好，'dens'（拉丁之上帝）也好，总是次古的字，不是最古的字。"——古史辨二——

顾颉刚曰："西周以前君主即教主，可以为所欲为，不受什么政治道德之约束。若遇臣民不听话时，只要抬出上帝和先祖来，自然一切解决。我们名此曰'鬼治主义'，书之《盘庚》《金鹏》皆此鬼治主义时期之重要材料。"

傅斯年说："顾兄谓宗教一面的材料没有寄顿之处，就改拉了老子做教主，成立道教……，孔子就成了士大夫的先师了，这话大致很对，但最初拉老子的，还是那些偏于古文的儒家。如王弼、何晏等，黄巾道士并不拉老子，等着道士拉老子，恐是葛洪前后的事了。"

顾颉刚曰："中国古代宗教，本有许多零碎的民间信仰，想不到有联合的一回事。自佛教来，它是有组织的，收得许多信徒，给原有的民间信仰以严重的威胁。于是这些零碎的东西也团结于一个组织之下，名之曰道教。佛教仿佛古文，道教仿佛今文；实际上今文在先，然因组织在后，故其得名亦在后。"——《古史辨》五自序——

梁云："春秋战国以前所谓阴阳五行，其语甚罕见，其极平淡，且未并为一谈。诸经及孔、老、墨、孟、荀、韩皆未齿及，其始起于燕齐方士，而其建设之传播之者，邹衍、董仲舒、刘向。衍倡妖言。遂乘秦汉间学术颓靡之隙遂横领思想界之全部。（《汉志》、《诸子》、《兵书》、《数术》三略所著录阴阳五行家书为六十八家、六百十八、篇六百五十二卷，共一千三百余篇，当汉志总数万三千二百六十九卷十分之一。——梁任公《阴阳五行说来历》）——

刘节曰："阴阳五行之说起于战国，盛于两汉，《洪范》与《五行传》本出一派人之手，陈澧《东塾读书记》已发其端，《九畴》、《洛书》之说亦起于秦汉以后，崔述《上古考信录》已详。《易系辞》及庄子《天运篇》虽言及，然皆汉代之作，在出《洪范》后……《洪范》之著作时代当在秦统一前。战国末，当王制（郑云赧王以后之作——王鸣盛《十七史商榷》即出，《吕氏春秋》未成之际。”“—《洪范疏记》—

※（郭沫若：“《洪范》子思所作，其出世在《墨子》书后，《吕氏春秋》前。因《墨子》引“王道荡荡”数语而曰“周诗”。《吕氏春秋·贵公篇》贵公篇引已曰《鸿范》。）

顾云：“战国时人本来常在预备新王出世，墨之尚贤尚同，孟之仁政，邹衍之倡五德始终。为使时君知道：如要做天子，定要在五德中得到符应，其意义最简单，最能吸收智识薄弱的人的信仰，故其势力便一日千里了。（邹衍创此说把三代的制度用了五德之运来说明，即《中庸》的“考诸三王而不谬”，这学说可以永远循环应用，乃是“百世以俟圣人而不惑”的。这学说给“功过五帝，德侔三皇”的秦始皇，当着“车同轨，书同文，行同伦”时候用来“议礼，制度考文”自然万民信从。所以《中庸》这一段话可抵得一篇《秦始皇改制颂》。

※钱穆曰：“《汉志》阴阳家《邹子四十九篇》出其所自撰，五德相胜，为《月令》、《时则》所积，而《始终五十六篇》，果为当时邹之创说，抑其徒所托，不能定。”

※顾在《汉代学术概论》中言，赤帝诛白帝一事亦系王莽所窜入，然篝火狐鸣亦系利用迷信而起义，安知汉祖之非利用谣传以吸收群众乎。

董仲舒《三代改制质文篇》是三统说（赤黑白三统）的起源，五德说但以五数循环，三统说则以三与四为小循环、十二为大循环，可见他起得较后，故能把简单的五德说改头换面，变成复杂的三统说。邹衍之说，给一两个暗示，（一）暗示不可妄冀非分，凡无五德之运决做不成天子。（二）暗示天命不永存，此德衰而彼德兴，则易姓受命之事便立刻显现。古帝王的系统定了，《世经》公布了（王莽家谱曰自本）于是王莽就动手收拾汉家天下。王莽得国之后，第一件事就改制。他的改制的方式和汉武一样，把三统说与五德混合用，他在三统说中自居白统，在五德说中自居土德。地皇元年起九庙，极力铺排，三年霸挤灾，他发了一篇大议论，简直是，不甘作“王”、“帝”，直要作“皇”……《五德始终说下的政治和历史》——

※王莽据《世经》以取天下，光武据《赤伏符》以中兴，又以《西狩获麟谶》难倒公孙述。

※《史通》十九云：“班氏著志牴牾者多，在于五行，芜累尤甚”。

原始阴阳说在殷周之际发育而渐大，接着五行说经邹衍一番附会与扩充，与旧有之阴阳合并而成为新的神化的阴阳五行说。《孟子》七篇很多气运终始的痕迹如五百年有王者兴，天时不如地利，（虽曰不如，而承认天时是战胜的一个条件）。

故孟子是神化五行说的创造者，邹衍是发扬光大五行说的老师父，荀子《非十二子篇》所记是可信的。——范文澜与颉刚论五行说之起源——

※孔子之“知天命”。孟子：“不遇鲁候天”。

※顾云：五德说是具体的天命的律法，若墨子在世时已存在，非命篇中一定大驳特驳。

※郭沫若《中国古代社会》中，以原始五行说归之群众心理之自然的发明。

童书业曰：“墨子（《贵义篇》杀黑龙北方之说，又《经》五行毋常胜之论——考《古史辨》五，栾调甫之释）《洪范》，《甘誓》（有扈氏威侮五行，怠弃三正）皆战国早期以前之作，则五行说非始于战国末期可知。按五行说实一幼稚之物理哲学，而三五数目又是原始人的一种数学上规范观念，则五行说之产生或甚早。又《表记》相传为子思学派之书中亦见有五行说之痕迹——五行说起源的讨论——

徐文珊曰：“易经中（据爻辞）已有终而复始的道理，故在孔子以前，反孔子时，五行的观念早已胚胎，不过尚未成一家言。儒家和阴阳五行都有血统的关系（考《汉志》之论二家者可知其分不开）。《中庸》旧传子思所作，而所云：国家将兴必有祯祥等等，为灾异说的导源（章太炎文录初编《子思，孟轲》五行说云：“五常之说旧矣，虽子思始倡之亦无损，荀卿何讥焉。寻子思作《中庸》，其发端曰：“天命之谓性”，注曰：“木神则仁，金神则义……”，孝经说略同此（王制正义引）是子思之遗说也。沈约曰：《表记》取《子思子》……今寻《表记》云：此以水火土比父母于子，犹董生以五行比臣子事君父……宜哉荀庆以为讥也。”——谭戒甫。刘节有驳论，皆见《古史辨》五

谢扶雅曰：老子本楚人，其思想因受南方环境及心理之影响，原已含玄虚的诗色彩，不似北方的实践性、人伦性，但还算质直简朴。其思想一到齐国，便大不同了。齐虽北方，但滨海，其时经济背境已由小农社会趋为商业资本。齐民多航海贸易，故中国一向的大陆文化，由中央亚细亚东，下统是平原浩浩，文化具平凡性及实践性，迨东至黄河一带，仍甚单调而无变化，直到了齐的东海，目击波谲云诡变幻万状底奇景，心理上受了无限的激荡，遂发生诙怪宏肆的思想。所谓齐东野语，即由于此而成为中国特有的浪漫哲学，田骈，邹衍是其代表。《老子》一书原是秦汉前二三百年道家思想的集成品，其中含有不少田骈的东西。就广义言，阴阳家实即道家，因为道是从本质言，阴阳是从历程言，道是玄学上的本体论，阴阳是宇宙论。希腊临海，遂发生自然哲学，自然哲学分两方面：一本体论，究世界根源为一或多。二宇宙论，研世界历程为定为变。齐亦临海，而亦发生定与变的问题，而产出田骈与邹衍。如果世界观可大别为

三型，一自然派，二人本派，三超神派（Theism），则道家自可属第一派，而儒家可属第二派，墨家属第三派。道家在中国文化的发展上，本可作甚有希望的贡献，以进与西洋科学文明比美，惜田、邹之后，转落于法术的邪经耳。

董学和邹学根本上不同，董劈头便说“天不变，道亦不变”，而邹则主变。

郭沫若云：殷人无论什么大小事都要卜，一卜总是连问多少次。卜的资料是用龟的腹甲和牛的胛骨与肋骨，所卜的日期和事件便记在兆璺的旁边，有时连卜的人和所在的地方都记上，有时更记着所卜的效应。即卜后若干日果然效验的事情，那种效验有在一百七十六日（《殷契佚存》）以后的。有那样长远的日期，可以说每一个卜都是不会失掉时效的，由此可知殷人是如何的迷信了。殷人之所以要卜是嫌自己力量微薄不能判定一件行事的吉凶，要仰求比自己更伟大的一种力量来做顾问，那顾问不是龟骨、兽骨，因殷人用过之后即便毁弃。据《周书》大诰知道天，据《卜辞通纂》知道是帝或上帝。从卜辞看来，殷人的至上神是有意志的一种人格神，上帝能够命令，有好恶，一切天时上的风雨晦冥，人事上的吉凶祸福。如年岁丰啬，战胜败，城邑建筑，官吏黜陟都由天帝所主持，和以色列民族的神完全一致的。※宗教上上帝观念之起，先有泛神，后一神，皆外在者，与宗祖连为一起，更是后起。但这殷人的神，同时又是殷民族的宗祖神，便是至上神，是殷民族自己的祖先，——殷人的帝即帝喾，亦即帝俊，帝舜，高祖夔——外国学者例如鲍尔主张帝字由巴比伦而来，因为巴比伦的帝个字，字形与帝形相似，首音与帝音相似，又和帝字一样有天神和人王二义（C.J.Ball Chinese and Sumrian）。就近来安得生的彩色陶器的发掘以及卜辞中十二辰的起源上看来，巴比伦和中国在古代确有过交通的痕，则帝的观念来自巴比伦很有可能。但是巴比伦的帝字是天上一切神祇之通称，而殷人的帝字在初却是至上神所专有的称号。我们又知道殷人的帝就是高祖夔，《说文》“夔贪兽也，一曰母猴，似人”，大约是猩猩，或即殷人的图腾。殷人与巴比伦文化相接，把帝字对译之后，让他成为高祖夔的专称，把自己的图腾移到天上去，成了天上的至上神，故尔他们的至上神“帝”同时又是他们的祖宗，至上神的这样产生，我说是殷人独自的发明。※此应更考卜辞。

※杨筠如：帝的崇拜，起源很早。远在农业社会以前，天的观念生起较迟，是一种统一的观念，非知识稍进步之民族不能发生，至早起源于初期农业社会。殷墟文字中，天字只三见。书经《周书》、《商书》、《虞夏书》用天字一五五，用帝字三八。诗经总用天字一三五，用帝字四一，恰与殷墟文字相反。《周易》卦爻辞，天与帝也为七比一，更后到《左》、《国》天与帝之比成一八〇比八和一八〇比一二。故可曰帝的势力威行于殷代以前，天的势力是澎涨在周代以后。

天字在初本没有神秘的意思，连后人所说“从天”都是臆说。卜辞既不称上神为天，不过在周初彝铭如《大盂鼎》《大丰殷》等上已属见。大约殷周之际已经称“天”，关于天的思想周人也是因袭殷人的。如《大盂鼎》云：“丕显文王，受天有（佑）大命”，《大诰》“天休于文王，兴我小邦周”。《康诰》“天亦大命文王殪我殷”。但《康诰》又云：“天畏（威）棐忱”《君奭》云：“天不可信”，都是对天取着怀疑的态度的。大概周人之继承殷人天的思想，只是政策上的继承，所以凡是极端尊崇天的说话都是对待殷人或殷的旧属国而说。而有怀疑天的话是周人对自己说的，所以《表记》上所说的“周人事鬼敬神而远之”是道破了这个实际的。周人在此时提出“德”字如《君奭》说“天不可信，我其惟文王德延”。《梓材》说“肆王惟德，用和怿先后迷民，用怿先王配命”，都是人定胜天的意思。“德”字照字面上看来是徝（古直字）从心，意思是把心思放端正，即《大学》之“先正其心”。但从《周书》和周彝看来，德字不仅包含主观方面的修养，同时连客观方面的规范——礼——都包含着的。礼字后起即以此蜕化下来的。这一套思想，以天的存在为可疑，而用来做愚民政策，以德政为操持这政策的机柄。发明此思想者为周公，《周书》十一篇中，除《召诰》前半为召公所说外，其余都是周公的话。）

周人统一既久，“天命棐常”的认识朦胧了，厉王用卫巫监谤。卫，殷地。可见属王之依赖神权，于是因政治之反动（流王于彘）而思想亦反动，如《板》、《荡》等诗中，把天骂得不亦乐乎，不相信天的思想普遍于民间（周初只有一二杰出者了解），以致于放逐代天的天子。自此以后，周政治虽经宣王中兴，但不久便衰颓下去，失掉了它真实的统制权。一入春秋时代，天就和地的代理者周天子一样，只有一个虚名（信仰者虽有却不多），于楚门廉要说“卜以决疑，不疑何卜”（左桓十一），子产也说：“天道远，人道迩”，但子产有时又高谈鬼神（昭七），可见尔时思想之矛盾。

老子最大发明是取消了殷周以来人格神的天之至上权威，而建设了一个超绝时空的形而上学的本体——“道”、“大”（不是到战国时才有的东西。《庄子·天下篇》、《韩非·解老》可为旁证。连上帝都是由道而生（象帝之先））。但他又说“天道无亲，常与善人”、“天之所恶、孰知其故”，可见他依然保持向来因袭，其思想尚未圆熟。

孔子否认神鬼，但他的肯定祭祀始终是在感情方面的满足。他又信命，称天，然而他所说的，其实只是自然。所谓命是自然之数或自然之必然性，他把老子思想和殷周的传统思想融合了，他避去了老子的道的一个名称，而挹取了他的精神来对于向来的天另外加了一番解释，他是把天来合理化了的，也可以说把老子的道来神化了的。在他的思想中，“道”即“天”，后来的儒家，特别是作易传的人，是深深地体得了这种思想的。

老子和孔子在根本上都是泛神论者，而在肯定人格神的狭隘的宗教家看来，便是无神论者，故宗教家的墨子起而皆非毁之。墨子立论异常薄弱，其能风靡，由于持论不高，便于俗受。他的所以不传，因其后溺于辩，而流于文，取消自已的宗派特质。

《洪范》是子思作的，其思想以中正为极，和《中庸》相表里。他肯定人格神的天和上帝，乃是受了墨的影响，同时又挹取了道家的精华，如“天命之谓性”，“诚者天之道”等。而在说教的方便上，则以天立极，维系了殷周以来的传统。儒家到了子思已存有意地要构成一种宗教的企图。孟子关于天的思想和子思没两祥，他也肯定着上帝。

庄子完全继老的道统，他对本体不另立名目。只直称之为道，而说：“自本自根（天宗师）上和子思一样（道自道，诚自成）比老有进境（老曰：吾不知谁之子，道法自然）”，可见其受子思的影响。《天下篇》中以老为第一世教主，关尹为第二节，自己为第三世，有了宗教化的倾向，不能不说是墨的影响。（孟子说万物皆备于我，故把人扩大便是天，是神。庄子谓天地与我并生，而万物与我为一。）

※此段注意，而一切论证，皆待商量。

惠施与孟庄同时，他继着老“大一”的思想，似乎扩展到无神，他把本体来代替了天，又提出“小一”来，颇近乎原子、电子之说。大一由小一积成，故天地万物皆一体，而有“泛爱”之说。这是把老之“慈柔”扬之“为我”（郭言惠与公孙龙为杨之嫡派）扩大了，把儒家的仁与墨之“兼爱”含括了的，在这些地方可以见学派之分裂与融和，互斗与互相影响。“小一”之说或导源于《洪范》五行。

荀子颇以统一百家自命，他把儒道两家天道观统一起来，名之曰道（韩非流入道家之由来），但非道家实质之本体，而只是儒的自然理法。这就是天，是神。不当更进一步去求（《天论》），这思想和《系辞》如出一辙（系辞传或荀子弟子所作。荀子受《易》于子弓，《非相》、《大略 》所引易与今本《周易》同，——据《晋书》《束皙传》，杜预《左传集解后叙》，可知周易上下经在魏襄王时确已成书，然又有与“周易略同，系辞则异”的《易系阴阳卦》二篇。可知易经编制在当时不只一种，今在左传中所载卜筮系辞，故有《周易》有同异——）

※墨子兼爱之说一变而为惠施之万物一体论，复转化而为庄周之物化论及公孙龙之惟名论，老子合并而成虚无论。

钱穆曰："《老子》书中对政治社会所发种种理论而推测其当时之背景，颇似战国晚年之作品。庄取惠施万物一体论之见解，而反对其名教观念，乃有所谓"自本自根"之道。公孙龙学惠施，不谈一体而辨名实。老子取二说，故有"道可道，非常道，名可名，非常名"之文。故既主以阴阳为本，又主以名言为别，含义往往有冲突。而《老子》书中之人生观，则宋钘之说也，故疑《老子》书出宋钘，公孙龙同时或稍后"——《古史辨》六。又老子与荀、韩有一共同根本的精神，便是反对特殊阶级的游士。这是战国末年的一般现象，要有这背景才能出这样的思想。

※老子早出何以不为孔、孟、墨等所提及，是一最大之问题，何况他又有这许多私淑弟子。

先秦天道观之进展

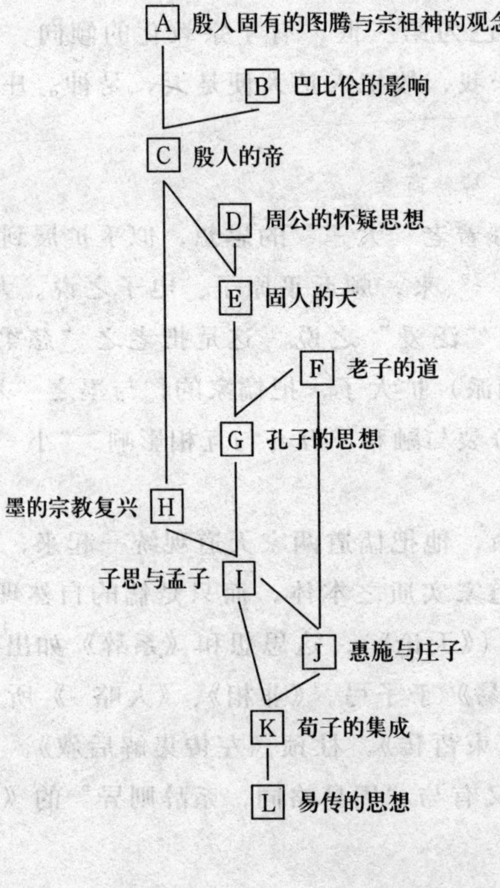

唐兰则曰：《老子》学说的构成，受《周书》、《周易》的影响，其所反映的社会是春秋末年到战国初年的社会。春秋时，哲学意义的"道"字风行一时，老子受其影响而常说天道，故其思想还是春秋末年所产生的。孔老纵见面，孔子待他亦如长沮桀溺而已。杨朱承老子之说而一变，因时代之剧变而其说盛行，老反被掩。杨朱后的新老子派——彭蒙，田骈、慎到、庄周、接子、环渊、詹何、它嚣、魏牟——稷下先生，老子学说到孟庄时代变成杨朱学派，到《天下篇》时代变成彭蒙、田骈学派和庄子学派。到荀子时代又变成慎到、田骈和它嚣、魏牟两派。他们的学说随时变迁，所以孟子没批评过老子。《天下篇》和荀子《非十二子》也没提杨朱。

汉初并称黄老，但黄帝的伪托，人皆知之，所以只有老子占势力。到魏晋以后添上庄子合称老庄。而道家的名字，却又被五斗米道和神仙家等所占——《老子时代新考》—

※《汉书·陈平传》才有"道家"的名，司马谈论六家要旨，道家才是六家之一。

秦以前的国家宗教很简单，最大的祭礼是郊（祭天），一年一次，也把天子的最有功德的祖先配享。其次是社，又次是宗庙、祀祖，旅望祭山川。秦文公在鹿衍祭白帝，秦宣公在渭南祭青帝，秦灵公在吴阳祭黄帝和炎帝，比较和五行说接近，但并没顾到五行的方位。武帝以后，经经师们的鼓吹，阴阳五行之说才篱罩一切。

相传秦穆公曾睡七天不醒，醒来说见过上帝云云。当时称为秦谶，后来赵简子也睡了七天，也到了上帝那里，成为赵谶，这是谶的开始。秦时"亡秦者胡""祖龙死"等谶的作用甚大。王莽完全以谶篡位，刘歆七略不录谶纬，故可知是二刘校书之后才出现的，乃王莽柄政所激起者。其出现负有三种使命：一把两汉二百年中的术数思想作一次总整理，使系统化。二发挥王莽、刘歆们所倡导的新古史和新祀典的学说，使有证据。三把所有的学问、神话总归入六经，使孔子真成为教主，六经真成为天书。在两汉之际"民神杂糅"的社会中，自然该有这种东西大批出现。这类东西会随时增加改变，为皇帝欲发达的人造作自拉自唱的证据，使统治阶级极感不便。张衡有禁绝的主张，南北朝时实行过好几次，到炀帝才彻底毁灭。现在除《易纬》八种还完全之外，其余只一鳞半爪，留在别的书里。——《汉代学术史略》

陈安仁云：三代祭祀，以周为最繁，可谓中国多神教的典型时代。古人认阴阳二力，为万物的起源，他崇拜最大的对象——天（日月星辰）地（山川河海四季五行），由此推衍而成多神宗教的理论。故神仙，阴阳，五行，杂占之说，为宗教论之四纲。战国初，屈原赋有登仙之说，其时宋毋忌、王子乔、充尚、羡门高之辈，各以仙术著名，燕人为方士仙道，侈言形解消化之术，大为列国人君所迷信。齐威王、宣王、燕昭王，闻海上三神山有诸仙及不死药，遂使人入海求之。可见其宗教信仰，上古神权之论与神仙阴阳五行之说成为宗教形式之信仰，故迷信之风独盛。——《中国上古中古文化史》

吕思勉曰："中国学术思想，可分三大时期：（一）自上古至汉魏之际，（二）自佛学输入至亡清。其中又分为：甲：佛学时期，乙：理学时期，（三）自西学输入以后。先秦诸子学术有二来源：1.从古代宗教哲学中蜕化而出（如人有男女，自然界有天地日月等而有阴阳之概念），2.从各个专门官守中孕育而成。前者偏于玄学，后者偏于政治社会方面。农家之所本最旧，是隆古农业部族之思想（君臣并耕，物价论量不论质。）。道家是游牧好侵略社会之反动思想，墨家代表夏代文化（《吕览·当染篇》'鲁惠公使宰谦请郊庙之礼于天子，天子使史角往，惠公止之，其后在鲁，墨子学焉。'此墨学出于清庙之官之确证，清庙中能保存较古之学说于理可有。）儒家、阴阳家是西周时代所产生之思想（儒言三统，阴阳家言五德始终），法家是按切东周时代的情形立说。"——《中国通史》上卷。

又云：部族时代的神，大抵是保护一个部族的，与别族处于对立地位。故《佐僖》十云："神不韵非类，民不祀非族。"孔子也说："非其鬼而祭之谄也。"到封建时代，各神灵之间，就要有联系，因而有等级，便是《周官》大宗伯所分的天地人物四类。但又有一个总天神，总地祇，人鬼，最重要的是自己的祖宗，其余一切有功有德的人，也有包括在内。天地人鬼都善，物善恶无定。此是中国人最普通的思想。日·田崎仁义所著《中国古代经济思想及制度》说：古代宗教思想，多以生物归之功归之女性，又多视日为女神。中国古代隆重的是社祭（曰土地神非即后土。），又古代视万物皆有神，如中溜、门、灶也留到后世。较神的迷信进一步的则为术，术之起源，由于因果之误认，更进一步则为数。

日·饭岛忠夫《支那历法起源考》云："五行说之成立，本于五个游星的知识（五星配合之方法，大概因颜色关系。如木星色近青、火赤、土黄、金白、水黑）。但五星运行知识之成立是战国后事，因此五行说成立时代，当在战国中世，西纪前三百年附近。邹衍出而五行说大行。"又新城新藏"《支那天文学史研究》云：《皇极经世》说'五星之说自甘公石公始。'刘向《七条》说，甘公楚人，战国时作《天文星占》八卷。又石申魏人，战国时作《天文》八卷，五星观测之祖，大约是甘、石二人。"在当时社会上有三种学说：（一）五行天文学，如"左昭"十七年云："有星孛于大辰，西及汉。申须曰：彗所以除旧布新也，天事恒象，今除于火，火出必布焉，诸候其有火灾乎。”这是天文和迷信结合的新天道观念。（二）五行灾异学，以《洪范》为大本营，是以一种天人相应的观念为基础，实际从墨子《天志》主义出来，再加以五行说的色彩。（三）五德始终说。有了这三种学说出，社会上的一切行动，无不受天的管束，战国时迷信色彩之浓可见。荀子说人事与天无关，乃此环境之反响。

春秋时代的政治和孔子的政治思想
——古史辨二——梅思平

春秋三期

一、隐公元至僖公二十八年，即西元前七二二年至六三二年，共九十一年。——分化时期（经济学家所谓“传闻之世”。）

二、僖公二十九至襄公二十七年，即西元前六三一年至五四六年，共八十六年。——侵略时期（即“所闻之世”）

三、襄公二十八年至哀公十四年，即西元前五四五年至四八一年，共六十五年。——改造时期（即“所见之世”）

第一期中国文化可分三大区域

一、黄河下游区——周、齐、鲁、郑、卫、宋、杞、陈、蔡、赵等，约当今河南、山东两省。

二、黄河上游区——秦、晋、虞、虢、梁、芮等，约当今山西、陕西两省。

三、江汉区——楚、随、申、忽、邓、徐、郧、绞、州、蓼、巴等，约当今湖北，安徽及四川之东部。

春秋初，这三区似乎没有什么交通，而以第一区文化最高。历代大宗族后裔大概集中于此。鲁、卫、宋、郑于政治制度上，不能脱封建的老拘束，惟齐尚有发展之余地。故有管仲军国主义之创造，是中央集权制，非封建之旧制。第二和第三区本和异族杂居，文化较低。故晋、秦、楚受封建之束缚较少，而能自行创造新制度。晋文公以六卿兼六军，即以文官兼武职，与管子“作内政寄军令”同。又设“县大夫”制，与楚之“县公”性质相似。秦政制上变化难测，但其官制之名称与中部完全不同。楚的封建是食邑制度，所谓“食邑”就是指定某一地的赋税完全为某人的收入，以代国家的薪俸。至于这地方的统治权仍由君主派人去执行，这食邑的贵族是不得干涉的。汉以后（汉初除外），所谓封建都是此制，与分封制不同（故封建制可分为二种）。故在春秋第一期中，实在都已经是中央集权制，这制度大概以楚国发明最早。

※封建时代之组织为君出令大贵族，大贵族令小贵族，为一重迭的形势。管子之组织乃君直接发令于军帅。

第二期末年，三区文化已渐交通，商业发达，生产力增加，其政治形势为：晋、楚两国之对抗，齐秦之局外中立，中部诸国成为晋楚侵略竞争之目的物，这时代战争之原因，完全是经济。第三期是政治大改造时期，即由春秋至战国之过渡时代，亦即从封建制到中央集权制的最后大枢纽。在第一期中，晋、楚、齐诸国已把封建制弄得有名无实，就是从附庸的分封的制度改到食邑的制度，使政权逐渐归到中央。※（大国之中建小国，曰附庸。）这趋势，在楚是一直下去，但在齐、晋两国以及中部的鲁，则转了一个大湾才成功。就是中央统一的政权，先由君主移于少数贵族，以致再成附庸的形式。然后由贵族自相合并再成中央集权之制。在这个复杂变化的时期内，各国的行政和司法两方面都有长足的进步，处处和封建时代之旧典相扞格。郑之产作刑书，晋作刑鼎，和封建时代“以人治人”的规模大不相同了。而学术之进步，更是人所共知。（如叔白，子产，晏翟，公子札等。）

孔子当时的政治实际，是军国主义的趋势，鲁保存封建制之躯壳较为完整，他这时所形成的思想，大概可以用《论语》上“颜渊问为邦”做代表——行夏之时，乘殷之辂，服周之冕，乐则韶舞——这是他书本子上的知识和他所目睹的政治躯壳混合起来的一个乌托邦（混合宗法与封建而成。）——所以孔子前三十五年，是反革命思想成功时，后三十五年是实行反革命时期。

- 辨伪方法
  - 人事
    - 从著录传授上检查。
    - 以文字体裁上检查。
    - 从事迹制度上检查。
  - 时代
    - 从时代背景上检查。
    - 从进化历程上检查。
  - 思想
    - 从作者根本主张上检查。
    - 从思想渊源上检查。
    - 从思想影响上检查。
  - 旁证——从他书征引上检查。

五家学案

——如是集之四

此书集稿始于民国二十四年夏，成于……

旨　　趣

五家学案者：孔子学案、孟子学案、庄子学案、象山学案、阳明学案也。

参考书目

津逮秘书
苏辙道德经注（金陵本）
四部丛刊续编（商务本）
说铃
宝颜堂秘笈（文明书局本）
涑水纪闻（武英殿聚珍版）
能改斋漫录（同上）
云谷杂记（同上）
唐语林（同上）
猗觉寮杂记（同上）
敬斋古今黈（同上）
意林（同上）
学林（同上）
九通（浙江书局本）
汉魏六朝百三名家集（扫叶山房本）
明季稗史（留云居士排字本）
续藏经（靖国本）

大藏经（缩印本、径山本、碛砂本）
浩然斋雅谈（武英殿聚珍本）
归潜志（同上）
瓮牖闲评（同上）
考古质疑（同上）
公是弟子记（同上）
项氏家说（同上）
涧泉日记（同上）
明本释（同上）
四部丛刊（商务本）
四部备要（中华本）
守山阁丛书
知不足斋丛书（道光重刻本）
仇池笔记（商务本）
茶余客话（商务本）
南岳总胜集（梁克山房本）
龙川志略（商务本）
曾文正公全集

五家学案（集稿）

（1）＊（孔、孟）宋·罗源陈善所著《扪虱新语》卷一云："吾书中颇有赞讹处，便是禅宗公案，但今人未尝窥究耳。孔子曰：二三子以我为隐乎？吾无隐乎尔！吾无行而不与二三子者是丘也。不知所隐者何事？颜回在陋巷，一箪食一瓢饮，人不堪其忧，回也不改其乐，不知所乐者何道。孟子曰：睟然见于面，盎于背，施于四体。四体不言而喻，不知所喻者何物。此岂区区口耳所能证也哉！《易》曰：精气为物，游魂为变，故知鬼神之情状。原始要终故知死生之说。而孔子曰：朝闻道夕死可矣！故子路问事鬼神，又问死。古之达者，类有以知此。至其得力处，曾子病革而易箦，子路临死而结缨，盖于死生之际，其严如此。顾□设教自有先后耳，岂如今之俗学，乃全不考究。以六经为治世语言，至欲求道则以为尽在浮屠氏。呜呼！……"又云："予旧尝为《中庸说》，谓《中庸》者吾儒证道之书也。然至今疑自春秋修其祖庙，陈其宗器以下一段，恐只是汉儒杂记。……"此外又有关于《易》、《诗》、《论语》、《孟子》等之考证，亦可参考。著者于性命之学似亦少有所见，然以欧阳修比马祖未免头巾气耳。（津逮本）

（2）＊（庄、孔）苏子由《道德经注自叙》卷一云："有道全者，住黄檗山，南公之孙也。……《中庸》之言曰：'喜怒哀乐之未发谓之中，发而皆中节谓之和。中也者天下之大本也，和也者天下之达道也。致，中和天地位焉，万物育焉，此非佛法而何？顾所从言之异耳。……六祖有言：不思善不思恶，方是时也就是汝本来面目。自六祖以来人以此言悟入者大半矣。所谓不思善不思恶则喜怒哀乐之未发也。盖中者佛性之异名，而和者六度万行之总目也。致中极和而天地万物生于其间。此非佛法何以当之。全惊喜曰：吾初不知也，今而后始知儒佛一法也！……是时余方解《老子》，每出一章辄以示全。全辄叹曰，皆佛说也。"

说明：

※此为眉文符号，＊此为脚注符号。

（3） ＊（孔）洪迈《容斋随笔》卷五云："唐苏州司户郭京有《周易举正》三卷，云曾得王辅嗣、韩康伯手写注定传授真本，此后而知今世流行本及国学乡贡举人等本，讹脱者凡一百三节。……顷于福州《道藏》中见此书而传之。及在后省见晁公武所进《易解》，多引用之。此罕有其书也。"该随笔仅略取其明白者二十处载之，皆至有理。则此书乃为他日研究《易经》之重要参考书也。（《四续》本）又宋・张端义《贵耳集》云："尝闻老儒言，汉之《周易》不以乾坤为首卦。然后知杨雄《太玄经》以中孚为首卦，即汉之《易》。"（《津逮本》，（四）同）

（4） ＊（孔）宋・叶少蕴《避暑录话》有论及《中庸》儒禅者五六处，其见解较陈善超脱，似尝紧切用过功者，应考。

（5） ＊（孔）清・高士奇《天禄识余》上卷云：刘宋散骑常侍戴颙撰《礼记中庸传》二卷。梁武帝撰《中庸讲疏》一卷，私记制旨《中庸义》五卷，《中庸》之单行久矣。宋儒以为表章始于二程，非也。"（《说铃》本）

（6） ＊（孟）又云："井田之废，始于管仲作内政已渐坏矣，至秦乃尽坏矣。元陈孚题管仲井诗云：画野分民乱井田，百王礼乐散云烟。平生一勺潢污水，不信东溟浪沃天。可谓阐幽之论。"

（7） ＊（孔）王楙《野客丛谈》末云："释氏但知极高明而不能道中庸，原其学本于和顺、于道德至理于义则违之，故治国不得。"（《宝颜》本，下至（十一）同）

（8） ＊（王、陆）明・刘元庆《贤奕》卷一记王阳明遗事二则，语录四则。（耿楚侗语录二则。）卷二记象山遗事二则。又明李豫亨《三事溯真》后附王畿、阳明语录数百字。又明耿定向《先进遗风》卷上记王文成遗事数则。又陈眉公《读书镜》卷八记陆象山事一则。《见闻录》卷三记阳明事一则；卷六记平宸濠秘事一则。

（9） ＊（陆）宋・车若水《脚气集》应参考。

（10） ＊（孔）明・焦竑《支谈》系参考要籍。尤要于《避暑录》也。祝世禄《祝子小言》亦有一二道着处。又明・唐杞《杂象录》亦可参考。又陈眉公《安得长者言》谓儒佛争辩交浅言深。

（11） ＊（孟、庄）陈眉公《狂夫之言》卷三，论井田，卷四论庄子，皆可参考。

※（自此以前之书，记此五家之说不备，又应重勘）

（12） ＊（孔、孟、庄）《汉魏六朝百三名家集》、《刘中垒集（向）》之上、《关尹子》、《晏子》、《子华子》、《列子》、《於陵子序》、《孙卿子后序》及《洪范五行传》，《刘子骏（歆）集》之《上邓析子奏》及《洪范五行传》，《马季长（融）集》之《忠经》，《阮步兵（籍）集》之《乐论》、《通易论》、

《达庄论》、《通老论》、《大人先生传》,《嵇中散(康)集》之《释私论》、《养生论》、《答疑养生论》、《声无哀乐论》、《难宅无吉凶摄生论》、《答释难宅无吉凶摄生论》、《难自然好学论》、《明胆论》,《王文宪(俭)集》之《答陆澄书》、《曲礼问答》、《周易问答》、《孝经问答》,《梁简文帝集》之《请朱异奉述制旨易义表》、《请贺琛奉述毛诗义表》、《谢敕赉中庸讲疏启》,《梁元帝集》之《孝德传序》,《沈隐侯集》之《修定乐书疏》、《辩圣论》,《牛奇章集(弘)》之《请开献书表》、《定乐奏》、《乐定奏》、《定典礼奏》、《明堂议》、《详定乐议》、《又乐议》;《薛司隶集》之《老氏碑》,皆可参考。

(13) *(孔)唐李翰《通典序》论儒流之失颇当。杜佑《自序》亦佳。卷四十一略论制礼源流;九十九卷至卷一百四十凡百类论历代礼制,卷一百四十一至一百四十七论乐;卷一百六十三至一百七十论刑,皆可考。

(14)马端临《文献通考自序》。

(15)《通志》卷一《三皇记》前后按论三《易》之肇始。

(16) *(王)明·夏允彝《幸存录》卷下,谓高忠宪忽睹桃花有悟,从此事事有异,并气节之想亦永融矣云云。(按该书论东林党始末及其矫激情形极为详尽正确。)(《稗史》本)。

(17) *(陆)高丽·义天《圆宗文类》卷二十二,沙门净源《策门三道》之《儒释言性》云:“问,专习三藏不见域内之文,偏学六经岂知方外之教?然则周、孔罕言性命而佛祖之训详矣。且皇唐李习之宗乎?孟轲谓人性善,杜紫微法乎荀子谓人性恶,皇甫湜稽诸杨雄谓人性善恶混,韩氏又曰上焉者善,下焉者恶,中焉者混。圣宋缙绅如欧阳永叔、章表民、王、陈而下其说非一,孰与吾教合焉?”(《续藏》本。)

(18) *(陆、王)清·彭际清《一乘决疑论》辟二程、张子、朱子、陆子、顾泾阳、胡敬斋、高梁豁八人妄论释教之谬,说来颇中于理,应考。(本同上)。

(19) *((庄、孔)李肇《国史补》言《庚桑子》非圣贤书。大历以后经术专家。(《津逮》本)

(20) *(陆)明·无相《法华大意》,□有云:“万物一焉,何假何真?天地一指,孰是孰非?《易》谓太极,《华严》谓法界,本教谓法身,世教谓道体,即所谓之喜怒哀乐未发之先,意必因我既忘之后时也。……又仁者千古圣贤之心也,以之教于万物,则万物活泼泼地,一太极也!以之颁于一心,则一心真卓卓然。

一毗卢也。……”余文尚多。考(遗珠集·丁)卷十六之评。(《续藏》本，下四项同)

(21) *(庄)考《绀珠集·甲》附录《破三玄义》。(此中亦有大藏本)

(22) *(庄)《山家绪余集》卷下《辅行普门子序略释》云：“后世宗尚老、庄之学者，因见老、庄有捶搓仁义灭绝礼乐之说，以谓周、孔名教之道可废。曾不知老、庄岂直捶搓灭绝者。”

(23) *(孟)《性善恶论》卷一云：“孔子、子思言性而未尝以善恶断。孟子言人性善，出于子思之书。子思之书皆孔圣微言笃论。孟子得之而不善用。而荀子好为异论不得不言人性恶。而杨雄又兼二者而有之。而韩愈者又取夫三子之说而折之于孔子之论，离性以为三。……要知四子之说唯杨子为近理。子思固尝发其端于《中庸》矣……”

(24) *(陆)智圆《闲居编》中有《中庸子传》其自传也。陈寅恪谓其提倡《中庸》，更考。

(25) *(孔、孟、庄、陆)宋·吴曾《能改斋漫录》卷二云：“庆历以前多守章句、注疏之学。刘原父为《七经小传》始异诸儒之说，荆公修经义盖本于原父。”卷十云“荆公不以退之为是有诗讥之。宋代古文自柳开始，开慕王通续经以经籍有亡其辞者辄补之，自号补亡先生。东坡诋程颐为鏖糟陂里叔孙通等。宋景文言王弼注易直发胸臆不如郑玄等师承有自。刘齐亦有难弼处。王弼传易尊道。李畋著论推崇之。”卷十一：程正叔不欲为闲言语。卷十二：程伯淳言今儒读书却只闲读了，都无用处。明道见僧饭以为三代盛仪尽在是。张载弟兄二人一时师表关中谓之二张。荀卿因汉宣讳转为孙卿。卷十三：神宗谓司马光迂阔。尹焞师伊川，行高，有奉诏解《论语》行于世。卷十四：邵康节赞王通。李泰伯《潜书》曰：孔子之言满天下，孔子之道未尝行等。陈师道有《春秋索隐》三卷。

(26) *(孟)宋·张淏《云谷杂记》卷一云《管子》非特出于仲，后人从而附益其说者有之。唐人论《鹖冠子》不同。司马贞《索隐》不知轻重九府为篇名，又不知轻重篇今存。卷二韩愈论墨自相矛盾。卷三司马光嗜《太玄》，诋《孟子》。苏洵与之正相反。

(27) *(孔)宋王说《唐语林》卷二云：大历以后专学者有蔡广成《周易》，强蒙《论语》，啖助、赵匡、陈质《春秋》，施士匄《毛诗》，袁彝、仲子陵、韦彤、裴蕴讲《礼》，章庭珪、薛伯高、徐润并通经。建中时熊执易通《易》。

(28) *(孔)宋·朱翌《猗觉寮杂记》卷上云：欧阳修以系辞非孔子之言诋之甚力。苏子由解诗不用诗序。或本后汉儒林传卫宏作诗序之说。

（29）*（孟）司马光《涑水纪闻》十五云：狂人李戒云：三皇不圣、五帝不圣，自生尼以来惟孔子为圣人耳。孔子没，孟轲以降盖不足言，今日复有明公（即温公）可继孔子者也。余骇惧遽还其书。则此人虽妄亦知乘隙而入者也。一笑。

（30）*（陆、孟、庄）宋·周密《浩然斋雅谈》卷上记：曾南丰论儒者无以导民，故佛家乘阙而来。陈直斋说苏洵《辨奸》似及二程。晦庵极力回护。叶水心云，洛学兴而文字坏。吕氏《文鉴》去取多朱氏，主程抑苏之意故文多遗落。李泰伯不喜孟子。道士褚伯秀有高行，尝集注《庄》、《老》、《列》三子。

※按《知不足斋》本学净名等者，乃李纯甫是。武英殿本缺一页，故致误。然据《知不足斋》本赵秉文亦有《太元解》、《老子解》、《南华指要》。又《知不足斋》本附录李纯甫撰《重修面壁寺记》一文，颇可见其思想之大概。

（31）*（庄、陆、王）元·刘祈《旧潜志》卷一记：赵秉文学净名、庄周解《楞严》、《金刚》、《老》、《庄》，又有《中庸集解》、《鸣道集解》号为中国心学，西方文教数十万言，自言庄周而后惟王绩、元结、郑厚与吾此其所学也。雷渊注《易》行于世。卷三记王郁论学孔氏兼佛、老尝欲著书推明孔氏心学，以宋儒见解虽高而经世实用不如东汉。僧性英与之游。卷十三记：《老》、《庄》之书孔、孟不言杨雄、韩愈排之。韩又未论文中子、李翱以为粗有理。司马光论其失，取其长为补传。程伊川则以为其议论尽高，有荀、杨道不到处。

※按《知不足斋》本学净名等者，乃李纯甫是。武英殿本缺一页，故致误。然据《知不足斋》本赵秉文亦有《太元戒》、《老子解》、《南华指要》。又《知不足斋》本附录李纯甫撰《重修面壁寺记》一文，颇可见其思想之大概。

（32）*（陆）宋·袁文《瓮牖闲评》卷五记：欧阳修不喜中说，司马光酷爱之。

（33）*（孔、庄、孟）宋·叶大庆《考古质疑》卷一谓：伏生与子鱼子襄各藏书于壁。鲁共王所得字皆古文，与子鱼子襄不同未知何据。卷二谓：列子是老子弟子，以其书多载老子之言。老子或者生于幽王之前。卷三谓：《列子》大要与《庄子》同，不可以寓言为实。列先于庄，故庄多取其言。刘向以为穆公时人误。公孙龙、宋康王事应如张湛说为后人所增。卷四谓：晏子赠曾子言误。赵襄子不与孔子并世。墨子假托晏子之言以毁孔子。《孔丛子》诘之是。卷五谓：容斋疑《中说》为阮逸所作，盖杜淹所作。文中子世家与薛收事不合。大庆则以为杜淹、王绩之徒有谬，而不可以《中说》为阮作。盖阮宋仁宗朝人。《唐书》皮日休《文中子碑》。刘禹锡《王华庆墓铭序》等皆有《中说》之著目也。然《中说》中王氏子弟如王凝福畤不无附会于其间。王肃注《家语》卤莽。卷六记王圣美难孟子不见诸侯而见梁惠王。《列子》之西极化人即佛，与宣律师所传所谓周穆王时佛法至中国之说合。

(34) 元·李冶《敬斋古今黈》卷一云：六爻如次配六德。欧阳公不信《系辞》，不疑《序卦》。唐刑琦注王弼《周易略例》。卷四记冯道、周颙止帝之惨毒。卷五记黄鲁直、黄几复以为向、郭陷庄周为齐物之书，以为庄周虽名老氏训传，其斩伐俗学以尊黄帝、尧、舜、孔子，自扬雄不足以知之。

(35) *（孔、孟、庄）唐·马总《意林》五卷，节录《鬻子》、《太公金匮》、《太公六韬》、《曾子》、《晏子》、《子思子》、《孟子》、《管子》、《道德经》、《荀庆子》、《鲁连子》、《文子》、《邓析子》、《范子》阴阳历数、《胡非子》、《墨子》、《缠子》、《随巢子》、《尸子》、《韩子》、《列子》、《庄子》、《申子》、《慎子》、《燕丹子》、《鬼谷子》、《尹文子》、《公孙文子》、《陆贾新书》、《晁错新书》、《贾谊新书》、《吕氏春秋》、《淮南子》、《盐铁论》、《说苑》、《新序》、《法言》、《太玄经》、《新论》、※（按，《金楼子》五云：有华谭者亦注《新论》，而世不知）《论衡》、《正论》（崔元始著）、《潜夫论》、《风俗通》、《商君书》、《阮子》、《正部》（王逸撰）、《士纬》（姚信）、《通语》（殷基）、《抱朴子》、《周生烈子》、《荀悦申鉴》、《仲长统昰昌》、《典论》（魏文帝）、《魏子》、《人物志》（刘邵）、《任子》（名奕）、《笃论》（杜恕）、《体论》（同上）、《傅子》、《太元经》（杨泉、梁国）、《化清经》、《邹子》、《成败志》（孙毓）、《古今通论》（王婴）、《中论》（徐伟长作，任氏注）、《唐子》（名滂），《秦子》、《梅子》、《物理论》诸书之文。其中《老子》、《庄子》、《吕氏春秋》、《淮南子》有注而未标或出注者之名恐即马氏自加。《鹖冠子》、《王孙子》存名无文。《慎子》有注而目标滕辅注。《鬼谷子》有注而目标乐壹注。《尹文子》有注而目标刘歆注，则恐非马氏之笔。《法言》目标李轨弘范注。《太玄经》目标虞翻注而皆无注文。

(36) *（孟、庄）宋·刘敞《公是弟子记》卷一，谓孟子言性善言过其实。卷二谓莫善乎性学求尽性。荀子不知性，杨子不知命，韩子不知道。卷三谓仁者死生无变乎己，庄、老也过。卷四谓王安石谓性者太极情者五行，情生于性而后有善恶。刘敞评之。永叔问人性善，孔子谓上智下愚不移可乎。刘敞答谓智愚非善恶。永叔曰以人性为善或恶或混道不可废，则学者虽毋言性可也。永叔曰极老子之无为，且将大不为国，小不为家，开口而哺，仰人而食而已。刘敞皆有答。（然此人见解陋劣。）

(37) *（孔、孟）宋·项安世《项氏家说》卷一、卷二说《易经》，述焦氏、京氏卦法，李挺之反对法，朱震易图，虞氏、晁氏旁通卦法，及纳甲法、飞伏例、世应例。欧阳子易说，郑夬说等。又卷三至卷六于诗书礼亦有解说。卷七谓荀庆攻孟则过。乃释老氏之学之病。恶言理性读《中庸》，其说亦出“荀子适世之有是说”，也作《本荀说》。孟言性善有苦衷，不能尽伦，则佛然后圣行，不慊于心，则鬼然后神。评韩子原鬼。卷九谓徐干《中论》诋郭林宗、徐孺子之徒以为皆圣人之所禁春秋之所诛奸乱盗贼之人。可见其时士尚。后附《孝经说》一卷，《中庸臆说》一卷。（此人亦无见解。）

(38) *（孔、陆、庄）宋·韩淲《涧泉日记》卷中记郭雍有著述解《易》。尹焞为伊川高弟。程迥有《易解》，陆子寿少理禅学，中年造孔、孟之奥。庆历间诸公自韩富、欧阳、石介以至王介甫、曾子固、王深甫、王逢原皆守道论学。至东坡诸人便只有愤世疾邪之心，议论利害是非而已。伊川诸儒复专以微言诏世，天下学者始各有偏。魏元履才气议论在朱晦翁、张南轩上下。晁子止谓列子、王通皆一偏之论。郭子和《易》书，其所长尽见之吕伯恭易音训，只是吕氏文字。朱元晦本意扫支离有功，废众论过。晁子止以《老》说《易》亦非泛然。南轩《论语》、《孟子》解□泽《读诗记》、《书传大事记》。晦庵《大学解》、《通书解》皆不可废者。荀庆以子弓比孔子。司马光《潜虚》、晁以道《星谱》发明《太玄》。老苏论《太玄》最中其病。晁以道言王弼深于《老》，《易》则末矣，其于易多假《老子》之旨。卷下谓：子由文字晚年多泥老佛之说。周恭叔时有《老》、《庄》与程氏相背之说。

(39) *（孔）宋·王观国《学林》卷一论《书》今古文及《逸书》。《系辞》作者及田何易。《诗》、《书》序本不在众篇之首。孔子生卒年月考。三《易》，三传得失。卷二论《春秋左传》分合得失，汲冢书之伪。阮逸注文中子又作叙篇曲折傅会而为之说。《后氏曲台记》释名。卷七记柳子厚非《国语》，《诗》、《书》、《礼》、《易》衍文。

(40) *（陆、庄）宋刘荀（朱熹同时）《明本释》记：程伊川、尹和靖、周濂溪、吕与叔、杨龟山、胡安国、张横渠、张敬夫、邵康节、谢上蔡、张子韶、侯师圣、石守道、胡衡麓、程明道、朱元晦、刘器之、司马光、胡瑗、范文正、吕居仁、吕原明、范祖禹、王荆公、吕正献、郭兼山、苏东坡、朱汉上、计虞庆、欧阳修、陆宣公、富郑公、陈莹中、唐文宗、孙泰山、王元之、吕东莱、李文靖、韩魏公、吕伯恭、曾南平、王文正、陈晋公、王沂公、寇莱公、陈述古、士建中、杜祈公、刘挚、杜正献、王述诸儒之论：格物、穷理、修身、养心、正名分、达人情、立志、节用、不欺、果断、勇、时、义、安义命，及老、佛与孔同异等。刘荀本人亦时有意见，其中以述程伊川、胡衡麓、邵康节、杨龟山、司马光之说为最多。又书末有刘荀论诸儒语录之得失，而无象山语，实属怪事。然于此中或保存若干今所不能见之语在也。

又卷上有伊川、横渠、组徕、明道、康节、胡安定、濂溪、孙泰山之传略，或可与今之所见者对勘，又保存一些当时讲学之源流方式等事实及互相评论之议断。故此亦实为治宋学之重要参考书也。

(41) *（孔）孔安国序传《古文孝经》一卷，前有卢文弨、吴骞、郑辰、日本纯谨序，后鲍廷博跋，皆应参考。（以下至（49）皆《知不足斋丛书》本）

(42) *（孔、孟、庄、陆）宋·沈作佶《寓简》卷一论：大衍之数，六籍脱简。刘器之论康节象数，田何、顾象之论易，其余又有关于《易》的支节的议论。此人是石林之门人，而见解并不甚高明。然亦可以代表当时理学界的又一部分面日。卷二记：神宗不满王氏《周官》新意。《周官》实周之遗书，而今存者多出于汉儒应募之作。《月令》乃吕不韦宾客所为，难中和而以《列子》为知言。宋六经之学自贾文元倡之，而刘原父兄弟经为最高。王氏之说立，而学者无所发明。石林始后究其渊源用心精而不为异论。难《孟子》以暇日修孝悌，《论语》未得患得，古本作患不得。《孟子》居移气之说有流弊。庄子为一世之奇才。佛、老之教非专尚虚无而远于治道。以《楞严》解庄之天籁，而以为未若释家之奥。范螽为孔安国师。卷四云：鶡冠子本黄老，近刑名家好论兵。东坡讥笃释氏所以。又卷七有以佛理解《老》、《庄》。又卷十东坡怒诋程颐之敛司马光如封角状。

(43) *（庄）宋·吴仁杰《两汉刊误补遗》卷十云：开元中刘知几欲黜河上公注《老子》，议者谓其注以养神为宗，无为为体，足以修身宁人乃得不废。

(44) *（陆）宋·曾敏行《独醒杂志》卷四云：荆公解飞，然其妇说。卷六云：胡邦衡春秋之学受于萧子荆。卷七记：谯定幼学释氏后伊川教以中庸诸书，后弃家隐于青城。伊川云：白日飞升无，延年益寿有。绍兴以来论伊、洛之学者胡安国为得其传。

(45) *（陆）宋·费衮《梁豁漫志》卷五谓：温公不责梁惠王以不听孟子仁义之言而责其不用商鞅。

(46) *（孔）杭世骏《诸史然疑》论：立《毛诗》博士等。东汉崇尚纬谶之弊。郎颉学京氏易，六月七分之说集解。

(47) *（孔）又《榕城诗话》云：吴中林著《二礼疑义》数十卷。李光坡著《三礼述注》。

(48) *（陆）宋·叶绍翁《四朝闻见录》甲卷记：吕东莱说书为考亭所赞。又其云：暴殄天物释氏恶之而必欲食疏，□吾儒不至于暴殄而已等以分儒释，可笑之至。真德秀以考亭解《中庸》为生我者太极，成我者先生。而考亭门人刘瀫乃大不取其师说而自为论，常与真公争。考亭谓陆子静满腔子都是禅。象山门人彭某谓告子不是孟子弟子。杨慈湖谓论语毋意，而《大学》乃欲诚意，疑《大学》出于子思子之自为。故考亭以陆学都是禅头领俱差。又记：鹅湖之会，朱、陆同异之诗。象山机语似禅。慈湖改太极图为⨂亦源流于象山。按此可见朱、陆异辙之当时琐事琐谈。震泽王苹少事龟山有学行。陈止斋诗传斥考亭晚年之注而藏其说不与辩。考亭索阅而以其陆争，与陈同父争王霸讽之，考亭视为畏友，尤长于《春秋》、《周礼》。考亭在武夷精舍待学子惟脱粟饭。胡纮诬考亭以欧阳公诐谤事。考亭立名之故及改字仲晦，而仍行元晦。真德秀易字希元，而仍行景元。慈湖读《孔丛子》至心之精神是谓圣，顿悟朱文公谥法。《乙集》记：考亭友蔡元定而明天地之数，精诣钟律之学，又纬之以阴阳风水之书。朱、程子孙不肖。蔡元定是考亭友，非门人。《丙集》记：褒赠伊川，辨李泰伯不喜孟子之非。附鲍氏录明·杨慎之详辨。《丁集》记：胡纮疏朱熹六大罪，不可不亟诛。有亦事出有因。文公被祸，其门人有易衣携妓以自别者。刘德秀之陷考亭目为伪学，实亦激于当时学者之邪伪也。文公谥议及覆议，张贵模论《太极图说》之非，及翥思、德秀论伪学之祸，主将语录等并行除毁。《附录》谓：伊川之为戎椁里之知葬出于神明虚旷。按此书实亦为治宋学之重要参考书也。

(49) *（孔）清·郭宗昰《金石史》卷上，记：汉司隶校尉鲁忠惠碑谓治《鲁诗》、《严氏春秋》。

(50) *（庄、陆）东坡《仇池笔记》卷上云：子由《老子解》在战国时无商鞅、韩非。在汉初孔、老为一。在晋宋佛、老不二。荆公之学随说随改，为刘攽所戏。卷下谓：作《易书》、《论语说》。

(51) *（陆）宋·安人魏秦《临汉隐居诗话》谓：荆公大儒，孟子后一人而已。（以下至（73）皆《知不足斋丛书》本）

(52) *（庄、孔、陆）明·祁承口《澹生堂书约》云：董遇为《老子》作训注。又云："书契以来，书之名存而实亡者十居其九。如厂宽、孟喜之《易》、《尚书》之牟长章句，周防杂记，韩婴仅存得外传，而亡其内传。董仲舒《春秋繁露》存，而《春秋决疑》二三二事不可得。《周易坤灵图》、《禹时钩命诀》、《春秋考异》、《邮感精符》之类得之《太平御览》。"※（按准下诸伪，则伪之称应分理伪与事伪也。如云："有书本伪补之而益伪，诸纬书之类是也。"此理伪而兼事伪也。何以故？纬书虽因补而益伪而实不能无作者，既有作者则亦本非伪人托之而伪之类。然此曰本伪，非理伪，不足以解，事伪可知）又云："经不易伪，史不可伪，集不必伪，而所伪者多在子，且非独伪也。孙文融有言，诸子至秦绝矣。古操术今饰文其深不当也。古初见奇今奇尽，其精不当也。古殚一生精力，今以余技骋其工不当也。故曰绝也。夫自汉而后即真者尚不能与周秦并，况其伪哉！然又混淆难别，如《盐铁论》之言食货也史也而儒之。杜周士之《广人物志》也而子之。至温庭筠之著《乾𦠆子》录嗜也。刘崇达之著《金华子》记杂也，且滥以子称矣。……有伪作于前代而世幸知之者，风后之《握奇》，岐伯之素问是也。有伪于近代于世反惑之者，卜商之《易传》，毛渐之《连山》是也。有掇古人之事而伪者，仲尼倾盖而有《子华》，杜史出关而有尹喜是也。有挟古人之文而为伪者，伍员著书而有《越绝》，贾谊赋鹏而有《鹖冠》是也。有傅古人之名而伪者，尹负鼎而《汤液》闻，戚饭牛而《相经》著是也。有蹈古书之名而伪者，《汲冢》发而《师春》补，《梼杌》记而《楚史》传是也。有耻于自名而伪者，和氏《香奁》之类是也。有袭取于人而伪者，法盛《晋书》之类是也。有假重于人而伪者，子瞻《杜解》之类是也。有恶其人伪以祸之者僧孺《行纪》之类是也。有恶其人伪以诬之者，圣俞《碧云騢》之类是也。有本非伪人托之而伪者，《阴符》不言三皇而李荃称皇帝之类是也。有书本伪人补之而益伪者《乾坤凿度》及诸纬书之类是也。又有伪而非伪者《洞灵真经》本王士元所补，而以伪《元仓》。《西京杂记》本葛稚川所传而以伪刘歆之类是也。又有非伪而曰伪者《文子》载于刘歆《七略》，历梁隋皆有其目，而黄东发以为徐灵府。《抱朴》记于《勾漏本传》，历唐宋皆志其书。而黄东发以为非葛稚川之类是也。又有非伪而实伪者，《化书》本译峭所著，而宋齐邱窃而序传之。《庄注》本向秀所作，而郭子元取而点定之类是也。又有当时知其伪而后世弗传者，刘炫《鲁史》之类是也。又有当时记其伪而后人弗悟者，司马《潜虚》之类是也。又有本无撰人，后人因近似而伪托者，《山海》称大禹之类是也。又有本有撰人，后人因亡逸而伪题者，《正训》称陆机之类是也。辩哉胡元瑞之言乎。余故详述之。”

又云：“宋儒理学之言概收于子似矣。然强半皆解经语也。汉之训诂何列于经而独宋儒子之乎？如《正蒙》、《皇极》及程、朱语录《近思》、《传习》之类。余欲仿小学之例而别类以理学。”

（53）魏·何晏撰，梁·皇侃义疏《论语义疏》十卷，应参考。有侃自序，出其所集古解十三家及其余之源委。则此书实《论语》所必不可少者也。后有日本新刻序，明此书显晦源委及其价值，亦应考。

（54）*（陆）宋·张世南《游宦纪闻》卷七记：包逊，字敏道，象山上足。卷八记朱文公晚年居考亭，便于野服，有客位榜言野服之便云云。又朱文公有一帖书世之学者。学者舍近而趋远轻，自大而卒无得云云。又朱文公移简辅汉卿卅四字。卷九记晦翁得人论心之问云云，引《庄子》。柴中行时取士有书委不是伪学，柴公具申辩责。

(55) *（陆）宋·王铚《默记》，记王荆公在蒋山时豁达。又记欧阳文忠被诬通甥始末。又记王荆公云择邻必须司马十二。

(56) *（孔、庄）梁元帝《金楼子》卷三云：刘游与鲁穆生、白生、申公俱受诗于浮丘伯。丘伯，孙庆门人也。刘辅善说《京易》，论集经传及图谶文作《五经通论》。卷四谓“周公没五百年有孔子。孔子没五百年有太史公。五百年运余何敢让焉？”又云：“余将养性养神获麟于金楼之制也。”按该书杂记前言往行以为劝诫。又记谐怪以供谈笑，无当于至理，乃自居道统抑何可笑！又谓《老子》虽存道德尚清虚而非以无为为宗，背礼违教者。皇甫士安谓世人见谷神不死，遂假托之以谈神仙。又谓《归藏》先坤后乾，是殷书。《连山》是夏书。卷五记其自著书有《连山三秩》三十卷，《周易义疏》三秩三十卷，《礼杂私记》五秩五十卷（十七卷未成），《老子义疏》一秩十卷，《内典博要》三秩三十卷等，六百七十七卷。

(57) *（陆）宋·蔡绦《铁围山丛谈》卷三云：荆公三经义乃王元泽奉诏修，《周礼新义》实荆公亲为笔削。东坡与司马光论免役差役利害不同，呼为司马牛，司马牛云。卷四谓荆公小字貛儿，故小王先生谓介甫为上天之野狐。

(58) *（陆、孔）元·白珽《湛渊静语》卷一：伊川六代孙淮居池阳，妇人不缠足不贯耳，至今守之。有《中庸大学理粹》一编。《中说》杜淹所撰，有疏谬处，如李德林请见，乃王氏弟子如王凝福畤傅会。伊川解未济闻于桶匠，故自云闻之成都隐者。后晦庵谓其说出《火珠林》，伊川见书不多故也。又横渠说四时改火。饶鲁五行说极精。《易》分章断句程、朱不同。又《书》、《诗》、《论语》、《孟子》分章断句之订正亦数处。杨诚斋解否君子以俭德辟难。卷二：晦庵云性命之说四十岁方悟。伊川论天德。倪文节云司马疑《孟》亦为安石而发。《乡党》朝服拖绅，说文作袉，东汉本如此。康节不为训解之学。徐复不著书。象山曰六经有几个不分不晓底子曰。

(59) *（孔、陆）明·方鹏《责备余谈》卷上云：人不善我，我不善之，蛮貊之言等，诸子之论而夫子折衷之也。按此人见识卑秽。卷下：宋一时诸贤信佛者晦叔、阅道、彦国、介甫、子瞻、鲁直是也。不信佛者温公、魏公、邵康节、欧阳子是也。不喜佛而不出乎佛者，范蜀公、景仁是也。其言曰……鲁直以为学佛作家。子瞻假玩，伊川出于媚嫉之心。伊川遍覆丹心存诚敬，尹和靖迎佛诵经。

(60) *（孟）唐·林慎思《续孟子》二卷，云：“孟子书先自其徒记言而著，予所以复著者盖以《孟子》久行教化，言不在其徒尽矣，故演作《续子》。”按共十四篇，其妄可想。然亦应细考以存一说。又《伸蒙子》三卷，其自序云：“上卷叙天地人之事，中卷叙君臣人之事，下卷叙文武之事。予所学周公、仲尼之道，所言尧舜禹汤文武之行事也。”则亦以道统自居者也。后有万历徐㶿跋，亦谓《续孟》十四篇无甚高论，而不为黄巢以遇害则亦有可取者。

(61) *（孔）宋·谢枋得有《诗传注疏》三卷，乃说诗见志之作。应考。

(62) *（孔、庄、孟）北齐·颜之推《颜氏家训》已一云：“魏晋以来诸子，理重事复，递相模敩，犹屋下架屋，床上施床尔。”卷三云：洛阳亦闻崔浩、张伟、刘芳，邺下又见邢子才，此四儒虽好经术，亦以才博擅名。老、庄之书盖全真养性，不肯以物累己。何晏、王弼祖述元宗递相夸尚，而平叔以党曹爽见诛……直取其清谈娱心悦耳，非济世成俗之要也。洎于梁世兹风复阐《庄》、《老》、《周易》总谓三元。武皇、简文躬自讲论。周宏正奉赞大猷学徒千余。卷四云：杨雄并以晓算术阴阳，故著《太元》，其言行孙庆、屈原之不及，安敢望大圣之清尘，且《太元》今竟何用。袁亮以胜老子，葛洪之方仲尼使人叹息。又其云立名教在劝人，则古人之常谈也。卷六云：《易》有蜀才注。王俭、谢灵、夏侯该皆不知其为何人，实即范长生也。后附考证有“孟子曰图案失形，未详，或恐是外书。”

(63) *（孔）宋·段子武《诗义指南》乃解《诗经》大义，如解关雎谓：“物之和者以类相处。”云云。竹坨跋谓举业发题之作。又有《丛桂毛诗集解》三十卷。

(64) *（陆）宋《庆元党禁》乃叙韩侂胄、刘德秀、胡纮构诬朱熹、赵汝愚等五十九人之事迹始末也，与《四朝闻见录》同一重要。

(65) *（庄）、宋人撰《鬼董》卷三云：秦汉言神仙者，未尝老子，况于三清十极之说。寇谦之始托于老以以神其书。老子实亦圣人且有子。

(66) *（庄）唐·张志和《元真子》三卷，纯乎道士之言。而取庄生寓言之法。颜真卿碑云：其父遊朝著《南华象说》十卷，《冲虚白马非马证》八卷。张子和之书论道纵横谓之造化鼓吹。韦谊为作内解。元真又述《大易》十五卷，凡二百六十五卦，以有无为宗。按此人品节实甚高，且豪放似康节而宁静不及。

(67) *（王）明·黄煜《碧血录》卷下，记高攀龙临终别友柬云：“一生学力到此亦得少力，心如太虚本无生死，何幻质之足恋乎？”其前漫翁序亦颇厘然当理。

(68) *（陆）宋·连文夙《百正集》卷下云：朱文公早年洞究释氏之旨，故其言佛说皆出老、庄。慧疑此是虚言。

(69) *（陆）司马光《潜虚》云：虚者物之府，气者生之户，体者质之具，性者神之赋，名者事之分，行者人之务，命者时之遇。即准此而排比成书。后云《玄》以准《易》，《虚》以拟《玄》，则诚司马牛耳。后附张敦实《潜虚发微论》，皆道士之言。《潜虚》伪作乎？恐非。

(70) *（孔、陆）清·周石林《天水冰山录》记严嵩藏书除道书十种，术数书四种，及习见之书外，有《累朝实录》、《南宫秘录》、《潜虚衍义》、《春秋或问》、《内传图语》、《礼记纂言》、《礼书》、《乐书》、《通鉴发明》、《史书》、《西山读书记》、《心政二经》、《续文章正宗》、《朱子成书》、《中庸聚说》、《宝晋英光集》、《史子朴语》、《三子口义》、《贤良进卷》、《杜陵诗史》，皆宋、元古版。

(71) *（孔）宋·黄晞《声隅子》十篇，言人情治乱而非大方，如云："夫子特立独行，非颜子不能广之，则后者何述？在陋巷而不忧，则后之困者弥激，贪者不息，非颜子之功何也？"然亦可为闲中消遣之物。

(72) *（孔、陆、孟）明·宋濂《浦阳人物记》卷下云：宋·于世封著《易》、《书》、《诗》传四十卷。于正封著《春秋三传是非说》三十卷。朱临从胡瑗游，瑗以明体适用之学教东南人士，而瑗之《春秋辨要》惟临得之为精。晚年好唐陆淳学。淳之师啖助、赵匡尝会三传而取舍之。淳遂总其说为《纂例》、《辨疑》二书。临谓孔子没千有余年，说《春秋》者皆胶于偏见无出淳右者。虽董仲舒为两汉通经第一，然犹拘于《谷梁》，不克别白。吕祖谦知朱有闻有守多闻而访之。吴克己穷经博古尤邃于《易》，旁通释氏书，多有著述。黄景昌作《春秋举传论》，又作《周正如传考》，评阳恪《夏时考正》言三代悉用夏时之非。又作《蔡氏传正误疏》。蔡沈《书传》信师说者数十百条。朱栓师黄山薛大观，大观得平阳孙复《春秋》之学，栓悉传之，著《春秋群疑辨》若干卷。察庆宗亦著《春秋集解》若干卷。陈讷升通《周易》，得先儒未发之秘，著《河图易象》八卷。柳贯（以上诸人皆在宋代）有《近思录广辑》三卷。元吴莱翻阅子书百余家辨其正邪，驳其伪真，皆的切可传，又著《尚书标说》六卷，《春秋世变图》二卷，《春秋传授谱》一卷，《古职方录》八卷，《孟子弟子列传》二卷。后郑涛序云：景濂氏自幼以绝人之资无书不读，比其长也又得柳贯、吴莱、黄晋庆三先生为之师，不敏尝与景濂氏师事三先生。此下又述宋濂家世甚简要，当系实录。

(73) *（陆）宋·周辉《清波杂志》卷二云：荆公《日录》尽出其婿蔡卞诬罔详载陈了斋《四明尊□集》，晁子止铭，东坡谓其以赏罚不明罪元祐，以改法免役坏元丰。指温公才智不足，而谓公斥逐出其遗意。称蔡确谤讟可赦，而谓公进用由其选撰。章惇之贼害忠良，而云公与之友善。林希之诬诋善类，而云公尝汲引之。辉谓非实录，慧则以为据考知皆实录也。卷四云：晏元献语荆公能容于物，物亦容矣。萧注以王安石为牛形人任重道远。卷七云：黄鲁直闻坡公死而喜，乃传之过也。卷九：陈莹中息毁《通鉴》版之议。徐积从胡瑗学，因莫安排之答而省悟。卷十：章子厚不满荆公《三经义》、《字说》，《别志》中记吕申公谓荆公无他但拗执。荆公答吕吉甫书见醇德。卷下记温公宏度。

（74） *（王）清·阮葵生《茶余客话》卷十一云：范棫为阳明外戚，著书力辟王龙溪信师说。卷十二记：阎潜邱、黄梨洲遗书校刻事。

（75） *（庄）宋·陈田夫《南岳总胜集》卷中云：明皇令弟承祎诏司马承祯校正《道德经》。唐·薛季昌在峨眉注《道德经》二卷，后隐南岳著《玄微论》三卷，《大道颂》一首及注。

（76） *（孔）唐·法盈《俱舍论颂疏序记》解引论语巧笑倩兮等一节，引马注《论语》一大段。（《续藏本》）

（77） *（陆、庄）宋·陈鹄《西唐集耆旧续闻》卷一记：荆公谓欧公读书未博。刘元城谓《通鉴》示劝戒之意。又论守诚，民可使由之，皆平庸。卷二记吕居仁谓学问当以《孝经》、《论语》、《孟子》、《中庸》、《大学》为主。马子立年长始从伊川、张思叔诸人遊，而超出侪辈。卷三引《温氏杂志》说唐明皇注《道德经》辎作辎。（以下至（101）皆《知不足斋丛书》本。）

（78） *（陆）元·蒋焉《山房随笔》记：许衡世尊为夫子，养志不仕，有辞召命诗。

（79） *（孔）清·梅文鼎《勿庵历算书目》前附毛际可《梅先生传》云：著《周易麟解》。

（80） *（五家）明·陈第《世善堂书目》所载经史子集书目，颇应与《国史经籍志》对勘，实稽古之要图也。

（81） *（孔、孟）宋·刘昌诗《芦浦笔记》卷二论：武成次序，附胡洵直按语，记：谢氏藏孟子外书《性善辩》。

（82） *（孔）郑注《今文孝经》前有冈田挺之序，述其真伪存佚之源流。又有钱侗重刊序，冈田挺之及鲍廷博跋。洪颐煊《孝经郑注补证》，臧东序《孝经郑氏解辑》，按此前有阮元序谓郑注不类汉魏人语。臧东序治郑氏学几二十年，有手订《周易》、《论语》注等所采皆唐以前书。此与上四十所记对勘则有趣味矣。

（83） *（陆、庄）《所南文集》、《三教记序》之《早年遊学泮宫记》卷一：《名儒家大义》谓开道统明人伦成于夫子，续于儒者，儒者之事系于学校，教自正心始。学校乃礼义廉耻所自出，余亦卑卑无高论，实不足为大义。又《十方道院云堂记》卷一名《神仙金丹大旨》，谓道家之道正法也，不可身心外求道，心不真不纯一，不空玄，有想有存尽是妄想云。尚足以论道家。大约郑所南乃有得于道家，故粗陋有气，而于佛儒皆莫名其妙也。按此《论金丹大要》与《龙川志略》及《苏沈良方》中所论者，则《宝颜堂丛书》之宋·夏元鼎《金丹诗诀》、张伯端《金丹四百字解》、明·李文烛《黄白镜》、《续黄白镜》、晋·葛洪《枕中书》亦应参考也。按郑所南又有《太极炼祭》一卷。

(84) *（陆）宋·赵德麟《侯鲭录》卷三记：晁无咎云，温公言平生所为未尝有对人不可言。东坡守怕人知事莫萌心诗。荆公诡诈不通，罢后希用。《日录》临终戒焚而蔡卞不听。陈瓘进日录辩表斥之。

(85) *（庄、孔）元·陈世隆《北轩笔记》记：《庄子》逸篇蒲衣八岁为舜师。考亭云：西伯戡黎如曹操未取汉一样，赵岐传略。

(86) *（庄、陆）元·吴师道《吴礼部诗话》谓：魏、晋元虚之风开于仲长统述志诗，叛散五经灭弃风雅之说。朱子感兴诗解之者莫衷一是。

(87) *（孔、陆）宋张舜民《画墁集》卷四，哀王荆公诗有"人人讳道"是门生语。卷五有《易论》一篇，虽外老氏而实拾道家牙慧。《补遗》游公墓志谓：游雄从张载游得其奥，又有政事才。

(88) *（孔）全祖望《读易别录》三卷，列录古来之以图纬，阴阳灾异及占验体例，卜筮林占、三式占验、律历家、天文家、兵家、堪舆家、禄命家、医家、相家、占梦家、射覆家、丹灶家、蓍书、龟书、言《易》之书名。又于每卷（三卷）之前略论《易》学庞杂之源流，实属治《易》之指南。

(89) *（孔、孟、庄）姚际恒《古今伪书考》引众说出己意以考《易传》、《子夏易传》、《关朗易传》、《正易心法》、《易林》、《乾凿度》、《古文尚书》、《尚书汉孔氏传》、《古三坟书》、《诗序》、《子贡诗传》、《申培诗说》、《周礼》、《大戴礼》、《孝经》、《忠经》、《家语》、《小尔疋》、《家礼仪节》、《竹书》、《周书》、《穆天子传》、《晋史乘》、《楚梼杌》、《汉武故事》、《飞燕外传》、《西京杂志》、《天禄阁外史》、《元经》、《十六国春秋》、《隆平集》、《致身录》、《鬻子》、《关尹子》、《子华子》、《亢仓子》、《晏子春秋》、《鬼谷子》、《尹文子》、《公孙龙子》、《商子》、《鹖冠子》、《慎子》、《于陵子》、《孔丛子》、《中说》、《六韬》、《司马法》、《吴子》、《三略》、《尉缭子》、《李卫公问答》、《李黄》、《心书》、《握寿经》、《周髀算经》、《石申星经》、《续葬书》、《拨沙经》、《黄帝素问》、《灵枢经》、《本草》、《难经》、《脉诀》、《神异经》、《十洲记》、《列仙传》、《洞冥记》、《博物志》、《杜律虞注》诸书之伪。有真书杂以伪者，

《三礼考注》、《文子》、《庄子》、《列子》、《管子》、《贾谊新书》、《伤寒论》、《金匮玉函经》、《尔雅》、《诗韵》、《山海经》、《水经》、《阴符经》、《越绝书》、《吴越春秋》、《春秋繁露》、《东坡志林》、《国语》、《孙子》、《刘子新论》、《化书》以今日之事实视之，固未免于缺陋，然亦当时所谓集大成之作也。

(90) *（孔、孟、陆、庄）宋·王辟之《渑水燕谈录》卷一谓：贾公疏著《山东野录》七篇类《孟子》，谥曰存道先生。卷二云：孙明复著《春秋尊王发微》为春秋学者未有过之，又高洁。卷四谓：苏洵二十七发愤后举进士不中，乃闭户究六经而成名。王昭素作《易论》二十三篇，品高逸，市人不忍欺。魏野高节，黄晞贫有守，温公自称齐物子。卷六谓：龙昌期注《礼论》，注《政书》、《帝王心鉴》、《八卦图精义入神》、《绝笔书》、《河图炤心宝鉴》、《春秋复道》、《三教图》、《通天保正名》等论。李畋著《孔子弟子传赞》六十卷，《道德经疏》二十卷，《张乖崖语录》二卷，《谷子》三十卷。卷十谓：聂崇义著《三礼图》。贡父另凿梁山泊之谑非对荆公。荆公博学而流为穿凿，后学者讳称门生。

(91) *（孔、孟、陆）元·盛如梓《庶斋老学丛论》卷上言：《易》解多不可晓。《童子问》欲释学者之疑。刘炫伪造《连山》及《鲁史记》见隋史。康节言孟子未言易而易道存，先儒谓学《易》当于羲皇心地上驰骋，毋于周、孔足迹下盘旋。康节曰《春秋》，孔子之刑书。胡文定论春壬正月与朱熹不同。项平庵以左氏为魏人，朱熹以为楚人。叶石林谓左氏受学孔子门人。东莱论井田，百篇古《书》 在日本。王鲁斋《书疑》，易公《易举隅》发明文字乖讹甚多。子由以太史公疏略不学。滹南《经史辨惑》，指摘史记瑕疵不少，以迁之罪不容诛。晦庵《语类》亦以为粗率。南轩对御从容不似小程，卷中记颖滨、叶水心、王十朋、康节、温公、刘极斋、东莱、邹道乡、元城、南轩、项平庵、晦庵论学处世为人语。晦庵、象山鹅湖偈和诗尤见旨趣。杨慈湖好议论而失言。卷下：吕正献不识濂溪而力荐之。南轩待人慈厚有法。

(92) *（孔）元·白珽《湛渊遗稿》下有：《大易集说序》谓：俞玉吾于《易》不但能言又能行之，辑先儒善说为是书。

(93) *（孔、孟、庄、陆）宋·俞文豹《吹剑录外集》，《提要》云："吹剑录持论多偏驳不中理，此则晚年之作。学问既深言多醇正，记道学党禁始末甚详，论伊川、晦庵召祸之自由于以道统自任，为平心之论。"记：张无垢等仿佛圣门气象。伊川对谢上蔡论子贡未始好货殖固论安命。论乾坤，李子美论成王以天子礼赐周公，言道学党禁始末。杨诚斋解喜怒未发恐子思之意未必然。诚斋解圣之清等。柳子与浮屠氏遊之故。荆公以学术坏人心，砌成靖康之祸，而反谓叶涛曰，博读佛书，勿为世间闲文字，安石枉费许多工夫。论尽心知性，明道、伊川论儒释异同，《论语》可以觉三教。靳颖昌语，黄黼《道者古今之正确论》句语警拔，次名乃象山文，文不及而理致过之。慈湖言性与天道全是禅家葛藤语。象山尝经意内典，固尝贯穿，观其答王顺第二书可见。道学禅学理性有余，世法不足。《论语》义理明切而未尝绝人仕进之心。晦庵谓洪驹父于君臣大义非无所见，而乃忘君悖逆。龟山始末。英宗谓欧公性真，韩公谓欧公性偏。康节谓凡托伊川之说议吾数学者勿辨，盖先生之学由数入理，性命之学耳。东莱论爱笃虑周。温公谓诚自不妄语始。薛季常《伊洛源流谱》自孔子以下凡九十余传。赵得全宗伊川之学。吴履斋次郑安晓赞思无邪韵。东莱论福祸倚伏，象山论无恒产而有常心惟士能。王魏公客杨亿。象山论社仓知其一未知其二。张揆、温公注《太元》，莹中元城称之，老泉非之，然潜虚行状墓志不载。康节经世书先天易欲授二程，答以无二功。莹中目为考数书。康节讳人言其数学，而实数学。伊川尝修六礼。晦庵居丧为家礼。其高弟黄勉斋惟从事香烛而已。温公、伊川、李舟、俞文豹辟佛事。温公、伊川、明道论卜葬。康节垂殁语伊川眼前路迳放宽，伊川谓：释氏知死生只一个不动心。洞宾语沈东老死知所住，则神知所往。论韩文公、孔必用墨。

(94) *（孔）明·程敏政《宋遗民录》卷二记：谢钥著《春秋衍义》十五卷。《左氏辩证》六卷。其子翱有《春秋左传续辩》，卷六谓：吴思齐有《左氏传阙疑》。（按上录《浦阳人物志》所著，缺此）

(95) *（孔、孟、庄）、宋孙奕《示儿编》卷一言经传之文虽出古圣贤之手，然旁举远引必有所从始。如孔子文言引穆姜之筮等。卷二解《易》象数等凡十一条。按该书二十三卷，以总说、经说、文说、诗说、正误、杂记、字说、七类立言，而经说为多，识见庸陋。卢文弨校订其乖讹处甚多，而称其援引繁富，故其论之关于训诂衍脱亦应参考。

(96) *（孔）隋·萧吉《五行大义》五卷，释五行支干名，辨体性，论：起大衍论易动静数，五行及生成数，支干数，纳音数，九宫数。论：相生，生死所，四时休王，配干支，五行杂体，干支杂，方位杂。论德，论合，论扶抑，论相克，论刑，论害，论冲破，论配五色，配音声，配气味，配藏府，配五常，配五事，论律吕，论七政，论八卦八风。论性情，论治政，论诸神，论五帝，论诸官，论人配五行，论人遊年年立，论五灵，论三十六禽。其自序有云："五行者盖造化之根源，人伦之资，始万品，禀其变易，百灵因其感通，本乎阴阳，散乎精像。……中原丧乱，根本之书不足，占侯之术尚行，皆从左道之说。卜筮之法，恒在爻象之理；莫分月令，靡依时制必爽。……故今博采经纬，略谈大义。若能治心静志研其微者，岂直怡神养性，亦可弼谐庶政。”则《易》学末流混沌于道家巢臼者也。

(97) *（陆）宋·李心传《道命录》十卷，编：荐劾伊川札疏。伊川乞归状，授制词，元祐党籍碑，罢元祐学术政事及党禁指挥，哀赠伊川制词。朱内翰论孔孟之学传于二程。陈公辅论伊川之学乱天下。吕安老论君子小人之中庸。尹和靖以久师程学辞经筵。汪勃、何若、曹筠、郑仲熊、张震、劾论程学。叶伯益论程学不当一切摒弃。晦庵辞职状。陈贾、林栗劾论晦庵。叶正则为朱辨诬。刘德修论道学非程氏私言。刘德秀、胡纮、沈继祖论伪学。晦庵落职谢表。刘三杰、姚愈言者论伪党变为逆党等。吕泰然论不当立伪学之禁。伪学逆党籍。晦庵、南轩、东莱、濂溪、二程、横渠谥议追封制词等。

(98) *（陆）宋·朱弁《曲洧旧闻》卷二谓：本朝经术始于王轸，大庆著《五朝春秋》行于世，传贾文元、介甫经术实文元发之。当时惟刘原父兄弟敢与荆公争。康节精易数事三段。卷三记：濂溪知二程，崇宁以来非王氏经术皆禁止，而建安伊川学盛有讥评王氏语。卷四记：荆公谓欧公不识道理。卷五记：荆公晚年好胜而见窘于东坡。东坡在儋耳所书颇旷达。卷九记：安石以《礼记》驳杂不如《尚书》。卷十记：荆公简率非伪。

(99) *（陆）宋程洵《尊德性斋小集》三钟山先生行状。谓罗和向、广向兄弟为尹和靖高弟传伊洛致知之学。又俞公靖其学出入坡、洛之间，李缯与滕公恺从之遊。滕授李一编皆罗公所得河、洛遗言，戒勿轻以示人。时朝廷设学术之禁，非王氏书不读。后附朱子《尊德性斋铭》，《祭内弟程允夫文》、《赠内弟程允夫诗》三首。汪幼凤《程知录洵本传》，程瞳《程克庵传》，《婺源县志儒林传》，《徽州府志儒硕传》，《晓湖尊德性斋记》，程君学行及其与朱子关系亦可以见大略矣。前有明刘节，又周必大、方直孺、王炎、程资序亦可考见其影响。

(100) *（孔、孟、陆）宋·王得臣《麈史卷》中记：令狐先生著《易疏精义》、《晋年统纬》、《世摠》、《乐要注》、《默书》等。李翱作《易诠》论八卦之性，古今不及。学者多宗孙明复《春秋尊王发微》。陈襄非计用章之左氏说。李泰伯晚著《李氏常语》大斥孟子。又辨《论语》子路问荷笤丈人，《孟子》滕文公问为国，论陈仲子有错简。程伯淳曰义无对。

(101) *（孔）清·张昭文《广释名》二卷，自释天以至释丧制凡二十七项。本刘熙而依类广之，引逸书至百二十种，前有赵怀玉序略考刘书源流及附翼之作。又凡例十二项辨引书真伪及二书得失，次援引书目名，应与书录对勘或有孤本，则亦小学中应参考之书也。

(102) *（孔、孟）论孔子应悉依《论语》。《论语》之所结集中虽有时代先后不同，然既皆标子曰，纵有不尽出孔子之口亦必不离其衷。又不然亦必不与孔子相违。盖结集非一人之事，势不能以一人之私意增损之者。《中庸》只可云子思之学说，虽有深契《论语》之说，决不能指为孔子之说者也，渭以佛家之例称之。《论语》是经，《中庸》、《孟子》则论也。

(103) *（朱、庄）清·郑方坤补《五代诗话》卷六引《闽小纪》，《敬业堂诗注》谓朱文公之号考亭，乃因唐末黄子稜之望考亭为号。卷九记羽士诗中有杂引吕岩、钟离权、刘元英、杜光庭、陈搏之遗闻轶事，于中可以略见道士源流。（以下至（134）皆《粤雅堂丛书》本）

(104) *（王）明·庄元臣《叔苴子》六卷，内编言道德性命之理，外编言治乱兴衰之事。伍崇曜跋云："议论特警特往往欲以机锋言下醒人，视明代子部杂家之属有过之无不及，闲沿二氏宗旨而以儒理附会之。所云三教同源者，至昔孔子辙迹遍于天下一条，扬老而抑孔，尤不可为训。然此殆前明陋习，一时从风而靡，亦不独忠甫然矣。又如秦始皇李斯庙食未可废云云。孟子安知不列冯道于柳下云云，均骇听闻。"可以见其面目之斑矣。然其说理论事类皆腐谈，书呆子村学究之见识。伍氏以为警辟过矣。

(105) *（王）明·李介《天香阁随笔》卷二谓：阳明贺宁王寿后，闻变饰词以返舟吉安驰檄金兵，计道途之远近而知其伪也。是故私见未融。

(106) *（孔、陆）元揭傒斯《揭文安公文粹》卷二《严先生碑》谓：宋严肃著《朴山易说》十四卷，为时所重。《何先生墓志铭》谓："元·何中、吴澄为其表兄，著《易类象》二卷，《书传补遗》十卷，《通鉴纲目测海》二卷，《通书问》一卷等，门人潘懋汇刻之。

(107) *（孔）元·杜本编《谷音》前有元《杜本传》谓：著《四经表义》、《六书通编》、《十原》等书。学者称清碧先生。

(108) *（孔）清·厉鹗《东城杂记》卷上谓：元末魏德刚学于杨廉夫，著《春秋左氏传类编》十二卷。杨为之序谓求经统要，会其事之本末无翻阅之厌。

(109) *（孔、孟、庄、陆、王）明·焦竑《焦氏笔乘》卷一记：伊川高弟赵颜子之子孝孙劝李彦平读《论语》。释屡空，不改其乐闻一知十，有若无。申枨，梅鬘曰：古文尚书十六篇尽汉儒伪作，约诸经论孟中语併窃其字句而缘饰之。唐郭京《周易举正》云云，已见前（3）。司马贞解商君开塞书误。《子夏易说》、《希夷易说》举隅，飞遯，家食，不事王侯解。佛典中亦有解佛语，惠净以佛理解释《庄子》，论性引贺玚云：水静是性，动则是情，剥李习之灭情复性，钟会四本论。耿子庸说孔子虚灵洞徹远胜传注。孤山注《楞严》性觉本觉与诚明明诚合。黄干于朱子之丧服加麻经。李彦平说一念不动是尽心。卷二释庄子未成心为真性虚圆，佛典解庄火传薪谓非神尽于一生。庄注无如向说。郭仅注《秋水》、《至乐》两篇。《庄子》外篇杂篇多假托。文中子见地甚高。宋咸作驳中说近于瞽说。诸家记孔子生卒年月牴牾。神农、黄帝皆作《易》。纪瞻云无极乃指理言。庄子在太极先不为老其证，不然太极为理在太极先者复何物？自天台师偕道秣陵以来奋兴于学者不少，李维明、杨道南为其魁。程大昌《诗议》十七篇中谓诗有南雅颂、无豳风。马端临说《诗序》不可废。朱子有目为淫者自作非。杨子云始末辨胡正甫作，以后人之责为诬。卷三记天台先生知天说。王汝止（艮）超悟于鱼盐之中，以悟性为宗，格物为要，故从之遊者往往简易直捷。赵□学为墓铭序其始末尚详。董沄晚造阳明闻良知之说，就弟子列年六十七矣，又与法聚结莲结于海门精庐。许相庆为墓志。孟子非受业子思，乃子思之门人。耿子庸言集义，义袭为孟子、告子学术之辨。李彦平读《老子》出生入死章悟游戏生死之道。卷四记郭登《左传解》可与杜预争衡。赵㧑谦有《易学提纲》、《造化经论图》、《周易图释》、《续史断》等三百余卷。宋濂遣子受学。朱子解经于圣贤大旨，未暇提掇□粗微语，辄恐其类禅而以他说解之。赵孟静谓其啬于言而勇于争论，有说甚多。又谓墨本于禹，扬本黄、老，孟子辟之太过。孟子之宗持志养气，义即子思之中和。朱子不得子思意云云。罗近溪言仁孝无分，牿亡，人不知而不愠，讽张江陵，答林时誉谓子贡到老不信夫子。吴幼清、王伯安论尊德性道学问。朱子不免为俗学。嘉定后朱门末学之弊更甚。卷六夏英公字书。杨用修字书及补，古逸经集略，《本草》、《三坟》、《山海经》、《三略》、《六韬》、《尔雅》、《左传》、《汲冢周书》、《子华子》、《苍颉篇》、《列仙传》（七十四人出佛经伪），或摹古书而伪作或以己意而妄增。后伍氏跋引沈景倩《野获编》谓其与刘泌水晋川并推李卓吾为圣人。慧亦以为焦氏说理犹数瞢昧。盖天分不高自不免笼统糊涂耳，又浮泛。又卷六说《说文》引孔子言甚多，班固以为皆宗师仲尼以重其言。郑元、贾逵、杜预、刘向、班固、刘熙多不得制意之意，例甚多。又《续笔乘》卷一解《论语》、《中庸》、《孟子》又引耿在伦、李渐庵、汪伯玉、王刚中、杨敬仲、薛君采语，皆有佛家胎息，然亦应参考。卷二支谈三篇大约皆论孔佛不二之旨，多宗门华严家言，余如前说。卷三颜师古于古篇奇字世所惑者，讨析申熟必畅本原。佛典引韩诗外传二段今本俱无。秦人焚书而书存，汉儒穷经而经绝。诗六亡篇本无其词，《书逸篇》仲尼之时已无。亢仓子、唐王士源作。元吾邱衍作《乘梼杌》。刘炫造《鲁史记》、《连山易》，孝弟仁之本原是人字，古人作人故。据《王勃集序》知《文中子》非伪书。吴文正《而书叙录》辩今古文以成朱子之志。子思、孟柯发明《论语》，列、庄注《道德经》。王弼合象象系词于经文非其初。唐宋贡举拘泥经说，尤以朱注为甚。罗整庵父训子有方。赵子昂亦斥古文尚书。唐顾篆论《易》。卷四朱子以范浚心箴载于《孟子集注》，又有性论二篇见地超然，宋儒所罕见。朱子《周易本义》还古易之旧。成化间俗儒合之今不见原文。宋人谓晁说之亦分之甚是。逸诗集略，《论语》今古文论。卷五《月令》非出《吕氏春秋》，而出周书第七卷，故是周公所作。李彦平、程伯淳等句读经籍可考。龟山不轻解《易》，《说文》引经之异。

(110) *（孔、陆）元·周密《志雅堂杂钞》卷上记：伪学事实亦为宋亡之一助。卷下记朱实大云：碧梧所集经传书，直斋又有《易解》、《系辞录》、《史钞》。韦居《九流钞》。姚敬处《耻堂易肤说》。高耻堂《易说》、《诗书解》。伊川注易多置不满宣仁之私说。

(111) *（孔、孟、陆）宋·龚明之《中吴纪闻》卷二记：胡安定事略。卷四记：荆公修三经义。张僅、顾棠与焉。孙载有《易释解》五卷。王苹程门高弟，与门人陈长芳、杨邦弼讲学震泽，杨龟山等皆推让之，著《论语集解》、《古今语说》等。卷六记，伊川曾孙咏之修县庠，张无垢为作记。李彦公谓周公亦坐禅，自知死期，有《易说》、《语孟说》。

(112) *（孔）宋·钱易《南部新书》甲卷记：韦觊著《易蕴》。丙卷记：李肇有《经史目录》。

(113) *（孔、陆）清·汪永《古韵标准》乃研究诗经韵之最佳书，卷首例言《诗韵举例》，举连句韵、间句韵、隔韵、通韵等。又谓朱子《四子经书训诂》之韵悉宗吴才老韵补，本文四卷依韵目释《诗经》之韵，故为参考要籍。任氏跋谓钱大昕《十驾斋养新录》毛传多转音等三条，有足与是书相发明者云云。

(114) *（陆）清·翁方纲《石洲诗话》卷五谓：元代程学盛于南，苏学盛于北。蔡松年、赵秉文之属皆苏氏支裔。元遗山起党、赵之后始不尽为苏氏余波，开启百年后文士之脉。又云：金人尊苏不独文，士大夫无不沾丐一得。然大约于气概用事未能深入底蕴。又云宋南渡后，程学行南，苏学行北。南宋之学精于考证，如郑渔仲、马贵与以及王深宁等，至元虞文靖本学庐之理学，择文章之雅言，自北宋欧、苏以后老于文学者定推此一人。

(115) *（孔、孟、庄、陆）宋·苏籀记《滦城遗言》谓：《老子》高于《孟子》二三等。仲尼令邱明作传，吾为《春秋集传》乃平生事业，十六为夏商周论今见于古史，二十作《诗传》，《东坡易解》蒙卦是辙说，暮年于义理无所不悟。吕吉甫、王子韶皆解三经并字说。介甫专行其说，王、吕由此矛盾。张文定死而复苏言所见地位清高，得不做宰相气力。读《易》谓有合讨论处甚多。东坡有《中庸论》三篇，谓庄子得其心，子由悟悦禅定，东坡自以为谈佛不如子由。按该书所记，又有当时诸公遗言遗行，颇应参考。伍氏跋引《提要》讥苏籀归美秦桧无所不至。又引《朱子语录》苏叔党（过、籀之叔）父事梁师成。然梁师成既自称东坡遗腹子，待苏过如亲弟兄，已又何得甘受人之父事，此朱子前后矛盾处，故朱竹坨跋《斜川集》称其门户之见，而《宋稗类钞》记晦翁曾孙浚札贾秋壑称万拜时人谓为朱万拜矣。故朱子之行事有不足取者，斥为伪学有以哉。

(116) *（孔、孟）清·翁方纲《经义考补正》乃补正朱竹坨之《经义考》也，实与丁小疋、王聘珍合作，所补正之子目为《易》、《诗》、《书》、《周礼》、《仪礼》、《礼记》、《春秋》、《论语》、《孝经》、《孟子》、《尔雅》诸书之古今注解。又群经四书逸经毖纬，拟经承师刊石书壁，镂版著录通说之考校，实朱氏之功臣，亦治经所必考之书也。

(117) *（五家）焦竑《国史经籍志》五卷，著录其时见存之书统于四部，每一类后如易类书类等，后皆附志源流。如《易》类后有云："商瞿受《易》孔子五传至田何，一以象数为宗，至王弼说出阴阳占筮皆诋为术数，而《易》晦矣，学者执经与谱不复导其源本谓学易可乎。"皆必须参考。又况其所著录颇有非今日所有，稽古右文寻源别流者所应知者也。然其分列颇有未经披览而鲁莽从事者。章学诚讥其识见不逮有以哉。后附纠谬，纠《汉艺文志》、《隋经籍志》、《唐艺文志》、《唐四库书目》、《宋艺文志》、《崇文总目》、《郑樵艺文略》、《晁氏读书志》、马端临《经籍考》诸书中类次书籍之谬。

(118) *（王）清·戴震《绪言》三卷，乃戴氏言理之书也。伍氏跋云："《汉学师承记》称先生训学者强恕以去私，学问以去蔽。又云：君子之自治也，情与欲使一于道义，所以作原善之书也云云。实与是书相衷。又《国朝儒林传稿》谓先生言故训明则古经明，古经明则理义明，义理明而我心之同然者乃因之而明，理义非他存乎典事制度者也。其言殆为是书之缘起。"按该书言理气、天命实体、性善等，辟宋明儒者之说，尤以陆、王为甚。而谓同于释氏，是故屈解佛法，妄肆诋毁，以后当详究力辟之。

(119) *（孔、孟）钱大昕《教类》广采经史解释、分释、注释言，乃至释虫、释兽，读之异者，文之异者，乃至字形相涉之伪者等二十二门列叙之。于小学大有裨益者也，盖足补《尔雅》、《释名》等之所未备也。

(120) *（孔、陆）清·胡渭《易图明辨》十卷，详引古说并附其意以辨：河图、洛书、五行、九宫、周易参同契、先天太极、龙图、易数钩隐图、启蒙图书、先天古易、后天之学、卦变、象数流弊等之正伪，破朱氏、邵氏等说以复古《易》之本来面目，故万斯同、阮元皆亟称之。阮序谓毛西河全集中河图洛书原舛编，廷堪凌氏以为不若此详备也。胡氏自序故略言易学源流经变。

(121) *（孔、孟）清·程大中《四书逸笺》六卷，引古今说以正注疏之误，或为疏通证明。计《论语》八十八条，又附记撰《论语》、古《论语》、《论语》策、《论语》逸篇、《学》、《庸》二十三条，附记郑氏《学》、《庸》目录、古本《大学》、石经《大学》、二程《大学》定本、《孟子》一二一条，附记《孟子》逸篇、《孟子》逸句，后又记说四书人物遗事自孔子、颜回以下乃至神农、张仪等凡一四二则。又类记四书所载人物杂事凡六十六则，亦有功四子之书也。曾钊及伍氏跋又为补正数条。

(122) *（五家）钱牧斋《绛云楼书目》，陈景云为之注，除注出撰人卷数等，外间及著者事迹及内容之批评及真伪之考证等，然皆甚略。曹溶序谓："牧斋所收必宋元版本，不取近人所刻及抄本，虽《苏子美集》等以非旧刻不入目中，侭有孤本。"陈景云则何焯门人也。又钱曾《述古堂藏书目》虽亦以四部而分列，门类大烦《提要》讥之。伍氏跋谓："《读书敏求记》戴其最佳之本，此其藏书总目，盖遵王书多得自牧翁，后又售于泰兴季氏，则是编与《绛云楼书目》、《季苍苇藏书目》读之，亦可以略知聚散源委。"云云，则亦参考之要书也。

(123) *（王）清·王晫《今世说》取《世说》体例，叙当时名士言行，颇可藉以窥见清初士夫之风尚学识，又略叙每人事迹。《提要》讥之盖以其自身之言行入书中也。伍氏跋谓："丹麓实游扬声气以博盛名。"云云，似不必。

(124) *（孔）宋·许洞《虎钤经》曾钊跋谓："许氏著《春秋释函》五卷，又《演玄》十卷。

(125) *（陆）宋·胡寅《叙古千字文》，黄灏注，自太和絪緼，二仪肇分，而唐虞夏商以及于宋后则有谓："庄老虚谈，佛释空谛，申韩惨刻，朱翟偏蔽，篆籀末习，词章小技，探赜钩隐，涵养精粹，连理制事。"云云。虽为小学历史颂本，而实迂酸之至。故朱熹跋云："实有春秋经世之志，至于发明道统，又于本章深致意焉。”按胡寅、文定安国之如何不类其父也。

(126) *（庄）洪亮吉《北江诗话》卷二谓《吕览》、《淮南》乃两家宾客割裂诸子挦撦记传而成。秦以前书多佚，无从对勘，即以今传《文子》一书校之，遭其割裁者十之七八，又故移徙前后倒乱次序以掩饰一时耳目。唐·章怀太子注《后汉书》，魏·王泰著《括地志》等尽然。

(127) *（五家）清·章学诚《文史通义内篇》论四部制作源流，颇具卓识，而为时代所限不免迂疏，尤以论理处颇多酸腐夹杂之病。然其天分甚高，明人情世故，辨是非邪正处颇有可取者。惜通达不逮成就毕竟不大耳。《易教》、《书教》、《诗教》、《经解》、《原道》、《原学》、《朱陆释通》、《浙东学术》诸篇，治国故者所不能不精熟者也。今略记余所需要者如次：卷一谓：佛氏之学之持之有故，言之成理者较诸子百家为尤盛，其本原出于《易》教。其异于圣人者舍事物而别见道尔。老子说本阴阳，庄、列寓言假像《易》教也。邹衍侈言天地，关尹推衍五行书教也。管、商法制义政典礼教也。申、韩刑名旨归赏罚春秋教也。其他杨、墨尹文之言皆于物曲人宧得其一致不自知为六典之遗也。《论语》记曾子之后则成于战国时明矣。《鬻子》、《晏子》后人所托。《管子》记管氏言行，则习管氏法所缀辑也。学问有主即是立，不尽如朱子肌肤筋骸之束而已。荀、庄皆出子夏门人，今之所谓经强半皆古人之所谓传也。卷二孔子、周公俱生法积道备无可复加之后，周公集成以行道。孔子尽道以明教，符节吻合不复有毫末异同之致，故尊孔不在授天与神，而为恍惚难凭之说。伊川论禹、稷粗于颜子。朱子又以二程与颜、孟比长短，盖门户之见。退之谓道德为虚位者，道德之衰也。夫子所言无非性与天道，而未尝著表之曰此性此天道，恐人舍器而求道也。宋儒曰工文害道，是见疾在脏腑遂欲并脏腑而去之。苏氏之学出于纵横，其所长者揣摩世务切实近于有用，而所凭以发挥者策论。王氏致良知即孟子之遗言，良知曰致固不遗功力矣，世儒以良知为讳，无亦惩于末流之失。王伯厚考《论语》所记夫子之言多有所本，古书或有伪托不尽可凭。要之古人引用成说不甚拘别。夫子之言见于诸家称述。诸家不无真伪之参，而子思、孟子之书所引精粹之言亦多出《论语》所不载。韩非载李斯驳议。《庄子》让王渔父，苏氏以《庄》为伪托，非伪也，为庄氏之学者所附益尔。柳氏以《晏子》为墨者之言非晏子为墨，为墨者述晏子事以名其书。《吕氏春秋》为一代之典要。刘安托于道家之支流。苏洵、郑樵讥司马班之割裂盗袭，不通文理之论也。商瞿五传至田何、施孟、梁邱皆何弟子。然自何而上未尝有书，则三家之《易》皆悉本于田何以上之口耳之学。

卷三谓：自命陆、王以攻朱者固伪陆、王。即自命朱以攻陆、王者亦伪陆、王，同一门户而陆、王有伪朱无伪者，空言易而实学难也。是则朱子之流别优于陆、王也。程子见谢上蔡多识经传，便谓玩物丧志，毕竟与孔门一贯不似。

卷四谓：夫子曰：丧欲速贫等有为而言，不可泥文辞。庄周独与天地精神相往来，而不傲倪于万物进取之狂也。

卷五谓：郑樵无考索之功，而《通志》足以明独断之学，君子于斯有取。马端临无独断之学，而《通考》不足以成比次之功。智既无取，而愚者取其类例易寻，喜其论说平善相与称之，而不知著作源流之无似此。浙东学术虽出婺源，然自三袁之流多宗陆氏，而绝不空言德性，故不悖于朱。至阳明揭良知与朱牾。蕺山本良知而发明慎独，与朱不合不牾。梨洲出蕺山之门，开万氏弟兄经史之学，以至全祖望犹宗陆而不背朱。毛西河发明良知之学，而门户之见不免太过。浙西亭林宗朱而与浙东互相推服，故并行不悖。浙东贵专家，浙西尚博雅。晋人崇尚元风糟粕六艺。十六国生灵涂炭转咎清谈之灭礼教诚探本之论。朱子解诗其弊为不学之徒援以诱无知士女为逾闲荡检无复人禽之别。钟嵘《诗品》能推源流，最为有本之学，实非论诗家所及。《外篇》卷六谓：韩愈之儒家、柳宗元之名家、苏轼之纵横家、王安石之礼家。

卷八谓：戴东原修《汾州府志》以名僧入古迹类，盖贱僧不可以为人也。章氏斥以为无识怪妄甚是。而伍氏跋引顾亭林论师道推崇一时，师友自以为不如，而讥其斥戴氏为修养未纯。此实陋儒之见，不足以语大方者也。是则是非则非，何修养之纯不纯乎？又《校仇通义》三卷，非惟辨明制作之源流而已，尤详于诸家学术及载籍之开合出入，其子目为《原道》、《宗刘》、《互著》、《别裁》、《辨嫌名》、《补郑》、《校仇条理》、《著录残逸》、《藏书》、《补校汉艺文志》、《郑樵误校汉志》、《焦纮误校汉志》、《汉志六艺》、《诸子》、《诗赋》、《兵书》、《术数》、《方技》。兹亦记其需要者如下：卷一云：由刘向之旨以博求古今之载籍，则著录部次辨章流别将以折衷六艺，宣明大道不徒甲乙纪数之需。名家不传而颜氏《匡谬》，邱明《兼明》之类经解中有名家矣。墨家自汉无传，而老氏贵啬，释氏普度之类，二氏中有墨家矣。王安石法家，荀、庄皆子夏门人，（按此二条与上说异。）去圣未远。

卷二韩婴《诗传》引荀卿《非十二子》无讥子思、孟子之文。卷三费、高二家之易不著汉志，非不立学官而实无章句。晁氏考定古易，以彖象文言杂八卦中自费直始因罪其变古，不知艺文后序，谓刘向校施、孟、梁邱诸家经文惟费氏易与古文同。礼部《中庸》当互见诸子略之儒家类。儒与名、法其原皆出于一，非若异端。释、老屏去民彝物则而自为一端比也。伊尹、太公、老、庄之徒未必引以为祖。意其著书称述以及假说，问对偶及其人，而后人不辨则以为其人自著。及察不类又以为后人依托。阴阳家者流以及谈天、雕龙其源皆出于《易》。《天下篇》为诸家学术之权衡，具有经纬、条贯，较刘班著录源委尤为秩然。

(128) *（孔、孟、陆、庄）宋·胡宏《胡子知言》凡：天命、修身、阴阳、好恶、往来、仲尼、文王、事物、纷华、一气、义理、大学、复义、汉文、中原，甚排释氏。杂论经史等而一本之于其迂阔之谈，后附《胡子知言疑义》，乃朱熹、张栻、吕祖谦三人对于《知言》之疑难也。又附《朱子语》有云："东莱云，《知言》胜似《正蒙》。先生曰，《正蒙》规模大，《知言》小。"可知尔时于此书固皆异常注意者也。则论宋学时于此亦应注意，又："朱子《跋五峰诗》，国史本传称其幼事，杨时、侯仲良而卒传其父安国之学。张栻师事之。"伍跋云："是编其讲学之語。又尝撰《皇王大纪》八十卷，殆以内圣外王之学自任者也……既风节文章具有本末。即一二语偶涉于偏，仍未害于理。"前有张敬夫序云："是书乃其平日之所自著，言约义精，诚道学之枢要，制治之蓍龟也……是书于论性特详。"此其内容盖可知矣。总之，南宋怪物也。

(129) *（孔、孟、陆、王、庄）清·张尔岐《蒿庵闲话》卷一论《易》古今本体例，又论易三义不取不易义，以程、朱为正。又论爻辞之作，太极图与孔孟合而非出于二氏。利玛窦答虑德园僧莲池二书，颇令结舌。明初尚程、朱，故民风近古，良知说起而议论日新。天启崇祯之间乡塾有读《集注》者，传以为笑。《大全》理性理诸书高阁，而甲申之变至，天启党祸亦邹吉水等自召。荆公父子并好老子，吕惠庆亦作《道德经传》。李彦平遗书云：吉甫读《庄子》，大悟性命之理。钟惺临终命剃染，自定释名曰断残。与唐·杜鸿渐，宋·王旦正相同，皆好异之过。天启中济南盛传吕仙自叙传。《参同契》句读二则，又有乱骂释老之词。按此君学无所长，见则迂僻，若其不取不易义，及以甲申之变归之阳明，可知其于性理一无所知，可恨。此可见清初学风之一般。又卷二吴澄三礼考注，经后人篡改，不可读。其本来面目读吴氏叙可知一二，次有杂论《诗》、《易》、《春秋》、《书》者十余条。《朱子语录》说张忠甫校仪礼有错。《文献通考》载朱子《古礼经传通解》二十三卷，《集传》、《集注》十四卷，今皆未见。又泮宫永乐疏引朱子《仪礼经传》图解又自一书。五行配五德始自宋人。《汉文石室图》仲尼弟子别有林放、蘧伯玉、申帐、申觉，《史记》所不载。后李文藻跋有云："亭林云精于三礼，卓然经师吾不如稷若。所著已刻者《易说略》八卷，《仪礼郑注句读》十卷，《夏小正注》一卷，《弟子职注》一卷。未刻者《诗说略》五卷，《老子说略》二卷，学者多传录《春秋传议》。罗台山为之传载其《天道论》、《中庸论》，《后笃终论》数篇。”伍跋谓其笃守程、朱之说。

(130) *（孔、孟）清·阮元《诗书古训》六卷，自序云：“万世之学以孔、孟为宗。孔、孟守商周以来诗书古训以为据也……元录《诗书古训》乃总《论语》、《孝经》、《孟子》、《礼记》、《大戴记》、《春秋三传》、《国语》、《尔雅》十经。此十经中引诗书为训者，采系于诗书各篇、各句之下。子史引诗书者多存古训，惟恐不能尽醇，则低写一格，附之于后，以晋为断。”则阮元识见之庸可知。然此实有功于诗书者也。又其子福识云：“家大人撰集十三经经郛，一时所采之书未得详尽。道光十五六年，在京师欲撰诗书古训，将诗书二经提出录成六卷，付门下士毕韫斋校定增删之。”

(131) *（孔、孟）清·周春《十三经音略》十三卷，非惟辨音而已，如《易》论易韵，易异字，归藏字。《书》：书韵，洪范韵。石经尚书，尚书异字。《诗》：说文引诗，诗异字，毛诗叶音辨正，叶韵有无字。周颂韵，韵补辨正，毛诗古音考辨正，诗本音辨正，诗纪叶音辨正。《三传》：说文引左传。《三礼》：说文引周礼，仪礼叶音，说文引礼记，礼记韵，日本礼记。《四书》：论语字句异同，孟子字句异同。《孝经》：参定孝经古今文字，庶人章引经，古文孝经，而于《尔雅》又最详尽。又有《尔雅》直音正误。又云：“坊间新刻《尔雅音图》，假托影宋本，其直音多误，旧有《直音》一书其误较少。因并辨之。我闻开元熊氏勿轩云：自孙氏直音出而释文不复考，今赖有释文尚存，而直音之误可正。”又有引宋人《枫窗小牍》述邢昺无行。前有阮元序先论音学源流（此可考）。次云：“周君此书断断持守，一以字母为归，又复掇拾诸家详审辨读，经学之指归，亦可自此而窥矣。凡例中有云：“向有《尔雅补注》四卷，后增为三十卷，采辑颇广，所以尔雅一门较他经为繁，盖由不忍割爱云，后附大戴礼一卷。因宋时曾以之列为十四经也。”后附上钱公论韵学书，答钱竹汀宫詹书，与卢抱经论音韵书，与邵二云论尔雅双声书，答钱宫詹论呈诗叶韵书，皆有见地，而甚薄亭林、吴才老等。伍跋云：“于顾亭林、阎潜邱、戴东原诸君子诋之几无完肤。然潘稼堂《类音》一书且不必守其师顾亭林之说，而况于松霭乎？亦考群经音韵必不可废之书矣。”信然。

(132) *（王、孔）清姚文田《说文声系》伍跋云：“所著有《邃雅堂集》，有《宋诸儒论》谓五代以后，人道不至凌夷者，诸儒之力，至其著述之书，文字之差，不足以为诟病，则文僖固宗法宋儒者，而亦精研于汉学，所著有《易原》、《春秋日月表》及是书。此书自序，谓在证之以经籍之言，然后是非明著，苟执其文而曲为之说，则其弊又失之凿。真通人之论。”然此书是音韵学之作，无关义理。

(133) *（孔）郑康成撰，郑小同编《郑志》三卷，《提要》云：“郑志三卷，魏·小同撰。小同、元之之孙也。元没之后门人述其问答为八篇，小同编次为十一卷。原本久佚，此亦好古者从诸书辑缀以存郑学之崖略者也。朱子议礼亦折服于此。”钱东垣跋云：“《郑志》是郑君晚年定论。因偕弟绎侗取诸经正义及唐宋说部类书，所引详细校对。”又有钱绎跋，皆足以证明《郑志》之价值者也。按所讨论者为童牛之梏，归妹以须等一百五十余条，皆《易》、《书》、《诗》、《论语》、《三礼》中者，而实亦有弟子互相问答之辞。于此可见汉儒论学之本来面目矣。要籍也。

(134) *（庄、陆）元·吴澄述《道德真经注》四卷，伍跋云：“草庐之学晚年实本于象山，于朱子颇有微词，于二氏之旨如胶投漆，殊途同归，三教同源之说。”

(135) *（庄）惠栋《太上感应篇注》自序云：“道家于魏晋以前求仙之本初，未尝有悖于圣人，而求之忠、孝、友、悌、仁、信之间而致力焉，是亦圣人之徒也。”

(136) *（陆）南宋人物，其惟陈同甫乎？所上恢复三疏，皆有可观，其隆兴十五年所上疏有云：“书生之智，知议论之当正，而不知事功之为何物；知节义之当守，而不知形之为何用。宛转于文法之中，而无一人能自拔者。”此诚窥见有宋以来之症结者。（详见《兴亡论》）然而不遇英武之主，二入大狱，终无所成。其后益励志读书，所学益博。其学自孟子后惟推王通。尝曰：“研穷义理之精微，辨析古今之同异，原心于杪忽，较理于分寸，以积累为工，以涵养为正，睟面盎背，则于诸儒诚有愧焉？至于堂堂之阵，正正之旗，风云雷雨，交发而并至，龙蛇虎豹，变现而出没，推倒一世之智勇，开拓万世之心胸，自谓差有一日之长，其意盖指朱熹、吕祖谦等云，是终以书生薄之也。然而不切事功者，说理必空疏，尅实可谓为非正道，则又何足以为不及而愧乎？此陈亮之所以仅为豪杰，而不可以为纯儒乃至贤圣也。

(137) *（孔、孟）柳宗元《龙城录》谓道士王远知著《易总》十五卷，为雷摄去；与退之、君诲夜坐谈鬼而鬼火至，退之亦动颜。王通谓房玄龄非立忠志，则为乱贼，辅帝者则为儒师。王渐作《孝经义》五十卷。

(138) *（孔、庄）清·徐大椿豪迈知书，隐于医，有《道德经注》及《阴符经注》。据其道情小注谓：曹慈山（名拣，字楷人，嘉善人）有《孔子逸语》、《婚礼通考》、《筮法正误》。秦味经（名惠田，无锡人）纂修三礼。沈果堂（名彤，字冠云）有《周官禄田考》。又沈井南（字超亭，吴县人）、沈宝砚（名岩，字颖谷，长州人）沈果堂皆为何义门弟子。又何义门手披之书，马秋玉（琯）以重价购藏十归七八。

(139) *（陆、王）《儒者学佛考》何子培撰，刊于佛学半月刊一二二期以下，记韩愈、柳宗元、李翱、周敦颐、张载、王安石、二苏、刘安世、程颢、谢良佐、游酢、杨时、晁说之、朱熹、陆九渊、真德秀、李之纯、陈白沙、王守仁、赵大洲、屠隆、管志道、金声诸人之事。

(140) *（王）阳明再传弟子有胡直者，天凤之子，著《衡齐》八卷；又《衡庐精舍藏稿》三十卷；《续稿》十一卷；排程、朱，取佛家唯心之说而仍遵良知之说。

(141) *（孔、王）明陈第著《毛诗古音考》、《伏羲图赞》、《读诗拙言》、《屈宋古音译》、《尚书疏衍》、《松轩讲义》、《意言》、《谬言》、《寄心集》诸书（刻入一斋集），薄理学，重考定。顾炎武治学之方法及精神皆自彼而出。

(142) *（陆）清初李绂《陆子学谱》较梨洲《象山学案》大好。按二十卷，卷一为辨志，求放心，讲明，践履；卷二为定宗仰，辟异学；卷三为读书，为政；卷四为友教；卷五为家学；卷六至卷十五列叙其弟子；卷十六、十七，门人；十八、十九，私淑；卷二十，附录，为宋史本传行状等。

(143) *（陆、王）《曾文正书札》卷二十覆夏教授云："承示黄南雷、孙苏门、顾亭林、李盩厔诸先生学稍偏，而毛西河、纪河间、阮仪征、戴东原、程棉庄诸君放言高论，集矢洛闽。陆清献谓明季学术足以致寇非前论云云……孔、孟之学至宋大明，然诸儒互有异同，不能屏绝门户之见。朱子五十九岁与陆子论无极不合，遂成冰炭，诋陆子为顿悟。陆子亦诋朱子为支离。其实无极矛盾在字句毫厘之间，可以勿辩。两先生全书具在。朱子主道学问，何尝不洞达本源？陆子主尊德性，何尝不实征践履？姚江宗陆，当湖宗朱。而当湖排击姚江不遗余力。凡泾阳、景逸、梨洲、苏门诸先生近姚江者，皆遍摭其疵痏无完肌，独心折于汤睢州。睢州尝称姚江致良知，犹孟子道性善，苦心牖世，正学始明。特其门徒龙豀狂谈，艮齐邪说，洸洋放肆，殃及师门，而罗近溪、周海门踵之。姚江门人勋业如徐文贞、李襄敏、魏庄靖、郭青螺诸公；风节如陈明水、舒文节、刘晴川、赵忠毅、周恭节、邹忠介诸公；清修如邓文洁、张阳和、杨复所、邓潜谷、万思默诸公。皆由致良知三字成德发名者。睢州致书椽书亦微规攻击姚江之过，而于上孙征君、钟元先生书及墓志铭，则中心悦服于姚江者至矣。盖苏门学姚江，睢州又学苏门者也。当湖学派极正，而象山、姚江亦江河不废之流。苏门则慎独为功。睢州接其传、二曲则反身为学。鄠县存其录，皆有合于尼山赞易损益之指。明儒之不善学姚江而祸人者，真如以惩忿窒欲为下乘，以改过迁善为妄萌二语，人之放心，岂有底止乎？

乾、嘉间经学昌炽，千载一时。阮仪征、王高邮、钱嘉定、朱大兴诸公倡于上，戴东原、程瑶田、段玉裁、焦理堂十余公和于下。群贤辐辏，经明行修。国藩尝谓性命之学五子为宗，经济之学，诸史咸备，而渊源全在六经。李斯一炷，学者不复睹六经之全。至秦、汉之际，又厉禁挟书，举世溺于功利，抱经诸儒，视为性命，身与存毁，非信道之笃不能。天下相尚以伪久矣。

陈建之《学蔀通辨》，阿私执政。张烈之《王学质疑》，附和大儒，反不如东原、玉裁辈卓然自立，不失为《儒林传》中人物。惟东原《孟子字义疏证》一书，排斥先贤，独伸己说，诚不可以不辨。姚惜抱尝论毛大可、李刚主、戴东原、程棉庄率皆诋毁程、朱，身灭嗣绝，持论似又太过。无程、朱之文章道德，腾其口舌，欲与争名，诚学者大病。若博核考辨大儒或不暇及，苟有纠正，足以羽翼传注，当亦程、朱所心许。若西河驳斥谩骂，则真说经中之洪水猛兽。国藩一宗宋儒，不废汉学。"

又卷三十云："明代论学，多谬于一偏，每尚空谈，惟阳明能发为事功，乃为后儒掊击，不遗余力。阳明与朱子指趣本异，乃取朱子语之相近者，攀附以为与己同符，指为晚年定论。整庵、高林、杨圆、白田诸公尽发其覆，诚亦不可无议，乃并其功业而亦议之，且谓明季流寇，衵始于王学之淫诐，岂其然哉。"

又卷三十二云："国藩曾谓朱子之学，固以阐明义理，躬乃实践为宗，而其才力雄伟，无所不学，训诂辞章，百家众技，无不究心。后人专精一业者，皆难窥其堂奥。如马氏录于《通考》者，经济之学无不洞晰。秦氏录于《五礼通考》者，典礼之学，无不精研。而其文于浩瀚详尽之中，铸语亦几经洗炼，即以文论，固亦卓然大宗。"

（144）＊（王）又三十二云："船山之学以汉儒为门户，以宋儒为堂奥，观其平生指趣专宗洛闽，而其考礼疏诗辨别名物，乃适与汉学诸大家合。特自晦过深，名望稍逊于顾黄诸儒。"

（145）＊（庄）又二十云："庄子外篇多后人伪托，内篇文字，看似放荡无拘检，细察内行岌岌若天地不可瞬息。"

（146）＊（王）日·青木嵩山堂刻本《王阳明先生出身靖乱录》三卷，题墨憨斋新编。书中言靖乱事甚详，行文用说部体裁，有"国朝"二字。书末又言有："先生殁后，忌其功者或斥为伪学，久而论定。至今道学先生尊奉阳明之说，从祀圣庙。

后学有诗云……又髯翁有诗云……”疑王子再传弟子所作。卷中有云：“考《陆天地史余》卷上说，先生微服与木工同入贼寨……平贼后取五百人剜目睛而全其命。今按先生《年谱》自起兵至平贼……”为阳明解辩。又：“先生闻濠反，因贺节之礼使门人冀元亨往谢，使探听宁王举动。宸濠有意结交先生，对元亨甚加礼貌，渐言及外事。元亨佯为不知，与谈致知格物之学，欲以开导宁王，止其邪心。濠大笑曰：人痴乃至此耶！立与绝。”而于阳明拜寿之事，则言因敕印遗落沿途迟留未晤濠，或有意为之讳饰。然叙门弟子中，徐爱之外又有徐曰仁，眉批则曰：“‘曰仁即徐爱’字，此为二人者误矣。”于元亨见宸濠事上眉批云：“牛头不对马嘴。亦见元亨迂腐一斑。若阳明处此必别有一番化导开发处。”于许泰、汪彬诬王交通宁王，遣元亨往见，许借兵三千事上批云：“此谤流传至今尚有疑者，谗言可畏如此。”则作此批者想明末人。又卷下叙程启元、毛玉劾先生邪学。又全书言神异者甚多。头巾气也。